웨슬리 신학으로 본 하나님의 아름다움:
조화와 균형의 신론

The Doctrine of God
in the Theology of John Wesley

웨슬리 신학으로 본 하나님의 아름다움:
조화와 균형의 신론

The Doctrine of God
in the Theology of John Wesley

양정

웨슬리 르네상스

저자 후기

이 책의 주된 목적은 존 웨슬리의 하나님에 대한 가르침을 체계적으로 해설하는 것입니다. 책은 총 일곱 장으로 구성되어 하나님의 불가해성, 하나님의 계시, 삼위일체, 하나님의 속성, 창조, 섭리 등을 다룹니다.

웨슬리는 하나님을 설명할 때 성경적이고 실천적으로 접근했습니다. 또 전지전능하신 하나님이 동시에 인격적이고 의로우며 거룩한 분이시라는 통전적 관점을 유지했습니다. 그의 가르침은 '옛 종교' 곧 성경과 초기 기독교에 뿌리를 두고 있기에, 정통적이자 전(全) 교회적 성격을 지닙니다. 또 하나님의 속성들을 조화롭게 이해하고, 삼위일체 하나님의 구원 사역을 균형 있게 제시하는 특징을 지닙니다. 그 결과 웨슬리는 하나님의 도덕적 속성과 자연적 속성 중 어느 것도 소홀히 다루지 않았습니다. 또 구원을 삼위일체 모두의 사역으로 풀면서 구원에서 하나님의 한 위격에만 초점을 두는 불균형한 구원관에도 빠지지 않았습니다.

웨슬리는 범신론과 만유재신론을 거부하고, 하나님을 아름다운 인격으로 이해했는데, 이는 하나님이 우리와 교제하시는 관계적이고 사회적인 분이심을 의미합니다. 하나님은 우리와 교제하고 동역하기를 기뻐하시며, 우리를 구원하고 그분의 나라를 세우실 때도 인격적 설득과 격려로 우리 역시 그분께 응답하고 그분과 동역하게 하십니다. 이러한 하나님 이해는 웨슬리의 깊은 영성과 이 땅에 하나님 나라를 이루는 비전과 연결되어 당시 매우 역동적인 힘을 불러일으켰으며, 오늘날에도 한국교회를 새롭게 하고 사회를 근본적으로 변화시킬 매우 소중한 영적 자산이 될 것입니다.

2025년 겨울

양정 박사

역자 후기

이 책은 양정 박사님께서 2003년 영국 애버딘 대학교에서 약 10년의 연구 결과물로 제출한 박사학위논문을 번역한 것으로, 크게 세 가지 이유에서 마치 "밭에 감추인 보화"와도 같습니다.

첫째, 책의 내용이 '보화'처럼 아름답고 귀하기 때문입니다. 성경은 하나님에 대해 많은 것을 가르쳐주지만, 그럼에도 우리가 하나님을 체계적으로 아는 일은 쉽지 않습니다. 이 책은 성경의 하나님 이해의 핵심들을 탁월하게 전하면서도, 차가운 지식을 전달하는 것이 아니라 그분의 아름다우신 성품과 계획, 은혜와 진리, 섭리와 능력을 알게 함으로 하나님에 대한 경외와 사랑이 우러나게 하는 매우 귀한 신학서라 할 수 있습니다.

둘째, 이 책은 하나님에 대한 많은 오해를 바로잡아 성경적 '조화와 균형' 속에서 하나님을 새롭게 만나게 해줍니다. 다양한 종교, 철학, 문화, 심지어 기독교 신학에도 스며들어 우리와 하나님의 관계를 왜곡해 왔던 비진리와 오해를 씻어내 우리로 참 하나님께 다가가게 해줍니다.

셋째, 저자가 학위를 받은 후 목회에 전력함으로 이 책은 출판되거나 알려지지 못했고, 결국 매년 출판되는 웨슬리 연구자료 목록에서도 찾을 수 없는 '감추인' 자료가 되었습니다. 그러나 이 논문의 심사위원장이었던 허버트 맥고니글 박사가 저의 박사학위논문 지도교수가 되어 이 책을 웨슬리 신론에 관한 최고의 역작으로 강력히 추천하면서 제가 이 책에서 큰 유익을 얻은 것이 지금의 번역으로까지 이어지게 되었습니다. 저는 이것이 하나님의 크신 섭리임을 믿습니다. 이 책을 통해 많은 분이 하나님의 아름다움을 볼 수 있기를 바랍니다.

2025년 겨울
장기영 박사

약어

ANF	*The Ante-Nicene Fathers.* Edited by Alexander Roberts and James Donaldson. 10 vols. Grand Rapids: Wm. B. Eerdmans, 1989.
Annotations	Poole, Matthew. *Annotations upon the Holy Bible* (1683-5). Reprinted with the title, *A Commentary on the Holy Bible.* 3 vols. Peabody, Massachusetts: Hendrickson Publishers, 1991.
BEW	*The Works of John Wesley.* in Begun as "The Oxford Edition of the Works of John Wesley" (Oxford: Clarendon Press, 1975-1983); continued as "The Bicentennial Edition of Works of John Wesley" (Nashville: Abingdon Press, 1984-). Editor-in-chief Frank Baker.
ENNT	Wesley, John. *Explanatory Notes Upon the New Tesatament.* London: Epworth Press, 1966.
ENOT	Wesley, John. *Explanatory Notes Upon the Old Tesatament.* 3 vols. Salem, Ohio: Schmul Publishers, 1975.
Exposition	Henry, Matthew, *Exposition of the Old and New Testament* (1706-1721). Reprinted with the title, *Matthew Henry's Commentary on the Whole Bible: complete and unabridged in one volume.* Peabody, Massachusetts: Hendrickson Publishers, 1995.
Institutes	Calvin, John. *Institutes of the Christian Religion.* Edited by John T. McNeill. 2 vols. Philadelphia: The Westminster Press, 1960.
Journal	Wesley, John. *The Journal of the Rev. John Wesley, A. M. ed.* Edited by Nehemiah Curnock. 8 vols. London: Epworth Press, 1960.
Letters	Wesley, John. *The Letters of the Rev. John Wesley, A.M.* Edited by John Telford. 8 vols. London: Epworth Press, 1960.

NP   Wesley, John. *A Compendium of Natural Philosophy, being A Survey of the Wisdom of God in the Creation*, Edited and Revised by Robert Mudie. 3 vols. London: Thomas Tegg, 1836.

NPNF   *A Select Library of the Nicene and Post-Nicene Fathers of the Christian Church.* First series. Edited by Philip Schaff. 14 vols. Grand Rapids: Wm. B. Eerdmans, 1988: Second series. Edited by Philip Schaff and Henry Wace. 14 vols. Grand Rapids: Wm. B. Eerdmans, 1986.

Works   Wesley, John. *The Works of the Rev. John Wesley, A.M*, Edited by Thomas Jackson. 3rd ed. 14 vols. London: Wesleyan Methodist Book Room, 1872. Reprint. Peabody, Massachusetts: Hendrickson Publishers, 1991.

WTJ   *Wesleyan Theological Journal.* Published by Wesleyan Theological Society.

차례

제1부 하나님에 대한 지식

제1장 하나님의 불가해성 26

제2장 하나님의 계시 44

제2부 하나님의 본성

제3부 하나님의 사역

제5장 창조 294

서론

I. 현대에 새롭게 주목받는 존 웨슬리

복음 전도자이자 메소디스트 부흥운동의 창시자 존 웨슬리(John Wesley)에 대한 연구는 오늘날까지 지속적인 관심의 대상이 되어왔다. 버나드 셈멜(Bernard Semmel)은 18세기 영국이 프랑스 혁명 같은 폭력적인 격변을 겪지 않은 것은 웨슬리의 복음주의 부흥운동 덕분이라고 주장했다.[1] J. 웨슬리 브레디(J. Wesley Bready) 역시 "오늘날 영어권 세계의 민주주의적 문화 유산은 정치적·경제적 성취가 아닌 영적인 성취"로 웨슬리의 부흥운동의 영향이라고 주장했다.[2] 특히 웨슬리의 신학은 큰 주목을 받고 있다. 조지 크로프트 셀(George Croft Cell)은 "기독교의 교리와 실천 모두에 대한 웨슬리의 건설적인 작업은 구(舊)개신교와 신(新)개신교를 이어주는 진정한 교량 역할을 한다"[3]고 주장했다. 앨버트 아우틀러(Albert C. Oulter) 역시 웨슬리의 에큐메니컬 신학이 "현대 기독교에 만연한 이분법적 가치 대립(자유주의 vs 신정통주의, 개신교 vs 가톨릭, 하나님을 높이고 인간은 폄하하는 자 vs 인간을 높이고 하나님은 폄하하는 자, 자학자 vs 과시자, 지식인 vs 상업주의자 등)에 제3의 길을 제공한다"[4]고 평가했다.

---

1 Bernard Semmel, *The Methodist Revolution* (London: Heinemann Educational Books, 1973), 3.

2 J. Wesley Bready, *England before and after Wesley* (London: Hodder and Stoughton Limited, 1938), 11.

3 George Croft Cell, *The Rediscovery of John Wesley* (New York: Henry Holt, 1935), 5.

4 Albert C. Oulter's Presidential Address to the American Theological Society in 1961, "Towards a Re-Appraisal of John Wesley as a Theologian", in Thomas C. Oden & Leicester R. Longden (eds.), *Essays of Albert C. Outler: The Wesleyan Theological Heritage*

그러나 시간이 흐르면서 웨슬리 전통에 대한 관심이 점차 약화되고 있다는 우려가 웨슬리안 내부에서 제기되고 있다. 이에 따라 감리교단 및 웨슬리안 교단들의 미래가 위기에 처해 있음을 전제로 1982년 제7차 옥스퍼드 메소디스트 신학회(Oxford Institute of Methodist Theological Studies, 5년마다 영국 옥스퍼드 대학교에서 열리는 세계 감리교 · 웨슬리안 신학 학술대회-역주)가 개최되었다[1982년 대회의 주제는 "메소디스트 신학 전통의 미래"(The Future of Methodist Theological Traditions)였음-역주].[5] 그러나 최근에는 웨슬리 신학 연구가 더 젊은 세대 학자들을 중심으로 점차 활성화되는 경향이 나타나고 있다. 테드 캠벨(Ted A. Campbell)은 성공회와 장로교 등 다양한 전통에 속한 젊은 신앙인들이 자신의 신앙적 뿌리를 찾으려 노력하는 가운데, 웨슬리안들도 신앙의 더 깊은 뿌리를 찾아 창시자의 신학의 다양한 요소에 새롭게 주목하고 있다고 주장한다.[6] 이를 뒷받침하듯 기독교의 권위의 원천, 거룩한 성품, 선행, 결혼, 웨슬리 신학과 한국의 민중신학 간 비교연구 등 웨슬리 신학에 대한 다양한 박사학위논문들이 발표되고 있다.[7] 이런 현상은 전통적 신학이 오늘의 신학 연

(Grand Rapids, Michigan: Zondervan Publishing House, 1991), 54.

5   M. D. Meeks (ed.), *The Future of the Methodist Theological Traditions* (Nashville: Abingdon Press, 1985), 10.

6   Ted A. Campbell, "Is It Just Nostalgia? The Renewal of Wesleyan Studies", *The Christian Century*, vol.107 (April 1990), 396-98.

7   그중 일부를 소개하면 다음과 같다. R. D. Matthews, "'Religion and Reason joined': A Study in the Theology of John Wesley" (Ph. D. Thesis, Harvard University, 1986). M. S. Fujimoto, "John Wesley's Doctrine of Good Works" (Ph. D. Thesis, Drew University, 1986). R. B. Steele, "'Gracious Affection' and 'True Virtue' in the Experimental Theologies of Jonathan Edwards and John Wesley" (Ph. D. Thesis, Marquette University, 1990). B.W. Coe, "John Wesley and Marriage" (Th. D. Thesis, Boston University School of Theology, 1990). H. K. Kim, "The Theology of Social Sanctification examined in the Thought of John Wesley and in Minjung Theology: A Comparative Study" (Ph. D. Thesis, Drew University, 1991). B. E. Bryant, "John Wesley's Doctrine of Sin" (Ph. D. Thesis, King's College, London, 1992). H. McGonigle, "John Wesley—Evangelical Arminian" (Ph. D. Thesis, Keele

구에서도 적절성을 지닐 수 있음을 보여주는 건강한 징후라 할 수 있다.

감리교회, 복음주의연합형제교회, 나사렛교회, 웨슬리안감리교회, 기독교대한성결교회 등 웨슬리 전통에 뿌리를 둔 교단들은 전 세계적으로 수천만 명의 신자를 보유하고 있다.[8] 이는 웨슬리의 정신이 지금도 기독교 영성에 강력한 영향력을 미치고 있음을 보여준다. 따라서 이 전통을 자신의 신앙적 정체성으로 삼는 우리가 현재에도 수없이 많은 사람의 신앙에 큰 영향을 미치고 있는 창시자에 대해 연구하는 일은 매우 바람직하다고 할 수 있다.

II. 연구 대상으로서의 존 웨슬리 신학

존 웨슬리는 복음 전도자, 부흥운동 지도자, 실천적 신학자로서 널리 존경받아왔지만, 토마스 아퀴나스(Thomas Aquinas)의 『신학대전』(*Summa Theologiae*), 장 칼뱅(John Calvin)의 『기독교 강요』(*Institutes*), 칼 바르트(Karl Barth)의 『교회 교의학』(*Church Dogmatics*) 같은 조직신학서를 쓰지 않았다는 이유로 종종 삼류 신학자로 여겨지기도 한다. 조지 크로프트 셀에 따르면, 매튜 아놀드(Matthew Arnold)는 웨슬리가 "삼류 지성인"[9]에 지나지 않는다고 평가했다. 심지어 웨슬리를 열렬히 옹호하는 사람들조차 "웨슬

University, 1994). L. C. Bosch, "The Ethical Implications of the Concept of Faith as Freedom from Society in the Theology of John Wesley" (Ph. D. Thesis, the University of South Africa, 1995). D. C. Leclerc, "Original Sin and Sexual Difference: A Feminist Historical Theology of a Patristic, Wesleyan, and Holiness Doctrine" (Ph. D. Thesis, Drew University, 1998).

8   참고. Peter Brierley ed., *World Churches Handbook* (London: Christian Research, 1997), 32.

9   George Croft Cell, *The Rediscovery of John Wesley*, 8.

리는 철학자나 조직신학자가 아닌 설교자였다는 점을 유념해야 한다"[10] 면서, 그가 설교자이지 신학자는 아니라는 평가에 동의하는 경향을 보이곤 한다.

그러나 시어도어 런연(Theodore Runyon)은 이러한 평가가 신학 체계와 신학 방법론을 혼동하면서, 전자 없이는 후자도 있을 수 없다고 가정하는 데서 비롯됨을 예리하게 지적했다.[11] 전통적으로 신학은 방대한 분량의 책을 통해 기독교 사상 전반을 체계적으로 제시하는 것으로 이해되어 왔다. 그러나 M. 더글라스 미크스(M. Douglas. Meeks)의 표현처럼, 만물이 예수 그리스도 안에서 "함께 서고" "지속"한다는 사실과 그 점이 세상에서의 교회의 사명에 대해 갖는 의미를 밝히는 것이 신학이라고 한다면,[12] 웨슬리는 신학자로서 세상에서의 교회의 사명, 특히 죄인을 구원으로 인도하는 일에 관한 생각을 방대한 조직신학서가 아닌 설교, 논문, 서신, 일지, 성경 주해 등을 통해 일관성 있게 표현했다. 따라서 그는 "내 설교집을 진지하게 읽는 사람은 누구나 내가 참된 기독교의 본질로 믿고 가르치는 교리가 무엇인지 가장 분명히 알 수 있습니다"[13]라고 주장할 수 있었다.

칼 바르트는 『교회 교의학』에서 교의를 "정규 교의학"(regular dogmatics)과 "비정규 교의학"(irregular dogmatics)으로 구분한다.[14] 비정규 교의학

---

10   John W. Prince, *Wesley on Religious Education* (New York: The Methodist Book Concern, 1926), 11-2.

11   Theodore Runyon, "System and Method in Wesley's Theology", unpublished paper, quoted in Rex Dale Matthews, " 'Religion and Reason Joined': A Study in the Theology of John Wesley", 26-7.

12   M. D. Meeks, "John Wesley's Heritage and the Future of Systematic Theology", in Theodore Runyon ed., *Wesleyan Theology Today* (Nashville: Kingswood Books, 1985), 38.

13   *BEW* 1: 103 (설교집 서문).

14   Karl Barth, *Church Dogmatics* I/1 (Edinburgh: T&T Clark, 1975), trans., G. W. Bromiley, 275-76. 바르트에 따르면 정규 교의학은 "신학 교육이라는 학교의 특별한 과업에 적합한 완전성을 목적으로 삼는 교의 탐구"를 의미한다. 그는 오리게네스(Origen), 아우구스티누스(Augustine), 토마스 아퀴나스, 멜랑히톤

은 "신학교육이라는 임무를 우선적으로 고려하지 않기에, 완전성에 일차적 관심을 두지 않는 교의 탐구"[15]를 의미한다. "비정규 신학자들은 교의학에 관심이 있음에도 정규 교의학 논의에 뛰어들 만큼의 소명, 욕구, 시간, 환경을 갖지 못한다."[16] 대신 그들은 교리적 논문, 성경 주해, 역사적 기록, 설교, 소책자, 경건 서적 등을 통해 자신들의 비정규 교의학을 만들어 낸다. 아타나시우스(Athanasius)나 마르틴 루터(Martin Luther)와 같은 신학자의 작품이 이 범주에 해당한다.[17] 칼 바르트의 구분에 따르면, 웨슬리 역시 신구약성경 주해, 설교, 논문, 찬송집, 서신 등을 통해 성경의 진리를 설명하려 한 점에서 루터나 아타나시우스와 같은 비정규 신학자에 해당한다고 할 수 있다.[18] 바르트는 비정규 교의학이 정규 교의학과 나란히 "고유의 필요성과 가능성"을 지닌다고 보면서,[19] 정규 교의학과 비정규 교의학 각각의 강점과 약점을 지적했다. 정규 교의학은 확실한 지식의 길이 된다는 점이 강점이지만, 새로운 통찰력이 주는 생기와 기쁨이 덜할 수 있다. 이에 비해 비정규 교의학은 생동감과 자극을 주는 장점이 있지만, '우발적'이라는 약점이 있다.[20] 나아가 바르트는 "정규 교의학은 언제나 비정규 교의학에서 출발하며, 그 자극과 도움 없이는 생겨날 수 없

(Melanchthon), 칼뱅, 슐라이어마허(Schleiermacher) 등을 정규 교의학 형식으로 저술한 신학자로 언급한다. 또 정규 교의학은 가능한 한 완전해야 하며, 교회의 선포를 위해 중요한 개념과 주제의 전 범위를 포함해야 한다고 주장한다.

15   Karl Barth, *Church Dogmatics* I/1, 277. 바르트는 비정규 교의학은 동일한 일관성, 세부적 체계성, 방법론의 엄격성과 명확성으로 신학 전반을 아우르지 않으며, 특정한 역사적 이유에 따라 특정 주제에 집중한다고 지적한다.

16   Karl Barth, *Church Dogmatics* I/1, 278.

17   Karl Barth, *Church Dogmatics* I/1, 278.

18   M. D. Meeks, "John Wesley's Heritage and the Future of Systematic Theology", 38.

19   Karl Barth, *Church Dogmatics* I/1, 277.

20   Karl Barth, *Church Dogmatics* I/1, 275–78.

음을 알아야 한다"[21]고 덧붙인다. 그렇다면 존 웨슬리의 신학적 접근법 역시 조직신학의 범주에 해당하고, 비정규 신학이 갖는 강점과 약점 모두를 지닌다고 할 수 있다.

최근 신학의 본질에 대한 논의에서 중요한 발전은, 복음을 더 생생하게 드러내는 방편으로 설교와 찬양을 활용하는 방안에 대한 관심 외에도, 신학이 교회에서 활용 가능하고 설교할 수 있는 것이어야 한다는 주장에 더 큰 관심을 갖게 되었다는 점이다.[22] 개혁주의 신학자 폴 주엣(Paul K. Jewett)에 따르면, 교의신학은 성경적 설교에서 비롯되지만, 지난 200여 년 동안 교회는 그런 학문이 없이도 존재해왔다. 따라서 그는 "신학의 가치는 설교 가능하다는 사실만으로도 인정받을 수 있고", 신학이 스스로를 표현하려면 반드시 설교와 찬양의 도움을 받아야 한다고 주장한다.[23] 랜디 매덕스(Randy L. Maddox) 역시 "신학적 성찰의 최종적 가치는 추상적 이론 단계가 아니라 그 결과를 활용해 오늘의 교회의 논의와 삶에 비판을 제기하고 규범을 수립하는 데서 발견된다"[24]고 주장한다. 실제로 웨슬리는 계몽주의 시대의 인본주의적 기독교에 대항해 사변적 신학을 다시 실천적이고 영적인 신학으로 되돌리고자 노력했다. 아우틀러는 웨슬리를 주요 사변 신학자들과 구분해 "대중 신학자"(folk theologian)[25]로 불렀는

---

21   Karl Barth, *Church Dogmatics* I/1, 278.

22   Paul K. Jewett, *God, Creation, & Revelation* (Grand Rapids: William B. Eerdmans, 1991). Geoffrey Wainwright, *Doxology* (London: Epworth Press, 1980). Thomas A. Langford, *Practical Divinity* (Nashville: Abingdon Press, 1992). S. T. Kimbrough, Jr. "Hymns Are Theology", *Theology Today*, vol. 42 (April 1985), 59–68. Randy L. Maddox, "Responsible Grace: the Systematic Nature of Wesley's Theology Reconsidered", *Quarterly Review*, vol. 7 (Spring 1986), 24–34.

23   Paul. K. Jewett, *God, Creation, & Revelation*, xix.

24   Randy. L. Maddox, "Responsible Grace: the Systematic Nature of Wesley's Theology Reconsidered," 25.

25   Albert C. Outler, "John Wesley: Folk-Theologian", *Theology Today*, vol. 34, 2 (1977), 150.

데, 실제로 그는 전문 신학자들의 학문적 언어 사용을 선호하지 않았다.[26] 웨슬리 신학은 평범한 사람들을 대상으로 하는 실천적 신학이다. 그는 『표준설교집』 서문에서 자신의 지향점을 분명히 밝혔다.[27]

> 나는 평소처럼 이 책에서도 수사학적 언변을 즐기거나 이해하지 못해도 현재와 미래의 행복에 꼭 필요한 진리를 능숙하게 분별할 줄 아는 보통 사람들을 위해 글을 썼습니다. … 평범한 사람들을 위해 평범한 진리를 이 설교집에 담았습니다. 멋있어 보이기 위한 모든 철학적 사변이나 난해하고 복잡한 추론을 피했고, 성경 원문을 직접 인용하는 경우 외에 지식 드러내는 일을 가능한 한 삼갔습니다. 일상 생활에서 사용하지 않는 이해하기 어려운 모든 용어, 특히 신학서에 자주 등장하는 전문 용어, 학식 있는 사람들은 친숙하지만 보통 사람들은 알기 힘든 언어 사용을 피하고자 노력했습니다.

그러나 이는 웨슬리가 신학서와 철학서를 경시하거나 읽지 않았다는 뜻이 아니다. 비비안 그린(Vivian H. H. Green)은 그의 책에서 웨슬리가 1725년에서 1734년까지 신학, 철학, 역사, 과학, 시를 포함해 약 400권의 책을 읽었음을 보여준다.[28] 웨슬리는 훌륭한 신학은 교회에서 최선의 실천을 이끌어내는 것을 목표로 하며, 훌륭한 목회는 최고의 신학을 형성하는 데 기여한다는 사실을 알았다. 이런 점에서 웨슬리 신학은 신학이 이론과 실천의 균형을 필요로 하는 오늘의 상황에 잘 부합한다.

---

26 Randy L. Maddox, "Responsible Grace: the Systematic Nature of Wesley's Theology Reconsidered", 24.

27 *BEW* 1: 103–4.

28 V. H. H. Green, *The Young Mr. Wesley* (London: Epworth Press, 1961), 289–302. 아우틀러는 웨슬리가 독서한 도서 목록이 1,400명 이상의 다양한 저자로 구성되어 있다고 분석한다; 참고. Outler, "John Wesley: Folk-Theologian", 152.

III. 본 연구의 필요성과 의의

하나님에 대한 교리는 모든 신학 구조의 중심에 자리해 그 구조의 다른 부분에서 제기되는 모든 주장을 좌우하는 핵심요소이다. 앨런 카피지(Allan Coppedge)는 웨슬리 신학에서 구원론 형성에 가장 큰 영향을 끼친 요소는 하나님에 대한 이해라고 말한다. 그는 웨슬리의 예정론 연구의 결론부에서 "웨슬리의 예정 이해는 본질적으로 그가 성경에서 발견한 하나님의 성품에 의해 결정된다"[29]고 말한다. 비록 카피지는 웨슬리의 예정론에 나타난 하나님의 모습을 간략히 다루었지만, 웨슬리 신학의 다른 교리들을 더 분명히 이해하기 위해서는 그의 신론에 관한 포괄적 연구가 시급함을 보여준다.[30] 윌리엄 캐논(William R. Cannon) 역시 웨슬리의 칭의론을 철저히 연구하는 일은 하나님의 본성 및 성품과의 관계를 고려하지 않고서는 불가능함을 지적한다.[31]

그러므로 칭의는 하나님의 본성이라는 더 근본적인 요소에서 결코 분리될 수 없다. 하나님이 무엇을 행하시는가는 하나님이 어떤 분이신가에 의해 결정되며, 칭의가 하나님의 용서의 행위라면 그 궁극적 토대는 하나님의 본성과 성품 자체에 있다. 인간이 칭의의 대상이라면, 하나님은 칭의의 주체이시기 때문이다.

웨슬리 신학에서 하나님에 대한 교리는 매우 중요함에도, 로더릭 토머스 루프(Roderick Thomas Leupp)가 지적했듯, 지금까지의 연구에서는 "궁

---

29 Allan Coppedge, *John Wesley in Theological Debate* (Wilmore: Wesley Heritage Press, 1987), 265.

30 Allan Coppedge, *John Wesley in Theological Debate*, 127.

31 William R. Cannon, *The Theology of John Wesley: With Special Reference to the Doctrine of Justification* (Lanham: University Press of America, 1974), 153.

극적이지 않은 부차적인 것"[32]으로 여겨져 왔다. 루프는 웨슬리 신학 연구에서 하나님 교리가 소홀히 다루어져 왔다고 주장하면서, 존 데쉬너(John Deschner)의 『웨슬리의 기독론』(*Wesley's Christology*)[33]과 콜린 윌리엄스의 『현대 웨슬리 신학』(*John Wesley's Theology Today*)[34] 등 주요 연구서의 색인에서 '하나님'(God)이라는 용어조차 찾을 수 없다는 점을 사례로 든다.[35] 신학 서적은 물론이고 박사학위논문을 조사해 보아도 아직까지 웨슬리의 하나님 교리를 종합적으로 다룬 연구는 이상하리만큼 이루어지지 않았다. 이는 이 연구가 시급한 필요성을 보여준다.

본 연구의 주된 목적은 존 웨슬리의 저술에서 발견되는 하나님 교리를 체계적으로 살피고 해설하는 데 있다. 아울러 이 교리가 웨슬리 신학의 체계 전반과 칭의론, 그리스도인의 완전론, 구원론 등 다른 교리들에 어떤 영향을 미치는지 살펴볼 것이다. 그리고 웨슬리 신학이 당대와 그 이후에 지속된 하나님 교리 논쟁에 어떻게 기여했는지 간략히 평가할 것이다. 연구 방법으로는 분석적이고 기술적인 접근을 병행하되, 웨슬리의 사고가 18세기의 역사적 상황, 사건, 논쟁 속에서 발전한 사실을 고려해 역사적 요소 역시 중요하게 다룰 것이다. 그럼에도 본 연구는 엄밀히 말해 역사적 연구가 아니라, 하나님에 대한 전통적 연구의 틀을 따라 하나님에 대한 지식, 하나님의 본성, 하나님의 사역이라는 주제를 중점적으로 다루는 조직신학적 연구이다.

---

32 Roderick Thomas Leupp, "'The Art of God': Light and Darkness in the Thought of John Wesley" (Ph. D. Thesis, Drew University, 1985), 6.

33 John Deschner, *Wesley's Christology* (Dallas: Southern Methodist University Press, 1985), 217.

34 Colin W. Williams, *John Wesley's Theology Today* (London: Epworth Press, 1960), 249.

35 Roderick Thomas Leupp, "'The Art of God'; Light and Darkness in the Thought of John Wesley", 6.

나는 이 책이 두 가지 면에서 웨슬리 연구에 기여할 수 있기를 바란다. 첫째, 웨슬리의 하나님 이해에 대한 포괄적이고 분석적인 연구에 이바지하는 것이다. 둘째, 웨슬리 신학에서 구원론, 그리스도인의 완전론, 하나님의 은혜와 인간의 자유의지의 조화 가능성 등 다른 연관된 교리를 설명하는 일에 새로운 통찰을 제공하는 것이다. 예컨대, 웨슬리의 구원론 연구는 일반적으로 구원의 순서(구원의 서정) 또는 인간의 자유의지와 하나님의 예정에 대한 논쟁과 함께 다루어져 왔다. 이러한 논의들은 분명 웨슬리의 구원 이해에 중요한 함의를 갖기 때문이다. 그러나 웨슬리의 하나님 이해라는 더 넓은 관점에서 그의 구원론을 고찰한다면, 우리는 구원이 삼위일체 하나님의 사역이며 그 계획과 과정 모두가 삼위일체적 방식으로 이루어진다는 필연적 원리를 발견할 수 있게 된다. 삼위일체 하나님이 우리를 구원하시는 목적은 우리와 인격적이고 거룩한 교제를 나누시기 위함이므로, 구원 역시 그 목적에 부합하는 인격적이고 거룩한 방식으로 수행되어야 하기 때문이다. 그럼에도 지금까지의 연구에서 웨슬리의 구원론에 대한 이 같은 삼위일체론적 접근은 상대적으로 소홀히 다루어져 왔다.

이 책은 총 7장으로 구성되어 있다. 제1장은 하나님의 불가해성에 대한 웨슬리의 이해를 다루며, 불가해한 하나님이 어떻게 객관적 연구의 대상이 될 수 있는지를 탐구한다. 제2장의 주제는 하나님의 계시로, 인간에게 하나님의 계시가 필요한 이유, 일반계시와 특별계시의 내용, 특별계시의 필요성을 중점적으로 다룬다. 제3장은 웨슬리의 삼위일체 교리를 다루며, 그것이 기독교 신앙과 삶에 어떻게 적용되는지를 살핀다. 제4장에서는 하나님의 속성을 살펴보고, 그 속성들이 그분의 사역과 어떻게 조화를 이루는지 살펴볼 것이다. 제5장에서는 하나님의 창조와 그 목적을 논의한다. 제6장에서는 하나님의 현재적 섭리 사역을 주제로 기적, 악의 문제, 세상의 재창조, 인간의 구원, 하나님 나라 등을 다룬다. 제7장은 이 책의 결론으로, 하나님에 관한 웨슬리의 가르침을 요약하고 되새길 것이다.

제1부 하나님에 대한 지식

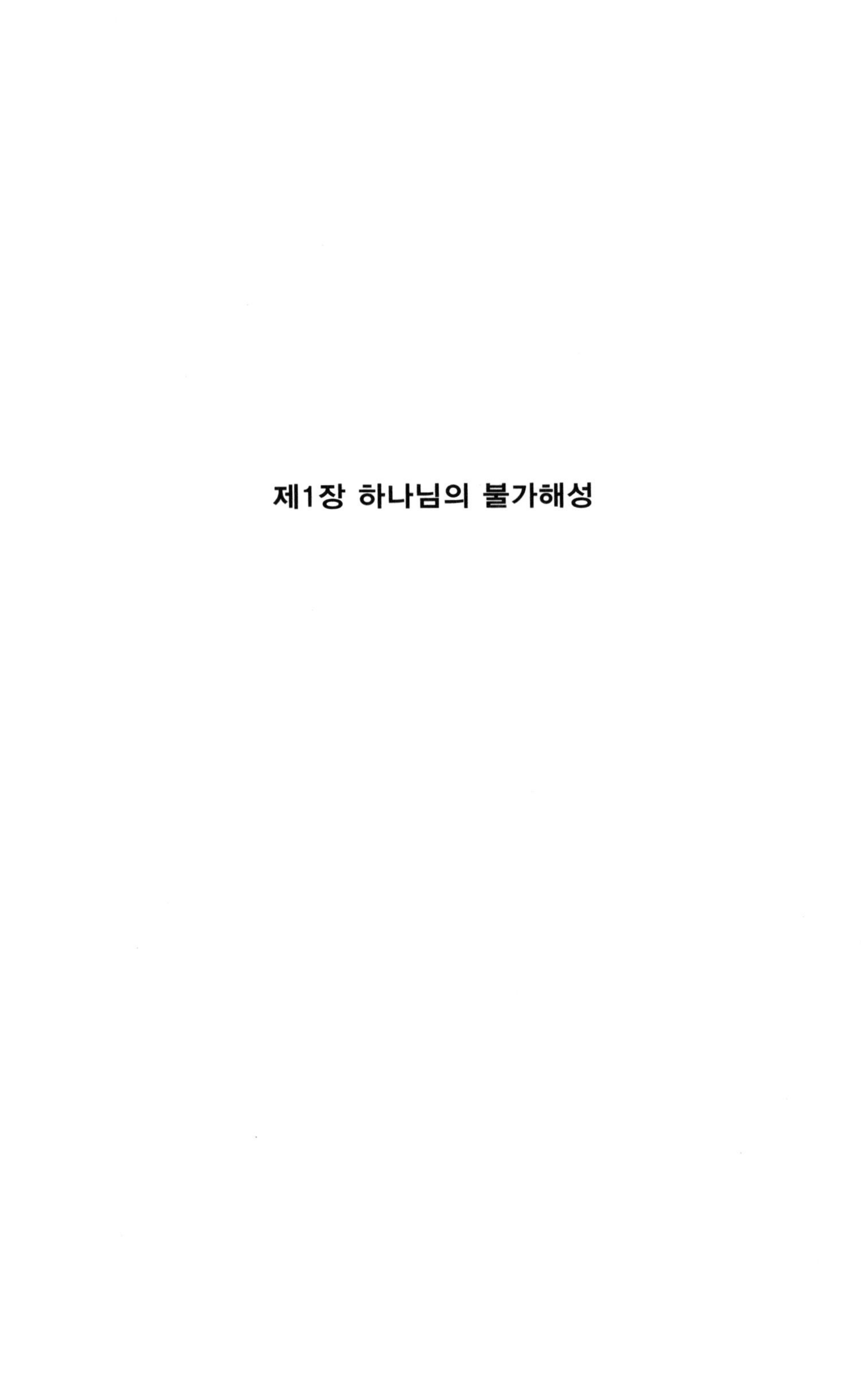

제1장 하나님의 불가해성

하나님에 대한 지식은 웨슬리 신학의 구조에서 중요한 역할을 한다. 일평생 구원을 강조한 웨슬리는 "믿음으로 구원받는다는 것은 다른 무엇이 아니라 하나님을 아는 지식을 얻어 하나님을 사랑하게 되는 것"[1]이라고 설명했다. 그에 따르면, 참된 종교와 행복의 본질은 "온 마음을 다해 하나님을 사랑하고 이웃을 내 몸과 같이 사랑하는 것"이다.[2] 이 사랑은 "하나님의 성령께서 친히 가르쳐 주심으로 우리가 하나님을 알기 시작할 때" 생겨난다.[3] 하나님을 알지 못하면 우리는 하나님을 사랑할 수도, 구원받을 수도 없다.[4]

더욱이 웨슬리는 생애의 말년에 다가갈수록 하나님에 관한 지식에 점점 더 많은 관심을 보였다. 렉스 데일 매튜스(Rex Dale Matthews)가 지적한 것처럼,[5] 웨슬리는 생애 마지막 10년 동안의 중요한 설교들에서 주로 하나님에 대한 지식에 설교의 초점을 맞추었다.[6] 이러한 점은 하나님에

---

1 "A Farther Appeal to Men of Reason and Religion"(1745), *Works* 8: 48.

2 "The Unity of the Divine Being"(1789), *BEW* 4: 66-7.

3 "The Unity of the Divine Being", *BEW* 4: 67.

4 "A Farther Appeal to Men of Reason and Religion", *Works* 8: 47; "Original Sin"(1759), *BEW* 2: 178.

5 Rex Dale Matthews, "'Religion and Reason Joined': A Study in the Theology of John Wesley", 247.

6 "The Case of Reason Impartially Considered"(1781); "God's Love to Fallen Men"(1782); "God's Approbation of His Works"(1782); "The Imperfection of Human Knowledge"(1784); "The Wisdom of God's Counsels"(1784); "On Divine Providence"(1786); "On Eternity"(1786); "On Conscience"(1788); "On Faith"(1788); "On the Omnipresence of God"(1788); "Walking by Sight, and Walking by Faith"(1788); "The Unity of the Divine Being"(1789); "On Living Without God"(1790); "On Faith"(1791).

대한 웨슬리의 가르침을 바르게 이해하는 일에 하나님에 대한 지식이 매우 중요함을 나타낸다.

하나님에 대한 지식을 다루는 연구의 시작 부분에서 우리는 먼저 하나님이 연구의 대상이 될 수 있는지 살펴볼 필요가 있다. 만약 하나님의 은혜가 부족하든, 인간의 능력이 부족하든 우리에게 하나님을 알 수 있는 가능성이 전혀 없다면 하나님에 대한 연구는 시작도 할 수 없을 것이기 때문이다.

이곳에서 우리는 하나님이 객관적 연구의 대상이 될 수 있는지 살펴볼 것이다. 그러나 그보다 먼저 하나님의 불가해성에 대한 웨슬리의 이해를 살펴보자.

I. 불가해하신 하나님

웨슬리는 하나님은 불가해한(incomprehensible, 이해할 수 없는) 분으로[7] 우리에게서 자신을 숨기신다고 단언한다.[8] "영원 전부터" 성부 하나님은 "가까이하지 못할 빛 가운데" 거하셨고,[9] "구름과 어둠"이 그분을 둘렀다.[10] "유한한 존재는 무한한 존재를 가늠할 수 없고",[11] 인간의 사유는 하나님의 초월적 영역을 완전히 포착하는 것이 불가능하므로, 유한한 인간에게 무한하신 하나님은 언제나 불가해한 분으로 남는다.

---

7   "The Promise of Understanding"(1730), *BEW* 4: 281-82; "The Imperfection of Human Knowledge"(1784), *BEW* 2: 568-69.

8   "The Promise of Understanding", *BEW* 4: 288

9   "The End of Christ's Coming"(1781), *BEW* 2: 478.

10   "Christian Perfection"(1740), *BEW* 2: 101.

11   엘리자베스 베니스(Elizabeth Bennis)에게 보낸 편지 (1771년 10월 28일), *Letters* 5: 284.

가장 먼저 하나님의 본질과 속성이 인간에게 불가해하다. 성부, 성자, 성령이신 삼위일체 하나님은 우리가 이해할 수 없는 분이시다. 웨슬리는 더블린(Dublin)의 성 패트릭(St. Patrick's) 대성당 주임 사제 조너선 스위프트(Jonathan Swift, 1667~1745)와 견해를 같이해, 삼위일체 하나님의 신비를 설명하려 드는 사람은 길을 잃게 될 것이라고 말한다.[12] 우리는 계시를 통해 "하나님이 삼위이자 일체"이시라는 "사실"은 알지만, 삼위일체의 "방식"은 이해하지 못한다.[13] 또 말씀이 육신이 되신 방식을 알 수 없으며,[14] 성령이 창조세계와 우리 영혼 안에서 어떻게 역사하시는지 정확히 말할 수 있는 사람은 아무도 없다.[15] "우리는 단지 성경과 경험을 통해 하나님의 말씀과 성령이 서로 연합해 역사하신다는 사실만 알 뿐이다."[16] 게다가 하나님의 다양한 속성에 대해서도 우리가 아는 것은 극히 일부분에 불과하다. 웨슬리는 설교 "인간 지식의 불완전함"(1784)에서 우리가 하나님의 본성과 속성에 대해 얼마나 무지한지 고백했다.[17]

> 우리가 하나님에 대해 아는 것이 얼마나 놀랍도록 적은지요! 그분의 본성에 대해, 그분의 본질적 속성에 대해 우리가 아는 것이 얼마나 작은 일부분인지요! 그분의 편재하심을 우리가 어떻게 이해할 수 있겠습니까? 어떻게 하나님이 이곳에 계시면서 동시에 다른 모든 곳에도 계시며, 또 어떻게 광활한 우주에 충만하신지 누가 이해할 수 있겠습니까?

12　"On the Trinity"(1775), *BEW* 2: 377.

13　"On the Trinity", *BEW* 2: 384.

14　"On the Trinity", *BEW* 2: 384.

15　"New Birth"(1760), *BEW* 2: 191.

16　윌리엄 로(William Law)에게 보낸 편지 (1756년 1월 6일), *Letters* 3: 367.

17　*BEW* 2: 569.

나아가 인간은 "하나님의 섭리 사역"을 이해하지 못한다.[18] 웨슬리는 하나님의 섭리 이해와 연결되어 있는 것이 "악의 문제"임을 지적한다.[19] 그는 세상이 우연에 지배되는 것이 아니라, "모든 것이 하나님의 섭리에 의해 다스림을 받는다"[20]고 주장한다. 그렇다면 "자신도 무한히 선하시고" 모든 피조물을 지극히 선하게 만드신 하나님은 왜 악이 자신의 창조 세계에 존재하도록 허용하셨는가? 전지전능하신 하나님이 악의 문제에 대해 분명하고 정당한 이유를 가지셨더라도 우리는 그것을 알 수 없다.[21]

더욱이 "하나님께서 국가나 가족, 개인을 향해 섭리로 행하시는 일들을 우리는 얼마나 조금밖에 이해하지 못하는가!"[22] 우리는 "하나님이 모든 사람을 사랑하시며 그 자비가 모든 피조물 위에 임한다"는 사실을 알지만, 왜 어떤 나라에서는 그토록 많은 가난한 사람이 죽임을 당하는지 알지 못한다.[23] "왜 그토록 많은 사람이 어머니의 태중에서부터" 거룩함의 모든 가능성과 단절되어 있는 것일까? 만약 한 사람이 비기독교 국가에서 태어나 살다가 그곳에서 죽는다면, 그는 거룩함이 무엇인지 결코 알 수 없을 것이다. 그렇다면 '거룩함이 없이는 아무도 주를 보지 못하리라'(히 12:14)라는 말씀이 온당하다고 할 수 있는가?[24]

우리는 하나님의 창조에 대해서도 제한된 지식만 가질 뿐이다. 인간은 하나님의 피조물에 대해 어느 정도의 사실은 알지만, 그 본질과 속성

---

18 "The Imperfection of Human Knowledge" *BEW* 2: 577.

19 "The Promise of Understanding", *BEW* 4: 285; 참고. *BEW* 2: 577.

20 "The Imperfection of Human Knowledge", *BEW* 2: 578; 참고. 마 10: 29; 잠 16: 23; 눅 12: 17.

21 "The Promise of Understanding", *BEW* 4: 286.

22 "The Imperfection of Human Knowledge", *BEW* 2: 578.

23 "The Imperfection of Human Knowledge", *BEW* 2: 579.

24 "The Imperfection of Human Knowledge", *BEW* 2: 582.

은 알지 못한다.[25] 웨슬리는 초기 설교인 "이해에 대한 약속"(1730)에서 하나님이 우주와 인체의 조직에서 일하시는 방식에 대해 인간이 무지함을 인정했다. 그는 우주에 대한 새로운 발견이 이루어지던 18세기의 과학 지식을 높이 평가하면서도 하나님이 우주를 어떻게 다스리시는지에 대해 인간이 무지하다는 점을 분명히 지적했다.[26]

심지어 하나님이 자신과 그 행하시는 일에 대해 계시하신 것도 우리는 온전하게 이해하지 못한다. 웨슬리는 설교 "그리스도인의 완전"(1741)에서 먼저 하나님에 대한 인간의 지식이 불완전함을 강조했다.[27] 하나님에 대해서는 우리에게 계시되지 않은 것이 계시된 것보다 무한히 많다.[28] 계시된 내용마저도 우리에게는 여전히 베일에 싸여 있다. 그 내용은 우리에게 마치 "흐리고 희미해서 모호하고 불완전한 모습만 투영하는 유리나 거울로 보는 같아서, 계시에 대한 우리의 생각은 혼란스럽고 복잡하며 모든 것이 수수께끼 같을 뿐이다."[29] 웨슬리는 일평생 그리스도인의 완전을 가르쳤지만, 결코 사람이 하나님을 온전히 알 수 있다고 주장하지는 않았다. 웨슬리에 의하면, 하나님은 어떤 형태로든 계시를 받은 그리스도인에게조차 언제나 불가해한 분으로 남는다.[30]

지금까지 살펴본 하나님의 불가해성에 대한 웨슬리의 이해를 엿볼 수 있는 곳은 "이해에 대한 약속"(1730) 및 "인간 지식의 불완전함"(1784)이라는 두 편의 설교이다. 이 두 설교는 모두 하나님의 불가해성을 강조한

---

25 "The Imperfection of Human Knowledge", *BEW* 2: 571.

26 "The Promise of Understanding"(1730), *BEW* 4: 283.

27 "Christian Perfection", *BEW* 2: 100–105.

28 *ENOT* 1548, 욥 11: 6 주해.

29 *ENNT* 627, 고전 13: 12 주해.

30 "The Wisdom of God's Counsels"(1784), *BEW* 2: 554; 참고 *ENNT* 568. 롬 11: 33 주해.

다는 점에서 많은 유사성이 있다. 또 이 설교들은 웨슬리가 일평생 자신의 입장을 바꾸지 않았다는 사실을 보여준다.

웨슬리는 하나님의 불가해성을 글로 묘사할 때 철학적으로 정교한 논증이 아닌 단순하고 반복적인 서술로 경건하게 표현했다. 그러나 웨슬리와 초기 메소디스트들이 예배와 찬송을 드릴 때는 더 실제적인 방식으로 하나님의 불가해하심을 찬양했다. 이는 웨슬리가 편집하고 수정한 『메소디스트 찬송 모음집』(*A Collection of Hymns for the Use of the People Called Methodists*)에 잘 나타나며,[31] 그가 에른스트 랑게(Ernst Lange, 1659~1727)의 독일 찬송을 번역한 다음의 찬송에서도 생생하게 드러난다.[32]

> 오, 하나님, 깊고도 깊은 심연이시여,
>   누가 주를 온전히 알 수 있으리이까?
> 오, 헤아릴 수 없는 높음이시여,
>   누가 주의 무수한 속성을 말할 수 있으리이까?
> 측량할 수 없는 깊음이신 주여!
>   나를 주의 자비의 바다에 잠기게 하소서
> 참된 지혜가 없는 내 마음을
>   주의 사랑으로 품어 덮어 주소서
> 무한하신 주님을 믿음으로 바라보며
>   내 앞에 모실 때
> 연약한 나는 그 무게 감당할 수 없어
>   힘을 잃고 기진하여 죽고 맙니다

---

31 Hymn 126, *BEW* 7: 237–38; Hymn 124, *BEW* 7: 234–35; Hymn 144, *BEW* 7: 260; Hymn 231, *BEW* 7: 370; Hymn 501, *BEW* 7: 690.

32 Hymn 231, *BEW* 7: 370.

II. 불가해성의 이유

웨슬리에 의하면, 하나님의 불가해성에는 세 가지 주된 이유가 있다. 곧 하나님과 인간의 본성의 차이, 원죄, 하나님에 의한 계시 범위의 제한이다.

첫째, 영원하신 하나님과 유한한 인간 사이에는 본성의 차이가 있다.[33] 웨슬리는 그 차이가 무한한 심연과도 같고, "끝이 없는 바다"와도 같다고 보았다.[34] 데이비드 잉거솔 내글리(David Ingersoll Naglee)는 웨슬리가 "무한자와 유한자 사이에 영원히 존재하는 간극"을 "하나님을 아는 지식에서의 가장 큰 장애물"로 생각했다고 지적한다.[35] 가시적 세계와 비가시적 세계 사이에는 간극이 존재한다.[36] 인간에게는 '영원'이라는 개념을 형성할 능력조차 없지만, 위대한 창조주 하나님은 홀로 영원부터 영원까지 존재하신다.

반면 인간은 시간과 공간의 제약 속에서 살아간다. 우리는 우리 삶에 한계 지어진 유한성이 무한성에 비해 얼마나 작은지 상상조차 하지 못한다.[37] 웨슬리는 인간이 세상의 먼지 한 톨과 같고, 그들의 시간은 그림자처럼 사라져 간다고 생각했다.[38] 그러나 하나님은 "죽을 인간이 가까이하지 못할 빛에" 거하신다.[39]

---

33 "On Eternity"(1786), *BEW* 2: 360-61.

34 "On Eternity", *BEW* 2: 361. "Serious Thoughts occasioned by the late Earthquake at Lisbon", *Works* 11: 10.

35 David Ingersoll Naglee, *From Everlasting to Everlasting* (New York: Peter Lang, 1991), vol. 1: 49.

36 "An Earnest Appeal to Men of Reason and Religion"(1743), *Works* 8: 14.

37 "On Eternity", *BEW* 2: 371.

38 "What is Man?"(1787), *BEW* 3: 456.

39 "The Promise of Understanding", *BEW* 4: 289.

둘째, 하나님의 불가해성은 우리의 원죄 때문이다. 인간은 창조 시의 유한성에 더하여 아담의 타락으로 인해 하나님을 아는 일에 더욱 무능하게 되었다. "아담 안에서 모든 사람이 죽었습니다. 곧 영적으로 죽었으며, 생명과 하나님의 형상을 잃어버렸습니다." 그 결과는 누구도 하나님을 사랑하지도, 찾지도 않게 된 것이다.[40] 타락으로 인해 인간 안에 있는 하나님의 형상은 심각하게 훼손되었고, 인간은 하나님에 대해 거의 알 수 없게 되었다.

셋째, 하나님은 자신을 부분적으로만 계시하기를 기뻐하신다.[41] 타락으로 하나님의 형상이 크게 왜곡되고 인간이 하나님을 아는 일에 무능하게 되자, 하나님은 성자의 공로와 성령의 능력으로 하나님을 알 수 있는 길을 열어 주셨다. 그럼에도 하나님은 구원받은 자에게조차 여전히 이해의 연약함을 남겨 두셨다.[42] "하나님께서 우리가 모든 연약함 속에서 살아가도록 내버려두시는 것은 … 우리에게서 교만의 유혹이나 하나님에게서 벗어나려는 모든 생각을 제거하시기 위한" 그분의 섭리이다.[43] 하나님은 인간이 하나님을 보고 앎으로 타락했던 천사들처럼 되지 않고 겸손히 믿음으로 살아가게 하시기 위해 인간에게서 자신을 어느 정도 감추신다. 이 감추심은 인간으로 겸손을 배우게 하기 위한 것이다. 이해의 연약함과 무지는 우리에게 하나님을 온전히 신뢰하는 법을 가르친다는 점에서[44] 우리의 구원을 돕기 위한 일종의 하나님의 은혜라 할 수 있다.

---

40 "Original Sin", *BEW* 2: 173.

41 "The Wisdom of God's Counsels", *BEW* 2: 554; "The Promise of Understanding", *BEW* 4: 287.

42 "The End of Christ's Coming", *BEW* 2: 481.

43 "The End of Christ's Coming", *BEW* 2: 482.

44 "The Imperfection of Human Knowledge", *BEW* 2: 585.

III. 객관적 실재이신 하나님

지금까지 하나님의 불가해성에 대한 웨슬리의 가르침을 살펴보았다. 이제는 그런 하나님이 어떻게 객관적 연구의 대상이 될 수 있는지 생각해 보고자 한자. 이미 살펴보았듯 하나님이 불가해한 분이시라면, 인간은 어떻게 하나님께 나아가고, 하나님에 대해 말할 수 있는가?

웨슬리에 따르면, 하나님은 자신을 계시하시기 위해 "스스로를 낮추어" 인간을 찾아오셨다.[45] 또 "우리의 수준"에 맞춰 인간의 방식으로 말씀하신다.[46]

> 하나님은 우리에게 말씀하실 때 우리가 무엇으로 지음 받은 존재이며 우리의 이해가 얼마나 편협한지 아시기에, 우리의 수준으로 스스로를 낮추어 인간의 방식으로 말씀하십니다.

웨슬리에 의하면, 인간은 자신의 능력만으로는 하나님에 대해 말할 수 없다. 우리가 하나님에 대해 말할 수 있게 된 것은 하나님이 먼저 우리에게 오셔서 인간의 방식으로 자신에 대해 말씀해 주셨기 때문이다. 나아가 하나님이 누구이신지는 삼위일체 하나님의 활동을 통해 드러난다.[47] 계시가 성부, 성자, 성령 삼위일체 하나님의 역동적 활동에 의해 이루어지는 것이다. 그 결과 우리는 그분을 알고 그분에 대해 말할 수 있게 된다.

따라서 웨슬리는 하나님에 대한 참된 지식은 인간이 하나님을 찾아

---

45 The Preface to Sermons on Several Occasions, *BEW* 1: 105.

46 "On Predestination"(1773), *BEW* 2: 421.

47 "The End of Christ's Coming", *BEW* 2: 478; "Walking by Sight and Walking by Faith"(1788), *BEW* 4: 53; "The Spirit of Bondage and of Adoption", *BEW* 1: 262. 제2장에서 이 주제에 대해 더 자세히 논의할 것이다.

올라가는 것이 아니라 하나님이 인간에게 내려오심으로 가능함을 믿었다.[48] 이교도들은 스스로 신을 만들어 '다듬지만', 그리스도인은 계시를 통해 참된 하나님을 안다.[49] 이 점에서 웨슬리는 기독교를 자연종교가 아닌 계시의 종교로 이해했다.

앞서 지적했듯, 타락한 인간은 하나님에 대해 죽어 있는 상태이다. 그렇다면 죽은 자가 어떻게 하나님을 알 수 있는가? 하나님에게서 다시 태어나야 한다. 다시 태어나기 전에는 하나님에 대해 죽어 있어 하나님의 존재에 대한 "내적 의식"을 전혀 가질 수 없기 때문이다. 하나님께서 계속 "위에서" 부르셔도 그들은 귀가 닫혀 그 음성을 듣지 못한다.[50] 그들이 성령으로 다시 태어날 때 그들의 영혼은 "새롭게 하나님을 감지"하기 시작한다. 또 이해의 눈이 "새롭게 열려" 보이지 않는 하나님을 보게 된다.[51] 이같이 거듭남은 하나님을 아는 지식의 핵심 요소이다.[52]

하나님의 불가해성에 대한 웨슬리의 이해는, 그가 그러한 글을 작성하게 된 배경을 살펴 왜 이 주제에 관심을 기울이게 되었는지를 면밀히 연구하면 더 명확히 파악하고 적절히 평가할 수 있게 된다. 웨슬리는 자기 시대의 잃어버린 영혼을 찾아 나선 복음 전도자로서 동시대 사상과 문화에 무관심하지 않았다.[53] 그가 살았던 영국의 18세기는 일반적으로 계

---

48   *NP* 1: 2.

49   "The Unity of the Divine Being", *BEW* 4: 61.

50   "The Great Privilege of those that are Born of God"(1748), *BEW* 1: 434.

51   "The Great Privilege of those that are Born of God", *BEW* 1: 435.

52   웨슬리의 인식론에 관한 일부 연구에서 이 주제는 하나님에 대한 지식과 관련해 별로 다루어지지 않았다. Laurence W. Wood's 'Wesley's Epistemology' in *WTJ* 10 (Spring 1975), 49-57; M. Shimizu's "Epistemology in the thought of John Wesley" 를 참조하라; 참고. Kenneth J. Collins' "John Wesley's Doctrine of New Birth", *WTJ* 32: 1 (Spring 1997), 53.

53   *BEW* 1: 88-96.

몽주의 시대로 불린다. 계몽주의 운동은 교회의 권위에 억눌려 있던 인간의 자율성을 일깨우는 일을 목표로 삼았다. 신학이 생명력을 잃어가고 성경이 자연과학의 발견에 도전을 받아 이성의 법정에 회부되면서, 계몽주의 사상가들은 성경의 권위를 인간의 이성에 종속시켰다.[54] 계몽주의의 특징은 인간 이성의 능력이 세계와 인간, 심지어 하나님의 비밀까지 꿰뚫을 수 있음을 강조한 데 있다. 이 시기에 사람들은 초월적 하나님을 중심으로 형성된 중세 기독교 세계관에서 벗어나, 자율적 인간을 중심으로 하는 새로운 세계판으로 급격히 옮겨가고자 했다. 계몽주의의 표어는 "감히 알고자 하라(sapere aude)! 자신의 이성을 사용할 용기를 가지라!"였다.[55]

계몽주의 사상가들은 종교와 도덕의 문제에서 교회의 권위를 거부하려는 공통적 성향이 있었지만, 그럼에도 하나님에 대해서는 다양한 입장이 공존했다. 계몽주의 사상가들에게는 17세기의 합리주의와 회의주의의 유산이 이어지는 한편, 로크의 경험론과 뉴턴의 자연철학 역시 큰 영향을 미쳤다. 그러나 이 모든 영향이 하나님에 대한 문제에서는 "철저히 양면적"이었다. 누군가에게는 하나님의 존재를 입증하는 방향으로, 다른 누군가에게는 하나님의 존재를 부정하는 방향으로 작용했기 때문이다.[56] 이 시기는 마치 "하나님에 대한 상반된 견해들이 정면으로 충돌하면서 끝없이 전투가 벌어진 전쟁터"[57] 같았다.

이 연구의 범위를 넘어서기에 18세기에 경쟁했던 하나님에 대한 주

---

54 G. R. Cragg, *From Puritanism to the Age of Reason* (Cambridge: Cambridge University Press, 1950), 8.

55 Horace, *Epistles* 2: 40, Jaroslav Pelikan, *Christian Doctrine and Modern Culture (since 1700)* (Chicago: The University of Chicago Press, 1989), 60에서 재인용.

56 James Collins, *God in Modern Philosophers* (Westport, Connecticut: Greenwood Press, 1978), 127.

57 James Collins, *God in Modern Philosophers*, 127.

장 전체를 다룰 수는 없지만, 주제를 하나님의 불가해성으로 제한하면 웨
슬리의 이해는 당대의 철학 사상과 뚜렷한 차이를 보인다. 웨슬리는 설교
"공평하게 숙고해 본 이성의 역할"(1781)에서 하나님을 아는 일에서 인간
의 이성을 과대평가하거나 과소평가하는 사람 모두를 비판했다.[58]

이성을 과대평가한 이들 중에는 이성으로 세상과 하나님에 대한 모
든 진리를 추론할 수 있다고 믿은 계몽주의적 합리주의자들이 있었다. 합
리주의는 데카르트(René Descartes), 스피노자(Baruch Spinoza) 등의 철학
자들과 관계가 있다. 데카르트는 자신이 의심하고 있다는 부인할 수 없는
현실에서 출발해, 적어도 자신이 의심할 수 있으려면 필연적으로 존재할
수밖에 없다는 결론을 내렸다. 그는 스스로 의심한다는 인식을 통해 자신
이 유한하고 의존적인 존재임을 추론한 후, 존재론적 및 우주론적 논증을
통해 하나님은 무한하고 독립적인 존재라는 추론으로 나아갔다. 의심이
라는 현실에서 출발해 자신이 존재한다는 현실과 하나님이 존재하신다는
현실로 나아간 것이다. 데카르트 같은 합리주의자들은 하나님을 인간의
이성으로 추론 가능한 대상으로 축소했고, 그 결과 하나님은 인간의 이성
으로 충분히 이해할 수 있는 존재로 치부되었다.[59]

인간의 이성을 과대평가한 또 다른 집단은 이신론자들이다. 이신론
자들은 세상을 시계, 하나님을 시계 제작자처럼 여김으로, 하나님이 세
상을 창조하신 뒤에는 자체의 원리에 따라 작동하도록 내버려두셨다고
믿었다. 그들은 창조에서의 하나님의 사역을 단지 최초의 원인으로 축소
해 버렸다. 매튜 틴달(Matthew Tindal)은 소위 이신론의 경전으로 불리는
『창조만큼 오래된 기독교』(*Christianity as Old as Creation*)에서 계시 종교는 자

---

58 "The Case of Reason Impartially Considered"(1781), *BEW* 2: 588–89.
59 James Collins, *God in Modern Philosophers*, 56–63.

연종교에 아무것도 더할 것이 없다고 주장했다.[60] 하나님의 본성과 일하시는 방식은 자연에 완전하게 반영되어 있고, 자연종교는 항상 완전한 것으로 존재해 왔기에, 계시는 거기에 아무것도 더할 수 없다는 것이다. 틴달에 의하면, 인간은 이성을 통해 자연에서 추론함으로 하나님이 누구이시며 어떤 분인지 충분히 알 수 있다. 또 존 로크(John Locke)는 기독교가 합리적이라고 주장했지만, 그의 제자 존 톨랜드(John Toland)는 『신비하지 않은 기독교』(Christianity not Mysterious)에서 "하나님 자신이나 그분의 어떤 속성도 우리가 충분히 알지 못한다는 이유로 신비롭다고 볼 수는 없다"[61]고 주장했다. 하나님도 이성이나 자연법칙을 초월할 수는 없으며, 그가 완전하게 만든 것이 자연이므로 자연법칙을 알면 하나님도 알 수 있다는 것이다. 이러한 주장에서 "하나님은 인간이 지닌 정의, 이성, 지혜 개념의 연장선상에서 이해된다."[62] 하나님의 뜻은 창조세계의 고정된 질서와 동일시되며, 고정되어 불변하는 사물의 본성과 반드시 일치할 수밖에 없다.[63] 따라서 이신론자들의 하나님은 자연법칙과 인간의 이성으로 알 수 있다는 점에서 불가해한 분이 아니다. 합리주의는 하나님을 "자명한 논리 체계의 원리들"[64]로 축소시켰다면, 이신론은 하나님을 자연법칙과 인간 이성의 영역에 가두고 말았다.

합리주의자들과 이신론자들은 다방면에 상당한 영향을 끼쳤지만, 18세기에는 회의론자들에게서 강한 비판을 받았다. 합리주의자들은 하나님에 대한 지식에서 인간 이성의 역할을 지나치게 신뢰했다면, 회의론자

---

60   Matthew Tindal, *Christianity as Old as Creation* (London, 1730), 49.

61   John Toland, *Christianity not Mysterious* (London: Sam, 1696), 80.

62   Alister E. McGrath, *Christian Theology: An Introduction* (Oxford: Blackwell, 1994), 184.

63   Matthew Tindal, *Christianity as Old as Creation*, 26.

64   Donald. G. Bloesch, *God the Almighty: Power, Wisdom, Holiness, Love* (Carlisle: Paternoster Press, 1995), 47.

들은 하나님에 대한 지식의 가능성 자체를 의심했다. 데이비드 흄(David Hume)은 대체로 18세기 최고의 회의론자로 알려져 있다. 회의론자들은 인간의 오류 가능성과 실수하기 쉬운 성향을 인정하는 데서 출발하기 때문에, 우리의 판단은 지식이 아닌 "개연적 진술"에 불과하다고 결론지었다.[65] 그들은 신이 존재하지 않는다고 말하지 않고, 인간의 이성이나 감각 경험에 의해서는 신의 존재가 확립되지 않는다고 주장했다. 그들의 이러한 부정은 대체로 인간의 인식 능력의 한계에서 기인한다. 회의론자들의 근본적 입장은, 인간의 정신은 자연현상 너머와 배후에 있는 것을 알 수 없기 때문에 초감각적이고 신적인 것에 대해 알 수 없다는 것이었다. 나아가 그들은 성경의 기적은 속임수로 가득하므로 하나님에 대한 지식의 확실한 근거가 될 수 없다고 주장했다.[66] 따라서 그들에게는 이성도, 성경도 하나님에 대한 지식의 확실한 토대가 되지 못했다. 결국 그들에게 하나님은 불가해한 분이 아니라 아예 알 수 없는 분(unknowable)이 되고 말았다.

웨슬리는 이성을 과대평가하는 사람들을 비판할 때, 그들이 이성을 "정확무오한 위대한 안내자"로 여기고, 그것이 모든 사물에 대한 완전한 지식으로 인도해 줄 것으로 기대한다고 지적했다.[67] 그러나 웨슬리에게서 이성은 중립적 기능이지, 계시와 대립되는 무엇이 아니었다.[68] 웨슬리는 "이성을 부인하는 것은 종교를 포기하는 것이고, 종교와 이성은 함께 가야 하며, 모든 비이성적 종교는 거짓된 종교라는 것이 우리의 근본 원칙

---

65 Oliver A. Johnson, *Skepticism and Cognitivism* (Los Angeles: the Berkeley University of California Press, 1978), 47.

66 David Hume, *An Enquiry Concerning Human Understanding* (Oxford: Clarendon Press, 2000), ed., Ton L. Beauchamp, 86-8.

67 "The Case of Reason Impartially Considered"(1781), *BEW* 2: 588.

68 이성의 역할에 대해서는 제2장에서 더 깊이 논의할 것이다.

입니다"[69]라고 주장했다. 하나님의 성령의 인도하심을 받으면 이성은 "참된 종교의 토대"를 놓을 수 있다.[70] 반면 이성을 과대평가하는 사람들의 문제는 타락한 인간 본성에 속하는 이성으로 하나님께 접근하려는 데 있다. 그러나 하나님을 알기 위해서는 타락한 인간의 이성이 아닌 하나님의 계시의 조명을 받아야 한다.[71]

웨슬리는 하나님을 아는 지식과 관련해 인간의 이해력을 과소평가한 회의론자들에 대해서도 반대했다. 웨슬리의 설교 "인간 지식의 불완전힘"과 "이해에 대한 약속"을 보면, 웨슬리가 하나님의 불가해싱을 강조하고 있기에 그를 불가지론자나 회의론자로 생각할 수도 있을 것이다. 그러나 웨슬리에게 하나님의 불가해성은 불가지론이나 회의주의를 정당화할 이유가 되지 않는다.[72] 그는 데이비드 흄에 분명히 반대하는 입장을 취했다.[73] 앞서 언급했듯, 웨슬리에게 하나님의 숨어계심은 우리에게서 영원히 자신을 감추시려는 것이 아닌 데다, 우리의 교만을 억제하고 믿음을 독려하므로, 어떤 면에서는 오히려 우리에게 유익하다. 웨슬리는 사도행전 17:27을 주해하면서 이렇게 말한다. "길은 열려 있다. 하나님은 우리에게 발견되기를 기다리신다. … 우리는 하나님을 찾기 위해 멀리 갈 필요가 없다. 그분은 우리와 매우 가까이, 곧 우리 안에 계신다. 하나님이 멀리 계신다고 생각하는 것은 이성이 왜곡되었기 때문이다."[74] 웨슬리는 하나님께서 우리를 만나기 위해 매우 가까이 계시며, 우리에게 자신을 드

---

69 러더포드(Rutherforth)에게 보낸 편지 (1768년 3월 28일), *Letters* 5: 364.

70 "The Case of Reason Impartially Considered"(1781), *BEW* 2: 599.

71 "Original Sin", *BEW* 2: 176-77.

72 사실 부흥운동 초기 웨슬리와 메소디스트들은 회의주의, 무신론, 열광주의를 이유로 엑시터(Exeter)의 주교 조지 라빙턴(George Lavington)의 비난을 받았다. *Works* 9: 19-35.

73 *Journal* 5: 303 (1769년 3월 5일), 5: 458 (1772년 5월 5일).

74 *ENNT* 465-66.

러낼 준비가 되어 있으심을 강조했다. 그에 따르면, 회의론자들은 "매우 흔한 경우" 인간의 "매우 약한 이해력"을 구실 삼아 하나님 없이 사는 것을 자랑스러워한다.[75] 그러나 웨슬리가 보기에 회의론자들이 하나님을 아는 데 방해가 되는 것은 이해력 부족이 아닌 교만이었다. 그는 하나님을 아는 첫걸음은 자신이 죄인임을 깨닫는 것이라고 믿었다. "회개하십시오. 즉 자신을 아십시오. 이는 믿음보다 앞서는 첫 번째 회개로서 죄를 깨닫는 것, 자기를 아는 것입니다."[76] 웨슬리는 회의론자들과 마찬가지로 이성과 감각으로는 하나님과 영적 세계를 알 수 없음을 확언했지만,[77] 하나님이 계시로 자신을 알리셨다는 점에서 하나님은 알 수 없는 분이라는 그들의 주장에 동의하지 않았다.

웨슬리는 하나님을 아는 지식에서 이성을 과대평가하거나 과소평가하는 사람들의 문제를 분명히 인식하고 있었다. 그들은 "교회의 계시에 편견을 가지고 있었고", "성경을 하나님의 말씀으로" 받아들이지 않았다. 따라서 그는 계몽주의적 인본주의가 하나님을 아는 방식이 기독교 신앙에 실질적 위협이 된다고 판단했다.[78] 이에 그는 계몽주의의 표어인 '감히 알고자 하라'(Dare to Know)에 맞서, 불가해하신 하나님을 알기 위해서는 먼저 '자신을 죄인으로 알 용기를 가지라'(Dare to Know Yourselves as sinners), 그리고 '하나님을 믿을 용기를 가지라!'(Dare to believe in God!)고 역설했다.

이처럼 웨슬리는 하나님에 대한 지식과 관련해 합리주의자, 이신론자, 회의론자들의 주장과 결론을 모두 거부했다. 그는 한편으로는 겸손,

---

75 "The Case of Reason Impartially Considered"(1781), *BEW* 2: 588.
76 "The Way to Kingdom"(1746), *BEW* 1: 225.
77 "Walking by Sight and Walking by Faith"(1788), *BEW* 4: 51.
78 "The Unity of the Divine Being", *BEW* 4: 69.

계시, 믿음을 강조한 종교개혁자들과 함께 하나님의 초자연적 특성과 인간의 불완전성에 근거해 하나님의 불가해성을 주장하면서도, 다른 한편으로는 하나님의 계시를 믿는 믿음과 겸손을 통해 우리가 하나님께 나아갈 수 있음을 강조했다.[79]

결론적으로 웨슬리에 의하면, 인간은 유한할 뿐만 아니라 죄로 부패했기에 그 이성과 감각으로는 하나님과 그분이 일하시는 방법을 이해할 수 없으며, 또 하나님은 무한하시기에 불가해하다. 그럼에도 하나님은 스스로를 낮추이 우리에게 자신을 계시하셨기에 하나님이 불가해하다는 것은 그분을 전혀 알 수 없다는 뜻이 아니다. 계시는 삼위일체 하나님의 활동을 통해 역동적으로 이루어진다. 성부께서는 성자 안에서 자신을 온전히 드러내시고, 성자는 성부를 우리에게 나타내시며, 성령은 우리 안에서 역사하시어 하나님을 알아가도록 도우신다. 그럼에도 삼위일체 하나님의 은혜와 활동을 통해 하나님을 알 수 있는 사람은 그분의 계시를 의지해 그분에게서 거듭난 겸손한 믿음의 사람뿐이다. 이러한 조건이 충족될 때 하나님은 우리에게 객관적 실재가 되실 수 있다.

---

79 참고. Paul Althaus, *The Theology of Martin Luther* (Philadelphia: Fortress Press, 1966), 21-3; *Institutes* I.xiii.1 (1: 120).

제2장 하나님의 계시

　　기독교는 스스로가 계시의 종교임을 주장한다.[1] 웨슬리에 따르면, 우리는 하나님의 계시 없이는 불가해한 하나님을 아는 일에서 한 발짝도 나아갈 수 없다.[2] 많은 사람이 기독교의 계시를 부정하던 시기에 웨슬리는 하나님과 세계를 아는 데는 하나님의 계시가 가장 중요함을 주장했다. 앞서 우리는 불가해한 하나님이 객관적 연구의 대상이 될 수 있는 것은 하나님의 자기 계시 때문임을 확인했기에, 이제는 하나님의 계시에 대해 더 자세히 살펴보고자 한다. 여기에는 하나님의 계시의 필요성, 일반계시와 특별계시의 내용, 모든 계시를 판별하는 시금석 등의 주제가 포함된다.

I. 계시의 필요성

1. 에덴에서의 하나님 지식과 그 상실

　　웨슬리에 따르면, 에덴에서 아담은 천사들처럼 "강하고 명료"한 이성을 지녔고, 하나님과 "얼굴과 얼굴을 마주하며" 대화할 수 있었다.[3] 아담은 하나님의 형상으로 창조되었기에 강한 이해력이 있어 어떤 추론이나 감각 정보가 아닌 "직관을 통해" 진리를 분별할 수 있었다.[4] 따라서 타락하기 전 에덴에서의 아담은 전(全) 인류를 대표하는 언약의 수장(federal

---

1　Clark H. Pinnock, *Biblical Revelation: The Foundation of Christian Theology* (Chicago: Moody Press, 1978), 19.

2　"A Farther Appeal to Men of Reason and Religion", *Works* 8: 198.

3　"The Law Established through Faith, II"(1750), *BEW* 2: 40.

4　"The End of Christ's Coming", *BEW* 2: 474; 참고. Theodore Runyon, *The New Creation: John Wesley's Theology Today* (Nashville: Abingdon Press, 1998), 15.

head)으로서 하나님의 특별한 계시의 도움 없이도 창조주와 다른 피조물들을 알 수 있었다.[5]

웨슬리는 에덴에서의 인간의 지적 능력이 천사에 필적할 정도였다고 칭송하면서도, 인간이 창조주 하나님과는 본질적으로 다른 피조물임을 분명히 했다. 또 인간이 에덴에서 하나님에 대한 명확한 지식을 지녔더라도, "필연적이지는 않지만 잘못 판단하거나 속을 가능성이 있었다"[6]고 생각했다. 반면 하나님은 "모든 지식의 근원"[7]이시라고 보았다. 흔히 웨슬리의 사변형(Wesleyan quadrilateral)으로 불리는 성경, 전통, 이성, 경험이 하나님에 대한 지식의 매개는 될 수 있지만,[8] 웨슬리에 따르면 하나님에 대한 지식의 원천이자 만물의 근원은 오직 하나님 자신뿐이다.

웨슬리에 의하면, 하나님은 에덴에서 인류의 첫 조상에게 사랑의 율법을 주셨다.[9] 이 사랑의 율법은 그들의 마음에 기록되었는데,[10] 그 내용은 곧 "네 하나님 여호와를 사랑하라"[11]는 것이었다. 이 사랑의 율법이

---

5   "The Image of God", *BEW* 4: 295; 참고. "The End of Christ's Coming", *BEW* 2: 475–76. 아담의 완전성에 대한 내용은 다음을 참조하라. "Justification by Faith"(1746), *BEW* 1: 184; "On the Fall of Man"(1782), *BEW* 2: 400–1; "The General Deliverance"(1781), *BEW* 2: 439. "그는 하나님을 알았으며 진심으로 사랑하고 한결같이 순종했습니다. 모든 지성적 존재의 경우와 마찬가지로 이것이 아담의 최고의 온전함이었습니다. 곧 육체를 지닌 모든 영혼의 아버지를 끊임없이 바라보고 사랑하며 순종하는 것입니다"; "The End of Christ's Coming", *BEW* 2: 475; "On Perfection"(1784), *BEW* 3: 72.

6   "The End of Christ's Coming", *BEW* 2: 474.

7   "The Imperfection of Human Knowledge"(1784), *BEW* 2: 568.

8   Donald Thorsen, *The Wesleyan Quadrilateral: Scripture, Tradition, Reason, & Experience as a Model of Evangelical Theology* (Indiana: Francis Asbury Press, 1990), 21.

9   "Justification by Faith"(1746), *BEW* 1: 184; "The Love of God"(1730), *BEW* 4: 331.

10   "Justification by Faith", *BEW* 1: 184; "The Law Established through Faith, II"(1750), *BEW* 2: 40; 참고. Albert C. Outler's comment on the law of love, *BEW* 1: 45.

11   "The Love of God", *BEW* 4: 331.

"위대하고 불변하는 사랑, 곧 하나님과 이웃에 대한 거룩한 사랑의 법"[12]의 원형이다. 사랑은 추상적인 것이 아니라 실천적이고 관계적인 것으로, 자유로운 행위자들 사이에서 이루어진다. 웨슬리는 초기 설교 "하나님에 대한 사랑"(1733)에서 하나님에 대한 사랑을 매우 실제적으로 하나님께 순종함, 하나님을 갈망함, 감사함, 어떤 것도 하나님보다 사랑하지 않음, 하나님만 유일한 대상으로 사랑함, 하나님께 올바른 예배를 드림 등으로 열거했다.[13] 선악과를 먹지 말라는 명령은 이 사랑의 율법에 추가된 일종의 실정법(positive law)으로, 인간을 시험하기 위한 한시적 명령이었다.[14]

웨슬리는 하나님께서 인간에게 사랑을 요구하시는 것은, 하나님께 어떤 결핍이 있어서가 아니라, 사랑의 창조주께서 "피조물인 우리의 행복을 온전한 것이 되게" 하고자 하셨기 때문이라고 생각했다.[15] 하나님에 대한 인간의 사랑은, 인간이 하나님의 보상을 기대하며 바치는 공로가 아니라, 인간이 만물의 근원이신 하나님과 교제하는 데 꼭 필요한 유대라 할 수 있다. 이 사랑이야말로 하나님과 인간의 관계의 핵심이다. 하나님이 인간을 지속적으로 사랑하시기에 인간은 생명을 지속할 수 있다.[16] 그러나 그와 동시에 사람은 자유를 지닌 존재로 창조되었기에 창조주를 사랑할 것인지 아닌지를 선택할 수 있다. 만약 인간이 모든 것의 근원 되시는 하나님과의 유대가 존재하게 하는 사랑을 잃는다면, 하나님에 대한 지식을 포함해 모든 것을 잃게 된다.[17] 간단히 말해, 인간이 하나님과 맺는 관계는 사랑에 달려 있기에, 이 사랑을 잃으면 생명과 하나님에 대한 지식

---

12 "Justification by Faith"(1746), *BEW* 1: 194.

13 "The Love of God", *BEW* 4: 332−40.

14 "Justification by Faith", *BEW* 1: 184.

15 "The Love of God"(1733), *BEW* 4: 331.

16 "Sermon on the Mount, VI", *BEW* 1: 578; "Justification by Faith", *BEW* 1: 184−85.

17 "The New Birth"(1760), *BEW* 2: 189.

을 포함해 모든 것을 잃는다.

웨슬리가 에덴에서 인간이 하나님에 대한 온전한 지식을 지녔음을 강조한 것은 인간 본래의 상태를 칭송하기 위해서만이 아니라, 범죄해 타락한 인류의 비참함과 대조하려는 실제적 목적이 있었다. 인류의 첫 조상은 타락함으로 창조주와의 관계가 단절되고 하나님에 대한 지식을 상실하는 돌이킬 수 없는 위기를 자초했다.

웨슬리는 아담의 타락에 대해 자세히 설명했다. 그는 설교 "인류의 타락에 대하여"(1782)에서 사탄이 하와를 속이는 것에서 시작해 아담이 범죄하는 전 과정을 묘사했다. 또 세상에 악을 들여온 것이 사탄임을 명시했다.[18] 사탄은 하나님께서 새롭게 창조하신 인류의 첫 조상이 누리는 행복을 시기해 그 행복을 빼앗고자 했다. 사탄이 "진리와 거짓을 뒤섞어" 하와를 속이자, 하와는 "마귀가 자신에게 말한 대로 인식하고 생각했다."[19] 마침내 그녀는 하나님이 먹지 말라고 하신 선악과를 먹고 말았다. 사탄이 하와는 속였다고 한다면, 하와는 아담을 "속이기"보다는 "설득"함으로[20] 그에게 금지된 열매를 주었고, 결국 아담도 그것을 먹었다.

아담은 "더 강한 논리에 설득당한 것이 아니라 여성의 매력에 이끌려 … 창조주보다 피조물을 더 사랑하는 내적 우상숭배에 굴복"했기에 "모든 것을 알면서도 죄를 지은 것이다."[21] 인류를 대표하는 언약의 수장인 아담의 첫 범죄는 그가 하나님보다 아내를 더 사랑한 데서 초래되었다. 웨슬리는 설교 "하나님에 대한 사랑"(1733)에서 "우리는 어떤 것도 하나님보다 더 사랑해서는 안 되며, 피조물을 창조주보다 더 사랑해서는 안 됩니

---

18 "The End of Christ's Coming", *BEW* 2: 476.

19 "The End of Christ's Coming", *BEW* 2: 476-77.

20 *ENNT* 776, 딤전 2: 14 주해.

21 "On the Fall of Man"(1782), *BEW* 2: 403.

다"[22]라고 가르친다. 타락을 초래한 아담의 불순종 행위는 갑작스레 발생한 사건이 아니라, 그가 하나님을 사랑하지 않았기에 일어난 일이었다. 아담은 금지된 열매를 먹어 하나님의 명령을 어기기 전에 이미 사랑의 율법을 어긴 것이다. 아담의 죄는 영적 우상숭배의 결과였다.

하와는 처음에 하나님의 말씀을 믿지 않음으로 죄를 지었지만,[23] 이 불신앙 역시 하나님에 대한 사랑이 결핍된 데서 기인했다. 사랑이 있었다면 '모든 것을 믿으며 모든 것을 바라며 모든 것을 견뎠을'(고전 13:7) 것이기 때문이다. 인류의 첫 범죄는 하나님에 대한 사랑의 부족에서 초래된 사랑의 법에 대한 불순종이었다. 웨슬리에 따르면, 사랑은 믿음, 소망, 인내, 거룩함보다 더 높은 최고이자 근본적인 덕목이다. 믿음은 "본래 사랑의 법을 다시 세우시기 위해 하나님이 고안하신 것"[24]이다. 장차 천국에서 우리는 하나님을 직접 대면하여 보게 될 것이기에 믿음은 더 이상 필요하지 않겠지만, 사랑의 법은 영원히 남을 것이다.[25] 사랑은 믿음과 거룩함, 그리고 모든 율법의 총체이다. 따라서 아담과 하와가 죄를 짓게 한 결정적 요인에는 불신이나 교만도 있었지만, 그보다 심각한 요인은 하나님에 대한 사랑의 결핍, 곧 사랑의 율법을 어긴 것이었다.[26]

---

22 "Love of God"(1733), *BEW* 4: 333.

23 "The End of Christ's Coming", *BEW* 2: 477.

24 "The Law Established through Faith, II"(1750), *BEW* 2: 40.

25 "The Law Established through Faith, II", *BEW* 2: 43.

26 이 점에서 만약 케네스 콜린스(Kenneth J. Collins)가 타락의 결정적 원인을 불신앙이라고 주장한 것이라면 옳지 않다. 그가 사용한 "근본적 요인"(primal factor)이라는 용어가 초기적 요인을 뜻하는지, 결정적 요인을 뜻하는지 명확하지는 않다. Kenneth J. Collins, *A Faithful Witness: John Wesley's Homiletical Theology* (Wilmore: Wesley Heritage Press, 1993), 111; *The Scripture Way of Salvation: The Heart of John Wesley's Theology* (Nashville: Abingdon Press, 1997), 27. 콜린스는 영적 우상숭배[또는 하나님에 대한 사랑의 결핍]를 인류를 대표하는 언약의 수장인 아담의 타락의 결정적 요인으로 여기지는 않은 것 같다. 그러나 웨슬리 신학에서 사랑은 믿음 또는 신앙보다 더 근본적이고 중요하다. 하나님과 인간의 기본적인 관계는 믿

하나님에 대한 지식의 상실은 인류의 첫 조상이 죄에 빠진 결과 중 하나일 뿐이다. 죄의 결과에는 하나님에게서 분리된 결과인 죽음, 하나님 형상의 상실, 하나님을 아는 지식의 상실, 죄책과 악으로 향하는 경향성, 그리고 죄가 그들의 후손과 하등한 피조물들에게 끼치는 영향 모두가 포함된다.[27] 그중 하나님에게서 분리된 결과로서의 죽음이 결정적이라면, 다른 것들은 모두 이 죽음에서 비롯된다. 하나님을 아는 지식의 상실 역시 사람이 하나님에게서 분리된 데서 초래된 자연스러운 결과이다. 창조주 하나님은 인간의 생명과 지식과 행복 모두의 근원이시기 때문이다.

2. 원죄와 계시의 필요성

웨슬리에 의하면, 아담은 인류를 대표하는 언약의 수장이었다. 그의 전적인 타락은 그가 범죄할 때 그의 허리에 있었던 그의 모든 후손에게 전가되었다.[28] 따라서 타락은 인류의 첫 조상에게 일어난 단순한 사고가 아니라, 원죄를 통해 모든 인류가 죄인이 되게 한 결정적 사건이었다. 웨슬리는 인간의 전적 타락 교리를 부인한 존 테일러(John Taylor)의 『원죄의 교리』(*Doctrine of Original Sin*)를 읽은 후, "새 옷을 입은 낡은 이신론"으로부터 기독교를 보호하기 위해 자신이 일평생 작성한 논문 중 가장 길이가 긴 원죄에 대한 논문을 작성했다. "만약 인간이 본성상 어리석고 죄로 가득해 '하나님의 영광스러운 형상에서 타락했다'는 이 기초를 제거하면, 기독교의 체계는 즉시 모두 무너지고 만다."[29] 원죄는 원죄, 칭의, 거룩함

음이라기보다 사랑이다.

27 "The New Birth"(1760), *BEW* 2: 189.

28 "A Plain Account of Christian Perfection", *Works* 11: 400.

29 "The Doctrine of Original Sin", *Works* 9: 193–94.

이라는 성경의 세 가지 핵심 교리 중 하나이다.[30] 웨슬리는 이 세 가지 교리를 고백하는 모든 목회자와 연합을 이루고자 노력했다. 이 교리를 고백하는 사람은 서로 적이 아니며 하나님의 일에 동역할 수 있기 때문이다.[31] 웨슬리에 따르면, 이 땅의 모든 사람은 전적 부패성을 지닌 원죄의 상태로 태어나기에, 인류의 "모든 능력과 기능"은 전적으로 타락했다.[32] 그 결과 인간은 스스로의 힘으로는 하나님을 알 수 없게 되었다.

그러나 웨슬리가 하나님을 아는 지식에서의 인간 이성의 역할에 대해 이해한 바를 살펴보면, 그는 이성의 시대에 살면서 옥스피드 초기 시절 한때 계시보다 이성을 우위에 두는 당대의 사조에 영향을 받은 것으로 보인다. 이 점은 그가 이때 어머니 수잔나 웨슬리(Susanna Wesley)와 주고받은 편지에서 잘 드러난다.

웨슬리는 어머니에게 보낸 1725년 7월 29일 자 편지에서 이성과 계시의 관계에 대한 자신의 생각을 드러냈다.[33]

> 신앙은 믿음의 한 종류이고, 믿음은 합리적 근거 위에서 특정한 명제에 동의하는 것으로 정의할 수 있습니다. 따라서 합리적 근거가 없다면 믿음은 있을 수 없고, 그 결과 신앙도 있을 수 없습니다. … 저는 신앙을 합리적 근거에 대한 동의라고 부릅니다. 다른 모든 증거보다 가장 합리

---

30 Mr. D--에게 보낸 편지 (1761년 4월 6일), *Works* 12: 264; *Journal* 5: 47 (1764년 3월 16일).

31 Mr. D--에게 보낸 편지 (1761년 4월 6일), *Works* 12: 264. 웨슬리는 아르미니우스주의자였기에 자주 원죄와 이신칭의를 부인한다는 비난을 받았다. 그는 이러한 비난을 "아르미니우스주의자란 누구인가?"(What is an Arminian?, 1770)라는 논문에서 반박했다. "장 칼뱅을 포함해 역사상 어떤 사람도 원죄나 이신칭의에 대해 아르미니우스보다 더 강력하고 명확하며 분명하게 주장한 적이 없다. 따라서 이 두 가지 점은 논외로 해야 한다. 이 점에는 양측이 모두 동의한다. 웨슬리 씨와 휫필드 씨 사이에는 머리카락 한 올 차이도 없다"(*Works* 10: 359).

32 "Sermon on the Mount, I", *BEW* 1: 477.

33 *BEW* 25: 175-76.

적인 것이 하나님의 증거라고 믿기 때문입니다. 결국 신앙은 이성이라고 볼 수밖에 없습니다. 하나님은 진리이시며, 따라서 그분이 말씀하시는 것은 모두 참됩니다. 그분이 이렇게 말씀하셨으므로 이것은 참입니다. 누구든 이보다 더 합리적인 명제를 내게 제시한다면 나는 그것에 기꺼이 동의할 것입니다.

웨슬리는 하나님의 계시가 참됨을 인정하면서도 이성으로 검토해야 한다고 말했다. 그는 신앙을 "합리적 근거 위에서의 동의"[34]로 정의한 리처드 피데스(Richard Fiddes)의 견해를 따랐는데, 브랜틀리(Richard E. Brantley)에 의하면 피데스는 이성과 계시의 관계에 대해 존 로크와 생각을 같이했다.[35] 이 시기 이성과 계시의 관계에 대한 웨슬리의 견해는 로크의 관점과 유사했다.[36]

존 로크(1632~1704)는 계시와 이성의 관계를 주의 깊게 다루었다. 그는 한편으로 "이성은 자연계시이며, 이를 통해 영원한 빛의 아버지이자 모든 지식의 근원이 되시는 분이 인류에게 그들의 자연적 능력이 미치는 범위 내에 있는 일부 진리를 전달하신다"라고 주장했다. 그러나 다른 한편으로는 "계시란 하나님이 직접 전달하신 일련의 새로운 발견을 통해 확장된 자연적 이성이다. 그렇게 되면 이성은 그 발견들이 하나님에게서 비롯되었음을 증언하고 입증함으로 그 진실성을 보증한다. 따라서 이성

---

34 *BEW* 25: 175, 183. 프랭크 베이커(Frank Baker)는, "웨슬리는 1725년 7월에 피데스의 저술을 읽고 '수집하기' 시작했으며, 7월 29일 자 편지에서 처음 '합리적 근거 위에서 어떤 진리에 동의하는 것'이라는 신앙의 정의를 사용했다"라고 언급했다(*BEW* 25: 186 각주). V. H. H. 그린(V. H. H. Green)에 따르면 웨슬리는 1725년에 피데스의 *A General Treatise of Morality, formed upon The Principles of Natural Reason only*를 읽었다(V. H. H. Green, *The Young Mr. Wesley*, 289).

35 Richrad E. Brantley, *Locke, Wesley, and the Method of English Romanticism* (Gainesville: University of Florida Press, 1984), 27.

36 Richrad E. Brantley, *Locke, Wesley, and the Method of English Romanticism*, 27.

을 제거함으로 계시를 위한 여지를 마련하려는 사람은 계시와 이성 모두의 불빛을 꺼버리는 것이다"[37]라고도 말했다. 즉, 로크는 계시와 이성 모두를 인정하는 것처럼 보이지만, 사실은 이성이 계시보다 우위에 있음을 강조한 것이다. 로크에 따르면, 이성의 명백한 증거에 반하는 계시는 인정될 수 없다.[38] 그는 "계시가 신적 계시인지 아닌지를 판단하는 것은 이성"[39]이라고 말했다. 결국 "모든 일에서 우리의 최종적 판단자와 인도자는 이성이어야 한다"[40]는 것이다. 이에 크래그(G. R. Cragg)는 로크가 계시에 중요한 역할을 부여해 놓고 스스로 그것을 흐려 놓았다고 비판했다.[41] 그럼에도 인간의 지식에서 이성과 계시가 어떤 역할을 하는지에 대한 로크의 이해는 18세기 철학 전반에 광범위한 영향을 미쳤다. 리처드 애런(Richard Aaron)이 지적하듯 로크가 "계시는 무가치하다"라고 주장하지는 않았다.[42] 그럼에도 그 결과는 17~18세기 이신론자들에게서 분명히 드러났다.[43] 일례로 로크의 영향을 받은 이신론자 톨랜드는 이성이 계시보다 우위에 있음을 주장하면서 인간의 이성에 반하는 모든 신비를 부정했다.[44]

수잔나는 웨슬리가 이성과 계시의 관계에 대해 로크의 사고를 따르는 것에 동의할 수 없었다. 그녀는 초기의 글에서 이신론에 반대하면서 하나님을 알고자 한다면 타락한 인간의 이성을 의존해서는 안 된다고 말했다. 1704년 그녀는 장남 새뮤얼 웨슬리(Samuel Wesley Jr.)에게 보낸 편지에서

---

37 John Locke, *An Essay Concerning Human Understanding*, collated and annotated by Alexander Cambell Fraser, 2 vols. (New York: Dover Publications, 1959), 2: 431.

38 John Locke, *An Essay Concerning Human Understanding*, 2: 420–21.

39 John Locke, *An Essay Concerning Human Understanding*, 2: 425.

40 John Locke, *An Essay Concerning Human Understanding*, 2: 438.

41 G. R. Cragg, *From Puritanism to the Age of Reason*, 134.

42 Richard I. Aaron, *John Locke* (Oxford: The Clarendon Press, 1973), 304.

43 G. R. Cragg, *From Puritanism to the Age of Reason*, 117.

44 John Toland, *Christianity not Mysterious*, 140, 170–1.

계시의 필요성을 강조했다. 이 편지에서 그녀는 에덴에서의 인간은 "이성의 법"을 통해 하나님을 알 수 있었기 때문에 계시의 도움이 필요하지 않았다고 주장했다.[45] 그러나 타락 이후 인간은 그 본성에 "결함"이 있기에 하나님을 알려면 계시가 필요하다고 말했다.[46]

> 하나님과 자연법칙에 대한 지식은 계시의 도움 없이는 얻을 수 없고, 또한 자명한 원리에서 시작해 일련의 추론 과정을 거쳐야 얻을 수 있단다. 그러나 사람들은 대부분 그것에 대해 충분히 숙고할 여유가 없고, (이성을 활용하지 않기 때문에) 그것에 대해 판단할 능력도 부족하지. … 그래서 하나님의 유일성과 다른 완전한 속성들에 대해 지식을 얻도록 이끌고, 하나님께 대한 인간의 의무를 가르치는 일에서 계시는 매우 필수적이란다.

계시에 대한 수잔나의 더 공식적인 견해는 "어머니와 에밀리아의 종교적 대화"(A Religious Conference between Mother and Emilia, 1711~1712)에서 드러난다. 이 글은 수잔나와 장녀 에밀리아의 대화 형식으로 되어 있지만, 이성의 시대를 살아가는 모든 자녀를 교육하기 위한 목적으로 작성되었다. 찰스 월리스(Charles Wallace Jr.)가 언급한 것처럼, 존 웨슬리는 어린 시절 이 글의 영향을 받은 듯하다.[47] 더욱이 이 글은 이후 존 웨슬리가 "어머니가 딸과 나눈 대화"라는 제목으로 유포한 것으로 보인다.[48] 이 글에서 수잔나는 "이신론자들의 자연종교 개념은, 우리가 하나님의 계시

---

45   Charles Wallace Jr. (ed.), *Susanna Wesley: The Complete Writings*, 41-2.

46   Charles Wallace Jr. (ed.), *Susanna Wesley: The Complete Writings*, 43.

47   Charles Wallace Jr. (ed.), *Susanna Wesley: The Complete Writings*, 425.

48   Charles Wallace Jr. (ed.), *Susanna Wesley: The Complete Writings*, 426.

나 도움 없이 자연의 빛만으로 알아내고 실천할 수 있는 종교의 일종"[49]이
라고 지적한다. 그러면서 구원을 위해서는 계시가 반드시 필요함을 강조
한다. "믿음과 회개는 예수 그리스도에 의해 구원을 얻는 조건이란다! 그
러나 하나님께서 이런 것들을 우리에게 계시하지 않으셨다면 우리가 무
엇을 믿어야 할지, 또 (회개할 수 있다 하더라도) 하나님께서 완전한 순
종 대신 우리의 회개를 받아주실지 어떻게 알 수 있겠니?"[50] 그녀는 하나
님에 대한 지식과 인간의 구원 문제 모두에서 하나님의 계시만을 전적으
로 신뢰한 것이다. 그러했기에 그녀는 1725년 8월 18일에 존 웨슬리에게
보낸 답장에서 그가 이성을 계시보다 우위에 두는 입장을 옹호하는 잘못
을 저질렀음을 지적했다.[51]

> 네가 가지고 있는 신앙의 개념이 조금 잘못되었구나. 모든 신앙은 동의
> 이지만, 모든 동의가 신앙은 아니란다. 어떤 진리는 자명하기 때문에
> 우리가 동의해. 그런가 하면 어떤 진리는 어느 정도 자명한 원리에서
> 부터 추론해 체계적이고 질서 있는 논의의 과정을 거쳐 동의하게 되는
> 데, 이런 것은 사실 신앙이 아니라 과학이야. 또 어떤 진리는 자명하지
> 않고 체계적인 논증 과정을 거쳐 얻은 지식이 아님에도 하나님이나 사
> 람에 의해 계시되었기 때문에 우리가 동의하는데, 신앙의 올바른 대상
> 은 바로 이런 진리란다. 신앙의 진정한 기준은 계시자의 권위이고, 그
> 권위는 우리가 그분의 능력과 진실함을 확신하는 정도만큼 무게를 갖
> 게 되지. 참된 신앙은 하나님이 우리에게 계시하셨기에 그분이 계시하
> 신 모든 것에 동의하는 것이란다.

부친 새뮤얼 웨슬리(Samuel Wesley) 역시 아들 존 웨슬리가 이신론자

---

49 Charles Wallace Jr. (ed.), *Susanna Wesley: The Complete Writings*, 450.
50 Charles Wallace Jr. (ed.), *Susanna Wesley: The Complete Writings*, 449.
51 *BEW* 25: 179.

들의 영향으로 이성의 역할을 계시보다 우위에 두는 것에 우려를 나타냈다. 그래서 수잔나와 함께 아들의 생각을 바로잡기 위해 편지를 보냈다. 1725년 9월 1일자 편지에서 그는 이렇게 적었다.[52]

> 나는 네 사고방식과 논증 방식을 좋아하지만, 솔직히 말해 조금은 걱정이 되는구나. 이성 없이 또는 이성에 반하여 믿는 사람은 반쯤 교황주의자이거나 열광주의자라고 할 수 있어. 반대로 하나님의 계시를 자신의 얕은 이성으로 재보려는 사람은 반쯤 이신론자이거나 이단이라 할 수 있지. 사랑하는 아들아, 스킬라와 카리브디스(Scylla and Charybdis, 그리스 신화의 좁은 해협 양쪽을 지키는 괴물들의 이름으로 진퇴양난의 상황을 뜻함-역주) 사이를 잘 통과하길 바란다. 만일 네가 계시의 어느 부분이나, 내 생각에는 계시와 정확히 일치하는 것으로 보이는 영국 국교회의 체계에 어떤 의문을 품고 있다면, 내가 그것들에 대해 답해줄 수 있을 것이라고 생각한다.

새뮤얼과 수잔나는 아들이 이신론적 계시론에 경도되어 있음을 인지한 것이 분명하다. 존 웨슬리가 1725년 9월 19일에 부제(deacon) 안수를 받은 뒤 그해 10월 3일에 한 첫 번째 설교 "죽음과 구원"[53]은 그가 진리를 확증하기 위해 여전히 계시보다 이성에 의존하고 있었음을 보여준다.[54] 그린(V. H. H. Green)에 따르면, 웨슬리는 1725년 10월 12일에 헨리 리(Henry Lee)의 『회의론 반박: 또는 로크의 논문 각 장에 대한 주석』(An-

---

52 *BEW* 25: 181.

53 이 설교에 대한 앨버트 아우틀러의 해설은 *BEW* 4: 204에 나온다; 참고. Richard Heitzenrater, *Mirror and Memory* (Nashville: Kingswood Books, 1989), 150–51.

54 "Death and Deliverance"(1725), *BEW* 4: 206: "우리는 이성만으로도 많은 작가와 유사한 판단을 충분히 내릴 수 있을 것입니다."

ti–Scepticism: or, Notes upon Each Chapter of Locke's Essay, 1702)을 읽었다.[55] 이때 웨슬리는 계시와 이성의 올바른 관계를 알기 위해 주의 깊게 노력했던 것으로 보인다. 한편, 수잔나는 아들 존에게서 생각을 바꾸었다는 편지를 받지 못하자 1725년 11월 10일에 또 다른 편지를 써서 이렇게 말했다.[56]

> 동일한 사안이 계시를 통한 신앙의 대상이 될 수도 있고, 이성적 원리에서 추론한 논거의 대상이 될 수도 있겠지. 하지만 나는 우리 구세주의 공로로 구원을 얻게 하는 신앙의 덕이란, 우리가 이해할 수 있어서가 아니라 하나님께서 계시하셨기 때문에 하나님이 계시하신 모든 진리에 동의하는 것이라고 말하고 싶구나. 사도 바울이 "믿음으로 모든 세계가 하나님의 말씀으로 지어진 줄을 우리가 아나니"(히 11:3)라고 하여 이교도들의 여러 추측을 거부하고 자연적 이성의 증언이 아닌 하나님의 권위에 의존한 것처럼, 우리는 세상의 창조에 관해 하나님께서 계시하기를 기뻐하신 것에 전적으로 동의한단다.

1725년 11월 21일 웨슬리는 "먼저 그의 나라를 구하라"라는 제목으로 설교했다. 이 설교에서 그는 이성은 계시의 도움을 받아야 하며,[57] 진리의 확실성은 하나님 자신에게 달려 있다고 말하면서 이성의 역할은 언급하지 않았다.[58] 이 설교 직후 그는 자신이 어머니의 견해에 설득되었음을 언급했다. 1725년 11월 22일 자 편지에서 계시의 권위를 인정한 것이다.[59]

---

55 V. H. H. Green, *The Young Mr. Wesley*, 74 각주.
56 *BEW* 25: 183.
57 "Seek First the Kingdom", *BEW* 4: 219.
58 "Seek First the Kingdom", *BEW* 4: 220.
59 *BEW* 25: 188.

피디스가 신앙에 대해 정의한 것을 다시 생각해 보았더니, 대상을 충분히 정의하지 않고 그 일부만 정의했기에 정의의 첫 번째 법칙에 위배된다는 것을 알게 되었습니다. 증언과 이성 모두에 근거한 동의는 과학뿐 아니라 신앙에도 해당되지만, 신앙은 모든 면에서 과학과 구별됨을 인정합니다. 그래서 저는 마침내 구원의 신앙(그리고 실천)은, 진리를 이성으로 입증할 수 있어서가 아니라 하나님이 계시하셨기에 하나님이 계시하신 것에 동의하는 것이라는 어머니의 견해를 전적으로 받아들이게 되었습니다.

이제 존 웨슬리는 계시된 진리가 이성의 지지를 꼭 필요로 하지는 않음을 인정하게 되었다. 즉, 신앙은 이성이 아닌 하나님의 계시에 대한 동의인 것이다. 웨슬리는 계시의 수위성에 대한 어머니의 견해를 받아들였다. 수잔나는 존에게 보낸 1726년 3월 30일 자 편지에서 아들이 "구원의 믿음에 대한 바른 생각"을 갖게 된 것에 대해 하나님께 감사드렸다.[60] 그녀는 아들 존 웨슬리가 이성의 시대의 한복판에서 목회자로서의 삶을 시작할 때 계시가 이성보다 우위에 있음을 확립하는 일에 중요하게 기여했다.

한때 인간의 이성을 과대평가했던 웨슬리는 이후에는 더 공정하게 평가하고자 노력했다. 그는 설교 "수호천사에 대하여"(1726)에서 우리는 "하나님의 계시라는 명확한 근거" 없이는 천사의 본성 같은 성경적 지식에 대해 확신할 수 없다고 주장했다.[61] 폴 틸리히(Paul Tillich)가 주장했듯, "많은 신학 저술과 종교적 대화의 큰 약점 중 하나는 '이성'이라는 단어가 느슨하고 모호한 방식으로 사용된다는 점"이다. 웨슬리 역시 당대의 이성 개념이 모호함을 알고 있었다. 그래서 설교 "공정하게 숙고한 이성의 역

---

60 *BEW* 25: 193.
61 "On Guardian Angels"(1726), *BEW* 4: 228.

할"(1781)에서 무엇보다 '이성'이라는 용어를 바르게 정의하는 것이 절대적으로 필요하다고 주장했다. 그렇게 하지 않으면 "사람들이 세상 끝날까지 논쟁하더라도 아무런 결론을 도출하지 못할" 것이기 때문이었다.[62]

> 이성은 이해와 거의 동일합니다. 이성은 단순한 지각(apprehension), 판단(judgment), 추론(discourse)이라는 세 가지 방식으로 작용하는 인간 영혼의 능력입니다. 단순한 지각은 어떤 대상을 있는 그대로 마음에 떠올리는 것으로, 이해의 첫 번째이자 가장 단순한 행위입니다. 판단은 전에 인식한 사물이 서로 일치하는지 다른지를 결정하는 것입니다. 추론은 엄밀히 말해 하나의 판단에서 다른 판단으로 나아가는 마음의 움직임 또는 진행입니다. 나는 이 세 가지 작용을 포함하는 영혼의 능력을 이성이라고 부릅니다.

여기서 웨슬리는 당시 영국의 경험주의를 따라 존재론적 이성이 아닌 기능적 이성 개념을 받아들이고 있다.[63] 즉, 이성은 지식의 전제가 되는 자료에서 논리적으로 추론하는 인간 지식의 중립적 도구이지, 그 자체에 영원한 진리를 담지하는 존재론적 실체가 아니다.

이성은 신학적으로 중립적이므로 어떤 의미에서 모든 사람에게 유익하다. 이 세상에서의 삶에서 "생각하는 사람이면 누구나 이성이 현재와 관련된 모든 일에 상당한 도움이 된다는 사실을 의심하지 않는다." 영적 세계에서도 이성은 "성령의 도우심으로" 성경이 선언하는 내용을 이해할

---

62 "The Case of Reason Impartially Considered", *BEW* 2: 590.

63 폴 틸리히는 이성의 두 가지 개념이 있다고 주장한다. 하나는 존재론적 이성 개념이고, 다른 하나는 기능적 이성 개념이다. "우리는 이성의 존재론적 개념과 기능적 개념을 구별할 수 있습니다." Paul Tillich, *Systematic Theology* (Chicago: The University of Chicago Press, 1951), 1: 72.

수 있게 해준다.[64] 이 점에서 웨슬리는 신앙생활에서의 이성의 역할을 과소평가한 루터의 생각에 동의하지 않았다. 그는 마르틴 루터의 『갈라디아서 주석』(*Comment on the Epistle to the Galatians*)을 읽은 후, 이성은 "그리스도의 복음과 화해할 수 없는 원수"가 아니라 "지각하고 판단하며 추론하는 능력"이라고 주장했다.[65] 이성은 하나님께서 우리에게 주신 "안내자"라는 것이다.[66] 웨슬리는 신앙생활에서 이성을 멸시하는 열광주의자들을 책망했다. 그는 "이성적이며 종교적인 사람들에게 보내는 진지한 호소"(*An Earnest Appeal to Men of Reason and Religion*)라는 논문에서, 우리는 이성을 "단지 허용하는 정도가, 아니라 참된 종교를 추구하는 모든 사람들이 하나님께서 주신 이성을 최대한 활용해 하나님의 일을 탐구하기를 진지하게 권고한다"[67]고 밝혔다.

캐논이 말했듯, "웨슬리는 이성을 불신하지는 않았으나 그 한계를 솔직하게 인정했다."[68] 웨슬리에게서 첫째, 이성은 지식의 자료를 획득하는 능력이 아니라, 감각을 통해 이미 획득한 자료를 분석하는 능력이다. 웨슬리는 선험적 관념을 부인한 프랜시스 베이컨(Francis Bacon), 존 로크, 피터 브라운(Peter Browne) 같은 영국의 경험론자들과 궤를 같이해, 모든 지식은 인간의 감각에서 비롯된다고 생각했다.[69] 이성은 감각을 통한 자료 없이는 어떤 지식도 얻을 수 없다. 둘째, 설령 이성이 감각의 자료에서 지식을 얻는다 하더라도, 타락한 인간의 이성은 성령의 인도하심 없이는 하나님에 대한 지식에 접근할 수 없다. 타락한 인간 본성의 추론은 "자연

---

64   "The Case of Reason Impartially Considered"(1781), *BEW* 2: 592.

65   *Journal* 2: 467 (1741년 6월 14일).

66   "The Case of Reason Impartially Considered", *BEW* 2: 592.

67   "An Earnest Appeal to Men of Reason and Religion"(1744), *Works* 8: 13.

68   William R. Cannon, *The Theology of John Wesley: with Special Reference to the Doctrine of Justification*, 155−56.

69   "On the Discoveries of Faith"(1788), *BEW* 4: 29.

적인 것과 영적인 것" 사이의 "간극"을 뛰어넘을 수 없기 때문이다.[70] 셋째, 심지어 성령의 도움을 받는다 하더라도 이성은 기독교 진리의 토대가 되는 사랑과 믿음과 소망을 산출하지 못한다.[71]

웨슬리에 따르면 우리의 관념은 선천적인 것이 아니라, 모두 우리의 감각에서 비롯되는 것임에 틀림없다.[72] 이 점에서 감각은 지식의 입구라 할 수 있다. 인간이 지닌 세상에 대한 모든 지식은 감각적 경험의 산물이다. 지식에는 두 가지 유형이 있는데, 곧 자연적 지식과 영적 지식이다. 사람은 자연적 감각을 통해서는 자연적 지식만 얻을 수 있을 뿐 영적 세계에 대해서는 어떤 지식도 얻을 수 없다. "우리의 감각 중 어떤 것도, 심지어 시각 그 자체도 이 가시적 세계의 경계를 넘어설 수 없다."[73] 사람이 영적 세계에 대한 지식을 얻으려면 신앙이라 불리는 영적 감각이 있어야 한다. 그러나 하나님께서 성령을 통해 거듭난 사람에게 이 영적 감각을 주시기 전에는 누구도 보이지 않는 세계를 알 수 없다.[74] 웨슬리는 이 세상 지식에서 감각 경험을 인정한다는 점에서 경험주의와 일치했지만, 하나님에 대한 지식이 가능함을 인정한 점에서 경험주의를 넘어섰다.[75]

웨슬리는 타락한 인간 본성에서는 이성과 감각이 영적 지식을 추구하는 데 무능하기에 하나님의 계시가 반드시 필요함을 강조했다. 무엇보다 웨슬리는 하나님께서 우리 영혼에 자신을 계시해 주시지 않는다면, 우

70　"An Earnest Appeal to Men of Reason and Religion", *Works* 8: 14.

71　"The Case of Reason Impartially Considered", *BEW* 2: 593–99.

72　"On the Discoveries of Faith", *BEW* 4: 29; "An Earnest Appeal to Men of Reason and Religion", *Works* 8: 13.

73　"On the Discoveries of Faith", *BEW* 4: 30.

74　"The Great Privilege of those that are Born of God", *BEW* 1: 433–34.

75　Henry D. Rack, *Reasonable Enthusiast* (London: Epworth Press, 1989), 386–87.

리는 하나님을 아는 일에서 한 걸음도 나아갈 수 없다고 주장했다.[76] 인산 정신의 모든 능력은 본래 타락했기에 하나님의 도우심 없이는 영적 세계를 인식하지 못한다. 우리 마음에 빛이 비치도록 명령하시는 분은 하나님이시다.[77] 그러므로 웨슬리는 우리가 하나님에 대한 지식을 추구할 때는 "새로운 개선책"이 아닌 "옛 길" 곧 하나님의 계시라는 "올바른 옛 길"을 찾아야 한다고 주장했다.[78]

우리는 신앙으로 보이지 않는 세계를 알 수 있지만, 신앙보다 시간적으로 앞서는 것이 하나님의 계시이며, 하나님께서 계시하신 내용은 우리의 신앙의 대상 그 자체이다. 따라서 하나님께서 자신을 계시하시지 않는다면 우리는 하나님을 결코 알 수 없다. 신앙은 "하나님께서 성경에 계시하신 모든 내용에 대한 확고한 동의"[79]이다. 웨슬리는 조셉 벤슨(Joseph Benson)에게 보낸 편지에서, 교회에서 일어나는 대부분의 논쟁은 "하나님께서 분명히 계시해 주신 것에 만족하지 않고 기록된 말씀 이상으로 지혜롭고자 하는 사람들" 때문에 생겨난다고 지적했다.[80] 웨슬리는 이성을 선한 것이라고 보았지만, 무익한 추론은 악한 것이라고 여겼다.[81] 그래서 그는 하나님이 계시하지 않은 것은 알려고 애쓰지 않았다. 하나님께서 계시하지 않으신 것은 신앙의 "대상"이 아니기 때문이었다. 그는 "나는 하나님이 계시하신 만큼만 믿고 그 이상은 믿지 않습니다"[82]라고 말했다. 웨슬리는, 하나님이 자신이 계시하신 것은 믿기를 요구하시지만, 계시하지

---

76 "A Farther Appeal to Men of Reason and Religion", *Works* 8: 198.

77 "Walking by Sight and Walking by Faith", *BEW* 4: 51.

78 *NP* 1: 9

79 "The Circumcision of the Heart", *BEW* 1: 405.

80 조셉 벤슨에게 보낸 편지 (1788년 9월 17일), *Letters* 8: 89.

81 "A Letter to The Lord Bishop of Gloucester", *Works* 9: 148.

82 "On the Trinity", *BEW* 2: 384.

않은 부분까지 믿으라고 요구하지는 않으신다고 생각했다. 따라서 그는 계시되지 않은 것은 "우리가 믿을 필요도 없고, 사실상 믿을 수도 없습니다"[83]라고 선언했다.

웨슬리는 하나님에 대한 지식만이 아니라 이 세상에 대한 지식에도 하나님의 계시가 필요하다고 강조했다. 그는 우리가 감각 경험에 기초해 관찰과 실험을 통해 이 세상에 대한 지식을 얻을 수 있음을 인정하면서도, 우리의 타락한 본성에서는 오류가 우리의 이성을 지배하기 때문에 그 최종적 확실성과 증거는 하나님의 계시에 의해 확증되어야 한다고 수상했다. 인간 이성(또는 지성)의 세 가지 작용이 제대로 작동하지 않기 때문이다. 곧 "우리는 지각은 모호하고, 판단은 그릇되며, 추론은 결론에 이르지 못하기 쉽다."[84] 하나님은 "모든 것을 아실 뿐 아니라 참되시기에" 자신도, 다른 존재도 속이지 않으시지만,[85] 인간은 본성이 부패했기에 타인은 물론 자신도 속일 수 있다.[86] 따라서 하나님이 계시하신 것보다 확실한 것은 없으며, 우리는 감각 경험으로 얻은 이 세상에 대한 지식을 확인하고 입증하기 위해 하나님의 계시를 필요로 한다.

웨슬리는 계시의 필요성을 강조함에서 피터 브라운(1664~1735) 주교의 영향을 받은 것으로 보인다. 코크(Cork)의 주교 브라운은 "인간 지성의 최고의 진보"는 "하나님의 계시에 의해" 이루어진다고 믿었기에, 17~18세기의 이신론에 맞서 계시의 중요성을 역설했다.[87] 더블린(Dublin)의 트리니티 칼리지(Trinity College) 교수로 재직하던 시절, 그는 더블

---

83 "On the Trinity", *BEW* 2: 384.

84 "A Compendium of Logic", *Works* 14: 161.

85 "Seek First the Kingdom", *BEW* 4: 220.

86 "A Compendium of Logic", *Works* 14: 178.

87 Peter Browne, *The Procedure, Extent, and Limits of Human Understanding* (London: Printed for William Innys, 1728), 468.

린의 대주교 나르시서스 마쉬(Narcissus Marsh)에게서 존 톨랜드의 이신론 저서 『신비하지 않은 기독교』(1696)에 대한 반박문을 작성해 달라는 요청을 받았다. 이에 그는 『'신비하지 않은 기독교'에 대한 답변: 계시와 신비에 반대해 이성과 증거를 내세우는 모든 이에게』(*A Letter in Answer to a Book entitled, Christianity not Mysterious.: As also To all Those who Set up for Reason and Evidence in Opposition to Revelation and Mysterious*, 1697)라는 책을 출판했다.[88] 레슬리 스티븐(Leslie Steven)은 이 작품을 존 톨랜드의 『신비하지 않은 기독교』에 대한 진정한 신학적 비판이라고 평가한다.[89] 브라운은 이 책에서 이신론에 대한 강한 반대를 분명히 나타냈다. 톨랜드는 "신앙이 이성을 넘어서는 어떤 것에 대한 암묵적인 동의라는 주장은 매우 잘못된 것이다. 그런 주장은 종교의 목적, 인간의 본성, 하나님의 선하심과 지혜에 정면으로 반한다"[90]고 주장하며, "이성은 계시 못지않게 하나님에게서 온 것이다"[91]라고 결론지었다. 이에 대해 브라운은 『신비하지 않은 기독교』의 의도는 "모든 계시 종교의 뿌리와 토대를 공격하려는 것"[92]이라고 지적했다. 그에 따르면, 인간의 능력만으로 하나님의 계시를 이해할 수 없다는 사실은 하나님의 지혜가 인간의 이성을 능가함을 나타낸다.[93] 따라서 그는 "우리의 이성으로 이해할 수 없는 이 계시들"은, 언젠가 "베일이 완전히 걷혀 우리가 그 모두를 명확히 이해하게 될 때 우리가 하나님께

---

88 Peter Browne, *A Letter in Answer to a Book entitled, Christianity not Mysterious. As also To all Those who Set up for Reason and Evidence in Opposition to Revelation and Mysterious* (Dublin: John North, 1697), 7–10.

89 Leslie Stephen, *History of English Thought in the Eighteenth Century* (London: Smith, Elder, & Co., 1902), vol. 1: 113.

90 John Toland, *Christianity not Mysterious*, 139.

91 John Toland, *Christianity not Mysterious*, 140.

92 Peter Browne, *A Letter in Answer to a Book entitled, Christianity not Mysterious*, 94.

93 Peter Browne, *A Letter in Answer to a Book entitled, Christianity not Mysterious*, 172.

찬양과 감사를 드릴 이유가 될 것"이라고 주장했다.[94] 브라운은 『신비하지 않은 기독교'에 대한 답변』의 후속작으로 1728년에 『인간 이해에 대하여』(*Human Understanding*)와 1732년에 『신적이고 초자연적인 일들』(*Things Divine and Supernatural*)을 출판했다.

웨슬리는 초기부터 말년에 이르기까지 피터 브라운의 작품 대부분을 참고했고 중요하게 여겼다. 1729년에 그는 브라운의 『인간 이해에 대하여』를 읽기 시작했다.[95] 1730년 10월 3일에는 펜다브스(Pendarves) 부인에게 보낸 편지에서 이 책을 "직극직으로" 추친했다. 이후에는 이 책의 요약본을 자신의 『자연철학』(*Natural Philosophy*)의 부록으로 출판했다.[96] 1756년 12월에는 다시 메소디스트 설교자들에게 『인간 이해에 대하여』를 읽어 주었으며, 이 책이 로크의 책들보다 "훨씬 명료하고 사려 깊다"고 평가했다.[97] 또 생애 말년에도 이 책을 긍정적으로 언급했다.[98]

웨슬리는 하나님을 아는 지식에서 신적 계시의 우월성을 주장할 때 종종 브라운의 계시 이해에 의존했다. 브라운에 의하면, 인간의 이해가 최고의 진보를 이루는 일은 하나님의 계시에 의해 가능하다. "그럼에도 그들이 계시의 절대적 필요성을 깨닫지 못하는 것은 그들의 이해가 어두

---

94 Peter Browne, *A Letter in Answer to a Book entitled, Christianity not Mysterious*, 172–73.

95 V. H. H. Green, *The young Mr. Wesley*, 293; 프랭크 베이커는 웨슬리가 1729년 8월 30일에 이 책을 대략 훑어보았고, 1730년 9월에 읽었다고 밝힌다 (*BEW* 25: 251 긱주).

96 *A Survey of the Wisdom of God in the Creation; or a Compendium of Natural Philosophy*, 1st ed. 2vols. (Bristol: William Pine, 1763); 2nd ed. 3vols. (Bristol: William Pine, 1770); 3rd ed. 5 vols. (London: J. Fry, 1777).

97 *Journal* 4: 192 (1756년 12월 6일).

98 미스 마치(Miss March)에게 보낸 편지 (1771년 8월 3일), *Letters* 5: 270; 미스 마치에게 보낸 편지 (1774년 9월 16일), *Letters* 6: 113; "On Trinity"(1775), *BEW* 2: 383; "On Remarks upon Mr. Locke's 'Essay on Human Understanding"(1781), *Works* 13: 463.

워져 조래된 슬픈 결과이다."[99] 웨슬리는 하나님의 계시가 필요하다는 브라운의 생각에 동의했다.[100] 브라운처럼 웨슬리는 하나님의 계시가 자연 세계와 영적 세계 모두에 대해 우리의 지식을 열어 준다고 주장했다.[101] 브라운과 웨슬리는 하나님을 아는 일에서 우리의 부패한 인식 능력을 "치유하고" "바로잡는" 데는 하나님이 주시는 믿음과 계시가 필요하다는 데 생각을 같이했다.[102] 웨슬리는 윌리엄 로(William Law)에게 보낸 1756년 1월 6일 자 편지에서 그를 비판했는데, 그것은 한때 자신의 멘토였던 로가 지옥의 실재성과 그 형벌을 부인했기 때문이다.[103] 로는 지옥과 그 형벌은 미래의 심판이 아니라 이 세상에서 겪는 현재적 고통에 불과하다고 주장했다.[104] 웨슬리는 과거 로가 자신에게 철학적 종교에 의존하지 말라고 조언한 사실을 상기시키면서,[105] 그랬던 그가 지금은 하나님의 계시 없이 철학적 종교에 의존해 교리를 세우고 있다고 지적했다. 이때 웨슬리는 지옥의 실재성과 형벌은 오직 계시에 의해서만 알 수 있다는 자신의 생각을 뒷받침하기 위해 피터 브라운의 『인간 이해에 대하여』에 나오는 "미래의 형벌에 관해서는 오직 계시로만 알 수 있다"[106]는 말을 인용했다. 또 웨슬리는 천사와 지옥을 포함해 보이지 않는 세계는 오직 하나님의 계시를 통해서만 알 수 있다고 주장할 때도 브라운의 같은 책을 인용했다. 더욱

———

99 Peter Browne, *The Procedure, Extent, and Limits of Human Understanding*, 468–69.

100 "An Extract of a Letter to the Reverend Mr. Law", *Works* 9: 506.

101 "The Great Privilege of those Born of God", *BEW* 1: 438–39; 참고. Peter Browne, *The Procedure, Extent, and Limits of Human Understanding*, 468: "하나님의 계시는 인간의 지성에 새롭고 광활한 시야와 견고하고 본질적인 지식의 광대한 장을 열어준다."

102 "On the Fall of Man", *BEW* 2: 410.

103 "An Extract of a Letter to the Reverend Mr. Law", *Works* 9: 506.

104 William Law, *William Law: a Serious Call to a Devout and Holy Life & The Spirit of Love* (London: SPCK, 1978), edited by Paul G. Stanwood, 394, 402.

105 "An Extract of a Letter to the Reverend Mr. Law", *Works* 9: 466.

106 Peter Browne, *The Procedure, Extent, and Limits of Human Understanding*, 350.

이 우리는 하나님께서 어떻게 영적 세계를 창조하셨는지 그 신비를 알아서 믿는 것이 아니라 하나님께서 계시하신 사실을 알기에 믿는다. 브라운과 함께 웨슬리는, 성경이 우리에게 믿음을 요구하는 것은 어떻게 세 위격이 하나의 본질이 되시는가 하는 신비의 "방식"(manner)이 아니라 성부, 성자, 성령이 한 분이시라는 "사실"(fact)에 대해서라고 주장했다. "신비는 사실에 있지 않고 오로지 방식에 있습니다."[107] 웨슬리는 어머니 수잔나의 조언에 따라 계시와 이성의 관계에 대한 자신의 생각을 수정한 후 수년간 브라운의 지작, 특히 『인간 이해에 대하여』를 참고했고, 계시의 필요성을 부정하는 사람들에게 브라운의 이 책과 『신적이고 초자연적인 일들』을 "열정적으로" 추천했다.[108]

그는 1765년에 〈런던 매거진〉(London Magazine) 편집자에게 보낸 편지에서 지식과 계시에 관한 자신의 사유의 발전을 다음과 같이 언급했다.[109]

> 말씀을 마치기 전 선생님께 한 가지 충고를 드리겠습니다. 특히 결정하기 쉽지 않거나 결정할 필요가 없는 일에 대해 너무 단정적으로 말하지 마세요. 이 충고는 내 경험에 근거한 것입니다. 어렸을 때 나는 모든 것을 확신했지만, 이후 몇 년간 수없이 실수를 한 뒤로는 대부분의 일에 대해 이전의 절반만큼도 확신할 수 없게 되었습니다. 지금 나는 하나님이 사람에게 계시하신 것 외에는 거의 어떤 것도 확신하지 않습니다.

---

107 "On Trinity", *BEW* 2: 383; 참고. 미스 마치에게 보낸 편지 (1771년 8월 3일), *Letters* 5: 270.

108 *Journal* 4: 192 (1756년 12월 6일); "An Extract of a Letter to the Reverend Mr. Law", *Works* 9: 506–7; "Remarks upon Mr. Locke's 'Essay on Human Understanding'", *Works* 13: 463. 웨슬리가 브라운의 책 『인간 이해의 절차, 범위, 한계』(*The Procedure, Extent, and Limits of Human Understanding*)를 읽으면서 설교 "이해에 대한 약속"을 준비했다는 점은 주목할 만하다. 이 설교의 내용은 기본적으로 브라운의 책의 내용과 일맥상통한다.

109 〈런던 매거진〉 편집자에게 보낸 편지 (1765년 1월 1일), *Letters* 4: 286.

II. 계시의 기초

1. 계시의 주도성: 하나님의 부성적 사랑

인간은 스스로의 능력으로는 영적 세계에 대해 어떤 지식도 가질 수 없기에 하나님의 계시를 필요로 한다. 그럼에도 웨슬리는 이교도조차 영원한 세계와 창조주에 대한 초기적 지식을 가질 수 있다는 것이 보편적으로 알려진 사실임을 지적했다. 웨슬리는 설교 "보이는 것으로 행하는 것과 믿음으로 행하는 것"(1788)에서 "보이지 않는 영원한 세계"에 대해 "이교도들조차 완전한 어둠에 머물러 있지는 않습니다"라고 지적했다. 그들은 창조세계를 포함해 다양한 근원에서 보이지 않는 세계에 대해 어느 정도의 빛을 받아들인 뒤에는, 미래에 반드시 영원한 세계가 있을 것이고 세상의 창조자가 존재하는 것이 틀림없다고 결론지었다.[110] 여기서 웨슬리가 강조하고자 한 것은, 모든 인간이 자신의 능력으로 영적 세계를 알 수 있다는 것이 아니라, 자연계시의 도움을 받으면 이교도조차 영적 세계에 대해 어느 정도 알 수 있다는 점이다.

그렇다면 웨슬리에게, 하나님께서 타락한 인간에게 영적 지식을 계시하시는 토대는 무엇인가?

하나님의 자기 계시는 외적인 강압에 의한 것이 아니다. 하나님은 우리를 창조하셨고, 자신의 속성을 계시하시며 구원의 길 알려주시기를 기뻐하신다.[111] 계시란 하나님께서 주도적으로 자신을 알려주시는 것으로, 이러한 하나님의 자기 공개가 없다면 누구도 그분을 알 수 없다. 하나님의

---

110 "Walking by Sight and Walking by Faith"(1788), *BEW* 4: 52; 참고. *ENNT* 450, 행 14: 17 주해.
111 "The Unity of the Divine Being", *BEW* 4: 61.

자발적이고 주도적인 계시 외에는 그분을 알 수 있는 어떤 확실한 기초도 존재하지 않는다. 이처럼 웨슬리에게 하나님의 계시는 어떤 외적 강제가 아닌 하나님의 자유롭고도 기뻐하시는 뜻에 의한 것이다.

하나님의 주도적·자발적 계시는 아담이 선악과를 먹음으로 죄를 지은 직후에 나타났다. 웨슬리는 1765~1766년에 출판한 『구약성서주해』(*Explanatory Notes upon the Old Testament*)에서 창세기 3:9의 하나님께서 동산 나무 사이에 숨은 타락한 아담을 부르시는 장면에 대해 주해할 때 매튜 헨리(Matthew Henry) 주석의 일부를 인용했다. 헨리는 먼저 하나님께서 "네가 어디 있느냐?" 물으심으로 그를 찾아 붙드는 과정을 시작하셨다고 지적하면서, 이 부르심을 "은혜로운 추적"으로 이해할 수 있다고 덧붙였다.[112] 웨슬리는 『구약성서주해』에서 매튜 헨리 주석을 요약하면서 그가 이 부르심을 하나님의 은혜로 해석한 다음 부분을 인용했다. "아담에게 이렇게 물으신 것은 그를 회복시키기 위한 은혜로운 추적으로 이해할 수 있다. 만약 하나님이 그를 불러 돌이키게 하지 않으셨다면 그의 상태는 타락한 천사들처럼 절망적이었을 것이다."[113] 웨슬리는 하나님께서 타락한 천사들의 죄와 같이 아담의 죄를 벌하려 하셨다면 그를 부르지 않으셨을 것이라고 암시한 것이다. 그는 하나님이 타락한 아담을 부르신 사건의 핵심은 하나님의 심판이 아닌 인류의 "회복"을 위한 하나님의 은혜로운 계시 행위임을 강조했다. 하나님은 이 부르심을 통해 장차 여인의 후손으로 오실 메시아에 대한 약속을 계시하셨다.[114] 웨슬리에게 하나님께서 아담을 부르신 사건은 타락한 인류를 향한 최초이자 획기적인 하나님의 계시 사건이었다. 웨슬리는 설교 "인류의 타락에 대하여"(1782)에서도 이 부

---

112 Matthew Henry, *Exposition* 13.
113 *ENOT* 16, 창 3: 9 주해.
114 *ENOT* 17-8, 창 3: 15 주해.

르심이 구원을 위한 하나님의 은혜로운 계시 행위임을 재차 확언했다.[115]

이 이야기 전반에서 우리는 그들[아담과 하와]이 반역한 전능하신 창조주의 말할 수 없는 자비로움과 관대하심을 보지 못하고 지나칠 수 없습니다. 주 하나님은 아담을 부르시면서 '네가 어디 있느냐?' 물으셨습니다. 이는 하나님을 피해 영원히 도망했을 그를 다시 돌아오라고 초청하시는 은혜로운 부르심이었습니다.

웨슬리는 하나님께서 자신의 은혜로운 목적을 드러내기 위해 타락한 인간을 부르신 것은 창조주께서 자신의 피조물을 아버지의 사랑으로 사랑하신 데서 비롯되었다고 생각했다. 세상의 창조주이자 보존자이신 하나님은 "세상의 피조물들에게 무관심하지" 않으시다.[116] 웨슬리는 설교 "하나님의 섭리에 대하여"(1786)에서 창조주께서는 "자신의 손으로 만드신 작품을 멸시하지" 않으시고, "땅의 모든 피조물에게 일어나는 일에 매 순간 관심을 가지십니다"라고 주장했다. 특히 인간을 자신의 형상으로 만드신 하나님은 인간에게 일어나는 "모든 일"에 깊은 관심을 가지신다. 웨슬리는 "이성적이며 종교적인 사람들에게 보내는 진지한 호소"에서 하나님께서 모든 사람을 사랑하시듯 우리도 하나님이 지으신 모든 사람을 사랑해야 한다고 주장했다.[117] 하나님은 유대인만이 아닌 이방인의 하나님이시기도 하기에 "그들 모두에게 동일한 방식으로 자비를 베푸신다."[118] 웨슬리는 "하나님께서는 어느 시대, 어느 나라에서도 인간의 마음에 자

---

115 "On the Fall of Man"(1782), *BEW* 2: 403-4.
116 " On Divine Providence"(1786), *BEW* 2: 539.
117 "An Earnest Appeal to Men of Reason and Religion", *Works* 8: 9.
118 *ENNT* 531, 롬 3: 29-30 주해.

신을 전혀 '증거하지' 않고 내버려두신 적이 없습니다"[119]라고 말했다. 이러한 계시의 결과로 인류는 모든 시대에 걸쳐 하나님에 대해 어느 정도의 지식을 얻을 수 있었고, 심지어 "이교도들도 하나님 자신에게서 그분의 존재와 섭리하심에 대한 증언을 받았다."[120] 비록 인간은 하나님을 배반했지만, 하나님은 우리를 잊지 않으신 것이다. 웨슬리는 "우리는 하나님의 자녀입니다. 어머니가 어찌 그 젖 먹는 자식을 잊겠습니까? 혹 어머니는 그럴 수 있더라도 하나님은 우리를 잊지 않으십니다"[121]라고 단언했다. 이는 단지 충동적 반응이 아니라 아버지의 사랑으로 자신의 피조물을 사랑하시는 하나님의 근본적 본성에서 비롯된 것이다.

웨슬리는 공감의 본성으로 인간의 불행에 관여하시는 하나님의 계시의 가장 중요한 목적은 우리에게 생명을 주는 것이라고 믿었다.[122] 하나님이 이교도들에게까지 자신의 존재와 속성, 미래의 상벌, 도덕적 선을 행할 의무에 대해 알려주시는 것은, 그들이 이러한 진리를 믿게 하시기 위해서이다.[123] 하나님이 자신을 계시하심은 인간이 하나님을 믿어 구원받게 하시기 위함이다.[124] 존 데쉬너가 말했듯, "계시는 하나님의 본성에 대한 정적인 이해만이 아니라 하나님의 역동적인 구원의 의지에도 근거한다."[125] 계시는 구원이라는 목적을 위한 것이기 때문이다. 칼 헨리(Carl F. H. Henry)가 지적하듯, 하나님의 계시는 "어떤 비인격적 대중 매체의 상업적 광고나 '보이지 않는 세계의 현황'을 전하는 일상적 보도 뉴스가 아

---

119 "Walking by Sight and Walking by Faith"(1788), *BEW* 4: 52.

120 *ENNT* 450, 행 14: 17 주해.

121 "On Divine Providence"(1786), *BEW* 2: 539.

122 "The Original, Nature, Properties, and Use of the Law (1750), *BEW* 2: 9.

123 "Salvation by Faith"(1738), *BEW* 1: 119.

124 *ENNT* 465, 행 17: 27 주해.

125 John Deschner, *John Wesley's Christology*, 110.

니다."[126] 웨슬리에게 하나님이 자신을 계시하신다는 사실은 이교도라 할지라도 그분을 믿어야 할 책임이 있음을 의미한다. 모든 인간의 아버지이신 하나님은 그 어떤 영혼도 멸망하는 것을 원하지 않으시기 때문이다.[127]

2. 계시의 역동성: 삼위일체 하나님의 활동

계시는 기본적으로 인간의 구원을 목적으로 하고, 구원은 삼위일체 하나님의 사역이라고 한다면,[128] 계시 역시 삼위일체 하나님의 사역이라고 하는 것이 자연스러운 귀결이다.

웨슬리에 따르면, 삼위일체의 세 위격은 인간을 창조하실 때 서로 상의함으로 합의에 도달하셨다. 창조 시 인간은 "성부, 성자, 성령 하나님께 헌신하고 전념하도록" 지음 받았다.[129] 이렇게 창조된 인간은 에덴에서 영적 예배를 드리며 삼위일체 하나님과 교제했다.

인간의 타락으로 그 교제가 깨진 후에도 삼위일체 하나님은 인간의 상황에 무관심하지 않으셨다. 성부께서는 자신이 창조하신 피조물을 사랑하셨고, 성자는 "창세로부터"(from the beginning of the world) 희생제물이 되어 죽임을 당하셨으며, 그때부터 성령은 "인간의 영혼을 갱신시키기 시작"하셨다.[130] 웨슬리에게 하나님의 시간은 신비의 영역에 속해 있

---

126 Carl F. H. Henry, *God, Revelation and Authority* (Texas: Word Books, 1976), vol. 2: 31.

127 *ENNT* 898, 벧후 2: 9 주해.

128 *ENNT* 835, 히 9: 14 주해.

129 *ENOT* 7, 창 1: 26–8 주해.

130 "The Mystery of Iniquity"(1783), *BEW* 2: 452 [웨슬리의 이러한 설명은, 비록 그리스도의 십자가 죽음은 역사의 한 시점에 이루어질 것이지만, 하나님이 창세 전부터 계획하셨고 (마 25:34; 엡 1:4; 벧전 1:20), 하나님의 뜻 가운데 십자가의 효력은 그 이후뿐 아니라 이전 역사에까지 적용되어 창조 시로부터 모든 사람이 그 혜택 아래 있다는 의미를 내포한다. 이러한 해석은 주로 요한계시록 13:8에 대한 영어 흠정역 성경(KJV)의 번역인

었다. 하나님께는 모든 일이 "동시에 현재적"이어서 하나님은 "영원 전체를 단번에 보신다."[131] 그러나 삼위일체 하나님의 각 위격은 인간의 불행에 개입해 그들을 일깨우고 올바른 회복의 길을 보여주셨다. 하나님은 우리의 타락한 첫 조상을 심판하실 때도 인간에 대한 자비를 잊지 않으셨는데, 이 자비는 그분이 사랑하시는 성자의 공로에 근거한 것이었다. 하나님께서 인간에게 베푸시는 모든 은혜의 토대는 성자 하나님의 의로우심과 피 흘리심이다.[132]

일반계시에서 성자는 선한 것을 알게 하시기 위해 "세상에 와서 각 사람에게 비추는 빛"(요 1:9)이시라면,[133] 성령께서는 사람이 그 빛에 어긋나게 행하면 내면의 찔림을 주어 불안감을 갖게 하신다.[134]

특별계시에는 삼위일체 하나님이 모두 관여하시며, 그 결과 계시는 삼위일체 하나님의 사역을 통해 인간에게 실제적으로 작용해 효력을 발생시킨다. 성부 하나님은 가까이 가지 못할 빛에 거하시기에 누구도 그분을 볼 수 없지만, 오직 자신의 사랑하시는 성자 안에서 그리고 그를 통해 언제든 피조물들에게 자신을 계시하신다.[135] 성부 외에는 성자를 아시는 이가 아무도 없다(마 11:27). 성령은 성부와 성자를 계시하시는 삼위일체 하나님의 능력으로서, 사람이 하나님의 역사를 깨닫게 하고 그분의

"세상의 기초가 놓인 이래로 죽임당한 어린 양"(the Lamb slain from the foundation of the world)이라는 표현에 근거한다–역주].

131 "Predestination Calmly Considered", *Works* 10: 210; 참고. 하나님은 "그분의 본질과 활동에서 시간이라는 척도를 초월해 계신다. 그분의 지식에는 과거와 미래의 모든 것이 매 순간 현재로 존재한다. … 한마디로 하나님께는 시간이 느리거나 빠르지 않고 오직 그분의 존재와 경륜에 부합할 뿐이다"(*ENNT* 898, 벧후 3: 8 주해).

132 "Sermon on the Mount, VIII"(1748), *BEW* 1: 630–31.

133 "Predestination Calmly Considered", *Works* 10: 229–30.

134 "On Conscience"(1788), *BEW* 3: 482–83.

135 "The End of Christ's Coming", *BEW* 2: 478.

역사를 받아들이도록 힘을 주신다.[136] 웨슬리는 이후의 교의적 삼위일체론 전통이 발전시킨 정교한 전문용어를 체계적으로 사용하지 않으면서도, 성경의 관련 구절을 의역하거나 반복함으로 삼위일체의 사역을 하나님의 계시에 적용했다.[137]

III. 계시의 유형

1. 일반계시

신학에서 일반계시란 모든 시간과 장소에서 모든 사람에게 주시는 하나님의 계시를 뜻한다. 웨슬리는 이 의미의 일반계시를 인정했다.[138] 그는 인간이 하나님의 존재, 그분의 속성의 일부, 도덕적 선악의 차이와 같은 위대한 진리를 알 수 있도록 하나님께서 영원한 세계의 위대한 원리들의 일부를 예비하고 계시하셨다고 생각했다.[139]

웨슬리에 의하면, 일반계시는 하나님께서 모든 시대, 모든 민족에게 자신에 관한 진리의 일부를 알려 주도적으로 자신을 보여주시는 것이다. 이 점에서 그는 일반계시를, 인간이 자기 이성의 능력으로 하나님을 알기 위해 하나님께 올라감으로써가 아니라, 창조주께서 모든 사람에게 자신을 드러내시기 위해 스스로 낮추심으로 가능하게 된 하나님 지식의 한 단계로 이해했다.

---

136 "On the Trinity", *BEW* 2: 385.
137 *BEW* 3: 283; 499-500; *BEW* 4: 53; *Works* 8: 106; *Works* 9: 171.
138 "On Working Out Our Own Salvation", *BEW* 3: 199; *ENNT* 450, 행 14: 17 주해.
139 "On Working Our Own Salvation", *BEW* 3: 199-200.

A. 창조세계를 통해 드러난 하나님의 존재와 속성

하나님의 존재는 신학의 가장 근본적인 전제이다. 하나님이 존재하시지 않는다면 하나님에 대한 지식을 논하는 일은 무의미할 것이다. 오튼 와일리(H. Orton Wiley)는 "하나님의 존재는 종교의 근본 사상이며, 따라서 신학적 사유의 결정적 요소"[140]라고 말한다. 웨슬리는 "로마 가톨릭교도에게 보내는 편지"(A Letter to a Roman Catholic)에서 "나는 무한한 자존자가 계시며 그분은 오직 한 분임을 확신합니다. 또 유일하신 하나님께서 모든 존재의 아버지, 특별히 천사와 인간의 아버지이심을 믿습니다"[141]라는 말로 한 분 하나님의 존재에 대한 확고한 믿음을 표현했다.

웨슬리는 하나님이 존재하심에도 모든 사람은 타락한 본성의 첫 번째 질병인 "무신론"을 지닌 상태로 세상에 태어난다고 주장했다.[142] 자연인은 "들짐승과 마찬가지로 하나님을 전혀 생각하지 않기에", 모든 사람은 "본성상 순전히 무신론자"로 태어난다는 것이다.[143]

그러므로 웨슬리는 우리의 아버지 하나님은 순전한 무신론자의 수준에까지 자신을 낮추어 자연을 통해 자신을 드러내신다고 생각했다. 웨슬리는 "피조물들의 존재는 창조주가 계심을 실증적으로 보여준다. 피조세계 전체가 하나님이 계심을 선포한다"[144]고 언급했다.

하나님은 자연인에게 자신을 계시하실 뿐 아니라 그 의미를 깨달을 수 있는 은혜를 주신다. 웨슬리는 하나님이 자신의 존재를 스스로 계시하

---

140 H. Orton Wiley, *Christian Theology* (Kansas, Mo: Beacon Hill Press, 1940), 1: 217.

141 "A Letter to a Roman Catholic", *Works* 10: 81.

142 "On the Education of Children", *BEW* 3: 350.

143 "On the Education of Children", *BEW* 3: 350.

144 "A Farther Appeal to Men of Reason and Religion", *Works* 8: 197.

셨기 때문에 세상에 문자 그대로의 무신론자는 거의 없다고 주장했다.[145] 그는 설교 "하나님 없는 삶에 대하여"(1790)에서 "50년 넘게 영국에서 하나님의 존재를 진지하게 믿지 않는" 문자 그대로의 진짜 무신론자는 단 두 명밖에 보지 못했다고 말한다.[146] 그러나 웨슬리는 수년 간의 설득 끝에 그 두 사람 모두 죽기 몇 년 전에 하나님의 존재를 완전히 확신하게 되었다고 덧붙인다. 웨슬리가 이 두 사람의 사례를 든 것은 하나님이 모든 사람에게 자신의 존재를 계시하셨음에도 세상에는 "문자 그대로의 진짜 무신론자가 존재한다는 사실"과 "그럼에도 그들이 겸손히 구하기만 하면 '때를 따라 돕는 은혜'를 얻을 수 있음을 보여주기 위해서"였다.[147] 이처럼 웨슬리는 하나님이 자신의 존재를 계시하실 뿐 아니라, 아직 하나님의 존재를 알지 못하는 이들에게도 때를 따라 도우시는 은혜를 베푸신다고 믿었다. 웨슬리는 하나님의 계시와 은혜에 의해 모든 인간이 창조주의 존재를 알 수 있다는 낙관적인 견해를 피력한 것이다.

하나님이 자연을 통해 모든 사람에게 자신을 계시하신 결과, 모든 사람은 하나님의 존재에 대한 지식을 가질 수 있게 되었다.[148] 웨슬리는 이신론자들도 "성경은 믿지 않지만 하나님이 계신다는 것"은 믿는다고 말한다.[149] "이교도들"도 "하나님이 계시며" 그분은 은혜롭고 공의로우셔서

---

145 웨슬리에 따르면 세상에는 두 종류의 무신론자가 있다. 문자 그대로의 실질적 무신론자와 실천적 무신론자이다. 전자는 하나님의 존재를 진지하게 부정하는 사람이라면, 후자는 하나님의 존재는 인정하지만 마치 하나님이 없는 것처럼 살아가는 불경한 자들이다 (*BEW* 4: 171).

146 웨슬리는 런던의 "존 S--"(John S--)와 "존 B--"(John B--)라는 이름의 두 사람을 언급했다 (*BEW* 4: 171).

147 "On Living without God", *BEW* 4: 171.

148 "On Working Out Our Own Salvation", *BEW* 3: 199.

149 "On Faith"(1788), *BEW* 3: 494.

"자신을 부지런히 찾는 자들에게 상 주시는 분"이심을 확고히 믿는다.[150] 심지어 "마귀조차도 전지전능하신 하나님이 계시며, 그분은 은혜로 상을 베푸시고 공의로 심판하시는 분이심을 믿는다."[151] 세상의 창조주 하나님의 존재에 대한 지식은 어떤 사람에게는 감추어진 것이 아니라 모든 사람에게 계시된 것이다.

이처럼 웨슬리는 하나님의 계시와 은혜를 통해 창조주 하나님의 존재를 알 수 있다는 낙관적 견해에 기초해, 하나님의 존재 증명을 위한 철학적 논증은 할 필요가 없다고 생각했다. 그는 설교 "공정하게 숙고한 이성의 역할"(1781)에서, 과거 자신이 "고대와 현대 저자들의 … 강력한 논증을 주의 깊게 쌓아 올림"으로 "하나님"과 "보이지 않는 세계의 존재"를 입증하려 하다 실패한 "슬픈 경험"이 있음을 고백했다. 이 슬픈 경험을 통해 그는 이성이나 합리적 논증으로는 하나님과 보이지 않는 영원한 세계의 존재에 대해 어떤 확증도 이끌어낼 수 없다는 진실을 깨닫게 되었다.[152] 웨슬리는 하나님의 존재에 대한 합리적 논증을 신뢰하지 않았다. 그는 앤드류 마이클 램지(Andrew Michael Ramsay)의 『종교의 원리』(*Principles of Religion*)를 읽은 후 존 로버트슨(John Robertson)에게 보낸 편지(1753)에서, 램지와 새뮤얼 클라크(Samuel Clarke)가 하나님의 존재를 증명하기 위해 사용한 수학적 추론 방식을 강도 높게 비판했다. 그는 "가장 보잘것없는 식물 하나"를 바라보는 직관적 방법이 형이상학적 논증보다 하나님의 존재를 증명하는 데 훨씬 효과적이라고 주장했다.[153]

---

150 "Of the Church"(1785), *BEW* 3: 49; 참고. 히 11: 6.

151 "Salvation by Faith", *BEW* 1: 119.

152 "The Case of Reason Impartially Considered (1781), *BEW* 2: 593–94.

153 존 로버트슨에게 보낸 편지 (1753년 9월 24일), *Letters* 3: 104–5.

그 논문은 종교적 주제에 내해 수학적 논증 방법을 사용하는 섯이 얼마나 오류 가능성이 높고 만족스럽지 못한지에 대해 이전보다 더 강한 확신을 주었습니다. 이 방법은 단 한 줄만 실수해도 이후에는 온갖 오류가 뒤따를 수 있기 때문에 오류에 매우 취약합니다. 그리고 그런 오류가 실제로 발생하지 않았다고 충분히 확신할 수 없기 때문에 적어도 나에게는 전혀 만족스럽지 않습니다. 처음 두 권의 책은 … 더욱 만족스럽지 못했습니다. 그것은 우리가 피조물들을 통해서가 아니라면 하나님에 대한 어떤 관념도, 하나님의 존재에 대한 충분한 증거도 가질 수 없으며, 이 점에서는 가장 하찮은 식물 하나가 클라크 박사나 슈발리에(Chevalier)의 모든 논증보다 하나님의 존재에 대한 훨씬 강력한 증거가 된다는 허치슨(Hutchinson) 씨의 판단에 동의하기 때문입니다.

이처럼 웨슬리는 하나님의 존재를 설명할 때 전통적인 존재론적 논증을 진지하게 받아들이지 않았던 것으로 보인다.[154] 루터나 칼뱅 같은 초기 종교개혁자들처럼 그는 하나님의 존재 증명에 대한 정교한 합리적 이론을 만들어내지 않았다.

웨슬리가『자연철학』이라는 책을 저술한 것은 자연을 통해 창조주 하나님의 존재와 속성에 대한 명확한 증거를 제시하기 위해서였다.[155] 이 책에서 그는 창조세계에 대한 모든 새로운 발견을 연구함으로 얻는 가장 큰 유익은, 하나님의 존재에 대해 "거부할 수 없는 증거"를 얻는 것이라고 주장했다.[156] 이처럼 그는 하나님의 존재를 입증하기 위해 합리적 논증을 사용하지 않고도 살아계신 하나님의 존재와 속성에 관한 사실을 18세기 사

---

154 Colin W. Williams, *Wesley's Theology Today*, 30-1; 참고. Albert C. Outler (ed.), *John Wesley* (New York: Oxford University Press, 1980), 29.

155 본문의 많은 분량은 독일 예나(Jena) 대학교의 철학 교수 존 프란시스 부데우스 (John Francis Buddeus)의 책에서 번역한 것이다 (제1권, 서문, iv를 참조하라).

156 *NP* 2: 2.

람들에게 알리고자 힘썼다.

그렇다면 웨슬리는 어떤 방식으로 하나님의 존재를 증명하고자 했는가? 그는 『자연철학』에서 먼저 17세기와 18세기의 과학 실험과 관찰을 통해 발견한 창조세계의 경이로운 사실들을 펼쳐보인다. 그리고 이 경이로운 사실들이 우리를 경이로움의 원천이신 위대한 제일 원인(the great First Cause)으로 분명하게 직접적으로 인도한다고 주장한다.[157] 이러한 설명은 언뜻 보기에 철학적 '설계 논증'(argument from design)의 한 형태로 보이지만, 이 설계와 관련해 어떤 철학적 논증도 사용하지 않았다는 점에서 기존의 설계 논증과 구분된다. 그는 독자들이 이성적 논증이나 철학적 논증이 아니라 창조세계에 대한 과학적 발견의 경이로움을 통해 창조주 하나님의 존재를 직접 추론하게 한 것이다.

웨슬리가 일반계시를 통해 창조주의 존재를 증명하려 한 것은, 17세기와 18세기에 창조세계의 경이로움을 근거로 기독교를 옹호한 존 레이(John Ray), 윌리엄 더햄(William Derham), 버나드 누웬타이트(Bernard Nieuwentyt), 코튼 매더(Cotton Mather)와 같은 기독교 자연철학자들의 영향을 받은 것으로 보인다.[158] 존 딜렌버거(John Dillenberger)가 지적했듯, 17세기와 18세기 새로운 과학의 성과로 인해 기독교적 세계관의 자명성

---

157 *NP* 1: 8–9.

158 John Ray, *The Wisdom of God manifested in the Creation* (London: Printed for William Innys, 1717), 서문; William Derham, *Astro-Theology* (Edinburgh: Clark & M'Caslan, 1769), 202–3; William Derham, *Physcio-Theology* (London: Printed for William Innys, 1714), 2: 283–87: Bernard Nieuwentyt, *The Religious Philosophers or the Right Use of Contemplating the Work of the Creator* (London, 1719), 서문, 1: xliii–xliv. 앨버트 아우틀러 역시 존 레이의 『창조세계에 나타난 하나님의 지혜』(*The Wisdom of God manifested in the Creation*)가 웨슬리의 『자연철학』의 '전형'(prototype)이라고 말한다. Albert C. Outler, "The Wesleyan Quadrilateral in John Wesley" in Thomas A. Langford (ed.), *Doctrine and Theology in the United Methodist Church* (Nashville: Kingswood Books, 1991), 84.

이 도전을 받자, 당대 일부 기독교 철학자들은 모든 과학적 발견을 배제하기보다 오히려 적극적으로 수용하면서 새로운 사상에 맞서 자신들의 이해를 다양한 방식으로 옹호했다.[159] 그들이 기독교를 변증한 방법은 기적, 예언, 창조세계에서 드러나는 하나님의 지혜의 묘사, 자연과 성경 사이의 유비 논증 등을 통해서이다. 변증적 목적으로 창조에 나타난 하나님의 지혜를 묘사한 인물로는 앞서 언급한 레이, 더햄, 매더, 누웰타이트가 대표적이다.[160] 그들은 창조세계에서 얻은 일련의 과학적 발견의 경이로움을 묘사한 후 독자들에게 그 경이로움에서 창조주의 존재와 속성을 추론해 볼 것을 요청했다. 그들은 이것이 하나님의 존재를 입증하는 제일 좋은 방법이라고 믿었다. 예를 들어, 존 레이는 자신의 책 『창조세계에 나타난 하나님의 지혜』(*The Wisdom of God Manifested in the Creation*)에서 이렇게 말한다.[161]

> 그러므로 이는 자연의 빛과 창조세계라는 작품에서 도출한 논증으로 입증되어야 한다. 다른 모든 학문과 마찬가지로 신학도 그 대상을 입증하지 않고 가정하면서, 인간이 자연의 빛에 의해 하나님의 존재를 확신할 수 있음을 당연시한다. 물론 이 근본적인 진리에 대한 초자연적인 증거도 존재한다. … 그러나 풀 한 포기, 곡식의 이삭 하나만으로도 하나님의 존재는 충분히 입증되기에 하나님의 존재에 대한 별도의 증거는 전혀 필요하지 않다.

---

159 John Dillenberger, *Protestant Thought and Natural Science* (London: Collins, 1961), 138-39.

160 John Dillenberger, *Protestant Thought and Natural Science*, 138-62. 존 딜렌버거는 기독교 변증론을 네 가지 형태로 구분한다. 곧 기적을 통한 증거[존 로크, 랄프 커드워스(Ralph Cudworth), 로버트 젠킨(Robert Jenkin)], 예언을 통한 증거(랄프 커드워스, 로버트 젠킨), 창조에 나타난 하나님의 지혜의 묘사(존 레이, 윌리엄 더햄), 자연과 성경 사이의 유비로부터의 논증[조셉 버틀러(Joseph Butler)]이다.

161 John Ray, *The Wisdom of God Manifested in the Creation*, 서문.

누웬타이트 역시 이렇게 말한다.[162]

> 우리는 인간의 지혜나 철학의 도움 없이도 단지 눈을 떠 고개를 들기만
> 하면 모든 것의 지혜로운 창조자와 통치자가 계시다는 사실을 부인할
> 수 없이 확신하게 된다. … 이처럼 하늘의 하나님은 자신의 전능하심을
> 보기 위해 철학의 심오한 곳에서 논증을 발견하라고 하시는 것이 아니
> 라, 단지 우리의 눈을 자신의 작품으로 돌리라고 하신다.

웨슬리는 『자연철학』에서 이늘의 방식을 따라 행성, 인체, 농불, 식
물 등의 구조에 대한 새로운 과학적 발견을 나열한 후, 별도의 논증 없
이 간결하게 세상의 창조주의 존재와 속성을 추론한다. 그는 이러한 방식
이 창조주의 존재를 증명하는 가장 훌륭한 방법이라고 단언했다.[163] 자연
철학자들과 마찬가지로 웨슬리는 이성과 새로운 과학의 세기인 18세기
에 창조세계의 일반계시를 통해 창조주 하나님의 존재를 증명함으로 기
독교를 변증했다.

웨슬리는 창조주의 존재뿐 아니라 그분의 몇몇 속성 역시 창조세계의
일반계시를 통해 모든 사람이 알 수 있다고 주장했다.[164] 창조세계의 선한
질서에서 지혜, 편재하심, 전능하심, 영원하심, 공의, 자비, 선하심과 같
은 창조주의 몇 가지 속성을 추론할 수 있다는 것이다.[165] 실제로 웨슬리
는 여러 저서에서 창조주의 존재와 몇몇 속성을 동시에 다루었다.[166] 그는
창조주 하나님의 속성을 설명할 때도 그분의 존재를 변증할 때와 동일한

---

162 Bernard Nieuwentyt, *The Religious Philosophers or the Right Use of Contemplating the Work
of the Creator*, 1: xliii–xliv.

163 *NP* 1: 9.

164 "The Wisdom of God's Counsels"(1784), *BEW* 2: 552.

165 *NP* 2: 369.

166 *NP* 2: 2.

방법을 사용한다. 그럼에도 그는 창조주 하나님의 존재를 증명하는 것보다 피조물을 통해 드러나는 창조주의 속성을 보여주는 데 더 적극적이었다. 하나님이 어떤 분이신지 알지 못한 채 하나님이 계시다는 사실을 아는 것만으로는 무의미하기 때문이었다.[167]

B. 인간 내면의 도덕법

웨슬리에 따르면, 하나님의 일반계시는 인간의 내면에서도 발견되는데, 이는 하나님이 창조세계뿐 아니라 인간의 마음에도 자신을 계시하시기 때문이다. 웨슬리는 도덕법(moral law)이 계시된 과정을 다음과 같이 상세히 설명했다.

첫째, 하나님은 이 도덕법을 인류의 첫 조상과 천사들에게 계시하셨다. 웨슬리는 율법을 의식법(ceremonial law)과 도덕법으로 구분했다.[168] 그리고 의식법은 불순종하고 목이 곧은 이스라엘 백성을 억제하기 위한 일시적 제도로 고안되었고, 모세 시대에 문서의 형태로 계시되었으며, 그리스도께서 오실 때까지 한시적으로 도입되었다고 믿었다. 그러나 도덕법은 의식법과 전혀 다른 토대에 서 있다고 생각했다. 우리는 도덕법의 기원을 "세상의 기초가 놓이기 이전"까지 추적할 수 있다.[169] 하나님은 땅의 티끌에서 인간을 일으키셨을 때 자신의 '손가락'으로 그들의 마음에 이 율법을 새겨 넣으셨는데, 이는 그들이 이해할 수 있도록 율법이 "항상 가까이에 있어 언제나 명료하게 빛나게" 하시기 위함이었다.[170] 웨슬리에 따르면, 하나님께서 이 율법을 계시하신 목적은 크게 두 가지이다. 곧 인간이

---

167 "A Farther Appeal to Men of Reason and Religion", *Works* 8: 197.
168 *ENNT* 447, 행 13: 39 주해.
169 "The Original, Nature, Properties, and the Use of the Law"(1752), *BEW* 2: 6-7.
170 "The Original, Nature, Properties, and the Use of the Law", *BEW* 2: 7 각주 10.

하나님께 받은 능력을 사용하게 하시기 위함이자, 하나님을 예배함으로 인간의 행복이 지속적으로 증가하게 하시기 위함이다. 하나님은 자신이 만든 지성적 존재에게 진리와 거짓, 선과 악을 분별할 수 있는 이해력과, 하나를 선택하고 다른 하나를 거부할 수 있는 자유를 부여하셨다. 그리고 그들이 이러한 능력을 사용하도록 모든 진리와 선의 완전한 모형인 도덕법을 계시하셨다. 하나님은 그들이 창조주를 알고 이 능력을 사용해 "자발적으로 기꺼이 예배"하는 것을 기뻐하셨는데, 이런 예배야말로 하나님이 가장 받으실 만한 것이기 때문이다.[171] 하나님은 또 그들이 율법을 지킴으로 그들의 행복이 지속적으로 증진되게 하셨다. 율법에 대한 순종은 "그들의 본성을 점점 더 온전하게 하고, 그들이 하나님께 더 큰 상급을 받게" 할 것이기 때문이다.

둘째, 인간의 타락으로 이 율법은 그들의 마음에서 "거의 지워지고 말았다." 웨슬리에 의하면 타락은 율법을 인식하는 일에 결정적 장애를 일으켰다. 웨슬리는 설교 "율법의 기원, 본성, 속성 및 용법"에서 타락으로 인해 인간의 영혼이 "하나님의 생명에서 멀어진" 정도만큼 그 이해의 눈도 "어두워졌다"고 주장했다.[172]

셋째, 웨슬리의 하나님 이해의 중심 사상은 인간이 하나님께 반역했음에도 하나님은 타락한 인간과의 관계를 완전히 단절하지 않으셨다는 것이다. 웨슬리는 하나님께서 타락한 인간의 첫 조상의 마음에 율법을 "어느 정도" 재각인해 주셨는데, 이는 인류에게 다시 율법을 계시하시기 위해서였다고 말한다. 이로 인해 인간은 타락 후에도 율법을 알 수 있는 상당한 가능성을 갖게 되었다. 그럼에도 웨슬리는 타락 이전과 이후 인

---

171 "The Original, Nature, Properties, and the Use of the Law", *BEW* 2: 6-7.
172 "The Original, Nature, Properties, and the Use of the Law", *BEW* 2: 7.

간이 율법을 알 가능성에 본질적 차이가 발생했음을 명확히 밝힌다. 하나님이 창조 시에는 율법을 "모든 진리의 완전한 모형"으로 온전히 계시하신 데 반해, 타락한 인간에게는 "어느 정도"만 계시하셨다는 것이다. 웨슬리는 하나님께서 타락한 인류에게 율법을 재각인해 주신 이유를 두 가지, 곧 하나님의 자비와 그리스도의 사역을 통한 그들과의 화해로 언급했다. "하나님은 자기 손으로 지으신 피조물을 멸시하시지 않고 그분의 사랑하시는 아들을 통해 그와 화해하셨습니다. 이에 자신의 어둡고 죄 많은 피조물의 마음에 어느 정도 율법을 재각인하셨습니다."[173] 앨버트 아우틀러는 웨슬리의 인간론에서 이 '재각인' 개념은 매우 중요하다고 지적한다. 그러나 더 정확히 말하면 이는 그의 신론에서 매우 중요하다.[174] 웨슬리에 따르면, 하나님은 자신의 자비와 그리스도의 공로를 통해 타락한 인간에게도 여전히 자신을 계시하신다. 하나님은 이처럼 인간의 마음에 부분적으로 재각인된 율법을, 타락한 모든 인간에게 주시는 일반계시의 내용에 포함시키셨다.

하나님께서 도덕법을 통해 계시하시는 것이 무엇인지 더 알기 위해서는 웨슬리가 도덕법의 개념과 내용을 어떻게 제시했는지 살펴볼 필요가 있다.

웨슬리는 율법의 개념을 다양한 각도에서 바라보았다. 하나님과의 관계에서는 율법을 하나님의 형상으로 이해했다. 율법은 하나님의 "본체의 형상"과도 같다.[175] 세상과의 관계에서 율법은 세상의 규칙이다. "그것은 변하지 않는 공정성이며, 과거나 현재에 창조된 모든 것의 영원한 적

---

173 "The Original, Nature, Properties, and the Use of the Law", *BEW* 2: 7.

174 "The Original, Nature, Properties, and the Use of the Law", *BEW* 2: 7.

175 "The Original, Nature, Properties, and the Use of the Law", *BEW* 2: 9. 앨버트 아우틀러가 지적했듯, 이 점에서 웨슬리의 도덕법 이해는 기독론적이다 (*BEW* 2: 2).

합성이다."[176] 인간과의 관계에서 율법은 모든 선과 진리의 완전한 모범이다. 율법은 신성한 덕과 지혜, 진리와 선이 "인간의 이해로도 알 수 있는 구체적인 형태의 옷을 입고 나타난" 것이다.[177] 하나님의 형상인 모든 선과 진리의 완전한 모델이 인간의 마음으로 인식 가능한 형태로 형성된 것이 도덕법이라는 것이다.

그러므로 웨슬리에게 도덕법은 "하나님의 영원한 정신의 복사본, 하나님의 본성을 글로 옮겨 적은 것"인데, 이를 인간에게 계시하심은 그들이 하나님, 세상, 이웃과의 올바른 관계 속에서 살아가게 하시기 위함이다.[178] 하나님은 자신의 형상으로 인간을 창조하신 후 그들의 마음에 도덕법을 새겨 율법에 부합하는 삶을 살아가게 하셨다.

존 오스왈트(John N. Oswalt)와 케네스 콜린스(Kenneth J. Collins)는 웨슬리가 이 도덕법의 내용이 무엇인지 정확히 명시하지 않았음을 지적한다.[179] 웨슬리는 때에 따라 도덕법을 십계명,[180] 황금률,[181] 산상수훈,[182] 하나님과 이웃에 대한 거룩한 사랑[183] 등으로 언급했다. 그러나 정확히 말하면 웨슬리는 이 중 어느 하나만을 도덕법으로 규정하지 않고, 이 모든 내용이 도덕법에 포함된 것으로 보았다. 사실상 웨슬리는 하나님의 본체의 형상 또는 "하나님의 본성을 글로 옮겨 적은 것"인 도덕법의 내용은 구원

---

176 "The Original, Nature, Properties, and the Use of the Law", *BEW* 2: 10.

177 "The Original, Nature, Properties, and the Use of the Law", *BEW* 2: 10.

178 "The Original, Nature, Properties, and the Use of the Law", *BEW* 2: 10.

179 John N. Oswalt, "Wesley's Use of the Old Testament in His Doctrinal Teachings", *WTJ* 12 (Spring 1977), 46. Kenneth J. Collins, "John Wesley's Platonic Conception of the Moral Law." *WTJ* 21 (1986), 117.

180 "Sermon on the Mount, V", *BEW* 1: 551; "The Original, Nature, Properties, and the Use of the Law", *BEW* 2: 8; *ENNT* 525, 롬 2: 14 주해.

181 "Sermon on the Mount, X", *BEW* 1: 661.

182 "Sermon on the Mount, V", *BEW* 1: 552–53.

183 "Justification by Faith", *BEW* 1: 194.

사가 진전됨에 따라 점진적으로 더 명확히 계시된 것으로 이해했다. 창조시 하나님은 이 율법을 아담에게 계시하셨다. 인간이 타락한 후에는 율법을 "세상에 와서 각 사람에게 비추는 빛"(요 1:9)이신 하나님의 성자를 통해 "어느 정도" 모든 사람에게 계시하셨다. 그러나 "모든 혈육 있는 자의 행위가 시간이 흐르면서 다시 부패하자" 하나님은 한 특별한 백성 이스라엘을 택하셔서 두 돌판에 기록하신 십계명을 통해 "이 도덕법에 대한 좀 더 완전한 지식"을 주셨다.[184] 하지만 그들이 이 방법으로도 도덕법의 본성을 온전히 이해하지 못하자, "때가 차매" 하나님은 그분의 독생자를 보내 이 율법을 "온전하고 분명하게 드러내셨다."[185] 예수님은 오셔서 "율법에 포함된 모든 계명의 길이와 넓이, 전(全) 범위는 물론, 그 모든 가지 속에 담긴 높이와 깊이, 상상할 수 없는 순결함과 영성"을 드러내심으로 도덕법의 모든 부분의 참되고 온전한 의미를 선포하셨다.[186] 따라서 율법은 "그 위대한 제정자이신 주님이 친히 오셔서 인간에게 그 모든 중요한 가지에 대해 권위 있게 해설해 주시기 전까지는 온전히 설명된 적도, 충분히 이해된 적도 없었다."[187] 웨슬리는 마태복음 5:17을 주해하면서 예수님은 삶과 가르침 모두를 통해 율법을 온전히 설명하셨다고 말한다.[188] 다시 말해, 도덕법의 내용은 구원사의 진전에 따라 점진적으로 인간에게 제시되어 왔지만, 마침내 예수님께서 도덕법의 전 범위를 계시하신 것이다. 그러므로 비록 십계명, 황금률, 산상수훈, 하나님과 이웃에 대한 거룩한 사랑에 율법의 일부분이 포함되어 있더라도, 율법의 완전한 내용은 예수

---

184 "The Original, Nature, Properties, and the Use of the Law", *BEW* 2: 7–8.

185 "Sermon on the Mount, V", *BEW* 1: 552.

186 "Sermon on the Mount, V", *BEW* 1: 552.

187 "Sermon on the Mount, V", *BEW* 1: 553.

188 *ENNT* 30, 마 5: 17 주해.

님께서 삶과 가르침으로 온전히 계시하신 하나님의 형상이라 할 수 있다. 이처럼 웨슬리에게 도덕법은 우리가 다 이해할 수 없는 하나님의 정신의 복사본인 데다 구원사의 과정에서 점진적으로 계시되었기에 모호한 것처럼 보이지만, 그 내용은 하나님의 형상과 정신이 예수님의 삶과 가르침을 통해 계시되어 드러난 것이다. 그런 점에서 웨슬리에게 하나님의 도덕법은 단지 일반계시만이 아니라 특별계시의 내용이기도 하다.

율법은 "하나님의 영원한 정신의 복사본, 하나님의 본성을 글로 옮겨 저은 것"이기에, 그 본성은 "거룩하고 이로우며 선하다"(참고. 롬 7:12-역주)고 할 수 있다. 첫째, 웨슬리는 율법의 거룩한 본성을 강조했다. 율법은 "가장 순결하고 정결하며 깨끗하고 거룩"한데, 이는 율법이 "하나님의 직접적 소산"이자 "본질적 거룩함이신 하나님의 본체의 형상"이기 때문이다. 사도 바울에 따르면, 율법은 죄나 "죄의 원인"이 아니다(참고. 롬 7:7-역주). 둘째, 율법의 본성은 의롭다. 이는 율법이 "옳고 그름에 대한 불변의 법칙"이기 때문이다. 율법은 하나님, 인간, 모든 사물과 관련해 "무엇이 옳으며, 무엇을 마땅히 행하고 말하고 생각해야 하는지"를 설명한다.[189] 셋째, 하나님의 율법은 그 본성과 효과 모두가 선하다. 웨슬리는 하나님이 타락한 인류에게 다시 도덕법을 계시하신 것은 그분의 사랑에서 비롯되었다고 생각했다. 그러므로 율법은 인류에게 선한 것이다. 만약 율법이 인간에게 나쁜 결과를 가져온다면 이는 인간의 죄 때문이다(참고. 롬 7:10, 11-역주). 이처럼 웨슬리는 율법을 그리스도께서 속죄를 통해 굴복시키신 악한 권세로 보지 않고, 그 본성을 긍정적으로 이해한 점에서 루터와 달랐다. 웨슬리는 율법을 죄, 죽음, 마귀와 동일선상에 둔 루터의 신념을 명백히 거부했고, 그가 율법을 모독한 것은 하나

---

189 *BEW* 2: 12.

님을 모독한 것과 다름없다며 비판했다.[190]

웨슬리는 일반계시를 통해 알려진 도덕법의 내용을 자세히 설명하지는 않았으나, 설교 "율법의 기원, 본성, 속성 및 용법"에서 미가서 6:8을 인용해 그 개요를 제시했다.[191] 곧 "(비록 처음과 똑같지는 않더라도) 사람아 주께서 선한 것이 무엇임을 (다시) 네게 보이셨나니 … 오직 정의를 행하며 인자를 사랑하며 겸손하게 네 하나님과 함께 행하는 것이 아니냐"라는 말씀이다. 웨슬리는 이 도덕법을 통해 세상에 태어나는 모든 사람이 "어느 정도" "도덕적 선과 악의 차이"를 알 수 있다고 생각했다.[192] 이러한 내용은 이방인들에게도 계시되었기에, 그들은 성경의 율법을 받지는 못했어도 선행은총(prevenient grace)에 의해 율법에 담긴 내용을 행한다.[193] 예를 들어, "네 부모를 공경하라"는 명령은 모든 사람의 마음에 기록된 율법으로, "가장 야만적인 민족의 미개한 사람들에게서도 의심할 여지없이 발견된다."[194]

웨슬리는 일반계시와 특별계시 모두를 통해 도덕법이 갖는 세 가지 역할을 제시했다. 그 첫째는 죄를 깨닫게 하고 "죄인을 죽이는 것"이다. 율법의 이 역할은 타락한 인간들로 자신이 "죽음의 형벌 아래 있을 뿐 아니라 실제로 하나님께 대하여 죽은" 상태임을 깨닫게 한다. 둘째는 그들을 회심시켜 심령의 "쓰라림으로 부르짖게" 하는 것이다. 이 역할은 그들을 생명 곧 그리스도께로 인도하는 것이다. 셋째는 신자를 계속 살아있게 하는 것이다.[195] 웨슬리는 모든 사람의 마음에 새겨진 도덕법의 역할이 처

---

190 *Journal* 2: 467 (1741년 6월 15일).

191 *BEW* 2: 7.

192 "On Working Out Our Own Salvation", *BEW* 3: 199.

193 *ENNT* 525, 롬 2: 14 주해.

194 "On Obedience to Parents", *BEW* 3: 362.

195 "The Original, Nature, Properties, and the Use of the Law", *BEW* 2: 15-6.

음 두 개와 관련이 있음을 시사한다. 그러나 하나님께서 본래 이 도덕법을 고안하신 목적은 타락한 인간의 생명을 멸하기 위해서가 아니라 구원하시기 위해서이다.[196] 나아가 하나님께서 인간의 마음에 율법을 재각인하신 것은, 타락한 인간이 공의를 행하고 자비를 사랑하며 겸손하게 하나님과 함께 행하게 하시기 위해서이다. 이러한 하나님의 사역은 죄인이 구원으로 향하는 시발점이 되는 하나님의 선행은총에 기반한다.[197] 이처럼 웨슬리에 의하면, 비록 일반계시를 통해 타락한 인간에게 계시된 도덕법이 구원을 위해 충분한 역할을 하지는 못하더라도, 하나님께서 이를 계시하신 주된 목적은 그들의 구원이라 할 수 있다.

C. 역사 속 세계의 통치자

웨슬리는 하나님이 인류의 역사에서 세계의 통치자로 자신을 계시하신다고 확언한다. 창조주께서는 세상을 만드셨을 뿐 아니라 통치하신다.[198] 우리는 세상을 통해 창조주의 존재를 추론할 수 있는 것과 마찬가지로 역사의 진행과정을 통해 세상의 통치자가 계심을 추론할 수 있다. 웨슬리는 『잉글랜드 약사』(*A Concise History of England*) 서문에서 일반계시로서의 역사관을 제시했다.[199]

웨슬리는 역사에 깊은 관심을 보였다. 그는 한 서신에서 다음의 역사서 독서 목록을 추천했다. "롤린(Rollin)의 『고대사』(*Ancient History*)에서 시작해 루펜도르프(Ruffendorf)의 『유럽 역사 입문』(*Introduction to the History*

---

196 "The Original, Nature, Properties, and the Use of the Law", *BEW* 2: 7–9.

197 "The Original, Nature, Properties, and the Use of the Law", *BEW* 2: 7.

198 "On the Education of Children", *BEW* 3: 353.

199 "A Concise History of England, from the Earliest Times, to the Death of George II" 서문, *Works* 14: 275.

of Europe)과 『간결한 교회사』(The Concise Church History), 버넷(Burnet)의 『종교개혁사』(History of the Reformation), 『잉글랜드 약사』(The Concise History of England), 클라렌던(Clarendon)의 『대반란사』(History of the Great Rebellion), 닐(Neil)의 『청교도 역사』(History of the Puritans)와 『뉴잉글랜드 역사』(History of New England), 솔리스(Solis)의 『멕시코 정복사』(History of the Conquest of Mexico)를 차례대로 읽어보시기 바랍니다."[200] 나아가 웨슬리는 다양한 역사서를 집필하고 편집했다. 그는 당시의 역사서들에 실망한 나머지 『잉글랜드 약사: 시초부터 조지 2세의 죽음까지』(A Concise History of England, from the Earliest Times, to the Death of George II, 1776)와 『간략한 교회사: 그리스도의 탄생부터 현 세기의 시작까지』(A Concise Ecclesiastical History, from the Birth of Christ, to the Beginning of the Present Century, 1781)를 출간했고, 『모어랜드 백작의 역사』(History of Henry Earl of Moreland, 1780) 총 다섯 권을 두 권으로 요약해 출간했다.

웨슬리에 따르면, 역사의 주요 인과적 원인은 하나님과 인간의 의지임에도, 이들은 제도적 요인, 사탄적 요인, 그외의 많은 인과적 요인의 복잡한 연결망 속에서 작동하기에, 겉으로는 매우 단순해 보이는 결정도 실제로는 다층적 의미를 갖는 경우가 흔히 있을 수 있다. 따라서 역사는 단지 하나님과 인간 사이의 아름다운 드라마가 아니다. 앨버트 아우틀러가 웨슬리의 설교 "불법의 비밀"을 소개하면서 지적했듯, 웨슬리는 "역사 전체를 타락과 부분적 회복이 있은 후 여지없이 또 다른 타락이 뒤따르는 비극적 드라마"로 보았다.[201] 그러나 웨슬리는 역사적 사건에는 하나님의 섭리가 내적으로 작용하고 있으며, 이는 때가 차면 이루어질 분명한

---

200 마거릿 루언(Margaret Lewen)에게 보낸 편지 (1764년 6월), Letters 4: 249.
201 BEW 2: 451.

목표를 향해 역사를 이끌어간다고 믿었다. 따라서 우리는 역사적으로 이미 이루어진 사실들에 비추어 역사의 장면들을 되돌아보면서 그 사건들에 담긴 하나님의 목적을 인식할 수 있다. 역사는 우리에게 현재를 이해하기 위한 훈련으로서만이 아니라 미래의 거룩한 삶을 위한 소중한 예비 지침으로서 유용하다.[202]

따라서 웨슬리는 종종 당대 역사가들이 역사에서 드러나는 하나님의 섭리를 묘사하려는 명확한 경향을 보이지 않는 것에 대해 질타했다. 『잉글랜드 약사』 서문에서는 역사 서술에 대한 그들의 태도를 우려하며 지적했다. 곧 그들의 글은 하나님의 역사 개입에 관한 내용이 전혀 없다는 점에서 마치 무신론자들을 위해 쓴 것처럼 보일 정도로 결함이 많다는 것이다.[203]

서구 사상가들은 18세기 후반 이전까지 자연과 역사를 명확히 구분하지 않았고, 역사가 신학에서 차지하는 중요한 역할에 대해 거의 논의하지 않았다. 웨슬리는 특별계시나 일반계시를 무론하고 역사를 계시의 수단으로 보는 관점에 독특한 기여를 하지는 않은 것으로 보인다. 그럼에도 그는 하나님의 계시의 매개로서의 역사에 깊은 관심을 가졌고, 역사를 통해 하나님이 세상의 통치자이심을 알 수 있다고 주장했다. 그는 『잉글랜드 약사』 서문에서 사람들이 역사를 통해 하나님이 세상의 왕과 통치자이심을 배우기를 원한다고 밝히면서 이렇게 적었다.[204]

---

202 "The Mystery of Iniquity" *BEW* 2: 469–70.

203 "The Preface to 'A Concise History of England, from the Earliest Times, to the Death of George II'", *Works* 14: 274.

204 "The Preface to 'A Concise History of England, from the Earliest Times, to the Death of George II'", *Works* 14: 275.

나는 인간사 전체를 통해 하나님을 보는 일, 수많은 가시적 원인 사이에서 보이지 않는 그분을 보며, 하늘의 궁창 위에 좌정하사 하늘과 땅의 모든 것을 다스리시는 유익하고 위대하신 원인을 한결같이 바라보는 일이 똑같이 어렵다는 것을 발견했습니다. … 나는 독자들이, 세상이 아무리 들끓어 참지 못하더라도 주님이 왕이시며, 인간의 모든 권세와 지혜가 막으려 해도 그분은 자신의 뜻대로 어떤 이는 낮추고 다른 이는 높이신다는 사실을 배우게 되기를 바랍니다.

2. 특별계시

A. 특별계시의 필요성과 자연신학의 거부

웨슬리에게 일반계시는 몇 가지 유익한 목적을 가지고 있다. 첫째, 모든 인간에게 어떤 정보를 전달한다. 자연, 인간의 마음, 역사라는 일반계시의 매개체는 모든 사람에게 공통적이므로, 그 내용은 지역과 언어의 장벽을 넘어 모든 사람에게 쉽게 전달될 수 있다.[205] 웨슬리는 시편 19:3을 주해하면서 자연을 통한 계시의 장점을 이렇게 설명한다. "하늘은 모든 사람을 가르치는 보편적 선생이기에 모두가 명확히 이해할 수 있다."[206]

둘째, 일반계시는 그 내용이 특별계시만큼 명확하고 포괄적이지는 않지만, 복음의 씨앗을 심을 수 있도록 인간의 마음 밭을 준비시키는 일을 할 수 있다. 이 계시는 인간이 하나님의 부르심을 효과적으로 듣도록 도울 수 있다. 일반계시에 포함된 도덕법이 복음을 듣게 하는 접촉점으로서의 기능을 하기 때문이다. 웨슬리는 도덕법의 "가장 우선되는 목적"은

---

205 *NP* 2: 370.
206 *ENOT* 1651.

"지옥의 가장자리에서 잠들어 있는 사람들을 깨워" 복음에 응답할 수 있도록 준비시키는 것이라고 주장한다. 문화적 환경에 따라 도덕법의 내용이 조금씩 다를 수 있지만, 만약 사람이 성령의 내적인 음성을 질식시키지만 않는다면 그 공통의 내용은 사람이 창조주 앞에서 죄책감을 느끼게 할 수 있다.[207] 이런 의미에서 웨슬리에게 일반계시는 삼위일체 하나님의 활동을 통해 역사하는 하나님의 선행은총의 한 형태이다.

그렇다면 웨슬리는 사람이 일반계시를 통해 하나님을 충분히 알 수 있나고 주장했는가? 그는 일반계시의 유효성을 인정하면시도 일반계시가 제공하는 것은 단지 "희미한 여명"일 뿐임을 단언했다. 무엇보다 하나님은 일반계시를 통해 자신에 대한 불완전한 지식만 제공하신다. 웨슬리는 설교 "보이는 것으로 행하는 것과 믿음으로 행하는 것"(1788)에서 이렇게 말한다.[208]

> 하나님은 어느 시대, 어느 민족에게도 사람들의 마음에 "자신을 증거하지 않으신" 적이 없습니다. … "그분은" 언제나 어느 정도는 "참 빛곧 세상에 와서 각 사람에게 비추는 빛"이 되어 주셨습니다. … 그러나 이 모든 빛을 더해도 희미한 여명 그 이상의 빛이 되지는 못합니다.

우리는 이 일반계시의 "여명"에 의해 창조주 하나님의 존재는 추론할 수 있으나, 구원자 하나님에 대해서는 추론하지 못한다. 웨슬리에 따르면, 우리가 구원자 하나님, 삼위일체 하나님에 대한 지식을 얻을 수 있는 곳은 오직 성경뿐이다. 불신자들이 일반계시만 가지고는 성경에 계시

---

207 참고. Millard J. Erickson, *Christian Theology* (Grand Rapids: Baker Book House, 1994), 172.
208 "Walking by Sight and by Faith"(1788), *BEW* 4: 52–3.

된 참 하나님이신 여호와 삼위일체 하나님을 결코 알 수 없다.[209] 따라서 그는 설교 "믿음의 발견에 대하여"에서, 우리는 오직 믿음으로만 지금도 계시고, 전에도 계셨으며, 장차 오실 주 여호와 곧 삼위일체 하나님을 알 수 있다고 말한다.[210] 구원자 하나님에 대한 지식은 성경에서만 얻을 수 있다.[211] 웨슬리는 결코 자연을 통해 구원자 하나님, 곧 성경의 하나님을 알 수 있다고 주장하지 않았다. 나아가 도덕법 역시 하나님의 아들에 의해 온전히 계시되었고, 그 온전한 내용은 성경에만 담겨 있다.

일반계시를 통해 얻는 하나님에 대한 초기적 지식은 타락한 인류가 일반계시에 담긴 진리의 내용에 부정적으로 응답하는 것 때문에도 제한을 받는다. 웨슬리는 비록 일반계시가 모든 사람에게 객관적으로 이루어지더라도, 그 효과는 수용자의 주관적 반응에 따라 달라진다고 생각했다. 이러한 계시는 자동적으로 바람직한 결과를 낳는 것이 아니라, 개인이 어떻게 응답하는지에 따라 효과가 결정된다. 만일 세상에 일반적으로 널리 퍼져 있는 하나님의 진리의 빛에 "우리 자신이 참여하지 않는다면" 그 빛은 "우리에게 아무런 유익이 되지 못한다."[212] 일반계시에 담긴 진리의 내용과 마주할 때 죄 많은 인간이 습관적으로 하는 행동은 선행은총을 통해 역사하시는 성령의 음성을 질식시키는 것이기 때문이다.[213]

더욱이 대부분의 사람은 일반계시의 내용을 우상숭배로 변질시킨다. 모든 사람의 내면에는 하나님이 심어 놓으신 "종교의 씨앗"이 있다고 주장한 장 칼뱅처럼,[214] 웨슬리도 모든 사람이 보편적인 종교적 감수성을 지

---

209 *NP* 1: 9; *NP* 2: 6–9; *ENNT* 465 행 17: 23 주해; *BEW* 3: 200; *BEW* 4: 52.
210 "The Discoveries of Faith", *BEW* 4: 31–2.
211 *NP* 1: 9.
212 *NP* 2: 7.
213 "The Scripture Way of Salvation", *BEW* 2: 156–67.
214 *Institutes* I.iv.1 (1: 47).

니고 있다는 데 동의한다.[215] 선행은총으로 인해 인간은 창조주를 기쁘시게 해드리고자 하는 어떤 욕망을 가지고 있다.[216] 그럼에도 "만약 우리에게 참 하나님을 보여주는 계시의 말씀의 빛이 없다면, 우리는 거기서 언제나 우리에게 우상을 보여주는 그릇된 빛만 발견할 뿐이다."[217] 웨슬리는 "하나님에 대한 지식이 결여된 곳에서는 지식이 증가하는 만큼 우상숭배의 성향도, 섬기는 우상의 수도 증가한다"[218]고 확신했다. 거듭나지 않은 사람은 하나님을 예배하고 그 뜻에 순종하는 대신 생명 없는 우상을 만들어 섬긴다는 것이다.[219] 이런 경우 일반계시는 죄인을 정죄하고 하나님 앞에서 그들의 죄책을 확증하는 결과를 가져오는데, 이는 일반계시 본래의 특성 때문이 아니라 죄인이 계시에 불순종으로 반응했기 때문이다.[220]

일반계시 아래에서만 살아가는 사람도 창조주가 존재하시고 그분은 각 사람을 그들의 행위에 따라 심판하신다는 사실은 알 수 있다. 예를 들어, 그들도 도덕법에 의해 하나님 앞에서 죄책감을 느끼고 하나님의 임박한 심판과 진노를 두려워할 수 있다. 마찬가지로 일반계시는 하나님과의 관계에서 인간의 문제가 무엇인지 보여줄 수 있다. 그러나 일반계시는 인류의 "질병"을 가리킬 수는 있어도, 그것에 대한 "치료법"은 알려주지 못한다.[221] 성부 하나님은 성자와 성령의 사역을 통해 인간의 불행에 대한 보편적인 치료법을 제공하신다.[222] 그러나 일반계시의 영향 아래에

---

215 *NP* 2: 8.

216 "On Working Out Our Own Salvation", *BEW* 3: 203.

217 *NP* 2: 8.

218 *NP* 2: 8.

219 *NP* 2: 3.

220 참고. *ENNT* 521, 롬 1: 21-6 주해.

221 "The End of Christ's Coming", *BEW* 2: 472.

222 "On the Fall of Men", *BEW* 2: 410.

만 있는 사람은 성부, 성자, 성령 하나님에 대해 전혀 알지 못한다.[223] 따라서 일반계시의 분명한 한계는 그것이 인간의 도덕적, 종교적 결함에 대해 깨달음을 주더라도 그 해결책을 제공하지는 못한다는 점이다. 일반계시 아래 있는 사람은 하나님과의 단절된 교제가 어떻게 회복될 수 있는지 알지 못한다. 이 지식은 일반계시에 의한 초기적 지식을 넘어서야만 얻을 수 있다.[224]

웨슬리 학계에서는 웨슬리가 자연신학을 수용했는지 여부가 여전히 논쟁거리가 되고 있다. 하랄드 린드스트롬(Harald Lindström), 콜린 윌리엄스, 도널드 톨슨(Donald A. D. Thorsen) 같은 학자들은, 웨슬리가 특별계시와 구원의 믿음 없이 일반계시를 통한 자연적 지식만으로는 구원의 지식에 도달할 수 없다고 생각했다는 이유를 들어 그가 자연신학을 수용하지 않았다고 주장한다.[225] 예를 들어, 콜린 윌리엄스는 웨슬리에게 이러한 자연적 지식은 하나님에 대한 지식을 주지 않기 때문에 아무런 실질적 내용을 담고 있지 않다고 주장한다. 린드스트롬도 이 같은 자연적 하나님 지식은 "자연신학의 전제가 될 수 없고, 엄밀한 의미에서 구원의 지식으로 간주되지 않는다"[226]고 말한다.

그러나 마르틴 슈미트(Martin Schmidt), 앨버트 아우틀러, 랜디 매덕스(Randy L. Maddox) 같은 학자들은 웨슬리가 '일종의 자연신학'을 지지했음을 시사한다.[227] 아우틀러는 "웨슬리가 레이(Ray), 호이겐스(Huygens),

---

223 "On Working Out Our Own Salvation", *BEW* 3: 200.

224 "Original Sin", *BEW* 2: 177; "A Farther Appeal to Men of Reason and Religion", *Works* 8: 197.

225 Colin W. Williams, *John Wesley's Theology Today*, 31. Harold Lindström, *Wesley and Sanctification* (London: Epworth, 1946), 47. Donald A. D. Thorsen, "Theological Method in John Wesley" (Ph. D. Dissertation, Drew University, 1988), 299.

226 Harold Lindstrom, *Wesley and Sanctification*, 47.

227 Martin Schmidt, *John Wesley* (Nashville: Abingdon Press, 1973), vol. 2, pt. 2, 111;

부데우스(Buddeus), 허비(Hervey) 등외 학자들과 함께 '자연신학'에 대한 호기심 어린 탐구로 '창조세계에 나타난 하나님의 지혜'를 조사했다"[228]고 지적한다. 매덕스 역시 웨슬리가 하나님에 대한 믿음을 독려하려는 목적으로 창조세계를 토대로 하나님의 존재와 본성을 탐구했다는 의미에서 "웨슬리는 일종의 자연신학을 지지했다"고 말한다.[229] 엘튼 헨드릭스(M. Elton Hendricks)는 인간은 특별계시의 도움 없이도 선행은총과 창조세계에 의해 어느 정도 하나님에 대한 지식을 가지고 있다는 사실을 근거로 웨슬리가 자연신학을 받아들였다고 더 적극적으로 주장한다. 나아가 자연신학을 "인간은 계시 없이도 하나님에 대해 충분하지는 않으나 어느 정도의 지식은 가질 수 있다고 주장"하는 것으로 "온건하게" 정의한다면, "웨슬리의 견해는 자연신학과 동일하다"고 말한다.[230]

웨슬리가 자연신학을 수용했는가 하는 질문에 답하려면 그의 신학 외에도 그가 살던 시대적 맥락을 고려해야 한다.

18세기에 자연종교와 계시종교, 또는 자연신학과 계시신학은 상반된 개념으로 사용되었다.[231] 이신론자들은 구원의 지식은 이미 자연종교를 통해 계시되었기 때문에 우리가 구원에 이르는 데는 계시종교가 필요

Albert C. Outler, "John Wesley as Theologian Then and Now", Thomas C. Oden and Leicester R. Longden (eds.), *Essay of Albert C. Outler: The Wesleyan Theological Heritage* (Grand Rapids: Zondervan Publishing House, 1991), 59, 이 글은 본래 *Methodist History*, vol. 12, 1974의 수록 논문으로 출판되었다; Randy L. Maddox, *Responsible Grace: John Wesley's Practical Theology* (Nashville: Kingswood Books, 1994), 34–5.

228 Albert C. Outler, "John Wesley as Theologian–Then and Now", in *Essay of Albert C. Outler: The Wesleyan Theological Heritage*, 59.

229 Randy L. Maddox, *Responsible Grace*, 34–5.

230 M. Elton Hendricks, "John Wesley and Natural Theology", *WTJ* 18: 2 (Fall 1983), 7.

231 알렉산더 캠벨 프레이저(Alexander Campbell Fraser)는 "계시종교와 자연종교에 대한 로크의 엄격한 구분은 (부분적으로 그의 *Essay*를 통해) 18세기 신학의 특징이 되었다"고 지적한다 (John Locke, *An Essay Concerning Human Understanding*, vol. 2: 431 각주 1).

하지 않다고 주장했다.[232] 이신론사 매튜 틴달에 따르면, 사연종교가 제공하는 지식에 추가로 더해야 할 것은 아무것도 없기에 특별계시는 불필요하다.[233] 존 톨랜드는 "무엇인가를 계시하는 자, 곧 우리가 전에 알지 못했던 것을 알려주려는 자라면, 그의 말이 이해할 수 있는 것이어야 할 뿐 아니라 그 내용도 가능한 것이어야 한다. … 따라서 하나님이나 인간에 의해 계시된 모든 내용 역시 이해할 수 있고 가능한 것이어야 한다"[234]고 주장했다. 이처럼 그들은 특별계시가 불필요하다고 주장했고, 결국 자연종교 개념에 기초해 일종의 자연신학을 주창했다.[235] 크래그가 지적하듯, 이신론자들은 "자연의 빛이 종교와 철학의 모든 문제를 해결하기에 충분하다고 믿었기에"[236] 특별계시의 필요성을 부정했다. 그 결과 17세기 후반과 18세기 초반 "이신론은 영국 종교계에 큰 혼란을 초래했다."[237]

헨드릭스는 웨슬리가 대체로 이신론 운동을 무시하고 이신론과 직접적으로 논쟁하지는 않았다고 주장한다.[238] 앞서 살펴보았듯 실제로 웨슬리는 옥스퍼드 대학생 시절 한때 계시와 이성의 관계에 대해 로크적 이해에 경도된 적이 있었지만 어머니와의 편지를 통해 견해를 수정했다. 그 경험 이후 조지아로 선교를 떠나기 전까지 웨슬리는 브라운의 『인간 이해의 절차, 범위, 한계』(*Procedure, Extent, and Limits of Human Understanding*), 노리스(Norris)의 『인간 이해에 대하여』(*Of Human Understanding*)와 『신중함에 대

---

232 Matthew Tindal, *Christianity as Old as the Creation*, 3-5, 13, 149; 참고. G. Cragg, *Reason and Authority in the Eighteenth Century* (Cambridge: Cambridge University Press, 1964), 62-86.

233 Matthew Tindal, *Christianity as Old as Creation*, 58-60.

234 John Toland, *Christianity Not Mysterious*, 42.

235 Matthew Tindal, *Christianity as Old as the Creation*, 5, 198; 참고. Cragg, *Reason and Authority in the Eighteenth Century*, 64.

236 G. R. Cragg, *Reason and Authority in the Eighteenth Century*, 64.

237 G. R. Cragg, *Reason and Authority in the Eighteenth Century*, 62.

238 *WTJ* 18: 2 (Fall 1983), 8.

하여』(*On Prudence*), 로저스(Rogers)의『신성한 계시의 필요성과 기독교의 진리: 앤서니 콜린스의 이신론 저술 반박』(*The Necessity of Divine Revelation and Truth of Christian Religion, an Answer to the Deistic Writings of Anthony Collins*) 등 다양한 반(反)이신론 서적을 읽었다.[239] 그럼에도 웨슬리는 한때 자연 종교의 영향 아래 살아가던 북미 원주민들에 대해 낭만적인 견해를 지니고 있었던 듯하다. "그들은 어린아이 같아서 겸손하고 기꺼이 배우려 하며 하나님의 뜻을 행하기를 열망합니다. 그러므로 그들은 내가 설교하는 모든 교리가 하나님에게서 온 것인지 아닌지 알게 될 것입니다."[240] 그러나 선교지에서 그는 자연적 인간이 매우 잔인하며 자연종교가 악마적이라는 사실을 목도하면서 자연적 인간과 자연종교에 대한 자신의 낭만적 견해가 상당히 잘못되었음을 알게 되었다.[241]

조지아에서의 선교 사역 이후 웨슬리는 특별계시의 필요성을 부인하는 이신론의 해악을 더 깊이 인식해 그 확산을 막기 위해 노력한 것으로 보인다. 그는『진정한 기독교에 대한 평이한 해설』(*A Plain Account of Genuine Christianity*, 1748~1749)에서 "한두 세기 안에 영국 사람들은 참된 이신론자와 참된 그리스도인으로 뚜렷이 나뉘게 될 것"이라며 우려를 나타냈다.[242] 그러면서 이신론에 대한 대응책으로 1758년에는 찰스 레슬리(Charles Leslie)의『이신론자들을 상대하는 간단하고 쉬운 방법』(*A Short and Easy Method with the Deists*),[243] 1772년에는 윌리엄 로의『이성 또는 자연종교의 문제: '창조만큼이나 오래된 기독교'에 대한 공정하고 온전한

---

239 V. H. H. Green, *The Young Wesley*, 289-302.

240 존 버튼(John Burton)에게 보낸 편지 (1735년 10월 10일), *Letters* 1: 188; 참고. *Journal* 5: 497 (1773년 1월 18일).

241 *Journal* 1: 367 (1737년 7월 9일).

242 Albert C. Outler (ed.), *John Wesley*, 193.

243 *Works* 14: 239 (1758).

답변』(*Case of Reason, or Natural Religion, fairly and fully stated, in Answer to a Book entitled, Christianity as Old as the Creation*) 같은 반(反)이신론 서적들에서 중요한 내용을 발췌, 요약해 출판했다.[244] 웨슬리가 이러한 발췌문을 출판한 것은 "이미 미혹된 사람들을 설득하기 위함이 아니라 다른 이들이 미혹되지 않도록 막기 위해서"였다. 그는 또한 동료 존 플레처(John Fletcher)와 조셉 벤슨에게 그리스도의 인성을 부인하는 이신론자들의 '해악'을 반박하도록 권면했다(이신론은 특별계시와 하나님의 초자연적 개입을 부인하므로 성육신과 십자가 대속 역시 부정한다—역주).[245] 1773년 웨슬리는 체버리의 허버트(Herbert of Cherbury)의 자서전을 읽은 후 영국 이신론의 선구자[246]로 불린 그에 대해 이렇게 논평했다. "이토록 광기 어린 유랑 기사가 일찍이 있었던가? 그에 비하면 돈키호테는 정신이 온전한 사람이라 할 것이다. 그런 기질을 가진 사람이 불신자가 된다 한들 누가 이상하게 생각하겠는가?"[247]

　나아가 웨슬리는 당대 교회 지도자들 가운데 이신론을 지지하는 인물들과 직접 논쟁을 벌이기도 했다. 웨슬리는 성경의 원죄 교리를 거부한 영국의 목사 존 테일러의 『원죄의 교리』(*Original Sin*)를 읽고 이를 "새 옷을 입은 오래된 이신론"[248]이라고 판단했고, 이에 긴 논문을 작성해

---

244 *Works* 14: 260 (1772).

245 존 플레처에게 보낸 편지 (1785년 4월 3일), *Letters* 7: 265; 조셉 벤슨에게 보낸 편지 (1787년 3월 10일), *Letters* 7: 375; 조셉 벤슨에게 보낸 편지 (1788년 9월 17일), *Letters* 8: 89. 플레처와 벤슨은 1782년에 프리스틀리(Priestley) 박사가 출판한 『기독교 타락의 역사』(*History of the Corruptions of Christianity*)와 관련된 논쟁에 참여했다. 이 논쟁에 관한 자세한 내용은 A. S. Wood, *Revelation and Reason: Wesleyan Responses to Eighteenth-century Rationalism* (Nuneaton: The Wesley Fellowship, 1992), 49–92를 참조하라.

246 G. R. Cragg, *Reason and Authority in the Eighteenth Century*, 65.

247 *Journal* 6: 6 (1773년 12월 6일); 참고. *Journal* 5: 238 (1767년 11월 12일).

248 "The Doctrine of Original Sin", *Works* 9: 193–94.

이 오래된 이신론을 공격했다. 그는 "마호메트 이후 테일러 박사만큼 기독교에 심각한 타격을 가한 사람은 없었다"[249]고 믿었다. 그는 또한 코니어스 미들턴(Conyers Middleton, 1683~1750)의 『기적의 능력에 대한 자유로운 탐구』(*A Free Inquiry into the Miraculous Powers*)를 비판했다.[250] 앨버트 아우틀러가 지적했듯, 미들턴은 "본질적으로 이신론자였다."[251] 웨슬리는 미들턴에게 장문의 편지를 보냈고,[252] 1753년에는 이 편지를 『진정한 기독교에 대한 평이한 해설』이라는 소책자로 발행했다.[253] 그는 교회 지도자들의 이신론석 서삭들이 철학사들의 "공공연한 이신론"보다 그리스도인들에게 훨씬 더 위험함을 인식하고 있었다.[254] 이처럼 역사적 자료들은 웨슬리가 사역 전반에 걸쳐 자연신학 형태의 당대 이신론에 반대해 그 확산을 억제하고자 애썼음을 보여준다.

웨슬리는 신학을 통해서도 당대의 자연종교와 자연신학에 반대했다. 글로스터(Gloucester)의 주교 윌리엄 워버튼(William Warburton)은 웨슬리의 1737년 7월 9일 자 일지(journal)를 인용하면서 그를 "자연종교의 적"으로 비난했다.[255] 웨슬리는 이에 반박하면서 "자연종교"라는 용어의 정의 자체가 논쟁을 해결할 수 있을 것이라고 주장하며 이렇게 물었다. "주교

---

249 어거스터스 몬태규 토플래디(Augustus Montague Toplady)에게 보낸 편지 (1758년 12월 9일), *Letters* 4: 48.

250 "The Doctrine of Original Sin", *Works* 9: 193; "A Letter to the Reverend Dr. Conyers Middleton", *Works* 10: 1–79.

251 Albert C. Outler (ed.), *John Wesley*, 182.

252 "A Letter to the Reverend Dr. Conyers Middleton", *Works* 10: 1–79 또는 *Letters* 2: 312–88.

253 Albert C. Outler (ed.), *John Wesley*, 183–96.

254 "The Doctrine of Original Sin", *Works* 9: 193.

255 William Warburton, *The Doctrine of Grace; or, the Office and Operation of the Holy Spirit vindicated from the insults of infidelity, and the abuses of fanaticism* (London, A. Miller, 1763), 289–90; "A Letter to the Bishop of Gloucester", *Works* 9: 148. 워버튼의 웨슬리 비판은 주로 광신주의(fanaticism)에 관한 것이었다 (*Works* 9: 117–73).

님이 말씀하는 자연종교란 무엇입니까? 어떤 원리들의 체계입니까?” 웨슬리에 따르면, 자연종교는 “어떤 원리 체계”가 아니라 “인간이 지닌 이성의 정도와 함께 자연적 정념(passion)과 욕구에서 흘러나오는 … 사람들의 자연적 관습” 같은 것이다.[256] 따라서 웨슬리는 워버튼이 오해한 것처럼 자신이 “원리 체계”의 적이자 광신자가 아니라, “사람의 자연적인 관습” 종교의 반대자임을 분명히 했다. 아울러 그는 자연종교를 “계시의 도움 없이 자연적 이성에서 비롯된” 종교로 정의하면서,[257] 자연종교에 속한 사람은 “하나님을 아는 지식에서 들짐승보다 나을 것이 없는 수준”이라고 생각했다.[258]

웨슬리는 자연신학을 “창조주의 작품을 연구함으로 얻는 창조주에 대한 지식을 지칭하는 기술적 용어”[259]로 정의했다. 그는 성경의 계시로 확인되지 않는 자연의 “신”에 대한 인간의 감정이나 개념은 단지 신화에 불과함을 이미 인식하고 있었다.[260] 또 그는 우리가 성경에 계시된 하나님에 대해 아무런 지식이 없다면, “하나님이 창조하신 작품을 연구할 준비를 제대로 갖추지 않은 것이기에 그 연구를 통해 마땅한 유익을 얻을 수 없다”고 주장했다.[261] 웨슬리는 우리가 자연을 연구할 때는 반드시 성경의 인도를 따라야 하며, 하나님을 찬양하려는 목적으로 해야 함을 역설했다. 그는 당대 자연신학자들의 저작을 다음과 같이 비판했다.[262]

---

256 “A Letter to the Bishop of Gloucester” (1762년 11월 26일), *Works* 9: 148.
257 *Journal* 1: 367 (1737년 7월 9일).
258 “Original Sin”(1759), *BEW* 2: 178.
259 *NP* 2: 16.
260 *NP* 2: 4, 8, 10.
261 *NP* 2: 15.
262 *NP* 2: 16-7.

철학적 방법으로 자연의 산물을 다룬다고 자처하는 대부분의 책은 이 점[성경의 인도를 따라 하나님을 찬양하기 위한 목적으로 자연을 연구해야 한다는 점-역주]을 완전히 간과하고 있다. 이는 종교는 전혀 언급하지 않은 채 각 대상에 대해 자연적 지식만 전달한다고 공언하는 일반 서적뿐 아니라, 공공연히 자연신학을 주창하는 서적도 대부분 마찬가지인데, 거기서 자연신학이라는 말은 단지 창조주의 작품을 연구함으로 얻는 창조주에 대한 지식을 지칭하는 기술적 용어에 불과하다. 가장 경건한 정신으로 가장 호감이 가도록 저술해 일반독자에게 가장 적합하고 대중이 가장 널리 읽는 책들을 포함해 대부분의 책에서 논증 전체의 흐름은 철저히 인간 중심적이며, 그 결론은 하나님의 작품이 인간의 작품보다 무한히 우월해 전혀 다른 종류(kind)인 것이 아니라, 단지 정도(degree) 면에서 우월하다는 것이다. 이러한 접근은 원론적으로 계몽된 이교 민족들의 신화와 크게 다르지 않다.

이처럼 18세기에 자연종교와 계시종교, 자연신학과 계시신학이 극명한 대조를 이룬 상황에서 웨슬리가 자연종교와 자연신학의 편에 서지 않았다는 점은 분명하다. 웨슬리는 일반계시를 통해 하나님에 대한 초기적 지식을 얻을 수 있음을 인정하면서도, 이 지식은 성경에 비추어 검토되어야 하며 성경에 계시된 하나님을 알기에는 충분하지 않다고 믿었다.

엄밀히 말해 웨슬리가 자연신학을 수용했는지 여부는 그의 자연신학에 대한 견해보다 자연신학의 정의와 더 밀접한 관련이 있다. 웨슬리가 자연신학을 수용했는지 여부에 대해서는 견해가 갈린다. 그러나 그가 일반계시로 하나님에 대한 초기적 지식은 얻을 수 있어도 구원의 지식이나 신앙을 얻기에는 충분하지 않음을 주장했다고 생각하는 점에서는 양측이 일치한다. 슈미트, 아우틀러, 매덕스의 저작에서도 웨슬리가 하나님에 대한 자연적 지식만으로도 구원에 이를 수 있음을 인정했다는 언급은 찾을 수 없다. 엘튼 헨드릭스도 웨슬리가 선행은총 및 창조세계에서 얻는 하나님에 대한 초기적 지식으로 충분한 구원의 지식을 얻을 수 있다고 주장하지는 않았음을 인정한다.[263] 그러나 그들은 자연신학 개념을 서로 다르게 이해했다. 웨슬리가 자연신학을 지지하지 않았다고 보는 측은 자연신학이 특별계시의 도움 없이 하나님에 대한 구원의 지식을 얻으려는 시도라고 이해한 반면, 웨슬리의 사상에서 일종의 자연신학을 인정하는 측에서는 자연신학을 특별계시와 별개로 인간이 하나님에 대한 어떤 지식을 가질 수 있다는 주장이라고 이해했다.

웨슬리 시대뿐 아니라 오늘날에도 자연신학과 계시신학은 여전히 대조적 개념으로 다루어진다. 토머스 오든(Thomas C. Oden)이 주장하듯, 일반적 의미에서 계시신학은 주로 "하나님이 인간을 찾으심"에 초점을 둔다면, 자연신학은 기본적으로 "인간이 하나님을 찾으려는 노력"에 초점을 둔다.[264] 즉, 자연신학은 "특별계시에 의존하지 않고 이성적 사유를 통해 하나님이나 하나님이 세계와 맺는 관계를 이해하고자 하는" 신학 체계라 할 수 있다.[265]

'자연신학'이라는 용어는 뜻이 모호해 종종 혼동하기 쉽다. 에밀 브루너(Emil Brunner)는 자신도 과거에 "창조세계를 통한 계시를 자연신학과 동일시하는 오류를 범한 적이 있다"고 고백하면서, 사람들은 종종 "창조세계를 통한 계시를 인정하면 반드시 자연신학을 인정하는 것으로 이어질 수밖에 없다"고 잘못 생각한다고 말한다.[266] 그러면서 "창조세계를 통

---

263 M. Elton Hendricks, "John Wesley and Natural Theology", *WTJ* 18: 2 (Fall 1983), 8–9.

264 Thomas C. Oden, *The Living God* (New York: HarperCollins Publishers, 1992), 6.

265 C. Brown, "Natural Theology", in S. B. Ferguson and D. F. Wright (eds.), *New Dictionary of Theology* (Leicester: InterVarsity Press, 1988), 452.

266 Emil Brunner, *The Christian Doctrine of God* (Philadelphia: The Westminster Press,

한 계시를 인정하는 것 자체는 자연신학에 대한 신념과 아무런 관계가 없다"[267]고 주장했다. 웨슬리가 자연신학을 지지했다고 생각하는 일부 웨슬리 학자들은 창조세계를 통한 계시나 일반계시를 자연신학과 동일시하는 것으로 보인다. 그러나 웨슬리가 자연을 통해 어느 정도 창조주에 대한 자연적 지식을 얻을 수 있음을 인정했다는 사실이, 반드시 그가 자연신학을 인정했음을 의미하지는 않는다.

따라서 웨슬리 신학에서 창조주에 대한 인간의 초기적 지식을 지칭할 때는 '자연신학'이 아닌 '일반계시'라는 용어를 사용하는 것이 적절하다. 그것은 웨슬리가 단지 18세기 자연신학의 주장에 반대해 하나님을 아는 지식에는 계시가 필연적임을 강조했기 때문만이 아니라, '자연신학'이라는 용어가 종종 혼동되어 지금도 여전히 일반적으로 '계시신학'과 대비되는 개념으로 사용되기 때문이다. 다시 말해, 웨슬리 신학에서 사람이 자연세계를 통해 갖게 되는 하나님에 대한 초기적 지식은 자연신학이 아닌 하나님의 일반계시의 영역에서 다루어져야 한다.

존 웨슬리는 18세기의 자연신학과 계시신학의 대립적 구도에서 자연신학을 지지하지 않았다. 장 칼뱅이 자연을 통해 하나님에 대한 지식을 얻을 수 있음을 인정하면서도 자연신학을 수용하지 않았듯,[268] 웨슬리 역시 창조세계를 통해 사람이 창조주에 대한 초기적 지식을 얻을 가능성을 인정하면서도 자연신학을 구축하지는 않았다. 웨슬리는 일반계시는 인정했으나 자연신학은 거부했다.

1949), 132.

267 Emil Brunner, *The Christian Doctrine of God*, 132–33.

268 *Institutes*, I.iii.1 (1: 43), I.v.11 (1: 63), I.vi.3 (1: 72); 참고. Bruce A. Demarest, *General Revelation: Historical views and contemporary issues* (Grand Rapids: Zondervan Publishing House, 1982), 51, 55. Edward A. Dowey, Jr, *The Knowledge of God in Calvin's Theology* (Grand Rapids: Wm. B. Eerdmans, 1994), 146, 220.

B. 특별계시의 핵심

웨슬리는 설교 "우리 자신의 구원을 성취함에 있어서"에서 "가장 지적인 이교도들"조차 전혀 알지 못하는 "두 가지 위대한 교리의 대강령"이 있다고 진술하는데, 곧 하나님의 성자와 성령에 관한 교리이다.[269] 성자께서 "세상 죄를 위한 화목제물"로 자신을 내어주신 것과, 성령께서 인간을 "그들이 창조되었던 본래의 하나님의 형상으로" 새롭게 하신다는 진리는 특별계시로만 알 수 있다. 웨슬리는 "이 진리들은 복음에 의해 밝혀질 때까지 일반 대중, 인류의 대다수, 어떤 민족의 대다수에게도 결코 알려진 적이 없었다는 것이 확실합니다"[270]라고 단언했다. 특별계시를 통해 하나님은 자신을 위격은 셋이지만 본질은 하나이신 삼위일체 하나님으로 계시하신다.[271]

우리는 천국과 지옥, 선한 천사와 악한 천사, 미래의 형벌, 새로운 창조, 악의 기원에 대해서도 특별계시를 통해 알 수 있다.[272] 하나님은 성경에서 보이지 않는 영적 세계를 계시하신다. 나아가 하나님은 일반계시를 통해 자신의 속성을 어느 정도 드러내셨지만 특별계시를 통해서는 더 자세히 드러내신다.

우리는 특별계시를 통해 우리 자신에 대해서도 알게 된다. 웨슬리는 고대 사상가 다수의 견해를 비판했는데, 이는 그들의 저술이 "인간의 존엄성에 대한 화려한 묘사로 가득하고, 그중 일부는 인간의 기질이 모든 덕과 행복을 지닌 것처럼 묘사"하기 때문이었다.[273] 그는 또한 계몽주의 시대

---

269 *BEW* 3: 200.

270 "On Working Out Our Own Salvation", *BEW* 3: 200-1.

271 "On the Trinity", *BEW* 2: 383.

272 "On Good Angels", *BEW* 3: 4-6; "Of Evil Angels", *BEW* 3: 16-7.

273 "Original Sin", *BEW* 2: 172.

에 만연했던 인간 본성에 대한 낙관적 묘사, 곧 인간 본성은 "무죄하고 완전하며" 인간은 "하나님보다 조금 못한 존재"라는 주장에 동의하지 않았다.[274] 우리가 인간이 "전적 타락"의 상태로 태어난다는 것을 깨닫는 것도 성경의 계시에 의해서이다.[275] 인간은 무신론자로 태어나기에 스스로는 자신의 영적 상태를 알지 못한다.[276] 웨슬리에 따르면, 성경을 통해 하나님에 대한 지식을 갖지 못한 사람은 자신에 대해서도 제대로 알 수 없다. 이런 점에서 그는 "사람이 하나님의 얼굴을 응시하지 않는다면 자기 자신에 대한 명확한 지식을 가질 수 없다"[277]고 한 장 칼뱅과 궤를 같이한다.

웨슬리는 이 세상에서의 모든 특별계시가 인간의 구원에 초점이 맞춰져 있다고 이해했다.[278] 그에게 특별계시는 하나님이 모든 것을 다 계시하신다는 의미가 아니라, 인간에게 필요한 것, 무엇보다 구원에 관해 특별히 계시하심을 의미한다. 따라서 웨슬리는 하나님을 인간의 구원을 간절히 바라시는 삼위일체 하나님으로 묘사한다. 곧 성부께서는 인간을 사랑하셔서 성자를 보내셨고, 성자는 죄인을 구속하시기 위해 십자가에서 자신을 희생하셨으며, 성령은 인간이 하나님의 은혜로운 구원의 초청에 응답하도록 격려하시면서 지금도 일하고 계신다는 것이다. 성경에서 하나님은 모든 것을 다 계시하신 것이 아니라, 타락한 인간에 대한 사랑과 구원의 길을 주로 계시하셨다. 특별계시의 핵심은 인간을 위한 삼위일체 하나님의 구원이다.

---

274 "Original Sin", *BEW* 2: 172.
275 "Original Sin", *BEW* 2: 183.
276 "Original Sin", *BEW* 2: 176, 178.
277 *Institutes* I.i.2 (1: 37).
278 *BEW* 1: 104–5.

IV. 모든 계시의 시금석, 성경

우리는 지금까지 하나님께서 일반계시와 특별계시를 통해 하나님 자신과 그분의 사역, 영적 세계를 계시하시는 방식을 살펴보았다. 일반계시는 자연, 인간의 지성, 역사를 통해 이루어진다면, 특별계시는 예수님, 성령, 성경, 신현(神顯), 선지자, 음성, 꿈, 환상을 통해 이루어진다. 그렇다면 이렇게 계시된 내용이 사실인지 아닌지를 분별하는 기준은 무엇인가? 그리고 어떤 기준을 권위 있는 것으로 여기는 이유는 무엇인가?

앞서 언급했듯 일반계시를 통해 얻은 지식은 성경이 말씀하는 바와 일치하는지 확인함으로 점검해야 한다. 예를 들어, 우리가 자연을 연구한다면, 자연에서 얻은 지식이 성경과 일치하는지 점검해야 한다.[279] 성경에 의해 확증되지 않는 지식은 우리를 신화로 잘못 이끌기 쉽다.

웨슬리는 설교 "광신의 본성"에서 열광주의자들은 보통 "특별한 방식"으로 하나님께 직접 계시 받기를 기대하는 경향이 있음을 지적했다.[280] 웨슬리는 하나님께서 때때로 "환상이나 꿈, 강한 인상이나 갑작스러운 마음의 충동을 통해 자신의 뜻을 계시하셨고, 지금도 그렇게 하실 수 있다"는 사실을 부인하지 않았다. "아닙니다. 나는 그분이 매우 드물지만 그렇게도 하신다고 믿습니다."[281] 특별한 수단을 통해 하나님의 직접적 계시를 기대하는 태도의 문제는, 계시를 주시는 분이나 특별계시 자체에 있는 것이 아니라, 계시를 받는 사람에게 있다는 점에 유의해야 한다. 웨슬리는 이 문제를 다음과 같이 지적한다. "그럼에도 사람들이 얼마나 자주 이 점에서 실수를 합니까! 얼마나 사람들이 하나님께 전혀 합당하지 않은 그런

---

279 *NP* 2: 6-7.

280 *BEW* 2: 54.

281 "The Nature of Enthusiasm", *BEW* 2: 54.

충동이나 느낌, 환상이나 꿈을 하나님에게서 온 것이라 생각하면서 교만과 열광적인 상상에 현혹되곤 합니까!" 그는 우리가 하나님의 뜻을 알려면 성경을 참조해야 한다고 덧붙인다.[282]

웨슬리는 윌리엄 도드(William Dodd)에게 보낸 편지에서 모든 교회와 교리는 성경으로 검증해야 한다고 주장했다.[283] 로마 가톨릭 교회에는 교회의 전통과 성경이라는 두 가지 권위가 있다. 그러나 실제로는 전통이 성경보다 더 큰 권위를 갖는다. 그러나 웨슬리에 의하면, 전통이 성경에 의해 판단 받아야 하는 것이지, 성경이 전통에 의해 판단을 받아서는 안 된다.[284] 웨슬리는 성경은 "성도들에게 주신 성령의 계시"의 산물이고, 성령은 "우리에게 가장 먼저이면서 가장 중요한 계시의 인도자"라는 퀘이커 교도들의 주장에 동의했지만, 성령 자체가 우리의 '기준'(rule)이라는 주장에는 전혀 동의할 수 없었다. 웨슬리에 따르면, "성령께서 우리를 모든 진리로 인도하시는 기준"은 성경이기 때문이다.[285] 웨슬리는 피터 뵐러(Peter Böhler)가 성결과 행복이 살아있는 신앙의 열매라고 하자, 이 교리가 하나님에게서 온 것인지 확인하기 위해 헬라어 성경을 참조했다.[286] 웨슬리에 따르면, 모든 교리는 성경에 의해 확인되어야 한다. 그래서 그는 1748년 토머스 화이트헤드(Thomas Whitehead)에게 보낸 편지에서 확신에 찬 어조로 "성경은 그리스도인이 실제적이든 가정적이든 모든 계시를 검증하는 시금석입니다"[287]라고 말했다.

---

282 "The Nature of Enthusiasm", *BEW* 2: 54.

283 윌리엄 도드에게 보낸 편지 (1756년 3월 12일), *Letters* 3: 172.

284 "The Advantage of the Members of the Church of England over Those of the Church of Rome", *Works* 10: 133-34; "The Character of a Methodist", *Works* 8: 339-40.

285 토머스 화이트헤드에게 보낸 편지 (1748년 2월 10일), *Letters* 2: 117.

286 *Journal* 1: 447 (1738년 3월 23일).

287 토머스 화이트헤드에게 보낸 편지 (1748년 2월 10일), *Letters* 2: 117.

왜 성경이 모든 계시와 기독교 교리를 판단하는 시금석인가?

첫째, 웨슬리는 성경이 성령의 영감으로 기록되었으며, 그 영감으로 인해 성경이 하나님의 진리임을 믿었다. 그는 디모데후서 3:16을 주해하면서 하나님의 성령이 성경을 기록한 사람들에게 영감을 주셨다고 말한다.[288] 웨슬리는 "성경의 신적 영감에 대한 명확하고 간결한 증명"(A Clear and Concise Demonstration of the Divine Inspiration of Holy Scripture)에서 간결한 논증을 통해 성경이 하나님의 영감으로 기록되었다는 믿음을 보여주었다. 성경은 선한 사람 또는 선한 천사의 산물이거나, 악한 사람 또는 악한 천사의 산물이거나, 하나님 자신의 산물일 수 있다. 선한 사람 또는 선한 천사는 "주께서 이같이 말씀하셨다"라며 거짓말을 할 수 없기 때문에 성경은 선한 사람 또는 선한 천사의 작품일 수 없다. 또 성경은 악한 사람 또는 마귀의 창작물일 수 없다. 만일 그렇다면 그들이 모든 죄를 그렇게 강력하게 정죄하지 않았을 것이고, 자신들의 영혼을 영원히 지옥에 보내지도 않았을 것이기 때문이다. 따라서 남는 것은 "성경이 하나님의 영감으로 주어진 것임에 틀림없다"는 세 번째 선택지뿐이다.[289] 엘던 퍼만(Eldon R. Fuhrman)은 이 논증이 복잡한 문제를 지나치게 단순화한 것처럼 보이지만, 성경이 하나님의 영감으로 기록된 말씀이라고 생각한 웨슬리의 관점을 명확히 보여준다고 평가한다.[290]

웨슬리는 성경의 일부는 축자영감으로 기록되었다고 믿었다. 그는 성경의 어떤 구절을 기록할 때 기록자가 "초자연적 황홀경의 상태였던 것으로 보이며", "그는 성령이 지시하시는 것을 그대로 말했을 뿐"이라고 단

---

288 *ENNT* 794, 딤후 3: 16 주해.
289 *Works* 11: 484.
290 Eldon R. Fuhrman, "The Concept of Grace in the Theology of John Wesley", 45−6.

언했다.[291] 예를 들면, 요한계시록에서 예수 그리스도는 요한에게 모든 단어를 직접 지시하셨다는 것이다.[292]

또 성경의 다른 일부는 "특별한 계시", "특별한 명령", 내주하시는 성령의 "거룩한 빛"을 통해 기록되었다고 보았다.[293]

때때로 기록자들은 특정한 계시를 통해 하나님의 영감을 받았다. 성경에는 이러한 경우가 여러 차례 언급되어 있다. 어떤 선지자들은 하나님의 말씀과 하나님의 사건이라는 특별계시를 통해 직접 영감을 받은 다음 사신이 듣거나 본 것을 기록했다.[294]

하나님께서는 직접 계시만이 아니라 이미 주신 계명을 통해서도 기록자들에게 영감을 주셨다. 성령의 영감을 받은 성경의 기록자들은 성령께서 조명하신 계명을 통해 하나님의 뜻을 독자에게 전했다. 예를 들어, 바울은 마태복음 5:32에 제시된 주님의 명령을 사용해 고린도교회 성도들에게 "여자는 남편에게서 갈라서지 말고, 만일 갈라섰으면 그대로 지내든지 다시 그 남편과 화합하든지 하라"고 명령했다.[295]

성경의 기록자들은 때때로 내주하시는 성령의 거룩한 빛을 통해 영감을 받았다. "하나님께서는 '그들의 이해의 눈을 여시고' 그들의 영혼에 거룩한 빛을 부어 '보이지 않는 하나님'과 그분의 일을 보게 하신다."[296] "주님을 가까이, 겸손히, 꾸준히 따르는 자는 하나님의 빛이 끊임없이 그를 비추어 그의 영혼에 지식과 거룩함과 기쁨이 퍼져가게 하며, 그는 마침

---

291 *ENNT* 383, 요 19: 24 주해.
292 *ENNT* 942, 계 2: 1 주해.
293 *ENNT* 605, 고전 7: 25 주해.
294 *ENOT* 1947, 사 1: 1 주해; *ENOT* 2125, 렘 1: 5 주해; *ENOT* 2282, 겔 1: 3 주해.
295 *ENNT* 604, 고전 7: 10 주해.
296 "Walking by Sight and Walking by Faith", *BEW* 4: 54.

내 영원한 생명으로 인도함을 받을 것이다."[297] 성경의 기록자들은 성령의 "거룩한 빛을 받아 기록"했기 때문에 그들의 생각은 그들 자신이 아닌 하나님의 것이었다. 요약하면, 하나님은 받아쓰기, 직접적 계시, 계명, 내주하시는 성령의 빛을 통해 성경 기록자들에게 영감을 주셨다.

이러한 영감의 사례 중 축자영감을 제외하면, 성령께서는 성경의 기록자들에게 영감을 불어넣으셨음에도, 그 사상을 표현하는 용어의 선택은 기록자들에게 맡기셨다. 성경의 기록자들은 항상 삼위일체 하나님의 말씀을 받아적기만 한 것이 아니다. 나아가 그들은 때때로 성령의 인도하심 아래 독자에게 적합하도록 글의 내용과 시기를 선택하기도 했다. 웨슬리는 "성경을 기록함에서 인간적 매개의 형식"이 있었음을 인정했다.[298] 예를 들어, "마태는 구약의 예언이 성취되었음을 강조하면서 유대인을 설득"하고자 했다면, 누가는 역사가이자 의사로서 "그리스도의 직분을 주로 역사적 방식으로 다루었다." 따라서 사복음서 각각의 저자는 "글을 쓸 때의 시점이 언제이며, 수신자가 누구인지에 따라 좀 더 적절한 주제를 더 자세히 다루기로" 선택한 것이다.[299] 또 콜린 윌리엄스가 지적했듯, 어떤 경우 성경의 기록자들은 "자신의 기억을 사용하거나 전승을 그대로 수용했는데, 그 기억이 꼭 정확하지 않은 경우도 있었고, 성경을 정확하지 않게 인용한 경우도 있었다."[300] 구약성경을 인용한 경우 사도들은 "자신이 인용한 구절을 반드시 정확히 옮겨 적어야 한다고 생각하지는 않았고, 표현 문구가 조금 다르더라도 전반적 의미를 전달하는 것에 만

---

297 *ENNT* 337, 요 8: 12 주해.

298 Thomas C. Oden, *John Wesley's Scriptural Christianity* (Grand Rapids: Zondervan Publishing House, 1994), 56.

299 *ENNT* 11, 마태복음 서문.

300 Colin W. Williams, *John Wesley's Theology Today*, 26.

족했다."[301] 전승을 사용하는 경우 그들은 때때로 변경이나 수정 없이 "있는 그대로 받아들이곤 했다." "만약 어떤 오류가 있다 하더라도 그들은 그 것을 수정할 필요가 없었다. 그 기록만으로도 인용의 목적을 충족시켰기 때문이다." 사도들은 의심의 여지 없이 인용한 문구가 가리키는 "핵심 사 안"(grand point)의 입증에 집중했던 것이다.[302] 따라서 웨슬리는 "끝없는 논쟁을 초래할 수 있는" 번역이나 해석을 수정하고 변경하는 일은 "그들의 관심사가 아니었다"고 주장한다.[303]

웨슬리는 성경이 다양한 방식의 영감을 통해 기록되었지만, "성경의 모든 말씀"이 성령의 가르침임을 단언했다.[304] 그렇기에 그는 성경의 모든 부분이 "하나님께 합당하며, 전체적으로 어떤 결함이나 과잉도 없는 하나의 완전한 문서"라고 주장했다.[305] 웨슬리는 성서비평학이 막 시작된 시기에 살았고, 요한 알베르트 벵겔(John Albert Bengel)이 제기한 본문비평의 문제를 인정했다.[306] 그럼에도 그는 성경이 하나님의 성령에 의해 철저히 영감되었기에 "가장 견고하고 귀중한 신적 진리의 체계"임을 믿었다.[307]

둘째, 웨슬리에게 성경은 "하나님의 역사"(history of God)에 대한 기록이다.[308] 어떤 의미에서는 하나님의 뜻을 이해하는 일에서 인간에게 전달된 하나님의 직접적인 말씀이 하나님의 말씀의 기록인 성경보다 더 생생할 수 있다. 그러나 성경은 하나님의 직접적 말씀, 공적인 선언의 말씀

---

301 *ENNT* 19, 마 2: 6 주해.
302 *ENNT* 15, 미 1: 1 주해.
303 *ENNT* 814, 히 2: 7 주해.
304 *ENNT* 591, 고후 2: 13 주해.
305 *ENNT* 9, 『신약성서주해』 서문.
306 Randy L. Maddox, *Responsible Grace*, 37
307 *ENNT* 8-9, 『신약성서주해』 서문; 참고. "The Witness of Our Own Spirit", *BEW* 1: 302-3.
308 "On Divine Providence", *BEW* 2: 536.

(oracle), 그리고 수천 년에 걸쳐 기록된 하나님의 섭리의 많은 장면을 담은 포괄적인 저장고로서 하나님을 통합적으로 이해하도록 도와준다. 또 인간의 이해는 불완전하여 하나님의 계시를 직접 수용하는 데 자주 오류를 범하기 때문에, 많은 세대에 걸쳐 이루어진 하나님의 계시의 기록은 개인이 하나님의 계시를 직접 받았을 때의 결과보다 더 신뢰할 만하다. 예를 들어, 열광주의자들은 성령의 영감을 받지 않았는데도 하나님께 직접 계시를 받았다고 생각하곤 한다.[309] 웨슬리는 하나님이 모세에게 문자 사용법을 가르치신 후 하나님의 말씀을 글로 기록하게 하심으로 그 내용에 오류가 없게 하셨다고 생각했다. 또 하나님께서 사람에게 문자 사용법을 가르치신 후로는 일반적으로 다른 방법보다 기록된 말씀으로 자기 백성을 다스리신다고 주장했다.[310] 웨슬리는 창세기 주해에 붙인 서문에서 "하나님의 율법과 복음의 위대한 것들이 여기 기록된 것은 더 큰 확실성을 지니도록 정제됨으로 더 널리 퍼지고 더 오래 남아, 전승에 의한 것보다 더 순수하고 온전하게 먼 장소와 시대에 전해지게 하기 위함"[311]이라고 말했다. 이러한 관점에서 웨슬리는 다른 형태의 계시보다 기록된 말씀을 더 신뢰했다. 이는 성경의 계시가 다른 계시에 비해 질적으로 더 우수해서가 아니라, 성경이 다른 형태의 계시보다 더 큰 확실성을 지니기 때문이다. 다른 형태의 계시는 신적 진리를 수용하고 해석하는 데서 상대적으로 주관적이라면, 기록된 계시인 성경은 하나님을 이해함에서 더 객관적인 자료를 제공한다.

셋째, 웨슬리는 성경의 최고 권위를 강조하는 고전적 개신교 전통의 영향을 받았다. 어린 시절 그는 영국 국교회 목회자인 경건한 부모에게

---

309 "The Nature of Enthusiasm", *BEW* 2: 54.
310 *ENOT* 281, 출 24: 4 주해.
311 *ENOT* 1.

서 성경을 사랑하고 존중하는 태도를 배웠다. 웨슬리는 성경, 전통, 교부, 공의회, 이성이 모두 기독교 진리의 권위 있는 기준이더라도, 이들 중 성경은 다른 모든 권위를 판단하는 규범(norm)이 된다는 영국 국교회의 입장을 따랐다.[312] 이러한 영향 아래 그는 성경을 신적 계시의 시금석으로 받아들였다.

웨슬리는 성경이 모든 계시의 시금석임을 이해했지만 성경 숭배(bibliolatry)에 빠지지는 않았다. 웨슬리에 따르면, 성경의 영감은 성경의 기록자뿐 아니라 성경을 읽는 사람에게도 미치는 성령의 초자연적인 영향이다.[313] 이러한 성령의 지속적인 감동이 없다면 성경의 독자는 성경을 이해하지 못한다. 성경을 이해하는 데는 믿음도 필요하다. 성경은 그 말씀을 듣는 사람이 믿음으로 화합하지 않으면 성경은 "단지 죽은 문자"일 뿐이다.[314] 성령의 지속적인 영감과 성경을 읽는 사람의 믿음이 없으면 성경은 아무런 영향을 미치지 못한다.

나아가 웨슬리는 성경을 이해하는 데는 이성과 경험, 고대 기독교 전통(antiquity)과 같은 보조적 권위의 도움도 필요하다고 보았다. 하나님의 계시를 이해하는 데는 소위 웨슬리의 사변형(Wesleyan Quadrilateral: 성경, 이성, 경험, 고대 기독교 전통)을 활용할 수 있다. 웨슬리의 사변형은 웨슬리 학자들에 의해 충분한 연구가 이루어졌기에[315] 여기서 자세히 살

---

312 Reginald H. Fuller, "Scripture", in Stephen Sykes and John Booty (ed.), *The Study of Anglicanism* (London: SPCK, 1988), 83; 참고. W. Stephen Gunter (ed.), *Wesley and the Quadrilateral: Renewing the Conversation* (Nashville: Abingdon Press, 1997), 130 [이 책은 우리말로 번역되었다. 스테펀 건터 외, 『기독교 신앙의 네 기둥: 웨슬리와 사변형』, 정계현 역(부천: 웨슬리 르네상스, 2024)-역주].

313 *ENNT* 794, 딤후 3: 16 주해.

314 "On the Discoveries of Faith", *BEW* 4: 30.

315 W. Stephen Gunter (ed.), *Wesley and the Quadrilateral: Renewing the Conversation*; Donald Thorsen, *The Wesleyan Quadrilateral*; Thomas C. Oden & Leicester R. Longden (eds.), *The Wesleyan Theological Heritage: Essays of Albert C. Outler*, 21-37; Ted A.

펴보지는 않을 것이다. 그러나 계시의 표준을 이해하기 위해서는 두 가지 점을 강조할 필요가 있다. 첫째, '사변형'이라는 용어는 어떤 것이 하나님에게서 온 것인지 아닌지를 판단하는 일에서 네 요소가 동등한 권위를 갖는다는 것처럼 들릴 수 있지만, 웨슬리는 하나님의 계시를 이해할 때 언제나 다른 권위들보다 성경을 우선시했다.[316] 또 성경을 이해하는 일에서 다른 세 가지 요소(이성, 경험, 고대 기독교 전통)는 보조적 역할을 할 뿐이지만, 앞서 언급한 것처럼 성령의 영감과 독자의 신앙은 필수불가결하다. 성경을 이해하도록 돕는 면에서 성령의 영감과 독자의 신앙은 이성, 경험, 고대 기독교 전통보다 더 중요하다는 것이다. 둘째, 성경 이해와 관련해 웨슬리가 중시한 것은 거듭난 그리스도인의 이성과 경험이지, 거듭나지 않은 자의 이성과 경험이 아니다. 성령으로 거듭나지 않은 사람은 영적 세계에 대한 지식을 가질 수 없기 때문이다.[317] 이런 맥락에서 웨슬리는 계몽주의의 순수 이성주의와 순수 경험주의는 거부했지만, 거듭난 그리스도인의 이성과 경험은 하나님의 계시를 이해하는 일에 매우 소중하다고 여겼다.

하나님을 아는 지식에 대한 웨슬리의 이해는 개신교에서 전통적이라 할 수 있다. 그는 하나님을 아는 일에서 계시를 핵심 요소로 간주하고, 모

Campbell, "The 'Wesleyan Quadrilateral': The Story of a Modern Methodist Myth" in Thomas A. Langford (ed.), *Doctrine and Theology in the United Methodist Church*, 154–61; Scott J. Jones, *John Wesley's Conception and Use of Scripture* (Nashville: Kingswood Books, 1995), 62–103, 160–84; Barry Edward Bryant, "John Wesley's Doctrine of Sin", 35–41; Randy L. Maddox, *Responsible Grace*, 36–47.

316 *ENNT* 9, 『신약성서주해』 서문; "On God's Vineyard", *BEW* 3: 504; *Journal* 5: 169 (1766년 6월 5일); 윌리엄 도드에게 보낸 편지 (1756년 3월 12일), *Letters* 3: 172; "The Advantage of the Members of the Church of England over Those of the Church of Rome", *Works* 10: 133–34; "The Character of a Methodist", *Works* 8: 339–40.

317 "The Marks of the New Birth", *BEW* 1: 428; "The Great Privilege of Those that are Born of God", *BEW* 1: 433–34; "The New Birth", *BEW* 2: 192.

든 계시의 표준인 성경의 권위를 강조했기 때문이다. 웨슬리는 전통적 개신교 신학자들이 그러했듯이 계시와 성경의 수위성이 도전 받던 시대에 그 중요성을 재천명했다.[318]

318 John C. Cho, *John Wesley's Theology* (Seoul: CLSK, 1984), 66.

제2부 하나님의 본성

제3장 삼위일체 하나님

하나님에 대한 기독교의 가르침에서 매우 독특한 요소는 삼위일체 교리이다. 세계의 많은 종교 중 하나님이 세 위격이시지만 본질은 하나이신 삼위일체 하나님이라고 주장하는 종교는 기독교가 유일하다.[1] 기독교에서 삼위일체 교리는 단지 하나님의 존재 방식, 곧 하나님이 영원 전부터 성부, 성자, 성령으로 존재하신다는 사실만이 아니라, 하나님의 활동과도 밀접한 관련이 있다. 한마디로 이 교리는 하나님이 삼위일체의 방식으로 존재하시고, 또 행동하신다는 사실을 드러낸다. 그러나 위르겐 몰트만(Jürgen Moltmann)이 지적했듯, 하나님이 존재론적으로 삼위일체 하나님이라고 고백하는 그리스도인도 실제로 세상에서의 하나님의 사역을 이해하는 면에서는 단일신론자일 수 있다.[2] 그리스도인이 하나님을 존재와 활동 모두에서 삼위일체적이라고 여기는지 아닌지에 따라 그 사람의 하나님 교리는 다른 방식으로 형성될 수 있다. 나아가 이러한 이해는 하나님에 대한 교리 이외의 다른 기독교 교리, 기독교의 예배, 그리스도인의 삶에도 영향을 끼친다. 특히 삼위일체로서의 하나님 이해는 창조와 재창조에서 하나님과 인류의 관계가 어떠해야 하는지에 대한 주장에 근본적으로 영향을 미친다.[3] 본 장에서 우리는 웨슬리의 삼위일체 교리 이해를 살펴보되, 그가 이 교리를 어떻게 신학에 실제적으로 적용했는지에 초점을 둘 것이다.

---

1 Millard J. Erickson, *Christian Theology*, 321.

2 Jürgen Moltmann, *The Trinity and the Kingdom of God* (London: SCM Press, 1981), 1.

3 참고. *Persons, Divine and Human* (Edinburgh: T & T Clark, 1991), ed., Christoph Schwöbel and Colin E. Gunton, 11에 수록된 크리스토퍼 슈뵈벨(Christoph Schwöbel)의 편집자 서문.

I. 평범하고 전통적인 삼위일체론

웨슬리에 따르면 삼위일체에 관한 최고의 설교는 조너선 스위프트 (1667~1745)의 설교이다.[4] 스위프트는 하나님께서 자신이 삼위일체이 시라는 사실은 선포하셨으나 세 위격이 어떻게 하나로 연합하시는지의 방식은 전적으로 감추어 두셨다고 주장했다.[5] 따라서 스위프트는 아리우 스주의자나 소치니우스주의자 같은 이단은 배격하면서도, 동시에 신학자 들이 "진리와 도덕을 반대하는 자들의 억지 주장에 대응하기 위해 철학적 규칙으로 삼위일체 교리를 더 깊이 설명하려다 논쟁을 지나치게 증폭시 켜, 원래는 조금도 의심을 품지 않았을 진지한 그리스도인의 마음을 당혹 스럽게 하는 의혹을 낳았다"며 비판했다.[6] 스위프트는 아타나시우스 신조 (Athanasian Creed)의 내용은 지지했으나, 거기에 담긴 "이해하는 사람이 거의 없는" 형이상학적 주장에는 만족할 수 없었다.[7] 그는 성경에 계시된 삼위일체 교리는 "매우 간단해서 오직 성부, 성자, 성령 각각이 하나님이 시지만, 그럼에도 하나님은 오직 한 분이라는 것에 그친다"[8]고 생각했다. 따라서 그에 따르면, 삼위일체 교리는 평이해야 하고, 삼위일체 하나님은 논의가 아닌 신앙의 대상이시다.

삼위일체 교리에 대한 웨슬리의 주된 저술인 설교 "삼위일체에 대하 여"(1775)는 오늘날과 같이 삼위일체 교리의 르네상스 시대에 사는 사람 들에게는 그 내용이 지나치게 단순해 당황스러울지도 모른다. 조너선 스

---

4   "On the Trinity"(1775), *BEW* 2: 377.

5   Jonathan Swift, Sermon, "On the Trinity"(first printed in 1744), *The Works of the Rev. Jonathan Swift* (London: printed for J. Johnson, 1803), vol. 14: 31.

6   Jonathan Swift, Sermon, "On the Trinity", *The Works of the Rev. Jonathan Swift*, vol. 14: 22.

7   Jonathan Swift, Sermon, "On the Trinity", *The Works of the Rev. Jonathan Swift*, vol. 14: 22.

8   Jonathan Swift, Sermon, "On the Trinity", *The Works of the Rev. Jonathan Swift*, vol. 14: 21.

위프트와 마찬가지로 웨슬리는 삼위일체 교리가 성경에 계시되어 있기 때문에 우리가 "하나님이 삼위일체"이신 사실(fact)은 믿을 수 있다고 생각했다. 그럼에도 그에게 삼위일체 교리는 신비였다. 삼위일체는 계시된 사실이며, 그 사실 자체는 신비가 아니다. 신비는 세 위격이 어떻게 하나의 본질을 이루시는가 하는 방식(manner)에 있다. 우리는 비록 그 신비를 풀 수는 없더라도 성경에 계시된 삼위일체의 사실은 믿을 수 있다.[9] 웨슬리는 다시 한번 계시를 이성보다 우위에 두면서 이렇게 말했다. "그 방식을 이해하지 못한다고 해서 그 사실 자체를 부인한다면 얼마나 어리석은 일이겠습니까? 그것은 곧 하나님이 계시하지 않은 것을 이해하지 못한다는 이유로 하나님이 계시하신 것까지 거부하는 것이 아닙니까?"[10] 웨슬리에 따르면, 삼위일체에 대한 지식을 제공하기 위해 그 신비를 설명하려 든 모든 사람은 스스로 길을 잃었을 뿐 아니라 독자들까지 혼란에 빠뜨렸다.[11] 그러므로 그는 철학적 방식으로 삼위일체 교리를 설명하려는 시도를 피하면서 성부, 성자, 성령은 모두 하나님의 위격이시며 그들은 하나의 본질을 이루신다는 단순한 사실을 받아들일 것을 독자에게 권고한 것이다.

웨슬리는 삼위일체의 본질적 내용을 설명할 때 신학 용어의 사용에서 유연성을 보여주었다. 그는 '삼위일체'와 '위격'이라는 단어가 성경에 나오지 않기 때문에 하나님의 삼위일체성을 설명할 때 반드시 이런 용어를 사용할 필요는 없다고 주장했다. 다만 그는 이보다 더 나은 용어를 찾지 못했기에 여전히 이 용어들을 사용했을 뿐이다.[12] 그에게는 성부, 성자, 성

---

9   "On the Trinity", *BEW* 2: 383–84.

10 "On the Trinity", *BEW* 2: 384.

11 "On the Trinity", *BEW* 2: 377.

12 "On the Trinity", *BEW* 2: 377–78. 이런 이유로 웨슬리는 장 칼뱅이 '삼위일

령이 한 분이시라는 삼위일체의 근본 진리를 믿는 것이 중요하지, 삼위일체에 사용된 전문 용어를 믿는 것은 중요하지 않았다.[13] 이런 의미에서 웨슬리는 스위프트와 마찬가지로 아타나시우스 신조를 삼위일체 교리에 대한 가장 훌륭한 설명으로 지지하면서도, 이 신조에 전적으로 만족하지는 않았다. 그는 특히 "누구든지 이 신조를 온전히 따르지 않는 자는 반드시 영원히 멸망할 것이다"라는 문장에 동의하지 않았다.[14]

그럼에도 웨슬리는 삼위일체 교리의 근본적인 내용에서는 어떤 것도 양보하지 않았다. 첫째, 웨슬리는 영국 국교회 39개 신조를 토대로 만든 메소디스트 25개 신조의 제1조에서 삼위일체의 기본 내용을 다음과 같이 진술했다. "오직 한 분이시고 살아계시며 참되신 하나님이 계시니, 그는 몸이나 지체가 없으시고, 무한한 능력과 지혜와 선을 가지셨으며, 모든 보이는 것과 보이지 않는 것의 창조자와 보호자이시다. 또 하나님의 일체성 안에는 하나의 본질과 능력과 영원성을 공유하시는 세 위격이 계시니 곧 성부와 성자와 성령이시다."[15] 이 조항의 내용은 신학적 표현에서는 온건하면서도 삼위일체 교리를 간결하게 요약하고 있다. 웨슬리와 동시대의 영적 신비주의자 에마누엘 스웨덴보리(Emanuel Swedenborg)는 니케아 신조(Nicene Creed)와 아타나시우스 신조를 거부했는데, 이는 이 신조들이 "세 위격이 계시다"라고 말함으로써 "결국 세 분의 동일한 하나님이 계신다"라고 주장하는 것으로 믿었기 때문이다.[16] 스웨덴보리는 삼위일체의

체'(Trinity)나 '위격'(Persons) 등의 삼위일체 용어 사용하기를 주저했다는 사실 때문에 세르베투스(Servetus)를 가혹하게 다룬 일을 비판한다.

13   "On the Trinity", *BEW* 2: 376.

14   "On the Trinity", *BEW* 2: 377; J. N. D. Kelly, *The Athanasian Creed* (London: Adam & Charles Black, 1964), 17.

15   John H. Leith (ed.), *Creeds of the Churches* (Richmond, Virginia: John Knox Press, 1973), Revised edition, 266-67, 354.

16   Emanuel Swedenborg, *On the Athanasian Creed and Subjects connected with It* (London:

세 위격(three persons) 대신 삼중 원리(threefold principle)를 말함으로 일종
의 양태론(modalism)을 주장했다. "주님 안에는 세 가지 원리가 있는데 곧
성부라 불리는 신적 원리, 성자라 불리는 신적 인간, 성령이라고 불리는
신적 발출(發出)이다. 이 세 가지 원리 모두는 하나인데, 그 이유는 한 인
격에 속해 있기 때문이며, 그런 의미에서 삼위일체(triune)로 불릴 수 있
다."[17] 그는 또한 성자, 성령의 신성과 성부의 신성이 동등함을 주장했기
에 아리우스주의자들이나 소치니우스주의자들을 비판했다.[18] 그러나 웨
슬리는 "스웨덴보리 남작의 서술에 대한 소고"(Thoughts on the Writings of
Baron Swedenborg)에서 니케아 신조와 아타나시우스 신조를 옹호하면서
스웨덴보리의 신비주의적 삼위일체론을 비판했다. 웨슬리는 스웨덴보리
와의 논쟁 중 영국 국교회 주교 조지 불(George Bull)이 쓴 글을 통해 지지
를 얻었는데, 그 역시 에큐메니컬 신조들에 기술된 삼위일체에 대한 신앙
은 "니케아 공의회가 열리기 오래 전부터, 그리고 아타나시우스가 태어나
기 전부터 성도들에게 전해졌다"고 주장했다.[19] 전통적 영국 국교회 신학
자인 조지 불은 삼위일체에 대한 자신의 저술을 다음의 말로 마무리했다.
"복되신 삼위일체에 관한 교회의 교리는 고대와 현대의 가톨릭 저술가들
이 성경에서 의미가 명확한 많은 본문을 통해 충분히 확증해 왔다. 이 본
문들은 하나님의 단일성을 주장함과 동시에, 신성의 본질적 속성과 고유
한 사역을 지니신 분이 삼위 곧 성부, 성자, 성령이심을 우리에게 분명히
가르쳐 준다."[20] 웨슬리는 삼위일체에 대한 각기 다른 설명을 단지 의견

The Swedenborg Society, reprinted 1856), 8.

17 Emanuel Swedenborg, *On the Athanasian Creed and Subjects connected with It*, 14; 참
  고. L. Berkhof, *Systematic Theology* (Grand Rapids: Wm. B. Eerdmans, 1949), 83.

18 Emanuel Swedenborg, *On the Athanasian Creed and Subjects connected with It*, 17.

19 "Thoughts on the Writings of Baron Swedenborg", *Works* 13: 430.

20 George Bull, "Discourse I: The Doctrine of the Catholic Church for the First Three

정도로 간주했지만,[21] 삼위일체라는 기본 원리는 기독교의 본질적 교리로 여겨 종속론(subordinatianism)과 양태론을 거부했다.

II. 삼위 안에서의 일체, 일체 안에서의 삼위

18세기는 삼위일체 교리를 둘러싼 많은 논쟁이 있었던 시기였다.[22] 계몽주의 시대는 그리스도의 신성 같은 전통적 기독교 교리에 대한 회의론을 확산시켰다.[23] 또 아리우스주의와 소치니우스주의는 영국에서 기독교 신앙을 위협했다.[24] 이 논쟁의 중심 인물 중 한 사람이 새뮤얼 클라크였다. 새뮤얼 클라크의 삼위일체 교리에 대한 주요 반대자는 『질의 모음집』(*A Collection of Queries*)을 저술한 대니얼 워터랜드(Daniel Waterland)였고,[25] 윌리엄 존스(William Jones)도 그중 하나였다.[26] 웨슬리는 1776년 4월 17일에 메리 비숍(Mary Bishop)에게 보낸 편지에서 윌리엄 존스의 『공교회(公敎會)의 삼위일체 교리』(*The Catholic Doctrine of the Trinity*)를 이 주제에

Ages of Christianity, concerning the Blessed Trinity, in Opposition to Sabellianism and Tritheism", *The Works of George Bull* (Oxford: At the University Press, 1846), revised by Edward Burton, vol. 2: 10.

21 "On the Trinity", *BEW* 2: 374–75; 참고. "Catholic Spirit", *BEW* 2: 81–2.

22 J. Ernest Rattenbury, *The Evangelical Doctrines of Charles Wesley's Hymns* (London: Epworth Press, 1941), 137.

23 Edmund J. Fortman, *The Triune God: A Historical Study of the Doctrine of the Trinity* (London: Hutchinson, 1972), 247.

24 J. Ernest Rattenbury, *The Evangelical Doctrines of Charles Wesley's Hymns*, 137.

25 웨슬리는 서배너(Savannah)에서 워터랜드의 『삼위일체 교리의 중요성』(*The Importance of the Trinity*)을 읽었다. *Journal* 1: 186 (1736년 3월 23일). 클라크와 워터랜드의 논쟁에 대한 유용한 분석은 J. P. Ferguson, *An Eighteenth Century Heretic Dr. Samuel Clarke* (Kineton, Warwick: The Roundwood Press, 1976), 119–36을 참조하라.

26 William Jones, *The Catholic Doctrine of the Trinity* (London: Printed for J. Rivington, 1767), the third edition, Introductory Discourse XXXII, 115.

관해 지금까지의 어떤 글보다 "더 명료하고 강력하다"며 추천했다.[27] 윌리엄 존스는 삼위일체 교리를 형이상학적으로 논증하지 않고 단지 관련 성경 구절을 인용하는 방식으로 증명하려 했는데, 이는 존 웨슬리가 인정한 방식이었다. 비삼위일체론적 관점의 유행은 찰스 웨슬리에게도 충격을 주었기에, 그는 1767년에 『삼위일체 찬송집』(*Hymns on the Trinity*)을 단행본으로 출판했고, 존 웨슬리는 이를 메소디스트들에게 추천했다. 찰스 웨슬리의 『삼위일체 찬송집』은 구조와 내용 모두에서 윌리엄 존스의 저서와 매우 유사하다.[28] 어니스트 래튼버리(J. Ernest Rattenbury)에 따르면, 윌리엄 존스는 웨슬리 형제가 "자신의 허락을 구하지 않고, 자신의 책에 의존했음을 표기하지도 않은 채 책을 출판"한 것을 비판했다.[29]

윌리엄 존스는 『공교회의 삼위일체 교리』에서 삼위일체 교리를 그리스도의 신성, 성령의 신성, 위격의 복수성과 삼위성, 삼위의 일체성이라는 네 가지 표제로 설명했다. 찰스 웨슬리 역시 『삼위일체 찬송집』의 각 찬송을 같은 방식으로 분류했다. 존 웨슬리는 윌리엄 존스와 찰스 웨슬리의 이 두 작품을 높이 평가했다. 이에 삼위일체 교리에 대한 그의 사상을 이 네 가지 표제로 살펴보는 것이 적절할 것이다.

---

27 메리 비숍에게 보낸 편지 (1776년 4월 17일), *Letters* 6: 213.

28 삼위일체론 견해에서의 윌리엄 존스와 찰스 웨슬리의 유사성에 대한 유용한 분석은 Wilma J. Quantrille, "The Triune God in the Hymns of Charles Wesley", Ph. D. Thesis, Drew University, 1989, 22–4를 참조하라.

29 J. Ernest Rattenbury, *The Evangelical Doctrines of Charles Wesley's Hymns*, 139.

그리스도의 신성

에밀 브루너가 지적했듯, 삼위일체에 관한 논쟁의 중심에는 성자의 신성 교리가 있다.[30] 신약성경을 중심으로 삼위일체 교리의 근거를 연구한 아서 웨인라이트(Arthur W. Wainwright)는 자신의 책 『신약의 삼위일체론』(*Trinity in the New Testament*)에서 절반 이상의 지면을 그리스도의 신성 논의에 할애했다.[31] 유대교와 달리 예수님을 참 하나님으로 고백하는 것은 기독교의 특징이다. 윌리엄 존스는 『공교회의 삼위일체 교리』에서 그리스도의 신성에 주목해 성경에서 삼위일체 근거 구절 119개 중 59개를 이 주제에 할당했다. 웨슬리 역시 그리스도의 신성을 옹호하는 데 깊은 관심을 보였다. 그는 설교 "육체를 따라 그리스도를 아는 것에 대하여"(1789)에서 그리스도의 신성을 강조했는데,[32] 이 설교는 우연히 쓴 것이 아니라 아리우스주의자와 소치니우스주의자들의 견해가 유행하던 시기에 그리스도의 신성을 옹호하기 위해 의도적으로 작성한 것이다.[33] 웨슬리는 그리스도를 성부와 동일한 신성을 지닌 삼위일체의 한 위격으로 생각하지 않은 그들의 입장을 거부했다.[34] 웨슬리는 아리우스주의자들이 성자가 성부에게 종속된다는 주장의 근거로 제시한 고린도전서 11:3을 해석할 때, 비록 중보자로 오신 성자는 모든 일에서 성부께 전적으로 순종하셨음에도, 그분의 본성은 성부의 본성과 동일하다는 이유로 종속설을 거부했다.[35] 또 히브리서 1:5을 주해할 때는 니케아 신조와 니케아-콘

---

30 Emil Brunner, *The Christian Doctrine of God*, 209.

31 Arthur W. Wainwright, *The Trinity in the New Testament* (London: S.P.C.K, 1962), 53-194.

32 "On Knowing Christ after the Flesh", *BEW* 4: 103.

33 "On Knowing Christ after the Flesh", *BEW* 4: 99-100.

34 "On Knowing Christ after the Flesh", *BEW* 4: 99-100.

35 *ENNT* 617, 고전 11: 3 주해; 참고. William Jones, *The Catholic Doctrine of the*

스탄티노플 신조(Nicene-Constantinopolitan Creed)[36]를 따라 성자는 참 하나님으로부터의 참 하나님, 빛으로부터의 빛이심을 고백했다.[37] 웨슬리는 또한 유니테리언주의(unitarianism)와 소치니우스주의에 대한 거절을 명확히 했는데, 이는 그가 존 플레처와 조셉 벤슨에게 조셉 프리스틀리(Joseph Priestley, 1733~1804)의 유니테리언주의 저작들인 『기독교 타락의 역사』(*A History of the Corruptions of Christianity*, 1782)와 『예수 그리스도에 관한 초기 견해사: 원저자들의 글을 통해 기독교 교회가 시초에는 유니테리언주의적이었음을 입증함』(*A History of Early Opinions concerning Jesus Christ, compiled from Original Writers; proving that the Christian Church was at first Unitarian*, 1786)에 대한 비판서 작성을 독려한 데서 드러난다.[38] 이에 벤슨은 『그리스도의 신성에 대한 성경적 변증』(*A Scriptural Vindication of Christ's Divinity*, 1789)을 출판했다.

1756년 웨슬리는 토머스 월시(Thomas Walsh)가 무어 부커(Moore Booker)의 그리스도의 신성에 대한 이신론적 사상을 비판한 편지에서 주요 내용을 발췌해 자신의 일지에 기록했다.[39] 월시는 웨슬리와 동역한 메소디스트 순회 설교자였다. 웨슬리는 그를 거룩한 사람이자 이전에 본 적이 없는 "성경 지식의 대가"로 칭했다.[40] 이 편지에서 월시는 형이상학적 사변 없이 삼위일체에 관한 성경 본문을 인용해 그리스도의 신성을 입증

Trinity, 38.

36 John H. Leith (ed.), *Creeds of the Churches*, 30, 33.

37 *ENNT* 811, 히 1: 5 주해.

38 존 플레처에게 보낸 편지, *Letters* 7: 264–65 (1785년 4월 3일); 조셉 벤슨에게 보낸 편지들, *Letters* 7: 375–76 (1787년 3월 10일), *Letters* 8: 89 (1788년 9월 17일), *Letters* 8: 201–2 (1790년 2월 16일); *Journal* 6: 488 (1784년 3월 23일).

39 *Journal* 4: 145–46 (1756년 1월 14일); 참고. *Journal* 4: 39–40 (1752년 8월 2일).

40 "On Charity"(1784), *BEW* 3: 303; "Popery Calmly Considered", *Works* 10: 155.

하려 했다. 그에 따르면, 성부께서 하나님이라 불리는 것처럼 성자도 하나님으로 불리며, 성자의 칭호와 속성 역시 성부와 동일하다. 성경의 기록자들은 성부께 예배하고 기도한 것처럼 그리스도께도 동일하게 예배하고 기도했다.[41] 그리스도의 신성을 증명하기 위한 이러한 성경적 접근 방법은 윌리엄 존스의 방법과 일치할 뿐 아니라 웨슬리도 선호한 것이었다.

웨슬리는 많은 면에서 토머스 월시와 윌리엄 존스의 입장에 동의했다.[42] 웨슬리에 따르면 그리스도의 신성은 성경에 계시된 사실이다. 그것은 일찍이 구약에 계시되었고(렘 23:6; 호 1:7; 시 23:1),[43] 이후 신약에도 계시되었다. 웨슬리는 요한복음 1:1을 주해하면서 이 구절에 그리스도의 신성이 계시되어 있다고 말한다.[44] 예수님이 "만물 위에 계셔서 세세에 찬양을 받으실 하나님이시라"라고 말씀하는 로마서 9:5에 대한 주해에서는 윌리엄 존스와 입장을 같이해 "그 어떤 말로도 그분의 신성하고 지고한 위엄과, 유대인과 이방인 모두를 다스리시는 그분의 은혜로우신 주권을 이보다 더 명확히 표현할 수는 없다"고 말한다.[45] 웨슬리는 많은 곳에서 이 구절들을 성자의 신성의 증거로 언급했다.[46] "나의 주님이시요 나의 하나님이시니이다"(요 20:28)라는 도마의 고백도 그리스도의 신성을 인정한다.[47]

하나님이 영원부터 영원까지 존재하시듯, 그리스도도 영원부터 영원

---

41 *Journal* 4: 145–46 (1756년 1월 14일).

42 William Jones, *The Catholic Doctrine of the Trinity*, 2–3, 37, 42–4.

43 *ENNT* 302, 요 1: 1 주해.

44 *ENNT* 302, 요 1: 1 주해.

45 *ENNT* 555, 롬 9: 5 주해; William Jones, *The Catholic Doctrine of the Trinity*, 10.

46 "The Great Assize", *BEW* 1: 359; "The Lord Our Righteousness", *BEW* 1: 452; "Sermon on the Mount, I", *BEW* 1: 474; "Catholic Spirit", *BEW* 2: 87. "Spiritual Worship", *BEW* 3: 91–2; "On Knowing Christ after the Flesh", *BEW* 4; 99.

47 *ENNT* 387, 요 20: 28 주해.

까지 존재하신다.[48] 성자는 영원 전부터 성부와 실제로 그리고 완전히 동등하시다.[49] 오직 하나님만 영원 전부터 존재하시므로, 영원 전부터 존재하시는 그리스도도 하나님이실 수밖에 없다. 또 그리스도는 지극히 높으신 하나님의 모든 칭호를 받으셨다.[50] 그리스도는 "어떤 피조물에게도 주어진 적이 없는" 이름인 '여호와'로 불리신다.[51] 알파와 오메가, 처음과 마지막이라는 칭호는 오직 하나님께만 사용되지만,[52] 예수님 역시 이 칭호를 지니시는데, 이는 그분의 신적 영광에 대한 "논박할 수 없는" 증거이다.[53] 성령의 영감을 받은 성경 기록자들은 또한 성자를 "하나님의 모든 속성을 지니고 하나님의 모든 사역을 행하시는 분"으로 묘사했다. 성자와 성부는 정의, 자비, 거룩함, 진리에서 하나이시다.[54] 성자는 만물의 유일한 원인 곧 유일한 창조자이시고, 만물의 보존자와 통치자, 인간의 구원자이시며, 만물의 목적이시다.[55] 따라서 성자는 "성부와 동일 본질을 지닌 참되고 영원한 하나님"이시다.[56] 이처럼 웨슬리는 그리스도의 신성을 입증할 때 성경을 근거로 삼는 실제적 접근 방식을 사용했다.

---

48 "Spiritual Worship", *BEW* 3: 90-1.

49 *ENNT* 730, 빌 2: 6 주해.

50 "Spiritual Worship", *BEW* 3: 90-1.

51 "Spiritual Worship", *BEW* 3: 91.

52 사 44: 6.

53 *ENNT* 1049, 계 22: 13 주해; 참고. William Jones, *The Catholic Doctrine of the Trinity*, 3.

54 "The Lord Our Righteousness", *BEW* 1: 452.

55 "Spiritual Worship", *BEW* 3: 91-4.

56 메소디스트 25개 신조 제2조. John H. Leith (ed.), *Creeds of the Churches*, 354.

성령의 신성

성자의 신성에 비하면 성령의 신성이라는 주제는 기독교에서 그다지 논쟁이 되지 않았다. 다만 논란이 된 주제는 성령께서 삼위일체의 다른 위격과 맺으시는 관계에 관한 것이었다.[57] 웨슬리는 메소디스트 25개 신조에서 성령을 묘사할 때 영국 국교회 39개 신조와 동일한 용어를 사용했다. "성령은 성부와 성자에게서 나오시는 분으로, 그 본질과 위엄과 영광에서 성부 및 성자와 동일하신, 참되고 영원하신 하나님이시다." 이는 웨슬리가 서방교회는 받아들였으나 동방교회는 거부한 "필리오케"(*Filioque*, 성령이 성부와 성자 모두에게서 발래, 발출하시거나 나오신다는 교리–역주)를 인정했음을 보여준다.[58]

아서 웨인라이트는 성령이 인격적인 존재로 간주된다는 풍부한 증거가 있다고 말한다.[59] 헬라어에서 '프뉴마'(pneuma, 영)는 중성 명사이지만, 성령을 지칭할 때는 남성 대명사가 사용된다.[60] 웨슬리는 요한복음 15:26을 주해하면서 성령이 우리에게 오시고, 그분이 성자에 의해 성부에게서 보내심을 받는다는 것은 성령의 인격적 특성을 가리키는 것으로, 성령께서 성부, 성자와 구별된 인격이심을 드러낸다고 말한다.[61] 그래서 예수님은 성령을 가리켜 '그것'(it)이라는 표현을 사용하시지 않고, '그'(he)가 자신에 대해 증언할 것이라고 말씀하신다. 성령의 다른 이름 보혜사

---

57   Arthur W. Wainwright, *The Trinity in the New Testament*, 199.

58   John H. Leith (ed.), *Creeds of the Churches*, 267, 355.

59   Arthur W. Wainwright, *The Trinity in the New Testament*, 200. 예를 들어, 웨인라이트는 사도행전의 성령에 대한 언급 62개 중 18개가 성령을 인격으로 묘사한다고 지적한다.

60   J. Kenneth Grider, *A Wesleyan-Holiness Theology* (Kansas, Missouri: Beacon Hill Press, 1994), 142.

61   *ENNT* 370, 요 15: 26 주해.

(Comforter)는 대언자, 인도자, 위로자를 의미하므로, 이 역시 그분이 인격적 존재이심을 반영한다.[62] 다른 인격적 존재와의 교제, 사랑, 지성 같은 인격적 특징을 성령께 돌리는 것이다.[63] 에마누엘 스웨덴보리는 성령이 신적 원리(성부)와 신적 인간(성자)에게서 나오는 신적 발출(Divine Proceeding)이라고 생각했다.[64] 웨슬리는 성령을 신적 에너지나 비인격적 존재로 여긴 그의 생각을 거부했다.[65]

웨슬리는 "가톨릭교도에게 보내는 편지"에서 자신은 "성부, 성자와 동등한 무한하고 영원하신 하나님의 성령"을 믿는다고 진술했다. 웨슬리에게 성령은 삼위일체의 세 위격 중 한 분이시다. 사도행전 5:1-4에서 아나니아가 베드로에게 거짓말을 하자 사도는 아나니아의 거짓말이 자신이 아닌 성령(행 5:3)과 하나님(행 5:4)께 한 것이라고 말했다. 윌리엄 존스처럼 웨슬리도 이 기록이 성령의 신성을 입증한다고 주장했다.[66] 성령은 성부, 성자와 함께 모든 신자 안에 인격적으로 거하신다.[67] 또 웨슬리는 고린도전서 6:19을 주해하면서 이 구절은 그리스도인의 몸을 "성령의 전"으로 묘사하지만, 고린도전서 3:16과 고린도후서 6:16은 "하나님의 성전"이나 "살아계신 하나님의 성전"으로 묘사해, 성령께서 하나님이심을 분명하게 드러낸다고 주장했다.[68]

---

62 *ENNT* 365, 요 14: 16 주해.

63 *ENNT* 367, 요 14: 26 주해; *ENNT* 548, 롬 8: 16 주해; *ENNT* 550, 롬 8: 26 주해; *ENNT* 691, 갈 4: 6 주해.

64 Emanuel Swedenborg, *On the Athanasian Creed and Subjects connected with It*, 16, 18.

65 "Thoughts on the Writings of Swedenborg", *Works* 13: 433.

66 *ENNT* 410, 행 5: 4 주해; William Jones, *The Catholic Doctrine of the Trinity*, 59-60.

67 *ENNT* 371-72, 요 16: 13 주해.

68 *ENNT* 602, 고전 6: 19 주해.

위격의 복수성과 삼위성

유대인들의 근본적인 신앙은 여호와가 최고신이실 뿐 아니라 유일신이시라는 것이다. "이스라엘아 들으라 우리 하나님 여호와는 오직 유일한 여호와이시니"(신 6:4)라는 말씀은 유대인이 자녀에게 부지런히 가르쳐야 할 유대교 신앙의 핵심이다. 아리우스주의자와 소치니우스주의자를 포함해 단일신론자들은 복수형으로 된 하나님의 칭호(예, 엘로힘)를, 왕이 한 사람임에도 자신을 '우리', '우리의' 등으로 표현하는 관례에서와 같이, 위엄을 나타내는 복수형으로 해석하곤 했다. 그들에게 "우리의 형상을 따라 … 사람을 만들고"(창 1:26)라는 구절에서 "우리의"는, 삼위일체 하나님이 아닌 위엄 있는 하나님 또는 하나님과 천사들을 의미할 뿐이다.[69] 따라서 그들에게 구약에 처음 나오는 하나님의 복수형 인칭 대명사(우리, 우리의, 우리를)는 삼위일체와 아무 상관이 없다. 그러나 윌리엄 존스는 복수 명사인 '엘로힘'이 단수 동사와 함께 규칙적으로 등장하는데, 이는 "동일한 신적 본성과 본질에 참여하는 여러 위격이 있음"을 가리킨다고 주장한다.[70] 웨슬리 역시 '엘로힘'이라는 단어가 한 분 하나님 안에 있는 복수의 위격을 나타낸다고 생각했다.[71] 이사야 6:8의 "우리"라는 용어 역시 "한 분 하나님 안에 복수의 위격이 있음을 충분히 암시한다."[72] 웨슬리에 따르면, 하나님 안에 있는 복수의 위격은 다수의 위격이 아닌 세 위격을 의미한다. 또 창세기 11:7의 "우리가 내려가서 거기서 그들의 언어를 혼잡하게 하여"라는 말씀은, 하나님이 천사가 아닌 자신에게 하신 것

69　William Jones, *The Catholic Doctrine of the Trinity*, 84-85; Arthur W. Wainwright, *The Trinity in the New Testament*, 18.

70　William Jones, *The Catholic Doctrine of the Trinity*, 84.

71　*ENNT* 2, 창 1: 1 주해.

72　*ENNT* 1962, 사 6: 8 주해.

이거나 성부께서 성자와 성령께 하신 것이며,[73] 이사야 6:3에 나오는 세 번의 '거룩하다'는 한 분 하나님 안에 계신 세 위격을 암시한다.[74]

삼위의 일체성

하나님 안에 세 위격이 계심을 인정하더라도 만약 세 위격이 일체이심을 인정하지 않는다면 다신론으로 이어진다. 윌리엄 존스는 성부, 성자, 성령은 동일한 칭호, 속성, 의지를 지니시기 때문에 이 세 위격 안에는 본질적 일체성이 있다고 말한다. 이 세 위격은 서로 구별되는 세 주체(agencies)이심에도 여전히 한 분 하나님이시다.[75] 그는 삼위의 일체성을 설명할 때 삼위일체론의 전문 용어를 사용하지 않았다. 그의 입증 방법은 성경에서 삼위일체의 세 위격 각각에 부여된 동일한 신적 칭호, 속성, 행위를 찾아내는 것이었다. 예를 들어, 그는 '주'와 '여호와'라는 칭호가 삼위일체의 각 위격인 성부, 성자, 성령 모두에게 사용되었다고 주장했다.[76] 조너선 스위프트가 삼위의 일체성을 확인하는 방법은 윌리엄 존스의 방법보다 더 간단하다. 그는 요한1서 5:7, 요한복음 1:1을 포함해 삼위일체를 시사하는 성경 구절들을 언급하고 간단한 주석을 붙인 후 이렇게 단언했다. "하나님께서는 우리에게 일체성도 있고 구별성도 있음을 믿으라고 명령하신다. 그러나 그 일체성이 무엇이며 구별성이 무엇인지는 온 인류가 똑같이 알지는 못하며, 새로운 계시가 없다면 적어도 심판날까지는 계속 그럴 것이 틀림없다."[77] 웨슬리 역시 삼위일체의 세 위격이 한 존재 안

---

73 *ENNT* 48, 창 11: 7 주해.

74 *ENNT* 1961, 사 6: 3 주해.

75 William Jones, *The Catholic Doctrine of the Trinity*, 110–11.

76 William Jones, *The Catholic Doctrine of the Trinity*, 111–12.

77 Jonathan Swift, "On the Trinity", 23–4.

에서 연합되는 방식은 인간에게 계시되지 않았기 때문에 우리가 알 수 없다고 생각했다. 그러나 삼위의 일체성은 계시된 사실이기에 믿을 가치가 있다. 웨슬리는 조너선 스위프트, 피터 브라운 같은 실천적 영국 국교회 신학자들을 따라 세 위격이 어떤 방식으로 하나가 되는지 형이상학적인 방식으로 설명하려 하지 않았다. "성경은 단지 그러한 '사실'을 믿을 것을 요구하지, 그 방식을 믿을 것을 요구하지는 않습니다. 따라서 신비는 삼위일체라는 사실에 있지 않고, 전적으로 삼위일체의 방식에 있습니다."[78]

그렇다면 성경 어디에 삼위일체의 사실이 명확히 계시되어 있는가? 웨슬리는 설교 "산상설교(6)"에서, 하나님의 "일체성 안에서의 삼위성, 그리고 삼위성 안에서의 일체성"은 창세기 1:1의 "하나님이 … 창조하시니라"(bara Elohim)에서 발견된다고 하면서, 이 표현은 "문자적으로는 하나님들(Gods)이 창조하셨다는 것으로, 복수형 명사가 단수형 동사와 함께 사용되고 있다"고 설명한다. 정확히 말하면 이 구절에는 세 위격에 대한 언급이 없기 때문에 이 용어들이 한 분 하나님 안에 있는 삼위의 일체성을 가리키지는 않는다. 웨슬리는 설교 "삼위일체에 대하여"에서 요한1서 5:7-8의 흠정역(Authorized Version) 번역이 삼위일체라는 계시된 사실에 대한 가장 뛰어난 성경 구절이라고 생각했다.[79] 흠정역에는 이렇게 기록되어 있다. "하늘에 증언하는 세 분이 계시니 곧 아버지와 말씀과 성령이시라 또 이 세 분은 하나이시니라." 웨슬리는 이 본문의 진위성에 대한 논쟁을 알고 있었다. 조나단 스위프트는 자신의 "삼위일체에 대하여"라는 설교에서 이 본문을 삼위의 단일성을 가리키는 중요한 증거라고 생각했지만, 진위 여부에 대해서는 언급하지 않았다. 장 칼뱅과 매튜 헨리

---

78 "On the Trinity", *BEW* 2: 383.
79 "On the Trinity", *BEW* 2: 378.

는 이 논쟁을 알고 있었지만 본문의 진정성을 옹호했다.[80] 웨슬리는 요한
1서 5:7-8의 삼위일체에 대한 언급이 많은 고대 사본에서 생략되거나 변
형된 이유 중 하나는, 콘스탄티누스(Constantinus)의 후계자이자 열렬한
아리우스주의자였던 콘스탄티우스(Constantius)가 "자신의 손에 넣은 많
은 사본에서" 삼위일체 본문을 의도적으로 생략하거나 수정했기 때문이
라고 주장했다.[81] 그리고 자신의 신약성경 번역에서 이 본문을 다음과 같
이 번역했다. "[5:7] 땅에서는 증거하는 이가 셋이니 곧 성령과 물과 피라
이 셋은 하나이니라 [5:8] 하늘에서는 증인하는 이가 셋이니 곧 아버지와
말씀과 성령이시라 이 셋은 하나이니라."[82] 그러나 현대의 많은 학자는 이
삼위일체 관련 구절의 정경성에 의심을 품는다.[83] 신국제역(NIV) 성경은
요한1서 5:7-8에서 이 삼위일체 본문을 생략했다.[84] 그러나 웨슬리가 혹
이 본문의 진정성을 의심했다 하더라도, 삼위의 일체성에 대한 자신의 생
각을 바꾸지 않았을 것이라는 점은 분명하다. 웨슬리는 다른 성경 본문과
에큐메니컬 신조들도 이 일체성을 인정한다는 사실을 알았기 때문이다.[85]

---

80 Jonathan Swift, "On the Trinity", *The Works of the Rev. Jonathan Swift*, vol. 14: 20;
   Matthew Henry, *Exposition*, 2453-54; John Calvin, *Commentaries on the Catholic
   Epistles* (Edinburgh: Printed for The Calvin Translation Society, 1855), trans. John
   Owen, 257.

81 "On the Trinity", *BEW* 2: 379; 참고. John Albert Bengel, *Gnomon of the New
   Testament* (Edinburgh: T & T Clark, 1858), first published in 1742, trans. William
   Fletcher, vol. 5: 135, 137-38, 147; "On the Trinity", *BEW* 2: 378; *ENNT*
   917, 요 5: 7 주해.

82 *ENNT* 917-18.

83 D. Moody Smith, *First, Second, and Third John* (Louisville: John Knox Press, 1991),
   122; Arthur W. Wainwright, *The Trinity in the New Testament*, 247; Geoffrey
   Wainwright, *Methodists in Dialog* (Nashville: Kingswood Books, 1995), 263;
   Milliard J. Erickson, *Christian Theology*, 327.

84 개정표준역(RSV)과 신미국표준역(NASB)의 요한1서 5: 7-8에도 삼위일체에 대
   한 언급은 없다.

85 *ENNT* 350, 요 10: 30 주해; *ENNT* 730, 빌 2: 6 주해.

III. 찬송으로 전파된 삼위일체 하나님

삼위일체 교리에 대한 웨슬리의 강조점은 삼위일체 교리가 단지 '사변적 교리'가 아닌 실천적 교리가 되어야 한다는 데 있었다. 실천적 신학자이자 복음 전도자로서 그의 삼위일체 교리에 대한 관심은, 이 교리가 그리스도인의 마음과 삶에 어떻게 적용될 수 있는지에 관한 것이었다. 웨슬리는 1776년에 메리 비숍에게 보낸 편지에서, 윌리엄 존스의 『공교회의 삼위일체 교리』에서 부족한 점이 삼위일체 교리의 적용이었는데, 그 점이 자신의 동생 찰스의 찬송집을 통해 풍부하게 보완되었다고 말했다.[86]

우리는 웨슬리가 삼위일체 교리를 그리스도인의 신학과 삶에 어떻게 적용했는지를, 그가 1780년에 출판한 『메소디스트 찬송집』(*A Collection of Hymns for the Use of the People called Methodists*)을 분석함으로 살펴보고자 한다. 이 찬송집은 존과 찰스 형제가 메소디스트들을 위해 만든 찬송집 중 최고이다. 『메소디스트 찬송집』을 분석 대상으로 택한 것은, 우선 수록된 찬송가 대다수가 찰스 웨슬리의 작품이기에, 그가 찬송가를 통해 삼위일체 교리를 그리스도인의 신학과 삶에 어떻게 적용했는지 알 수 있기 때문이다.[87] 또 많은 찬송집에서 찬송가를 선별하고 신학적 주제별로 재배열해 출판한 것은 존 웨슬리였기 때문에, 이 교리를 어떻게 적용해야 하는지에 대한 그의 생각 역시 알 수 있기 때문이다.[88] 올리버 베커레지(Oliver A. Beckerlegge)는 "이 찬송집 출판은 어느 날 갑자기 떠오른 영감의 결과가 아니라, 존 웨슬리가 오랫동안 숙고한 후 단지 10년이 아닌 자그마치

---

86 참고. 메리 비숍에게 보낸 편지, *Letters* 6: 213 (1776년 4월 17일).

87 *BEW* 7: 31, 38.

88 *BEW* 7: 32, 56.

한 세대 이상 펜으로 작업하며 준비한 것"[89]이라고 설명한다.

분석에 앞서 먼저 삼위일체 교리와 찬송이 어떤 관계가 있는지 살펴보고자 한자. 테레사 베르거(Teresa Berger)가 지적했듯, 찬송의 주된 목적은 하나님께 감사와 찬양을 드리는 데 있다.[90] 그러나 그렇게 하려면 왜 하나님께 감사하고 찬양해야 하는지를 이해해야 한다. 많은 신학자가 찬송이 곧 신학이라는 데 동의한다. 위르겐 몰트만은 "'경륜적 삼위일체'가 케리그마 신학과 실천 신학의 대상이라면, '내재적 삼위일체'는 송영 신학(doxological theology)의 내용"이리고 주장했다.[91] 또 제프리 웨인라이트(Geoffrey Wainwright)는 기독교의 주요 진리에 대한 교리적 진술이 성경, 전통, 이성, 경험 모두의 복합적 상호작용을 거쳐 찬송가에 반영되어 있다고 지적했다.[92] 그런가 하면 S. T. 킴브로(S. T. Kimbrough, Jr.)는 "찬송가는 기독교계의 서정적인 신학 교과서"라고 말했다.[93] 이처럼 찬송가는 삼위일체 교리를 적용할 수 있는 가장 적합한 장르라 할 수 있다.

웨슬리는 『메소디스트 찬송집』 서문에서 이 찬송집은 기독교의 모든 중요한 진리를 담고 있으며, 찬송가들은 "아무렇게나 뒤섞여 있지 않고 참된 그리스도인들의 경험에 따라 적절한 표제 아래 주의 깊게 배열되어 있다"고 말했다.[94] 그에 따르면 그리스도인에게 찬송가 가사나 찬송시는 "경건의 정신과 믿음을 일으키거나 고양시키고, 소망을 북돋우며, 하나

---

89 *BEW* 7: 26.

90 Teresa Berger, *Theology in Hymns?: A Study of the Relationship of Doxology and Theology according to A Collection of Hymns for the Use of the People called Methodists (1780)* (Nashville: Kingswood Books, 1995), trans. Timothy E. Kimbrough, 153–54, 172–74.

91 Jürgen Moltmann, *The Trinity and the Kingdom of God*, 152.

92 Geoffrey Wainwright, *Doxology: The Praise of God in Worship, Doctrine and Life*, 202.

93 S. T. Kimbrough, Jr., "Hymns are Theology", in *Theology Today*, April 1985, vol. XLII: 59.

94 *BEW* 7: 74.

님과 사람에 대한 사랑을 불붙이고 자라가게 하는 수단"이다. 웨슬리는 "시가 이처럼 신앙을 돕는 시녀의 자리를 지킨다면, 그것은 썩어 없어지는 가련한 화환이 아닌 시들지 않는 면류관을 얻게 될 것"이라고 덧붙였다.[95] 이처럼 웨슬리는 이 찬송집을 "체험적이고 실천적인 작은 신학서"로 여겼다.[96] 그는 찬송집을 통해 메소디스트들에게 신학을 전하려 했던 것이 분명하다. 어니스트 래튼버리는 웨슬리가 찬송집을 출판할 때 신학적 목적을 염두에 두었으며, 출판된 메소디스트 찬송가들을 "처음부터 교리 문서로 다루었다"고 말한다.[97] 이런 의미에서 프란츠 힐데브란트(Franz Hildebrant)가 웨슬리의 『표준설교집』(*Sermons on Several Occasions*), 『신약성서주해』(*Explanatory Notes upon the New Testament*), 『찬송집』을 그의 교리적 표준서로 언급한 것은 적절하다.[98] 실제로 『메소디스트 찬송집』에서 삼위일체 교리는 깔끔하고 명료하게 설명되어 있다. 즉, 삼위일체 하나님은 위격으로는 신비로운 복수성을 지니시지만 그 본질은 한 분이시다. 예수님은 불변하시는 하나님이시며,[99] 이 땅에 태어나신 여호와로서 전능하신 하나님이시다.[100] 성자는 본질과 권능과 위엄에서 성부와 동일하시다.[101] 성령 또한 삼위일체 하나님의 본질적 위격이시다.[102] 이 영광스러운 위격들은 함께 인간을 창조하셨다.[103]

---

95 *BEW* 7: 75.

96 *BEW* 7: 74.

97 J. Ernest Rattenbury, *The Evangelical Doctrines of Charles Wesley's Hymns*, 62.

98 *A Collection of Hymns, for the Use of the People called Methodists*에 붙인 그의 서문, *BEW* 7: 1.

99 Hymn 248, *BEW* 7: 389.

100 Hymn 245, *BEW* 7: 386–87.

101 Hymn 245, *BEW* 7: 386–87.

102 Hymn 247, *BEW* 7: 388.

103 Hymn 248, *BEW* 7: 389.

나아가 웨슬리는 우리가 자연스럽게 갖게 되는 가시적 세계에 대한 모든 지식이 본래 우리의 감각 경험에서 비롯된다면, 영적 세계에 대한 모든 지식은 영적 감각에서 비롯된다고 단언한다.[104] 영적 감각이 영적 지식의 통로인 것이다. 불신자는 영적 감각이 없기에 하나님을 알지 못하지만, 신자는 신생(new birth)을 통해 영적 감각을 갖게 된다. 이때부터 그들은 영적인 눈과 귀가 열려 하나님을 아는 지식에서 성장할 수 있다.

『메소디스트 찬송집』에 수록된 찬송가들에는 '느끼다'(feel)라는 단어가 자주 등장한다. 영적 경험주의에서 느낌(feeling)은 단지 감정(emotion)이 아니다. 이 느낌은 하나님을 아는 영적 감각 경험의 첫 단계이다. 웨슬리의 찬송가들에서 "'알아야 한다', '느껴야 한다'는 것은 웨슬리의 '체험적 신학'과 사도 요한이 말하는 '앎'의 골자"이다.[105] H. A. 호지스(H. A. Hodges)와 A. M. 올친(A. M. Allchin)은 웨슬리의 찬송가에서 '느끼다'라는 말은 '알다'(know)라는 말과 동일한 의미로 사용된다고 지적한다. 실제로 영적인 느낌은 때때로 하나님을 아는 일에서 이성적 사유보다 더 강력하다.

웨슬리는 우리가 하나님과의 교제를 통해 하나님을 아는 지식에서 자라갈 수 있다고 주장하면서, 이 교제를 "영적 호흡" 또는 "인간의 영혼 안에 있는 하나님의 생명"이라고 불렀다.[106] "하나님의 영 또는 숨결이 즉시 새로 태어난 영혼에 불어넣어지면, 하나님에게서 온 이 동일한 숨결은 다시 하나님께로 돌아갑니다. 이 숨결은 믿음을 통해 끊임없이 받아들여지는 것과 같이 사랑, 기도, 찬양과 감사를 통해 끊임없이 하나님께로 돌아갑니다. 사랑과 찬양과 기도는 참으로 하나님에게서 난 모든 영혼의 호흡

---

104 "The Great Privilege of Those of that are Born of God", *BEW* 1: 434; "Walking by Sight and Walking by Faith", *BEW* 4:50, 53-4.

105 *BEW* 7: 116 각주.

106 "The New Birth", *BEW* 2: 193.

입니다."[107] 이 교제는 오직 우리가 사랑, 기도, 찬양, 감사로 하나님의 은
혜에 응답할 때만 유지될 수 있다. 여기서 하나님을 아는 지식은 하나님과
의 영적 교제와 밀접하게 연결되어 있는데, 이러한 교제가 잘 이루어질 수
있는 장르가 찬송이다. 찬송(hymns)은 기도의 한 형태이자, 찬양(praise)과
감사를 그 본질적인 부분으로 포함하기 때문이다. 우리는 하나님을 예배
할 때 찬송을 부름으로 하나님과의 교제를 누릴 수 있고, 이 교제를 통해
하나님을 아는 지식에서 자라갈 수 있다.

찬송을 통해 그리스도인은 성령 안에서 성자를 통해 성부 하나님과
의 관계 속으로 들어간다.[108] 찬송을 부르며 하나님과 교제할 때 하나님에
대한 우리의 지식이 효과적으로 자라가듯, 하나님을 예배하면서 찬송을
부를 때 삼위일체 교리에 대한 우리의 이해도 깊어질 수 있다. 이런 의미
에서 올리버 버커레지가 "메소디스트들은 찬송을 통해 신앙적 확신을 갖
게 되었을 뿐 아니라 성경을 더 잘 이해하게 되었고, 복음적 신학의 확고
한 기초가 그 마음에 놓이게 되었으며, 기독교 신앙 안에서 세워져 갔다"
라고 한 말은 정확하다.[109] 웨슬리가 찬송을 작곡한 목적은 무엇보다 삼위
일체 하나님의 영광을 위해서이지만, 동시에 인간이 삼위일체 하나님과
거룩한 교제를 나누게 하기 위해서이기도 하다. 찬송을 통해 인간은 삼위
일체 교리를 포함해 하나님께 대한 지식을 확인하고 증가시킬 수 있는데,
이는 순수히 이성만으로는 결코 얻을 수 없는 지식이다.

삼위일체 교리에 대한 지식이 찬송을 통해 효과적으로 이해되고, 확
증되며, 자라날 수 있다면, 찬송집에서 삼위일체 하나님은 어떻게 묘사

---

107 "The Great Privilege of Those of that are Born of God", *BEW* 1: 434.

108 H. A. Hodges and A. M. Allchin, *A Rapture of Praise: Hymns of John and Charles Wesley* (London: Hodder and Stoughton, 1966), 17; 참고. Colin E. Gunton, *The Promise of the Trinitarian Theology* (Edinburgh: T & T Clark, 1991), 20.

109 *BEW* 7: 61-2.

되는가?

첫째, 삼위일체 하나님은 구원의 하나님으로 묘사된다. 삼위일체 하나님의 모든 영광스러운 위격은 서로 "연합"해 "자신의 기뻐하시는 사람"을 창조하셨다.[110] 인류는 "삼위일체 하나님을 본뜬 존재(transcripts)"로 지음 받았다.[111] 또 찬송가에서 삼위일체 하나님은 타락한 인류의 구원을 간절히 바라시는 하나님으로 묘사된다. 성부, 성자, 성령은 인간이 잃어버린 삼위일체 하나님의 형상을 회복시키기로 "다시금 함께 결정하신다."[112] 삼위일체 하나님의 세 위격은 세상으로 내려와 죄로 인한 인간의 비참함을 목도하신 후, "그로 다시 태어나 하나님의 깊음에 잠기게" 하신다. 삼위일체 하나님의 구속 사역으로 인간의 영혼은 삼위일체 하나님의 형상으로 새로워져 그분을 "닮게" 된다.[113] 삼위일체 하나님의 활동에 의해 "삼위일체의 인격적 특징이 각인"됨으로 타락한 인류가 새로워지는 것이다.[114] 신자의 회복된 영혼은 "삼위일체 하나님의 형상"으로 영구히 살아간다.[115] 그러므로 창조에서 구원에 이르기까지 인간은 삼위일체 하나님과의 관계 안에 있는 존재이다. 인간의 창조와 재창조(구원)는 삼위일체 하나님께서 행하시는 사역이다.

구원의 맥락에서 강조되는 내용은 삼위일체 하나님의 사랑의 활동이다. 하나님의 구원 사역의 주된 원인은 하나님의 결정적 뜻이나 예정이 아닌 삼위일체 하나님의 사랑의 활동이다. 삼위일체 하나님은 타락한 인

---

110 Hymn 248, *BEW* 7: 389.

111 Hymn 7, *BEW* 7: 88.

112 Hymn 357, *BEW* 7: 527.

113 Hymn 248, *BEW* 7: 390.

114 Hymn 253, *BEW* 7: 395.

115 Hymn 248, *BEW* 7: 390.

류를 구원하실 준비를 마치셨다. 세 위격은 세상으로 "내려오시어"[116] 죄인들을 초청하시며 "너희가 어찌하여 죽고자 하느냐?"[117]라고 말씀하신다. 성부께서는 "돌아온 탕자"에게 입맞춤하시고, 성자께서는 그에게 "피 흘리신 손"을 내미시며, 성령께서는 "돌같이 굳은" 마음을 제거할 준비가 되어 있으시다.[118] 세례를 받고 거듭날 때 성부는 자신의 사랑을 계시하시고, 성자는 하나님의 이름이 사랑임을 알리시며, 성령은 신자의 마음을 새롭게 하시고 영원히 내주하신다.[119]

이처럼 구원을 위한 삼위일체 하나님의 사랑의 활동을 강조하는 중에 성육신하신 하나님이 십자가에서 당하신 수난과 죽음이 드러난다. 웨슬리는 설교에서는 하나님이 당하신 수난을 직접적으로 언급하지 않았으나, 『메소디스트 찬송집』에서는 수난 당하신 하나님을 언급하는 찬양을 수록했다. 수난은 성육신하신 하나님인 성자의 십자가에 초점이 맞추어진다. 찬송가에서 성육신하신 하나님은 냉담한 분이 아닌 열정과 사랑의 하나님이시다. 사랑의 구세주는 사랑하시는 피조물의 고난에 자발적이면서도 열정적으로 동참하셨다. 십자가 이야기는 삼위일체 하나님의 구원의 방식이 인격적임을 드러낸다. 하나님은 죄인들이 자신에게 돌아오기를 권고하시나 강제하지는 않으신다. 인간의 구원을 이루기 위해 수난 받으신 하나님의 능력은 물리적 강제력이 아닌 설득과 감화의 능력이다. 이 수난은 패배자의 수난이 아니다. 성육신하신 하나님은 분명 십자가에서 죽으셨다. 그러나 그분은, 어떤 '신 죽음'(death of God)의 신학자가 "한때 경배와 찬양과 신뢰를 받기에 합당하고, 또 그럴 수 있었으며, 심지어 그

---

116 Hymn 465, *BEW* 7: 647.
117 Hymn 6, *BEW* 7: 86-7.
118 Hymn 9, *BEW* 7: 90.
119 Hymn 465, *BEW* 7: 647-48.

래야만 했던 하나님이 계셨지만, 이제 그런 하나님은 존재하지 않는다"[120] 라고 주장한 것같이 죽어 계신 것이 아니다. 폴 피데스(Paul S. Fiddes)가 지적했듯, "우리를 돕기 위해서는 하나님이 반드시 우리의 고통에 공감하실 수 있어야 하듯, 고통에 굴복하거나 패배하지 않으실 수도 있어야"[121] 하기 때문이다. 『메소디스트 찬송집』에서 성육신하신 하나님은 부활하시어 역사와 그분의 백성의 마음에서 활발하게 활동하신다. 십자가에서 고난 받으신 하나님은 고난과 죽음을 이기셨을 뿐 아니라, 신자에게도 고난과 죽음을 이길 힘을 주신다. 신학적인 면에서는 일부 고전적 신학자들이 하나님이 고난을 받으신다는 사상을 용납할 수 없었고, 또 하나님의 죽음이라는 개념에 문제가 있다고 생각한 사람도 많았지만, 송영적 차원에서는 (doxologically) 사랑의 하나님이 인간의 구원을 위해 그리스도 안에서 고통당하고 죽으셨다는 『메소디스트 찬송집』의 내용을 많은 사람이 수용한 것으로 보인다.[122] 이 찬송집에서 하나님의 수난은 인격적인 사랑의 하나님이 인간의 구원을 이루기 위해 감당하신 창조적 수난이다. 다시 말해, 십자가에서 죽으신 성육신하신 하나님은 과거에는 역사 속에서 활동하셨으나 지금은 인간의 고통에 무관심하고 세상 일에 관여하지 않으시는 냉담한 하나님이 아니시다. 오히려 하나님은 인간의 비참함을 체휼하시고, 십자가에서 죽으심으로 그 비참함에 동참하신다. 즉, 하나님은 인간을 고통에서 건지기 위해 행동하시는 살아계신 삼위일체 하나님이시다. 초기 메소디스트들은 십자가에서의 하나님의 고난과 죽음을 찬송함과 동시에,

---

120 Thomas J. J. Altizer and William Hamilton, *Radical Theology and the death of God* (New York: The Bobbs—Merrill, 1966), Preface x; 참고. Ibid., 11 ("우리는 하나님의 죽음이 역사적 사건이며, 하나님께서 우리가 사는 세상에서, 우리의 역사 속에서, 우리 존재 가운데서 죽으셨음을 깨달아야 한다").

121 Paul S. Fiddes, *The Creative Suffering of God* (Oxford: Clarendon Press, 1988), 100.

122 참고. Alister E. McGrath, *Christian Theology*, 220.

그 고난받으신 하나님의 능력과 사랑을 통해 자신들도 고난과 죽음에 대해 승리했음을 선포했다.

> 주님 죽으셨네, 그분께 고통을 드린 날 위해
> 날 위해? 그분을 죽음으로 몰아넣은 나를 위해?
> 놀라운 사랑이라! 이 어찌 가능한 일인가?
> 나의 하나님, 그분이 날 위해 죽으시다니
>
> 모든 것이 신비라, 영원한 분이 죽으시다니!
> 누가 그분의 낯선 계획 헤아릴 수 있으랴?[123]
>
> 어찌 의심할 수 있으랴, 하나님이 사랑이심을!
> 그분의 긍휼 모두에게 향하시는데
> 그 말씀 받지 않으려는가?
> 그분의 맹세 믿지 않으려는가?
> 보라, 수난 받으시는 하나님이시라!
> 예수님 우시네! 그분의 눈물을 믿을지니!
> 그분이 흘린 피와 함께 그 눈물 외치네
> 너희가 어찌하여 죽고자 하느냐?[124]
>
> 영광의 왕은 지금 어디에 계신가?
> 영원하신 하나님의 성자
> 죽지 않는 주께서 힘없이 고개 떨구시고
> 전능하신 주께서 그 짐에 눌려 쓰러지셨네!

---

123 Hymn 193, *BEW* 7: 322.
124 Hymn 8, *BEW* 7: 90.

오, 고통받으시는 하나님의 아들이시여!
당신의 마음 어찌 죄인들로 향하는지요!
당신의 귀중한 보혈 붙들게 하소서
죽음으로 인치신 주님 사랑 맛보게 하소서![125]

보라, 갇힌 자 놓였고
죄의 무거운 짐 벗었네
지친 자들이 안식하는 곳에서
하나님의 품에 안기네!
보라, 인생의 아픔은 지나가고
모든 싸움 끝났으니
죽음과 지옥은 뒤로 물러가고
슬픔과 고통 다시는 없으리![126]

둘째, 찬송집에서 삼위일체 하나님은 신자의 기도를 들으시는 하나님으로 묘사된다. 많은 찬송가가 신자를 삼위일체 하나님께 기도하도록 이끈다. 찬송을 부르는 신자들은 삼위일체 하나님의 세 위격께서 인류로 상실한 하늘의 축복을 되찾고 하나님의 은혜를 회복하게 해주시기를 기도한다.[127] "온전한 구원을 위한 탄원" 부분에서 신자는 온전한 구원을 받아 성결과 행복을 누리게 해주시기를 간구한다. 그들은 삼위일체 하나님이 모든 사람에게 구원의 은혜가 미치게 하시어 아직 믿지 않는 이들도 구원해 주시기를 간구하며 찬송을 부른다.[128]

---

125 Hymn 24, *BEW* 7: 110.
126 Hymn 49, *BEW* 7: 141.
127 Hymn 243, *BEW* 7: 385.
128 Hymn 431-32, *BEW* 7: 608-9; Hymn 438, *BEW* 7: 614.

셋째, 『메소디스트 찬송집』에서 찬양의 대상은 삼위일체 하나님이시다. 찬송가들은 하나님의 인자하심과 은혜와 구원을 노래한다.[129] 천사들은 "신비 속에 계신 삼위일체"를 찬양한다. 우리도 우리를 위해 자신의 성자를 죽음에 내어주신 성부 하나님을 찬양하고, "진리와 은혜가 충만하신" 성자께 영광을 돌리며, 거룩한 보혜사이신 성령을 찬양한다. 우리는 큰 기쁨에 사로잡혀 구원의 하나님을 영원히 찬양한다.[130] 찬송집 222장 1절은 모든 신자가 삼위일체 하나님을 찬양하도록 이끈다.[131]

> 젊은 남녀들아 일어나
> 아름다운 목소리를 발하라
> 노인과 아이들아 찬양하라
> 땅과 하늘의 주님을
> 한 분 안에 셋이요 셋이 한 분이신 그분을
> 영원히 찬송할지어다

Ⅳ. 삼위일체와 구원

웨슬리는 이처럼 찬송집에서 삼위일체 하나님의 구원의 활동을 강조했다. 그렇다면 그는 다른 저술에서도 동일한 요소를 강조했는가?

앞서 언급했듯 웨슬리는 창세기 1:26~28을 주해하면서 인간을 창조하실 때 삼위일체의 세 위격이 서로 상의함으로 합의하셨다고 설명했다. 삼위일체 하나님은 인간을 만드실 때 "빛이 있으라"와 같은 명령어를 사

---

129 Hymn 189, *BEW* 7: 318.
130 Hymn 212, *BEW* 7: 346-47.
131 *BEW* 7: 360.

용하지 않으셨다. 오히려 "우리가 사람을 만들자"라는 '상의'를 의미하는 표현을 사용하셨는데, 이는 "사람이 지음 받은 후에는 성부, 성자, 성령께 드려져 헌신하는 존재가 될 것이기 때문이었다."[132] 인간은 삼위일체 하나님의 형상으로 창조되었다.[133] 이렇게 창조된 인간은 에덴에서 영적 예배를 드리며 삼위일체 세 위격과의 교제를 누리며 살았다.

타락으로 그 교제가 깨어진 이후 삼위일체의 세 위격은 그로 인한 인간의 불행에 무관심하지 않으셨다. 성부께서는 인간을 너무나 사랑해 성자를 중보자로 내어주셨고, 성자께서는 창세로부터 죽임을 낭한 희생 제물이 되셨으며, 그와 동시에 성령께서는 타락한 인간의 영혼을 새롭게 하기 시작하셨다. 이에 대해 웨슬리는 설교 "불법의 비밀"에서 이렇게 말했다.[134]

> 인간은 하나님께 반역함으로 멸망을 자초하고 하나님의 은혜와 형상을 잃었으며, 자신과 모든 후손에게 죄와 그에 수반되는 고통을 안겨주었습니다. 그러나 자비로우신 창조주께서는 그를 아무런 도움이 없는 절망적인 상태에 내버려두지 않으셨습니다. 그분은 즉시 '자신의 영광의 광채시요 본체의 형상'이신 사랑하시는 성자를 인간의 구원자 곧 '온 세상의 죄를 위한 화목제물'로 정하셨고, 또 전능하신 성령을 그들의 영혼의 질병을 고쳐 하나님의 호의와 '창조 시 부여받은 하나님의 형상'으로 회복시킬 위대한 치료자로 정하셨습니다. … 이 위대한 '경건의 비밀'은 첫 언약 때부터 즉시 역사하기 시작했습니다. 따라서 어린양은 (하나님의 목적 안에서) '창세로부터 죽임을 당하셨고', 그때부터 거룩하게 하시는 성령은 사람의 영혼을 새롭게 하기 시작하셨습니다.

---

132 *ENOT* 7, 창 1: 26-8 주해.
133 "The New Birth", *BEW* 2: 188.
134 "The Mystery of Iniquity"(1783), *BEW* 2: 452.

웨슬리에 따르면, 타락한 인간의 구원을 위한 삼위일체 하나님의 사역은 선행은총,[135] 곧 "'성부 하나님'의 모든 '이끄심'"으로 시작된다.[136] 그런 의미로 그리스도께서는 "나를 보내신 아버지께서 이끌지 아니하시면 아무도 내게 올 수 없으니"(요 6:44)라고 말씀하셨다. 성부 하나님은 "강제함으로나 우리의 의지를 어떤 필연성 아래 둠으로써가 아니라, 우리가 선한 욕망을 갖게 하심으로 우리를 이끄신다."[137] 어떤 이들은 요한복음 6:44을 예정을 가리키는 구절로 해석하기도 하지만, 웨슬리는 이 구절을 "강하고도 부드러워 여전히 저항 가능한" 하나님의 선행은총의 사례로 해석했다.[138] 성부께서는 인간을 사랑하시어 그들의 구원을 계획하셨다. 성자께서는 세상에 와서 각 사람을 비추어 선한 것이 무엇인지를 알게 하시는 빛이 되셨다.[139] 성령께서는 개인의 양심을 일깨워 그들이 그 빛을 거슬러 행할 때 불편함을 느끼게 하신다.[140] 그러므로 성자와 성령은 심지어 타락한 인간이 의롭다 함을 얻기 전부터 그들을 위해 일하셨다. 웨슬리는 설교 "성경적 구원의 길"(1765)에서 구원을 위한 이 초기적 역사를 삼위일체적 방식으로 다음과 같이 묘사한다.[141]

> 우리가 이 구원을 최대한 넓은 의미로 보면, 구원은 흔히 '자연적 양심'으로 불리지만 더 적절하게는 '선행은총'으로 불려야 하는 것이 사람의 영혼에 행하는 모든 것을 포함합니다. 곧 '성부 하나님'의 모든 '이끄심'

---

135 "Scripture Way of Salvation", *BEW* 2: 156; "On Working Out Our Own Salvation", *BEW* 3: 203.

136 "Scripture Way of Salvation", *BEW* 2: 156-57.

137 *ENNT* 329, 요 6: 44 주해.

138 *ENNT* 328-29.

139 "Predestination Calmly Considered", *Works* 10: 229-30.

140 "On Conscience"(1788), *BEW* 3: 482-83.

141 "Scripture Way of Salvation", *BEW* 2: 156-57.

과 우리가 응답하면 점점 더 커져가는 하나님을 향한 갈망, 모든 사람
이 '정의를 행하고 인자를 사랑하며 겸손히 하나님과 행해야 함'을 알
수 있도록 하나님의 성자께서 세상에 오셔서 모든 사람을 비추시는 빛,
그리고 그분의 성령께서 때때로 모든 사람의 마음에 일으키시는 죄에
대한 깨달음 같은 것입니다.

구원은 일반적으로 칭의와 성화 두 부분으로 구성된다.[142] 칭의는 삼
위일체의 세 위격 모두가 참여하시는 사역이다. 칭의에서의 성부 하나님
의 역할에 대해 웨슬리는 타락한 인간에 대한 성부 하나님의 사랑과 자
비만이 죄인을 의롭게 하시는 유일한 이유임을 주장했다. 하나님이 세상
을 이처럼 사랑하시어 독생자를 주신 것은 우리로 멸망하지 않고 영생을
얻게 하시기 위함이다.[143] 하나님께서 우리에게 "칭의의 필수 조건"으로
요구하시는 것은 믿음이다.[144] 따라서 성령께서 능력을 부어주셔서 성자
를 믿는 사람은 성부의 은혜로 성자의 구속을 통해 "값없이 의롭다 하심
을 얻는다."[145] 이러한 점에서 웨슬리는, 하나님이 우리를 의롭게 하기 위
해 현재의 세상을 다스리는 사탄에게 속전을 지불하셔야 했고, 그 속전
이 예수님의 영혼이었다고 주장하는 속전 이론을 거부했다.[146] 웨슬리는
칭의를 위해서는 하나님의 율법을 충족시켜야 한다고 주장한 제임스 허
비(James Hervey)의 견해 역시 비판했다.[147] 칭의는 단지 우리를 사탄의 고

---

142 "Scripture Way of Salvation", *BEW* 2: 157; "On Working Out Our Own Salvation",
    BEW 3: 204.

143 "Justification by Faith"(1746), *BEW* 1: 185.

144 "Justification by Faith"(1746), *BEW* 1: 185.

145 참고. "Justification by Faith", *BEW* 1: 187.

146 "Justification by Faith", *BEW* 1: 187-88. 웨슬리는 이 이론에 관한 성경 구절을
    따로 언급하지는 않았다. 『신약성서주해』(*ENNT*)에서 마 20: 28, 막 10: 45, 고
    전 6: 20 주해를 참조하라.

147 "Preface to a Treatise on Justification"(1764), *Works* 10: 318.

발에서 벗어나게 하기 위한 것이 아니며, 또 단지 거룩하고 의로우며 선한 하나님의 율법의 고발에서 벗어나게 하기 위한 것도 아니다.[148] 이는 주권자이신 하나님은 우리의 죄를 용서하시는 것에 대해 누군가의 허락을 받거나 협의해야 할 의무가 결코 없으시기 때문이다. 따라서 웨슬리에 의하면, 칭의의 토대는 삼위일체 하나님뿐이며, 그 외에는 그 누구와도 아무런 관계가 없다. 죄인을 의롭게 하시는 궁극적 주권자는 오직 성부 하나님이시다.

웨슬리에게 성부 하나님은 자신의 주권으로 칭의의 방법을 결정하셨는데, 이 방법에서 하나님의 공의나 자비는 다른 한쪽을 억압하지 않고 서로 조화를 이룬다. 웨슬리는 로마서 3:26을 주해하면서, 칭의에서 "하나님의 공의의 속성은 침해됨 없이 보존되어야 하는데, 만약 우리의 구세주께서 실제로 형벌을 받으셨다면 하나님의 공의는 침해되지 않고 온전히 보존된 것"이라고 주장했다.[149] 하나님은 어떻게 그분의 공의와 자비를 동시에 보존하면서 죄인을 의롭다 하실 수 있는가? 웨슬리는 속죄에서 하나님의 공의와 자비가 조화를 이룬다는 사실을 옹호할 때 안셀름(Anselm)의 만족설(satisfaction theory)[150]을 반영해, 하나님은 "자신의 아들에게는 공의를 나타내" 십자가 형벌을 받게 하셨으나, 동일한 의로우신 하나님이 예수님을 믿는 죄인에게는 자비를 베풀어 그들을 벌하지 않고 용서하신다고 주장했다.[151] 또 베드로후서 1:1에 대한 주해에서는 성

---

148 "Justification by Faith", *BEW* 1: 187–88; 참고. *BEW* 2: 11–4.

149 *ENNT* 531, 롬 3: 26 주해.

150 안셀름의 만족설에 대한 더 자세한 설명은 Milliard J. Erickson, *Christian Theology*, 796–800; Maddox, *Responsible Grace*, 102를 참조하라. 존 웨슬리에게 보낸 1734년 2월 14일 자 편지에서 모친 수잔나 웨슬리도 인간의 구원을 위해서는 하나님의 공의가 만족되어야 함을 주장했다. Charles Wallace (ed.), *Susanna Wesley: The Complete Writings*, 163을 참조하라.

151 *ENNT* 530–31, 롬 3: 26 주해.

부 하나님의 공의가 "만족"된 것은 예수님의 대속적 죽음에 의해서임을 단언했다.[152] 그러므로 자비로우신 성부는 자신의 공의와 모순됨이 없이 예수님의 대속의 죽음을 믿는 죄인들을 의롭다 칭하신다. 성부와 성자의 신비로운 삼위일체적 사역을 통해 하나님의 공의와 자비의 균형이 유지되는 것이다. 이 같은 방식으로 웨슬리는 죄인의 칭의에서 "하나님의 모든 속성이 조화를 이루며, 각각의 속성 모두가 영광을 받고, 어떤 것도 폐기되지 않는다"고 믿었다.[153]

그리스도의 의의 전가에 대한 논쟁에서 웨슬리가 핵심 쟁점으로 여긴 것은 칭의에서의 그리스도의 역할로, 그리스도께서 칭의를 위한 공로적 원인(meritorious cause)이신지, 아니면 형식적 원인(formal cause)이신지 하는 것이었다.[154] 그리스도의 역할이 공로적이라는 주장과 형식적이라는 주장의 차이를 드러내는 핵심 성경 구절은 고린도후서 5:21의 "하나님이 죄를 알지도 못하신 이를 우리를 대신하여 죄로 삼으신 것은 우리로 하여금 그[그리스도] 안에서 (또는 그를 통해) 하나님의 의가 되게 하려 하심이라"라는 구절이다. 이 구절을 "그 안에서"보다 "그를 통해"로 해석하는 이들은 그리스도를 하나님의 칭의 사역의 공로적 원인으로 주장한다면, "그 안에서"로 해석하는 이들은 그리스도를 형식적 원인으로 주장할 것이다. 웨슬리는 여기서 "그 안에서"가 아닌 "그를 통해"로 해석하기를 선호했다.[155] 반면 그리스도의 의의 전가 논쟁에서 웨슬리의 논적들은 주

---

152 *ENNT* 889, 벧후 1: 1 주해.

153 *ENNT* 531, 롬 3: 26 주해.

154 Albert C. Outler, "John Wesley: Folk Theologian"(1977), in T. Oden & L. Longden (eds.), *The Wesleyan Theological Heritage*, 117–19.

155 *ENNT* 658, 고후 5: 21 주해; "The Spirit of Bondage and of Adoption", *BEW* 1: 261; "God's Love to Fallen Men", *BEW* 2: 426.

로 "그를 통해"가 아닌 "그 안에서"로 해석했다.[156] 만약 그리스도를 칭의와 성화 사역의 형식적 원인으로 주장한다면, 그리스도의 의가 신자에게 형식적으로 전가되어 칭의와 성화가 동시에 발생하는 것이 된다. 논리적 이치를 따져보면, 그리스도의 의가 신자에게 전가되는 바로 그 순간 그들의 과거와 현재와 미래의 죄는 이미 용서된 것이다. 이 경우 하나님의 은혜로운 사역에 대한 인간의 참여는 등한시된다. 웨슬리는 이러한 주장이 결국 이중예정론과 연결되어 있음을 깨달았다. 또 그는 그리스도의 역할을 칭의의 형식적 원인으로 여기는 것이 율법폐기론으로 나아갈 수 있다고 주장했다.[157] 그는 성자께서 십자가에서 자신을 희생하신 것은 그분의 공로를 통해 죄인들이 의롭다 함을 얻게 하시기 위함이라고 믿었다.

이제 칭의에서의 성령의 역할을 살펴보기에 앞서 우리는 웨슬리가 영국 국교회 『설교집』의 영국 국교회 칭의론을 수용했다는 사실을 고려할 필요가 있다. 영국 국교회 『설교집』은 성령의 역할에 대한 별도의 언급 없이 칭의에 필요한 요소를 이렇게 표현한다. "하나님 편에서는 하나님의 위대하신 자비와 은혜가 있어야 한다. 그리스도 편에서는 하나님의 공의를 만족시켜야 한다. 우리 편에서는 그리스도의 공로를 믿는 신앙이 있어야 한다."[158] 1738년 11월 웨슬리는 올더스게이트 체험 이후 칭의의 은혜에 대해 바르게 이해하고자 노력하던 중 영국 국교회의 칭의 교리를 재발견했다.[159] 그러면서 1738년 『영국 국교회 설교집에서 발췌한 구원, 믿

---

156 "Preface to a Treatise on Justification", *Works* 10: 330; "Thoughts on the Imputed Righteousness of Christ"(1762), *Works* 10: 313; Albert C. Oulter's introductory comment on "The Lord Our Righteousness", *BEW* 1: 444–46.

157 "A Blow at the Root: or, Christ Stabbed in the House of His Friends", *Works* 10: 366.

158 John Wesley "The Doctrine of Salvation, Faith and Good Works, Extracted from the Homilies of the Church of England", Albert C. Outler (ed.), *John Wesley*, 125를 참조하라.

159 참고. Richard P. Heitzenrater, *Wesley and the People called Methodists* (Nashville: Abingdon Press, 1995), 86.

음, 선행의 교리』(*The Doctrine of Salvation, Faith and Good Works, Extracted from the Homilies of the Church of England*)라는 책을 출판했다.[160] 또 이후의 저술에서도 영국 국교회의 칭의 교리를 긍정적으로 언급했다.[161] 웨슬리는 믿음으로 얻는 칭의, 하나님의 칭의 사역에 대한 인간의 응답의 필요성, 특히 칭의의 공로적 원인이 되시는 그리스도 등 자신의 교리를 옹호할 때 영국 국교회의 칭의 교리를 권위 있는 것으로 자주 인용하곤 했다.[162]

웨슬리는 하나님, 그리스도, 인간의 칭의에서의 삼중적 참여에 대한 영국 국교회의 가르침을 신뢰할 수 있고 권위 있는 교리로 수용했으나, 실제로는 성령의 역할을 추가함으로 삼위일체 하나님의 능동적 역할과 함께 인간의 책임적 의무를 더 분명히 설명할 수 있었다. 그는 설교 "우리의 의가 되신 주"에서 그리스도의 역할만 과도하게 강조하는 사람들을 향해, 하나님의 칭의 사역에서 삼위일체 하나님 각각의 역할을 "저마다 적절한 위치에 두도록 특별히 주의를 기울여야" 함을 지적했다. "그리스도의 의는 우리의 모든 소망의 온전하고 유일한 기초입니다. 성령께서 우리로 이 기초 위에 건축하도록 도우시는 것은 믿음에 의한 것입니다. 성부 하나님이 이 믿음을 주시면, 그 순간 우리는 하나님께 받아들여집니다. … 이들 각각은 적절한 위치를 차지하며 서로 충돌하지 않습니다."[163] 이처럼 웨슬리의 사상에서 삼위일체 하나님의 역할과 인간의 역할은 서로 '충돌'하지 않는 방식으로 확립된다. 이 점에서 우리는 웨슬리가 칭의

---

160 *Journal* 2: 101 (1738년 11월 12일); Albert C. Outler (ed.), *John Wesley*, 121 각주 3.

161 "The Principle of a Methodist"(1742), *Works* 8: 361; "A Farther Appeal to Men of Reason and Religion"(1744); *Works* 8: 54; "The Lord Our Righteousness"(1765), *BEW* 1: 456.

162 "The Lord Our Righteousness", *BEW* 1: 456–58; "The Scripture Way of Salvation", *BEW* 2: 157–58; "A Farther Appeal to Men of Reason and Religion" *Works* 8: 53, 54, 56; "A Second Dialogue between an Antinomian and his Friend", *Works* 10: 279; "Thoughts on the Imputed Righteousness of Christ", *Works* 10: 313.

163 "The Lord Our Righteousness"(1765), *BEW* 1: 459.

에서의 성령의 역할을 개혁주의나 영국 국교회 전통보다 훨씬 균형 있게 다룬다는 데 주목할 필요가 있다.[164] '칭의의 믿음'은 성령의 역사로 생겨나기에, 하나님의 은혜로운 칭의 사역에 우리가 응답하는 데는 성령의 역할이 반드시 필요하다.[165] 즉, 칭의의 과정에서 성령의 활동은 필수적이다.[166] "그리스도의 의가 전가된 사람은 그리스도의 영에 의해 의로워집니다."[167] 특히 성령은 구원 사역에서 "우리의 인격"을 그리스도와 연합시키신다.[168] 우리는 성령의 능력부음을 통해 삼위일체 하나님의 칭의 사역에 참여하게 되는 것이다.

따라서 성부 하나님이 그분의 자비로 칭의를 구원의 방법으로 확립하시고 우리에게 이 은혜로운 칭의를 받을 수 있는 믿음을 주신다면, 자신을 희생해 하나님과 우리 사이의 중보자가 되신 성자 하나님은 우리에게 값없는 은혜를 베풀어 그 사역에 개입하신다. 성령은 우리가 이 은혜에 믿음으로 응답할 수 있도록 능력을 부으시고, 우리가 의롭게 되었음을 증거하신다. 인간은 삼위일체 하나님의 선행적 칭의 사역에 응답함으로 삼위일체 하나님의 활동에 참여할 수 있다. 웨슬리는 로마서 4:5을 주해하면서 죄인을 의롭게 하시는 삼위일체 하나님의 능동적 역할을 삼위일체적 방식으로 보여주었다.[169]

---

164 웨슬리 이전 교회사에서 구원에서의 성령의 역할이 얼마나 경시되었는지에 대한 더 자세한 내용은 Lycurgus M. Starkey Jr., *The Work of the Holy Spirit: A Study in Wesleyan Theology* (Nashville: Abingdon Press, 1962), 106-8을 참조하라.

165 "Conversation with the Bishop of Bristol"(1739), *Works* 13: 499.

166 "The Righteousness of Faith", *BEW* 1: 207.

167 "The Lord Our Righteousness", *BEW* 1: 459.

168 "A Letter to a Roman Catholic", *Works* 10: 82. 이 문구에서 '인격'(persons)은 사람들(people)을 지칭하지 않고, 하나님의 선행은총과 성령의 능력 부으심을 통해 삼위일체 하나님의 사역에 응답할 수 있게 된 개인적 특성을 지닌 인간성(personhood)를 의미한다.

169 *ENNT* 532, 롬 4: 5 주해.

성령에 의해 자신의 죄와 위험을 깨달은 죄인들은 두려운 하나님의 공의의 심판대 앞에 떨면서 서게 되는데, 그가 말할 수 있는 것은 자신의 죄와 중보자의 공로 외에는 아무것도 없다. 여기서 그리스도가 개입하시는데, 공의가 만족되고, 죄가 사해지며, 성령께서 일으키시는 신적 믿음에 의해 그 용서가 영혼에 적용된다. 그때부터 성령께서는 내적 성화라는 위대한 사역을 시작하신다. 이 같은 방법으로 하나님은 불경건한 자를 의롭다 하시면서도 그 자신은 여전히 의로우시며 자신의 모든 속성에 대해서도 참되시다!

구원론에서 웨슬리의 관심은 성화에 집중되어 있다. 성화란 인간이 하나님과의 관계에서 실제적인 내적 변화를 경험하는 것이다.

사랑의 성부께서는 성화를 포함한 모든 구원 과정의 주도자이자 주인공이시다. 그래서 예수님은 "내 아버지께서 이제까지 일하시니 나도 일한다"라고 말씀하셨다.[170]

성부께서 우리를 거룩하게 하시는 것은 성자의 공로를 통해서이다. 성자의 구속의 피는 칭의와 성화 모두의 공로적 근거가 된다. 따라서 성자께서 십자가에서 이루신 사역에 대한 우리의 믿음은 칭의만이 아닌 성화의 유일한 조건이기도 하다. 나아가 이미 성화된 그리스도인들도 성자의 구속 사역을 필요로 한다. "만약 그들[성화된 그리스도인 또는 온전한 그리스도인]이 죄 없이 살아간다면 더 이상 중보자는 필요 없는 것이 아닙니까?"라는 질문에 웨슬리는 다음과 같이 대답했다. "가장 거룩한 사람도 여전히 해야 할 일을 하지 않은 잘못(omissions), (일부 사람들이 적절하게 말하는 것처럼) 여러 부족함, 판단과 실천에서의 오류, 그외 다양한 종류의 결함으로 인해 그리스도의 제사장 직분에 의한 속죄를 필요로

---

170 요 5:17; 참고. "On Working Out our Own Salvation", *BEW* 3: 206.

합니다."[171] 웨슬리는 죄에 대해 이중적 개념을 가지고 있었다. 하나는 하나님의 완전한 율법을 위반하는 것이라면, 다른 하나는 알고 있는 율법을 어기는 것이다.[172] 온전히 성화된 그리스도인은 자신이 알고 있는 하나님의 율법을 어기는 고의적 죄에서는 자유로울 수 있지만, 비고의적으로 하나님의 완전한 율법을 어기는 것에서까지는 자유롭지 않다. 따라서 그들은 자신이 지은 비고의적 죄를 속하기 위해 성자의 구속의 피를 여전히 필요로 한다.[173]

이 성화의 과정에서 웨슬리는 특히 성령의 역사를 강조했다. 그에게 성화란 성부께서 그분의 성령으로 우리 안에서 역사하시는 것을 의미했다.[174] 웨슬리는 그리스도인이 칭의 시에 온전히 성화된다는 견해를 거부했다. 칭의 된 그리스도인의 마음에는 여전히 타고난 죄가 남아 있다. 웨슬리는 우리가 내적인 죄를 극복하고 하나님의 형상을 회복하는 데는 성화의 과정에서 지속적인 성령의 역사가 필요함을 알았다. 그에 따르면, 성령의 역사를 통한 성화는 신자의 내면에 진정한 변화, 곧 "내적인 변화로서, 인간의 영혼 안에 있는 하나님의 생명을 소유하고, 신성한 성품에 참여하며, 그리스도의 마음을 품고, 우리를 창조하신 분의 형상을 따라 마음이 새롭게 되는" 변화를 일으킨다.[175] 그리스도인의 삶이란 곧 성령의 역사를 통해 성부 및 성자와 지속적으로 교제하는 것이다.[176] 성령은 이 교제를 준비하도록 도우실 뿐 아니라, 지속하도록 도우신다. 이에 웨슬리는 "로마 가톨릭 교도에게 보내는 편지"(1749)에서 성령은 "우리 안

171 "Thoughts on Christian Perfection", Albert C. Outler (ed.), *John Wesley*, 285–86.
172 "Thoughts on Christian Perfection", Albert C. Outler (ed.), *John Wesley*, 286–87.
173 "Thoughts on Christian Perfection", Albert C. Outler (ed.), *John Wesley*, 286.
174 "Justification by Faith", *BEW* 1: 187.
175 *Journal* 2: 275 (1739년 9월 13일).
176 "The New Birth", *BEW* 2: 193.

에 있는 모든 거룩함의 직접적 원인으로 … 우리의 영혼과 몸을 정결하고 거룩하게 하십니다"[177]라고 주장했다.

웨슬리는 "믿음으로 말미암는 구원" "믿음에 의한 칭의" "성경적 구원의 길" 등 구원을 주제로 다루는 설교에서 오직 하나님의 은혜에 의해 믿음으로 구원받을 수 있음을 강조했다. 그는 이 설교들에서 현대의 삼위일체론 조직신학자들처럼 인간의 구원이 삼위일체 전체의 사역임을 체계적으로 강조하지는 않는다. 그러나 그는 앞서 살펴본 찬송가에서처럼 설교의 성경 주해에서 구원이 삼위일체 하나님의 사역임을 전제했다. 웨슬리는 히브리서 9:14을 주해하면서 구원이 "삼위일체 모두의 사역"임을 언급했다. "구속 사역은 삼위일체 모두의 사역이다. 그 일을 위해 필요했던 놀라운 자기비하에도 제2 위격만 관여하신 것이 아니다. 성부께서는 성자에게 그 나라를 넘겨주셨고, 성령은 메시아의 선물이 되어 그분의 기쁘신 뜻에 따라 보내심을 받았다."[178] 하나님의 모든 사역은 세 위격의 공동 사역이고, 구속 사역은 성부, 성자, 성령의 페리코레시스적(perichorectical, 삼위 중 한 위격의 존재와 사역에 다른 두 위격이 함께하신다는 상호 내주, 상호 상통을 의미함—역주) 연합 사역이다.[179] 이 관점은 하나님께서 인간을 창조하신 일에서부터 그들을 새롭게 창조하시는 구원 사역 전반에 이르기까지 웨슬리의 모든 신학적 저술에 일관되게 드러난다.

---

177 "A Letter to a Roman Catholic"(1749), *Works* 10: 82.

178 *ENNT* 835, 히 9: 14 주해.

179 웨슬리 학자 대부분은 웨슬리의 삼위일체 교리가 하나님의 구원 사역에 초점을 맞추고 있다는 데 동의한다. Thomas Wright Pillow, "John Wesley's Doctrine of the Trinity" in *The Cumberland Seminarian*, vol. 12 (Spring, 1986), 3-7; Geoffrey Wainwright, *Methodists in Dialog*, 267-70; Lycurgus M. Starkey, Jr., *The Work of the Holy Spirit: A Study in Wesleyan Theology*, 30; Barry Edward Bryant, "John Wesley's Doctrine of Sin", 233-35.

V. 신학, 그리스도인의 삶, 구원의 문법인 삼위일체 교리

이제 결론적으로 삼위일체 교리에 대한 웨슬리의 이해를 평가해 보고자 한다. 웨슬리는 삼위일체 교리를 계시된 진리로 인정했다. 그에 의하면, 이 교리는 성경에 계시되어 있기 때문에 참된 것으로 받아들여야 한다. 세 위격이 어떻게 본질은 하나이신지 그 방식은 계시되지 않았기에 신비에 속한다. 삼위일체 교리에 대한 신학적 성찰은 이미 충분히 이루어져 에큐메니컬 공의회 신조들에 잘 제시되어 있다. 따라서 웨슬리는 거기에 더 이상의 체계적 설명을 추가할 필요는 없다고 보았고, 자신이 삼위일체 교리에 독창적 기여를 했다고 주장하지도 않았다.

그러나 이것이 후대의 프리드리히 슐라이어마허(Friedrich Schleier-macher)가 삼위일체 교리를 자신의 신학서 맨 뒤에 배치한 것처럼, 그 역시 삼위일체 교리가 신학과 그리스도인의 삶에 중요하지 않다고 생각했음을 의미하는가? 샘 파월(Sam Powell)은 19세기 미국 웨슬리안들이 삼위일체 교리를 더 발전시키려 하지 않은 것은, 삼위일체는 계시된 사실이지만 세 위격이 어떻게 하나의 본질을 이루시는지는 인간의 이성으로 이해할 수 없는 신비라고 생각했기 때문임을 지적했다.[180] 케네스 윌슨(Kenneth B. Wilson)은 존 웨슬리의 올더스게이트 체험 250주년 기념 논문에서 "사람들은 삼위일체 교리가 기독교 신학에 반드시 필요하다고 하지 않고, 다만 우리에게 더 나은 모델이 없기 때문에 이 교리가 지속적인 관심을 받을 만하다고 주장한다"[181]고 말하며 기독교 신학에서 삼위일체 교

---

180 Sam Powell, "The Doctrine of the Trinity in 19th Century American Wesleyanism, 1850-1900", *WTJ* vol. 18: 2 (Fall, 1983), 33, 44.

181 Kenneth B. Wilson, "The Trinitarian Model of God", in Ivor H. Jones and Kenneth B. Wilson (eds.), *Freedom and Grace* (London: Epworth Press, 1988), 65, 84-5.

리가 갖는 역할에 소극적 태도를 보였다.

그러나 웨슬리는 하나님께서 자신을 삼위일체로 계시하셨다는 사실은 신학과 그리스도인의 삶 모두에 결정적으로 중요하다고 생각했다. 그것은 "결코 무관심해도 될 사항이 아니며", "지극히 중요한 진리로서 기독교 신앙의 심장부에 있고, 모든 살아 있는 신앙의 뿌리에 자리하고 있기" 때문이다.[182]

삼위일체 교리와 신학의 관계에서, 하나님이 삼위일체라는 인식은 웨슬리에게시 모든 기독교 교리, 특히 하나님에 대한 교리를 형성한 결정적 요소라 할 수 있다. 이 인식은 하나님이 어떤 분이시고, 어떻게 일하시며, 어떻게 그분께 나아갈 수 있는지에 대한 그의 이해와 밀접하게 연결되어 있기 때문이다.

그러나 웨슬리는 삼위일체 교리를 이신칭의나 그리스도인의 완전을 다룰 때처럼 특별한 신학적 주제로 구분해 자세히 해설하지는 않았다. 그 대신 다른 주제를 설명하는 과정에서 하나님이 언제나 삼위일체 하나님이심을 전제했을 따름이다.[183] 웨슬리의 글에는 하나님의 사역에 삼위 모두가 함께하심을 가리키는 '삼위 한 조'(triadic) 문구가 많이 등장한다. 그는 신학의 다양한 주제를 설명할 때 평이한 삼위일체 공식(trinitarian formulae)을 자주 사용했다.[184] 예를 들면 다음과 같다. 삼위일체 하나님은

---

182 "On the Trinity", *BEW* 2: 384.

183 "On the Trinity", *BEW* 2: 385.

184 웨슬리의 저술에는 이러한 삼위일체 공식이 많이 등장한다. 예를 들어, 웨슬리의 『신약성서주해』와 설교들이다. *ENNT* 25, 마 3: 17 주해;*ENNT* 38, 마 6: 13 주해; *ENNT* 201, 눅 1: 15 주해; *ENNT* 216, 눅 4: 18 주해; *ENNT* 304, 요 1: 12 주해; *ENNT* 338, 요 8: 16 주해; *ENNT* 350, 요 10: 30 주해; *ENNT* 370, 요 15: 26 주해; *ENNT* 371–72, 요 16: 13 주해; *ENNT* 401, 행 2: 38 주해; *ENNT* 436–37, 행 10: 48 주해; *ENNT* 590, 고전 2: 18 주해; *ENNT* 709, 엡 2: 8 주해; *ENNT* 712, 엡 4: 4 주해; *ENNT* 712, 엡 4: 6 주해; *ENNT* 729, 빌 2: 1 주해; *ENNT* 802, 딛 3: 5 주해; *ENNT* 835, 히 9: 14 주해; *ENNT*

자신을 삼위일체적 방식으로 계시하신다. 성부는 우리 마음에 성자를 계시하신다면, 성자는 성령에 의해 우리의 내면에 성부를 계시하신다. "이 행복은 의심할 여지 없이 우리가 하나님의 성령의 가르침으로 하나님을 알기 시작할 때 시작됩니다. 그때는 곧 성부께서 그분의 성자를 우리 마음에 계시하시기를 기뻐하심으로 우리가 겸손히 '나의 주님이시요, 나의 하나님이시니이다'라고 말할 수 있게 된 때이고, 성자께서 우리 안에 성부를 계시하시기를 기뻐하시어 우리가 '양자의 영을 받아 우리의 마음으로 아빠 아버지라 부르짖을' 때이며, '성령이 친히 우리 영과 더불어 우리가 하나님의 자녀인 것을 증언'하실 때입니다."[185] 은혜란 자격 없는 자에게 베푸시는 하나님의 자비로, 성자의 공로를 통해 주어지며, 성령의 능력 부으심에 의해 실현된다.[186] 우리를 구원하실 때 성부는 성자의 중보를 통해 성령을 주시어 우리를 새롭게 하신다.[187] 우리는 구원의 확신이, 성부

872-73, 벧전 1: 2 주해; *ENNT* 903, 요일 1: 3 주해; *ENNT* 915, 요일 4: 14 주해; *ENNT* 916, 요일 5: 5 주해; *ENNT* 917, 요일 5: 7-8 주해; *ENNT* 930, 유 20-21 주해; *ENNT* 957, 계 4: 8 주해; "Salvation by Faith", *BEW* 1: 130; "Scriptural Christianity", *BEW* 1: 162-63; "The Witness of the Spirit, I", *BEW* 1: 273-4, 284; "The Witness of Our Own Spirit", *BEW* 1: 309; "On Sin in Believers", *BEW* 1: 320; "The Marks of the New Birth", *BEW* 1: 427; "Sermon on the Mount, I", *BEW* 1: 481; "Sermon on the Mount, IX", *BEW* 1: 649; "The Nature of Enthusiasm", *BEW* 2: 47; "A Caution against Bigotry", *BEW* 2: 68; "Christian Perfection", *BEW* 2: 111; "the Scripture Way of Salvation", *BEW* 2: 161; "On the Trinity", *BEW* 2: 385; "On Predestination", *BEW* 2: 419; "God's Love to Fallen Man", *BEW* 2: 426-27; "The End of Christ's Coming", *BEW* 2: 475-76; "The General Spread of the Gospel", *BEW* 2: 499; "New Creation", *BEW* 2: 510; "Spiritual Worship", *BEW* 3: 90, 96, 99; "An Israelite Indeed", *BEW* 3: 283; "On Faith", *BEW* 3: 497; "On the Death of John Fletcher", *BEW* 3: 612; "The Unity of the Divine Being", *BEW* 4: 67; "The Unity of the Divine Being"(1789), *BEW* 4: 70. 웨슬리의 삼위일체 귀속(trinitarian ascription)에 대해서는 *BEW* 1: 130, 141, 266, 313, 649; *BEW* 2: 399; *BEW* 3: 209; *BEW* 4: 214, 223, 235, 243, 289, 303, 345, 359를 참조하라.

185 "An Israelite Indeed"(1785), *BEW* 3: 283.

186 "The Witness of Our Own Spirit"(1746), *BEW* 1: 309.

187 "On the Fall of Man"(1782), *BEW* 2: 410.

하나님께서 그분의 영원하신 성자를 통해 우리를 받아주셨고, 성령께서 우리의 영과 더불어 우리가 하나님의 자녀인 것을 증언하신 결과임을 안다. "당신은 성부 하나님이 영원하신 성자를 통해 당신을 받아주셨고, 성령 하나님이 당신의 영과 더불어 당신이 하나님의 자녀임을 증언해 주셨음을 압니다."[188] 그리스도인은 성령을 통해 성부, 성자와의 교제로 들어간다. "하나님께서는 그들에게 성령과의 가장 확실한 교통과 성부 및 성자와의 가장 친밀한 교제로 축복하실 것입니다."[189] 웨슬리는 그리스도인이 누리는 행복 역시 삼위일체적 방식으로 묘사한다. "여러분은 자기 영혼에 유일한 행복이 이루어지기를 소망해야 합니다. 곧 여러분을 만드신 분과 연합해 '성부, 성자와 교제'하며, '성령 안에서 주님과 연합'하는 것입니다."[190] "그[창조 시 인간]는 하나님 안에 거하고 하나님은 그의 안에 계셨으며, 영원하신 성령을 통해 성부, 성자와의 끊임없는 교제를 누렸고, 그가 행하는 모든 것이 하나님 보시기에 선하고 받으실 만한 것이라는 양심의 지속적인 증거가 있었기에 말할 수 없이 행복했습니다."[191] 장차 천국에서도 그리스도인은 영원하신 성령을 통해 성부, 성자와의 영원한 교제를 누릴 것이다. "하나님과의 친밀하고 방해받지 않는 연합 속에서, 성령을 통해 성부 및 성자 예수 그리스도와 끊임없이 친교하며, 삼위일체 하나님과 그 안에 있는 모든 피조물을 지속적으로 향유하게 될 것입니다!"[192]

웨슬리는 삼위일체 교리가 성경 전체에 녹아들어 있다고 믿었다.[193] 삼위일체 하나님은 신약 시대만이 아니라 구약 시대에도 활동하셨다. 예

---

188 레이디 로든(Lady Rawdon)에게 보낸 편지 (1760년 3월 18일), *Letters* 4: 87.
189 "Sermon on the Mount, III"(1748), *BEW* 1: 513.
190 "The Circumcision of the Heart"(1733), *BEW* 1: 408.
191 "The End of Christ's Coming"(1781), *BEW* 2: 475–76.
192 "New Creation"(1785), *BEW* 2: 510.
193 *ENNT* 216, 눅 4: 18 주해.

수 그리스도는 성육신 이전에도 나타나셨다.[194] 하나님께서 모세와 대면하여 말씀하신 것(출 33:11)은 "성자께서 잠시 인간의 모습을 취해 나타나심으로 모세에게 미래의 성육신을 미리 맛보게 하신 것이었다."[195] 성자는 사사와 선지자들에게도 나타나 미래의 비밀을 계시해 주셨다.[196] 웨슬리는 "하나님이 인간과 소통하신 것은 모두 그분의 성자를 통해서"이며,[197] 하나님이 사람의 형상으로 나타나거나 들리는 음성으로 말씀하신 것 역시 성자께서 직접 나타나신 것이라고 생각하곤 했다.[198] 이는 누구도 하나님을 보고는 생존할 수 없다고 믿었기 때문이다.[199] 성령도 구약 시대에 역동적으로 역사하셨다. 그분은 최초의 원동자(first Mover)로서 창조 사역에 동참하셨다.[200] 인간과의 관계에서 하나님의 역사는 성령의 능력 부으심을 통해 효력을 발휘하게 된다. 예를 들어, 하나님께서 이스라엘 백성을 이집트에서 구해내시기 위해 모세를 부르실 때, 모세의 마음에서 그 부르심이 효과를 나타내게 하신 분은 성령이셨다.[201] 성령께서는 모든 참된 신자 속에 내주하시면서 그들을 "부드럽고도 강력하게, 그러나 강제하시지 않으며" 하나님의 은혜로 인도하신다.[202]

삼위일체론적 사고는 그리스도인의 삶에 대한 이해에도 영향을 미친다. 예배에서 세 위격은 모두 우리 예배의 대상이 되신다.[203] 웨슬리는 "만

---

194 *ENOT* 2436, 단 3: 25 주해.

195 *ENOT* 495, 민 12: 8 주해.

196 *ENOT* 847, 삿 13: 3 주해; *ENOT* 2408, 겔 43: 6 주해.

197 *ENOT* 478-79, 민 7: 89 주해.

198 *ENOT* 495, 민 12: 8 주해; *ENOT* 86-7, 창 22: 11, 15 주해.

199 *ENOT* 495, 민 12: 8 주해; 참고. 출 33: 20.

200 *ENOT* 3, 창 1: 2 주해.

201 *ENOT* 203, 출 3: 4 주해.

202 *ENOT* 2385, 겔 36: 27 주해.

203 "Spiritual Worship"(1780), *BEW* 3: 89-90.

약 이 세 분이 하나가 아니시면 어떻게 '모든 사람이 아버지를 공경하는 것같이 아들을 공경할 수 있겠습니까?'(요 5:23)[204]라고 묻는다. 삼위일체 신앙을 가진 그리스도인은 성부를 공경하듯 성자와 성령을 공경한다.[205] 만약 그리스도와 성령이 하나님이 아닌데도 예배한다면 우리는 우상숭배의 죄를 범하는 것이 될 것이다. 성경은 "주 너의 하나님께 경배하고 다만 그를 섬기라"라고 말씀하기 때문이다.[206] 또 우리는 성부와 성자와 성령의 이름으로 세례를 받는다.[207] 찬송을 드릴 때 삼위일체 하나님은 우리의 찬양과 감사의 대상이 되신다. 기도와 교제에서도 우리는 삼위일체 하나님께 기도하며, 현재와 영원히 삼위일체 하나님과 교제를 나눈다. 웨슬리는 사역의 말년에 그리스도인의 삶에서 삼위일체 하나님의 각 위격과 친밀한 교제를 나누는 것은 특히 성숙한 그리스도인에게 매우 유익하다고 주장했다.[208] 그는 "이 세 분이 하나이심을 부정하는 사람이 생명력 있는 신앙을 가질 수 있다고는 생각하지 않습니다"[209]라고 말했다.

---

204 "On the Trinity", *BEW* 2: 384.

205 "On the Trinity", *BEW* 2: 385.

206 마 4: 10, 참고. "On the Trinity", *BEW* 2: 385.

207 "A Treatise on Baptism", *Works* 10: 188.

208 Sermon, "On the Trinity"(1775), *BEW* 2: 385; 해나 볼(Hannah Ball)에게 보낸 편지 (1777년 6월 11일), *Letters* 6: 265–66; 엘리자베스 리치(Elizabeth Ritchie)에게 보낸 편지 (1777년 6월 16일), *Letters* 6: 266; 엘리자베스 리치에게 보낸 편지들 (1777년 8월 2일, 24일), *Letters* 6: 270, 272; *Journal* 7: 143 (1786년 3월 1일); 레이디 맥스웰(Lady Maxwell)에게 보낸 편지 (1787년 7월 4일), *Letters* 7: 392–93; 사라 말렛(Sarah Mallet)에게 보낸 편지 (1787년 10월 6일), *Letters* 8: 15; 제인 비슨(Jane Bission)에게 보낸 편지 (1787년 12월 17일), *Letters* 8: 27; Sermon, "On the Discoveries of Faith" (1788년 6월 11일), *BEW* 4: 37; 레이디 맥스웰에게 보낸 편지 (1788년 8월 8일), *Letters* 8: 83; 사라 말렛에게 보낸 편지 (1789년 8월 3일), *Letters* 8: 160; 콕 부인(Mrs. Cock)에게 보낸 편지들 (1789년 11월 3일, 1790년 2월 13일), *Letters* 8: 183, 201; 안 커틀러(Anne Cutler)에게 보낸 편지 (1790년 4월 15일), *Letters* 8: 214; 콕 부인에게 보낸 편지 (1790년 11월 9일), *Letters* 8: 248; 참고. 헤스터 안 로(Hester Ann Roe)에게 보낸 편지 (1777년 2월 11일), *Letters* 6: 253; 미스 마치에게 보낸 편지 (1777년 4월 26일), *Letters* 6: 263.

209 "On the Trinity", *BEW* 2: 386.

웨슬리가 "삼위일체 하나님에 대한 지식은 모든 참된 기독교 신앙, 모든 생명력 있는 신앙과 긴밀히 연결되어 있습니다"[210]라고 말한 것과 같이, 삼위일체 하나님에 대한 그의 관심과 지식은 기독교 신학 및 그리스도인 삶의 전 영역과 긴밀히 연결되어 있었다. 제프리 웨인라이트가 말한 것처럼 웨슬리는 "의식적인 삼위일체론자"(deliberate trinitarian)[211]였다. 그에게 삼위일체 교리는 기독교 신학과 그리스도인의 삶 주변부가 아닌 중심부에 자리하고 있었다. 어떤 교리는 웨슬리가 상세하게 논의하지 않았어도 그의 신학에서 중요한 위치를 차지한다. 예를 들어, 선행은총은 웨슬리가 논문 한 편 출판하지 않았어도 그의 신학에서 중요한 역할을 한다. 또 다른 예가 바로 삼위일체 교리이다. 웨슬리에 따르면, 하나님이 삼위일체이시라는 사실은 기독교의 모든 교리에 전제되어 있다. 하나님은 삼위일체적 방식으로 존재하시고 일하시기에, 우리는 성부의 사랑, 성자의 은혜, 성령의 능력을 통해 하나님께 나아갈 수 있다. 삼위일체의 세 위격은 인간의 구원을 위해 동역하시며, 예배란 곧 삼위일체 하나님에 대한 경배이다. 한마디로 웨슬리에게 삼위일체는 기독교 신학과 그리스도인의 삶의 '문법'(말할 때 따로 설명하지 않더라도 문법이 언제나 전제되고 활용되듯, 기독교 신학과 실천에 언제나 전제되고 스며들어 있는 진리가 삼위일체임을 의미함–역주)이다.

웨슬리의 삼위일체 교리는 전(全) 교회적(ecumenical) 타당성을 지닌다. 그는 세 위격이 어떻게 하나이신지의 방식에 대한 논의 없이도 "하나님이 삼위일체"이시라는 사실은 우리가 받아들일 수 있다고 주장했다. 그는 또 "삼위일체" "위격" "본질"과 같은 일부 삼위일체론 용어의 세

---

210 "On the Trinity", *BEW* 2: 385.
211 Geoffrey Wainwright, *Methodists in Dialog*, 261.

부적 정의에 집착하지 않을 것을 제안했다. 만일 누군가가 "하나님이 삼위일체"이심을 고백한다면, 그는 삼위일체 교리에서는 이단이 아닌 정통으로 받아들여야 한다는 것이다. 이런 의미로 웨슬리는 칼뱅 시대에 "나는 성부도 하나님이시고, 성자도 하나님이시며, 성령도 하나님이심을 믿지만, 성경에서 찾을 수 없는 '삼위일체'나 '위격'이라는 용어의 사용은 주저한다"라고 말한 세르베투스를 삼위일체 교리를 부인한 이단으로 정죄해 처형한 것은 잘못이라고 지적했다.[212] '필리오케'(*Filioque*) 문제와 관련해 웨슬리는 서방교회의 입장을 따라 성령이 성부와 성자 모두에게서 나오신다고 믿었다. 그러나 몇 가지 중요한 점에서 그는 서방교회보다 동방교회에 더 가까웠다. 예를 들어, 동방교회의 삼위일체 신학도 구원론에 초점을 두는데, 이는 웨슬리의 삼위일체 신학과 일맥상통한다. 동방교회는 때때로 구원의 과정에서 삼위일체 하나님의 세 위격이 각기 개별적으로 활동하심을 강조한다는 이유로 삼신론으로 오해를 받기도 했다. 어떤 사람은 웨슬리의 삼위일체 교리도 삼신론적 경향이 있다고 오해하는데, 이는 그가 삼위일체 세 위격의 개별성을 강조했기 때문이다.[213] 동방교회가 세 위격의 개별성을 강조한 것은 삼위의 일체성을 믿지 않아서가 아니라 "하나님의 본성의 일체성이, 하나님의 본질은 절대적으로 인식 불가능하다는 주장과 언제나 짝을 이루는 신앙 조항"임을 이해했기 때문이다.[214]

---

212 "On the Trinity", *BEW* 2: 378. 세르베투스에 대한 웨슬리의 다른 언급은 *Journal* 2: 474 (1741년 7월 9일) 그리고 "Some Remarks on a Defence of Aspasio Vindicated", *Works* 10: 350을 참조하라. 칼뱅과 세르베투스 사건의 역사에 관한 유익한 설명은 *BEW* 2: 378 각주 11에 나오는 아우틀러의 해설을 참조하라.

213 T. Rees, *The Holy Spirit in Thought and Experience* (New York: Charles Scribner's Sons, 1915), 191 이하. Lycurgus M. Starkey, Jr, *The Work of the Holy Spirit: A Study in Wesleyan Theology*, 30에서 재인용; 참고. Thomas Wright Phillow, "John Wesley's Doctrine of the Trinity", *The Cumberland Seminarian* (Spring, 1986) 24: 1, 8.

214 John Meyendorff, *Byzantine Theology* (New York: Fordham University Press, 1974), 181.

그래서 그들은 삼위의 일체성에 대한 추상적 사변에 참여하지 않고, "하나님이 일체이면서 동시에 삼위이시라는 개념 자체가 그분의 불가해성을 예증하는 계시"[215]라고 이해했다. 그들은 이 교리를 영적 체험을 통해 이해할 수 있는 것으로 믿었기에 삼위일체의 실체를 자주 찬송과 예전을 통해 표현했다.[216] 웨슬리는 아마 이러한 동방교회의 강조점에 동의했을 것이다. '필리오케' 논쟁에서 볼 수 있듯, 기독교 교회 분열과 갈등의 원인 중에는 삼위일체를 이해하는 일에서의 교리가 아닌 '견해'에서의 차이가 있었다. 제프리 웨인라이트는 기독교의 일치를 위해 웨슬리안이 다른 전통의 교회와 교류할 때의 첫 번째 원칙은, 웨슬리가 강조한 교리와 의견 사이의 구분에 근거한다고 지적한다.[217] 삼위일체 교리에 대한 웨슬리의 접근 방식은 전(全) 교회적이다. 즉, 한편으로 웨슬리는 "하나님은 [위격으로는] 세 분이지만 [본질에서는] 하나이시다"[218]라는 교리를 확고히 견지했다. 이에 아리우스주의자들과 사벨리우스주의자들(Sabellians)에 대항해 정통 삼위일체 신앙이라는 초기 기독교 유산을 소중히 여겼고, 당시의 유사 아리우스주의와 사벨리우스주의 역시 거부했다. 그러나 다른 한편으로 웨슬리는 하나님이 '삼위일체'이심을 믿는 신앙고백의 테두리 내에서는 다양한 의견에 열려 있었다.

웨슬리의 삼위일체 교리의 또 다른 창의적 요소는, 이 교리를 그리스도인의 신앙과 삶에 실천적으로 적용할 것을 적극 권장한 데 있다. 몰트만이 지적했듯, 어떤 그리스도인은 삼위일체 교리를 신학자들의 추상적 사변으로 간주하면서 그리스도인의 삶과 무관한 것으로 생각하기도 한

---

215 John Meyendorff, *Byzantine Theology*, 185.
216 John Meyendorff, *Byzantine Theology*, 184.
217 Geoffrey Wainwright, *Methodists in Dialog*, 233.
218 "On the Trinity", *BEW* 2: 384.

다.[219] 콜린 건튼(Colin E. Gunton) 역시 "삼위일체는 종종 삶과 사고의 중심이 되기보다 단지 믿어야 할 교의(dogma)로 제시되어 왔다"[220]고 지적했다. 이에 반해 웨슬리는 우리가 성경에서 삼위일체라는 근본진리를 발견했다면, 우리는 그것을 실제 삶에서 실천해야 함을 분명히 했다. 근래 삼위일체 교리의 부흥은『교회 교의학』(Church Dogmatics)에서 삼위일체를 전면에 내세운 칼 바르트에게서 시작되었다는 것이 일반적인 견해이다.[221] 오늘날 삼위일체 교리는 계시, 구원, 사회와 정치 윤리, 에큐메니즘, 페미니즘 등 다양한 영역에 적용되고 있다.[222] 현대 웨슬리안들이 삼위일체 교리에 관심을 갖게 된 것은 웨슬리에게서 직접 비롯되었다기보다는 현대의 삼위일체론 부흥에 따른 것으로 보인다.[223] 테드 캠벨은『메소디스트 찬송집』에 수록된 찬송가의 23퍼센트가 삼위일체의 세 위격에 대해 명시적으로 언급하고 있음에도, 웨슬리 이후 영국과 미국의 감리교회, 웨슬리안 교단, 성결 교단을 포함해 범웨슬리안 전통의 교단 찬송가집에서 삼위일체를 언급하는 비율이 그보다 낮아졌음을 지적한다.[224] 그럼에도 현대 웨슬리안들이 웨슬리의 저작에서 삼위일체 교리의 중요성을 재

---

219 Jürgen Moltmann, *The Trinity and the Kingdom of God*, 1.

220 Colin E. Gunton, *The Promise of Trinitarian Theology*, 3.

221 John Thompson, "Modern Trinitarian Perspectives", *Scottish Journal of Theology*, vol. 44 (1991): 352; Alister E. McGrath, *Christian Theology*, 260–61; Karl Barth, *Church Dogmatics*, 1/1. 339–553.

222 David S. Cunningham, "Trinitarian Theology since 1990", *Reviews in Religion and Theology* (Nov. 1995), 8–15.

223 웨슬리의 삼위일체 교리에 대한 최근의 관심에 대해서는 M. Douglass Meeks (ed.), *Trinity Community and Power: Mapping Trajectories in Wesleyan Theology* (Nashville: Kingswood Books, 2000)와 *WTJ* (Spring, 2001), vol. 36: 1에 수록된 논문들을 참조하라.

224 Ted A. Campbell, "'Pure, Unbounded Love': Doctrine About God in Historic Wesleyan Communities", in M. Douglas Meeks (ed.), *Trinity, Community, and Power: Mapping Trajectories in Wesleyan Theology*, 93–4, 165.

발견하는 추세는 적절해 보인다. 그들은 웨슬리가 삼위일체 하나님의 구원 사역에 관심을 기울인 의도적 삼위일체론자였음을 발견할 수 있을 것이다.[225] 지금 같은 삼위일체 교리의 부흥기에 웨슬리가 오늘의 웨슬리안들에게 제안할 만한 요소가 있다면, 하나님의 삼위일체 방식이나 '내재적'(immanent) 삼위일체에 대한 형이상학적 설명에 집중할 것이 아니라, '경륜적'(economic) 삼위일체에 초점을 두어 이 교리를 어떻게 기독교 신학과 그리스도인의 삶에 적용할 것인지에 주의를 기울여야 한다는 점일 것이다. 더글라스 미크스(M. Douglas Meeks)는 웨슬리가 "삼위일체를 단지 아는 데서 그치지 않고 실천해야 한다"고 강조함으로 오늘날 우리에게 "삼위일체론에 관한 창의적 자극"을 주었다고 주장한다.[226] 이처럼 웨슬리의 정신을 따르는 웨슬리안들은 삼위일체 교리를 기독교 신앙과 삶에 적용하도록 노력할 필요가 있다.

앞서 언급했듯 웨슬리는 삼위일체 교리를 주로 구원에 적용했다. 구원은 삼위일체 하나님의 사역이다. 웨슬리는 구원을 삼위일체 모두의 사역으로 보았기 때문에 구원의 과정에서 삼위일체의 한 위격만을 강조하는 불균형한 구원론에 빠지지 않았다.

구원의 과정에서 성부만을 강조하는 단일신론적 경향은 급진적 이중예정론에서 찾아볼 수 있다. 만약 구원에서 성부 하나님의 결정과 주권만 강조되면, 구원은 성부만의 단독적 사역이 되고, 성자와 성령은 단지 성부의 결정과 주권 실현을 위한 도구가 되고 만다. 이중예정론에는 하나님의 모든 사역이 무시간적 영원 속에서 이미 이루어진 것으로 여기는 경향이 있다. 웨슬리는 이 같은 성부 중심의 단일신론을 거부했다.

---

225 참고. Geoffrey Wainwright, *Methodists in Dialog*, 261-62.

226 M. Douglas Meeks, "Trinity, Community, and Power", M. Douglas Meeks (ed.), *Trinity, Community, and Power: Mapping Trajectories in Wesleyan Theology*, 16.

웨슬리는 성부만이 아니라 성자와 성령 역시 모든 인간의 구원을 위해 지금 여기에서 적극적으로 일하고 계신다고 믿었다.[227] 율법폐기론은 칭의와 성화에서 그리스도의 역할만을 배타적으로 강조하는 단일신론의 또 다른 형태라는 점에서 웨슬리는 이 역시 거부했다. 이 견해는 우리의 구원이 우리에게 공식적으로 전가된 그리스도의 의에 의해 이루어진다는 것이다. 따라서 그리스도인은 언제나 거룩하다고 간주되기에 굳이 도덕법을 지킬 필요가 없다. 이런 신념은 성부께서 우리를 거룩함으로 부르신다는 사실과 성령께서 능력을 부어 성화를 실제로 가능하게 하신다는 사실을 경시하게 만든다. 웨슬리는 이러한 "그리스도 교리에 대한 모든 율법폐기론적 남용"을 혐오했다.[228]

성령 중심의 단일신론은 구원의 과정에서 특정한 성령 체험이 과도하게 강조될 때 나타난다. 웨슬리는 임종 직전의 아버지와 모라비아교도들(Moravians)로부터 성령의 증거에 의한 확신의 중요성을 배웠다.[229] 그는 한때 성령의 증거를 통한 사죄의 확신 없이는 아무도 구원받을 수 없다고 주장하기도 했다. 올더스게이트에서 자신의 죄가 용서받았다는 사죄의 확신을 경험한 직후, 그는 심지어 그 전까지는 자신이 그리스도인이 아니었다고 말했다.[230] 웨슬리에 따르면, 구원의 확신을 주시는 분은 성령이시다. 웨슬리는 구원의 과정에서 성령께서 우리 영에게 증언하시며 내

---

227 "Predestination Calmly Considered", *Works* 10: 215, 225, 255.

228 헨리 벤(Henry Venn)에게 보낸 편지 (1763년 6월 22일), *Letters* 4: 217; 참고. "A Dialogue between an Antinomian and His Friend", *Works* 10: 266-76.

229 존 스미스(John Smith)에게 보낸 편지 (1748년 3월 22일), *Works* 12: 100; *Journal* (1738년 5월 24일) 1: 471; Richard P. Heitzenrater, "Great Expectations", in Randy L. Maddox (ed.), *Aldersgate Reconsidered* (Nashville: Kingswood Books, 1990), 66, 그리고 미주 86.

230 *Journal* 1: 479-80, 각주 2; 참고. Richard P. Heitzenrater, *Wesley and the People called Methodists*, 80.

적으로 역사하시는 경험을 강조함으로 열광주의자(enthusiast)라는 비난을 받았다.[231] 그러나 성령을 통한 사죄의 확신과 구원의 관계에 대한 웨슬리의 더 성숙한 관점은 그의 후기 저작들에 나타난다. 곧 하나님은 온전한 사죄의 확신에까지 이르지 못했더라도 어느 정도의 신앙을 가지고 있다면 그 사람을 구원하신다는 것이다. 성령께서 우리 영혼에 하나님 아버지의 사랑을 증언하시는 것은 하나님께로부터 난 자들의 위대한 특권임에도,[232] 어느 정도의 신앙만 가진 사람은 구원을 받았더라도 자신의 죄가 사해졌다는 성령의 증거를 인식하지 못할 수 있다.[233] 웨슬리는 멜빌 혼(Melville Horne)에게 보낸 편지에 "멜빌 씨, 50년 전 나와 동생이 순수한 마음으로 영국의 선량한 사람들을 향해 '만약 자신의 죄를 용서받은 사실을 알지 못한다면 여러분은 하나님의 진노와 저주 아래 있는 것입니다'라고 말했을 때 그들이 우리를 돌로 치지 않은 것이 신기할 지경입니다!"[234] 라고 적었다. 인간을 구원하시는 분은 삼위일체 하나님이시다. 따라서 성령의 증언과 내적인 역사에 대한 인간의 경험에 의해 하나님의 구원이 유효한지 아닌지가 결정되는 것이 아니다. 어떤 의미에서 마음의 종교, 성령의 내적 역사, 인간의 영적 경험을 과도하게 강조하는 사람은 성령 중

---

231 "The Witness of the Spirit, I", *BEW* 1: 269–70; "The Nature of Enthusiasm", *BEW* 2: 46–7; "On Laying the Foundation of the New Chapel", *BEW* 3: 579; "An Earnest Appeal to Men of Reason and Religion", *Works* 8: 19; "A Farther Appeal to Men of Reason and Religion", *Works* 8: 76.

232 "The Great Privilege of those that are Born of God", *BEW* 1: 434–35.

233 연회록(*Minutes*) (1745년 8월 2일), Albert C. Outler (ed.), *John Wesley* 149; 연회록 (1747년 6월 16일), Albert C. Outler (ed.), *John Wesley* 166–67; 찰스 웨슬리에게 보낸 편지 (1747년 7월 31일), *Letters* 2: 108–9; 리처드 톰슨(Richard Tompson)에게 보낸 편지 (1756년 2월 18일), *Letters* 3: 163–64; 러더포드 박사 (Dr. Rutherforth)에게 보낸 편지 (1768년 3월 28일), *Letters* 5: 358–59.

234 Edward H. Sugden, *Wesley's Standard Sermons* (London: the Epworth Press, 1921), 1: 82 각주, Kenneth J. Collins, *A Faithful Witness: John Wesley's Homiletical Theology*, 73에서 재인용.

심의 단일신론에 빠지기 쉽다. 웨슬리는 올더스게이트 체험 무렵 일시적
으로 이러한 단일신론에 가까워지기도 했다. 그러나 이후에는 구원을 삼
위일체적 방식으로 균형 있게 이해하게 되었다. 나아가 웨슬리는 기적을
행하는 능력이나 병자를 고치는 능력, 하나님께서 옛날과 같이 지금도 그
분의 뜻을 알려주시는 영적인 꿈이나 환상을 포함하는 성령의 초자연적
은사를 부인하지는 않았지만, 자신을 따르는 사람들에게 영적 체험과 은
사가 진정한 것인지 아닌지 성경, 이성, 전통, 경험이라는 네 가지 기준
으로 분별할 것을 강하게 권고했다.[235] 이러한 여러 형태의 단일신론은 하
나님의 구원 사역에서 성부, 성자, 성령 중 한 분에게만 집중하기 때문에,
구원을 삼위일체 하나님의 균형 잡힌 사역으로 보지 않는다. 웨슬리는 한
분 하나님의 세 위격은 "서로 충돌"하지 않으신다고 믿었다.[236] 그는 구원
을 삼위일체 하나님의 전체적이고 균형 있는 사역으로 바라봄으로써 어
느 극단에 치우치는 일을 피할 수 있었다.

웨슬리에 따르면, 삼위일체 하나님의 세 위격은 신성한 계획 속에서
서로 상의하시고, 그 계획을 실행하실 때도 함께 일하신다. 세 위격은 구
원 사역에 모두 현존해 역동적으로 함께 일하신다. 18세기에 웨슬리는 삼
위일체 교리의 초점을, 삼위일체 하나님의 존재에 대한 형이상학적 사변
에서 떠나 삼위일체 하나님의 활동을 모든 기독교 교리와 그리스도인의
삶, 특히 구원에 실제로 적용하는 것으로 옮겨가게 했다.[237] 그에게 삼위
일체는 구원의 문법이었다. 삼위일체 하나님은 삼위일체적 방식으로 인
간을 창조하셨고, 또 삼위일체적 방식으로 인간을 재창조하신다. 구원받

---

235 "The Nature of Enthusiasm"(1750), *BEW* 2: 51-2, 54-5, 59.

236 "The Lord Our Righteousness"(1765), *BEW* 1: 459.

237 참고. Tylon L. Inbody, "Reconceptions of Divine Power in John Wesley, Panentheism, and Trinitarian Theology", in Bryan P. Stone & Thomas Jay Oord (eds.), *Thy Nature & Thy Name Is Love* (Nashville: Kingswood Books, 2001), 180.

은 사람의 삶의 본질은 싱결과 행복을 누리머 싱부, 싱자, 싱령과 영원히 교제하는 것이다.

제4장 하나님의 속성

신학은 기본적으로 '하나님에 대한 이야기'이므로 하나님의 속성을 탐구하는 일은 하나님 교리의 핵심이라 할 수 있다. 나아가 밀라드 에릭슨(Millard J. Erickson)이 지적했듯, 하나님의 속성과 사역 사이에는 본질적 연관성이 있다. 어떤 경우에는 "하나님의 속성이 그분의 행동을 통해 드러나므로, 그 하시는 일이 그분이 이떤 분인지를 보여주는 단서기 되기도 하고," 어떤 경우에는 "성경에 계시된 하나님의 속성이 그분이 어떻게 행동하실지를 알려주는 지표가 되기도 한다."[1]

웨슬리는 하나님의 속성을 철저히 다룬 논문을 남기지는 않았으나, 이 주제에 관심이 많았다. 첫째, 사랑과 거룩함을 통해 하나님의 신성한 본성에 참여하는 것은 웨슬리가 일생의 사역을 통해 추구한 중요한 목표였다.[2] 웨슬리는 일찍이 옥스퍼드 대학 시절부터 하나님의 본성을 닮고자 노력했다.[3] 올더스게이트 체험이 있었던 1738년 5월 24일에는 새벽 5시에 성경을 묵상하면서 '신성한 성품에 참여하는 자가 되라'(벧후 1:4)라는 영적 메시지를 진지하게 받아들였다.[4] 이후 웨슬리는 『신약성서주해』(1755)에서 신성한 성품에 참여하는 것을 "하나님의 형상으로 새로워져 그분과 교제함으로 우리가 하나님 안에 거하고, 하나님도 우리 안에 거하

---

1   Millard J. Erickson, *Christian Theology*, 299.

2   "A Farther Appeal to Men of Reason and Religion", *Works* 8: 47; "Minutes of Some Late Conversations", *Works* 8: 278.

3   이 시기의 웨슬리의 독서 목록은 V. H. H. Green, *The Young Wesley*, 289-301을 참조하라.

4   *Journal* 1: 472 (1738년 5월).

시는 것"[5]으로 설명했다. 『구약성서주해』(1765~1766)에서도 "하나님은 아담을 자신의 형상대로 의롭고 거룩하게 만드셨기에, 그는 의심할 여지 없이 행복했다. 사람의 본성은 이 세계의 하등한 어떤 피조물의 본성보다 하나님의 본성을 더욱 닮아 있었다"[6]고 주장했다. 웨슬리는 하나님이 사랑과 거룩, 완전함을 지닌 분이시므로, 우리도 하나님을 닮아 하나님과 이웃을 사랑하고 거룩하며 완전하게 되어야 한다고 생각했다.

둘째, 웨슬리는 긴 사역 기간 중 자의에 의해서든 타의에 의해서든 하나님의 속성 논쟁에 관여하게 되었다. 그가 엄격한 칼뱅주의자들과 논쟁한 것은 그들이 하나님의 사랑, 공의, 선하심이라는 속성을 경시한다고 생각했기 때문이었다. 그가 율법폐기론자들을 비판한 것은 그들이 하나님의 거룩함을 소홀히 여겼기 때문이었다. 또 그가 이신론자들을 질책한 것은 그들이 하나님의 편재하심과 사랑을 무시한다고 생각했기 때문이었다. 하나님의 속성에 대한 탐구는 사역 기간 내내 웨슬리의 주된 관심사였다.

웨슬리의 하나님의 속성에 대한 이해를 살펴보기 위해 우리는 편의상 하나님의 속성을 자연적 속성과 도덕적 속성으로 구분하고자 한다. 웨슬리 자신이 글에서 이 분류 방법을 한 차례 언급한 적이 있고,[7] 웨슬리가 접한 동시대 저술가들도 이 방법을 사용하곤 했다.[8]

---

5   *ENNT* 890, 벧후 1: 4 주해.

6   *ENOT* 25, 창 5: 1-2 주해.

7   "Causes of the Inefficacy of Christianity"(1789), *BEW* 4: 89.

8   Peter Browne, *Things Divine and Supernatural conceived by Analogy with Things Natural and Human* (London, 1733), 248; 토머스 보스턴(Thomas Boston)이 하나님의 완전성을 자연적 완전성과 도덕적 완전성으로 구분한 사실도 참조하라 (*Works* 9: 456에 보스턴의 *Human Nature in its Fourfold State* 축약본이 수록되어 있음); 참고. 랜디 매덕스 역시 하나님의 속성에 대한 웨슬리의 이해를 분석할 때 이 구분을 사용한다 (*Responsible Grace*, 51-3).

I. 도덕적 속성

1. 사랑

웨슬리의 옥스퍼드 대학교 재학 당시 어머니 수잔나 웨슬리는 아들 존에게 신학적 조언이 가득 담긴 편지를 보내곤 했는데, 그들이 논의한 주제 중 하나가 사랑이었다.[9] 일찍이 1704년에 이미 수잔나는 장남 새뮤얼 웨슬리에게 보낸 긴 신학적 교훈의 편지에서 사랑을 "영혼의 단순한 작용 또는 운동으로서, 사랑받는 대상으로 향하여 그와의 연합을 추구하는 것"으로 정의했다.[10] 그러나 1727년 5월 14일 존에게 보낸 편지에서는 자신이 온전히 만족할 만한 사랑의 정의를 아직 한 번도 들어본 적이 없다고 적었다. 그녀는 "알려졌거나 인식된 선과의 연합에 대한 욕구"라는 사랑에 대한 일반적인 정의를 알고 있었지만, "연합에 대한 욕구는 사랑 자체가 아니라 사랑의 결과"라고 생각해 이 정의에 동의하지 않았다.[11] 존이 옥스퍼드에 있을 때 수잔나는 아들과 캠브리지 플라톤주의자 존 노리스(John Norris)[12]의 사랑의 정의에 대해 논의하면서 그것을 거부했다. 수

9　Charles Wallace Jr. (ed.), *Susanna Wesley: The Complete Writings*, 135–36; *BEW* 25: 184–85, 189.

10　Charles Wallace Jr. (ed.), *Susanna Wesley: The Complete Writings*, 47. 월리스(Wallace)가 지적한 것처럼, 수잔나가 1704년에 정의한 사랑은 존 노리스(John Norris)의 정의와 유사하다 (*Susanna Wesley: The Complete Writings*, 51). 노리스는 사랑을 "선을 향한 영혼의 움직임"으로 정의했다 (John Norris, *The Theory and Regulation of Love*, London: Printed for S. Manship, 1694, the second edition, 8). 그는 '보편적 선'(Good in general)과 '하나님'(God)을 상호 교차적으로 사용했다(p. 26). 그래서 그는 다른 곳에서 사랑을 "하나님을 향한 영혼의 움직임"으로도 정의했다(p. 10). 존 노리스는 *Practical Discourses upon Several Divine Subjects*(1693)에서 사랑을 이와 유사하게 "인간의 영혼이 보편적 선 또는 행복을 향해 기울어지고 그쪽으로 나아가게 하는 본래적 무게, 성향 또는 노력"으로 정의했다 (John Norris, *Practical Discourses upon Several Divine Subjects* 3: 13).

11　Charles Wallace (ed.), *Susanna Wesley: The Complete Writings*, 135–36.

12　Henry D. Rack, *Reasonable Enthusiast*, 81. 존 노리스는 새뮤얼 웨슬리가 존 던턴

잔나는 사랑을 그 원천이신 하나님과 연합되기 전에는 결코 이해할 수 없는 "큰 신비"로 여겼다.[13] 그녀에 따르면, "하나님이 어떤 분이신지는 오직 하나님만이 아시며", 하나님의 본질적 속성인 하나님의 사랑은 인간이 설명할 수 없는 신비이다.[14]

존 웨슬리는 어머니에게 보낸 편지에서 하나님의 사랑에 대한 자신의 견해를 그녀만큼 자세히 서술하지는 않았지만, 1727년 석사학위 취득 자격 강의에서 '하나님의 사랑에 대하여'(De Amore Dei)를 낭독함으로 하나님의 사랑이라는 주제에 관심을 나타냈다. 그가 하나님의 사랑이라는 주제에 관심을 갖게 된 것은 대체로 신비주의자나 경건주의자들의 책을 접하면서 더 동기부여를 받은 것으로 보인다.[15] 많은 작가가 사랑은 우리가 하나님과 연합하게 하는 힘이며, 구원은 이 사랑에 의해 영혼이 하나님과 연합하는 것이라고 생각했다.[16] 이들 중 웨슬리가 "사랑뿐 아니라 이

(John Dunton), 리처드 솔트(Richard Sault)와 공동으로 편집한 정기간행물 *The Athenian Mercury*의 편집을 돕기도 했다 (John A. Newton, *Susanna Wesley and the Puritan Tradition in Methodism*, London: Epworth Press, 1968, 76).

13 Charles Wallace (ed.), *Susanna Wesley: The Complete Writings*, 136.

14 Charles Wallace (ed.), *Susanna Wesley: The Complete Writings*, 436. 수잔나는 하나님의 사랑을 사변적인 방식으로 설명하지는 않았지만, 그 사랑이 "창조되지 않은 사랑"(Uncreated Love)으로서 인간 구원의 근원임을 알고 있었다. 그녀는 또 하나님의 사랑 안에서 "성부와 성자와 성령이 모두 합력해 인간의 구속 사역을 이루셨다!"고 주장했다. 그녀는 이같이 "무한하고 이해할 수 없는 사랑과 선하심" 때문에 "하나님은 자신의 죄 많고 가치 없는 피조물들의 치명적인 타락을 치료할 방도를 마련하기 위해 일하셨다"고 말했다 (*Susanna Wesley: The Complete Writings*, 225).

15 존 노리스의 *Practical Discourses upon Several Divine Subjects*, and *On Humility*; 토마스 아 켐피스(Thomas à Kempis)의 *The Imitation of Christ*; 프랑수아 페넬롱(François Fénelon)의 *On Simplicity*와 *Pastoral Letter concerning the love of God*; 장 밥티스트 생 쥐르(J. B. S. Jure)의 *The Holy life of Monr. De Renty, a late Nobleman of France and sometime Councellor to King Lewis the 13th*, trans. E.S Gent; 제레미 테일러(Jeremy Taylor)의 *Holy Living and Holy Dying*; 윌리엄 로의 *A Serious Call to a Devout and Holy Life*; 헨리 스쿠걸(Henry Scougal)의 *The Life of God in the Soul of Man*.

16 예를 들어, 윌리엄 로는 "우리는 사랑이 우리를 하나님과 연합시키는 이 위대한 능력을 가지려면, 그 사랑은 반드시 순수하고 보편적이어서 하나님께서 모든 피조물에게 가지시는 그 사랑을 본받는 것이어야 한다는 점을 반드시 유념해야 합

성에 대해서도 대가"[17]이자 "탁월한 인물"[18]로 존경했던 존 노리스는, 하나님의 사랑이라는 주제에서 그가 특별히 선호한 사람이었다. 웨슬리는 노리스의 저작들을 읽었고,[19] 어머니가 보낸 편지에서처럼 웨슬리 역시 설교 "하나님에 대한 사랑"(1733)에서 노리스의 작품의 많은 구절을 인용했다.[20]

웨슬리에게 사랑은 하나님의 본질적 속성이다. 하나님은 "사랑이시라고 일컬어진다."[21] 웨슬리는 "예정론에 대한 진중한 고찰"(Predestination Calmly Considered)이라는 논문에서 "(하나님은 행하시는 모든 길에서 공의로우시고 참되심에도) 성경은 '하나님은 공의이시다' 또는 '하나님은 진리이시다'라고는 기록하지 않으면서 '하나님은 사랑이시다'라고는 기록하고 있다"[22]고 말한다. 사랑은 하나님이 어떤 분이신지를 직접적으로 표현한다. 하나님의 본질적 본성은 사랑이며, 그분의 이름 역시 사랑이다. 웨슬리는 성경을 따라 하나님의 모든 속성 중 사랑의 최고성을 강조한 것

니다"라고 주장한다 (William Law, *A Serious Call to a Devout and Holy Life & The Spirit of Love*, 290). 헨리 스쿠걸은 "먼저 거룩한 영혼을 하나님과 연합시키는 사랑과 애정을 생각하십시오. 그러면 그 속에 어떤 탁월함과 행복이 담겨 있는지 알 것입니다"라고 말한다 (*The Life of God in the Soul of Man*, London: Inter-Varsity Fellowship, 1961, 34-5).

17   "The Love of God", *BEW* 4: 334.

18   "The Love of God", *BEW* 4: 344.

19   웨슬리는 노리스의 *Practical Discourses upon Several Divine Subjects, Of Human Understanding, Essays towards the Theory of an Ideal and Intelligible World, On Humility, On Christian Prudence, On Schism, Spiritual Counsel, and Miscellany* (Green, *The Young Wesley*, 289-302)를 읽었다. 또 1741년에는 노리스의 *Reflections upon the Conduct of Human Life: With reference to Learning and Knowledge*의 발췌본을 출판했고 (*Works* 14: 211), 1749년에는 *A Treatise concerning Christian Prudence: or the Principles of Practical Wisdom, fitted To the Use of Human Life, and design'd For the Better Regulation of it*의 발췌본을 출판했다 (*Works* 14: 220).

20   "The Love of God", *BEW* 4: 334, 341, 343-44.

21   *ENNT* 914, 요일 4: 8 주해.

22   "Predestination Calmly Considered" *Works* 10: 227.

이 분명하다. 그는 하나님을 빛(요일 1:5),[23] 영(요 4:24),[24] 소멸하는 불 (신 4:24; 히 12:29)[25] 등으로 묘사하는 성경 구절을 알았지만, "하나님은 사랑이시라"(요일 4:8, 16)라는 구절에서는 하나님의 본성에 집중했다.[26] 그래서 "하나님의 다른 모든 완전함을 호감이 가고 영광스러운 것이 되게 하는 하나님의 가장 소중하고 지배적인 속성이 사랑"[27]이라고 주장했다.

그렇다면 웨슬리가 말하는 하나님의 사랑의 속성은 어떤 것인가? 웨 슬리는 "인류의 일반적 동의와 보편적 경험에 따라, 사랑은 만족(compla-cency)이나 기쁨(delight)의 사랑과 감사(gratitude)나 보은(benevolence)의 사랑으로 구분할 수 있습니다"[28]라고 말한다. 즉, 인간의 사랑과의 유비 (analogy)를 통해 하나님의 사랑 역시 "만족하거나 기뻐하는 사랑"과 "감 사하거나 보은하는 사랑"으로 구분한 것이다.[29] 웨슬리의 비유는 하나님 의 속성을 "이성적 피조물의 정념과 미덕"에 비추어 생각한 아르미니우스

---

23 *ENNT* 904, "하나님은 빛이시라 − 지혜, 사랑, 거룩함, 영광의 빛이시다." 웨슬리 는 여러 차례 "하나님은 빛이시라"라는 표현을 언급하지만 (*BEW* 2: 120; *Works* 11: 377), 성경의 사랑에 관한 구절들에서 그랬던 것처럼 이 구절들에서 하나님 의 속성을 직접 도출하지는 않았다.

24 *ENNT* 318, "하나님은 영이시니 − 단지 육체와 그 모든 속성에서 멀리 계실 뿐 아니라 능력, 지혜, 사랑, 거룩함과 같은 모든 영적 완전함으로 충만하시다."

25 *ENOT* 596, "소멸하는 불이시요 − 공의롭고 두려우신 하나님으로, 너희와 특별 한 관계에 있음에도 너희가 그를 진노하시게 하면 너희를 엄하게 벌하실 것이다"; *ENNT* 851, "우리 하나님은 소멸하는 불이심이라 − 그분의 공의의 엄정함과 거 룩하심의 순결함 가운데서 그러하시다"; 참고. *Journal* 1: 464, "하나님은 거룩하 시지만 나는 거룩하지 않다. 하나님은 소멸하는 불이시니, 나는 전적으로 죄인이 며 소멸되어 마땅하다"; *ENNT* 532 (롬 4: 5), "이같이 하나님은 경건하지 않은 자를 의롭다 하시면서도 여전히 의로우시며, 그분의 모든 속성에 진실한 분으로 남아 계신다! 그러나 그 누구도 이를 핑계로 '죄 가운데 머물려' 하지 말라. 회개 하지 않는 자에게 하나님은 '소멸하는 불'이시기 때문이다."

26 *BEW* 1: 184, 205, 636; *BEW* 2: 188; *BEW* 3: 97, 321, 360, 552; *BEW* 4: 232; *Works* 10: 68, 227, 304, 473.

27 *ENNT* 914, 요일 4: 8 주해.

28 "The Love of God", *BEW* 4: 333.

29 "The Love of God", *BEW* 4: 333.

(James Arminius)를 연상시킨다.[30] 웨슬리는 사랑이라는 일반적 주제에 대해서는 존 노리스의 설명을 수긍했으나, 그가 사랑을 욕망(concupiscence)이나 갈망(desire)의 사랑과 자비(benevolence)의 사랑으로 구분한 것은 따르지 않았다.[31] 웨슬리는 갈망은 사랑 자체가 아닌 사랑의 결과라는 어머니의 조언을 따라, 하나님의 사랑을 묘사할 때는 욕망이나 갈망의 개념을 포함시키려 하지 않았던 것으로 보인다.[32]

ʌ. 기쁨의 사랑(Lovo of Dolight)

웨슬리에게서 하나님의 '만족 또는 기쁨의 사랑'은 "하나님이 자신 안에서 어떤 분이신가"에 관한 것이다. 이 사랑은 하나님 안에 있는 사랑의 완전성을 표현한다.[33] 하나님은 "사랑의 대양"(great ocean of love)이시다. 하나님의 사랑은 "그분의 본성의 무한한 완전성" 안에서 완전하다.[34] 사랑은 하나님 안에 영원 전부터 존재했다.[35] 이 사랑은 창조 이전부터 존재했기에,[36] 하나님의 사랑은 피조물과 맺으시는 관계와 무관하게 존재한다. 우리는 하나님이 외로움을 달래거나, 피조물을 사랑함으로 자신이 완전해지기 위해 피조물을 필요로 하셨다고 말할 수 없다.[37] 하나님의 '기

---

30 James Arminius, *Works of Arminius* (Grand Rapids: Baker Book House, 1991), 2: 347. 아르미니우스는 "성경에서 적절하게 또는 비유적으로 하나님께 돌리는 속성들은 이성적 피조물 안에 있는 정서 및 덕목과의 유비(analogy)의 관점에서 고려해야 한다"고 주장한다.

31 John Norris, *The Theory and Regulation of Love* (London: S. Manship, 1694), 25.

32 존 웨슬리에게 보낸 1772년 5월 14일자 편지, Charles Wallace (ed.), *Susanna Wesley: The Complete Writings*, 135-36.

33 "The Love of God", *BEW* 4: 333.

34 "The Love of God", *BEW* 4: 333.

35 "The Law Established through Faith, II", *BEW* 2: 39.

36 "The Law Established through Faith, II", *BEW* 2: 39.

37 웨슬리는 "하늘나라에서는 오직 사랑만이 완전의 총화이다"라고 주장한다 (*ENNT*

쁨의 사랑'은 자족적 사랑(self-sufficient love)으로, 피조물에게서 비롯되는 것이 아니라 영원 전부터 하나님 안에 있는 완전성에서 비롯되는 사랑이라 할 수 있다.

나아가 이 기쁨의 사랑은 삼위일체 하나님의 세 위격 사이의 내재적 관계의 특징이기도 하다. 웨슬리는 삼위일체 하나님의 내재적 관계를 사변적으로 설명하려 하지는 않았지만, 기쁨의 사랑이 하나님의 세 위격 사이의 관계의 본질임을 확언했다.[38] 성부는 성자를 사랑하시기에, 성자는 "그의 사랑하시는 아들"(the Son of His love) 또는 "사랑받는 자"(the Beloved)로 불린다. 완전한 사랑은 성부와 성자의 관계에서 근본적으로 표현된다.[39] 성자는 성부의 기쁨과 즐거움이 되신다.[40] 성부께서는 성자를 "항상 기뻐하시므로" 성자의 공로, 고난, 사랑을 통해 우리를 만나시고 우리에게 복을 주신다.[41] 성부는 성자를 사랑하시고, 또 성자에게서 사랑을 받으신다. 성육신하신 성자는 순종함으로 성부를 사랑하신다. 이 사랑은 계명을 지킴에 의해 입증된다.[42] 성자는 십자가 수난을 감내하며 죽음에 이르도록 순종하심을 통해 성부께 대한 사랑을 세상에 확증하셨다.[43] 성령 또한 사랑의 영, 성부의 영[44] 또는 성자의 영[45]으로 불린다. 특히 삼위일체의 연합에서 성령은 "사랑의 영"으로 불린다.[46] 이처럼 사랑은 삼위일

628, 고전 13: 13 주해).

38   *ENNT* 25, 마 3: 17 주해; 참고. *ENNT* 377, 요 17: 26 주해.

39   *ENNT* 25, 마 3: 17 주해.

40   *ENNT* 25, 마 3: 17 주해.

41   "Means of Grace", *BEW* 1: 391.

42   *ENNT* 367, 요 14: 31 주해; 참고. 요 14: 15, 21, 23.

43   *ENNT* 367, 요 14: 31 주해.

44   "The Unity of the Divine Being", *BEW* 4: 70.

45   "Christian Perfection", *BEW* 2: 105.

46   "Free Grace", *BEW* 3: 559.

체 하나님의 내재적 관계의 항구적 특성이다.[47]

웨슬리에게 하나님의 사랑의 무한한 완전성은 "모든 피조물이 영원히 기뻐할 이유"가 된다.[48] 사랑이신 하나님은 이 완전한 사랑에 동참하도록 우리를 초청하신다. 창조 시 하나님은 자신이 만든 피조물이 선하다는 사실에 기뻐하셨는데, 이 기쁨이 "하나님께서 자신이 이룬 일에서 느끼신 만족감"이라면, 피조물의 선함은 하나님의 완전하심이 그분의 사역을 통해 드러난 결과였다.[49] 하나님의 모든 피조물은 그분의 완전성을 나타냈는데, "이는 인간의 영혼에 하나님을 향한 신앙적 경외심을 불러 일으키게 하기 위한 것이다."[50] 구원이 사랑을 이루어가는 과정, 곧 인간이 하나님의 완전한 사랑에 동참하는 과정이라면, 온전한 구원은 완전한 사랑을 통해 영원히 하나님과 교제하는 것이다.

B. 감사의 사랑(Love of Gratitude)

웨슬리에게 '감사의 사랑'은 하나님께서 인간을 향해 나타내신 사랑을 표현하는 것이다. 곧 이 사랑은 "하나님이 우리에게 어떤 분이신가"에 관한 것이다.[51] 하나님께서 우리에게 행하시는 모든 행위는 '그분 자신 안에 있는 것'에서 비롯된다. 하나님은 사랑이시기에, 우리를 위한 그분의 활동은 그분의 완전하고도 자족적인 사랑에서 흘러나온다.

이 사랑이 하나님에게서 올 때는 우리의 어떤 공로와도 상관 없이 값없이 주어진다. 인간이 타락하기 전에 이 사랑은 인간에게 아무런 값없

---

47 "The Love of God", *BEW* 4: 333.

48 "The Love of God", *BEW* 4: 333.

49 *ENOT* 9, 창 1: 31 주해.

50 *ENOT* 9, 창 1: 31 주해.

51 "The love of God", *BEW* 4: 333.

이, 자격 없이 주어졌다.[52] 인간이 타락한 후에도 이 사랑은 타락한 모든 사람에게 주어졌다.[53] "하나님의 용서하시는 사랑보다 앞서는 공로나 선함은 인간에게 존재하지 않는다."[54] 하나님에게서 아무것도 받을 자격이 없는 우리에게 하나님의 사랑이 주어지는 것이다. 그렇다면 거룩하신 하나님은 어떻게 아무런 공로도 없는 사람을 사랑하실 수 있는가? 그것은 바로 하나님이 사랑하시는 성자의 공로가 하나님과 그들 사이를 중재하기 때문이다.[55]

하나님의 사랑은 모든 사람에게 값없이 주어질(free in all) 뿐 아니라 모든 사람을 위해 값없이 주어진다(free for all). 웨슬리는 하나님의 사랑이 사람 중 일부에게 제한적으로 주어지는 것이 아니라 모든 사람에게 보편적으로 주어진다고 생각했다. 그는 구원을 위해 모든 사람에게 베푸시는 하나님의 사랑을 '보편적 사랑'(universal love)으로 표현했다.

모든 사람에게 그리고 모든 사람을 위해 값없이 주시는 하나님의 자비(benevolence)는 특히 삼위일체 하나님의 활동을 통해 분명하게 드러난다. 성부께서는 자신의 독생자를 주심으로 우리에게 사랑을 베푸셨는데, 이는 우리로 멸망하지 않고 영생을 얻게 하시기 위함이다.[56] 사랑의 성자는 십자가에서 죽기까지 우리를 사랑하셨고, 지금도 그분의 사랑으로 하나님과 타락한 우리 사이에 사랑의 다리를 놓으신다. 사랑의 성령은 이러한 성부와 성자의 사랑을 우리의 마음에 부어주심으로 그것이 실현되게 하신다. 성령은 성부와 성자께서 얼마나 우리를 깊이 사랑하시는

---

52   "Justification by Faith", *BEW* 1: 184–85.

53   "Justification by Faith", *BEW* 1: 197.

54   "An Earnest Appeal to Men of Reason and Religion", *Works* 8: 6.

55   "A Farther Appeal to Men of Reason and Religion", *Works* 8: 49.

56   "The Case of Reason Impartially Considered", *BEW* 2: 598.

지를 증거하심으로 우리를 사랑하신다. 따라서 성부께서 인간에게 주시는 이 '감사의 사랑'은 모든 피조물을 아버지로서 사랑하시는 사랑이라 할 수 있다. 우리는 이 사랑을 성자의 공로를 통해 받는다.[57] 이 방법으로 하나님 사랑은 모든 사람을 위한 객관적, 보편적인 것이 되고, 성령의 능력과 사랑을 통해서는 인간에게 효과적인 것이 된다. 하나님의 사랑은 이런 방식으로 개인을 위한 주관적, 조건적, 관계적인 사랑이 된다. 웨슬리는 설교 "하나님에 대한 사랑"(1733)에서 삼위일체 하나님의 사랑을 이렇게 찬양한다.[58]

> 먼저 우리를 사랑하시어 그 사랑하시는 성자를 통해 우리를 용납하신 성부 하나님께, 우리를 사랑하시어 자기 피로 우리 죄를 씻어주신 성자 하나님께, 우리 마음에 하나님의 사랑을 쏟아부어 주시는 성령 하나님께 모든 사랑과 영광을 지금부터 영원까지 돌릴지어다!

하나님께서 모든 피조물을 보편적으로 사랑하신다는 웨슬리의 이 같은 이해는 당시 논쟁을 불러일으켰다. 웨슬리의 첫 번째 공식적 논쟁은 주로 조지 횟필드(George Whitefield)와 벌인 '값없이 주시는 은혜' 논쟁이었다. 이 논쟁은 웨슬리가 설교 "값없이 주시는 은혜"(Free Grace, 1739)를 출판하면서 시작되었다. 그는 이 설교를 "하나님이 이 세상을 얼마나 값없이 사랑하시는지요!"[59]라는 감탄문으로 시작해, 구원을 위한 삼위일체 하나님의 보편적 사랑을 노래하는 찬송으로 마무리했다.[60] 웨슬리는 하나님은 사랑이시며 이 사랑은 모든 사람에게 그리고 모든 사람을 위해

---

57   "The Law Established through Faith, I", *BEW* 2: 27.

58   *BEW* 4: 345.

59   "Free Grace", *BEW* 3: 544.

60   "Free Grace", *BEW* 3: 559.

값없이 주어진다고 믿어, 하나님은 모든 사람에게 구원의 가능성을 열어 놓으셨다고 주장했다. 처음에 그는 조지 휫필드를 비롯해 어떤 사람들이 제한된 구원을 주장했기에, 자신을 따르는 사람들 사이에 분열이 발생할 가능성을 우려해 설교의 출판을 주저했다. 그럼에도 1739년 4월 26일에는 제비뽑기를 통해 '설교하고 인쇄하라'(Preach and Print)는 응답을 받아 설교를 출판하기로 결심했다.[61] 그는 하나님의 보편적 사랑의 메시지를 전하는 일을 하나님께서 자신에게 주신 사명이라고 믿었다. 값없이 주시는 은혜 논쟁으로 메소디스트 부흥운동은 결국 아르미니우스주의파와 칼뱅주의파로 분열되는 아픔을 겪었다.

그러나 웨슬리는 설교 "관용의 정신"(1750)에서 다음과 같이 인정했다. "모든 사람이 모든 것을 같은 시각으로 보지는 않습니다. 각 사람이 일상생활뿐 아니라 종교에 대해서도 서로 생각이 다른 것은, 현재 인간의 이해가 지닌 연약성과 제한성으로 인한 불가피한 결과입니다. 이는 세상이 시작할 때부터 그랬고, '만물이 회복될 때까지' 그럴 것입니다."[62] 웨슬리는 일부 의견이 다르더라도 믿음에 의한 구원, 하나님과 이웃에 대한 사랑과 같은 본질적인 교리에서 서로 일치한다면, 그들은 "같은 구원의 대장을 모시고" 같은 전쟁을 치르는 동료 병사로서 서로를 사랑할 수 있다고 주장했다.[63] 당시 웨슬리는 예정론을 기독교의 본질적 교리가 아닌 하나의 견해, 곧 "종교의 미미한 부분"에 해당한다고 생각한 것이 확실하다.[64] 1765년, 웨슬리는 '한 친구'에게 보낸 편지에서 "당신은 내가 말한 본질적 교리와 대비되는 '견해'의 의미를 훌륭하게 잘 표현했습니다. 나

---

61   *BEW* 3: 542.
62   "Catholic Spirit", *BEW* 2: 83.
63   "Catholic Spirit", *BEW* 2: 90.
64   *Journal* 5: 116 (1765년 5월 14일).

는 '그리스도에 대한 사랑이나 은혜의 역사와 양립할 수 있는 것'이면 무엇이든 '견해'라 부릅니다. 그리고 확실히 특별 선택과 최종 견인을 주장하는 일은 이러한 것들과 양립할 수 있습니다"라고 적었다.[65] 일부 칼뱅주의자, 특히 헌팅던(Huntingdon) 백작 부인과 휫필드의 동료들은 1770년 8월의 메소디스트 연회록을 읽은 후 웨슬리가 행위에 의한 구원을 가르쳤다며 그를 반대했다. 그러면서 백작 부인은 자신이 세운 트레베카 대학(Trevecca College)에서 웨슬리가 더는 설교하지 못하게 했다. 그럼에도 웨슬리는 1770년 11월 "조지 휫필드의 죽음에 대하여"라는 설교에서 자신을 반대하는 사람들에 대한 '관용의 정신'을 다시 보여주었다. 그는 "당신의 사랑의 불길이 모든 사람의 마음에 임하게 하여 주옵소서! 우리가 당신을 사랑하오니 우리가 '죽음보다 강한 사랑'으로 서로를 사랑하게 하소서"라고 기도했다.[66]

웨슬리는 하나님의 사랑이 제한적이라고 주장하는 그리스도인조차 동료 병사이기에 '관용의 정신'으로 연합해야 한다고 생각했지만, 하나님의 보편적 사랑에 대한 자신의 신념에서는 한 발도 물러서지 않았다. 월터 셜리(Walter Shirley)와 리처드 힐(Richard Hill)의 공격으로 연회록 논란이 격화되자 웨슬리는 더는 침묵하지 않았다. 웨슬리는 1772년 "힐 씨의 '존 웨슬리 씨가 가르친 모든 교리에 대한 검토'에 관한 몇 가지 고찰"(Some Remarks on Mr. Hill's 'Review of All the Doctrines Taught by Mr. John Wesley)에서 지난 '30년간' 견지해 온 태도를 바꾸기로 결심했음을 보여주었다. "그러므로 나는 나 자신을 낮추어가며 H 씨와 그의 동료들을 대하는 일을 그만두고자 한다. 나는 지난 30년간 그들 앞에서 나 자신을 낮추어 왔지

---

65 *Journal* 5: 116 (1765년 5월 14일).
66 "On the Death of George Whitefield", *BEW* 2: 346.

만, 이제는 그렇게 하지 않을 것이다.”[67] 1772년 11월 8일 수요일에도 그는 이렇게 말했다. “시편 15:1을 본문으로 설교하면서 나는 하나님의 보편적 사랑에 대해 과거부터 오랫동안 해온 것보다 더 강하고 명확하게 말하도록 인도하심을 받았다. … 이제 우리는 모든 사람을 찾아가 그리스도께서 모든 사람을 위해 죽음을 맛보아 그들을 모든 죄에서 정결하게 하신다는 사실을 온 인류에게 선포하는 것이 우리의 소명임을 안다.”[68] 1778년에 웨슬리는 《《아르미니우스주의 매거진》》(*The Arminian Magazine*)을 출판하면서, 그 목적이 “하나님의 보편적 사랑과 그분이 모든 사람을 모든 죄에서 구원하기를 기뻐하신다는 주제에 대해 금세기와 지난 세기에 쓰인 글 중 가장 훌륭한 논문들을 출판하기 위해서”임을 밝혔다.[69] 웨슬리에 따르면, 이 매거진은 하나님의 보편적인 사랑을 세상에 확산시키기 위한 목적뿐 아니라, 칼뱅주의 출판물인 《《영적 매거진》》(*The Spiritual Magazine*)과 《《복음 매거진》》(*The Gospel Magazine*)으로부터 메소디스트들을 ‘보호’하기 위한 목적도 있었다. 이 잡지들은 “하나님이 모든 사람을 사랑하시는 것은 아니며, 그분의 자비가 모든 피조물에 임하는 것도 아니다. 따라서 그리스도는 모든 사람이 아닌 열 명 중 한 명 정도의 오직 택한 사람만을 위해서 죽으셨다”는 주장을 전파했다.[70] 웨슬리는 사역 후반부에 이르러, 하나님의 보편적 사랑 곧 모든 사람에 대한 하나님의 ‘선의의 사랑’이 협상 가능한 ‘견해’가 아닌 기독교의 본질적인 진리임을 확고히 믿었던 것으로 보인다.[71]

---

67   “Some Remarks on Mr. Hill's 'Review of All the Doctrines Taught by Mr. John Wesley'”, *Works* 10: 375–76 (1772년 9월 6일).

68   *Journal* 5: 488 (1772년 11월 8일).

69   *Works* 14: 279.

70   *Works* 14: 278–79.

71   참고. 앨런 카피지(Allan Coppedge)는 “비록 실제에서는 예정에 관한 교리가 훨씬 더 큰 목회적 중요성을 지녔음에도, 이론적으로 웨슬리는 예정에 관한 교리

C. 하나님의 사랑과 인간의 사랑

웨슬리가 하나님의 사랑을 모든 사람을 위해 값없이 베푸시는 사랑으로 이해한 것은 일부 그리스도인과의 논쟁을 불러오기도 했지만, 이러한 하나님의 사랑에 대한 올바른 응답은 우리도 하나님과 이웃을 사랑하는 것이라고 이해한 것은 그가 경건한 삶을 살도록 이끌었다.

웨슬리에 따르면, 모든 사람에게 값없이(free in all) 그리고 모든 사람을 위해 값없이(free for all) 주시는 하나님의 사랑을 받은 사람은 하나님과 이웃을 사랑함으로 하나님께 응답해야 한다. 이처럼 웨슬리는 하나님의 사랑과 인간이 하나님과 이웃을 사랑해야 할 의무를 직접적으로 연결해, 사랑이 하나님에게서 시작해 인간에게로 흘러가고, 그 후에는 또다시 인간에게서 하나님께로 되돌아가는 사랑의 순환을 강조했다.

사랑은 모든 사랑의 근원이신 하나님에게서 시작되었다. 하나님은 사랑으로 인간을 창조하셨다. 하나님의 사랑 안에서 창조된 우리 인간은 창조주를 사랑해야 한다. 하나님은 우리가 온전하고 행복하며 영생을 유지할 수 있도록 우리에게 하나님 자신을 사랑할 것을 요구하셨다. "사랑이 그의 영혼 전체를 가득 채웠고 … 사랑이 그의 생동감 있는 열기였으며, 그의 전 존재에 생기를 불어넣어주는 따뜻한 온기였습니다. 또 그 사랑의 불꽃은 끊임없이 흘러나와 직접적으로는 그 사랑을 우리에게 주신 하나님께로 되돌아갈 뿐 아니라, 반사적으로는 하나님의 창조의 또 다른 소산인 모든 감각적 존재들에게로 흘러갔습니다."[72] 인간이 타락하자 하나님은 이 사랑을 다시 우리에게 요구하셨다. 웨슬리는 하나님을 사랑하

를 '견해'(opinion)의 범주에 두었다"고 지적한다. Allan Coppedge, *John Wesley in Theological Debate*, 264.

72 "The Image of God", *BEW* 4: 294–95.

는 일은 인간에게 생명을 회복하는 방법뿐 아니라 영원한 생명을 유지하는 방법이 된다고 생각했다.[73] 따라서 하나님에 대한 우리의 사랑은 단지 의무만이 아니라, 생명의 근원 되시는 하나님과의 관계를 유지하기 위한 필수 조건이기도 하다.

웨슬리는 우리가 하나님을 사랑하는 방법을 "마음을 다하고 뜻을 다하여 주 하나님을 사랑"하는 것으로 이해했다. 그는 누가복음 10:27을 주해하면서 그 의미를 다음과 같이 해설한다. "너는 네 영혼의 모든 능력을 다하여 가장 지성적이고 성실하며 애정 깊고도 결단력 있게 하나님을 섬겨야 한다."[74] 웨슬리는 우리가 하나님을 사랑한다는 것은 하나님께 순종함, 하나님을 향유하려는 갈망, 하나님에 대한 예배 등 다양한 의미를 지닐 수 있다고 생각했다.[75]

나아가 웨슬리는 하나님의 사랑을 경험한 사람은 하나님께서 자신의 형상대로 지으신 모든 영혼을 사랑해야 한다고 말한다. 하나님은 모든 사랑의 원천이시기 때문이다. "하나님은 사랑이십니다. 그러므로 영적, 정신적으로 그분을 본받는 사람은 그분과 같은 형상으로 변화됩니다. 그분께서 자비로우신 것처럼 그들도 자비롭고, 그들의 영혼은 전체가 사랑입니다. 그들은 친절하고 자애로우며 동정심 많고 마음이 부드럽습니다. 그것도 선하고 온유한 사람에게만이 아니라 고집 세고 까다로운 사람에게도 그러합니다. 그들은 하나님이 그러하신 것처럼 모든 사람을 사랑하며, 그들의 자비는 하나님의 모든 피조물에게 미칩니다."[76] 달리 말하면, 우리가 이웃을 사랑하는 일은 하나님을 사랑하는 일의 열매이다.[77]

---

73 "The Perseverance of the Saints", *Works* 10: 288.

74 *ENNT* 240, 눅 10: 27 주해.

75 "The Love of God", *BEW* 4: 332–36.

76 "Sermon on the Mount, IX", *BEW* 1: 636.

77 "The Marks of the New Birth", *BEW* 1: 426.

이런 이해 안에서 웨슬리는 옥스퍼드 대학 시절부터 감옥을 방문하고 고 아원을 조직했다.

이처럼 사랑은 하나님에게서 흘러나와 이 사랑을 받아들인 사람들의 마음으로 퍼져 나간다. 그 결과 하나님의 사랑을 경험한 사람들은 하나님이 주시는 사랑의 힘으로 창조주와 이웃을 사랑한다. 이 사랑은 온전한 사랑이다. 그들은 이 사랑으로 하나님 안에 거하고, 하나님도 그들 안에 거하신다. 이 온전한 사랑이 바로 구원 자체이다.

2. 거룩함(성결, Holiness)

웨슬리는 하나님이 거룩하시며,[78] 또 '거룩하신 분'으로 불리신다는 사실에 주목한다.[79] 성경은 지속적으로 하나님을 '거룩하신 분' 또는 '이스라엘의 거룩하신 분'으로 지칭한다.[80] 이 거룩하신 분은 성경에서 활동하셨을 뿐 아니라, 웨슬리 당시에도 사람들에게 '거룩하라'고 명령하시고 또 자신의 거룩함을 계시하신 하나님이시다.

웨슬리에 따르면 '거룩하다'(holy)라는 단어는 히브리어와 다른 언어들에서 '분리'의 뜻을 지닌다.[81] 히브리어 명사 '거룩함'(qodes)과 형용사 '거룩하다'(qados)의 기본 의미는 분리이다. 신약성경에서 사용된 헬라어 '하기오스'(hagios)와 그 파생어들도 의미는 동일하다.[82] 분리로서의 하나

---

78 "The Righteousness of Faith", *BEW* 1: 210; "The Principles of a Methodist", *Works* 8: 365.

79 "The Original, Nature, Properties, and Use of the Law", *BEW* 2: 9.

80 '거룩하신 분'(욥 6: 10; 사 40: 25, 43: 15; 겔 39; 7; 호 11: 9; 합 1: 12, 3: 3); '이스라엘의 거룩하신 분' (왕하 19: 22; 사 1: 4, 43: 3; 렘 50: 29, 51: 5).

81 *ENNT* 957, 계 4: 8 주해.

82 David Patterson, *Possessed by God : a New Testament Theology of Sanctification and Holiness* (Grand Rapids: Wm. B. Eerdmans, 1995), 17.

님의 거룩하심은, 첫째로 거룩하신 하나님이 다른 모든 것에서 철저히 분리되어 모든 것 위에 높임 받으심을 뜻하며, 둘째로 거룩하신 하나님이 모든 도덕적 악과 죄에서 철저히 분리되어 계심을 뜻한다. 이처럼 웨슬리는 하나님의 거룩하심이 모든 것보다 뛰어난 그분의 본질적 탁월성(substantial excellence)과 도덕적 순수성(moral purity)을 가리킨다고 이해했다.[83] 이제 웨슬리의 하나님의 거룩하심의 개념을 이 두 가지 측면에서 살펴보고자 한자.

A. 하나님의 본질적 탁월성

하나님의 본질적 탁월성으로서의 거룩함에 대해 웨슬리는 다음과 같이 말한다. 곧 거룩하신 하나님은 "모든 것에서 분리되어 계신다. 하나님은 자신 스스로가 기원이 되어 자신에게서 나와, 자신 안에서, 자신을 통해, 자신을 위해 존재하시며 활동하신다. 그러므로 그분은 처음이자 마지막이시며, 유일하고 영원하시며, 살아계시고 복되시며, 끝이 없고 변함없으시며, 전능하고 전지하시며, 지혜롭고 참되시며, 공의롭고 신실하시며, 은혜롭고 자비로우시다."[84] 따라서 웨슬리는 요한계시록 4:8을 주해하면서 하나님의 거룩하심을 신성 자체와 동일시했다. '거룩하시다'(holy)와 '거룩하심'(holiness)은 '하나님'(God) 또는 '신성'(Godhead)과 같은 뜻이다. 우리가 왕을 '폐하'(His Majesty)라고 부르듯, 성경은 하나님을 '거룩하심'(His Holiness)으로 부르는 것이다."[85] 루돌프 오토(Rudolf Otto)는 『성스러움의 의미』(*The Idea of the Holy*)에서 거룩은 도덕적 선과 아름다움을 포

---

83   *ENNT* 957, 계 4: 8 주해; "The Unity of the Divine Being", *BEW* 4: 62-3.
84   *ENNT* 957, 계 4: 8 주해.
85   *ENNT* 957, 계 4: 8 주해.

함하면서도 그것을 넘어선다고 주장했는데,[86] 웨슬리 역시 거룩을 단순히 도덕적 속성으로만 보지 않고 신성과 동의어로 이해했다.[87] '거룩하다'라는 단어는 거룩하신 하나님과 관계된 존재들에게도 적용된다.[88] 에밀 브루너(Emil Brunner)가 지적했듯, 하나님은 다른 모든 것에서 구별되는 거룩한 분이시다.[89]

하나님의 존재하심에 대해 말하면, 하나님은 스스로 존재하신다. 하나님은 자신의 이름을 '스스로 있는 자'라고 알려주심으로, 자신이 스스로 존재하시는 분이심을 계시하셨다. 웨슬리는 출애굽기 3:14을 주해하면서 하나님은 "자존하신다. 곧 그분은 스스로 존재하시며 다른 어떤 것에도 의존하지 않으신다"[90]고 설명했다.

하나님의 활동에 대해 말하면, 하나님은 인과법칙에 구애받지 않고 자신에게서, 자신 안에서, 자신을 통해, 자신을 위해 자유롭고 주권적으로 행하신다. 자신 안에서, 자신을 통해 존재하고 행동하시는 하나님은 거룩한 삼위일체이시다. 성자와 성령도 성부와 동일하게 거룩한 분으로 불리신다. 거룩함은 성부 하나님만이 아닌 성자와 성령의 속성이기도 하다. 웨슬리는 이사야 6:3과 요한계시록 4:8에서 세 번 반복되는 '거룩하다'는 하나님의 세 위격 각각의 거룩하심을 나타내는 것으로 이해했다.[91]

86　Rudolf Otto, *The Idea of the Holy*, trans. John Harvey (London: Oxford University Press, 1928), 6-7, 53-4.

87　*ENNT* 957, 계 4: 8 주해. "그러므로 '거룩하다'(holy)와 '거룩하심'(holiness)은 하나님 및 그분의 신성(Godhead)과 동일한 뜻을 지닌다. 우리가 왕을 가리켜 '폐하'(His Majesty)라고 부르듯 성경은 하나님을 가리켜 '그의 거룩하심'(His Holiness, 히 12: 10)이라고 부르는 것이다."

88　*ENOT* 471, 민 6: 5 주해; *ENOT* 520, 민 18: 17 주해.

89　Emil Brunner, *The Christian Doctrine of God*, 158.

90　*ENOT* 204, 출 3: 14 주해.

91　*ENOT* 1961, 사 6: 3 주해; *ENNT* 957, 계 4: 8 주해.

하나님께서 우리 앞에 현존하심에 대해 말하면, 웨슬리는 하나님의 거룩하심을 그분의 영광과 연결지어 이해했다. 웨슬리는 하나님의 거룩하심을 그분의 신성 그 자체로 이해했기 때문에, 거룩은 "하나님의 모든 속성이 함께 어우러져 그분의 모든 사역에서 빛나는" 영광과 필연적으로 연결된다.[92] 하나님의 거룩하심은 하나님 자신과 그분의 영광스러운 형상을 나타낸다.[93] 요한계시록 4:8에 나오는 네 생물이 "거룩하다, 거룩하다, 거룩하신 주 하나님"이라고 노래하면서 하나님께 영광과 존귀와 감사를 돌린 것은, 하나님의 존재와 속성과 사역에 나타나는 그분의 영광스러운 탁월성을 찬양한 것이다.[94] 그러므로 웨슬리에게 하나님의 거룩하심은 그분의 존재, 영광, 인격, 활동에서 "오직 그분만이 고유하게 지니시는" 본질적 탁월성을 가리킨다.[95]

B. 하나님의 도덕적 순수성

웨슬리가 하나님의 거룩하심의 의미로 강조한 또 다른 내용은 하나님의 도덕적 속성에 해당하는 도덕적 순수성이다. 이는 소극적으로는 하나님이 죄를 기뻐하지 않고 악에서 멀리 계심을 의미한다면, 적극적으로는 하나님께서 죄인을 벌하고, 삼위일체 하나님의 권능의 사역으로 자신의 피조물을 성화시키심을 의미한다.

먼저 소극적인 의미를 살펴보면, 하나님의 도덕적 거룩함은 하나님이 악과 분리되어 계심을 말한다. 웨슬리는 설교 "하나님의 일체성"에서 하나님은 "악의 모든 접촉에서 무한히 멀리 떨어져 계신 … 순수하고 혼

---

92 *ENNT* 957, 계 4: 8 주해.

93 *ENNT* 848, 히 12: 10 주해.

94 *ENNT* 957-58, 계 4: 8 주해.

95 *ENNT* 957, 계 4: 8 주해.

합되지 않은 빛[96]이시며, "그분 안에는 어둠이 조금도 없습니다"[97]라고 주장했다. 따라서 거룩하신 하나님은 악에게 시험을 받지도 않으시고, 누군가를 악으로 시험하지도 않으신다.[98] 웨슬리는 출애굽기에서 하나님께서 자신의 전능하심으로 바로의 마음을 완악하게 하시어 그가 하나님을 거역해 심판을 받는 것이 하나님을 영화롭게 하기 위한 일이라고 믿지 않았다. 출애굽기를 보면, 하나님이 이집트 왕 바로의 마음을 완악하게 하시어 이스라엘 백성을 보내지 않게 만들 것이라고 모세에게 말씀하신 것은, 시간적으로 모세가 아직 바로를 만나기 전이 있다. 웨슬리는 일부 임격한 칼뱅주의자들이 이 부분 때문에 하나님이 어떤 사람의 마음을 완악하게 하심으로 죄를 짓게 하신다고 주장한다는 점을 알고 있었다. 이에 그는 "예정론에 대한 진중한 고찰"이라는 논문에서, 하나님께서 바로의 마음을 완악하게 하시기 전에 먼저 그 마음을 완악하게 한 것은 바로 왕 그 자신이라고 주장했다.[99] 출애굽기 4:21의 "내가 그의 마음을 완악하게 한 즉"이라는 구절에 대해, 웨슬리는 "그[바로]가 빛을 거역해 고의로 눈을 감음으로 여러 번 자신의 마음을 완악하게 한 후에야, 나[하나님]는 결국 사탄이 그의 마음을 철저히 완악하게 하는 일을 허락할 것이다"[100]라는 뜻으로 해석했다. 웨슬리는 하나님이 왕의 마음을 완악하게 하셨다는 출애굽기의 다른 구절들을 주해할 때도, 하나님이 바로의 마음이 완악하게 되는 일을 허락하시기 전에 바로가 스스로 자기 마음을 완악하게 했다는 사실을 강조했다.[101] 웨슬리에 따르면 하나님은 누구도 악으로 시험하지 않

---

96 *ENNT* 904, 요일 1: 5 주해.

97 "The Unity of the Divine Being", *BEW* 4: 62.

98 *ENNT* 857, 약 1: 13 주해; 참고. "Sermon on the Mount, VI", *BEW* 1: 588.

99 "Predestination Calmly Considered", *Works* 10: 236.

100 *ENOT* 208, 출 4: 21 주해.

101 *ENOT* 217, 출 7: 13 주해; *ENOT* 220, 출 8: 15 주해; *ENOT* 220, 출 8: 19

으신다. 오히려 하나님은 자기 자신이나 마귀에게 시험받는 사람을 위해 피할 길을 내신다.[102] 하나님은 누구도 시험을 받거나 죄짓는 것을 바라지 않으신다.[103] 만약 전능하신 하나님이 거룩하시지 않다면 그분은 폭압적인 전능자가 되었을 것이다. 만약 지혜로우신 하나님이 거룩하시지 않다면 그분은 교활한 존재가 되었을 것이다.

웨슬리에게 하나님의 본질적 탁월성 개념은 하나님의 존재론적 초월성(transcendence of being) 개념과 동일하지 않다. 에밀 브루너는 불행히도 "하나님의 본질적 초월성(transcendence of essence)과 존재론적 초월성이 명확히 구별되어 오지 않았다"[104]고 지적한다. 성경에서 하나님의 본질적 초월성은 신성의 질적 탁월성을 말한다면, 이신론이 주장하는 존재론적 초월성은 신이 세상에 내재하지 않고 세상에서 완전히 분리되어 있음을 의미한다. 웨슬리에 따르면, 하나님은 모든 악에서 멀리 떨어져 계심에도 그분의 거룩하지 않은 피조물에게 무관심하지 않으시다. 거룩하신 하나님은 피조물의 거룩하지 않음에 대해 두 가지 방식으로 적극적으로 관여하시는데, 곧 그들을 벌하시거나 성화시키시는 것이다.

죄인을 벌하심에서 하나님은 눈이 정결하시므로 악을 차마 보지 못하시는 의롭고 두려운 하나님이시다. 거룩하신 하나님은 악을 소멸하신다.

주해; *ENOT* 222, 출 8: 32 주해; *ENOT* 223, 출 9: 12 주해; *ENOT* 245, 출 14: 26 주해. 예를 들어, 웨슬리는 출애굽기 9:12에 대해 다음과 같이 설명한다. "여호와께서 바로의 마음을 완악하게 하셨으므로 – 이는 그가 먼저 자기 마음을 완악하게 해 하나님의 은혜를 거역했기 때문이다. 그러자 하나님은 공의로 그를 자기 마음의 정욕과 악한 미혹에 내버려두심으로 사탄이 그를 눈멀게 하고 완악하게 하도록 허락하셨다. 고의적 완악함(wilful hardness)에 대한 일반적 형벌이 징벌적 완악함(judicial hardness)인 것이다. 우리는 이것이 이 편의 지옥에서 받을 수 있는 가장 무서운 심판임을 두려워해야 한다" (*ENOT* 223).

102 *ENNT* 615, 고전 10: 13 주해.

103 "Sermon on the Mount, VI", *BEW* 1: 588.

104 Emil Brunner, *The Christian Doctrine of God*, 175.

하나님의 사랑은 모든 사람에게, 모든 사람을 위해 값없이 주어지지만, 이 사랑은 하나님의 거룩하심과도 관련되는데 이는 거룩함이 없이는 아무도 그분께 나아갈 수 없기 때문이다(히 12:14). 따라서 사랑의 하나님은 "그분의 엄격한 공의와 순수한 거룩함으로 인해" 동시에 "소멸하는 불"이시기도 하다.[105] 하나님은 "범죄자를 엄하고 공정하게 심판하심으로" 자신을 거룩하게 하실 뿐 아니라, 자신이 거룩하고 의로우신 하나님이심을 나타내신다.[106] 거룩하신 하나님은 모든 죄악을 소멸하는 불이 되신다.[107]

웨슬리에 따르면, 인간의 거룩하지 못함과 하나님의 거룩하심의 극명한 대조는 소멸하는 불이신 거룩하신 하나님의 현존을 대하는 인간에게 진정한 위기를 초래한다. 웨슬리의 경우 이 위기는 올더스게이트 체험 직전에 극에 달했다. 올더스게이트 체험 전 며칠간 웨슬리는 마음에 "지속적인 슬픔과 무거움"을 느꼈는데, 이는 "'하나님과의 평화'와 '성령 안에서의 기쁨'"을 느끼지 못했기 때문이었다.[108] 1738년 5월 24일, 올더스게이트 집회에서 웨슬리는 마음이 "이상하게 뜨거워짐"(strangely warmed)을 느끼면서 "그리스도께서 나의 죄, 심지어 나 같은 사람의 죄까지 가져가셨고, 죄와 사망의 법에서 나를 구원하셨다"는 "확신"을 갖게 되었다.[109] 올더스게이트 체험이 웨슬리의 회심 체험인지, 영적 순례에서의 하나의 중대한 진전인지, 두 번째 축복(second blessing) 체험인지 등에 대한 논의가 있어 왔지만,[110] 그 체험의 결과 중 하나는 그가 거룩하신 하나님

---

105 *ENNT* 851, 히 12: 29 주해.
106 *ENOT* 375, 레 10: 3 주해.
107 *ENOT* 1976, 사 10: 17 주해.
108 *Journal* 1: 464-65 (1738년 5월).
109 *Journal* 1: 476 (1738년 5월).
110 더 자세한 논의는 Randy L. Maddox (ed.), *Aldersgate Reconsidered*, 21-32, 133-46을 참조하라.

과의 화해를 확신한 것이었다. "다가올 진노를 피하여 자신의 죄에서 구원받고자 하는 열망"은 이후 메소디스트 회원이 되기 위한 유일한 자격 조건이 되었다.[111]

C. 하나님의 거룩하심과 인간의 거룩함

웨슬리에 의하면, 하나님께서 인간에게 요구하시는 거룩함은 하나님의 전능하심과 같은 '본질적 탁월성'이 아니다. 하나님의 전지하심과 전능하심은 인간이 성취해야 할 대상이 아닌 찬양의 대상이다. 웨슬리는 하나님께서 인간에게 거룩하라고 명령하신 것은 도덕적 순수성에 관한 것이라고 이해했다.[112]

웨슬리가 하나님의 거룩하심에 관해 가장 강조한 것은, 하나님은 인간을 자신과 같이 거룩하게 되도록 초청하신다는 점이었다. 이 초청의 목적은 거룩하지 않은 자들을 벌하기 위함이 아니라, 피조물들이 거룩한 성품에 참여해 참된 행복을 누리게 하시려는 데 있다. 이생에서의 거룩한 삶은 먼저 거룩한 성품에 참여한 사람들의 목표로 제시된다.[113]

이 거룩함은 단지 외적인 의무와 규칙을 지키는 것이 아니다. 웨슬리는 1738년 5월 24일 자 일지에 어린 시절 자신이 외적인 의무를 지키도록 교육을 받았다고 적었다. 초기에 그는 거룩함의 진정한 의미를 종교적 의무를 지키는 것으로 이해한 듯하다. 그러나 토마스 아 켐피스(Thomas à Kempis)의 『그리스도를 본받아』(*The Imitation of Christ*)를 읽은 뒤, "참된 종교"는 외적 행위를 지키는 것이 아닌 "인간의 마음에

---

111 "The Nature, Design, and General Rules of the United Societies", *Works* 8: 270.
112 *ENNT* 28, 마 5: 3 주해; *ENNT* 35, 마 6: 1 주해.
113 "Original Sin", *BEW* 2: 185.

자리해야 함”을 깨닫게 되었다.[114] 웨슬리는 하나님께 영광을 돌리는 가
장 좋은 방법은 거룩함을 증진하는 것이라고 주장했는데, 여기서 거룩
함은 “금식이나 육체적 금욕이나 다른 어떤 외적인 개선 수단이 아니
라 이 모든 것을 통해 목적하는 내적인 성품, 곧 영혼이 하나님의 형상
으로 새로워지는 것”을 의미한다.[115] 웨슬리가 거룩함의 핵심을 내적인
성품 또는 하나님의 형상으로 새로워지는 것으로 이해한 것은 이미 그
의 초기 설교 “마음의 할례”(1733)에서 나타난다.[116] 그 이후 설교들에
서도 그는 거룩함의 핵심은 “순전히 외적인 종교, 외적 의무의 반복”이
아니라, 마음에 하나님의 형상이 새겨지고,[117] “그리스도의 마음을 품고
그리스도께서 행하셨던 것처럼 행하는 것”[118]이라고 주장했다. 그에 따르
면 하나님은 “모든 자녀에게 ‘나의 자녀야, 너의 마음을 내게 다오’라고
지속적으로 말씀하신다.”[119] 야로슬라프 펠리칸(Jaroslav Pelikan)이 지적한
것처럼,[120] 웨슬리는 당시의 ‘마음의 신학’(theology of the heart) 전통을 따
라 거룩함의 핵심은 ‘외적인 종교’가 아닌 ‘마음의 종교’의 문제임을 확신
했다.[121]

그렇다고 웨슬리가 외적인 거룩함이나 의무를 경시했다고 보는 것은
오해이다. 웨슬리는 내면의 거룩함을 우선시했지만, 외적인 거룩함의 필
요성 역시 간과하지 않았다. 웨슬리는 1738년 5월 24일 자 일지에 한 관

---

114 *Journal* 1: 466 (1738년 5월).

115 새뮤얼 웨슬리에게 보낸 편지 (1734년 12월 10일), *BEW* 25: 399.

116 “The Circumcision of Heart”, *BEW* 1: 402-3.

117 “The New Birth”(1760), *BEW* 2: 194.

118 “The Wedding Garment”(1790), *BEW* 4: 147.

119 “Spiritual Idolatry”(1781), *BEW* 3: 105; 참고. “A Word to a Protestant”, *Works* 11: 191.

120 Pelikan, *Christian Doctrine and Modern Culture (since 1700)*, 119.

121 설교집 서문, *BEW* 1: 106.

상가(contemplative man)가 "외적인 행위는 아무것도 아니다. 중요한 것은 내적인 거룩함, 또는 영혼이 하나님과 연합하는 것"이라고 말해 자신에게 잠시 확신을 준 적이 있었다고 말한다. 그러나 웨슬리는 이후 그 조언자가 "외적인 행위를 의존하지 말라고 말할 때 매우 경솔했다"는 점을 알게 되었다.[122] 1741년 9월 3일, 친첸도르프(Zinzendorf) 백작과의 대화에서 웨슬리는 그리스도인의 완전을 위해서는 거룩한 마음과 삶이 함께 요구된다고 말했다.[123] 웨슬리에 의하면, 참으로 거룩한 마음은 거룩한 삶을 낳을 수밖에 없기에 거룩한 '마음'과 거룩한 '삶'은 연결되어 있다. 내적인 거룩함은 외적인 거룩함의 뿌리이며, 외적인 거룩함은 내적인 거룩함의 열매이다. 그런 점에서 그는 거룩함의 심오하고 총체적인 본성을 더 깊이 이해하고자 한다면, 산상수훈과 사도 요한의 서신에서 내적인 거룩함의 참된 본성을 배우고, 사도 야고보의 서신에서는 외적인 거룩함의 본성을 배울 필요가 있다고 말했다.[124] 거룩한 삶에 대해 웨슬리가 가졌던 이상은 "신비주의자 못지않게 내적인 거룩함을 고수하고, 바리새인 못지않게 외적인 거룩함을 고수하여" 모든 생각과 말과 행동을 거룩한 산 제물로 하나님께 드리는 것이었다.[125] 우리가 추구해야 할 진정한 거룩함의 내용은 내적인 거룩함을 우선시하면서 "'온전한 마음과 온전한 삶' 전체를 하나님께 드리는 것"이다.[126] 이처럼 웨슬리는 하나님께서 명령하신 거룩함이란 인간 안에 회복된 하나님의 형상에서 비롯되는 거룩한 성품과 삶이며, 이러한 거룩함의 본보기는 이 세상에서 보여주신 그리스도의 마음

---

122 *Journal* 1: 469 (1738년 5월).
123 Albert C. Outler (ed.), *John Wesley*, 369-70.
124 *Journal* 2: 289 (1739년 10월 9일).
125 "On God's Vineyard", *BEW* 3: 507.
126 *Journal* 5: 117 (1765년 5월 14일).

과 삶이라고 이해했다.

웨슬리의 거룩함에 대한 이해와 거룩함을 전파하려는 소명은 그를 여러 논쟁에 휘말리게 했다. 그중 하나는 모라비아교도 및 일부 엄격한 칼뱅주의자들과 벌인 율법폐기론 논쟁이었다. 웨슬리는 "'모라비아 형제단과 존과 찰스 웨슬리 목사의 차이점에 대한 간략한 견해'에서의 발췌문"(An Extract from 'A Short View of the Difference Between the Moravian Brethren, (so called,) and the Rev. Mr. John and Charles Wesley)에서, "우리는 칭의의 순산에 온전히 성화되어, 죽는 날까지 더 거룩하거나 덜 거룩하게 되지 않고, 온전한 성화와 온전한 칭의가 동일 순간에 이루어진다"고 주장한 모라비아교도들에게 동의하지 않았다. 웨슬리는 이런 주장은 "하나님의 말씀의 취지"뿐 아니라 "하나님의 자녀들의 경험"과도 어긋난다고 보았다. 그는 이미 올더스게이트에서 이것을 경험을 했다. 그는 한 모라비아교도 지도자 피터 뵐러가 살아있는 신앙을 가지면 그 즉각적인 열매로 거룩함과 행복을 누릴 수 있다고 말하는 것을 들었다. 당시 뵐러의 말에 그는 점점 더 "놀랐다."[127] 이에 그는 살아있는 신앙을 받은 순간 자신이 완전한 거룩함과 행복을 누릴 것이라고 크게 기대했다. 그러나 그는 1738년 5월 24일에 살아있는 신앙과 확신을 얻은 후에도 자신이 가능할 것이라 생각했던 거룩함과 행복을 즉시 경험하지 못했다. 이 문제를 놓고 씨름한 끝에 그는 거룩함은 믿음으로 의롭다 함을 받는 순간 시작되지만, 성령의 역사하심을 통해 더 성장할 수 있다는 사실을 깨달았다. 이로써 그는 믿음으로 의롭게 된 사람은 거룩함에서 자라가기 위해 성령과 협력해야 한다고 생각하게 되었다.

웨슬리가 볼 때 자신이 칭의와 동시에 성화되었다고 생각하는 사람

---

127 *Journal* 1: 447 (1738년 3월 23일).

들의 진정한 문제는, 칭의 이후 거룩함에서 자라가려는 노력을 등한시하려 한다는 데 있었다. 더욱이 웨슬리가 그리스도의 의의 전가 교리를 경계하게 된 것은, 이 교리로 혼란을 겪은 불성실한 그리스도인이 그리스도의 의의 참된 의미를 오해해 '그리스도의 의' 또는 '그리스도의 의가 내게 전가되었다'라는 표현을 "자신의 불의를 가리는 방패"로 사용했기 때문이었다.[128] 그는 이어서 "우리는 이런 일이 일어나는 것을 천 번도 넘게 보았습니다"라면서, 일부 명목상의 그리스도인인 술주정뱅이나 "탐욕스러운 착취자"가 자신이 실제로는 불의해도 "그리스도 안에서는 흠 없는 의"를 가졌다고 말하는 실태를 지적했다.[129] 웨슬리는 이로써 그들이 "그리스도를 죄의 사역자(minister of sin)로 만들었다!"고 주장했다.[130] 그래서 그는 자신의 독자와 논쟁 상대들에게 '전가된 그리스도의 의'라는 표현을 부주의하게 사용하지 말 것을 요청했는데, 이 표현이 어떤 사람에게는 하나님께 나아가는 데 반드시 필요한 거룩함을 추구하지 않고 자신의 불의를 정당화하는 구실이 되었기 때문이다.[131]

웨슬리가 그리스도의 의에 대해 말하고자 했던 것은, 신앙은 하나님과 이웃에 대한 사랑으로 역사하며, 새롭게 된 마음은 반드시 거룩함을 낳을 수밖에 없다는 점에서, 만약 사람이 칭의받은 이후에도 이전과 다를 바 없이 불의한 상태로 남아있다면 그리스도의 의가 그에게 아무런 유익이 되지 않는다는 사실이었다.[132] 이 점에서 웨슬리는 그리스도의 의의 전가 교리에 대한 그릇된 해석이 명목상의 그리스도인들의 부도덕함을 야

---

128 "The Lord Our Righteousness", *BEW* 1: 462.

129 "The Lord Our Righteousness", *BEW* 1: 462.

130 "The Lord Our Righteousness", *BEW* 1: 463; 참고. "Thoughts on the Imputed Righteousness of Christ", *Works* 10: 315.

131 "The Lord Our Righteousness", *BEW* 1: 463.

132 "The Lord Our Righteousness", *BEW* 1: 463.

기할 수 있음을 분명히 인식하고 있었다. 1777년 4월에 쓴 일지는 이를 분명히 보여준다. "다음날 저녁 나는 히브리서 12:14의 '거룩함이 없이는 아무도 주님을 보지 못하리라'라는 구절을 본문으로 설교했다. 나는 이 말씀을 특히 믿음으로 구원받기를 기대하는 사람들에게 직접적으로 적용할 수 있었다. 나는 앞으로 그들 중 누구도 거룩함을 낳지 않는 믿음으로는 천국에 들어가기를 꿈꾸지 않기를 바란다."[133] 웨슬리는 죽기 1년 전 작성한 설교 "결혼예복에 대하여"(1790)에서 거룩함의 필요성을 다음과 같이 설명했다. "그리스도의 의는 우리가 천국에 들어갈 '권한을 얻는'(entitle) 데 필요하다면, 그리스도인의 개인적 의는 우리가 천국에 들어갈 '자격을 얻는'(quality) 데 필요합니다. 그리스도의 의가 없다면 우리는 영광을 주장할 수 없고, 우리 자신의 거룩함이 없다면 우리는 영광에 합당하지 않습니다."[134] 그러므로 거룩함은 하나님 나라를 유업으로 받을 자격을 갖추게 하는 진정한 혼인예복으로, 주님은 만찬에 초대받은 손님이라 할지라도 이 예복을 입지 않은 자는 거절하실 것이다.[135] 이처럼 웨슬리는 거룩함을 구원과 긴밀히 연결 지었다.[136] 웨슬리에게 구원은 하나님께서 값없이 주시는 은혜라는 점에서 전적인 하나님의 사역이다. 그러나 동시에 인간역시 삼위일체 하나님의 선행(先行)적 구원 사역에 응답해야 한다. 따라서 거룩함은 우리에게 값없이 주시는 그리스도의 의와 우리 안에서 역사하시는 성령의 능력 부으심이라는 측면에서 보면 하나님의 사역이지만, 하나님은 자신의 성화시키는 사역에 우리가 인격적으로 응답하지 않으면

---

133 *Journal* 6: 142 (1777년 4월).

134 "On the Wedding Garment", *BEW* 4: 144.

135 "On the Wedding Garment", *BEW* 4: 141, 147.

136 웨슬리에 따르면, 거룩함은 하나님의 형상으로 새로워진 마음에서 비롯됨을 알아야 한다; 참고. W. Gunter, *The Limits of Love Divine* (Nashville: Kingswood Books, 1989), 202.

우리를 성화시키지 않으실 것이다. 그러므로 웨슬리가 사역 기간 중 오랜 시간 율법폐기론 논쟁으로 씨름한 것은, 거룩함이 없이는 거룩하신 하나님께 받아들여질 수 없다는 거룩함에 대한 구원론적 접근과, 거룩함의 열매 없이 "하나님 없는 삶을 살아가는" 동시대 그리스도인들에게 이 거룩함을 전파하라는 하나님의 명령에 대한 확신 모두의 필연적 결과였다.

거룩함과 관련된 또 다른 논쟁은 예정론과 상관이 있다. 앞서 살펴보았듯 웨슬리가 이중예정론을 거부한 것은 하나님이 사랑이심을 믿었기 때문이다. 이는 또 그가 하나님은 거룩하시다는 믿음에도 헌신했기 때문이기도 하다. 웨슬리는 이중예정 교리가 "하나님의 모든 규례의 목적인 거룩함을 직접적으로 파괴하는 경향이 있다"고 보았다. 생명이나 죽음이 불변하도록 예정되어 있다고 믿는다면 사람은 굳이 거룩함을 추구하려 하지 않을 것이기 때문이다.[137] 이중예정 교리를 믿는 사람은 아무도 거룩하지 않다고 한다면 그것은 사실이 아니지만, 그럼에도 이중예정 교리 자체는 "일반적으로 거룩함으로 들어가는 문을 닫아버리는 명백한 경향"이 있다.[138] 나아가 이중예정 교리에 따르면, 죽음으로 예정된 사람은 죄와 형벌로 예정되어 있기 때문에 필연적으로 죄를 지을 수밖에 없다. 그렇다면 이 교리는 하나님을 죄의 사역자로 만든다. 그래서 웨슬리는 "예정이라는 끔찍한 결정"에 대한 주장에는 신성모독이 내포되어 있다고 믿었다.[139] 웨슬리에 따르면, 율법폐기론은 성자 하나님을 죄의 사역자로 만드는 반면, 이중예정론은 성부 하나님을 죄의 사역자로 만든다. 그 점에서 그는 이중예정 교리는 "하나님의 교리가 아니다"라고 말했다.[140]

---

137 "Free Grace", *BEW* 3: 548.
138 "Free Grace", *BEW* 3: 548.
139 "Free Grace", *BEW* 3: 556.
140 "Free Grace", *BEW* 3: 548.

웨슬리의 율법폐기론과 이중예정론 반대가, 거룩함에 대한 올바른 이해를 가로막는다고 생각한 일부 기독교 교리에 대한 비판적 접근에서 비롯되었다면, 그의 그리스도인의 완전 개념은 신자의 거룩함을 증진시키려는 적극적 활동의 결과이다. 그에게 거룩함과 완전은 "동일한 것의 서로 다른 이름"이다. 따라서 "거룩한 사람은 누구나 성경적 의미에서 완전하다."[141] 완전하다는 것은 성화가 철저히 이루어진 것을 의미한다.[142] 웨슬리는 그리스도인의 완전 또는 거룩함에 대한 하나님의 명령이 한편으로는 타락한 인간이 이룰 수 없기에 그들에게 "거부감을 일으키지만,"[143] 다른 한편으로는 그것이 전능하신 하나님이 우리를 위해 행하시는 사역이라는 점에서 "모든 것을 하실 수 있는" 하나님의 은혜로운 약속임을 깨달았다.[144] 앞서 살펴보았듯, 사람이 온전하거나 거룩하다는 것은 전능하거나 전지한 존재가 되었다는 것이 아니다. 그런데 거룩함이 어떻게 은혜일 수 있는가? 웨슬리에 따르면, 거룩하게 되는 일은 행복이나 구원과 밀접한 관련이 있다. 거룩함의 상태는 죄가 존재하지 않기에 죄로 인한 고통 없이 행복만을 느낀다는 점에서, 거룩함과 행복은 불가분의 관계가 있다.[145] 다시 말해, 죄에서 해방된 상태는 곧 구원의 상태로, 우리가 하나님의 형상으로 회복되어 하나님과의 평화와 하나님 안에서의 행복을 영원히 누리는 것이다. 따라서 거룩함(성결)이나 그리스도인의 완전은 행복과 분리될 수 없는데, 이 모두가 이 땅과 천국에서 누리게 될 하나님 나라의 즉각적인 열매이기 때문이다.[146] 행복은 우리가 원하는 모든 것을 '먹고 마

---

141 "Christian Perfection", *BEW* 2: 104.

142 "A Plain Account of Christian Perfection", *Works* 11: 384.

143 " Christian Perfection", *BEW* 2: 99.

144 *ENNT* 35, 마 5: 48 주해.

145 "God's Love to Fallen Man", *BEW* 2: 431.

146 "The Way to the Kingdom", *BEW* 1: 224-25.

시는 것'이나 '물질적 부유함'에 있는 것이 아니라 거룩하신 하나님 안에서 평화와 기쁨을 누리는 데 있지만, 우리는 거룩함이 없이는 그분과 거룩한 교제를 나눌 수가 없다.[147] 반면 "이 땅에서 우리는 거룩할수록 더 행복할 수밖에 없다."[148] 이런 의미에서 그리스도인의 완전이나 거룩함은 하나님 밖에서 행복을 찾으려 했던 웨슬리의 동시대인들에게 진정한 도전과 해답이었다. 이처럼 그리스도인의 완전에 대한 웨슬리의 주장은 하나님 안에서 영생과 행복을 누리기 위한 필수조건인 거룩함에 대한 긍정적 이해에서 비롯되었다.

그러나 거룩함을 그리스도인의 완전으로 설명한 것 때문에 웨슬리는 많은 비판에 직면했고, 또 상당한 혼란이 초래되었다.[149] 웨슬리는 비판자들에게서 그렇게 거친 공격을 받으리라고는 예상하지 못했던 듯하다.[150] 웨슬리에 대한 비판은 그가 '거룩함' '하나님과 이웃에 대한 사랑' '온전한 사랑'보다 '완전'이라는 용어를 즐겨 사용한 것과 관계가 있다.[151] 사실 웨슬리는 '완전'에 대해 두 가지 개념을 가지고 있었는데, 놀랍게도 이는 많은 웨슬리 학자가 간과해 온 요소이다. 그 두 가지는 곧 '정도'(degree)에서의 완전과 '종류'(kind)에서의 완전이다. 태초에 하나님의 피조물들이 창조되었을 때 그들은 하나님과 같은 정도로 완전하지는 않았지만, 그들 각각이 자신들의 종류에서는 완전했다. 다시 말해, 모든 피조물은 정도에서는 완전하지 않았으나 하나님이 정하신 종류 내에서는 완전하게 창조되었다. 그런 의미로 웨슬리는 "'하나님이 보시기에 좋았더라'라는 말

---

147 "On Perfection", *BEW* 3: 77.
148 "God's Love to Fallen Man"(1782), *BEW* 2: 431.
149 *Journal* 4: 535-36 (1762년 11월 1일).
150 "A Plain Account of Christian Perfection", *Works* 11: 374.
151 "On Perfection", *BEW* 3: 74-6.

씀은 각각의 피조물이 '그 종류 안에서 완전했음'(perfect in its kind)을 의미합니다"라고 설명한다.[152] 예를 들어, 천사와 인간은 각각 그들이 속한 종류에서는 완전하게 창조되었지만, 그들의 이해력과 능력은 서로 달랐고 그들 모두 하나님만큼 완전하지는 않았다. 비록 천사가 하나님의 맏아들들이며 특히 그 이해력이 빛과 같을지라도 "그들은 (피조물이기에) 지식이 제한되어" "무수히 많은 것에 대해 알지 못한다."[153] 타락 전 인간은 완전하게 창조되었지만, "필연적이지는 않더라도 실수하거나 속을 수 있었다."[154] 또 다른 예를 들면 천사, 인간, 동물은 각각 완전하게 창조되었지만, 천사와 인간은 창조주 하나님을 자유로우면서도 기꺼이 섬길 능력을 부여받은 반면, 동물은 처음부터 하나님을 섬길 능력이 없는 존재로 창조되었다.[155] 그럼에도 인간과 동물은 서로 다르게 창조되었기에, 하나님은 그들을 서로 다른 기준으로 완전하다고 간주하신다. "하나님을 사랑함으로 순종하는 것이 인간의 완전함이듯, 인간을 사랑함으로 순종하는 것이 짐승의 완전함이었습니다."[156] 이처럼 서로 다른 두 종류의 완전 개념은 인간의 구원 곧 타락한 인간의 재창조에도 적용된다. 웨슬리는 설교 "산상설교(3)"(1748)에서 주님은 "그리스도인에게 (정도에서는 완전하지 않더라도 종류에서는, in kind though not in degree) '완전하라'"고 말씀하셨다고 지적한다.[157] 다시 말해, 인간이 구원을 통해 완전해진다 하더라도 천사나 하나님처럼 완전하지는 않다는 것이다. 또 "썩

---

152 "God's Approbation of His Works", *BEW* 2: 389.

153 "On Perfection", *BEW* 3: 72; 참고 "Sermon on the Mount, VI"(1748), *BEW* 1: 583.

154 "The End of Christ's Coming"(1781), *BEW* 2: 474.

155 "The General Deliverance", *BEW* 2: 441.

156 "The General Deliverance", *BEW* 2: 441.

157 "Sermon on the Mount, III", *BEW* 1: 530.

어질 육체를 입고 사는 동안에는 그 어떤 사람도 타락 전 '아담의 완전함'(Adamic perfection)에 이를 수 없다."[158] 그럼에도 인간은 하나님과 같은 '정도'는 아니더라도, 하나님께서 타락한 인간을 위해 기준으로 세우신 '종류'의 완전은 이룰 수 있다. 그렇다면 그리스도인의 완전의 기준은 무엇인가? 웨슬리는 이를 의도의 순수성을 지닌 거룩한 마음, 그리스도의 마음을 본받음, 하나님과 이웃에 대한 사랑, 성령의 열매 등 다양한 용어로 설명했는데,[159] 그 모두를 한마디로 요약하면 '거룩한 사랑'(holy love)이라 할 수 있다. 소극적인 의미로 그리스도인의 완전은, 거룩함이 없이는 아무도 주를 보지 못한다는 의미에서의 거룩함이라 할 수 있다.[160] 웨슬리는 그리스도인은 이 세상에 사는 동안 무지, 실수, 연약함에서 자유로울 수 없다고 믿었다.[161] 그러나 그에 따르면 죄는 알려진 하나님의 율법을 고의로 범하는 것이다.[162] 따라서 그는 그리스도인이 알려진 하나님의 율법을 고의로 위반하는 죄를 짓지 않는다는 의미에서는 거룩하거나 완전할 수 있다고 주장했다. 적극적인 의미로 그리스도인의 완전은 본질적으로 하나님과 이웃에 대한 사랑이다. 타락한 인간은 현재 아담의 법(Adamic law) 아래 있지 않고 "사랑의 법(law of love) 아래" 있다. 웨슬리는 "이제는 사랑이 율법의 완성입니다"(참고. 롬 13:10-역주)[163]라고 말하면서, 그런 의미의 그리스도인의 완전은 이 세상에서도 가능하다고 믿었다.

'어떻게 이 세상에서 죄 없는 완전(sinless perfection)이 가능한가'라는 질문은 그리스도인의 완전을 하나님의 완전하심과 같은 정도로 완전히

---

158 "On Perfection", *BEW* 3: 72-3.

159 "On Perfection", *BEW* 3: 74-6.

160 "Christian Perfection", *BEW* 2: 104.

161 "The Privilege of those that are Born of God", *BEW* 1: 436.

162 "A Plain Account of Christian Perfection", *Works* 11: 374.

163 "On Perfection", *BEW* 3: 73-4.

죄 없는 상태로 이해하는 사람들이 갖는 의문이다.[164] 이에 비해 웨슬리는 그리스도인의 완전을 하나님의 완전하심이나 천사의 완전함이 아닌 제한된 의미의 '거룩한 사랑'으로 이해했다. 또 웨슬리는 그리스도인의 완전을 성장할 수 있는 것으로 생각했다. 그는 설교 "그리스도인의 완전"에서 "정도에서의 완전이란 있을 수 없습니다. … 누군가가 아무리 많은 것을 이루고, 아무리 높은 정도로 완전해졌더라도 그는 여전히 '은혜 안에서 자라가야' 하고, 구주 하나님을 아는 지식과 사랑에서 날마다 진전을 이루어야 합니다"[165]라고 말한다. 인간의 완전이 하나님의 완전하심을 향해 성장해 갈수록, 인간의 행복도 하나님의 완전하신 행복을 향해 성장해 간다. 웨슬리는 동방 신학과 궤를 같이해 그리스도인의 완전을, 비록 정도에서는 제한적이지만 종류에서는 완전하고 성장할 수도 있는 역동적인 것으로 완전으로 이해한 반면, 그의 비판자들은 전통적 서방 신학의 관점에서 그리스도인의 완전을 더 성장할 여지가 없는 정적이고 절대적인 것으로 오해했다.[166] 다른 관점에서 보면, 웨슬리는 그리스도인의 완전을 이루라는 명령을 우리가 '거룩함과 행복'에서 성장하도록 격려하시고 은혜를 베푸시기 위한 하나님의 초청으로 여겼다면, 그의 비판자들은 그리스도인의 완전에 대한 웨슬리의 주장을 우리가 도덕적 순수성이나 거룩한 본성에서 하나님이 완전하신 정도만큼 완전해지는 것으로 오해했다.[167]

---

164 참고. "A Plain Account of Christian Perfection", *Works* 11: 374−75.

165 "Christian Perfection", *BEW* 2: 104−5; 참고. *BEW* 2: 98에 나오는 앨버트 아우틀러의 설명.

166 참고. *BEW* 2: 98에 나오는 앨버트 아우틀러의 설명.

167 *Works* 8: 361, 364−65, 429, 432, 484; *Works* 9: 106; *Works* 10: 350, 395, 411−12, 439. 예를 들어, 칼뱅은 마태복음 5: 48을 해석할 때 매우 신중했다. 그는 이 구절에서 말하는 완전이 하나님과의 동질성이 아닌 유사성을 의미한다고 이해했다. 따라서 그는 이 '완전하라'는 명령을 '그러므로 하늘에 계신 너희 아버지의 자비로우심과 같이 너희도 자비로운 자가 되라'는 자비의 명령과 연결 지었다 (*Commentary on a Harmony of the Evangelists*, trans. W. Pringle, Edinburgh, 1845, vol. 1: 308).

이 완전이 이 세상에서 순간적으로 이루어질 수 있는가 하는 것은 또다른 쟁점이었다. 웨슬리는 설교 "그리스도인의 완전"(1741)에서 이 완전은 "죽을 때나 그 이후만이 아니라 이 세상에서도" 이루어진다고 주장했다.[168] 1744년 메소디스트 연회 이후로는 이 세상에서 완전을 이룰 수 있다는 점을 더 강조했다. 곧 "비록 우리가 지금껏 알아온 대부분의 신자가 죽음 직전에야 온전히 성화된 것이 사실이더라도" 우리는 완전이 "오늘" 이루어질 것을 기대할 수 있는데,[169] 이는 하나님께서 완전하라는 명령을 죽은 자가 아닌 산 자에게 주셨기 때문이라는 것이다.[170] 따라서 웨슬리는, 교황주의자들은 연옥에서의 정화로 완전이 이루어질 것을 기대하고, 칼뱅주의자들은 영혼과 육체가 분리되는 시점에 완전이 이루어질 것을 기대한 반면, 메소디스트들은 "완전은 우리가 죽기 전에 이룰 수 있으며 죽음 이후에 이루는 것은 너무 늦다"라고 믿었음을 주장했다.[171] 웨슬리는 하나님의 역사가 인간의 능력이 아닌 하나님의 능력에 의해 순간적으로 이루어질 수 있음을 알았다. 그는 이 사실을 먼저 피터 뵐러에게서 배웠고, 다음은 여러 성경 구절을 통해 확신하게 되었으며, 이후 올더스게이트 거리에서 직접 체험했다.[172] 실제로 그는 그리스도인의 완전을 이루어가는 과정에서 순간적인 변화와 점진적인 변화 모두를 주장하면서도, 순간성을 더 강조했다.[173] 그의 요점은 우리의 구원에는 하나님의 강

---

168 "Christian Perfection", *BEW* 2: 120.

169 "Minutes of Some Late Conversations", *Works* 8: 285.

170 "Minutes of Some Late Conversations", *Works* 8: 296.

171 "Minutes of Several Conversations", *Works* 8: 328.

172 "The Principles of a Methodists", *Works* 8: 367−68; Henry D. Rack, *Reasonable Enthusiast*, 398.

173 "On Patience", *BEW* 3: 178; "Minutes of Several Conversations", *Works* 8: 329; 참고. *BEW* 3: 204−5.

력한 직접적 개입이 있기 때문에 순간적 역사가 가능하다는 것이었다.[174]

요약하면 웨슬리는 하나님의 거룩하심이라는 속성을 철학적인 방식이 아니라 우리의 구원 및 삶과 연결짓는 실제적인 방식으로 진지하게 접근했다. 거룩하신 하나님은 우리의 마음과 삶이 거룩하기를 바라신다. 웨슬리가 매우 즐겨 인용한 두 개의 성경 구절은 하나님의 거룩하심에 대한 그의 이해를 잘 보여준다. 그중 하나는 "거룩함이 없이는 아무도 주를 보지 못하리라"(히 12:14)라는 말씀이다.[175] 이 구절은 하나님의 거룩하심에 대한 웨슬리의 방어적 또는 소극적 이해를 부여준다. 웨슬리는 거룩함의 필요성을 옹호함으로 율법폐기론과 이중예정론을 바로잡아 거룩하지 못한 자들과 타락한 자들을 일깨우기 위해 노력했다.[176] 이런 의미에서 거룩함은 결혼예복이라 할 수 있는데, 하나님은 혼인예식에 초청받았더라도 이 예복을 입지 않은 사람을 거절하신다.[177] 다른 하나는 "하늘에 계신 너희 아버지의 온전하심과 같이 너희도 온전하라"(마 5:48)라는 말씀이다.[178] 이 구절은 웨슬리가 하나님의 거룩하심을 적극적으로 이해한 측면을 보여준다. 웨슬리는 성경에 기록된 거룩함이 바로 그리스도인의 완전임을 알리기 위해 힘썼다. 이로 인해 예상치 못한 많은 논쟁에 휘말리게 되었지만, 그의 본래 의도는 이 땅에서와 천국에서 거룩하신 하나님과 함께 영생과 행복을 누리는 비결인 거룩함을 증진시키는 것이었다.[179]

---

174 "On Perfection", *BEW* 3: 80; "A Plain Account of Christian Perfection", *Works* 11: 423.

175 웨슬리는 자신의 『전집』(*Works*) 전체에서 이 구절을 20회 이상 직접 인용해 사용했다.

176 "The Lord Our Righteousness", *BEW* 1: 462-63; "A Blow at the Root: or, Christ Stabbed in the House of His Friends", *Works* 10: 364.

177 "On the Wedding Garment", *BEW* 4: 144.

178 웨슬리는 자신의 『전집』(*Works*)에서 이 구절을 42회 이상 사용했다.

179 참고. "A Plain Account of Christian Perfection", *Works* 11: 367.

부연: 18세기에 있었던 하나님의 거룩함으로의 초대

하나님은 거룩하시며 우리에게도 그리스도인의 완전이라는 충만한 차원까지 거룩하기를 요구하신다는 웨슬리의 진지한 자각은 그의 사역 기간 전체를 관통하는 "가장 일관된 단 하나의 주제"였다.[180] 이는 그의 신학의 가장 특징적 요소이자, 사역 기간 내내 가장 많은 오해를 받은 교리, 가장 논란이 된 주제이기도 했다. 웨슬리의 이 같은 진지한 자각은 그가 처한 시대적 상황 및 그의 사역 초기의 경험과도 밀접한 관계가 있다. 이에 우리는 먼저 웨슬리의 이러한 진지한 자각의 배경을 세 가지 측면에서 살펴본 후, 그가 자신의 시대를 어떻게 평가했는지와 하나님의 거룩하심을 세상에 널리 전하려 한 그의 소명에 대해 짚어보고자 한다.

첫째, 웨슬리는 거룩한 가정에서 성장했다. 그는 아담 클라크(Adam Clarke)에게 이렇게 말한 적이 있다. "만약 내 인생에 대해 글을 쓴다면 내가 태어나기 전 시점부터 시작해야 할 거야."[181] 이는 그가 자신의 신학과 삶에 조상들이 끼친 영향을 인식하고 있었음을 말해준다. 존 웨슬리는 경건한 조부 존 웨슬리(John Wesley, Sr.)와 외조부 새뮤얼 앤슬리(Samuel Annesley)에게 영향을 받은 것으로 보이며, 이들의 대화와 설교는 존 웨슬리의 저술에도 나온다. 조부 존 웨슬리는 청교도로서 존 오웬(John Owen)의 문하생(protégé)이었다.[182] 존 웨슬리는 조부가 자신이 받은 성직 안수의 진정성에 관해 브리스톨 주교 길버트 아이언사이드(Gilbert Ironside)

---

180 Albert C. Outler's comment on Christian perfection, *BEW* 3: 70.

181 Adam Clarke, *Memoirs of the Wesley Family* (1823), vol. 1: 94. A. S. Wood *The Burning Heart* (Grand Rapids: Eerdmans, 1967), 19에서 재인용.

182 S. Wood, *The Burning Heart*, 21.

와 나눈 대화를 일지에 기록했다.[183] 조부 존 웨슬리에게 경건은 "종교의 실체"였다.[184] 웨슬리의 외조부 새뮤얼 앤슬리 박사는 청교도 비국교도(Puritan Nonconformists) 중 잘 알려진 인물의 하나로, 존 뉴턴(John A. Newton)은 그를 비국교들의 사도 바울이라 불렀다.[185] 그는 청교도 신학과 거룩한 삶을 표현한 설교집 『아침 경건 훈련』(*The Morning Exercises*)을 출판했는데,[186] 존 웨슬리는 설교 "양심에 대하여"의 결론 부분에서 이 책에 실린 외조부의 설교 "보편적 양심"(Universal Conscientiousness)을 인용했다.[187] 우리는 이 설교에서 외조부와 손자 모두 거룩한 삶이라는 공통의 기반 위에 서 있었음을 발견할 수 있다. 부계와 모계 조부들이 모두 청교도였던 존 웨슬리는 그들과 마찬가지로 거룩한 삶의 신학을 강조했다.

웨슬리의 부모 역시 그에게 거룩한 삶의 본보기가 되어준 것이 분명하다. 부친 새뮤얼 웨슬리는 '마음과 삶의 참된 거룩함'을 증진하기 위한 종교 신도회 운동에 참여했다. 그는 1700년에 "런던의 신도회 모임을 모델로 삼아" 자신의 엡워스(Epworth) 교구 목사관에서 신도회를 설립해 교인들이 거룩한 삶을 살도록 도왔다.[188] 1725년 7월 14일에는 아들 존에게 편지를 보내 "선하고 정직하며 경건한 마음을 간직하거라. 열심히 기도하고 깨어 있어라"[189]라며 격려했다.

---

183 *Journal* 5: 120–24 (1765년 5월 25일).
184 *Journal* 5: 123 (1765년 5월 25일).
185 John A. Newton, *Susanna Wesley*, 19.
186 Martin Schmidt, *John Wesley: A Theological Biography* 1: 42.
187 "On Conscience", *BEW* 3: 488–90.
188 Richard P. Heitzenrater, *Mirror and Memory: Reflections on Early Methodism*, 42.
189 *BEW* 25: 171.

　　메소디즘의 어머니로 불리는 수잔나 웨슬리[190]도 자녀들을 경건한 삶으로 양육했다. 그녀는 자녀들의 조기 교육을 담당했다. 그녀는 아버지 새뮤얼 앤슬리 박사 같은 청교도로부터[191] 로렌조 스쿠폴리(Lorenzo Scupoli) 같은 가톨릭 신비주의자,[192] 애버딘(Aberdeen)의 헨리 스쿠걸(Henry Scougal) 같은 스코틀랜드 성공회 교도,[193] 윌리엄 베버리지(William Beveridge) 주교 같은 영국 국교회 교도[194] 등에 이르기까지 다양한 사람을 통해 거룩한 삶의 전통의 영향을 받았다. 수잔나는 인생의 전성기 20여 년을 자녀의 영혼을 구원하는 데 바쳤다고 고백했다.[195] 아들들이 학교에 진학해 집을 떠난 후에도 그녀는 편지를 통해 지속적으로 그들을 지도했다. 아놀드 댈리모어(Arnold A. Dallimore)는 그녀의 이 같은 편지를 통한 자녀 교육 방식을 "아들들에 대한 수잔나의 고등 교육"[196]이라고 불렀다. 그녀는 아들 존에게 보낸 1725년 6월 8일 자 편지에서 거룩함이 없이는 이 세상에서도, 저 세상에서도 행복할 수 없다고 역설했다.[197] 또 "거룩함과 순결함은 같은 것이고, 이는 하나님의 본질이 완전히 단일하심(perfect simplicity of essence)을 의미해. … 한마디로 그분은 거룩함 그 자체(holiness in the abstract)이시란다!"[198]라고 말했다. 거룩함이 없이는 하나님과의 평화도, 성령 안에서의 기쁨도 있을 수 없다. 프랭크 베이커(Frank

---

190 참고. John A. Newton, *Susanna Wesley*, 185–200.

191 John A. Newton, *Susanna Wesley*, 133.

192 John A. Newton, *Susanna Wesley*, 136–37.

193 존 웨슬리에게 보낸 편지 (1732년 10월 25일), *BEW* 25: 345.

194 John A. Newton, *Susanna Wesley*, 260–63.

195 Arnold A. Dallimore, *Susanna Wesley: The Mother of John &Charles Wesley* (Grand Rapids: Baker Book House, 1993), 57.

196 Arnold A. Dallimore, *Susanna Wesley: The Mother of John &Charles Wesley*, 89.

197 Charles Wallace Jr. (ed.), *Susanna Wesley*, 108. 존 웨슬리에게 보낸 편지 (1725년 6월 8일).

198 Charles Wallace Jr. (ed.), *Susanna Wesley*, 446.

Baker)는 그녀가 아들보다 앞선 "대중 신학자"(folk-theologian)였다고 평가하면서, 존 웨슬리의 초기 생애에는 "어머니의 영향력"이 놀랄 정도로 뚜렷이 드러난다고 지적한다.[199]

웨슬리의 조상들은 2대(代)가 청교도와 영국 국교도였다. 그들은 주교제, 예전, 이중예정론 같은 교리에서는 견해를 달리했지만, 거룩한 삶의 필요성에 대해서는 의견이 일치했기에, 거룩함이 없이는 볼 수 없는 거룩하신 하나님 앞에서 참으로 거룩한 삶을 추구했다. 따라서 웨슬리는 거룩한 삶을 열망하는 피를 물려받았고, 어린 시절부터 거룩한 하나님 앞에서 거룩하게 살아가는 법을 교육 받으며 자라났다.

둘째, 웨슬리가 거룩한 삶을 살기로 결단하고 실제로 그 삶을 시작한 것은, 그가 경건주의, 신비주의, 초기 기독교 영성에 관한 경건서적을 읽고 거룩한 삶을 실천한 옥스퍼드 대학생 시절이다. 웨슬리는 자신이 이 시기에 읽은 책의 저자 중 특히 그리스도인의 완전의 길을 걸어가도록 영향을 준 세 학자를 언급했는데, 그들은 곧 제레미 테일러(Jeremy Taylor), 토마스 아 켐피스, 그리고 윌리엄 로였다.

웨슬리는 성직 안수를 받기로 결심한 해인 1725년에 테일러 주교의 『거룩한 삶과 죽음의 규칙과 훈련』(*Rules and Exercises of Holy Living and Dying*, 1650)을 읽고 자신의 "모든 삶, 모든 생각과 말과 행동을 하나님께 드리기로" 결심했다.[200] 테일러 주교가 웨슬리에게 미친 영향의 즉각적 결과는 거룩한 삶의 내면적 요소인 "의도의 순수성"의 필요성을 깨달은 것이었다.[201]

---

199 Frank Baker, "Unfolding John Wesley: A Survey of Twenty Years' Studies in Wesley's Thought", *Quarterly Review* 1 (Fall 1980), 56.

200 "A Plain Account of Christian Perfection", *Works* 11: 366.

201 "A Plain Account of Christian Perfection", *Works* 11: 366; Jeremy Taylor, *The Rule*

웨슬리에 따르면, 그는 1726년에 토마스 아 켐피스의『그리스도를 본받아』를 읽고, 진정한 기독교 신앙은 우리의 마음을 하나님께 드리는 것임을 확신하게 되었다. 그는 이를 "내면적 종교" 또는 "마음의 종교"의 본질로 보았다. 즉, 그는 테일러에게서는 거룩한 삶에 대한 실천적 규율의 핵심인 의도의 순수성을 배웠다면, 켐피스에게서는 하나님을 순결하게 사랑하는 마음속 사랑의 순수성을 배웠다.[202]

그로부터 1~2년 후 웨슬리는 윌리엄 로의『그리스도인의 완전』(*Christian Perfection*)과『경건하고 거룩한 삶으로의 진지한 부르심』(*A Serious Call to A Devout and Holy Life*)을 읽었다.[203] 로는 "이 세상에 대해 올바른 생각과 태도를 갖는 것은 하나님에 대해 올바른 생각을 갖는 것만큼이나 신앙에 필수적"[204]이라고 말했다. 그래서 그는 독자들에게 거룩한 삶 또는 경건의 삶을 굳게 붙들 것을 촉구했다. 거룩한 삶은 그리스도인의 완전과 동의어이다. 웨슬리는 로의 신비주의는 받아들이지 않았지만, 거룩한 삶이 그리스도인의 완전이라는 그의 생각에는 동의했다.

'스콜라주의'(scholasticism)와 사변(speculation)에 대한 불신을 나타낸 이 세 저자의 공통 관심사는 독자들이 거룩한 삶을 실천하도록 격려하는 데 있었다. 웨슬리가 몇몇 사안에서 이들에게 동의하지 않았다는 점은 분명하다. 예를 들어, 웨슬리는 테일러가 "우리는 하나님이 우리를 용서하셨는지 아닌지 여부를 알 수 없으므로 죄를 지은 것에 대해 계속 슬퍼해

---

and Exercise of Holy Living and Dying (London: Henry G. Bohn, 1865), 3–5.

202 "On Dissipation"(1784), *BEW* 3: 122–23; 참고. Thomas à Kempis Kempis, *The Imitation of Christ* (London: J. M. Dent and Sons, 1910), 67.

203 *Journal* 5: 117 (1765년 5월 14일).

204 William Law, *William Law: A Serious Call to a Devout and Holy Life & The Spirit of Love*, 54.

야 한다"고 말한 것에 동의하지 않았다.[205] 또 "하나님께서 우리를 세상에 보내실 때 우리가 영원히 비참하게 살도록 돌이킬 수 없게 정해 놓으셨다고는 생각할 수 없다"[206]라고 말하면서 토마스 아 켐피스의 주장에도 동의하지 않았다. 그는 윌리엄 로가 후기에 저술한 신비주의 저작들에 대해서는 매우 비판적이었다.[207] 그럼에도 웨슬리는 자신이 그리스도인의 완전이나 거룩한 삶을 추구하도록 영향을 준 사람들을 회고할 때는 언제나 그들을 긍정적으로 언급했다. 그는 그들이 거룩한 삶을 기독교 신앙의 핵심으로 이해한 깃에 매우 큰 감명을 받은 것이다.

셋째, 웨슬리는 사역 초기 '마음과 삶의 참된 거룩함'을 증진하는 일에 힘쓴 종교 신도회 운동의 영향을 받았다. 그는 초기에 직접 청교도주의와 종교 신도회들을 포괄하는 영국의 거룩한 삶 운동의 일원으로도 활동했다. 기독교 교리가 그리스도인의 삶에 미치는 영향력을 잃어가고, 교회가 현대 문화와 세속 사상의 더 많은 공격에 직면하면서 비국교도(또는 분리주의자), 영국 국교도 등 일부 그리스도인은 이러한 경향에 저항해 사람들에게 거룩한 삶을 장려했던 것이다.

웨슬리와 관련해 우리가 주목할 점은 영국 국교회 내에서 일어난 종교 신도회 운동이다. 1670년대 앤서니 호넥(Anthony Horneck)과 다른 영국 경건주의자들에 의해 시작된 종교 신도회 운동은 17~18세기 영국에서 세속주의에 대항한 운동 중 하나였다.[208] 이들의 목표는 호넥이 주창한 거룩함을 증진하는 것이었으며, 이는 훗날 웨슬리도 갖게 된 열망이었다. 1729년과 1733년에 웨슬리는 호넥의 『행복한 경건훈련자』(*The Happy*

---

205 *BEW* 25: 168–69, 174.
206 *BEW* 25: 162–63.
207 "An Extract of a Letter to the Reverend Mr. Law", *Works* 9: 467.
208 Richard P. Heitzenrater, *Wesley and the People called Methodists*, 21.

Ascetick)를 읽었다.[209] 호넥에게 거룩하신 하나님의 현존은 그리스도인이 거룩한 삶을 살아야 할 근본적 이유였다. 그래서 그는 산상설교에 대한 39편의 설교를 출판했는데, 이는 훗날 웨슬리가 산상설교에 대한 13편의 설교를 작성하는 데 영향을 주었다. 호넥의 마지막 설교는 마태복음 5:48 의 "그러므로 하늘에 계신 너희 아버지의 온전하심과 같이 너희도 온전하라"라는 말씀에 근거한 그리스도인의 완전에 대한 설교였다.[210] 이처럼 호넥을 따랐던 종교 신도회들은 교회의 지도 아래 하나님의 거룩하심을 본받아 '마음과 삶의 참된 거룩함'을 증진시키려는 열심이 있었다.[211] 웨슬리는 이러한 종교 신도회와 교류했다. 느헤미야 커녹(Nehemiah Curnock)은 1738년 9월 20일부터 1739년 3월 27일까지의 웨슬리의 일지에 "종교 신도회들과 함께"(With the Religious Societies)라는 표제를 붙였다.[212] 1729년에 설립된 옥스퍼드의 홀리 클럽(Holy Club)은 거룩한 삶을 실천하기 위해 결성된 일종의 신도회 모임이었다.[213] 브리스톨에서 부흥운동이 시작되었을 때도 웨슬리는 반회(band) 모임을 조직하고 참석했다.[214] 이 초기 부흥운동의 결과 중 하나로 1739년부터 1740년에 걸쳐 각 도시에 연합 신도회(United Societies)가 생겨났고, 런던의 연합신도회로는 파운더리 신도회(Foundery Society)가 설립되었는데, 이들이 이후 공식적으로 메소디

---

209 Green, *The Young Mr. Wesley*, 293, 299.

210 Anthony Horneck, *Several Sermons upon the Fifth of St. Matthew*, vol. 2 (London: Brabazon Aylmer, 1698), 521 이하.

211 Richard P. Heitzenrater, *Wesley and the People called Methodists*, 21.

212 *Journal* 2: 70–156.

213 웨슬리는 *An Extract of the Rev. Mr. John Wesley's Journal from his Embarking for Georgia To his Return to London*에서 홀리 클럽(Holy Club)을 "옥스퍼드의 작은 신도회"(Little Society in Oxford)로 불렀다. *BEW* 18: 122.

214 *Journal* 2: 221 (1739년 6월 15일); 참고. Richard P. Heitzenrater, *Wesley and the People called Methodists*, 100.

스트들로 불리게 되었다. 리처드 하이첸레이터(Richard P. Heitzenrater)가 지적했듯, 초창기에 이 신도회들은 "아직 '메소디스트들'로 구별되지 않았고, 오히려 영국 국교회 내 종교 신도회들의 전통적 특징 대부분을 공유하고 있었다."[215] 웨슬리 역시 종교 신도회들의 거룩한 삶 신학과 뜻을 같이했으며, 적어도 그의 초기 사역은 '마음과 삶의 참된 거룩함'을 증진시켜 온 종교 신도회 운동의 영향을 받았다.

다음으로 주목할 만한 요소는, 어린 시절부터 거룩함에 대해 교육을 받고 경건 서적을 많이 읽었던 웨슬리가 자신이 살고 사역한 시대를 어떻게 평가했는가 하는 것이다. 일반적으로 18세기는 이성의 시대 또는 계몽주의 시대로 불리지만, 웨슬리는 그 시대를 "불경건"과 하나님 상실의 시대로 묘사했다. 그는 영국인들이 "그 모든 생각에 하나님이 계시지 않으며, 아침부터 밤까지 하나님을 생각조차 하지 않는다"는 점에서 하나님 상실의 시대에 살고 있다고 확신했다.[216] 웨슬리는 1791년 3월 2일 사망하기 8개월 전인 1790년 6월 26일에 설교 "하나님 없는 삶에 대하여"에서 "심지어 그리스도인으로 불리는 사람 대다수"도 "그 모든 생각에 하나님이 없는" "실천적 무신론자"(practical Atheist)라고 지적했다.[217]

자기 시대의 불경건을 자각한 웨슬리는 하나님이 자신에게 성경적 거룩함 또는 그리스도인의 완전을 전파할 것을 요구하신다고 생각했다. 그는 자신이나 옥스퍼드 메소디스트들이 불경건의 시대에 거룩한 삶 운동을 시작한 것은 스스로 필요성을 자각했기 때문이 아니라, 하나님 상실의 시대에 거룩함을 증진하도록 하나님이 자신들을 부르셨기 때문이라고 말하곤 했다. "하나님께서는 옥스퍼드 대학교에서 몇몇 젊은이를 일으켜 당

---

215 Richard P. Heitzenrater, *Wesley and the People called Methodists*, 103.
216 "An Estimate of the Manners of the Present Times", *Works* 11: 160.
217 "On Living without God", *BEW* 4: 171.

시에는 거의 수복받지 못했던 위대한 진리를 증언하게 하셨습니다. 그것은 거룩함이 없이는 아무도 주님을 보지 못한다는 것과, 이 거룩함은 우리에게 소원을 두고 행하게 하시는 하나님의 역사라는 것입니다."[218] 그는 메소디스트 설교자들에게 자신들을 세우신 하나님의 계획은 "새로운 종파를 형성하는 것이 아니라, 국가와 특히 교회를 개혁하고 이 땅에 성경적 거룩함을 전파하는 것"임을 상기시켜 주었다.[219] 이처럼 "메소디즘"은 "마음의 거룩함의 교리"를 지칭한다면,[220] 완전 성화 교리는 하나님 없이 살아가던 시대에 "하나님께서 메소디스트들이라 불린 사람들에게 맡기신 위대한 위임물(great depositum)"이었다.[221]

3. 정의

A. 분배적 정의(Distributive Justice)

분배적 정의란 하나님께서 모든 사람에게 자신의 은혜와 호의를 공평하고 의롭게 베푸심을 의미한다. 특히 하나님은 인종과 종교에 관계없이 모든 사람에게 인간 삶의 기본 조건인 햇빛과 공기, 자유를 주신다.[222] 하나님은 그리스도인만이 아닌 불신자들의 아버지이시기도 하다. 그분은 자신이 지은 모든 것을 사랑하신다. 이처럼 하나님께서 만물을 돌보시는 것은 그분이 만물의 창조주이시기 때문이다.

이 점에서 웨슬리는 노예제도를 비판했다. 어떤 사람은 노예무역이

---

218 "The General Spread of the Gospel", *BEW* 2: 490.

219 "Minutes of Several Conversations", *Works* 8: 299.

220 "Minutes of Several Conversations", *Works* 8: 336.

221 로버트 카 브랙켄버리(Robert Carr Brackenbury)에게 보낸 편지 (1790년 9월 15일), *Letters* 8: 238.

222 *ENNT* 450, 행 14: 17 주해; "Thoughts upon Slavery", *Works* 11: 76-9.

법적으로 허용된다는 이유로 불법이 아니라고 주장했다. 그러나 웨슬리는 노예제도가 하나님의 정의에 반함을 지적했다.[223] "자유는 생명의 숨을 들이쉬는 순간부터 모든 인간이 당연히 누려야 할 권리이므로, 인간의 어떤 법도 자연법에서 유래한 그 권리를 박탈할 수 없습니다."[224] 여기서 자연법(law of nature)은 하나님 이외의 다른 기원에서 유래했다는 의미가 아니라, 계시된 율법의 도움 없이도 모든 사람이 알 수 있는 하나님의 기본적인 법칙이라는 의미에서 자연적이다. 웨슬리에 따르면, 하나님 앞에서 흑인 노예는 "영국인과 동등한 사인적 권리"를 갖는다.[225] 웨슬리는 "노예 소유의 모든 형태가 어느 정도 자연적 정의와 일치한다는 주장을 절대적으로 부인합니다"라고 역설했고, 이 자연법을 거역하는 자들은 마지막 심판날 어떤 자연적 원천이 아닌 공의로우신 하나님에 의해 벌을 받을 것이라고 생각했다. 그는 노예제도와 연관된 사람들에게 다음과 같은 도전적 질문을 던졌다. "하나님이 계십니까? 당신들은 그렇다는 사실을 알고 있습니다. 그분은 의로우신 분입니까? 그렇다면 반드시 보응의 때가 있을 것입니다. 그때 공의로우신 하나님은 각 사람에게 그 행한 대로 갚아주실 것입니다. 그때 하나님이 당신들에게 어떤 보응을 하시겠습니까?"[226] 웨슬리에 따르면, 모든 사람을 사랑하시고 "온 땅의 모든 족속을 한 혈통으로 만드신" 하나님은 모든 사람에게 기본적 필요를 공평하게 채워주시어 그들이 중단 없이 그것들을 누리기를 바라신다.[227]

---

223 "Thoughts upon Slavery", *Works* 11: 70.

224 "Thoughts upon Slavery", *Works* 11: 79.

225 "Thoughts upon Slavery", *Works* 11: 70.

226 "Thoughts upon Slavery", *Works* 11: 76-7. 웨슬리는 사망하기 불과 며칠 전인 1791년 2월 24일에 윌버포스(Wilberforce)에게 편지를 보냄으로 흑인 노예제도 폐지에 깊은 관심을 보였다 (*Letters* 8: 264-65).

227 "Thoughts upon Slavery", *Works* 11: 79.

나아가 웨슬리는 도덕법과 재판법을 포함해 하나님의 모든 율법은 "자연적 공정성"에 기초하고 있다고 생각했다.[228] 하나님은 의와 공평으로 모든 피조물을 다스리시기에,[229] 그분의 통치는 의와 공평으로 충만하다.[230] 따라서 의로우신 재판장은 모든 사람과 천사를 불러 자신의 심판의 모든 과정이 공정함을 증언하게 하실 것이다.

웨슬리에게 하나님의 정의는 인간 사이의 정의를 북돋우는 원천이 된다. 하나님께서 성경에서 정의와 의로움을 요구하신다는 사실은, 우리가 사람들과의 관계에서 공정하게 행해야 할 의무의 토대가 된다.[231] 특히 공적인 정의를 집행할 책임을 맡은 사람은 하나님의 정의라는 다림줄로 판단받아야 한다.[232] 하나님께서 모든 인간을 공정하게 대하신다는 사실은, 자신의 대리자로 세우신 이스라엘의 사사들이 뇌물을 받고 판결을 굽게 한 일을 단죄하신 사건에서 알 수 있다.[233] 웨슬리는 베드퍼드(Bedford)의 민사 법원 판사인 에드워드 클라이브(Edward Clive) 경 앞에서 전한 설교 "대심판"에서, "이 땅에서 정의를 실행하고, 상처받은 자를 보호하며, 범법자를 벌하도록" 하나님께서 보내신 사람들은 민사 재판을 처리할 때 거룩하고 지혜롭고 공정해야 함을 상기시켰다. 그렇게 할 때 최후의 심판 날 위대하신 재판장이 "잘하였도다 착하고 충성된 종아"라며 칭찬하실 것이기 때문이다.[234]

---

228 *ENOT* 1479, 느 9: 13 주해.
229 *ENOT* 1692, 시 45: 6 주해.
230 *ENNT* 812, 히 1: 8 주해.
231 참고. "Sermon on the Mount, X", *BEW* 1: 655–56; *ENOT* 2515, 암 5: 24 주해.
232 참고. *ENOT* 2518, 암 7: 7–8 주해.
233 참고. *ENOT* 914, 삼상 8: 3 주해.
234 "The Great Assize", *BEW* 1: 371–72.

B. 응보적 정의(Retributive Justice)

응보적 정의란 하나님께서 베푸신 은혜에 인간이 어떻게 반응했는지에 따라 상이나 벌을 주시는 것을 의미한다. 먼저 상 주심에 관해, 웨슬리는 "모든 공정한 탐구자는 별도의 도움 없이 이성만으로도 하나님은 '자기를 찾는 자들에게 상 주시는 분'이라는 사실을 확신할 수 있다"고 주장했다. 앞서 살펴본 바와 같이, 하나님이 상 주시는 분이라는 사실은 인간에게 계시된 중요한 진리이다. 그러나 그 상에 대한 명확한 정보는 오직 위대한 심판자 자신에 의해서만 주어진다.[235]

그렇다면 "인자가 자기 영광으로 오실 때" 주어질 보상의 기준은 무엇인가? 우선적 기준은 이 땅에서의 거룩함과 선행이다.[236] 노년의 웨슬리는 1790년에 안 볼튼(Ann Bolton)에게 보낸 편지에서 "보상은 의심할 바 없이 1. 우리의 내면의 거룩함 또는 하나님을 닮은 정도, 2. 우리의 행위, 3. 우리의 고난에 비례할 것입니다"[237]라는 말로 이를 요약했다.

하나님께서 주시는 최고의 상급은 복 있는 자들을 위해 예비된 하나님 나라 또는 천국의 유업이다. 하나님 나라는 하나님이 통치하시는 상태(state)이자, "하나님께서 영화의 상태에 있는 성도들과 더 직접적으로 함께 거하시는" 장소(place)이기도 하다.[238] 이처럼 웨슬리는 하나님 나라가 내세만이 아니라 현세에서도 누릴 수 있는 나라임을 주장한다. 그는 마태복음 3:2을 주해하면서 하나님 나라는 "하늘에서 누릴 미래의 행복한 상태만이 아니라 이땅에서도 누려야 할 상태"라고 설명한다. 나아가 이

---

235 "The Reward of Righteousness"(1777), *BEW* 3: 400.

236 "Heaviness through Manifold Temptations", *BEW* 2: 234; "God's Love to Fallen Man", *BEW* 2: 431–32.

237 앤 볼턴(Ann Bolton)에게 보낸 편지 (1790년 12월 15일), *Letters* 8: 251.

238 메리 비숍에게 보낸 편지 (1776년 4월 17일), *Letters* 6: 213.

땅의 하나님 나라는 신자의 마음뿐 아니라 하나님 백성으로 구성된 "공동체"(society)에 하나님의 통치가 이루어져 장차 누릴 하나님 나라의 행복을 미리 맛보는 것이다.[239] 따라서 이땅에서 실현된 하나님 나라를 살아가는 복된 자들은 "'하나님의 영광을 바라고' '말할 수 없는 즐거움으로 기뻐한다.'"[240]

천국에서의 상급에 대해 웨슬리는 그 삶을 설명하기에는 "어떤 묘사로도 부족합니다"[241]라고 말한다. 그래서 그는 주로 성경 구절을 인용해 그 삶을 묘사하는 데 만족했다. "그때에 의인들은 자기 아버지 나라에서 해와 같이 빛날 것입니다(마 13:43)."[242] 그럼에도 웨슬리의 상급 개념은 우리가 영생을 얻어[243] 시간과 영원에서 삼위일체 하나님과 중단 없이 거룩한 교제를 누리는 것에 근거한다.[244] 복 있는 자들에게는 이 땅의 시간에서와 영원한 천국에서 인간이 타락 전 가졌던 삼위일체 하나님과의 지속적인 교제가 회복된다. 웨슬리에게 이 교제는 그리스도인이 추구하는 목표이자, 하나님께서 그분의 거룩한 백성에게 주시는 참된 상급이다.

다음으로 형벌에 관해, 웨슬리는 이를 징벌적 정의와 연결지었다. 하나님은 "자신의 공의에 따라 각 사람이 행한 선악을 그들에게 갚아주신다."[245] 죄인에게는 하나님이 진노로 자신을 드러내신다. 그분의 진노는 세상에 와서 각 사람에게 비추는 빛(요 1:9, 선행은총에 의한 깨달음을

---

239 *ENNT* 22, 마 3: 2 주해.

240 "The Way to the Kingdom", *BEW* 1: 224.

241 "The Great Assize", *BEW* 1: 366.

242 "The Great Assize", *BEW* 1: 366.

243 "The Great Assize", *BEW* 1: 366.

244 "The Circumcision of the Heart", *BEW* 1: 408; "Human Life a Dream"(1789), *BEW* 4: 118.

245 "An Extract of a Letter to the Reverend Mr. Law", *Works* 9: 480.

의미함-역주)에 의해서도 어느 정도 드러나지만, 그분의 섭리와 말씀과 메신저들에 의해 더 온전히 드러난다.[246]

하나님의 징벌과 관련해 웨슬리는 "사랑의 하나님이 어떻게 죄인에게 진노하실 수 있는가?" 또는 "하나님께도 인간과 같은 진노가 있는가?"라는 오래된 신학적 질문을 제기했다. 그는 로마서 5:9을 주해하면서 '하나님의 사랑과 진노'라는 단어는 "유비적 의미"(analogical sense)로 사용된다고 설명했다.[247] "하나님의 진노는 인간의 감정적 분노가 아니다."[248] 따라서 하나님의 진노는 인간의 진노와 동일하지 않으며, 인간의 죄에 대한 하나님의 응보적 정의를 인간적 용어로 표현한 것이다.[249]

웨슬리는 사랑의 하나님의 진노나 죄인에 대한 형벌을 설명하기 위해 '불'이라는 상징적 용어를 사용했다. 즉, "불을 사랑의 상징"이라고 생각했다.[250] 첫째, 하나님의 사랑의 불은 인간이 선을 행하도록 격려한다. 따라서 "하나님의 사랑은 우리의 모든 선행의 근거이자 목적이다."[251] 둘째, 사랑의 불은 소멸하는 불이다. 사랑의 하나님은 자기 백성들의 마음속 "모든 불순물을 불태워 없애기" 위해 그들의 영혼에 "정련하는 불"과 "소멸하는 불"로 내주하신다.[252] 사랑의 불이 거룩한 사랑에 반하는 모든 것을 정화하는 것이다.[253] 앞서 언급했듯 웨슬리는 1738년에 하나님께서 악을 소멸시키는 불이심을 직접 경험했다.[254] 악을 소멸하는 불이신 하나님

---

246 *ENNT* 520, 롬 1: 18-19 주해.

247 *ENNT* 537, 롬 5: 9 주해.

248 *ENNT* 537, 롬 5: 9 주해.

249 Charles Wesley's "The Cause and Cure of Earthquakes", *Works* 7: 388.

250 "A Plain Account of Christian Perfection", *Works* 11: 441.

251 "A Plain Account of Christian Perfection", *Works* 11: 441.

252 "Self-denial", *BEW* 2: 244.

253 월터 처치(Walter Churchey)에게 보낸 편지 (1771년 2월 21일), *Letters* 5: 223.

254 *Journal* 1: 464 (1738년 5월).

은 그분의 사랑을 "엄중한 공의와 순전한 거룩함"으로 나타내신다.[255] 이 엄중한 공의는 "주의 두려우심"의 원인이 된다.[256] 주의 두려우심을 처음으로 깨달은 죄인은 "하나님의 무서운 심판대 앞에 떨며 서게 된다."[257] 이 맥락에서 웨슬리는 하나님의 진노와 공의를 거의 "동의어"로 생각했다.[258] 마찬가지로 웨슬리에게 유비적 의미의 하나님의 사랑과 그분의 진노나 공의는 하나님의 도덕적 속성 안에서 양립 가능한 것이다. 하나님의 사랑은 그분의 공의나 진노와 모순되지 않는다. 사실상 하나님의 사랑은 거룩함이나 공의와 진노를 모두 포함하는 포괄적인 용어이다.

따라서 웨슬리가 보기에 하나님의 사랑을 지나치게 강조해 하나님의 형벌을 부정하는 것은 터무니없는 일이었다. 그는 한때 자신의 영적 멘토였던 윌리엄 로의 저작에서 이런 사례를 발견했다. 웨슬리는 "로 목사의 편지 발췌문"(An Extract of a Letter of the Reverend Mr. Law, 1756)에서 하나님의 징벌적 정의에 대한 자신의 이해를 로의 이해와 대비시켰다. 윌리엄 로는 "하나님 안에는 진노가 존재할 가능성이 없다"[259]고 주장했다. 로에 따르면, 이 세상에서 진노와 악은 용어만 다를 뿐 사실상 같은 것으로, 피조물이 "생명의 능력을 상실"할 때 그 안에서 생겨난다.[260] 우리의 구원은 "하나님과 사람 사이에 있는 진노를 소멸시킨다."[261] 진노와 악은 궁극

---

255 *ENNT* 851, 히 12: 29 주해.

256 *Journal* 3: 344 (1748년 4월 11일), *Journal* 3: 399 (1749년 5월 9일), *Journal* 4: 139 (1755년 10월 20일), *Journal* 5: 45 (1764년 1월 26일).

257 *ENNT* 532, 롬 4: 5 주해.

258 "An Extract of a Letter to the Reverend Mr. Law", *Works* 9: 481.

259 William Law, *William Law: A Serious Call to a Devout and Holy Life & The Spirit of Love*, 397.

260 William Law, *William Law: A Serious Call to a Devout and Holy Life & The Spirit of Love*, 399; 참고. *Works* 9: 483.

261 William Law, *William Law: A Serious Call to a Devout and Holy Life & The Spirit of Love*, 430.

적으로 하나님의 사랑에 의해 극복되어야 할 대상이다. 이처럼 로는 어떤 형벌도 없는, 오직 하나님의 사랑을 통한 행복한 결말만 믿었음이 분명하다.[262] 따라서 웨슬리는 이 주장에 "형벌은 전혀 없이" 단지 "달콤한 이야기"뿐이라고 적었다.[263] 그는 죄에 대한 하나님의 진노는 하나님의 사랑만큼이나 중대한 진리라고 믿었다.[264] 그에게 하나님의 징벌은 하나님의 사랑과 양립할 수 있을 뿐 아니라, 하나님 말씀의 진리가 이를 뒷받침해 준다. 로가 하나님의 진노를 부정한 것에 대해, 웨슬리는 이것이 성경과 반대된다는 결론을 내리면서 이를 뒷받침하는 40개가 넘는 성경 구절을 열거했다.[265] 그런 후 최종적으로 "그러니 내가 누구를 믿어야 하겠습니까? 하나님입니까, 사람입니까?"라고 묻는다.[266] 이처럼 웨슬리가 죄인에 대한 하나님의 형벌을 확신한 것은 성경의 계시를 신뢰한 데서 비롯되었다.

웨슬리에게 형벌이란 "죄로 인한 고통 또는 전에 지은 죄로 인해 가해지는 고통"을 의미한다.[267] 웨슬리는 하나님의 보상과 마찬가지로 형벌도 이 세상에서 이루어질 수 있다고 생각했다. 그는 "시의적절한 한마디: 영국인을 향한 권고"(A Word in Season: or, Advice to an Englishman)라는 제목의 글에서, 하나님은 마지막 심판 날 악인에게 보응하시겠지만 그 전에도 "자주" 이 땅에서 죄인이나 죄악 된 나라를 공의와 권능으로 벌하신다고 말한다.[268] 웨슬리는 설교 "국가적 죄와 비극들"(1775)에서도 한 나라

---

262 William Law, *William Law: A Serious Call to a Devout and Holy Life & The Spirit of Love*, 399.

263 "An Extract of a Letter to the Reverend Mr. Law", *Works* 9: 481.

264 *Journal* 4: 234 (1757년 9월 4일).

265 "An Extract of a Letter to the Reverend Mr. Law", *Works* 9: 487.

266 "An Extract of a Letter to the Reverend Mr. Law", *Works* 9: 487.

267 "The Doctrine of Original Sin", *Works* 9: 242–43.

268 "A Word in Season: or, Advice to an Englishman", *Works* 11: 184.

의 고통이 그 나라의 죄에 대한 하나님의 징벌일 수 있음을 보여주었다.[269]

비록 하나님의 징벌적 정의가 중요한 주제라 하더라도, 웨슬리는 하나님의 형벌과 진노 자체가 목적인 양 선언하지 않았다. 그는 하나님의 징벌이라는 주제를 악인이 회개하고 하나님께 돌아오도록 촉구하는 일에 사용하기를 선호했다.[270]

요약하면, 하나님의 보상과 징벌에 대한 웨슬리의 이해는 성경에 계시된 하나님의 응보적 정의에 기초해 있었다. 하나님의 응보적 정의에 대한 그의 주요 사상은 구원론적이기에, 인간이 하나님과 맺는 관계와 밀접하게 연결되어 있다. 진정한 상급이 하나님 나라에서 삼위일체 하나님과 영원히 교제하는 것이라면, 진정한 형벌은 영원한 생명과 행복의 원천이신 하나님과의 교제를 영원히 상실하는 것이다. "주님의 현존에서 추방당하는 것은 하나님을 위해 창조된 영에게 파멸 그 자체입니다. 만약 그 추방이 영원히 지속된다면 그것은 '영원한 파멸'입니다."[271]

C. 하나님의 정의와 칭의

웨슬리에 따르면 의로우신 하나님은 우리가 그분 앞에서 의로울 것을 요구하신다. 이에 우리는 하나님의 이 요구와 관련해 먼저 칭의에 대한 웨슬리의 정의를 살펴본 후, 칭의와 이 요구의 관계를 고찰하고자 한다.

웨슬리가 특별히 관심을 가진 문제 중 하나는 사람이 어떻게 하면 의로우신 하나님 앞에서 의롭게 될 수 있는가 하는 것이었다.[272] 웨슬리는 설교 "하나님 나라로 가는 길"(1746)에서 의롭다 함을 받지 못한 사람이

---

269 "National Sins and Miseries", *BEW* 3: 571, 575.

270 "Sermon on the Mount, IV", *BEW* 1: 538; *ENNT* 532, 롬 4: 5 주해.

271 "Of Hell"(1782), *BEW* 3: 35; 참고. *ENNT* 765, 살후 1: 9 주해.

272 참고. "The Way to the Kingdom", *BEW* 1: 228; *ENNT* 519, 롬 1: 17 주해.

"지금 이 순간부터" 하나님께 온전히 순종한다 하더라도 그것으로는 결코 "하나님의 의를 만족시킬" 수 없는데, 이는 그가 과거에 지은 죄를 속할 수 없기 때문이라고 주장했다.[273] 설령 우리의 과거의 죄가 속해졌다 해도 그것만으로는 우리에게 아무런 유익이 없는 것은, 우리가 우리 삶을 "모든 악에서 모든 선으로" 변화시킬 수 없다면 결국 또 죄를 지을 수밖에 없기 때문이다. "나무가 악한 상태로 있는 한 좋은 열매를 맺을 수 없는 것처럼", 우리의 마음이 변화되지 않는 한 우리 삶의 변화는 불가능하다.[274] 이와 같이 웨슬리는 우리가 의로워지는 것에서 두 가시 주된 문제점은, 첫째로 우리에게 용서받아야 할 과거의 죄가 있으며, 둘째로 우리가 의로운 행위를 하려면 그보다 먼저 불의한 마음이 변화를 받아야 한다는 점이라고 지적했다.

칭의의 정의와 관련해 젊은 시절 웨슬리는 어머니 수잔나 웨슬리에게 보낸 편지에서 제레미 테일러와 유사하게 죄 사함을 칭의가 아닌 성화와 연결지었다.[275] 웨슬리는 "이성적이며 종교적인 사람들에게 보내는 추가적 호소"(A Farther Appeal to Men of Reason and Religion, 1745)에서, 자신의 사역 초기에 해당하는 올더스게이트 체험 이전 수년 동안 자신이 "칭의의 본질과 조건에 대해 전적으로 무지"했고, 때때로 칭의와 성화를 혼동하기도 했음을 고백했다.[276] 그러나 1738년 올더스게이트 체험 이후 채 한 달도 지나지 않은 시점에 한 '대학 설교'(university sermon, 대학의 지정으로 소속 학자 중 국교회 성직자가 행한 공식 설교—역주)

---

273 "The Way to the Kingdom", *BEW* 1: 228.

274 "The Way to the Kingdom", *BEW* 1: 228–29.

275 수잔나 웨슬리에게 보낸 편지 (1730년 2월 28일), *Letters* 1: 47. "복음 안에서의 죄 사함이 곧 성화입니다."

276 "A Farther Appeal to Men of Reason and Religion", *Works* 8: 111; 참고. Kenneth J. Collins, *The Scripture Way of Salvation*, 88–9.

"믿음으로 말미암는 구원"에서는, 칭의란 죄 사함이며 "그리스도의 속죄로 죄책과 형벌에서 건짐받는 것"이라는 믿음을 표현했다.[277] 웨슬리는 그 이후의 모든 글에서 죄 사함에 방점을 둔 이 같은 칭의의 정의를 견지했다.[278] 그는 구원론에 대한 성숙한 이해를 보여주는 설교 "성경적 구원의 길"(1765)[279]에서 칭의를 더욱 명확하게 다음과 같이 정의했다. "칭의란 죄 사함의 다른 말입니다. 그것은 우리의 모든 죄가 용서받아 우리가 하나님께 받아들여지는 것입니다."[280]

웨슬리는 칭의를 매우 높이 평가했다. 그는 믿음으로 말미암는 칭의 교리에 교회의 존립이 달려있다는 종교개혁자들의 주장에 동의했다.[281] 곧 칭의는 "기독교 건물 전체의 초석"과도 같다는 것이다.[282]

그러나 웨슬리는 칭의의 한계를 분명히 하는 데 주저하지 않았다. 칭의에서 우리는 죄책에서 구원받아 하나님의 은혜로 회복되지만, 죄의 권세와 뿌리에서 구원받아 의와 거룩함을 지닌 하나님 형상으로 회복되는 것은 아니다. 칭의는 우리와 하나님의 외적인 관계를 회복시켜 하나님의 원수였던 우리가 하나님의 자녀가 되게 하지만, 우리의 가장 깊은 영혼이 변화받지 못했기에 우리와 하나님의 내적인 관계를 회복시키지는 못한다. 특히 의롭다 함을 받은 그리스도인의 마음은 여전히 부정한 상태로 남아 있다. 그들이 의로운 행위를 할 수 있으려면 먼저 부정한 마음이 변화를 받아야 한다. 웨슬리에게 칭의란 과거에 지은 죄의 사면을 뜻하기에

---

277 "Salvation by Faith", *BEW* 1: 124.

278 "The Minutes of 1744", *Works* 8: 275; "Justification by Faith"(1746), *BEW* 1: 189; "The Scripture Way of Salvation"(1765), *BEW* 2: 157.

279 참고. Richard P. Heitzenrater, *Wesley and the People called Methodists*. 220, Albert C. Outler's comment, *BEW* 2: 154.

280 "The Scripture Way of Salvation", *BEW* 2: 157.

281 "The Lord Our Righteousness", *BEW* 1: 450.

282 "The Law Established through Faith, I"(1750), *BEW* 2: 28.

실제로 의롭게 되는 변화의 핵심인 마음의 변화와는 관계가 없다. 따라서 웨슬리는 설교 "믿음에 의한 칭의"(1746)에서 칭의 된 신자라도 "실제로 의롭게 되지는" 않는다고 단언했다.[283]

웨슬리에 따르면 그리스도인이 의롭게 되고 마음이 변화를 받는 것은 신생(new birth)과 성화를 통해서이다. 우리는 웨슬리가 신생에서 이미 실제적인 변화가 일어난다고 믿었다는 사실에 주목할 필요가 있다. 그는 칭의와 신생이 시간적으로는 서로 분리될 수 없음을 알고 있었다. 의롭다 함을 받은 사람은 누구나 하나님께로부터 났고, 하나님께로부터 난 사람은 누구나 의롭다 함을 받은 자이다.[284] 그럼에도 칭의와 신생은 성격이 전혀 다르다. 전자가 죄인에 대한 하나님의 호의를 회복해 우리와 하나님의 외적 관계를 변화시키고 죄책을 제거한다면, 후자는 하나님의 형상을 회복해 내면의 영혼을 변화시키고 죄의 능력을 파괴한다. 이 둘의 서로 다른 성격은 칭와와 성화에도 적용된다. "칭의에서는 우리가 죄책에서 구원받아 하나님의 은혜로 회복된다면, 성화에서는 우리가 죄의 권세와 뿌리에서 구원받아 하나님의 형상으로 회복된다." 칭의에서는 하나님이 '우리를 위해'(for us) 일하심으로 우리의 과거의 죄를 용서하신다면, 신생과 성화에서는 하나님이 '우리 안에서'(in us) 일하심으로 죄의 권세에서 우리를 구원하신다.[285] 신생과 성화의 공통분모는 '내면적 성격'과 죄의 뿌리에서의 구원으로, 이는 칭의가 '외적인 성격'을 지니며 과거의 죄책에서의 구원이라는 점과 대조된다. 그러므로 신생과 성화에서 우리가 의롭게 된다는 것은 성령의 능력으로 우리의 마음이 변화를 받아 죄의 권세

---

283 "Justification by Faith"(1746), *BEW* 1: 187.

284 "The Great Privilege of those that are Born of God"(1748), *BEW* 1: 431.

285 "The Great Privilege of those that are Born of God"(1748), *BEW* 1: 431; "New Birth", *BEW* 2: 187.

에서 벗어나는 것을 의미한다. 칭의만으로는 의로우신 하나님을 만족시키기에 충분하지 않다. 이 점에서 존 데쉬너는 "칭의에서 '만족'되는 것은 오직 하나님의 정죄하시는 의뿐"[286]이라고 주장한다. 하나님의 적극적 의는 신생과 성화에서 만족된다.

한때 웨슬리는 두 번째 칭의 또는 최종적 칭의가 있다는 것을 부인했다.[287] 그러나 이후 그는 최후의 심판에서의 최종적 칭의 개념을 수용했다. 그는 초기적 칭의는 선행을 조건으로 하지 않지만, 최종적 칭의는 선행을 조건으로 한다고 믿었다. 그래서 웨슬리는 "설교자들과 친구들에게"(To Several Preachers and Friends)라는 편지에서 이렇게 말한다.[288]

> '4. 이는 행위에 의한 구원이 아닙니까? 행위의 공로에 의한 것이 아니라, 조건으로 제시된 행위에 의한 것입니다.'
>
> 여기서 구원은 최종적인 구원을 의미합니다. 내적인 선행(하나님과 이웃 사랑)과 외적인 선행(하나님의 계명 준수)이 모두 구원의 조건임을 누가 부인하겠습니까? 이것이 '거룩함이 없이는 아무도 주를 보지 못하리라'(히 12:14)라는 말씀과 무엇이 다릅니까?

웨슬리의 반대자들은 이 주장을 웨슬리가 행위에 의한 구원을 믿었다는 증거로 간주했다.[289] 그들은 '조건'이라는 단어에 민감하게 반응했다. 그러나 이 단어는 구원의 유일한 '조건'이 아니라 (구원의 신앙이 있음을

---

286 John Deschner, *Wesley's Christology*, 175.

287 토머스 처치(Thomas Church)에게 보낸 편지 (1745년 2월 2일), *Letters* 2: 191; 참고. *Journal* 2: 470 (1741년 6월 24일).

288 "여러 설교자와 친구들에게"(To the Several Preachers and Friends)라는 제목의 편지 (1771년 7월 10일), *Letters* 5: 264; 참고. "Some Remarks on Mr. Hill's 'Farrago Double-Distilled'", *Works* 10: 432.

289 "The Means of Grace", *BEW* 1: 391; "Minutes of Several Conversations", *Works* 8: 337; "Some Remarks on Mr. Hill's View", *Works* 10: 379; "Thoughts on Salvation by Faith", *Works* 11: 493-95.

나타내는-역주) '증거'(evidence)의 의미로 이해하는 것이 좋다. 웨슬리는 마태복음 12:37을 주해하면서 이렇게 말한다. "당신의 말과 행동은 당신에게 유리하거나 불리한 증거로 제시되어 당신이 참된 신자였는지 아니었는지를 입증할 것이다. 당신은 그 증거에 의해 마지막 날 무죄 판결을 받거나 정죄를 받을 것이다."[290] 선행은 최종적 구원에 합당한 믿음을 입증하는 증거이지, 그것을 얻는 수단이 아니다. 웨슬리는 구원이 믿음으로 말미암는다는 사실을 굳게 믿었다. 그러나 그 믿음은 "사랑으로써 역사"(갈 5:6)해 선행을 낳는다.

그렇다면 웨슬리는 왜 우리가 실제로 의로워지는 일이 칭의에서 이루어지지 않음을 강조했는가? 율법폐기론에 대한 그의 반감이 가장 가능성이 높은 이유라고 할 수 있다. 웨슬리는 설교 "믿음으로 세워지는 율법 (1)"(1750)에서 칭의 시 "믿음이 그에게 의로 여겨진다(참고. 롬 4:9-역주)는 것은 선행적 의(preceding righteousness)로 여겨진다는 것이지 … 후행적 의(subsequent righteousness)로 여겨진다는 것이 아닙니다"라고 주장했다.[291] 하나님은 그리스도의 공로를 통해 믿는 자를 받아들이시되, 마치 그들이 모든 의를 이미 성취한 것처럼 받아들이신다는 것이다. 따라서 웨슬리는 하나님께서 그리스도를 믿는 믿음을 통해 우리의 과거의 죄를 용서하시기에 칭의에서 죄 용서의 기초가 확립되지만, 그렇다 해서 미래의 죄까지 미리 용서되는 것은 아니라고 믿었다. 칭의에서 우리의 미래의 죄까지 모두 용서받는다는 믿음은 율법폐기론으로 이어질 수 있다. 따라서 웨슬리는 칭의의 정의에 "[개신교의] 정통적 칭의 이해"의 필수 요소인 전가된 의 개념을 포함시키지 않았다.[292] 칼뱅은 칭의에서 우리가 의로운 자

---

290 *ENNT* 65.
291 "The Law Established through Faith, I", *BEW* 2: 28.
292 Alister E. McGrath, *Iustitia Dei: A History of the Christian Doctrine of Justification*

로 받아들여지는 것은 우리 자신의 의가 아닌 '그리스도의 의의 전가' 때문이라고 주장했다.[293] 실제로 칼뱅은 칭의받은 그리스도인의 삶에서 선행을 강조했음에도,[294] 어떤 사람은 그가 칭의에서 그리스도의 의의 전가를 강조한 것을 율법폐기론으로 오해할 소지가 있었다. 그가 칭의받은 그리스도인은 그리스도의 의로 옷 입었기에 "하나님의 심판대 앞에 견고히" 설 수 있다고 말했기 때문이다.[295] 그러나 웨슬리는 그리스도의 의는 "우리가 천국에 들어갈 권리를 얻는 데 반드시 필요"하다면, 개인의 거룩함은 "우리가 천국에 들어갈 자격을 갖추는" 데 반드시 필요하다고 주장했다.[296] 이 같은 맥락에서 웨슬리는 오직 믿음으로 의롭다 함을 얻는다는 진리에 대해서는 종교개혁자 마르틴 루터보다 더 능숙하게 글을 쓴 사람이 없다며 그를 극찬하면서도, 성화 교리에서는 그가 무지했다고 비판했다.[297] 한편으로 웨슬리는 믿음에 의한 칭의 교리가 당시 로마 가톨릭 교회의 믿음에 반하는 종교개혁의 위대한 발견임을 믿었다.[298] 그러나 다른 한편으로는 "하나님께서 메소디스트들에게 칭의와 성화 각각과 둘 사이의 큰 차이점에 대해 온전하고도 명확한 지식을 주셨다"고 주장했다.[299] 이 사명 의식은 율법폐기론과 이중예정론 논쟁을 거치면서 더욱 확고해졌다.

많은 개신교 신학자가 그리스도인의 선행이 구원의 증거라는 사실에는 동의한다. 그럼에도 각기 다른 신학적, 역사적 배경에 따라 그 강조점은 달라진다. 웨슬리는 오직 믿음으로만 의롭다 함을 얻는다는 자신의 가

(Cambridge: Cambridge University Press, 1986), vol. 2: 52.

293 *Institutes* III.xi.2 (1: 726–27).

294 *Institutes* III.xvi.1–2 (1: 797–98).

295 *Institutes* III.xi.2 (1: 726–27).

296 "On the Wedding Garment", *BEW* 4: 144.

297 "On God's Vineyard"(1787), *BEW* 3: 505.

298 "The Lord Our Righteousness", *BEW* 1: 450.

299 "On God's Vineyard"(1787), *BEW* 3: 506.

르침에 반대한 일부 영국 국교도에게 영국 국교회『설교집』(*Homilies*)이 그 가르침을 권위 있는 교리로 포함하고 있다고 지적함으로 자신의 입장을 옹호했다. 믿음에 의한 구원 교리에 대한 그의 가장 격렬한 논쟁은 대륙의 종교개혁의 영향을 크게 받은 인물들과 벌인 것이었다. 16세기에 종교개혁자들은 인간의 행위를 구원 얻는 수단으로 가르친 로마 가톨릭에 맞서, 구원은 하나님의 절대적인 은혜와 주권에 의한 것이라는 교리를 재발견해 선포했다. 18세기에 거룩함을 전파해야 한다는 사명을 자각한 웨슬리는 칭의 교리에 대한 자세가 종교개혁자들과 달랐다. 웨슬리는 구원이 오직 하나님의 은혜에 의해 믿음으로 이루어진다는 점에는 동의하되, 칭의 교리의 왜곡된 형태인 율법폐기론이 명목상의 그리스도인을 양산하던 18세기 상황에서 하나님의 의와 거룩함의 관점에서 칭의 교리에 접근했으나, 대륙의 종교개혁의 영향을 받은 그의 반대자들은 16세기 종교개혁자들을 따라 구원에서 하나님의 주권을 강조하는 방식으로 칭의 교리에 접근한 것이다. 하나님의 속성에 관한 한 웨슬리의 반대자들은 16세기 대륙 종교개혁의 스승들을 따라 구원에서 하나님의 주권을 강조했다면, 웨슬리는 18세기의 배경에서 하나님의 은혜만이 아닌 하나님의 의와 거룩함을 균형 있게 강조했다.

4. 자비

하나님의 도덕적 속성의 또 다른 중요한 요소는 자비이다. 하나님은 "영원한 자비의 샘으로, 그 자비는 그분을 기다리는 모든 이에게 값없이 흘러간다."[300] 웨슬리에 의하면 하나님은 "온전히 자비로운 분"이시다.[301]

---

300 *ENOT* 2530, 욘 2: 8 주해.
301 "The Love of God", *BEW* 4: 333.

A. 긍휼과 자비의 하나님

웨슬리는 하나님께서 인간의 비참함을 긍휼히 여기신다고 믿었다. 자비의 하나님은 고통 속에서 부르짖을 때 경건한 자뿐 아니라 죄인에게도 귀 기울이신다.[302] 그분은 죄인의 부르짖음을 과거에도 들으셨고, 지금도 들으시며, 앞으로도 들으실 것이다.[303] 하나님은 "우리의 기도를 들으시고 우리가 간절히 구한 도움을 베풀 준비가 되어 있으시다."[304] 이방 신은 들을 수도, 도울 수도 없지만, 그리스도인의 하나님은 자기 백성의 기도에 응답하실 뿐 아니라 그들이 구하거나 생각하는 것 이상으로 행하신다.[305] 하나님은 우리 마음의 완악함을 긍휼히 여기시기에 우리에게 부족한 것은 간구하여 받으라며 우리를 초대하신다.[306] 웨슬리는 "한 불행한 여인에 대한 권고"(A Word to an Unhappy Woman)에서 그녀에게 다음과 같이 권면했다. "하나님의 도움을 간구하십시오. 그분은 들어주시기를 더디하지 않으시며, 자신을 찾는 자를 결코 실망시키지 않으십니다. 자신에게 부르짖는 어린 까마귀도 먹이시는 하나님은 당신이 양식이 없어 멸망하는 일을 절대 허락하지 않으실 것입니다."[307] 나아가 하나님은 끈질긴 기도를 듣고 자신의 뜻을 바꾸기도 하신다. 웨슬리는 출애굽기 34:14을 주해하면서 하나님은 본래 이스라엘 백성을 시내산에서 멸망시키기로 계획하셨으나, 모세의 기도의 "능력"은 하나님의 뜻을 바꾸어 놓았다고 기록했다. 여기서 웨슬리는 하나님께서 형벌을 거두신 일에 대해 "하나님

---

302 *ENNT* 271, 눅 18: 7 주해; *ENOT* 66, 창 16: 11 주해.

303 *ENOT* 66, 창 16: 11 주해.

304 *ENOT* 595, 신 4: 7 주해.

305 "Prayers for Children", *Works* 11: 259.

306 "Sermon on the Mount, X", *BEW* 1: 659−60.

307 "A Word to an Unhappy Woman", *Works* 11: 173.

은 겸손하고 끈기 있는 믿음에 자신이 설득 당하는 일을 허락하신다"라는 말로 설명했다.[308]

　하나님은 왜 타락한 인간에게 자비를 베푸시는가? 웨슬리에 의하면, 하나님이 인간의 비참함에 관여하심은 그분의 본성 자체에서 기인한다. 하나님의 본성은 하나님 스스로 자신의 사랑, 거룩함, 정의, 자비, 진리, 선하심에 따라 행하실 수밖에 없게 하기 때문이다.[309] 아서 핑크(Arthur W. Pink)가 지적했듯, 자비는 모든 불행의 원인인 죄를 배경으로 한다.[310] 웨슬리에게 이는 자비가 하나님의 피조물들이 범죄한 후에 비로소 생겨난다는 뜻이 아니다. 비록 하나님의 자비가 타락 후에 계시되었더라도, 피조물을 돌보시려는 마음인 그분의 자비는 타락 전에도 그분의 영원하고 변함없는 본성 안에 이미 존재하고 있었다. 사람이 먼저 타락한 후에 그리스도의 대속의 죽음이 있었다는 시간적 순서만 생각하면, 사람들은 성자가 성육신하여 세상에 태어나기까지는 하나님이 자비롭지 않으셨다고 말할 수 있을 것이다. 그러나 성자께서는 "창세"로부터 죽임을 당하심으로 중보자가 되셨다.[311] 의와 자비가 조화를 이루는 하나님은 "자비로 의롭다 하시는 분"(the merciful justifier)이시다.[312] 하나님의 자비는 자신의 영원히 신실하신 본성에 따라 피조물을 돌보시려는 하나님의 마음이다. 따라서 하나님의 자비는 결코 고갈되지 않고 수천 대에까지 미친다. 하나님

─────

308 *ENOT* 314, 출 32: 14 주해; 참고. Matthew Henry, *Exposition*, 140.

309 리처드 톰슨(Richard Tompson)에게 보낸 편지 (1756년 2월 5일), *Letters* 3: 161.

310 Arthur W. Pink, *The Attributes of God* (Grand Rapids: Baker Books, 1998), 72.

311 "Predestination Calmly Considered", *Works* 10: 210; *ENOT* 1, 창세기 주해 서문. 이 점에서 웨슬리는 자신의 논적이었던 허비(Hervey)와 의견을 같이했다. 허비는 "그리스도의 죽음은 심지어 그분이 육체로 오시기 전부터 이미 신자들이 죄 사함과 하나님께로 받아들여짐을 얻게 했다"고 주장했다 (*Works* 10: 318).

312 *ENNT* 531, 롬 3: 26 주해.

의 자비는 "영원과도 같이 끝없이 이어진다."[313]

하나님의 자비의 속성은 하나님의 사랑과 밀접한 관련이 있다. 웨슬리는 설교 "우주적 구원"(1781)에서 "'주님이 모든 사람을 사랑하시듯' '그분의 자비가 모든 피조물에 미친다'는 사실보다 더 확실한 것은 없습니다"라고 주장했다.[314] 앞서 살펴보았듯 하나님의 사랑을 특징짓는 요소 중 하나는 감사의 사랑 또는 보은의 사랑이다. 이 사랑은 "하나님이 우리에게 어떤 분이신가"[315]에 관한 것으로 영원하신 하나님 안에 존재한다. 하나님의 사랑은 우리를 향한 그분의 선의이기에, 이 사랑은 자연히 우리의 비참함을 긍휼히 여기는 자비의 성격을 지닌다.[316] 이 의미에서 선의의 사랑(benevolent love)이란 우리를 향한 하나님의 선하심이다.[317] 웨슬리는 하나님의 선하심을 설명할 때 그분의 자비를 첫 번째 본질로 여겼다. "이 자비는 아버지가 자녀에게 갖는 것과 같은 하나님의 긍휼과 연민을 말한다."[318]

인간의 불행에 대한 하나님의 자비는 하나님이 창조주이심으로 인해 더욱 강화된다. 하나님은 자신의 손으로 지으신 작품을 "멸시하지" 않으시므로 타락한 인간에게 자신을 계시하시고, 인간의 비참함에 충분한 해결책을 제공하신다.[319] 웨슬리는 "그러므로 하나님은 땅 위의 모든 피조물에게 닥치는 모든 일, 특히 인류에게 일어나는 모든 일에 매 순간 관심을 가지십니다"[320]라고 주장했다.

---

313 *ENOT* 322, 출 34: 6 주해.

314 "The General Deliverance"(1781), *BEW* 2: 437.

315 "The Love of God"(1733), *BEW* 4: 333.

316 "The Love of God", *BEW* 4: 333.

317 *ENOT* 322, 출 34: 6 주해; 참고. Matthew Henry, *Exposition* 145.

318 *ENOT* 322, 출 34: 6.

319 참고. "The Original, Nature, Properties, and the Use of the Law"(1750), *BEW* 2: 7.

320 "On Divine Providence"(1786), *BEW* 2: 540.

　　창조주에 대한 또 하나의 사실은 하나님은 "위대한 의사"이시라는 점이다.[321] 웨슬리는 창조주만이 하나님의 형상대로 지음 받은 인간의 고통과 불안을 치유할 수 있는 유일한 분이시라고 생각했다.[322] 위대한 의사이신 하나님은 인간의 영혼과 육체를 창조한 분이시기에 우리의 영혼과 육체를 아시고 온전히 치유하실 수 있다.[323] 웨슬리는 창조주의 신실한 자비를 확신했다. "우리가 어떤 고난과 시험 가운데 있더라도 우리의 위대한 의사께서는 결코 우리를 떠나지 않으십니다. 그분은 우리의 침상 곁에 계시고, 우리의 길목마다 계십니다."[324]

　　웨슬리는 하나님의 사랑과 자비는, 성부와 성자의 관계를 통해 공의와 같은 하나님의 다른 속성과도 조화를 이룬다고 생각했다. 성부 하나님은 "그분의 사랑하시는 성자를 통해 인간과 화해"하심으로 자비를 베푸신다. 성부는 성자를 인간의 비참함에 대한 충분한 해결책으로 보내셨고, 성자의 죽음은 하나님의 공의를 만족시켰기 때문이다.[325] 하나님은 오직 그리스도의 피를 통해서만 죄인에게 자비를 베푸시며,[326] 우리는 오직 그리스도 안에서만 하나님의 자비를 발견한다.[327] 이 자비는 우리의 구원의 핵심이다. 웨슬리는 "메소디스트의 원리"(The Principles of a Methodist)에서 우리는 너무나 연약해 칭의의 자격을 갖출 수 없기에 "오직 하나님의 자비와 그리스도의 공로만을 신뢰해야 한다"고 주장했다.[328]

---

321 "Mystery of Iniquity"(1783), *BEW* 2: 452.

322 *Journal* 2: 241 (1739년 7월 12일).

323 "On Temptation"(1786), *BEW* 3: 163.

324 "On Temptation", *BEW* 3: 163.

325 "On the Fall of Man"(1782), *BEW* 2: 410.

326 *ENOT* 399, 레 16: 14 주해.

327 "On the Witness of Our Own Spirit"(1746), *BEW* 1: 312.

328 "The Principles of a Methodist", *Works* 8: 362.

이러한 하나님의 자비는 그리스도의 죽음을 통해 값없이 주어진다.
웨슬리가 하나님의 자비는 값없이 주어진다고 한 것은, 이 자비가 인간의
어떤 공로가 아닌 그리스도의 죽음을 통해 하나님께서 값없이 주시는 사
랑과 은혜에 의해 확립된다는 것을 의미한다. 이 값없이 주어지는 자비는
그리스도의 속죄의 죽음과 관련이 있다. 우리를 향한 하나님의 자비는 그
리스도의 죽음을 통해서만 얻을 수 있기에, 값싼 방법이 아닌 값을 매길
수 없는 방법으로 확립된 것이다.

B. 하나님의 자비와 인간의 자비

웨슬리에 따르면 우리가 이웃에게 자비를 베풀어야 한다는 것은 하
나님의 명령이다. 웨슬리는 메소디스트들에게 반복적으로 '하나님이 자
비로우신 것같이 여러분도 자비로워야 합니다'라고 말했다.[329] 웨슬리에
게 자비는 하나님의 명령이기에 신자의 기본적인 의무였다. 웨슬리는 하
틀리(Hartley)의 『신비주의 저술가에 대한 옹호』(*Defence of the Mystic Writers*)
를 읽은 후 저자의 몇 가지 주장에 동의하지 않았다. 그가 신비주의자들
에 반대한 것은 "그들이 경건의 행위인 하나님의 규례뿐 아니라 자비의
행위까지 경시한다"는 이유 때문이었다.[330]

그렇다면 하나님께서 우리에게 기대하시는 자비란 어떤 것인가? 웨
슬리는 마태복음 5:7을 주해하면서 자비로운 사람은 "마음이 온유해 모
든 사람을 자기 자신처럼 사랑하는 사람"이라고 설명했다.[331] 그는 『신약
성서주해』(1755)를 출판하기 전 "산상설교(2)"(1748)에서도 이와 유사

---

329 *BEW* 1: 428, 630, 636, 639, 697; *BEW* 3: 352; 참고 눅 6: 36.
330 *Journal* 5: 46 (1764년 2월 5일).
331 *ENNT* 29, 막 5: 7 주해.

하게 설명하면서 자비를 형제애(brotherly love)와 동일시했다.[332] "'자비로운 사람'은 온전한 의미에서 '이웃을 자기 자신처럼 사랑하는 사람'입니다."[333] 이 사랑은 타락한 인간에 대한 하나님의 사랑이라는 근원에서 흘러나온다. 웨슬리는 여기서 사랑이 자비의 본질임을 보여준다. 이 사랑은 고린도전서 13장에 잘 묘사되어 있다.[334] 사랑은 "오래 참고, 온유하며, 시기하지 않고, 경솔하게 행동하지 않으며, 자랑하지 않는다."[335] 이런 점에서 그는 일부 성경 역본이 사랑을 '자선'(charity)으로 번역한 것에 매우 불만족스러워했다.[336] 웨슬리에게 사랑으로서의 자비는 단지 가난한 사람에게 물질적 도움을 주는 자선이 아니라, 하나님의 사랑의 근원에서 직접 흘러나오는 그리스도인의 형제애이다. 요약하면, 하나님께서 우리에게 요구하시는 자비는 단지 가난한 사람에 대한 물질적 도움에 국한되지 않고, 가장 완전한 의미에서 하나님의 많은 속성의 정수인 하나님의 사랑에 기초한 형제애이다.

웨슬리는 복음 전도자로서 자비의 행위의 상세한 내용을 설명하면서, 그 일부분인 상처 입은 마음에 대한 영적 돌봄의 필요성을 경시하지 않았다. 그는 이러한 일을 영적 자비의 행위로 지칭했다.[337] 영적 자비의 행위에는 비그리스도인에게 복음을 전하는 일이 포함된다. 그는 설교 "성경적 구원의 길"(1765)에서 영적 자비의 행위를 더 자세히 설명해, "무지한 자를 가르치고, 어리석은 죄인을 일깨우며, 나태한 자들을 분발하게 하고,

---

332 "Sermon on the Mount, II"(1748), *BEW* 1: 499–509.

333 "Sermon on the Mount, II", *BEW* 1: 499.

334 "Sermon on the Mount, II", *BEW* 1: 499–509.

335 *ENNT* 626, 고전 13: 4 주해.

336 "On Charity"(1784), *BEW* 3: 293–94. 새뮤얼 웨슬리 역시 '이웃 사랑'과 '자선'을 넓은 의미에서 상호 교환적으로 사용했다. 그가 1725년 11월 10일에 아들에게 보낸 편지를 참조하라 (*BEW* 25: 185).

337 *ENNT* 121, 마 25: 35 주해; 참고. *ENNT* 414, 행 6: 2 주해.

흔들리는 자를 굳건하게 하며, 마음이 약한 사를 위로하고, 시험에 든 자를 도와주며, 영혼을 죽음에서 구원하는 일에 어떤 방식으로든 기여하는 것"[338] 등으로 열거했다. 그는 또 "주린 자를 먹이고, 헐벗은 자를 입히며, 나그네를 대접하고, 옥에 갇히거나 병들거나 여러 모양으로 고난당하는 자를 방문하는 것"과 같은 사회적 자비의 행위 역시 강조했다.[339] 이처럼 웨슬리에 따르면 자비의 행위는, 하나님의 복이 인간의 몸과 영혼 모두를 위한 것이듯, 인간의 모든 필요를 충족시키는 전인적인 것이어야 한다.

웨슬리는 "산상설교(6)"(1748)에서 자비의 실천에 대한 지침을 제시했는데, 무엇보다 그는 "거룩한 삶 전통의 핵심 주제"인 의도의 순수성을 강조했다.[340] 그러면서 그리스도께서 순수하고 거룩한 의도가 어떻게 모든 외적 행위를 거룩하고 선하며 하나님께서 받으실 만한 것이 되게 하는지를 보여주셨다고 설명했다.[341] 웨슬리는 우리와 하나님과의 관계는 외적인 행위보다 내적인 상태, 곧 마음과 마음이 맞닿는 관계를 우선시하는 가운데 확립되어야 함을 다시 한번 밝힌 것이다.

---

338 "The Scripture Way of Salvation"(1765), *BEW* 2: 166.

339 "The Scripture Way of Salvation", *BEW* 2: 166.

340 *BEW* 1: 573 각주 2에 나오는 앨버트 아우틀러의 설명을 참조하라.

341 "Sermon on the Mount, VI"(1748), *BEW* 1: 573.

II. 자연적 속성

1. 영원성

웨슬리는 영원(eternity)이 이해하기 매우 어려운 주제임을 인정했다.[342] 여든세 살의 복음 전도자 웨슬리는 설교 "영원에 대하여"(1786)에서 이 사변적 주제에 깊은 관심을 나타냈다. 이 설교에서 그는 사변적 주제에 대해 실천적 접근 방식을 유지하면서 영원하신 하나님의 능력에 의해 영원한 구원이 가능함을 강조했다.[343]

웨슬리에 의하면 하나님은 "영원한 존재"[344]이시다. 하나님의 영원성은 논리적 순서상 다른 신적 속성의 근본이 된다. 웨슬리는 설교 "하나님의 일체성"(1789)에서 먼저 하나님의 속성 중 영원성을 언급한 후, 하나님의 영원성에서 그분의 다른 속성들을 도출했다.[345] 이러한 속성의 배열에서 웨슬리는 동시대 신학자 새뮤얼 클라크(1675~1729)의 하나님의 존재와 속성에 대한 사변적 증명은 신뢰하지 않았으나, 그와 유사하게 하나님의 영원성에서 시작해 편재성, 지성, 능력, 지혜, 선하심과 같은 다른 속성을 추론했다.[346]

영원성은 오직 하나님께만 내재하는 속성이다. 영원은 영원에서 영

---

342 "On Eternity"(1786), *BEW* 2: 358.

343 "On Eternity", *BEW* 2: 366-72.

344 "The Unity of Divine Being"(1789), *BEW* 4: 61.

345 "The Unity of Divine Being", *BEW* 4: 61.

346 Samuel Clarke, *A Demonstration of the Being and Attributes of God* (Cambridge: Cambridge University Press, first published in 1705 and reprinted in 1998), 8-12; 참고. 웨슬리는 성직자들이 그들의 생각을 "적절한 범주 아래" 정리할 수 있도록 클라크의 *A Demonstration of the Being and Attributes of God*을 일반적인 형이상학 지식을 얻기 위한 책으로 추천했다. "An Address to the Clergy", *Works* 10: 492.

원까지 미치는 무한한 지속이다. 웨슬리는 존 로크의 견해를 반영해,[347] 현재를 기준으로 영원을 과거로의 영원(*a parte ante*)과 미래로의 영원(*a parte post*) 두 부분으로 나누었다. 과거로의 영원은 영원부터 현재까지의 무한한 지속이라면, 미래로의 영원은 현재부터 영원까지의 무한한 지속이다.[348] 두 부분 모두에서 영원하신 분은 오직 하나님뿐이시다. 하나님은 인간을 "자신의 영원성을 반영하는 형상"으로 만드셨다.[349] 그러나 엄밀히 말하면, 비록 신자가 영원히 살 수 있다고 하더라도 하나님과 동일한 영원성을 소유하는 것은 아니다. 하나님의 영원성이 인간에게는 과거로의 영원은 제외하고 미래로의 영원이라는 측면에서만 적용될 수 있기 때문이다.[350] 시작도 끝도 없는 것은 오직 하나님의 영원성뿐이다. 이 점에서 웨슬리는 "여기에 하나님과 동일하게 보편적이고 무한한 영원한 자연이 있다"고 주장한 신비주의자 야코프 뵈메(Jacob Behmen)를 비판했다.[351]

영원은 시간과 관련되고, 또 시간 자체는 유한한 인간의 이해를 넘어서는 것이기에, 우리가 하나님의 영원성을 이해하기는 어렵다.[352] 그러나 웨슬리는 창세기 1:1을 주해하면서 "시간은 시간에 의해 측정되는 존재들이 창조될 때 시작되었다"고 말한다.[353] 시간은 이 세상이 지속되는 한 계속될 것이다. 그러나 "하늘과 땅이 하나님 앞에서 사라지자마자 … 시간은 더 이상 존재하지 않고 영원의 바다에 영원히 잠기고 말 것이다."[354]

---

347 John Locke, *Human Understanding*, 2.17.10, Vol. 1: 284.

348 "On Eternity", *BEW* 2: 358-59.

349 "On Eternity", *BEW* 2: 361.

350 "On Eternity", *BEW* 2: 361.

351 "Thoughts on Jacob Behmen"(1780), *Works* 9: 510.

352 "On Eternity", *BEW* 2: 360.

353 *ENOT* 2; 참고. Matthew Henry, *Exposition* 3.

354 "On Eternity", *BEW* 2: 360.

웨슬리에게 시간은 하나님이 창조하신 것으로 시작과 끝이 있다. 영원하신 하나님은 "시간의 주"이시다.[355] 이 점에서 웨슬리는 아우구스티누스와 견해를 같이한다.[356]

그렇다면 시간은 하나님의 영원성과 어떻게 관련되는가? 둘 사이를 양적 관계로 보면 시간은 "영원의 작은 단편"이다.[357] 영원은 무한한 지속이라면, 시간은 "한계가 있고, 무한한 지속을 허용하지 않는다."[358] 지속을 측정하는 단위로 시간을 이해하면, 논리적으로는 영원성을 측정할 수 있을지 모르지만, 실제로 "영원부터 영원까지" 존재하시는 하나님의 무한한 영원을 측정하는 것은 불가능하다.[359] 이런 의미에서 하나님의 영원성은 시작과 끝이 있는 시간의 연속이 아니다. 오히려 하나님의 영원성이 시간을 만들어낸다.

하나님의 영원성과 시간을 질적 관계로 보면, 하나님의 영원성은 시간을 초월하면서 동시에 시간 안에 존재한다. 웨슬리는 베드로후서 3:8을 주해하면서 영원하신 하나님의 "본질과 사역은 시간의 모든 척도를 초월한다"고 주장했다.[360] 존재론적으로 보면, 하나님의 영원성은 하나님이 스스로 존재하심을 의미한다. 하나님은 창조된 존재가 아닌 스스로 존재하는 분이시다. 우리는 시간의 연속성에서 하나님의 존재를 추론할 수는 없지만 하나님의 자기 계시, 특히 "이제도 계시고 전에도 계셨고 장차 오실"(계 1:4, 4:8) 여호와라는 이름에서는 추론할 수 있다.[361] 하나님은 시

---

355 *ENOT* 3, 창 1: 3-5 주해.

356 Augustine, *The City of God*, XI.6, *NPNF* s 1. 2: 208.

357 On Predestination", *BEW* 2: 417.

358 "On Eternity", *BEW* 2: 365.

359 "The Imperfection of Human Knowledge", *BEW* 2: 570.

360 *ENNT* 898, 벧후 3: 8 주해.

361 "Sermon on the Mount, VI", *BEW* 1: 580.

간을 창조한 분이시므로 하나님의 본질은 시간에 조금도 의존하지 않는다. 시간은 하나님의 속성에 의존해도, 그 반대는 성립하지 않는다.

영원하신 하나님은 그분의 사역에서도 시간을 초월하신다. 하나님은 시간이 존재하기 전부터 일하셨다. 세상을 창조하시기 전, 곧 시간이 존재하지 않았던 때에 하나님은 자신의 자녀들을 위해 하나님 나라를 예비하시고, 자신의 형상대로 인간을 창조할 계획을 세우셨다.[362] 시간이 끝난 후에도 하나님은 구원받은 신자들이 새 하늘과 새 땅에서 새로운 삶을 누리는 자신의 나라를 다스리실 것이다. 성경은 이때의 삶을 유한한 기간을 측정하기 위해 고안된 '세상의 시간'(cosmic time) 개념으로 묘사하지만, 이는 "사람들의 표현 방식"을 따른 것이다. 그때는 시간이 이미 종결되었을 것이기 때문이다.[363] 웨슬리에 따르면, 하나님께는 "너무 길거나 너무 짧은 시간 같은 것이 있을 수 없다."[364] 하나님은 시간 안에서 일하실 때조차 한편으로는 시간의 영역을 초월해 계신다. 하나님께는 천 년이 하루와 같고, 하루가 천 년과 같다. 하나님은 시간 안에서 일하실 때에도 언제나 자신이 정하신 때에 일하기를 기뻐하신다. 하나님은 스스로 정하신 때에 인간을 창조하셨고, 또 성자와 성령을 세상에 보내셨다. 하나님의 때는 항상 가장 좋은 때이다.[365] 웨슬리는 시간의 연대기적 순서를 초월하는 하나님의 초월성에 관심을 가졌다. 모든 사물과 일은 하나님 앞에 현재적으로 존재하며, 하나님은 영원 전체를 한눈에 보신다.

만약 하나님께 그분만의 시간 개념이 있다면, 이는 실제로 하나님의 시간이 존재한다는 의미인가? 또는 세상의 창조 시에 창조된 시간을 세

---

362 "God's Love to Fallen Man", *BEW* 2: 434.

363 참고. *ENNT* 1042, 계 21: 4 주해; *BEW* 2: 365.

364 "On Eternity", *BEW* 2: 372.

365 "Satan's Devices", *BEW* 2: 148.

상의 시간이라고 부른다면, 세상의 시간을 초월해 하나님의 활동과 관련된 하나님의 시간이 따로 존재하는가?[366] 웨슬리는 시간의 시작 이전에 한 시기가 있었음을 시사했다. 예를 들어, 웨슬리는 도덕법의 기원이 "심지어 세상의 기초가 놓이기 전, 인간에게 알려지지 않은 시기에까지" 거슬러 올라갈 수 있다고 주장했다.[367] 그리고 다시 말하지만 하나님은 인간을 창조하시고 성자를 보내시는 것과 같은 중요한 사역을 자신이 정하신 때에 행하신다. 그러나 웨슬리는 세상의 시간과 대조되는 개념으로서 하나님의 활동을 가리키는 하나님의 시간의 존재를 석연적으로 수상하지는 않았다. 그보다 하나님의 시간은 '때가 차' 또는 '그분의 정하신 때가 되어' 하나님께서 무한한 지혜로 초월적으로든 세상의 시간 내에서 내재적으로든 그분이 일하실 시간이 되었음을 의미하는 것으로 보인다. 요약하면 웨슬리에게 하나님은 시간을 만들고 다스리며 그 안에서 일하시는 시간의 창조주이시면서도, 동시에 절대적으로 시간 너머에 존재하며 시간으로 측정할 수 없는 분이시다.

그런데 만약 하나님이 시간 너머에 계시고, 시간이 하나님의 영원성의 작은 단편이라면, 시간이 하나님과 인간에게 의미가 있는가? 만약 의미가 있다면 어떤 방식과 이유로 시간이 하나님과 우리에게 중요한가? 웨슬리에 따르면 은혜로우신 하나님은 천사와 인간을 하나님의 '미래로의

---

366 참고. 앨런 패짓(Alan Padgett)은 하나님이 물리적 시간이나 우주적 시간에 의해 측정되지 않는 고유한 시간을 가지신다고 말한다 (*God, Eternity and Nature of Time*, New York: St. Martin's, 1992, 122–37). 윌리엄 레인 크레이그(William Lane Craig) 역시 하나님은 실제의 시간을 가지시는데, 이는 우주적 시간을 포함하되 반드시 그것과 동일하지는 않다고 주장한다 ("God and Real Time," *Religious Studies* 26: 3 (Sept. 1990), 340–345). 이러한 견해들에 대한 요약과 분석은 Millard J. Erickson, *God the Father Almighty: A Contemporary Exploration of the Divine Attributes* (Grand Rapids: Baker Books, 1998), 131–34를 참조하라.

367 "The Original, Nature, Properties, and Useof the Law", *BEW* 2: 6.

영원'에 참여하게 하기를 기뻐하셨다.[368] 하나님은 그들과 영원히 거룩한 교제를 나누기를 원하셨기에 그들을 죽지 않도록 지으신 것이다.[369] 완전하신 삼위일체 하나님은 "자신의 본성의 무한한 완전성"을 사랑하시기에, 다른 존재들을 사랑해야만 하는 필연성에 매여 있지 않으시다.[370] 그럼에도 사랑의 하나님은 다른 존재 사랑하기를 기뻐하셨다.[371] 하나님은 우리를 "자신의 영원성을 반영하는 형상"으로 만드셨다.[372] 비록 우리는 타락해 영생을 잃었지만, 하나님은 우리가 다시 영원한 행복을 얻게 하시기 위해 자신의 성자를 시간의 제약을 받는 세상으로 보내셨다. 하나님은 이를 우리에게 계시하시고, 시간의 영역에 제한되어 있는 인간의 언어로 설명해 주시기 위해 스스로를 낮추어 우리에게 오셨다. 하나님은 시간에 매인 세상에까지 낮아져 성자로 하여금 인간의 몸을 입게 하셨다.[373] 하나님은 제한된 시간의 세계에서 살아가는 인간의 고통에 귀 기울이시고, 시간의 제약을 받는 세상의 일에 개입하신다. 웨슬리에게 하나님이 시간을 초월하신다는 것은 시간의 세계에 개입할 수 없거나 개입하지 않으신다는 뜻이 아니다. 하나님은 존재론적으로는 시간을 초월하시더라도, 자신이 시간을 창조하셨기에 시간에 개입하고 시간을 다스리실 수 있다. 하나님께 시간은 중요한데, 이는 인간처럼 하나님도 시간 아래 있어서가 아니라, 하나님이 구속사에서 역사하실 때를 정하시고 시간 안에서 구원 사역을 행하시기 때문이다.

인간에게도 시간은 매우 중요하다. 영원의 길이에 비하면 이 땅에서

---

368 "On Eternity", *BEW* 2: 361.
369 "On Eternity", *BEW* 2: 361.
370 "The Love of God", *BEW* 4: 333.
371 "The Love of God", *BEW* 4: 333.
372 "On Eternity", *BEW* 2: 361.
373 참고. "On Eternity", *BEW* 2: 361.

의 인간의 삶은 "시간의 한 점"에 불과하다. 그러나 영원한 행복과 불행은 인간이 이 땅에서 그 한 점의 시간을 어떻게 사는지에 달려 있다. 인간은 "영원한 행복이냐, 영원한 불행이냐의 기로에 서 있다."[374] 웨슬리는 인간의 영원한 행복과 불행의 결정이 시간 내에서 이루어지기에, 이 생각이 "모든 이성적인 피조물의 모든 생각을 집어삼켜 마땅하다"고 보았다.[375] 시간이 우리에게 매우 중요한 것은, 하나님께서 이 유한한 세상에서 우리가 어떻게 살았는지에 따라 우리의 영원한 삶이 결정되게 하셨기 때문이다.

웨슬리는 영원이라는 사변적 주제를 독자들에게 주는 실천적이고 복음적인 권면으로 마무리했다.[376] 하나님의 영원성 앞에서 "인간은 무(無)와 같은 존재이며, 그의 시간은 그림자같이 사라져 간다."[377] 우리는 하나님의 영원성이 지닌 "아름다움과 두려움"을 알거나 볼 수 없기에, 하나님은 시간 안에서 일하시는 영원하신 하나님에 대한 우리의 무감각을 치료하는 신앙을 주셨다.[378] "신앙이 깨달음의 빛을 비출 때" 우리는 "육신의 눈으로는" 볼 수 없는 영원하신 하나님을 볼 수 있게 된다.[379] 신앙을 통해 우리는 시간의 한계를 넘어 영생을 알게 되며, 세상 속에서 일하시는 영원하신 하나님과 십자가에서 죽으시고 부활하셨으며 심판주로 다시 오실 예수 그리스도를 만날 수 있게 된다. 웨슬리에 의하면, 우리는 영원한 행복과 영원한 불행 사이에서 선택의 기로에 서 있다.[380] 이처럼

---

374 "On Eternity", *BEW* 2: 370.
375 "On Eternity", *BEW* 2: 370.
376 "On Eternity", *BEW* 2: 371.
377 "On Eternity", *BEW* 2: 371.
378 "On Eternity", *BEW* 2: 368.
379 "On Eternity", *BEW* 2: 369.
380 "On Eternity", *BEW* 2: 370.

웨슬리에게 하나님의 영원성은 형이상학이 아닌 신앙을 통해 일러지며, 구원이라는 실천적 관심과 연결되어 훨씬 중요한 의미를 갖게 되었다.

2. 편재성

편재성(omnipresence)은 하나님의 자연적 속성 중 하나이다. 웨슬리는 설교 "인간 지식의 불완전함"(1784)에서는 새뮤얼 클라크를 따라 이를 하나님의 속성 중 첫 번째로 제시했지만, 설교 "하나님의 일체성"(1789)에서는 영원성 다음으로 이 속성을 설명했다.[381] 이는 그가 논리적 이해를 위해 하나님의 편재성에 앞서 영원성을 설명해야 한다고 생각했기 때문일 것이다.

웨슬리에게 하나님의 편재하심은 하나님이 "이곳과 동시에 모든 곳에" 계신다는 것을 의미한다. 다시 말해 "창조의 경계 안이든 밖이든 하나님이 계시지 않는 공간은 하나도 없다"는 것이다. 영원이 시간의 무한함이라면, 광대함(immensity)은 "공간의 무한함"이다. 영원하신 하나님이 시간의 세계에서 일하시는 것처럼, 편재하시는 하나님은 모든 장소에 현존하시며 공간의 세계에서 일하신다. 하나님의 편재하심은 하나님께서 내재적 활동을 통해 공간의 세계를 온전히 다스리심을 의미한다.

웨슬리에게 '편재성'과 '광대함'이라는 용어는 어떤 의미에서 동의어로 사용된다.[382] 공간과 관련해 하나님의 무한성의 이 두 개념은 밀접하게 연결되어 있으나, 웨슬리가 서로 다른 맥락에 적용할 때는 강조점에

---

381 "Imperfection of Human Knowledge", *BEW* 2: 570; "The Unity of Divine Beings", *BEW* 4: 61; 참고. Samuel Clarke, *A Demonstration of the Being and Attributes of God*, 8, 33.

382 "The Imperfection of Human Knowledge", *BEW* 2: 570.

서 차이가 나타난다. 광대하심은 하나님이 공간적 한계가 없는 무한한 존재이심에 초점을 맞춘다면, 편재하심은 하나님이 공간의 세계에 내재해 세상을 온전히 다스리심을 강조한다. 이신론은 하나님이 세계에 내재하심을 간과한다. 하나님은 오직 하늘에만 계시고, 땅에는 계시지 않는다는 것이다. 웨슬리는 "시의적절한 한마디: 영국인을 향한 권고"에서, 비록 하나님은 "하늘의 궁창 위에 좌정해 계시지만" 편재하시는 하나님이시기에 "땅에서 행해지는 모든 일을 보시고 아신다"고 주장했다.[383] 하나님이 하늘에 계신다고 말하는 것은, 하나님이 거처를 하늘로 제한하신다는 뜻이 아니라 시간과 공간을 초월해 계신다는 뜻이다.[384] 웨슬리는 또 "거짓 맹세자에 대한 권고"(A Word to a Swearer)에서 이신론의 영향을 받은 것으로 보이는 몇몇 명목상의 그리스도인에게 이의를 제기했다. "당신들은 하나님이 계심을 믿습니까? 그렇다면 하나님은 어디에 계십니까? 하늘에만 계신가요? 그렇지 않습니다. 하나님은 만물 안에 충만하십니다! 주님은 말씀하셨습니다. '나는 가까운 데에 있는 하나님이요 먼 데에 있는 하나님은 아니냐? 사람이 내게 보이지 아니하려고 누가 자신을 은밀한 곳에 숨길 수 있겠느냐? 나는 천지에 충만하지 아니하냐?'(렘 23:23-24)."[385] 웨슬리는 이처럼 특정한 역사적 상황을 고려해 하나님의 '광대함'보다 '편재성' 개념을 더 선호한 것으로 보인다.

웨슬리는 하나님의 편재하심을 주장할 때, 하나님이 세상의 일부이거나 모든 것이 하나님이라고 주장하는 범신론의 어떤 것도 암시하지 않았다. 그는 하나님이 세상에 온전히 내재하심을 강조했지만,[386] 이는 하

---

383 "A Word in Season: or, Advice to an Englishman", *Works* 11: 184.
384 "On the Omnipresence of God", *BEW* 4: 42.
385 " A Word to a Swearer", *Works* 11: 167.
386 "On the Omnipresence of God", *BEW* 4: 44.

나님을 세상과 동일시한 것이 아니다.[387] 또 세상은 하나님에게서 유출된 것이 아니라 무에서 창조되었다.[388] 웨슬리는 자연이 영원하다는 주장을 비판했다. 자연이나 세상은 하나님의 창조물이며, 하나님은 영원하시나 세상은 유한하다. 웨슬리에게 하나님의 내재성은 초월성과 동시에 존재한다. "피조물이 없는 곳에도 하나님은 여전히 계십니다. 일부 또는 모든 피조물이 있든 없든 하나님께는 차이가 없습니다. 그분은 모든 피조물 안에 계시든, 밖에 계시든 동일한 하나님이십니다."[389] 하나님은 모든 피조물에 내재하시지만 그것들에 한정되지 않으신다. 이런 의미에서 웨슬리의 사상은 "이후 과정신학(process theology)으로 불리게 될 견해"와 대립한다.[390] 웨슬리에게 하나님이 세상에 내재하심은, 그분이 존재하시는 데 필연적이어서가 아니라, 세상을 주권적으로 다스리고 그분의 자녀들을 사랑으로 돌보시기 위해서이다.

웨슬리에 따르면, 하나님의 편재하심은 아름다운 주제이다.[391] 그는 하나님의 편재하심은 "장엄함"(sublimity)과 "유익함"(usefulness), 이 두 가지 관점으로 다루는 것이 적절하다고 믿었다. 그는 이 주제를 하나님의 주권과 세상에 대한 돌보심을 찬양하기 위한 목적으로 사변적 논문이 아닌 설교와 시의 형태로 표현했는데, 이는 영국 아르미니우스주의 고교회주의자들이 사용하던 방식이었다.[392] 웨슬리는 설교 "하나님의 편재하심에 대하여"(1788)에서 형 새뮤얼 웨슬리와 존 밀턴(John Milton)의 찬

---

387 참고. Thomas C. Oden, *John Wesley's Scriptural Christianity*, 35.

388 "An Extract of a Letter to the Reverend Mr. Law", *Works* 9: 470-71.

389 "On the Omnipresence of God", *BEW* 4: 43.

390 Thomas C. Oden, *John Wesley's Scriptural Christianity*, 36.

391 "On the Omnipresence of God", *BEW* 4: 40.

392 참고. Henry D. Rack, *Reasonable Enthusiast*, 27.

송가와 시, 기타 저술을 활용해 편재하시는 하나님을 찬양했다.[393] 하나님의 편재하심 교리의 유익함에 대해서는, 하나님의 편재하심에는 '아름다움과 두려움' 양면이 함께 있다고 설명했다. 한편으로 하나님의 편재하심은 신자에게 위로의 원천이다. 편재하시는 하나님은 항상 그들을 도우실 수 있기 때문이다. 웨슬리는 레이디 맥스웰(Lady Maxwell)에게 편지를 보내 이렇게 격려했다. "그분은 멀리 계신 하나님이 아니시며, 지금도 사랑의 눈으로 당신을 부드럽게 지켜보고 계십니다! 다만 믿으십시오! 그러면 그분은 당신의 근심을 기쁨으로 바꾸어주실 것입니다."[394] 반면, 동일한 하나님의 편재하심이 죄인에게는 경각심을 갖게 하는 원천이 된다. 죄인은 아무리 애써도 편재하시는 하나님을 피할 수 없기 때문이다.

웨슬리는 설교 "하나님의 편재하심에 대하여"(1788)에서 하나님의 편재하심에 대한 포괄적 이해를 보여주었다. 하나님의 편재하심에 대한 웨슬리의 접근 방식은 성경적이다. 그가 특히 즐겨 인용한 성경 구절은 시편 139:2-7의 "… 내가 하늘에 올라갈지라도 거기 계시며 스올에 내 자리를 펼지라도 거기 계시니이다"라는 말씀과, 예레미야 23:24의 "여호와가 말하노라 나는 천지에 충만하지 아니하냐"라는 말씀이었다.[395] 하나님은 모든 곳에 현존하시며, 모든 곳에서 역사하신다.[396]

---

393 *BEW* 4: 41 각주 3; 4: 42 각주 5; 4: 45 각주 29.
394 레이디 맥스웰(Lady Maxwell)에게 보낸 편지 (1764년 7월 10일), *Letters* 4: 253.
395 *BEW* 1: 363, 434; *BEW* 2: 360, 538, 570; *BEW* 3: 101, 163, 524; *BEW* 4: 40-1, 61.
396 "On the Omnipresence of God", *BEW* 4: 41.

3. 영이심

웨슬리에 따르면, 하나님은 영이시다.[397] 웨슬리는 설교 "하나님의 일체성"에서 하나님이 영이심에 대해 먼저 그 부정적 함의부터 설명했다. 곧 하나님은 비육체적이고 비물질적이시라는 것이다. 하나님은 우리처럼 몸을 가지고 계신 분이 아니다.[398] 웨슬리는 십계명의 두 번째 계명에 대한 주해할 때, 하나님을 형상으로 보여주려 한 로마 가톨릭 교회를 비판하면서, 하나님이 "마치 우리와 같은 사람인 양" 형상과 그림으로 그분을 묘사하는 일은 금지되어 있다고 주장했다.[399] 하나님을 그런 식으로 묘사하는 일은 육체를 지니지 않으신 하나님께 전혀 합당하지 않다. 하나님께 대한 올바른 예배는 "상상력이 아닌 믿음으로" 드려야 한다.[400] 성경에서 하나님이 손과 눈 등의 신체를 지닌 것처럼 묘사하는 것은 그분의 활동을 사실적으로 전달하기 위한 신인동형론적(anthropomorphic) 표현일 뿐이다.[401]

하나님이 영이심에 대한 또 다른 부정적 설명은, 하나님이 "모든 물질에서 전적으로 분리되어 계시다"는 것이다.[402] 웨슬리가 이런 의미로 하나님을 이해한 것은 매우 고전적인 것이었다.[403] 하나님은 순수한 영이시기에 물질적 실체의 영향을 받지 않으신다.[404] 반면 인간의 영은 육

---

397 "The Unity of Divine Being", *BEW* 4: 63; *ENNT* 318, 요 4: 24 주해.

398 "The Unity of Divine Being", *BEW* 4: 63.

399 *ENOT* 264, 출 20: 4 주해.

400 *ENOT* 264, 출 20: 4 주해.

401 참고. *ENOT* 320, 출 33: 23 주해.

402 "The Unity of Divine Being", *BEW* 4: 63.

403 David I. Naglee, *From Everlasting to Everlasting*, 1: 113.

404 참고. "The Unity of Divine Being", *BEW* 4: 63.

체적이거나 물질적인 실체의 영향을 받는다. 인간의 사유는 순수한 영의 행위라기보다 신체와 연결된 영의 행위이기에 인간의 이해는 제약을 받는다.[405] 그러나 순수한 영이신 하나님은 우리처럼 물질의 제약을 받지 않으시므로, 유한한 지성을 지닌 우리는 가히 그분의 지성을 헤아릴 수 없다.[406] 웨슬리는 데카르트 등이 주장한 전통적 사유를 따라 영과 물질을 서로 대비되는 것으로 보았다. 이 세상에서 인간의 영은 육체 안에 거하도록 되어 있다. 그러나 영이신 하나님은 시간과 공간뿐 아니라 유한한 물질에서도 자유로우시다.

하나님이 영이심과 관련해 웨슬리는, 하나님은 살아계신 영이자 모든 영의 아버지이심을 강조했다. 헨리 티센(Henry C. Thiessen)이 말하듯, 영 개념은 물질적 실체 개념과 무생물적 실체 개념 모두를 배격한다.[407] 하나님은 살아계신 영으로서, 그분의 본성인 사랑으로 인간을 창조하셨다. 또 그들에게 "불멸의 영"을 불어넣어 그들도 살아 있는 영이 되게 하셨다. 그러므로 웨슬리에게 하나님은 "우리 영의 아버지"이시자[408] "모든 지성적 영의 중심"[409]이시며, 모든 생명의 근원이시다. 세상의 모든 영은 하나님 안에서 생명과 안식을 얻으며, 결국 자신의 근원 되시는 하나님께 돌아간다. 웨슬리는 자신의 설교집 서문에서 "나는 하나님으로부터 와서 하나님께로 돌아가는 영입니다"라고 고백했다.[410] 순수한 영이신 하나님은 시간과 공간을 초월해 살아계시면서 모든 생명의 근원이 되시는

---

405 "On the Fall of Man", *BEW* 2: 405.

406 "The Unity of Divine Being", *BEW* 4: 63.

407 Henry C. Thiessen, *Lectures in Systematic Theology* (Grand Rapids: William B. Eerdmans, 1990), revised. Vernon D. Doerksen, 75-6.

408 "The Unity of the Divine Being", *BEW* 4: 63; 참고. 히 12: 9.

409 "Thought upon Dissipation", *Works* 11: 525.

410 *BEW* 1: 104-5.

자유로운 행위자이시다.

웨슬리는 영이신 하나님에 대한 이해를 예배에 실천적으로 적용했다. 그는 1743년 11월 25일 발리 홀(Barley-Hall)에서 "하나님은 영이시니"라는 제목으로 설교했다. 그날의 일지에는 다른 날의 기록과 마찬가지로, 해당 성경 구절이 주로 우리의 올바른 예배 방식에 대해 말씀한다고 이해하면서, "우리는 하나님을 영과 진리로 예배해야 한다"[411]고 기록했다. 순수한 영이신 하나님과 우리의 관계는 영적이어야 하는데, 이는 하나님이 영이시기에 영적 관계를 원하시기 때문이다. 웨슬리는 요한복음 4:24의 주해에서도 하나님과 우리의 관계가 마음과 마음이 하나 된 관계여야 함을 다시 보여주었다. 곧 하나님은 능력, 지혜, 사랑, 거룩함 등 모든 영적 완전성으로 충만하시므로, 우리의 예배 역시 그분의 본성에 부합해야 한다는 것이다. 우리는 "우리의 모든 성품, 생각, 말, 행동에 생기를 주는 믿음과 사랑과 거룩함"으로 그분을 예배해야 한다.[412]

4. 전능하심

웨슬리는 하나님의 다른 자연적 속성보다 전능하심에 더 깊은 관심을 가졌다. 이는 이 주제가 단지 하나님을 이해하는 데 중요하기 때문만이 아니라, 어떤 이들이 인간의 구원과 관련해 하나님의 전능성과 다른 속성들의 관계를 오해했기 때문이다. 이에 우리는 먼저 하나님의 전능하심에 대한 웨슬리의 일반적인 이해를 살펴보고, 다음으로 그가 전능하심이 하나님의 다른 속성들과 조화로운 관계에 있음을 강조한 사실을 확인하고자 한다.

---

411 *Journal* 3: 112-13 (1743년 11월 25일).
412, *ENNT* 318, 요 4: 24 주해.

웨슬리는 대체로 하나님의 전능하심을 전통적인 용어로 설명했다.[413] 그는 설교 "산상설교(6)"(1748)에서 눈에 보이거나 보이지 않는 모든 피조물의 모든 활동은 "하나님의 전능하신 능력의 지속적인 유입과 작용"에 절대적으로 의존한다고 설명했다. 모든 물질은 본질적으로 자동력을 갖지 못하기에 오직 하나님의 손에 의해 움직인다.[414] 웨슬리는 설교 "영적 예배"(1780)에서 더 적극적으로 하나님은 세상의 모든 운동의 '진정한 창시자'이심을 주장했다.[415] "그 종류가 무엇이든 모든 물질은 철저히 자동력이 결여되어 있습니다."[416] 이런 의미에서 그는 뉴턴의 만유인력 이론을 의심하면서, 만유인력은 우주 자체가 아니라 창조주이자 보존자 되시는 하나님의 능력에서 비롯된 것이라고 설명했다.[417] 이 설교에서 그는 영적 피조물에 대해서도 언급하면서, 하나님이 그들에게는 "약간의 자발적 운동력"을 주셨다고 말한다.[418] 이처럼 웨슬리는 모든 움직이는 능력의 창조주가 하나님이심을 확언했다.

운동의 창시자이신 하나님은 원하는 모든 것을 하실 수 있다. 웨슬리는 설교 "하나님의 일체성"에서 하나님의 전능하심을 '절대적 권능'의 관점에서 설명했다. "하나님은 하늘과 땅과 바다, 모든 깊은 곳에서 무엇이든 그분이 기뻐하시는 대로 행하십니다." 인간에게는 많은 것이 불가능하지만 하나님께는 모든 것이 가능하다. "하나님이 무언가를 뜻하시면 그것은 언제나 이루어집니다."[419] 특히 웨슬리는 창조가 하나님의 주

---

413 참고. Maddox, *Responsible Grace*, 54.

414 "Sermon on the Mount, VI", *BEW* 1: 581.

415 "Spiritual Worship", *BEW* 3: 92.

416 "Spiritual Worship", *BEW* 3: 92.

417 "Spiritual Worship", *BEW* 3: 93.

418 "Spiritual Worship", *BEW* 3: 92.

419 "The Unity of Divine Being", *BEW* 4: 62.

권적 의지대로 이루어졌음을 강조했다. 창조주 하나님은 "모든 것을 자신의 주권적 뜻에 따라 행하셨습니다."[420] 하나님은 자신의 선하고 기뻐하시는 뜻대로 우주의 시간, 기간, 장소를 정하셨다. 또 하나님은 각 개인의 출생 시간, 장소, 환경을 결정하신다.[421] 웨슬리는 주기도문 해설에서 하나님의 권세를 절대적 권능으로 설명했다. "'권세'란 하나님이 자신의 영원한 나라에서 만물을 다스리심으로, 그분이 통치하시는 모든 곳에서 그분이 기뻐하시는 일이면 무엇이든 행하시는 집행 능력을 말합니다."[422] 이런 의미로 웨슬리는 하나님의 전능하심을 제한한 몇몇 신비주의자를 비판했다. 그는 윌리엄 로가 하나님의 전능하심은 자연의 힘 안에서, 자연의 힘을 통해서만 작용한다고 주장한 것에 반대했다. 이는 자연이 존재하기 전에는 하나님이 아무것도 할 수 없다는 것을 의미하기 때문이다.[423] 하나님은 자연을 창조하시기 전부터 이미 존재하셨고, 그때도 이미 전능하셨다. 웨슬리는 또한 스웨덴보리가 구원이 "지옥을 복종시키는 것"이라고 주장한 데 대해서도 비판했다. 지옥은 전능하신 하나님께 이미 복종하고 있기 때문이다.[424]

웨슬리에 의하면, 비록 하나님은 전능하시지만 하실 수 없는 일이 있다. 웨슬리는 이를 인정하는 데 매우 조심스러웠다. 그러나 그는 "경외심을 가지고" 전능하신 하나님이시라도 하실 수 없는 일을 두 가지의 조금 다른 방식으로 언급했다.[425]

첫째, 하나님의 속성은 하나님을 어떠한 모순에도 빠지게 할 수 없

---

420 "Thoughts upon God's Sovereignty", *Works* 10: 361.
421 *Works* 10: 362.
422 "Sermon on the Mount, VI", *BEW* 1: 589.
423 "An Extract of a Letter to the Reverend Mr. Law", *Works* 9: 478.
424 "Thoughts on the Writings of Baron Swedenborg", *Works* 13: 432.
425 "On Divine Providence", *BEW* 2: 541.

다. 하나님은 언제나 자신의 속성에 일치하도록 행하시기 때문이다. 공의로우신 하나님은 불의한 행동을 하실 수 없고, 선하신 하나님은 악한 행동을 하실 수 없으며, 죄를 미워하시는 하나님은 누군가가 죄를 범하게 하실 수 없다. 공의로우신 하나님은 자신의 사랑과 은혜에 대한 인간의 어떤 응답도 고려하시지 않은 채, 그들이 세상에 태어나기도 전에 어떤 사람은 생명으로, 어떤 사람은 영원한 죽음으로 예정하는 불공정한 일을 하실 수 없다. 거룩하신 하나님은 죄를 지으려 하지 않는 사람에게 죄를 짓도록 강요하는 죄의 사역자가 되실 수 없다.[426] "하나님은 악에게 시험을 받지도 아니하시고 친히 아무도 시험하지 아니하시느니라"(약 1:13).[427] 신실하신 하나님은 불성실하게 약속을 깨뜨리실 수 없다. 하나님은 "자기를 부인하실 수 없다"(딤후 2:13).[428] 새뮤얼 클라크 역시 하나님의 무한한 능력은 모든 가능한 일에 영향을 미치지만, "모순을 내포하는 어떤 일을 행하는 데까지 미친다고 할 수는 없다"고 주장했다.[429] 엄밀히 말하면, 하나님이 "하실 수 없는" 것에 대한 이러한 묘사는 전능하신 하나님께 어떤 무능함이 있음을 의미하지 않는다. 앤서니 케니(Anthony Kenny)가 지적했듯, "하나님은 거짓말과 같이 하실 수 없는 일이 많이 있지만, 이는 그분께 일말의 무능함이 있어서가 아니라 그분이 영원히 정직하기로 결단하셨기 때문이다."[430]

둘째, 전능하신 하나님께는 모순이 있을 수 없다. 모순은 하나님의 전능하심을 다른 속성보다 과도하게 강조할 때 생겨나는 결과일 뿐이다.

---

426 "A Dialogue between a Predestinarian and his Friend", *Works* 10: 263; "Thoughts upon Necessity", *Works* 10: 463.

427 "Sermon on the Mount, VI", *BEW* 1: 588.

428 *ENNT* 791, 딤후 2: 13 주해.

429 Samuel Clarke, *A Demonstration of the Being and Attributes of God*, 55.

430 Anthony Kenny, *The God of the Philosophers* (Oxford: Clarendon Press, 1979), 101.

웨슬리는 하나님의 전능하심을 평가절하하지 않았지만, 농시에 그것이 하나님을 대표하는 유일한 개념인 양 과도하게 강조하지도 않았다. 예를 들어, 웨슬리는 하나님의 자연적 속성 중 편재하심이 전능하심보다 더 본질적이라고 생각했다. "만약 하나님이 계시지 않는 공간이 조금이라도 있다면 그분은 그곳에서 아무것도 하실 수 없을 것입니다. 그러므로 하나님의 편재하심을 부정하는 것은 곧 그분의 전능하심을 부정하는 것입니다."[431] 웨슬리에 의하면, 우리는 하나님의 모든 속성을 서로 조화를 이루는 관계로 이해해야 한다. 그는 "하나님의 모든 속성은 분리할 수 없도록 결합되어 있습니다. 그것들은 한순간도 분리될 수 없습니다"[432]라고 주장했다. 전능하신 하나님은 동시에 공의롭고 지혜로우며 거룩한 하나님이시라는 것이다. 예를 들어, 지성을 지닌 영적 존재를 다스릴 때 하나님의 지혜와 선은 "자신의 모든 피조물의 참된 유익을 위해 전능하신 능력과 … 함께 협력한다."[433] 웨슬리는 특히 전능하신 하나님이 누군가를 죄짓게 만듦으로 그분의 작정을 이루어가신다는 주장에 강하게 반대했다. 그는 "예정론에 대한 진중한 고찰"(1752)에서 이같이 주장했다.[434]

> 이 사람이 왜 죄를 범하는가? 당신들은 "그가 죄 짓는 것을 멈출 수 없기 때문"이라고 답한다. 이 사람이 왜 죄를 멈출 수 없는가? 당신들은 "그가 구원의 은혜를 받지 못했기 때문"이라고 답한다. 이 사람은 왜 구원의 은혜를 받지 못했는가? 당신들은 "하나님이 자신의 기뻐하시

---

431 "On the Omnipresence of God", *BEW* 4: 44. 웨슬리는 하나님의 속성 중 전능하심을 전지하심보다 먼저 언급하면서도, 그분의 전지하심을 전능하심이 아닌 편재하심에서 추론했다 ("The Unity of the Divine Being", *BEW* 4: 62).

432 "Predestination Calmly Considered", *Works* 10: 217.

433 "On Divine Providence", *BEW* 2: 540.

434 "Predestination Calmly Considered", *Works* 10: 234.

는 뜻에 의해 그에게 영원히 구원의 은혜를 주지 않기로 결정하셨기 때문"이라고 답한다. 그렇다면 이 사람은 죄를 지을 수밖에 없는, 결코 피할 수 없는 필연성 아래에 있는가? 당신들은 "그렇다. 마치 돌이 땅으로 떨어질 수밖에 없는 것과도 같다. 돌이 스스로 공중에 떠 있을 수 없는 것처럼, 사람은 스스로 죄 짓는 것을 멈출 어떤 능력도 가지고 있지 않다"고 답한다. 그렇다면 이 사람은 자신에게 결코 행할 능력이 없는 일을 하지 않았다는 이유로, 또 결코 피할 능력이 없는 죄를 피하지 않았다는 이유로, 마귀와 그 사자들을 위해 예비된 영원한 지옥불에 떨어지는 선고를 받아야 한단 말인가? 당신들은 "그렇다. 그것이 하나님의 주권적 뜻이기 때문이다"라고 말한다. 만약 당신들이 그렇게 주장한다면 당신들은 새로운 하나님을 찾아냈거나 만들어낸 것이다. 그러나 당신들이 만들어낸 그 존재는 분명 그리스도인이 믿어온 하나님은 아니다.

또 웨슬리는 하나님은 하늘과 땅에서 그분이 기뻐하는 모든 일을 행하시는 분으로, "자신이 지으신 모든 것을 보존하고 다스리는 일에 그분의 모든 능력을 발휘하신다"고 믿었다. 그러나 그는 하나님이 그 일들을 자신의 속성과 모순되는 방식으로 행함으로 자기모순에 빠진다고는 믿지 않았다. 또 그는 하나님의 전능하심을 과도하게 강조하면서 그것이 다른 속성들을 압도한다고 주장하는 것에도 동의하지 않았다. 만약 전능하신 존재가 불의하고 지혜롭지 못하며 거룩하지 않다면, 그는 전능한 인격적 존재가 아닌 폭군에 불과할 것이다. 이런 의미로 웨슬리는 "모든 일을 하실 수 있는 하나님도 자신을 부인하실 수는 없습니다"[435]라고 말한다. 이는 웨슬리가 하나님의 능력을 제한한 것이 아니다. 그에 따르면

---

435 "On Divine Providence", *BEW* 2: 540.

심판 날 주님의 위엄 앞에서 옛 땅과 옛 하늘은 사라질 것이다.[436] 웨슬리는 하나님이 의, 거룩함, 지혜, 사랑 등 자신의 모든 속성에 부합하는 방식으로 일관되게 행하신다고 믿었기에, 하나님의 전능하심을 다른 속성들과 조화롭게 이해하고자 노력했다.

5. 전지하심

웨슬리는 전지하심 역시 하나님의 속성으로 보았다.[437] 영원부터 하나님은 과거, 현재, 미래와 관계 없이 자신과 다른 모든 것에 대해 무한히 완전한 지식을 가지고 계신다.

먼저 성부, 성자, 성령께서는 서로에 대해 완전하게 알고 계신다. 오직 그분들만이 서로에 대해 온전한 지식을 지니고 계신다. "아들 외에는 아버지를 아는 자가 없고 … 아버지 외에는 아들을 아는 자가 없다."[438] 또 하나님의 성령 외에는 아무도 하나님의 생각을 알지 못한다.[439]

하나님은 자신이 창조하신 "존재들의 모든 속성"을 아신다. 전지하신 하나님은 피조물들 사이의 "모든 연결 고리, 의존성, 상호관계와 하나의 피조물이 다른 피조물에게 영향을 미치는 모든 방법"을 아신다. 모든 피조물은 "창조주와 보존자의 눈에 벌거벗은 것처럼 드러나 있기에" 어떤 것도 그분께 숨길 수 없다. 하나님은 "사람의 모든 마음을 헤아리시고 그들의 모든 생각을 아신다. 그분은 천사나 마귀, 사람이 생각하거

---

436 *ENNT* 1040-41, 계 20: 11 주해.
437 "The Unity of the Divine Being", *BEW* 4: 62.
438 "Original Sin"(1759), *BEW* 2: 177; 참고. *ENNT* 60, 마 11: 27 주해.
439 *ENNT* 591, 고전 2: 11 주해.

나 말하거나 행하는 모든 것, 심지어 그들의 모든 느낌까지 아신다."[440]
웨슬리는 설교 "예정에 대하여"(1773)의 결론부에서 "이 모든 것을 요약
하면 다음과 같습니다. 전능하시고 전지하신 하나님은 하나의 영원한 현
재(one eternal now)를 통해 영원부터 영원까지 현재와 과거와 장래의 모
든 것을 보시고 아십니다"라고 주장했다.[441] 하나님은 자신이 지으신 모
든 것을 직접적이며 동시적으로 완전하고도 참되게 아신다.

웨슬리는 하나님께서 어떻게 전지하시어 모든 것을 아시는지를 설
명할 때 어떤 형이상학적 분식보나 성경 구설에 의존해 설명하기를 선
호했다. 예를 들어, 하나님의 편재하심과 전지하심을 옹호할 때는 시편
139편을 반복적으로 인용했다.[442] 특히 그는 하나님의 전지하심이 하나
님의 편재하심 및 영원하심과 밀접하게 연결되어 있다고 주장했다. 하
나님은 시간과 공간을 초월해 계시므로 그분의 지식은 시간과 공간의 제
약을 받지 않는다. 웨슬리는 하나님의 전지하심을 편재하심과 연결 지
었는데, 시편 139편이 바로 이를 계시하고 있다. 만일 하나님이 어디에
나 계시다면 "그분은 그곳에 있는 것이나, 그곳에서 일어나는 모든 일을
아실 수밖에 없다"는 것이다. 그러므로 웨슬리는 "하나님의 전지하심은
그분의 편재하심의 명백하고도 필연적인 결과"라고 믿었다.[443]

웨슬리는 하나님의 편재하심과 전지하심의 관계보다 영원하심과 전
지하심의 관계에 더 많은 주의를 기울였다. 이는 하나님의 예지(fore-
knowledge) 개념이 이해하기 복잡하고 사람들이 자주 오해해 왔기 때문

---

440 "On Divine Providence", *BEW* 2: 539.
441 "On Predestination", *BEW* 2: 420.
442 *BEW* 1: 363, 434; *BEW* 2: 118, 142, 538, 570; *BEW* 3: 13, 22, 101; *BEW*
    4: 41, 46, 337.
443 "The Unity of Divine Being", *BEW* 4: 62.

이다. 웨슬리에 따르면, 시간 너머에 계시는 영원하신 하나님은 과거, 현재, 미래에 일어나는 모든 일을 아신다. 하나님은 우리가 어떤 일에 대해 알기 오래 전부터, 이런저런 상황에서 우리가 어떤 생각을 할지 영원 전부터 알고 계신다.[444] 하나님은 모든 것을 아실 때 시간 순서에 따라 "어떤 것을 다른 것보다 먼저, 혹은 뒤에" 아시는 것이 아니다. 웨슬리안 신학자 존 마일리(John Miley)가 말했듯, 전지(全知)란 즉각적이면서도 영원한 앎일 수밖에 없다.[445] 웨슬리는 영원하신 하나님께는 시간의 모든 순간이 동시에 현재적으로 존재하므로, 하나님은 "영원부터 영원까지 시간 내에서 이루어지는 모든 일을 단번에 보십니다"라고 말한다.[446]

웨슬리는 성경의 여러 구절이 하나님의 예지를 뒷받침한다고 믿었다. 그는 이사야 44:28의 주해에서 매튜 풀(Matthew Poole)의 견해를 따라, 하나님은 고레스가 태어나기도 전에 그의 본명을 언급하셨다고 생각했다. 그는 이 구절이 "하나님의 예지의 정확성에 대한 부인할 수 없는 증거"임을 확신했다.[447] 또 이사야 46:10의 주해에서는 창조주 하나님을 세상의 시작부터 끝까지 "장차 여러 시대에 일어날 미래의 사건들을 미리 알려주시는" 전지하신 분으로 묘사했다.[448] 사도 바울이 로마로 항해하던 중 배에 함께 있던 모든 사람의 생명을 위해 기도하자, 하나님은 그가 로마 황제 앞에 서야 하며 배에 있는 이들 중 한 사람도 잃지 않을 것이라고 응답하셨고, 바울은 자신이 들은 예언 그대로를 이루실 하나님을 신뢰했다. 이 예언이 실제로 성취된 것은 하나님의 예지에 대한

---

444 *ENOT* 1818, 시 139: 2 주해.

445 John Miley, *Systematic Theology* (Peabody, Massachusetts: Hendrickson Publishers, 1989), 1: 180.

446 "On Predestination", *BEW* 2: 417.

447 *ENOT* 2064, 사 44: 28 주해; 참고. Matthew Poole, *Annotations* 2: 427.

448 *ENOT* 2069, 사 46: 10 주해; 참고. Matthew Poole, *Annotations* 2: 431.

또 하나의 증거이다.[449] 창세기 22장에서 아브라함이 이삭을 번제로 바치려 한 이야기를 보면, 하나님은 마치 전에 미처 알지 못했던 무언가를 새롭게 알게 되신 것처럼 보인다. 하나님은 아브라함에게 아들 이삭을 제물로 바치라고 명령하심으로 "자신에 대한 그의 사랑"이 어떠한지 시험하신 후,[450] 그를 향해 "그 아이에게 네 손을 대지 말라 … 내가 이제야 네가 하나님을 경외하는 줄을 아노라"라고 말씀하셨다.[451] 그러나 웨슬리는 하나님께서 아브라함이 어떻게 행할지 알기 위해 그를 시험하신 것이 아니라고 보았다. 즉, 그는 하나님께서 아브라함이 어떻게 행할지를 이미 알고 계셨다고 믿었기에, "하나님은 이미 그것을 아셨지만, 이제 아브라함이 그 사실에 대해 기억할 만한 증거를 제공했다"고 주장했다.[452]

웨슬리는 『신약성서주해』(1755)에서 "하나님의 지혜가 모든 것을 최선의 목적으로 이끈다면, 하나님의 지식은 그것이 이루어진 상태를 미리 아신다"[453]고 주장했다. 하나님의 지식과 지혜의 관계에 대한 그의 이해는 이후의 설교 "하나님의 일체성"(1789)에서 더 분명하게 드러난다. 이 설교에서 웨슬리는 하나님의 지식과 지혜는 서로 바꾸어 사용할 수

---

449 *ENNT* 505, 행 27: 24 주해; *ENNT* 512, 행 28: 31 주해.

450 *ENOT* 84, 창 22: 2 주해.

451 *ENOT* 86, 창 22: 12 주해.

452 *ENOT* 86, 창 22: 12 주해; 참고. Matthew Henry, *Exposition* 53. 웨슬리는 창세기를 주해할 때 매튜 헨리의 주해를 따랐지만, 이 주제에 대한 웨슬리의 생각은 레위기, 민수기, 여호수아, 사사기, 이사야 등의 구약 본문을 주해할 때 그가 채택한 매튜 풀의 것과 유사해 보인다. 풀은 창세기 22: 12에 대해 다음과 같이 설명했다. "하나님은 이 증거가 있기 전에도, 그리고 이 증거 없이도 아브라함의 믿음과 순종의 진실하고 단호함을 아셨고, 영원 전부터 이 사실과 그 모든 상황을 미리 내다보셨다. 그러므로 당신은 하나님이 지금 어떤 새로운 발견을 하셨다고 생각해서는 안 된다. 이 구절은 다른 많은 구절에서처럼 하나님에 대해 인간의 방식으로 말씀한다. 곧 어떤 일이 두드러진 결과를 통해 자신과 다른 사람에게 널리 알려지고 명백하게 되었을 때 사람이 그것을 안다고 말하는 것과 같은 방식으로 하나님이 아신다고 표현한 것이다" (Matthew Poole, *Annotations* 1: 52).

453 *ENNT* 568, 롬 11: 33.

있는 개념이라고 단언했다.[454] 물론 그는 두 개념 사이에 강조점의 차이가 있음을 인식했다. 하나님의 지식이 "좀 더 일반적인 용어"라면, 하나님의 지혜는 "그것의 특정한 일부"라는 것이다. 전자가 "존재하는 모든 것의 목적을 아는 것"이라면, 후자는 "그 지식을 목적에 적용하는 방편"이다.[455] 웨슬리는 하나님의 지식이나 전지하심과 지혜에 어느 정도의 차이가 있음을 인정하면서도, 하나님의 전지하심이라는 주제 아래에서 하나님의 지혜를 다루었다.[456] 또 그는 하나님의 지혜를 하나님의 속성보다 하나님의 섭리의 맥락에서 설명하기를 선호했다.[457] 그러면서도 하나님의 지혜를 하나님의 지식과 구별함으로 하나님의 지혜는 "무한히 다양한 방식으로 발휘"되며, 예지를 포함하는 하나님의 지식이 원인적(causative)이지 않음을 보여주고자 했다.[458]

미래의 사건에 대한 하나님의 지식을 인간의 용어로 말하기 위해 '하나님의 예지'라는 용어를 선택한 것이라면, 그 표현은 하나님에 대해 무엇을 드러내는가? 웨슬리에 의하면, 하나님의 예지는 하나님이 은혜롭고 공의로운 분이심을 드러내는 것이지, 미리 안다는 것이 그 일을 야기(causation)한다는 뜻이 아니다. 인간은 "자신의 지혜로 예측할 수 없고, 자신의 힘으로 저항할 수 없는" 무수한 위험에 노출되어 있다. 그러

---

454 "The Unity of the Divine Being", (1789), *BEW* 4: 62.

455 "The Unity of the Divine Being", *BEW* 4: 62.

456 "The Unity of Divine Being", *BEW* 4: 62; 참고. 웨슬리가 메소디스트 설교자들에게 추천한 책 『하나님의 존재와 속성에 대한 증명』(*A Demonstration of the Being and Attributes of God*)에서 새뮤얼 클라크는 하나님의 지성과 지혜를 서로 다른 속성으로 다루었다. *A Demonstration of the Being and Attributes of God*, 38, 79를 참조하라. 웨슬리안 신학자들은 하나님의 속성 분류에서 견해를 달리한다. 존 마일리(John Miley)는 하나님의 지혜를 전지하심의 범주 안에서 다루는 반면, 오튼 와일리는 그것을 별개의 속성으로 다룬다. John Miley, *Systematic Theology*, 1: 180-193; H. Orton Wiley, *Christian Theology* 1: 354-62를 참조하라.

457 참고. " On Divine Providence"(1786), *BEW* 2: 540-41.

458 "The Wisdom of God's Counsels"(1784), *BEW* 2: 553.

나 하나님은 그 위험을 미리 아시고 물리쳐 주신다.[459] 웨슬리 자신도 육체적 연약함을 겪을 때 "하나님이 미리 아신 자들을 또한 … 미리 정하셨으니"(롬 8:29)라는 말씀으로 치유를 경험한 적이 있다.[460] 의로우시며 모든 것을 미리 아시는 하나님은 누구도 멸망하는 것을 원하지 않으시기에, 죄인이 자기 길에서 하나님께로 돌이키지 않으면 어떤 고난이 닥칠지 미리 경고하신다.[461] 하나님은 예수님을 믿는 모든 사람을 미리 아시고, 또 그들이 죄에서 구원받기를 바라신다.[462] 하나님의 지식은 시간적 순서에 매여 있지 않다는 점에서 웨슬리는 하나님의 예지를 인간의 구원과 직접 연결 짓기를 매우 꺼렸다.[463] 그럼에도 그는 인간의 언어를 하나님의 예지에 적용하려면, 먼저 하나님이 모든 사람을 위해 보내신 예수님의 은혜에 우리가 어떻게 반응할지를 미리 아신 후, 우리가 보인 반응에 따라 하나님께서 우리에게 무엇을 행하실지를 결정하신다고 설명하는 방식으로 사랑과 공의의 하나님을 묘사해야 한다고 주장했다. 웨슬리는 예지나 예정과 같은 시간과 연관된 표현이 하나님의 소통 방식에 기초하고 있음을 알았다.[464] 하나님은 인간의 언어를 사용해 자신이 모든 사람을 사랑과 공의로 대하신다는 사실을 계시하신다. 이런 방식으로 웨슬리는 하나님의 예지를 통해 은혜롭고 공의로우신 하나님을 설명하고자 했다.

---

459 *BEW* 2: 549.

460 *Journal* 2: 446 (1741년 4월 17일).

461 *ENOT* 2531, 욘 3: 3 주해; *ENOT* 2533, 욘 4: 11 주해.

462 "On Predestination", *BEW* 2: 420–21.

463 "On Predestination", *BEW* 2: 416–17.

464 "On Predestination", *BEW* 2: 416–17; "Predestination Calmly Considered", *Works* 10: 210.

웨슬리는 우리가 하나님의 예지를 말할 때 그것이 미래의 사건을 야기하는 것으로 말해서는 안 된다고 주장했다. 다시 말해, 인간의 방식으로 표현된 용어인 하나님의 예지는 결정론이나 숙명론이 아닌 하나님의 신실하심과 공의의 관점에서 이해해야 한다는 것이다. 웨슬리의 예지 개념은 설교 "예정에 대하여"에서 가장 잘 드러나는데, 여기서 웨슬리는 하나님이 아시는 것은 "누군가가 신앙을 택할 것으로 아시든 불신앙을 택할 것으로 아시든, 그분의 지식 때문에 그렇게 된 것이 아닙니다"라고 주장했다. 하나님이 미리 아시기 때문에 우리가 죄를 짓는 것이 아니라, 우리가 죄를 짓기 때문에 하나님이 그것을 미리 아신다는 것이다.[465] 하나님은 아담이 타락할 것을 미리 아셨지만, 그 미리 아심이 타락을 일으킨 것은 아니다. 하나님은 스스로 결정할 수 있도록 자유의지를 부여하신 인간의 자유로운 활동을 모두 아신다. 하나님의 아들은 세상의 시작부터 누가 자신을 배반할지 미리 아셨는데, 이는 그가 "미래의 우연적 사건"(future contingencies)을 미리 보시기 때문이다.[466] 이런 의미에서 웨슬리는 하나님의 지식이 인과관계로 이어지지 않는 중립적 종류의 지식이라고 생각했다.

III. 하나님의 속성의 조화

많은 웨슬리 신학자가 웨슬리의 하나님 속성 이해의 핵심이 하나님을 인격적인 분으로 이해한 데 있다는 점에 동의할 것이다.[467] 하나님을

---

465 "On Predestination", *BEW* 2: 417.

466 *ENNT* 330, 요 6: 64 주해.

467 Albert Truesdale, "Theism: The Eternal, Personal, Creative God", in Charles W. Carter (ed.), *A Contemporary Wesleyan Theology* (Grand Rapids: Francis Asbury Press,

묘사할 때 흔히 '인격적'(personal)이라는 용어가 사용되지만, 이 용어는 의미가 모호하고 다양한 관점을 내포한다. 웨슬리에게서 하나님이 인격적이시라는 말은 첫째, 하나님은 영원하시고, 편재하시며, 전지하시고, 전능하신 분임을 전제로 한다. 웨슬리는 하나님이 인격적이라는 점을 강조하기 위해 이러한 자연적 속성을 제한하지 않았다. 나아가 하나님의 도덕적 속성은 자연적 속성과 연결되어 있다. 예를 들어, 앞서 논의한 것처럼 하나님의 거룩하심은 단지 도덕적 속성만이 아니라 하나님의 '본질적 탁월성', 곧 그분의 신성 자체를 의미하는데,[468] 이는 하나님이 "처음이요 마지막이시고, 유일하고 영원하시며, 살아계시고 복되시며, 끝이 없고 불변하시며, 전능하고 전지하시며, 지혜롭고 진실하시며, 공의롭고 신실하시며, 은혜롭고 자비로우시다"라는 사실을 나타낸다.[469]

둘째, 하나님이 인격적인 분이시라는 것은 곧 하나님이 살아계신 하나님이심을 의미한다. 하나님은 영원한 법칙이나 인과율에 따라 세상을 다스리는 절대정신이 아니시다. 인격적인 하나님은 고대 그리스 철학이 주장하는 무감성(apathy)의 하나님이 아니라, 자기 백성의 기도를 듣고 응답하시는 살아계신 하나님이시다.

셋째, 하나님이 인격적인 분이시라는 것은 그분이 도덕적 존재이심을 의미한다. 하나님은 거룩하고 의로우시다. 그는 인간에게 죄를 짓게 하거나, 영원한 작정을 통해 어떤 사람은 구원으로, 어떤 사람은 파멸로 예정하지 않으신다.

____

1983), vol. 1: 107–36; Samuel M. Powell, "A Trinitarian Alternative to Process Theism", in Bryan P. Stone & Thomas Jay Oord (eds.), *Thy Nature & Thy Name Is Love*, 144.

468 *ENNT* 957, 계 4: 8 주해.
469 *ENNT* 957, 계 4: 8 주해.

　　넷째, 인격적인 하나님은 관계적이자 사회적인 분이시다. 하나님은 고독이 아닌 교제를 즐기는 분이시다. 그분은 삼위의 공동체로 존재하시며, 삼위일체적 방식으로 활동하신다. 웨슬리는 현대 신학자들처럼 삼위일체 하나님의 내재적 삶을 체계적으로 서술하지는 않았으나, 세 위격의 관계가 정적이지 않고 서로 함께 일하시는 역동적인 관계임을 시사했다. 하나님은 사랑이신데, 사랑은 인격적 존재들의 관계의 본질이다. 웨슬리에게 하나님의 본성이 지닌 관계적이자 사회적인 차원은 인간의 창조와 구원에서 더 분명히 드러난다. 삼위일체 하나님은 타자에게 은혜를 베풀고자 하는 내면의 사랑 때문에 자신의 사랑과 행복을 타자와 나누고자 하셨고, 그것을 위해 지성적 존재를 창조하셨다.[470] 인간 안에 있는 하나님 형상의 본질은 다른 사람, 특히 삼위일체 하나님과 교제할 수 있도록 하나님께서 주신 소중한 능력이다.[471] 곧 인간은 하나님과 거룩한 교제를 나누도록 창조된 것이다.[472] 하나님은 타락한 인간을 재창조하고 구원해 하나님의 형상을 회복시키심으로 다시 그들과 사랑과 거룩함의 교제를 나누고자 하신다. 죄로 인해 상실했던 교제는 구원의 과정을 통해 점진적으로 회복된다. 칭의에서는 그들이 "죄책에서 구원받고 하나님의 호의로 회복된다"면, 성화에서 그들은 "하나님의 형상으로 회복된다."[473] 칭의의 즉각적 결과가 하나님의 평안이라면, 성화의 즉각적 결과는 하나님의 사랑이다.[474] 그리스도인의 완전은 곧 완전한 사랑으로, 이는 하나님과 인간의 교제가 중단 없이 이루어짐을 의미한다.[475] "성부 및

---

470 "The Love of God", *BEW* 4: 333.
471 하나님의 형상의 본질에 대한 자세한 논의는 제5장을 참조하라.
472 *BEW* 4: 25–6; 참고. *ENOT* 7, 창 1: 26–8 주해.
473 "On Working Out Our Own Salvation", *BEW* 3: 204.
474 "The Scripture Way of Salvation", *BEW* 2: 158.
475 "The Scripture Way of Salvation", *BEW* 2: 158.

성자와의 한결같은 교제는 그들의 마음을 겸손한 사랑으로 채웁니다. 이 것이 바로 내가 항상 말해 왔고 지금도 말하고 있는 그리스도인의 완전 의 의미입니다."[476] 이처럼 인간의 구원의 과정을 통해 이루어지는 것이 삼위일체 하나님과의 인격적이고 거룩한 교제의 회복이다.

하나님의 본성과 행위의 사회적이고 관계적인 차원은 지금도 강조 되고 있다. 오늘날 하나님을 사회적이고 관계적인 존재로 이해하려는 노 력은, 부분적으로 신플라톤주의(Neoplatonism)와 같은 고대 그리스 철학 의 영향으로 한동안 하나님의 사회적이고 관계적인 본성을 희생하면서 까지 하나님의 영광이나 완전성을 스콜라적인 방식으로 강조하려 했던 고전적 서방 신학의 하나님 교리의 약점을 보완하기 위한 시도이다.[477] 웨슬리가 메소디즘과 칼뱅주의는 머리카락 한 올 차이밖에 없다고 하면 서도 엄격한 칼뱅주의를 지속적으로 반대한 것은 이러한 약점을 인식했 기 때문이다.[478] 그 시대에 하나님의 본성과 행위의 사회적이고 관계적인 차원을 강조한 것은 웨슬리 신학의 두드러진 특징이었다. 그럼에도 웨 슬리의 관점에서 하나님을 사회적이고 관계적인 존재로 말할 때는 특히 두 가지 점이 강조되어야 한다.

첫째, 웨슬리는 하나님은 거룩한 사랑이시므로 타락한 인간이 하나 님과 교제하려면 먼저 죄를 회개해야 함을 강조했다. 웨슬리에게 하나 님의 거룩한 사랑은 성자를 십자가에 못 박으신 데서 분명히 드러난다. 하나님이 자신의 아들을 세상에 보내신 것이 세상을 너무나 사랑하시기 때문이었다면, 아들을 십자가에 못 박으신 것은 죄를 너무나 혐오하시

---

476 *Journal* 4: 370 (1760년 3월 6일).

477 참고. Alister E. McGarth, *Christian Theology*, 208 이하; John J. O'Donnell, *Trinity and Temporality: the Christian Doctrine of God in the Light of Process Theology and the Theology of Hope* (Oxford: Oxford University Press, 1983), 159–64.

478 "Minutes of Some Late Conversations", *Works* 8: 284.

기 때문이었다. 십자가에서 "성자의 영혼은 자신이 남낭하신 죄들로 인해 진노에 대한 혹독한 인식으로 가득하셨다."[479] 웨슬리는 성자의 이 대속의 죽음을 공로적인(meritorious) 것으로 이해했다. 그렇기에 인간은 거룩한 사랑의 교제를 나누기 위한 하나님의 주도적인 부르심에 응답해야 한다. 제임스 패커(J. I. Packer)는 "현대 사회에서 하나님의 진노라는 주제는 금기시되어 왔고, 그리스도인은 대체로 금기를 받아들여 이 문제를 제기하지 않도록 스스로를 길들여 온 것이 사실입니다"[480]라고 말한다. 오늘날에는 하나님을 사회적이고 관계적인 존재로 말할 때 하나님의 사랑은 매우 강조하면서 하나님의 거룩하심은 간과하는 경향이 있다. 웨슬리안 전통의 일부 신학자가 매력을 느끼는 과정신학이 이 경우에 해당한다.[481] 앞서 언급했듯, 웨슬리는 죄에 대한 하나님의 진노는 하나님의 사랑만큼이나 위대한 진리이며,[482] 사랑을 과도하게 강조할 경우 하나님의 거룩한 진노는 마땅한 자리를 잃고 그저 "부드러운 말"만 남게 된다고 믿었다.[483] 사랑의 하나님은 "소멸하는 불"이시기도 하다. 그분에게 사랑과 거룩은 본질적으로 연결되어 있다. "거룩과 사랑은 동전의 양면과 같다"[484]는 주장은 사실이다. 하나님의 거룩한 사랑은 "죄인이 자기 길에서 돌이킬 것을 요구한다."[485]

---

479 *ENNT* 134, 마 27: 46 주해.

480 J. I. Packer, *Knowing God* (Downers Grove, Illinois: InterVarsity Press, 1993), 149.

481 John B. Cobb, Jr. & David Ray Griffin, *Process Theology* (Louisville: Westminster John Knox Press, 1976), 41-62.

482 *Journal* 4: 234 (1757년 9월 4일).

483 "An Extract of a Letter to the Reverend Mr. Law", *Works* 9: 481.

484 I. Howard Marshall, *Pocket guide to Christian Beliefs* (Leicester: InterVarsity Press, 1978), 46.

485 Donald G. Bloesch, *Essential of Evangelical Theology* (New York: HarperCollins, 1982), 1: 33.

둘째, 웨슬리에 따르면 하나님은 피조물과 교제하기를 기뻐하시지만, 동시에 완전하신 하나님은 피조물과의 관계 없이도 자신의 존재 안에서 자족하신다. 다시 말해, 웨슬리의 하나님 이해에는 하나님의 존재가 세계와 필연적으로 결합되어 있다는 범재신론(panentheism) 사상이 조금도 나타나지 않는다.[486] 과정신학자들에게 "'존재한다는 것은 곧 관계 속에 있는 것이기에' 하나님이 독자적으로 존재하시는 것은 불가능하다. 하나님은 세상과의 관계 안에 있음으로 비로소 하나님이 되신다."[487]

과정신학을 따르는 일부 웨슬리안은 웨슬리가 하나님의 사랑을 관계적으로 이해함으로 범재신론적 하나님 교리에 근거를 제공했다고 믿는다. 예를 들어, 슈베르트 오그든(Schubert Ogden)은 "하나님은 더할 나위 없이 적절한 방식으로 인간을 사랑하지 않고서는 스스로 존재하지 않을 것이며, 또 그렇게 할 수도 없다. 반면 고전적 신학에서는 하나님이 인간이 존재함에도 그들에게 은혜를 전혀 베풀지 않으실지라도, 하나님은 여전히 스스로 존재할 수 있고, 또 스스로 존재할 것이다"[488]라고 믿는다. 과정신학자 존 오도넬(John J. O'Donnell)은 다음과 같이 지적한다. "오그든은 하나님이 순전하고 무한한 사랑이시라는 웨슬리의 개념에서 출발해, 하나님의 적극적 자유와 소극적 자유 개념을 발전시켰다. 오그든이 말하는 소극적 자유는 아무것도 하지 않을 수 있는 자유이고, 적극적 자유는 이것이나 저것을 할 수 있는 자유이다. 오그든은 하

---

486 이 문제는 제5장에서 더 자세히 논의할 것이다.

487 John J. O'Donnell, *Trinity and Temporality: the Christian Doctrine of God in the Light of Process Theology and the Theology of Hope*, 190.

488 Schubert Ogden, "On the Concept of God's Freedom", 1–2. John J. O'Donnell, *Trinity and Temporality: the Christian Doctrine of God in the Light of Process Theology and the Theology of Hope*, 191에서 재인용.

나님에 대해 소극적 자유 개념을 거부한다."[489] 이와 같이 과정신학자들은 "하나님이 세상을 창조하지 않을 자유"를 거부한다.[490] 나아가 존 콥 (John B. Cobb, Jr.)은 하나님과 물질세계 사이의 필연적이거나 존재론적인 관계에 대한 단서를 웨슬리에게서 찾으려 하면서 "웨슬리가 자기 시대 이후에 이루어진 물리학 발전을 알았다면 모든 물질은 본질적으로 비활동적이어서 하나님의 손에 의해서만 움직인다"는 주장, 곧 하나님이 물질세계와 일방적 관계를 맺으신다는 주장을 "포기했을 것"이라고 말한다.[491]

반면 웨슬리는 인간의 자유의지를 언제나 선택의 자유로 설명했다. 즉, 하나님의 율법에 순종할 것인지 말 것인지, 구원의 제안을 받아들일 것인지 말 것인지, 선을 행할 것인지 악을 행할 것인지의 여부를 선택할 자유이다. 주권자이신 하나님은 자신의 형상대로 지으신 인간에게 이러한 자유의지를 부여하신다. 웨슬리에 따르면, 이러한 하나님은 마땅히 세상을 창조하지 않을 선택의 자유를 가지고 계신다.

더욱이 앞서 살펴보았듯, 하나님의 '기쁨의 사랑'은 영원부터 하나님의 존재 안에 있었던 사랑이 "무한히 완전함"을 표현한 것이다.[492] 하나님의 사랑은 창조 이전부터 존재했기에[493] 피조물과의 관계 없이도 존재한다. 또 이 기쁨의 사랑은 삼위일체의 내재적 관계가 지니는 영속적 특

---

489 John J. O'Donnell, *Trinity and Temporality: the Christian Doctrine of God in the Light of Process Theology and the Theology of Hope*, 191.

490 John J. O'Donnell, *Trinity and Temporality: the Christian Doctrine of God in the Light of Process Theology and the Theology of Hope*, 191.

491 John B. Cobb, Jr., *Grace & Responsibility: A Wesleyan Theology for Today* (Nashville: Abingdon Press, 1995), 52; "Sermon on the Mount, VI", *BEW* 1: 581.

492 "The Love of God", *BEW* 4: 333; "The Law Established through Faith, II", *BEW* 2: 39.

493 "The Law Established through Faith, II", *BEW* 2: 39.

성이기도 하다.[494] 따라서 웨슬리에 의하면, 비록 하나님은 자신의 완전한 사랑을 나누고자 우리를 초대하시지만, 이는 완전하신 하나님이 자신의 외로움을 달래기 위해서나, 피조물을 사랑함으로 스스로 완전해지기 위해 피조물을 사랑의 대상으로 삼는 것이 아니다.[495]

웨슬리에게 '감사의 사랑'은 인간을 향해 베푸시는 하나님의 사랑을 표현하는 것이다.[496] 이는 하나님의 은혜로운 사랑이다. 이 은혜는 '하나님 자신 안에 있는 것'에서 솟아나므로 자발적 은혜이지, 하나님이 하나님 되시기 위해 반드시 필요한 필연적 은혜가 아니다. 이처럼 웨슬리는 하나님의 불가항력적 은혜 개념뿐 아니라 하나님의 비자발적 은혜 개념도 거부했다.

하나님 본성의 사회적이고 관계적인 차원만 과도하게 강조하면서 하나님의 속성들의 조화를 소홀히 하는 신학자는 하나님과 세계의 관계를 범신론적으로 이해하기 쉽다. 리처드 보컴(Richard Bauckham)은 몰트만의 범재신론적 하나님 교리를 다음과 같이 비판한다. "몰트만은 '하나님의 역사 안에서' 세계사를 하나님의 자기실현 과정과 동일시한다. 이는 '변증법이 동일성으로 붕괴된다'는 것을 의미한다. 즉, 하나님은 동일성과 비동일성을 더 높은 종류의 동일성으로 해결하기 위해 자신을 비워 자신에게 이질적인 무엇이 되시는 것이다."[497] 과정신학자들은 분명

---

494 *ENNT* 25; 마 3: 17 주해; 참고. *ENNT* 322, 요 5: 20 주해; *ENNT* 36, 요 14: 31 주해.

495 웨슬리는 "천국에서는 오직 사랑만이 완전의 총화이다"라고 주장한다 (*ENNT* 628, 고전 13: 13 주해).

496 "The Love of God", *BEW* 4: 333.

497 Richard Bauckham, *Moltmann: Messianic Theology in the Making* (Hants: Marshall Morgan and Scott, 1987), 106 [인용구를 쉽게 설명하면 다음과 같다. 몰트만은 세상의 역사를 하나님의 자기실현 과정과 연결 지어 이해했다. 변증법이 동일성으로 붕괴한다는 것은, 하나님(정, thesis, 동일성)과 세상(반, antithesis, 비동일성)의 대립(변증법)이 하나님(동일성)으로 완전히 통합되어 해소(붕괴)된다는 것이다. 하나님이 궁극적으로 모든 것을 자신에게로 통일시키시기 위해 역사 속에

하나님을 사회적이고 관계적인 존재로 묘사하지만, 그들의 하나님은 범재신론적이기도 하기에 자족적이지 않은 존재로 보이며, 이는 하나님의 완전성을 왜곡한다. 토머스 오든(Thomas C. Oden)이 지적하듯, 웨슬리에게 "세상이 없는 하나님은 여전히 완전한 하나님이시지만, 하나님 없는 세상은 완전한 무(無)가 되고 만다."[498] 웨슬리는 하나님이 사회적이고 관계적인 분이심을 강조하지만, 이는 결코 범재신론적인 방식이 아니다. 그에게 완전하신 하나님은 자신의 자족적 사랑을 토대로 자신의 형상대로 지으신 인간과 인격적이고 거룩한 교제를 나누신다.

칼뱅주의 전통에서는 하나님의 전능하심이나 주권을 가장 중요하게 여기는 반면,[499] 웨슬리안 전통에서는 하나님의 관계적 사랑의 개념을 가장 의미 있게 여기는 것으로 보인다.[500] 그러나 그렇다 해서 하나님의 전능하심과 주권이 웨슬리에게 낯선 것인가? 앞서 하나님의 전능하심에 대해 논의했듯, 웨슬리는 하나님의 전능하심을 '절대적 권능'이라는 용어로 설명했다. 하나님은 "하늘과 땅과 바다, 모든 깊은 곳에서 무엇이든 그분이 기뻐하시는 대로 행하신다"는 것이다. 특히 하나님의 창조와 새 창조에서 웨슬리는 하나님의 주권적 능력을 강조했다. 창조주 하나님은 "모든 일에서 자신의 주권적인 뜻에 따라 행하셨다."[501] 새 창조에서 하나님은 자신의 능력으로 만물을 새롭게 하실 것이다.[502] "전능하신

서 행하신 일이 자기 비움(케노시스, kenosis)이다. 하나님은 그리스도의 성육신과 십자가를 통해 자신에게 이질적인 모습을 취하셨다-역주].

498 Thomas C. Oden, *John Wesley's Scriptural Christianity*, 35.

499 참고. Millard J. Erickson, *God the Father Almighty*.

500 참고. Mildred Bangs Wynkoop, *The Theology of Love*; Bryan P. Stone & Thomas Jay Oord (eds.), *Thy Nature & Thy Name is Love*.

501 "Thoughts upon God's Sovereignty", *Works* 10: 361.

502 "The New Creation", *BEW* 2: 501.

하나님은 나라를 친히 취하시고 남은 원수들에게 보응하실 것이다.”[503] 그럼에도 웨슬리는 하나님의 속성들이 자연스럽게 서로 조화를 이룬다고 생각했다. 또 그는 단지 하나님의 능력(omnipotence) 때문에 하나님이 전능하시다고(almighty) 생각하지는 않았다. 그리고 하나님의 전능하심에는 그분의 지혜, 편재하심, 영원하심, 사랑의 은혜 역시 함께 작용한다고 믿었다.[504] 웨슬리는 “하나님의 주권에 관한 생각”(Thoughts upon God's Sovereignty)에서 창조주로서의 하나님은 “자신의 주권적 뜻”에 따라 피조물을 지으셨으나, 통치자로서의 하나님은 “더 이상 자신의 기뻐하시는 뜻에 따라 단지 주권자로만 행하시지 않고, 불변하는 공의에 따라 모든 것을 이끄시는 공정한 재판관으로 행하신다”[505]고 말했다. 여기서 웨슬리는 인간을 다스리심에서 하나님의 속성들의 조화를 강조한다. 이는 그가 하나님의 능력의 본질을 제한한 것이 아니다. 웨슬리의 “기도문 모음집”(A collection of form of prayer) “가족을 위한 기도문”(Prayers for Families) “자녀를 위한 기도문”(Prayers for children)을 보면, 기도문의 절반 정도는 하나님을 “전능하신 하나님” 또는 “위대하신 하나님”으로 부르는 것으로 시작한다.[506] 『메소디스트 찬송집』에서는 하나님을 자주 전능하신 분으로 묘사한다.[507]

웨슬리의 저술에는 하나님의 전능하심이나 주권에 대해 언급하는

---

503 *ENNT* 1033, 계 19: 5 주해.

504 “On Eternity”, *BEW* 2: 366; “A short Address to the Inhabitants of Ireland”, *Works* 9: 174; *ENNT* 655, 고후 5: 5 주해; *ENNT* 705, 엡 1: 19 주해; *ENNT* 311, 요 3: 3 주해.

505 *Works* 10: 361-62.

506 *Works* 11: 203-72.

507 *BEW* 7에 수록된 Hymn 55, 95, 134, 160, 174, 183, 191, 195, 224, 224, 234, 238, 251, 255, 263, 265, 267, 269, 314, 440, 450, 463, 491을 참조하라.

섯보다 하나님을 인격적인 사랑의 하나님으로 묘사하는 경우가 더 많다. 이는 웨슬리가 칼뱅주의자들과의 논쟁에는 깊이 관여한 데 반해, 하나님의 전능하심을 경시한 이들과의 논쟁에는 비교적 덜 관여했기 때문이다. 또 웨슬리는 하나님의 속성의 조화를 체계적으로 제시하는 조직신학서를 저술하지 않았다. 이로 인해 그의 저작을 통해 하나님의 속성에 관한 그의 교리를 평가하는 웨슬리안들은 전능하신 하나님에 대한 그의 강조점을 소홀히 다루거나, 하나님의 사랑을 지나치게 강조하면서 하나님의 전능성은 희생시키려 할 수 있다.

일부 웨슬리안 신학자는 하나님의 속성에 관한 교리에서 하나님의 전능하심을 소극적으로 다룬다.[508] 그들은 인간의 삶과 구원에서 하나님의 능력이 지니는 인격적이고 관계적인 성격은 강조하지만, 하나님의 주권적 능력은 적극적으로 언급하지 않는다.

과정신학을 따르는 일부 웨슬리안은 창조와 악의 문제에서 하나님의 전능하심을 제한한다. 이는 그들이 하나님의 능력을 세상의 창조와 새 창조에서조차 인격적이고 설득적인 능력으로만 이해하기 때문이다.[509] 결과적으로 그들은 하나님의 능력을 희생시키는 것이다.

그러나 무엇보다 기억해야 할 것은, 웨슬리는 하나님의 특정한 한두 가지 속성을 강조하기보다 하나님의 모든 속성의 조화를 강조했다는 점이다. 웨슬리는 칼뱅주의자들과의 논쟁에서 하나님은 인격적이고 거

---

508 John Miley, *Systematic Theology*, vol. 1: 211–13; Mildred Bangs Wynkoop, *A Theology of Love: The Dynamic of Wesleyanism* (Kansas City: Beacon Hill Press, 1972), 21–38.

509 Thomas Jay Oord, "A Process Wesleyan Theodicy: Freedom, Embodiment, and the Almighty God", in Bryan P. Stone & Thomas Jay Oord (eds.), *Thy Nature & Thy Name is Love*, 198–216; Michael E. Lodahl, "Creation Out of Nothing? Or Is Next to Nothing Enough?" in Bryan P. Stone & Thomas Jay Oord (eds.), *Thy Nature & Thy Name is Love*, 230–38.

룩하며 사랑이 많으신 하나님이심을 강조했지만, 하나님의 주권을 희생시키지 않았다.[510] 그에게 하나님은 "전능한 사랑의 하나님"(the Almighty God of love)이시다.[511] 웨슬리는 또한 하나님의 사랑을 과도하게 강조함으로 하나님의 전능하심을 경시한 윌리엄 로와 에마누엘 스웨덴보리에 반대해 하나님의 전능하심을 강조했다. 웨슬리는 이신론에 반대할 때는 하나님이 세계에 내재하심을 강조한 반면, 윌리엄 로의 범신론적 사상에 반대할 때는 하나님의 초월성을 강조했다.[512] 웨슬리는 "하나님의 모든 속성은 분리할 수 없이 결합되어 있어 단 한순간도 나뉠 수 없음"을 철저히 믿었다.[513]

에밀 브루너는 하나님의 속성에 대한 부적절한 이해에서 하나님 교리의 많은 문제가 발생했음을 지적한다.[514] 즉, 하나님의 어떤 속성을 과도하게 강조하면 다른 속성은 경시되거나 왜곡될 수 있다. 예를 들어, 하나님의 전능하심을 과도하게 강조하면 하나님의 공의나 사랑이 경시될 수 있다. 이 경향은 일부 엄격한 칼뱅주의자의 저술에서 나타난다. 하나님에 대해 내재성만 강조하면 범신론에서와 같이 초월성을 간과하게 되고, 반대로 초월성만 강조하면 이신론에서처럼 내재성을 간과하게 된다. 일부 자유주의 신학자의 글에서 볼 수 있듯, 하나님의 사랑과 자비만 강조하면 하나님의 거룩함, 공의 또는 전능하심을 경시하기 쉽다.

신학과 그 방법론은 부분적으로 신학이 형성되는 맥락과 역사에서

---

510 "On Predestination", *BEW* 2: 420; "Thoughts upon Necessity", *Works* 10: 474.

511 "Thoughts upon Necessity", *Works* 10: 474; 1775년 5월 19일에 제임스 뎀스터(James Dempster)에게 보낸 편지 (*Letters* 6: 150); Hymn 229, 263, 440, 463 (*BEW* 7: 368, 405, 616, 646).

512 "An Extract of a Letter to the Reverend Mr. Law", *Works* 9: 470–74. 이 내용은 제5장에서 더 자세히 다룰 것이다.

513 "Predestination Calmly Considered", *Works* 10: 217.

514 Emil Brunner, *The Christian Doctrine of God*, 241.

신학이 차지하는 위치에 따라 결정된다고 할 수 있다. 종교개혁은 서방 교회의 역사에서 결정적인 전환점이었다. 종교개혁자들은 중세 시대에 인간의 노력이 구원에 기여함을 강조한 로마 가톨릭 교회에 반대해 구원은 하나님의 은혜로만 이루어짐을 강조했다. 그들에게 구원은 조건적이지 않고 무조건적인데, 이는 타락한 인간은 하나님의 부르심에 응답할 수 없기 때문이다. 이러한 사실에 비추어 볼 때, 루터가 자유의지 논쟁에서 에라스무스(Erasmus)의 주장을 거부한 것은 당연하다. 칼뱅에 의하면, 기독교의 중심 교리는 하나님의 위엄(majesty)의 교리이다.[515] 칼뱅은 로마 가톨릭 교회를 거부해 예정론 논쟁을 벌이는 과정에서 하나님의 사랑을 희생시키면서까지 하나님의 전능하심을 과도하게 강조했다.[516] 종교개혁자들은 대체로 로마 교회 체계에 널리 퍼져 있던 스콜라주의 신학의 방식과 정의에 반대하면서도, 때로 자신들의 입장을 변호하기 위해 그것을 차용한 것이다.[517]

존 웨슬리는 기독교의 권위가 도전받고, 기독교의 도덕성이 바닥으로 떨어진 계몽주의 시대에 살았다. 그는 부모, 앤서니 호넥, 제레미 테일러, 윌리엄 로의 영향을 받았는데, 이들은 모두 거룩한 삶을 추구했다. 웨슬리는 자신의 시대를 불경건의 시대로 여겼고, 하나님의 거룩하심에 대해 진지하게 숙고했다. 그리고 거룩하신 하나님은 결코 죄를 용

---

515 Paul Tillich, *A History of Christian Thought* (London: S.C.M Press, 1968), ed., C. E. Braaten, 228.

516 *Institutes* III.xxiv.3 (2: 967); *Institutes* III.xxiv.13 (2: 979); David C. Steinmetz, *Calvin in Context* (Oxford: Oxford University Press, 1995), 47-8.

517 D. V. N. Bagchi, "Sic Et Non: Luther and Scholasticism" in Carl R. Trueman and R. S. Clark (ed.), *Protestant Scholasticism: Essays in Reassessment* (Carlisle, Cumbria: Paternoster Press, 1999), 15; David C. Steinmetz, "The Scholastic Calvin", in Carl R. Trueman and R. S. Clark (eds.), *Protestant Scholasticism: Essays in Reassessment*, 27; Richard A. Muller, *God, Creation, and Providence in the Thought of Jacob Arminius* (Grand Rapids: Baker Book House, 1991), 32.

납하지 않으시며, 거룩함이 없이는 아무도 주님을 보지 못한다고 주장했다. 웨슬리는 설교에서 믿음으로 말미암는 구원 교리의 핵심 구절인 에베소서 2:8보다 히브리서 12:14을 훨씬 자주 언급했다.[518] 그는 하나님께서 메소디스트들을 일으키신 것은 거룩함을 증진하게 하시기 위함이라고 믿었다. 그의 사역 기간 동안 불거진 '그리스도인의 완전'과 '이중예정' 논쟁도 하나님의 거룩하심과 밀접한 관련이 있었다. 따라서 하나님의 거룩하심이라는 속성이 등한시되던 시대에 웨슬리가 하나님의 거룩히심을 특별히 강조한 것은 충분히 이해할 만하다. 그러나 이 속성노 과도하게 강조해 다른 속성을 가린다면 이 역시 문제가 될 수 있다. 비록 웨슬리는 하나님의 모든 속성을 조화롭게 이해하는 것이 중요하다고 주장했지만, 하나님의 거룩하심을 진지하게 인식했던 그에게 이런 과도함이 나타나지는 않았을까?

웨슬리는 이중예정 교리에 반대해 설교 "값없이 주시는 은혜"(1739)를 출판한 이후, 한때 성도의 최종 견인 교리를 받아들인 적이 있다.[519] 1743년 8월 24일 자 일지에 그는 "성도의 최종 견인에 대해 나는 사람이 최종적으로 타락할 수 없는 상태가 이 세상에서 도달 가능하다고 믿는 쪽으로 기울었다(나는 믿는다[520])"라고 적었다.[521] 그러나 이후로는 이 교리에 반대했는데, 이는 "성도의 견인에 대한 진지한 생각"(Serious Thoughts on the Perseverance of the Saints, 1751)과 "예정론에 대한 진중한 고찰"(1752)에서 명확히 드러난다.[522] 그가 이 교리를 반대한 주된 이

---

518 *BEW* 4: 678, 683에 수록된 성경 색인을 참조하라.

519 "Free Grace", *BEW* 3: 544, 548.

520 "나는 믿는다"라는 표현은 *Journal* 초판에 추가되어 있었던 것이다 (*Journal* 3: 86 각주).

521 *Journal* 3: 86 (1743년 8월 24일).

522 "Predestination Calmly Considered", *Works* 10: 242–251; "Serious Thoughts upon

유 중 하나는, 성도의 최종 견인 교리가 거룩함의 필요성에 반하기 때문
이었다.[523] 무조건적인 예정과 특히 최종적 견인 사상은 "메소디즘의 마
음의 거룩함 교리에 대한 직접적 대항물"이었다.[524]

성도의 최종 견인 교리를 수용한 이들은, 하나님에 의해 중생한 사
람은 때때로 악에 굴복하고 죄에 빠질 수는 있으나 영원한 구원을 완전
히 상실하지는 않는다고 믿는다. 웨슬리는 '하나님께로부터 난 자는 다
범죄하지 않는다'(요일 5:18)는 말씀에 근거해, 심지어 한때 그리스도인
의 완전을 경험한 사람이라 해도 하나님의 율법을 알면서 고의로 위반
해 죄를 지으면 구원에서 떨어질 수 있다고 확언했다.[525] 하워드 마샬(I.
Howard Marshall)은 "간단히 말해, 신약성경의 구원 개념이 신자의 탈락
가능성을 배제한다고 가정하는 것은 잘못"[526]이라고 지적한다. 동시에 그
는 "하나님께서 신자를 돌보시고 그들이 구원에서 탈락하지 않도록 보존
하신다는 많은 증거가 있다"[527]고 강조한다. 성경은 하나님께서 구원받은
자신의 백성을 돌보심에서 하나님의 사랑과 신실하심, 거룩하심 같은 속
성이 조화롭게 나타남을 증언한다. 즉, 사랑이 많고 신실하신 하나님은
자기 백성을 죄의 유혹에서 강력히 보호하시고 구원 가운데 보존하시지
만, 거룩하신 하나님은 계속적인 돌보심에도 고의적이고 습관적으로 죄
를 짓는 자들을 버리기도 하신다는 것이다.

---

the Perseverance of the Saints", *Works* 284-98.

523 찰스 웨슬리에게 보낸 편지 (1752년 8월 8일), *Letters* 3: 96; "Predestination Calmly Considered", *Works* 10: 250-52; "Serious Thoughts upon the Perseverance of the Saints", *Works* 10: 297-99.

524 1791년에 출판된 "Minutes of Several Conversation (1744-1789)", *Works* 8: 336.

525 "A Plain Account of Christian Perfection", *Works* 11: 421.

526 I. Howard Marshall, *Kept by the Power of God* (London: Epworth Press, 1969), 193.

527 I. Howard Marshall, *Kept by the Power of God*, 197.

　　웨슬리는 성도의 최종 견인 교리에 반대해 성도가 구원에서 탈락할 수 있음을 강조했으나, 동시에 하나님의 보존하시는 은혜를 그와 동일한 정도로 강조하지는 않은 것으로 보인다.[528] 누구나 논쟁 상황에서 한 가지 쟁점을 강조하다 보면 다른 관련된 요소를 소홀히 다룰 수 있다는 점은 이해할 만하다. 그 점에서 우리는 하나님께서 자기 백성이 구원받도록 돌보신다는 사실을 더 온전히 다룬 웨슬리의『신약성서주해』를 더 꼼꼼히 살펴볼 필요가 있다. 웨슬리는『신약성서주해』에서 자기 백성을 보존하시는 하나님의 은혜를 보여주는 몇몇 성경 본문을 설명할 때, 그 구절들의 문맥을 통해 자기 백성을 보존하시는 하나님의 신실하심보다 그분의 사랑의 돌보심을 얻기 위한 조건을 더 부각시키는 경향을 보인다. 예를 들어, 요한복음 10:27-29을 주해할 때 그는 하나님의 영생과 그 보존에 대한 약속에 "세 가지 조건"이 있음을 강조했다. 곧 우리가 그분의 음성을 듣고, 그분을 사랑하며, 그분을 따라야 한다는 것이다.[529] 이는 비록 옳은 지적이지만, 그는 이 문맥에서 구원을 보존하시는 하나님의 신실하심을 간과했는데, 이는 같은 문맥에 나오는 그 조건들과 적어도 똑같이 강조하는 것이 마땅하다. 마찬가지로 요한복음 6:39-40[530]과 벧전 1:3-5[531]을 주해할 때, 웨슬리는 많은 그리스도인이 자신의 구원의 확신의 증거로 기억하는 요한복음 5:24의 하나님을 믿는 자는 영생을 얻고 심판에 이르지 않는다는 말씀에 대해, 그들이 "믿음에서 파선"하지 않아야 한다는 조건을 덧붙였다.[532] 로마서 8:38-39을 주해한

---

528 "Predestination Calmly Considered", *Works* 10: 242-51; "Serious Thoughts upon the Perseverance of the Saints", *Works* 10: 284-98.

529 *ENNT* 349, 요 10: 27-9 주해.

530 *ENNT* 328, 요 6: 39-40 주해.

531 *ENNT* 873-74, 벧전 1: 3-5 주해.

532 *ENNT* 323, 요 5: 24 주해.

때도 그 무엇도 신자들을 그리스도 예수 안에 있는 하나님의 사랑에서 끊을 수 없음을 확언하면서도, 이 하나님의 사랑에는 "믿음을 가진 우리"를 보호한다는 조건이 들어있다는 설명 덧붙이기를 잊지 않았다.[533] 웨슬리는 성도의 최종 견인 교리를 반대하기 전까지는 이 구절을 구원 받은 자기 백성을 보존하시는 하나님의 사랑의 증거로 긍정적으로 사용했다.[534] 그러나 이 교리를 반대한 이후에는 이 구절을 칼뱅처럼 하나님의 보존하시는 은혜의 증거로 적극적으로 사용하지 않았다.[535] 그는 "성도의 견인에 대한 진지한 생각"에서 이 구절의 요지를 자신이 예전에 믿었던 "하나님의 보존하시는 은혜"가 아니라, "충만한 소망의 확신"(full assurance of hope)에 대한 "바울의 개인적 신앙"으로 해석해 이 구절의 의미를 축소했다.[536] 물론 이는 웨슬리가 하나님께서 자기 백성을 고난과 악에서 보호하지 않으신다고 이해했다는 것이 아니다. 웨슬리는 설교 "하나님의 섭리에 대하여"(1786)에서 하나님은 자기 백성을 악과 고난에서 보호하심을 주장했다.[537] 그러나 이 설교에서도 웨슬리는 자기 백성의 구원을 지켜내시는 하나님의 보존하시는 은혜와 신실하심을 직접적으로 언급하지는 않았다. 나아가 웨슬리는 거룩함을 증진하려는 관심으로 죄의 심각한 결과는 강조하면서도, 때때로 영원한 사랑과 능력으로 자기 백성을 지키시는 하나님의 신실하심을 충분히 드러내지 못했다. 그보다 우리가 고의로 죄를 지으면 하나님은 즉시 우리를 떠나신다는 점을

---

533 *ENNT* 554.

534 "The Love of God"(1733), *BEW* 4: 344; "Salvation by Faith"(1738), *BEW* 1: 123.

535 웨슬리 설교집의 성경 색인에 따르면, 그가 이 교리를 부인한 후에는 설교에서 이 구절을 사용한 흔적이 없다; 참고. *Institutes* III.ii.16 (1: 562); III.ii.28 (1: 574); III.ii.40 (1: 587); III.xi.11 (1: 740); III.xiii.5 (1: 768); III.xv.8 (1: 797).

536 *ENNT* 290–91.

537 *BEW* 2: 548–50.

강조한 것이다. 그는 이렇게 말한다. "예를 들어, 지금 하나님의 얼굴 빛 가운데 분명히 행하는 사람이 술 취함이나 부정한 일에 단 한 번이라도 굴복한다면, 바로 그 시간에 그가 전적인 어둠에 떨어진다 해도 이상할 것이 없습니다. 매우 드물지만 하나님께서 이런 일이 생기자마자 즉시 특별한 사죄의 은혜를 베풀어 불행한 결과를 막아주실 때가 있는 것도 사실입니다."[538] 요약하면, 이중예정론자 및 율법폐기론자들과의 논쟁 중에 있을 때 웨슬리는 때때로 하나님의 거룩하심과 성도가 구원에서 탈락할 가능성은 강조하면서도, 자기 백성을 구원 가운데 지켜주시는 하나님의 보존하시는 사랑과 신실하심에 대해서는 충분히 강조하지 못했다.

하나님의 속성을 조화롭게 이해하는 일은 성경적인 하나님 교리를 확립하는 데 중요하다. 그러나 앤서니 케니가 지적했듯, 하나님의 속성들의 정합성을 논리적으로 증명하는 일은 쉽지 않다. 그는 단순한 이성적 탐구만으로는 하나님의 속성들의 정합성이 제대로 확립되지 않는다고 주장하면서, "스콜라 신학자들과 합리주의 철학자들이 제안한 하나님 개념은 정합성이 없다"고 말한다. 예를 들면, "만약 하나님이 미래의 인간 행동에 대해 무오한 지식을 갖는다면 결정론은 참이어야 하지만, 만약 하나님이 인간의 악함에 대한 책임을 면하려면 결정론은 거짓이어

---

538 "The Wilderness State", *BEW* 2: 208-9. 실천적 복음 전도자 웨슬리는 거룩함에 대한 지속적 강조가 신자의 영적 성장을 촉진한다는 사실을 알았고, 이를 메소디스트 설교자들에게도 가르쳤다. "만약 여러분이 모든 신자에게 완전을 향해 나아가고 죄에서의 구원을 매 순간 기대하도록 촉구한다면 그들은 은혜 안에서 자라갈 것입니다. 그러나 여러분이 그 기대를 잃어버린다면, 그들은 침체에 빠져 냉랭해질 것입니다" [존 메이슨(John Mason)에게 보낸 편지 (1774년 1월 10일), *Letters* 6: 66]. 따라서 웨슬리는 이미 완전에 이른 이들에게도 가만히 멈추어 있지 말 것을 촉구했다. "그렇습니다. 여러분이 온전한 사랑에 이르고, 하나님께서 여러분의 마음에 할례를 행하시어, 여러분으로 온 마음과 영혼을 다해 하나님을 사랑하게 하셨을지라도 거기서 안주하겠다고 생각하지 마시기 바랍니다. 그렇게 하는 것은 불가능합니다. 당신은 정지한 채 있을 수 없습니다. 당신은 일어서거나 넘어질 뿐입니다. 더 높이 올라가거나, 더 아래로 떨어질 뿐입니다" ("On Faith", *BEW* 4: 501).

야 한다"[539]는 것이다. 웨슬리가 하나님의 속성의 조화를 견지한 한 가지 방법은, 하나님의 속성을 설명할 때 각각의 속성이 무엇을 의미하고 무엇을 의미하지 않는지를 평이한 말로 밝히는 것이었다. 예를 들어, 하나님의 편재하심은 하나님이 세상 어디에나 존재하시며 피조물을 돌보신다는 뜻이지만, 하나님이 세상을 초월할 수 없음을 뜻하지는 않는다. 이처럼 어떤 특정한 상황에서 어느 한 가지 속성을 강조하더라도, 그 속성만 지나치게 강조해 다른 속성을 제한하지 않도록 주의해야 한다. 하나님의 권능을 강조할 때는, 전능하신 하나님이 누군가를 죄짓고 멸망하도록 만든다고 주장해서는 안 된다. 하나님의 사랑을 찬양할 때는, 사랑의 하나님이 인간의 죄를 무시한다고 말해서는 안 된다. 이런 방법은 하나님의 속성 교리를 합리적이고 스콜라적으로 탐구하는 데 익숙한 이들에게는 만족스럽지 않겠지만, 실천적인 신학자들에게는 유용한 방법이 될 수 있다. 웨슬리는 사역의 초기 단계에서 하나님의 속성들의 정합성을 사변적으로 증명하려 하지 않았다. 오히려 관련 성경 본문을 언급하면서 평이한 말을 사용해 실천적인 방법으로 그것을 보여주었다. 그 한 예가 이중예정론에 영향을 받은 회중에 대한 의무감을 느껴 설교 "값없이 주시는 은혜"를 출판한 것이다. 이 시기 그는 자신의 생각을 표현하는 데 소책자나 논문보다는 설교를 선호했다.[540] 그러나 강경한 칼뱅주의자들과의 논쟁에 휘말렸을 때는 장문의 소책자와 논문을 집필해 때때로 다소 합리적이고 스콜라적인 방식으로 논증하기도 했다.[541] 아마도 이

---

539 Anthony Kenny, *The God of Philosophers*, 121.

540 "Free Grace"(1739), *BEW* 3: 544−45.

541 Henry D. Rack, *Reasonable Enthusiast*, 392, 459; "Predestination Calmly Considered", *Works* 10: 204−59; "Some Remarks on Mr. Hill's 'Review of All the Doctrines Taught by Mr. John Wesley'", *Works* 10: 374−414; "Some Remarks on Mr. Hill's 'Farrago Double−Distilled'", *Works* 10: 415−46; "Thoughts upon Necessity", *Works* 10: 457−74.

것이 일부 웨슬리안이나 아르미니우스주의자 역시 하나님의 속성을 스콜라적인 방식으로 논의하게 한 결과, 하나님의 속성을 불균형하게 이해하도록 이끌었을 가능성이 있다.[542] 그러나 거듭 강조하지만 웨슬리는 하나님의 속성들의 정합성을 순수히 논리적인 방식으로 증명하려 하지 않았다. 예를 들어, 웨슬리는 하나님의 예지가 인간의 자유의지를 결정하는 원인이 아니라고 주장하면서도, 동시에 어떻게 "인간의 자유의지와 하나님의 예지를 조화"시킬 수 있는지는 알지 못한다고 솔직하게 고백했다.[543] 프랭크 베이커가 지적했듯, 웨슬리는 "사변 신학의 신비를 이해하지 못한 상태로 만족했다."[544] 그는 하나님의 속성들의 정합성을 실천적인 방식으로 보여주었을 뿐이다.

그럼에도 우리는 하나님의 전능하심이나 사랑의 한 측면만 과도하게 강조하는 것에 반대해, 하나님의 속성 이해에서 균형을 이루려고 한 웨슬리의 공헌을 평가절하해서는 안 된다. 또 우리는 웨슬리가 하나님의 속성 이해의 균형을 위해 성화를 강조함으로, "오직 믿음만으로"(*sola fide*)에 부분적으로 기초하고 있어 일부는 율법폐기론으로 오해할 수 있

---

542 하나님의 능력을 제한적으로 이해하는 일부 웨슬리안에 대해서는 Thomas Jay Oord, "A Process Wesleyan Theodicy: Freedom, Embodiment, and the Almighty God", in Bryan P. Stone & Thomas Jay Oord (eds.), *Thy Nature & Thy Name is Love*, 208-9; Michael E. Lodahl, "Creation Out of Nothing? Or is Next to Nothing Enough?, in Bryan P. Stone & Thomas Jay Oord (eds.), *Thy Nature & Thy Name is Love*, 232 이하를 참조하라. 하나님의 전지하심을 제한적으로 이해하는 일부 아르미니우스주의자에 대해서는 Richard Rice, "Divine Foreknowledge and Free-Will Theism, in Clark H. Pinnock (ed.), *The Grace of God, The Will of Man: A Case for Arminianism* (Grand Rapids: Academie Books, 1989), 130 이하; David Basinger, "Practical Implications", in Clark H. Pinnock and others, *The Openness of God: A Biblical Challenge to the Traditional Understanding of God* (Carlisle: Paternoster Press, 1994), 156-67을 참조하라.

543 "The Doctrine of Original Sin", *Works* 9: 337.

544 Frank Baker, "Practical Divinity—John Wesley's Doctrinal Agenda for Methodism", *WTJ* 22: 1 (1987): 13.

었던 개신교 신학에 훌륭하게 기여했다는 점에도 동의할 수 있다.[545] 일부 종교개혁자에게는 하나님의 의로우심의 관점에서 우리가 어떻게 의롭다 함을 받을 수 있는지가 주된 관심사였다면, 웨슬리에게는 거룩하신 하나님 앞에서 우리가 어떻게 거룩할 수 있는지가 주된 관심사였기 때문이다. 우리는 또한 신학이 정립된 역사적 맥락에서 자유로운 사람은 아무도 없다는 점에도 동의한다. 칼뱅이 인간의 노력에 의해 구원이 협상 가능한 것처럼 여겨지던 시대에 구원에서의 하나님의 전능성을 강조함으로 하나님의 사랑을 제한했다면, 웨슬리는 거룩함이 없는 '죽은 믿음'만 가졌음에도 구원이 보장된다고 여겼던 시대에 하나님의 거룩하심을 강조함으로, 때로는 자기 백성의 구원을 보존하시는 신실하신 하나님의 은혜를 충분히 강조하지 못했다.

---

545 참고. Jürgen Moltmann, *The Spirit of Life* (Minneapolis: Fortress Press, 2001), 164 이하.

제3부 하나님의 사역

제5장 창조

성경은 하나님이 세상을 창조하셨다는 말씀으로 시작한다. 사도신경의 첫 번째 고백도 전능하신 아버지 하나님께서 천지의 창조주이심을 확언한다. 이처럼 하나님께서 세상을 창조하셨다는 믿음은 기독교 신앙 전체의 토대이며, 창조는 하나님의 사역에서 중요한 부분을 차지한다. 웨슬리는 "창조가 하나님의 경륜 전체의 토대와 표본인 것처럼, 창조 신앙은 모든 믿음의 토대와 표본"임을 믿었다.[1] 웨슬리는 하나님이 세상을 창조하신 사실을 믿었을 뿐 아니라, 그 사실을 이해하는 것 자체가 믿음에 의해 가능하게 됨을 확신했다.[2] 이에 본 장에서는 세상의 창조주가 누구이신가 하는 질문으로 시작해, 웨슬리의 창조에 대한 이해 전반을 살펴보고자 한다.

I. 삼위일체이신 창조주

웨슬리는 삼위일체의 각 위격의 직무를 설명할 때 종종 성부는 창조주, 성자는 구원자, 성령은 거룩하게 하시는 분으로 제시하는 전통적 방식을 따른 것으로 보인다.[3] 그러나 그는 삼일일체의 세 위격이 단지 직무만을 의미하지는 않는다고 지적했다. 만약 그렇게 되면 삼위일체 교리 전체가 무너진다고 믿었기 때문이다.[4] 하나님의 모든 사역은 세 위격

---

1   *ENNT* 842, 히 11: 3 주해.

2   *ENNT* 842, 히 11: 3 주해.

3   "Prayers for Children", *Works* 11: 266.

4   미스 마치에게 보낸 편지 (1771년 8월 3일), *Letters* 5: 270.

의 사역이다. 웨슬리는 설교 "산상설교(6)"(1748)에서 창세기 1:1의 히브리어 '엘로힘 바라'(*Elohim bara*)는 문자 그대로 번역하면 '하나님들이 창조하셨다'(the Gods created)가 되는데, 이는 삼위일체 하나님이 세상의 창조주이심을 나타낸다고 설명했다.[5] 그는 창세기 1:1을 주해하면서 창조를 행하신 분은 "하나님(Godhead) 안에 계신 복수의 위격 성부, 성자, 성령" 모두를 포함하는 엘로힘(*Elohim*)이시라고 주장했다.[6] 삼위일체 하나님은 모든 창조의 주체이자 원인이시다.

창조는 주로 성부 하나님의 사역이라 할 수 있다.[7] 웨슬리는 주기도문을 해설할 때 성부 하나님을 '우리의 창조주'로 제시하면서 다음과 같이 말한다. "'우리 아버지'라는 말은 그분이 우리의 창조주이자 존재의 근원이 되심을 뜻합니다. 그분이 땅의 티끌에서 우리를 일으키시고 우리에게 생기를 불어넣으심으로 우리는 생령이 되었습니다."[8] 성부께서는 모든 피조물의 원인이자 목적이 되신다.[9]

창조에서 성자는 성부와 동역하셨다. 창조는 하나님의 말씀 곧 로고스이신 성자를 통해 이루어졌다. 태초에 모든 피조물은 말씀으로 창조되었다.[10] 웨슬리에 따르면, 사도 요한이 필로(Philo)나 다른 이방 저술가에게서 '말씀'이라는 표현을 가져왔다고 말하는 것은 부적절하다. 시편 33편이 이미 이 표현을 언급하기 때문이다.[11] 성자는 예수라는 이름으로 불

---

5   "Sermon on the Mount, VI"(1748), *BEW* 1: 581.

6   *ENOT* 2, 창 1: 1 주해; 참고. "Sermon on the Mount, VI"(1748), *BEW* 1: 581.

7   "Sermon on the Mount, VI", *BEW* 1: 578; *ENNT* 37, 마 6: 9 주해.

8   "Sermon on the Mount, VI", *BEW* 1: 578.

9   참고. *ENNT* 374, 요 17: 3 주해.

10   *ENNT* 302, 요 1: 1 주해.

11   *ENNT* 302, 요 1: 1 주해. 웨슬리는 시편 33: 3, 6을 주해하면서 '하나님의 말씀'(God's word)과 성자이신 '말씀'(the Word)의 관계를 충분히 드러내지 않았다. 그는 시편 33:6을 주해하면서 매튜 풀을 따라 다음과 같이 적었다. "하나님께

리기 전부터 말씀 곧 로고스이시다. "성부께서 영원 전부터 그분을 낳으시고 그를 통해 말씀하셨고, 그분에 의해 만물을 창조하셨으며, 또 그분은 우리에게 성부에 대해 말씀하시는" 중보자이시다.[12] 나아가 웨슬리는 성자는 삼위일체 내에서 성부와 신적 본성을 공유하신다고 말하면서, 성자 자신이 태초에 땅과 하늘의 기초를 놓으신 창조주이시라고 주장했다.[13] 웨슬리는 설교 "그리스도의 오신 목적"(1781)에서 하나님의 독생하신 성자께서 '빛이 있으라' 선언하시자 새벽 별들이 함께 노래하며 하나님의 모든 아들(천사들을 의미함-역주)이 기쁨으로 환호했다고 말한다.[14] 설교 "인간이 무엇이관대?"(1787)에서도 하나님의 성자가 세상의 창조를 완성하셨다고 말한다.[15] 삼위일체라는 신비 내에서 성자는 모든 피조물의 중보자이자 창조주이시다.

창조에서의 성령의 사역에 대해 웨슬리는 설교 "하나님의 일체성"(1789)에서 "영원하고 편재하시며, 전능하고 지혜로우신 성령께서 만물을 창조하셨습니다"[16]라고 말한다. 웨슬리에 따르면, 주의 영(the Spirit of the Lord)은 일반적으로 하나님의 능력을 지칭하는 표현이다.[17] 성령은 창조에서의 운동력이자,[18] "때때로 생기를 불어넣어 생명을 일으

서는 이 놀라운 하늘의 구조와 모든 영광스러운 별을 큰 수고와 시간을 들이지 않고 단 한마디 말씀으로 만드셨다"(*ENOT* 1671). 매튜 풀은 시편 33: 6을 주해하면서 하나님의 말씀과 그리스도이신 말씀 사이의 밀접한 관계를 보여준다(*Annotations* 2: 51). 그러나 웨슬리는 자신의 간략한 주해에서 이 부분을 생략하고 하나님의 주권적 권능에 더 초점을 맞춘 것으로 보인다.

12 *ENNT* 302, 요 1: 1 주해.

13 *ENNT* 812, 히 1: 7–10 주해.

14 "The End of Christ's Coming"(1781), *BEW* 2: 478.

15 "What is Man ?"(1787), *BEW* 3: 457.

16 "The Unity of Divine Being", *BEW* 4: 69.

17 "Sermon on the Mount, V", *BEW* 1: 568; "Sermon on the Mount, VI", *BEW* 1: 590; "A Farther Appeal to Men of Reason and Religion", *Works* 8: 189.

18 *ENOT* 3, 창 1: 2 주해.

키시는 하나님의 능력"이시다.[19] 이와 같이 성령은 창조세계를 조성하고 동물과 지성적 존재들에게 생기를 불어넣으신 창조주이시다. 따라서 웨슬리는 세상의 창조주는 삼위일체 하나님이시며, 창조는 삼위일체 하나님의 사역이라고 생각했다.

II. 창조의 방법

하나님께서 세상을 창조하신 방법에 대한 언급은 체계적으로 정리되어 있지 않고 웨슬리의 저술 전반에 흩어져 있다. 웨슬리는 하나님의 창조의 사실 자체는 계시된 명백한 진리인 반면, 창조의 방식은 신비에 속한다고 믿었기에 그 방식을 자세히 설명하려 하지는 않은 것으로 보인다. 예를 들어, 그는 설교 "삼위일체에 대하여"(1775)에서 "'하나님이 이르시되 빛이 있으라 하시니 빛이 있었고.' 나는 이것을 믿습니다. 나는 이 명백한 사실을 믿습니다. 여기에는 신비가 전혀 없습니다. 신비는 창조의 방식에 있습니다. 그러나 나는 그 방식에 대해서는 어떤 것도 믿지 않으며, 하나님도 그것을 나에게 요구하시지 않습니다"[20]라고 말한다. 웨슬리가 하나님이 모든 피조물을 어떻게 창조하셨는지에 대해 많은 기록을 남기지는 않았으나, 지금부터는 하나님의 창조에 대한 그의 사상 전반을 살펴보고자 한다.

---

19   *ENOT* 1775, 시 104: 30 주해.
20   "On the Trinity"(1775), *BEW* 2: 383-84.

1. 무로부터의 창조(*Creatio Ex Nihilo*)

웨슬리는 하나님이 모든 피조물을 무(無)로부터 창조하셨다고 믿었다. 이는 그가 윌리엄 로에게 보낸 편지에 비교적 잘 표현되어 있다. "로 목사에게 보낸 편지 발췌문"(An Extract of a Letter to the Reverend Mr. Law, 1756)에서 웨슬리는 창조에 대한 로의 신비주의적 견해와 충돌했다.[21] 메소디스트 초기 역사를 살펴보면 "윌리엄 로가 메소디즘을 낳고, 친첸도르프 백작이 요람을 흔들었다"[22]고 한 만큼 로가 웨슬리에게 미친 영향은 매우 컸다. 그러나 로의 초기 저서 『그리스도인의 완전에 관한 실천적 논고』(*A Practical Treatise upon Christian Perfection*, 1726)와 『경건하고 거룩한 삶으로의 진지한 부르심』(*A Serious Call to a Devout and Holy Life*, 1729)의 영향을 받은 웨슬리에게 로의 후기 저서 『기도의 영』(*The Spirit of Prayer*, 1749)과 『사랑의 영』(*The Spirit of Love*, 1752)은 의심스러워 보였다.[23] 이 메소디스트 지도자는 후기에 로가 한 주장에 동의할 수 없음을 공개적으로 천명할 필요가 있었다.[24]

웨슬리는 "로 목사에게 보낸 편지 발췌문"에서 로의 자연관 및 그것과 연관된 창조론을 비판함으로 반대의사를 분명히 했다.[25] 로의 창조론에는 "하나님, 자연, 피조물"의 삼중적 관계가 나타나는데,[26] 이들 중

21　"An Extract of a Letter to the Reverend Mr. Law", *Works* 9: 470-74.

22　A. Keith Walker, *William Law: His Life and Thought* (London: S.P.C.K, 1973), 204.

23　*Journal* 5: 117 (1765년 5월 14일); "An Extract of a Letter to the Reverend Mr. Law", *Works* 9: 468 이하; 참고. John R. Tyson, "John Wesley and William Law: A Reappraisal", *WTJ* 17: 2 (Fall 1982), 58-72.

24　A. Keith Walker, *William Law: His Life and Thought*, 204; 참고. Telford's comment, *Letters* 3: 332.

25　"An Extract of a Letter to the Reverend Mr. Law", *Works* 9: 470-74.

26　William Law, *The Spirit of Prayer and the Spirit of Love* (Greenwood, S.C: Attic Press, 1969), edited by Sidney Spencer, 81.

세상의 창조에서 결정적 역할을 하는 것은 자연이다.[27] 스티븐 홉하우스(Stephen Hobhouse)가 지적했듯, 로에게 '자연'이라는 표현은 때로는 영원한 자연을 의미하기도 하고, 때때로 일시적 자연을 의미하기도 했다.[28] 웨슬리와 로의 쟁점 중 하나는 로의 영원한 자연 개념에 집중되었다. 로에게 영원한 자연은 창조에서 거의 하나님과 동등한 역할을 하기 때문이었다. 그는 "하나님만큼이나 보편적이고 무한하며 영원한 자연이 있다"[29]고 주장했다. 그뿐 아니라 "자연 이전에, 그리고 자연 없이" 창조란 있을 수 없다고 주장했다.[30] 이는 로가 무로부터의 창조 교리를 거부하고, "자연으로부터의" 창조를 주장한 것이다.[31] 웨슬리는 자연으로부터의 창조라는 로의 주장을 거부했다. 그는 만약 자연이 영원하다면 "자연이 곧 하나님이란 말입니까? 그렇지 않으면 영원하고 보편적이며 무한한 존재가 둘이란 말입니까?"라고 반문했다.[32] 웨슬리는 세상의 창조에 대한 로의 이원론적 주장에 반대해 "'창조'는 무로부터 생겨난 것을 의미합니다"[33]라고 주장했다. 이처럼 웨슬리는 '무로부터의 창조'라는 용어를 사용해 모든 피조물은 오직 하나님에 의해서만 창조되었으며, 하나님이 창조하시기 전에는 어떤 선재하는 물질도 없었음을 강조했다.

나아가 웨슬리는, 만일 로의 주장대로 "하나님이 하시는 모든 일이 자연의 능력 안에서, 자연의 능력에 의해 이루어지고, 또 그래야만 한

---

27   Stephen Hobhouse (ed.), *Selected Mystical Writings of William Law* (London: The C. W. Daniel Company, 1938), 307.

28   Stephen Hobhouse (ed.), *Selected Mystical Writings of William Law*, 308.

29   William Law, *The Spirit of Prayer and the Spirit of Love*, 221; 참고. *Works* 9: 467.

30   William Law, *The Spirit of Prayer and the Spirit of Love*, 221.

31   William Law, *The Spirit of Prayer and the Spirit of Love*, 91.

32   "An Extract of a Letter to the Reverend Mr. Law", *Works* 9: 467.

33   "An Extract of a Letter to the Reverend Mr. Law", *Works* 9: 470.

다"면 이는 하나님의 전능하심을 부정하는 것이라고 주장했다.[34] 웨슬리는 하나님께서 최초의 물질을 창조하신 후 그 물질을 사용해 천사와 인간을 제외한 모든 피조물을 지으셨다는 점을 인정했지만, 창조를 위해 반드시 그 물질을 사용하셔야 했다는 주장에는 반대했다. 웨슬리에 따르면, 전능하신 창조주는 지금도 어떤 힘과 물질도 의존하지 않은 채 "무로부터" 그분이 기뻐하시는 무엇이든 만들어내실 수 있다.[35] 하나님이 물질을 창조의 재료로 사용하신 것은 창조의 능력에 한계가 있어서가 아니라, 자신의 주권적 의지에 따라 자유로이 물질을 사용하고자 하셨기 때문이다. 이 점에서 웨슬리는 자신의 옛 멘토의 준(準)마니교적 사상에 반대해 "당신은 미천한 철학에 집착해 하나님의 전능하신 능력을 부인하고 있습니다"라고 주장하면서 무로부터의 창조를 강조했다.[36] 이처럼 웨슬리는 무로부터의 창조 교리를 통해 창조에서의 하나님의 주권적 자유와 능력을 옹호했다.

웨슬리가 무로부터의 창조를 주장한 또 다른 이유는, 하나님이 자연이나 피조물을 낳지 않으셨기 때문이다.[37] 로는 "자연이 하나님에게서 최초로 탄생한 것, 하나님이 현현하신 것, 또는 하나님의 능력이 드러난 것이듯, 모든 피조물은 자연의 능력이 현현한 것으로 하나님의 뜻에 따라 자연으로부터 다양한 형태로 탄생한다"고 주장했다.[38] 따라서 로에게 모든 피조물은 자연에서 다양하게 생성된 것이자 하나님의 더욱 확장된 표현이었다. 홉하우스가 지적했듯, 이는 "신플라톤주의 유출설(emanation)

---

34 "An Extract of a Letter to the Reverend Mr. Law", *Works* 9: 478.

35 "An Extract of a Letter to the Reverend Mr. Law", *Works* 9: 478.

36 "An Extract of a Letter to the Reverend Mr. Law", *Works* 9: 480; 참고. Thomas C. Oden, *John Wesley's Scriptural Christianity*, 104.

37 "An Extract of a Letter to the Reverend Mr. Law", *Works* 9: 470-71.

38 William Law, *The Spirit of Prayer and the Spirit of Love*, 91.

의 한 변형"이다.[39] 이 이론은 초대 교회가 거부한 고대 영지주의[40] 및 하나님과 세계가 어떤 면에서 동일한 실체라는 범신론(pantheism)[41]과 밀접한 관련이 있다. 로는 자신이 주장하는 탄생 또는 유출 사상을 뒷받침하고 무에서의 창조를 거부하기 위해 고린도전서 8:6의 "만물이 그에게서 났고"라는 구절을 사용했다.[42] 이에 대해 웨슬리는 이 구절은 단지 하나님이 모든 것의 원인이심을 증명할 뿐이라며 반박했다.[43] 나아가 이 구절을 주해하면서 "창조와 섭리와 은혜에 의해" 만물이 하나님에게서 왔음을 분명히 진술했다.[44] 웨슬리는 피조물이 하나님에게서 유출되거나 탄생한다는 로의 사상을 거부하면서, "자연은 하나님의 첫 번째 탄생"이라고 주장한 로에게 "하나님이 그것[자연]을 창조하셨습니까, 그렇지 않습니까?"라고 물었다. 만약 하나님이 창조하셨다고 하면, 그는 또다시 "하나님은 자연을 무엇인가로부터 창조하셨습니까, 아니면 무에서 창조하셨습니까?"라고 물었다.[45] 이처럼 웨슬리는 무로부터의 창조 교리를 통해 모든 피조물이 하나님으로부터의 다양한 탄생이거나 하나님의 더 큰 확장이라는 견해를 거부했다. 나아가 그는 피조물이 하나님으로부터 탄생했다는 주장이 초래하는 결과들 역시 거부했다. 만약 탄생이라는 주

---

39 Stephen Hobhouse (ed.), *Selected Mystical Writings of William Law*, 308.

40 영지주의에 대한 더 자세한 내용은 Jaroslav Pelikan, *The Emergence of the Catholic Tradition (100-600)* (Chicago: The University of Chicago Press, 1971), 86-7; Philip Schaff, *History of the Christian Church* (Grand Rapids: Wm. B. Eerdmans, 1910), vol. 2: 443-508을 참조하라.

41 Paul K. Jewett, *God, Creation, and Revelation*, 442.

42 William Law, *The Spirit of Prayer and the Spirit of Love*, 91-2. 로 역시 하나님께서 피조물을 낳으신다는 자신의 사상이 로마서 1: 20, 고린도전서 11: 12의 지지를 받는다고 주장했다. 그러나 웨슬리는 이 구절들에 대한 주해에서 하나님의 창조 사역을 피조물을 낳은 것으로 언급하지 않았다.

43 "An Extract of a Letter to the Reverend Mr. Law", *Works* 9: 471.

44 *ENNT* 608, 고전 8: 6 주해.

45 "An Extract of a Letter to the Reverend Mr. Law", *Works* 9: 471.

장이 받아들여진다면, 모든 피조물은 하나님의 몸으로서의 신적 본성을 공유해 어느 정도 신적 속성을 지니게 되기 때문이다.[46]

로가 무로부터의 창조 교리를 거부하자, 웨슬리는 기독교 교회 전체와 창세기 1:1이 이 교리를 지지한다고 간단히 진술했다.[47] 먼저 교회의 지지에 관해, 초기 기독교 교회가 이교 사상 및 영지주의, 아리우스주의, 마니교 같은 이단과 투쟁하는 동안 무로부터의 창조 교리는 세상의 창조를 이원론적 유출로 주장하는 다양한 사상에 대한 방어책이 되었다.[48] 이레나이우스(Irenaeus)는 "하나님은 선재하는 물질이 아닌 무에서 만물을 창조하셨다"고 주장했고, 교회는 이를 받아들였다.[49] 따라서 초기 수세기의 거의 모든 신조는 전능하신 아버지 하나님, 보이는 것과 보이지 않는 것, 천지의 창조주에 대한 신앙고백으로 시작한다.[50] 이후 아우구스티누스, 칼뱅, 아르미니우스는 이러한 창조 개념을, 선재하는 물질에 의존하지 않고 창조하시는 하나님의 주권적 능력의 표현으로 받아들였다.[51] 웨슬리도 이들을 따라 무로부터의 창조 교리를 받아들였다.

다음으로 웨슬리는 창세기 1:1을 주해하면서, 시간이 시작되기 전에는 영원하신 하나님 외에 어떤 것도 존재하지 않았고, 하나님은 시간의 시작과 함께 창조를 시작하셨다고 설명했다. 창조 이전에는 "세

---

46 참고. "An Extract of a Letter to the Reverend Mr. Law", *Works* 9: 468.

47 "An Extract of a Letter to the Reverend Mr. Law", *Works* 9: 470.

48 L. Berkhof, *Systematic Theology*, 126; P. Schaff, *History of the Christian Church*, 2: 538–40.

49 Irenaeus, *Against Heresies* 10, *ANF* 1: 369.

50 P. Schaff, *History of the Christian Church* 2: 538.

51 Augustine, *Confessions* XII. 7, *NPNF* s.1. 1: 177; John Calvin, *Institutes* I.xiv.20 (1: 179–80), *Commentary on Genesis* (Edinburgh: Printed for the Calvin Translation Society, 1847), 1: 70. James Arminius, *Works of Arminius* 2: 356.

상을 만드는 재료가 될 어떤 선재하는 물질도 존재하지 않았다."[52] 따라서 하나님이 무언가를 창조하셨다면 창조 이전에 이미 존재하던 어떤 물질이 아닌 무에서 창조하신 것이다.[53] 웨슬리에게 '무로부터의'(*ex nihilo*)라는 공식에서 '무'는 세상 창조의 재료가 되는 또 다른 무엇을 의미하는 것이 아니라, 하나님께서 선재하던 물질로 창조하신 것이 아님을 나타내는 상징적 부정어이다. 웨슬리는 창조 시 하나님이 이미 존재하던 물질을 재료로 삼아 다른 피조물들을 만드신 사실을 인정했다. 예를 들어, 하나님은 흙으로 아담을 지으셨다. 물고기들은 물에서, 짐승은 땅에서 지음 받았다. 그러나 웨슬리는 하나님께서 이러한 물질 자체를 "무에서 창조하셨으므로" 모든 피조물이 근본적으로 무에서 창조된 것으로 간주된다고 생각했다.[54] 웨슬리는 "스웨덴보리 남작의 저술들에 대한 생각"(Thoughts on the Writings of Baron Swedenborg)에서 창세기 1:1에 근거해 무로부터의 창조에 대한 자신의 생각을 더 자세히 기술했다. 이 글에서 웨슬리는 영원하지 않은 것은 모두 창조된 것으로 간주해야 한다고 주장했다. 오직 하나님만이 영원부터 영원까지 계시며, 다른 모든 것은 창조되었다는 것이다. 따라서 기원에 관한 한 하나님 이외의 모든 것은 무로부터 창조된 것으로 간주된다. 웨슬리는 이 글에서 다음과 같이 적었다.[55]

> 그러므로 이것이든 혹은 다른 어떤 것이든 무로부터 창조되었는데, 이 점은 어떤 피조물이 그 창조주와 함께 영원히 존재하지 않는 이상 모든 피조물에 해당된다. 그러므로 우리는 결국 무로부터 창조된 존

52　*ENOT* 2, 창 1: 1 주해.

53　*ENOT* 2, 창 1: 1 주해.

54　*ENOT* 2, 창 1: 1 주해.

55　"Thoughts on the Writings of Baron Swedenborg", *Works* 13: 436.

재이며, 이것만이 적절한 의미의 창조라 할 수 있다. "태초에 하나님이 천지를 창조하시니라"라는 말씀의 의미는 바로 이것이다.

이처럼 웨슬리는 창세기 1:1이 무로부터의 창조를 하나님의 창조의 방법으로 가리킨다고 결론지었다.

웨슬리의 무로부터의 창조 사상을 최근의 무로부터의 창조 논의[56]의 맥락에서 생각해 보면, 웨슬리는 교회의 보편적 전통을 따랐고 성경도 이를 지지한다고 믿었기에 '무'라는 용어를 명확히 설명하지 않고도 만물이 무에서 창조되었다는 결론에 이른 것으로 보인다.[57] 그러나 그가 '무'(nothing)를 언급했을 때 그 '무'는 이곳 아닌 어딘가에 존재하는 '무엇'(anything)이 아니었다. 웨슬리에게 '무로부터'라는 표현은 '세상의 창조 이전부터 선재하던 어떤 물질에서 나온 것이 아니다'라는 뜻이다. 우리가 웨슬리의 다양한 글에서 살펴보았듯, 웨슬리는 '무로부터의' 창조라는 용어를 사용해 하나님께서 선재하던 어떤 물질에 의존하지 않고 오직 자신의 주권적 능력과 자유로 모든 피조물을 창조하셨다고 생각했다.

2. 창조의 점진적 과정

하나님의 창조의 또 다른 방법에 대해, 웨슬리는 하나님은 자신의 작품을 점진적 과정으로 창조하셨다고 생각했다. 웨슬리는 창조에서의

---

56 무로부터의 창조에 대한 논의는 Hendrikus Berkhof, *Christian Faith* (Grand Rapids: Wm. B. Eerdmans, 1979), 153–56을 참조하라; 칼 바르트의 경우는 Karl Barth, "Creatio ex Nihilo", *Scottish Journal of Theology* 44, 2 (1991), 139–52를 보라. 무로부터의 창조에 대한 과도한 강조나 모호한 태도의 결과 중 하나는 '무'(nothing)가 '무엇'(something)이 되어, 하나님의 선한 창조와 인간의 비참함 속에서 '무'가 강력한 악의 가능성이 된다는 것이다. 앞으로 살펴보겠지만, 웨슬리에 따르면 악의 기원은 '무'나 세상의 악한 특성이 아니다.

57 참고. "On Divine Providence"(1786), *BEW* 2: 537.

하나님의 점진적 역사를 두 종류로 구분해 설명했는데, 곧 시간적인 측면과 질적인 면에서의 점진적 과정이다.[58] 시간적인 면에서의 점진적 과정에서 하나님은 예를 들어 세상을 "한순간에" 만들 수 있었지만 육 일에 걸쳐 창조하셨다.[59] 시간적인 면에서 점진적 과정을 사용하심으로 하나님은 자신이 "자유로운 행위자"로 사역하신다는 점을 계시하셨다. 또 질적인 면에서의 점진적 과정에서 하나님은 "덜 탁월한 것에서 시작해 점점 더 탁월한 것"으로 진행해 가시며 세상을 창조하셨다.[60] 예를 들어, 하나님은 처음부터 세상을 완벽하게 창조하실 수 있었음에도, 처음에는 형태가 없고 공허한 혼돈 상태(chaos)로 창조하셨다. 인간의 창조는 "모든 피조물 중 마지막"으로, 질적인 면에서의 점진적 창조의 정점이었다.[61] 창조주는 아담을 "매우 정밀하고 정확하게" 하나님의 형상으로 창조하심으로 하나님의 점진적 창조 과정의 면류관이 되게 하신 것이다.[62] 그러나 웨슬리는 하나님께서 질적인 면에서의 점진적 과정을 통해 "자신의 섭리와 은혜의 일반적인 방식"을 보여주고자 하신 것으로 생각했다.[63] 이처럼 웨슬리에 의하면, 하나님은 세상을 점진적으로 창조하셨는데, 이 방법은 하나님의 창조의 능력에 한계가 있음을 의미하는 것이 아니라, 창조에서의 하나님의 주권적 자유와 하나님의 섭리와 은혜의 점진적 성격 모두를 나타내는 것이다.

---

58 *ENOT* 6, 창 1: 20-3 주해.
59 *ENOT* 9, 창 1: 31 주해.
60 *ENOT* 6, 창 1: 20-3 주해.
61 *ENOT* 7, 창 1: 26-8 주해.
62 *ENOT* 10, 창 2: 7 주해.
63 *ENOT* 3, 창 1: 2 주해.

III. 세상의 창조

이제 '하나님은 어떻게 세상을 창조하셨는가?'에 관한 논의에 이어 '창조의 내용과 성격은 무엇인가?'라는 질문으로 넘어가고자 한다. 여기서 '세상'(world)이라는 용어는 하나님을 제외한 모든 것으로, 눈에 보이는 것과 보이지 않는 것 모두를 포함한다. 편의상 우리는 세상의 피조물을 자연적 존재, 천사, 인간이라는 세 가지 범주로 나누어 살펴볼 것이다.

1. 자연적 존재와 최초의 물질

웨슬리는 하나님께서 물질적 실체로 지으신 피조물들을 '자연적 존재'(natural beings)로 지칭했다.[64] 그는 하나님이 창조하신 자연적 존재를 육일창조론(Hexaemeron)을 통해 비교적 잘 설명했다.[65] 여기서는 먼저 하나님의 육 일 동안의 연속적 사역의 내용을 간략히 살펴본 후, 다음으로 다른 모든 자연적 존재의 재료가 된 최초의 물질에 관심을 집중하고자 한다. 그리고 마지막으로 하나님의 자연적 존재 창조의 성격을 고찰할 것이다.

먼저 웨슬리는 창세기 1장의 '하루'가 문자 그대로 24시간인지 아닌지의 문제에는 큰 관심을 두지 않은 듯하다.[66] 루이스 벌코프(Louis Berkhof)가 지적했듯, "19세기 이전에는 창세기의 '날'을 문자 그대로

---

64 "New Creation"(1785), *BEW* 2: 504.

65 *ENOT* 2-9; "God's Approbation of His Works"(1782), *BEW* 2: 388-97.

66 *ENOT* 2-9, 창 1: 2-31 주해; "God's Approbation of His Works", *BEW* 2: 392.

의 하루로 간주하는 것이 가장 일반적이었다."[67] 웨슬리는 첫째 날을 "자연적인 하루"로 불렀는데, 이는 그가 창세기 1장의 하루를 24시간으로 생각했음을 시사한다.[68]

육 일 창조의 첫째 날 하나님은 형태가 없는 최초의 물질을 만드셨는데, 이 물질은 이후 성령의 운행으로 질서를 갖게 되었다. 둘째 날에는 궁창을 지으시고 윗물과 아랫물을 나누셨다. 셋째 날에는 바다와 육지를 형성하시고, 땅으로 열매를 맺게 하셨다. 넷째 날에는 해와 달과 별들을 창조하셨고, 다섯째 날에는 공중의 새와 물에서 살아가는 물고기를 창조하셨다. 마지막 여섯째 날에는 육지 동물을 창조하셨다.[69]

그렇다면 하나님께서 자연적 존재를 창조하실 때 사용하신 최초의 물질은 무엇이었는가? 웨슬리는 『구약성서주해』(1765~1766)에서는 창세기 1:2의 '혼돈'을 세상의 첫 번째 물질로 설명했지만,[70] 설교 "하나님이 시인하신 일들"(1782)에서는 '혼돈'을 하나의 덩어리 속에 네 가지 원소가 함께 뒤섞여 있는 상태로 설명했다.[71] 그는 최초의 물질을 설명하기 위해 다양한 표현을 사용했는데, 그 표현들의 공통분모는 창세기 1:2에 나오는 혼돈이다. 즉, 하나님께서 자연적 존재의 최초의 물질로 혼돈이나 혼돈 형태의 물질을 창조하셨다고 본 것이다.

교회의 역사에서는 창조의 초기 단계에 왜 혼돈이 있었는지에 대해 다양한 설명이 제시되어 왔다. 그중 하나는 혼돈이 본질적으로 어둠과

---

67 L. Berkhof, *Systematic Theology*, 152.

68 "God's Approbation of His Works", *BEW* 2: 392.

69 *ENOT* 2-9; "God's Approbation of His Works", *BEW* 2: 388-97.

70 *ENOT* 2-3. 창 1: 2 주해.

71 "God's Approbation of His Works"(1782), *BEW* 2: 388; 참고. "On the Fall of Man"(1782), *BEW* 2: 409.

조악함이라는 물질의 악한 특성에서 비롯되었다는 설명이다.[72] 그리고 다른 하나는 혼돈이 타락한 천사들에 의해 파괴된 파국적 상태를 의미한다는 설명이다.[73] 어떤 신학자들은 창세기 1장의 혼돈은 단지 물질이 형태를 갖추기 전의 무정형(formlessness) 상태를 나타낸다고 생각했다.[74] 웨슬리는 하나님께서 왜 혼돈을 자연적 존재의 최초의 물질로 창조하셨는지, 그리고 혼돈이 이후에 어떻게 자연적 존재의 재료가 되는 배열된 물질로 바뀌었는지에 관심을 가졌다. 그는 존 로버트슨(John Robertson)에게 보낸 1753년 9월 24일 자 편지에서, 창세기 1장의 혼돈을 자연의 원시적 상태로 볼 수 없다는 앤드류 마이클 램지의 생각에 반대했다. 램지는 하나님은 모든 사역에서 완전하시므로 그분의 첫 번째 창조물이 혼돈 상태일 수는 없다고 주장했다.[75] 이에 반해 웨슬리는 만일 창조주께서 세상을 점진적 과정을 통해 창조하셨다면 처음에는 세상의 원시 상

---

72 William Law, *The Spirit of Prayer and the Spirit of Love*, 172–24; 참고. *Works* 9: 472.

73 Andrew Michael Ramsay, *The Philosophical Principles of Natural and Revealed Religion* (Glasgow: Robert Foulis, 1748), vol. 1: 360.

74 아우구스티누스는 창세기 1장의 혼돈은 물질이 분명한 형태를 갖추기 이전의 무정형(formlessness) 상태에 불과하다고 주장했다. 그러나 이 무정형 상태는 물질의 형태나 구별보다 시간적으로 앞서는 것이 아니라 단지 기원과 본성에서만 앞선다 (*Confessions*. XII. 4, 12). 야코부스 아르미니우스에 의하면 혼돈은 하나님이 태초에 창조하신 "질서가 없는 덩어리"였다 ("Private Disputations" XXIV. v, *Works of James Arminius* 2: 356). 이처럼 아우구스티누스와 아르미니우스는 혼돈을 하나님의 창조에서 문제가 되는 것으로 보지 않고, 창조에서의 해롭지 않은 실체나 물질로 보았다. 또한 장 칼뱅은 하나님께서 천지를 창조하셨을 때 땅이 불완전하고 무질서한 상태에서 "공허하고 황폐했다"고 설명했다(*Commentaries on the First Book of Moses called Genesis*, Edinburgh: Printed for the Calvin Translation Society, 1847, 1: 69–70). 칼 바르트는 혼돈을 기독론적으로 접근해 창세기 1: 2의 혼돈 상태를 "원시적이거나 초보적인 상태가 아니라 하나님의 말씀으로 창조된 실제 우주의 과거 상태"로 설명했다(*Church Dogmatics* III/I, trans., J. W. Edwards and others, 108).

75 Andrew Michael Ramsay, *The Philosophical Principles of Natural and Revealed Religion* (Glasgow: printed by John Foulis, 1748), 324.

태로 혼논을 창조하셨을 것이라고 생각했다.[76] 웨슬리는『신약성서주해』(1755)에서 "이 혼돈은 하나님의 권능으로 창조된 것이다. 창조 이전에는 자연에 존재하지도 않았기 때문"이라고 주장했다.[77] 웨슬리의 혼돈에 대한 더 명확한 이해는『구약성서주해』의 창세기 1:2 해석에서 드러나는데, 이는 매튜 헨리의 창세기 주석을 따른 것이다.[78] 웨슬리는 하나님께서 처음부터 자신의 작품을 완전하게 만드실 수 있었음에도 창세기 1:2의 혼돈을 창조하신 것은, 덜 탁월한 상태에서 더 탁월하고 완전한 상태로 나아가는 점진적 창조 과정을 의도적으로 선택하신 것인데, 이는 하나님의 섭리와 은혜의 일반적인 방식이 점진적임을 보여주시기 위함이라고 이해했다.[79] 혼돈은 "땅"이나 "깊음"으로도 불리는, 물과 뒤섞인 "무겁고 다루기 힘든 덩어리"였다. 그것이 성령의 역사에 의해 점진적으로 변화되어 사람이 살 수 있는 세상이 되었다.[80] 여기서 웨슬리는 혼돈을 하나님의 최초의 작품으로 봄으로 하나님께서 혼돈을 창조하신 이유를 그분의 섭리와 은혜의 관점에서 설명했다.

그러나 웨슬리는 여기까지의 혼돈에 대한 설명에 완전히 만족하지는 않았던 것으로 보인다. 웨슬리의 이해가 더욱 발전한 것은 1770년에 토머스 버넷(Thomas Burnet)의『지구신성(神聖)론』(*The Sacred Theory of the Earth*)을 읽은 것과 관련이 있다. 혼돈에 대해 버넷은 태초에 하나님께서 세상의 기본 요소, 곧 창조의 첫 단계에서 "질서도 없고 결정적 형태도 없는" 기본 요소 또는 작은 입자들을 창조하셨는데, 그것이 혼돈이라

---

76 로버트슨 박사에게 보낸 편지, *Letters* 3: 106.

77 *ENNT* 842, 히 11: 3 주해.

78 Matthew Henry, *Exposition* 4.

79 *ENOT* 2–3, 창 1: 2 주해; 참고. *ENOT* 6.

80 *ENOT* 2–4, 창 1: 2–5 주해.

고 불린다고 설명했다.[81] 버넷은 세계 창조의 첫 단계에 혼돈이 존재했다
는 것은 모세의 권위가 뒷받침해 주는 역사적 사실이라고 주장했다. 그
는 혼돈이 정리된 상태로 변화된 최초의 과정을 다음과 같이 설명했다.[82]

> 가장 무겁고 큰 부분은 그 중심부로 가라앉았을 것이고(우리는 그곳
> 을 중력의 중심으로 가정한다) 나머지는 위로 떠올랐을 것이다. 이렇
> 게 큰 부분들은 아래로 가라앉으면서 점점 더 압축됨으로 차츰 단단
> 해져 지구의 내부 부분을 구성하게 되었다. 위를 떠다닌 덩어리의 나
> 머지 부분 역시 동일한 중력의 원리에 의해 두 종류의 물체로 나뉘었
> 는데, 곧 물과 같은 액체와 공기와 같은 기체였다.

이러한 과정으로 혼돈의 물질은 사람이 거할 수 있는 세상으로 점차
변화되었다. 버넷은 원시 세계에 대한 이러한 설명이 이성과 자연의 법
칙에 의해 입증되고, 성경에 의해 확인된다고 믿었다.[83] 엄밀한 의미에서
버넷은 과학자는 아니었지만, 세상의 창조에 대한 성경의 묘사를 당시의
과학 이론과 조화를 이루도록 설명함으로 옹호하려 했다.[84] 웨슬리는 토

---

81 Thomas Burnet, *The Theory of the Earth* (London: printed for W. Kettilby, 1684),
    53-66.

82 Thomas Burnet, *The Theory of the Earth*, 54

83 Thomas Burnet, *The Theory of the Earth*, 65

84 버넷(1635~1715)은 한때 차터하우스(Charterhouse)의 교장이었으며, 모세가
    기술한 천지창조와 노아 홍수를 입증하는 일에 열정적이었다 [*The Theory of the
    Earth*, 51-6, 173, 326. 앨버트 아우틀러와 느헤미아 커녹(Nehemiah Curnock)
    의 비평적 설명은 *BEW* 2: 389 각주 12; *Journal* 5: 351 각주 3을 참조하라]. 예
    를 들어, 아이작 뉴턴에게 보낸 편지에서 바다와 해의 창조 순서를 배열하는 일
    에서 모세의 지구 창조 기록을 상기시켰다 (버넷이 1681년 1월 13일 뉴턴에게
    보낸 편지, *The Correspondence of Isaac Newton*, ed., H. W. Turnbull, Cambridge:
    The Cambridge University Press, 1960, vol. 2: 322). 버넷은 성경을 따라 바다
    가 태양보다 먼저 창조되었다고 생각한 반면, 뉴턴은 버넷에게 보낸 답장에서 그
    순서가 불확실하다고 진술했다 (뉴턴이 1681년 1월에 버넷에게 보낸 편지, *The
    Correspondence of Isaac Newton*, vol. 2: 332).

머스 버넷의 『지구신성론』을 읽은 후 혼돈과 원시 세계에 대한 그의 견해를 거의 받아들였다. 웨슬리는 지구가 버넷이 묘사한 것과 유사한 방식으로 혼돈에서 생겨났을 가능성이 "매우 높다"고 지적했다.[85]

혼돈에 대한 웨슬리의 더욱 발전된 이해는 설교 "하나님이 시인하신 일들"(1782)에서 나타난다. 이 설교에서 그는 혼돈을 창조의 첫 단계에서 흙, 물, 공기, 불이라는 "네 가지 요소"가 함께 뒤섞인 "하나의 공통 덩어리"(one common mass)로 설명했다.[86] 웨슬리는 이를 주장함으로 비록 세부적으로는 버넷과 차이가 있지만,[87] 혼돈이 기본 요소들의 단순한 무질서 현상이라는 버넷의 개념을 수용하고 있었음을 나타냈다. 나아가 혼돈에 대해 이러한 견해를 받아들임으로 그는 버넷의 견해와 매우 유사한 존 허치슨(John Hutchinson)의 혼돈 개념도 인정하게 되었다.[88]

---

85 *Journal* 5: 351 (1770년 1월 17일).

86 세상의 기본 물질을 네 가지 원소로 보는 견해는 오래된 이야기로, 플라톤(Plato)이 이미 주장한 것이다 [Francis Macdonald Cornford, *Plato's Cosmology: the Timaeus of Plato translated with a running Commentary*, London: Kegan Paul, Trench, Trubner & Co. Ltd, 1937, 42–5, 플라톤 이전 철학자로는 엠페도클레스(Empedocle)가 4원소론을 주장한 것으로 잘 알려져 있다–역주]. 17세기와 18세기에는 세상이 (세 가지든 네 가지든 상관없이) 몇 가지 기본 원소로 이루어져 있다는 견해가 널리 수용되었다 (참고. A. Keith Walker, *William Law*, 201). 토머스 버넷과 존 허치슨(John Hutchinson)도 이 견해를 채택한 것이다 (Burnet, *The Theory of the Earth*, 53–4; Hutchinson, *An Abstract from the Works of John Hutchinson*, Edinburgh: printed by R. Fleming, 1753, 8).

87 예를 들어, 버넷은 혼돈의 기본 요소는 물, 공기, 흙이라는 세 가지 구성요소인데, 그중 공기와 물이 혼돈의 주된 덩어리였다고 본 반면 (*The Theory of the Earth*, 53, 56), 웨슬리는 흙, 물, 공기, 불의 네 가지 구성요소가 있었고, 주된 덩어리는 흙과 물이라고 보았다 ("God's Approbation of His Works", *BEW* 2: 388).

88 John Hutchinson, *Moses's Principia*, in *The Philosophical and Theological Works of John Hutchinson*, vol. 1: 3 이하를 참조하라. 존 허친슨(1674~1737)은 버넷을 따라 지구의 기원을 설명한 존 우드워드(John Woodward)의 다수의 서신 교환자 중 한 사람이었다. 우드워드는 노아 홍수를 입증하기 위해 지질학적 표본을 수집하고 있었는데 [참고. John Woodward, *An Essay towards a Natural History of the Earth* (London: printed for A. Bettersworth, 3rd edn., 1723, 16, 76], 허친슨은 그의 수집을 도왔다. 허친슨은 창세기에 나오는 모세의 계시를 옹호하기 위해 구약성경에 대한 독자적 연구를 수행하기로 결심했다. 그 첫 작품이 뉴턴의 권위에 반

창세기 1:2의 혼돈을 기본 요소들의 덩어리로 이해한 것은 웨슬리에게 중요한 영향을 미쳐, 결국 그는 창세기 1:1에 대한 해석을 바꾸었다.[89] 『구약성서주해』(1765~1766)에서 웨슬리는 창세기 1:1은 "우주 전체의 구조와 내용을 포함해" 하나님의 전(全) 우주 창조에 대한 일반적 서술이라고 진술했다.[90] 그러나 1782년의 두 편의 설교 "인류의 타락에 대하여"와 "하나님이 시인하신 일들"에서는 존 허치슨을 따라 창세기 1:1이 창조세계의 배아 상태를 묘사한다고 주장하면서, 이 구절을 '태초에 하나님이 천지의 물질을 창조하시니라'라는 의미로 해석했나. 곧 세상의 첫 단계에서 기본 요소들이 서로 뒤섞여 이 물질이 형성되었다는 것이다.[91] 웨슬리는 이 해석이 원어의 의미를 적절히 표현한다고 주장했다.[92] 이처럼 논리적 순서로 보면, 그는 창세기 1:1을 이렇게 해석

대해 모세의 권위를 옹호한 *Moses's Principia* (1724)였다. 과학과 구약성경을 조화시키려는 희망 속에서 허친슨과 그의 추종자들은 홍수를 입증하는 화석 표본 수집에 열심이었다. 나아가 허친슨은 모세가 기록한 히브리어가 하나님이 창조하신 본래의 언어라고 주장했다. 본래의 히브리어는 유대인들의 날조로 추가된 모음 부호 없이 오직 자음으로만 구성되었다는 것이다. 그에게 히브리어 성경 원문은 문자적 의미와 영적 의미를 모두 지니며, 철학과 과학을 포함한 모든 지식을 담고 있었다. 따라서 허친슨은 모음 부호가 없는 히브리어 본문 사용을 주장하면서, 성경의 히브리어 본문에 대한 사변적 해석을 통해 모든 것을 설명하려 했다 (참고. G. N. Cantor, "Revelation and the Cyclical Cosmos of John Hutchinson", *Images of the Earth*, ed., L. J. Jordanova and Roy S. Porter, Bucks: The British Society for the History of Science, 1979, 4–19; Leslie Stephen, *History of English Thought in the Eighteenth Century*, 1: 389–91).

89　"God's Approbation of His Works", *BEW* 2: 388; "On the Fall of Man", *BEW* 2: 409.

90　*ENOT* 2, 창 1: 1 주해; 참고. Matthew Henry, *Exposition* 3. 웨슬리가 『구약성서주해』(*ENOT*)를 집필할 때 참고한 또 다른 저서 매튜 풀은 창세기 1: 1의 "하늘과 땅"(천지)이 우주(cosmos) 또는 "하늘과 땅의 실체 또는 공통 물질"일 수 있다고 제안했다. 그의 *Annotations* 1: 1을 참조하라.

91　"God's Approbation of His Works", *BEW* 2: 388. "On the Fall of Man", *BEW* 2: 409.

92　"God's Approbation of His Works", *BEW* 2: 388. "On the Fall of Man", *BEW* 2: 409. 웨슬리는 왜 이 해석이 옳은지 상세히 설명하지는 않았다. 하지만 창세기 1: 1의 히브리어 '에트'(*eth*)를 "극도로 미세하여 손으로는 만질 수 없는 물질" 또는 "원자나 나눌 수 없는 입자"로 번역했는데, 이는 허치슨이 *Moses's Principia*에서 제시한 해석을 따른 것으로 보인다 (John Hutchinson, *An Abstract from the*

한 후, 그다음으로는 창세기 1:2의 혼돈을 기본 요소들의 덩어리로 보는 더 진전된 해석으로 나아간 것으로 보인다. 창세기 1:2의 혼돈은 창세기 1:1에서 서로 뒤섞인 최초의 기본 요소들의 결과물로 간주할 수 있기 때문이다.

웨슬리는 창세기 1:2의 혼돈을 하나님의 악한 창조물이나 타락한 천사들에 의한 파국적 결과가 아니라,[93] 하나님께서 창조의 첫 단계에서 창조하신 기본 요소들의 단순 무질서 현상으로 이해했다.

그는 설교 "하나님이 시인하신 일들"에서 혼돈이 무질서한 기본 요소들에서 배열된 요소들로 변화하는 과정을 매우 간략히 설명했다. 토머스 버넷과 존 허친슨이 하나님의 창조의 선하심을 변증하기 위해 18세기의 과학 용어로 그 과정을 자세히 증명하려 했다면,[94] 웨슬리는 혼돈은 단순히 하나님께서 운동의 원리를 불어넣으시고 빛을 생성하심으로 정돈되었다고 진술하면서 그 과정을 간략히 다루었다.[95]

Works of John Hutchinson, Edinburgh: printed by R. Fleming, 1753, 48). 또 허친슨주의자인 존 파크허스트(John Parkhurst)의 *A Hebrew and English Lexicon, without Points*, 1792, 24를 참조하라. 이 사전은 창세기 1: 1의 '에트'를 "사물의 실체"로 번역할 수 있다고 지적했다. 따라서 창세기 1: 1은 "태초에 하나님이 천지의 물질 또는 실체를 창조하셨다"로도 번역할 수 있다. 이후 웨슬리의 가까운 동역자 중 한 사람인 아담 클라크(Adam Clarke, 1760~1832)는 이 번역을 지지했다. 메소디스트 성경 주석가이자 언어학자 아담 클라크는 웨슬리와 마찬가지로 창세기 1: 1-2을 첫째 날의 초기 사역에 대한 묘사라고 설명하면서, 히브리어 '에트'를 "하늘과 땅을 차례로 형성한 원초적 물질(prima materia) 또는 최초의 원소들"로 해석했다 (Adam Clarke, *The Holy Bible, containing the Old and New Testaments*, London: for Thomas Tegg, 1836, vol. 1. 29-30). 헨리 오턴 와일리(H. Wiley)는 아담 클라크를 따라 창조의 최초의 기원은 우주의 무형 물질이라고 이해했다 (H. Wiley, *Christian Theology*, 1: 459).

93   로버트슨 박사에게 보낸 편지, *Letters* 3: 107; *BEW* 2: 391; 참고. Andrew Michael Ramsay, *The Philosophical Principles of Natural and Revealed Religion*, 360.

94   Thomas Burnet, *The Theory of the Earth*, 34-48, 53-66; John Hutchinson, *Moses's Principia*, in *The Philosophical and Theological Works of John Hutchinson*, vol. 1: 3 이하.

95   "God's Approbation of His Works", *BEW* 2: 388.

웨슬리는 기본 요소들이 정리된 이후의 상태를 묘사하는 데 많은 지면을 할애했는데, 이는 18세기 사람들에게 혼돈이었던 기본 요소들이 정돈된 요소들로 변화된 것을 합리적으로 설명하기 위해서였다.[96] 하나님은 혼돈의 네 가지 요소를 정돈하신 후, 이 요소들 각각이 선하고 그 종류에 따라 완전함을 보셨다.[97] 그 결과 땅은 질이 좋고 비옥하게 되어 꽃과 관목 등을 생산하게 되었다. 모든 샘들의 "큰 깊음"(the great deep)은 "가장 완벽한 질서와 조화" 속에 있었고, 물은 원소가 변화되어 땅을 매우 풍요롭게 만들었디. 독성 물질이 없는 공기의 원소는 온화해 인간에게 친화적이었다. 불은 지구의 모든 곳에서 필요에 따라 열을 발생하도록 조정되었다. 따라서 하나님이 태초에 창조하신 혼돈의 요소들은 더 이상 무질서하지 않은 정리된 형태의 물질로 바뀌어, 창조주께서 선하신 뜻대로 다른 피조물들을 만드시는 재료가 되었다. 웨슬리는 이처럼 혼돈의 기본 요소들이 정리된 요소들로 변화된 상태를 자세히 묘사함으로, 그렇게 정리하신 분이 하나님이시기에 그 정리된 기본 요소를 사용해 하나님이 만드신 다른 물질적 창조물에도 결함이 없고 그 종류에 따라 완전했음을 강조할 수 있었다.[98]

웨슬리는 매튜 헨리의 혼돈 이해를 받아들여『구약성서주해』(1765~1766)에서 하나님께서 혼돈을 창조하신 이유를 하나님의 섭리의 관점에서 설명했지만, 설교 "하나님이 시인하신 일들"(1782)에서는 혼돈의 개념과 그것이 정리된 물질로 변화된 과정을 더 상세히 설명함으로, 하나님이 창조하신 물질세계의 선함에 대한 성경의 묘사를 옹호했다. 이 과정에서 웨슬리는 버넷과 허친슨의 생각을 선별적으로 활용했는데, 비록

---

96 "God's Approbation of His Works", *BEW* 2: 389-91.

97 "God's Approbation of His Works", *BEW* 2: 389.

98 "God's Approbation of His Works", *BEW* 2: 389-96.

오늘의 관점에서는 그들의 지구 기원 이론이 사변적으로 보일 수 있겠지만, 그들은 당대에 하나님이 세상을 창조하셨다는 진리를 수호한 강력한 기독교 변증가들이었다.[99]

하나님의 자연적 존재 창조에 대한 웨슬리의 이해의 특징을 정리하면, 첫째로 웨슬리는 자연적 존재가 그 종류대로 완전하게 창조되었기에, 지금과 달리 본래 상태의 자연적 피조물은 어떤 결함도 없었다고 주장했다. 비록 창세기 1:2에 따르면 자연적 존재 창조의 첫 단계에서 혼돈이 있었지만, 하나님은 그것을 자연적 존재의 창조에 유익하도록 선하게 변화시켰기 때문에 창조에 해를 끼치는 것이 아니었다.

둘째, 웨슬리에 따르면 태양을 포함해 모든 무생물은 하나님께서 운동의 원리로 자신의 힘을 불어넣으시기까지는 완전히 수동적이고 비활성적인 상태였다.[100] 그것들은 하나님께 자발적 반응도, 반항도 하지 않고 그저 "중단 없이 균일하게 궤도를 따라 굴러갈" 뿐이다.[101] 무생물은 하나님의 영광과 지혜를 반영하기는 하지만, 이해력이나 의지, 자유와 같이 자발적이거나 인격적인 관계를 위해 필요한 은사를 지니지

---

99 참고. 존 잉글리시(John C. English)는 18세기의 일부 기독교인이 뉴턴주의(Newtonian ideology)가 교회에 위협이 된다고 생각해 "뉴턴 사상의 대항마"로 여긴 허친슨주의(Hutchinsonian ideology)에 끌렸다고 지적했다. 잉글리시에 따르면, 웨슬리 역시 허친슨이 성경의 창조 기사의 권위를 확고히 해주기를 바랐다 [John C. English, "John Wesley and Isaac Newton's 'System of the World'", in *Proceedings of the Wesley Historical Society*, vol. 48 (Oct. 1991), 77–80]. 이 문제와 관련해 웨슬리가 뉴턴주의를 거부한 사실에 대해서는 "Spiritual Worship"(1780), *BEW* 3: 93을 참조하라. 웨슬리는 동시에 허친슨주의자들의 성경에 대한 사변적 해석 역시 강하게 거부했다. *Journal* 3: 274 (1746년 12월 20일); *Journal* 4: 146–47 (1756년 1월 17일), 190 (1756년 10월 26일), 261 (1758년 4월 27일); *Journal* 5: 149 (1765년 10월 9일), 353–54 (1770년 2월 13일); *Journal* 6: 6 (1773년 11월 9일); *Letters* 3: 207; *Letters* 7: 251, 367을 참조하라.

100 "The Wisdom of God's Counsels"(1784), *BEW* 2: 553.

101 "The Wisdom of God's Counsels"(1784), *BEW* 2: 553.

않았기에,[102] 하나님의 명령에 기계적으로 반응할 뿐이다. 이처럼 웨슬리에 의하면, 하나님께서 주권적 의지로 무생물을 창조하신 것은 그들과 인격적 관계를 맺으시기 위해서가 아니라, 자신의 영광을 위해 질서와 순종의 관계로 창조하신 것이다. 그러나 하나님은 동물에게는 "선천적 자기운동 원리"와 일정 수준의 이해력과 의지, 자유를 주셨다.[103] 특히 동물은 인간에게 받은 은혜에 감사할 줄 안다는 점에서 "도덕적 선과 어렴풋한 유사성"을 지니고 있었다.[104] 그럼에도 웨슬리는 동물이 "하나님을 수용할" 수 있는 존재는 아님을 지적했다.[105] 동물은 하나님을 '수용할 수 없도록' 창조되었기에 직접적으로 하나님을 알거나 사랑할 수 없다는 것이다. 나아가 웨슬리는 인간이 창조주와 동물 세계 전체의 소통의 통로라고 주장함으로 하나님과 동물의 관계를 간접적인 관계로 정의했다.[106] 이처럼 웨슬리는 하나님께서 동물을 포함해 자연적 존재를 완전하고 선하게 창조하셨으나, 인격적인 관계가 아닌 질서와 순종의 관계로 창조하셨다고 이해했다. 이러한 창조론에는 범신론적이거나 범재신론적인 요소가 조금도 없다.

2. 천사의 창조

오늘날 일부의 사람은 천사의 존재를 의심스럽고 기이하게 여긴다. 그러나 웨슬리에 따르면, 천사론은 하나님 교리에서 중요한 역할을 한다. 그에 따르면, 천사가 하나님의 장자들이라면, 그중 악한 천사들은

---

102 참고. "The General Deliverance"(1781), *BEW* 2: 442.
103 "The General Deliverance"(1781), *BEW* 2: 440.
104 "The General Deliverance", *BEW* 2: 441.
105 "The General Deliverance", *BEW* 2: 440-41.
106 "The General Deliverance", *BEW* 2: 440.

창조주에게 반역했고 지금도 여전히 그분의 사역을 방해한다. 선한 천사는 악한 천사의 유혹으로 타락한 인간의 구원을 위해 일한다. 웨슬리는 23세 때 당시 계몽주의 시대에 "수호천사에 대하여"(1726)라는 제목의 설교를 했다.[107] 그리고 1783년, 여든이 된 이 메소디스트 창시자는 《아르미니우스주의 매거진》에 천사론에 대한 쌍둥이 설교인 "선한 천사들에 대하여"와 "악한 천사들에 대하여"를 발표했다.[108] 이에 여기서는 창조 시 천사가 지녔던 본래의 본성에 초점을 맞추어 하나님의 천사 창조에 대해 살펴보고자 한다.

웨슬리는 설교 "악한 천사들에 대하여"에서 독자들에게 "천사에 관해 우리는 참으로 계시에 의하지 않고서는 아무것도 확실하게 알 수 없다"는 사실을 상기시켜 주었다.[109] 당시 옥스퍼드 대학교의 신진 학자였던 웨슬리는 초기 설교 "수호천사에 대하여"에서 천사에 대한 지식을 탐구하는 일에서 계시에 대한 신뢰를 나타낸 바 있었다. 이 설교는 아마도 그가 부모와의 서신 교환을 통해 계시가 이성보다 우위에 있음을 인정하게 된 후에 작성한 것으로 보인다.[110] 나아가 웨슬리는 "선한 천사들에 대하여"에서 소크라테스나 헤시오도스(Hesiod) 같은 많은 고대 사상가가 성경에 대해 알지 못했음에도 선하고 악한 천사에 대한 자신의 생각을 표현했다는 사실을 지적했다.[111] 웨슬리는 천사론의 많은 오류가 성경의 계시와 관계없이 천사를 다루는 데서 발생한다고 확신했다. 이에 그는 오직 하나님의 계시만이 "우리의 눈으로 볼 수 없고 귀로 들을 수 없는 존재에 대해 명확하고 이성적이며 일관된 설명"을 제공할 수 있음

---

107 *BEW* 4: 224.
108 참고. 앨버트 아우틀러의 해설. *BEW* 3: 3.
109 "Of Evil Angels"(1783), *BEW* 3: 16.
110 "On Guardian Angels"(1726), *BEW* 4: 228.
111 "Of Good Angels"(1783), *BEW* 3: 4-5.

을 거듭 강조했다.[112] 또 웨슬리는 분명하고 실제적인 성경의 계시보다 더 지혜롭고자 했던 기독교 신비주의자들의 "사적인 계시"를 경계하라며 독자들에게 경고했다.[113]

웨슬리는 창조주이시며 영원하신 하나님이 "'존재하는 모든 것을 불러내심으로' 하늘과 땅과 그 안에 있는 모든 것을 창조하셨다"고 믿었다. 그 점에서 그는 하나님께서 천사 역시 창조하셨다는 사실을 의심하지 않았다.[114]

성경은 천사가 언제 창조되었는지 명시적으로 밝히지 않는다. 하나님이 자신의 장자들을 창조하신 시기는 성경에서와 마찬가지로 웨슬리의 저술에서도 분명히 제시되지 않고, 다만 몇 가지 소극적 암시만 있을 뿐이다. 웨슬리는 하나님께서 인간을 창조하기 전,[115] 그리고 땅의 기초를 놓으시기 전에 천사를 창조하셨다고 확언했다. 창조 시 "새벽별"(morning-stars)로 불렸던 천사들은 비록 창조주께 조언하거나 그분을 보좌하지는 않았지만, 하나님이 땅을 창조하실 때 기뻐했다. 웨슬리는 "땅의 기초가 놓일 때" 그들이 함께 노래했다고 하면서,[116] 천사들이 적어도 "육천 년 이상" 존재해 온 것으로 가정했다.[117] 그는 천사 창조의

---

112 "Of Good Angels", *BEW* 3: 6.

113 *Journal* 2: 381–82 (1740년 9월 3일).

114 "The Unity of the Divine Beings", *BEW* 4: 63; "The Original, Nature, Properties, and Use of the Law", *BEW* 2: 6; *ENNT* 71, 마 13: 28 주해.

115 "The Original, Nature, Properties, and Use of the Law", *BEW* 2: 6–7.

116 *ENOT* 1611, 욥 38: 7 주해; "Of Good Angels"(1783), *BEW* 3: 8; 참고, "The End of Christ's Coming"(1781), *BEW* 2: 478. 수잔나 웨슬리는 하나님께서 이 가시적 세계를 창조하시기 전에 천사들을 창조하셨다고 주장했다. 수잔나 웨슬리가 둘째 딸 수잔나에게 보낸 1710년 1월 13일 자 편지를 참조하라. *Susanna Wesley: The Complete Writings*, 381.

117 "Of Good Angels", *BEW* 3: 8. 웨슬리는 세상의 나이를 약 6천 년으로 추정한 것으로 보인다 (*NP* 3: 127, 130을 참조하라). 앨버트 아우틀러 역시 웨슬리가 세상이 창조된 시기로 어셔(James Ussher) 주교가 제안한 기원전 4004년을 사용했을 것으로 가정한다. *BEW* 3: 8 각주 15에 나오는 그의 해설을 참조하라.

시기를 설명할 때 성경의 계시에서 한 발짝도 더 나가려 하지 않았다.[118]

웨슬리에 의하면, 천사는 영적 존재로 창조되었는데, 이는 천사가 "물질적이거나 육체적이지 않다"는 것을 의미한다.[119] 천사는 때때로 인간의 모습으로 나타나기도 하지만, 본질적으로 인간의 몸을 가지고 있지 않다.[120] 그런 의미에서 그는 천사가 천상의 살과 피를 가지고 있으며 자웅동체라는 윌리엄 로의 생각을 거부했다.[121] 그는 천사가 한때 인간이었고, 양성을 지녔으며 결혼도 한다는 스웨덴보리의 주장 역시 배척했다.[122]

이처럼 웨슬리는 천사가 인간과 동일한 종류의 몸을 가지고 있지 않다고 믿었다. 그럼에도 그는 천사가 어떤 형태이든 몸을 가지고 있다고 믿었는가? 웨슬리는 설교 "선한 천사들에 대하여"(1783)에서 천사가 몸

---

118 데이비드 내글리(David Naglee)는 아우구스티누스와 마찬가지로 웨슬리도 "하나님께서 '모든 가시적 존재 중 첫째'인 '빛'을 만드신 '그 하루'에 천사들이 창조되었다"고 믿었다고 주장했다 (David I. Naglee, *From Everlasting to Everlasting*, 1: 206). 그러나 이는 의심의 여지가 있다. 이를 뒷받침하기 위해 내글리는 시편 104:4, 이사야 6:2, 14:12에 대한 웨슬리의 주해를 인용하면서, 웨슬리에게 천사들은 "여러 방식으로 빛과 관련되어 있다"는 것을 보여주었다 (*ENOT*, 1773, 1961, 1985; David I. Naglee, *From Everlasting to Everlasting*, 1: 206). 그러나 웨슬리는 이 구절들에 대한 주석에서 빛이나 불이 천사 창조의 특정 시점과 관계가 있다고 명시하지 않았다. 오히려 거기서 불이나 빛은 저항할 수 없는 힘 (*ENOT* 1773), 천사들의 영광스러운 본성 (*ENOT* 1961), 그리고 능력 (*ENOT* 1985)을 의미한다. 또 내글리의 주장처럼, 웨슬리가 빛이 창조된 바로 그날 천사들이 창조된 것으로 보았다면, 그날은 육 일 창조의 첫째 날, 곧 하나님이 빛을 창조하신 날일 것이며 (*ENOT* 3, 창 1: 3 주해), 창조의 첫째 날은 약 6천 년 전일 것이다. 그러나 웨슬리는 육 일 창조 중 첫째 날의 하나님의 창조 사역을 묘사하면서 천사 창조에 대해서는 전혀 언급하지 않았다 (*ENOT* 3-9; "God's Approbation of His Works", *BEW* 2: 388-92). 따라서 웨슬리는 천사 창조의 시점을 정확히 명시하지 않은 것으로 보인다.

119 "Of Good Angels"(1783), *BEW* 3: 6; *ENOT* 1773, 시 104: 4 주해.

120 "Of Good Angels", *BEW* 3: 6; "On Guardian Angels"(1726), *BEW* 4: 230.

121 "An Extract of a Letter to the Reverend Mr. Law", *Works* 9: 471, 474; 참고. William Law, *The Spirit of Prayer and the Spirit of Love*, 92.

122 "Thoughts on the Writings of Baron Swedenborg", *Works* 13: 441-42; 참고. *Journal* 5: 354 (1770년 2월 28일).

을 가지고 있을 가능성을 다음과 같이 시사했다.[123]

> 우선 천사의 본질이나 본성에 관해 우리는 이들이 모두 영임을 압니다. 곧 그들은 물질이나 육체적 존재가 아니며, 우리처럼 살과 피로 둘러싸여 있지 않습니다. 만약 몸을 가지고 있다면, 우리 몸처럼 거칠고 세상적인 것이 아닌 더 뛰어난 물질로 되어 있어, 그 어떤 저급한 요소보다 불이나 불꽃을 닮았을 것입니다. '주께서 바람을 자기 사신으로 삼으시고 불꽃으로 자기 사역자를 삼으시고'[124]라는 시편 기자의 말씀이 이를 암시하지 않습니까?

그는 설교 "악한 천사들에 대하여"(1783)에서도 모든 천사는 "영 곧 순수한 천상의 피조물로서 단순하고 부패하지 않으며, 혹 전적으로 비물질적이지는 않더라도 확실히 조야한 지상의 살과 피에 속박되지 않는 존재"로 창조되었을 것이라고 믿었다.[125]

웨슬리는 천사의 몸에 대한 자신의 견해를 뒷받침하기 위해 "선한 천사들에 대하여"(1783)에서 시편 104:4를 인용했다.[126] 사실 웨슬리가 『구약성서주해』(1765~1766)에서 이 구절을 해석한 내용은 천사의 몸에 대한 이러한 생각과 일치하지 않는다. 거기서 그는 매튜 풀의 해석을 따라 천사가 강력한 존재임을 말하면서 이 구절의 "불꽃"을 천사의 "저항할 수 없는 힘과 민첩성"으로 해석했기 때문이다.[127] 그러나 이와

---

123 "Of Good Angels", *BEW* 3: 6.

124 시 104: 4.

125 "Of Evil Angels", *BEW* 3: 17.

126 "Of Good Angels", *BEW* 3: 6.

127 *ENOT* 1773, 시 104: 4 주해; 참고. Matthew Poole, *Annotations* 2: 159. Matthew Henry, *Exposition* 892. 웨슬리는 1762년에 개정한 『신약성서주해』에서 마태복음 22: 30, 28: 3, 누가복음 2: 9, 골로새서 1: 16 등과 같이 어떤 이들이 천사의 몸의 존재를 지지하는 것으로 여기는 구절들을 주해하면서, 그 본문

달리 "선한 천사들에 대하여"(1783)에서는 "불꽃"을 천사의 몸을 구성하는 물질로 해석해, 천사가 불의 불꽃으로 만들어졌다는 견해를 나타냈다. 웨슬리가 이 구절을 이렇게 해석한 것이 천사의 몸의 존재를 지지하려는 목적론적 해석의 결과인지, 아니면 이 구절에 대한 진정한 분석인지는 분명하지 않다. 분명한 것은, 시편 104:4에 대한 웨슬리의 새로운 해석에서 천사의 몸은 불과 닮은 더 뛰어난 물질로 이루어진 천상의 몸이라는 점이다.

이후 웨슬리는 설교 "하나님의 일체성"(1789)에서도 "고대 유대인과 고대 그리스도인의 생각"을 인용하면서 천사의 몸의 존재를 확언했다.[128] 루이스 벌코프는 유대인, 초기 기독교 교부, 로마 가톨릭, 아르미니우스주의, 루터교, 개혁파 등 다양한 전통의 신학자 중 일부는, 창조된 존재가 순수하게 영적이고 비육체적 본성을 지닌다는 사상을 "피조물 개념과 양립할 수 없는 것"으로 간주했다고 말한다. 그들은 천사가 비록 영적 존재로 창조되었더라도 일종의 공기나 불과 같은 몸을 가지고 있다고 생각했다는 것이다.[129] 웨슬리도 이들을 따라 하나님이 순수한 영이심을 강조하면서, 하나님의 영적 본성과 천사의 영적 본성을 질적 차원에서 구별한 것으로 보인다. 웨슬리는 설교 "하나님의 일체성"에서 이렇게 진술한다. "하나님은 영이십니다. … 고대 유대인과 고대 그리스도인은 모두 오직 하나님만이 순수한 영이시므로 모든 물질에서 완전히 분리되어 계신다고 생각한 반면, 다른 모든 영, 심지어 가장 높은 천사인 그룹(cherubim)과 스랍(seraphim)조차도 극도로 가볍고 감지하기 힘든 실체

들이 천사의 몸을 가리킨다는 언급을 전혀 하지 않았다 (*ENNT* 106, 137, 207, 742–43).

128 "The Unity of the Divine Being"(1789), *BEW* 4: 63.

129 L. Berkhof, *Systematic Theology*, 144; 참고. H. Wiley, *Christian Theology*, 1: 472.

로 된 물질적 매개체 안에 거한다고 생각했습니다."[130]

이처럼 웨슬리는 천사가 천상의 몸을 가질 가능성에 대해 성경과 전통이 어느 정도 뒷받침한다고 믿었다. 그 몸은 육체적이지는 않지만, 18세기 용어로 말하면 더 뛰어난 실체로 된 단순하고 부패하지 않는 매개체라 할 수 있다.

웨슬리는 천사의 본래 상태에 대해, 그들은 영으로 창조되었으며 매우 특별하다고 보았다. 이는 천사가 그들을 영적 존재로 창조하신 모든 영의 아버지인 하나님을 닮았기 때문이다. 웨슬리에게 '영'(spirit)이라는 것은 공간의 영역을 넘어 자유롭게 활동하는 것과 밀접한 관련이 있다. "나는 천지에 충만하지 아니하냐?"라고 말씀할 수 있는 편재하시는 분은 오직 하나님뿐이시다.[131] 그러나 웨슬리는 편재하시는 하나님께서 천사에게 "무한하지는 않으나 광대한 활동 영역"을 주셨다고 생각했다. 그래서 성경에서는 악한 천사조차 공간의 세계를 초월해 어느 정도 자유로운 활동을 할 수 있는 것으로 나타난다.[132]

천사의 본질적 특징 중 하나는 완전한 이해력과 의지와 자유라는 탁월한 능력이다.[133] 하나님은 천사에게 진리와 거짓, 선과 악을 분별해 하나를 택하고 다른 하나를 거부할 능력을 부여하셨다. 웨슬리에 따르면, 이 능력은 영적 피조물에게 본질적인 것이다. 영적 존재는 "자기 운동력, 이해력, 의지, 자유"를 지니기 때문이다.[134] 특히 "자기 결정 원리"인 자유는 피조물이 순수한 영이신 창조주와 인격적 관계를 맺는 데 반

---

130 "The Unity of the Divine Being", *BEW* 4: 63.
131 "Of Good Angels", *BEW* 3: 9; 참고. 렘 23: 24.
132 "Of Good Angels", *BEW* 3: 9.
133 "Of Good Angels", *BEW* 3: 6.
134 "Some Thoughts on An Expression of St. Paul, in 1 Thes. 5: 23 ", *Works* 11: 447.

드시 필요하다.[135]

천사의 본래 상태에는 도덕적 특성 역시 포함된다. 악한 천사도 타락 전에는 본래 도덕적 존재였는데, 이는 "하나님의 모든 천사가 처음에는 같은 본성을 지녔었기" 때문이다.[136] 그들은 거룩함, 선함, 인류애, 사랑을 가지고 있었다.[137]

천사는 또 큰 힘과 능력을 가지고 있다. 웨슬리는 설교 "수호천사에 대하여"(1726)에서 천사의 본질적 특성으로 그들의 힘과 능력을 언급했다.[138]

웨슬리는 천사 본래의 특징을 설명할 때 주로 하나님께서 그분의 맏아들들을 완벽하게 창조하셨다는 점을 언급하면서도, 동시에 천사는 창조된 본래 상태에서조차 하나님과 근본적으로 달랐음을 주장했다. 그는 설교 "완전에 대하여"(1784)에서 천사의 완전성은 하나님의 완전성에 비하면 완전하지 않다고 지적했다. 특히 천사의 이해는 등불의 빛과 같지만, 그럼에도 "그들은 피조물이기에" 이해력이 제한적이어서 "무수히 많은 것을 알지 못한다."[139] 한마디로 웨슬리에게 그들이 피조물이라는 사실은 그들의 완전성이 하나님의 완전성과 근본적으로 다름을 의미한다. 능력 면에서도 천사는 창조주의 전능하심에 비교할 수조차 없다. 악의 세력이 하나님과 대등하다고 주장한 마니교 사상은 결코 받아들일 수 없는 것이다. 하나님이 "반역한 영들아, '너희는 여기까지는 활동하되 더는 나아가지 못한다'"라고 말씀하시기 때문이다.[140]

---

135 "Thoughts upon Necessity", *Works* 10: 468.
136 "Of Evil Angels", *BEW* 3: 17.
137 "Of Good Angels", *BEW* 3: 8.
138 "On Guardian Angels"(1726), *BEW* 4: 230
139 "On Perfection", *BEW* 3: 72.
140 "Of Evil Angels", *BEW* 3: 19; 참고. 욥 38: 11.

하나님은 인간을 창조하시기 전 "자신의 맏아들이자 지성적 존재"
인 천사를 창조하셨다.[141] 따라서 "가장 낮은 존재에서 가장 높은 존재에
이르는 존재의 사슬" 중 가장 높은 곳에는 인간이 아닌 천사가 있다.[142]
하나님은 천사를 단지 섬기는 영만이 아니라 "자신의 신성하고 영광스
러운 형상에 참여하는 자"로 창조하셨다.[143] 그리고 그들을 창조하실 때
창조주를 알고 사랑하며 누릴 수 있는 완전한 능력을 부여하셨다. 이에
웨슬리는 하나님이 천사에게서 "자유롭고 자발적인 섬김, 곧 그들의 은
혜로우신 주님께서 가장 반으실 만할 뿐 아니라 그 자체로 상 받을 만한
섬김"을 기대하셨다고 생각했다.[144] 이처럼 웨슬리에게 천사는 자유롭고
인격적인 존재로서 자유롭고 자발적인 섬김을 통해 하나님과 거룩한 친
교를 나누도록 창조되었다.

3. 인간의 창조

인간의 창조에 대한 웨슬리의 이해는 대체로 창세기의 창조 기사에
기초하고 있다. 창세기 1-2장에는 인간 창조에 관한 두 가지 기사가 나
온다. 창세기 1장에서 하나님이 인간을 하나님의 형상대로 창조하셨다
면, 창세기 2장에서는 땅의 흙으로 빚어 그 코에 생기를 불어넣으셨다.
웨슬리는 이 두 기사가 서로 다른 이야기가 아니라, 전자에 비해 후자가
"더 구체적인 기록"이라고 생각했다.[145] 인간 창조에 관한 두 기사가 서

---

141 "The Original, Nature, Properties, and Use of the Law", *BEW* 2: 6.
142 "Of Evil Angels", *BEW* 3: 16.
143 *ENOT* 1611, 욥 38: 7 주해.
144 "The Original, Nature, Properties, and Use of the Law", *BEW* 2: 6.
145 *ENOT* 10, 창 2: 4-7 주해.

로 조화를 이룬다고 생각한 것이다. 웨슬리는 초기 설교 중 그의 첫 번째 대학 설교인 "하나님의 형상"(1730)에서 이 두 기사를 조화롭게 제시했다.[146] 이에 여기서는 웨슬리가 어떻게 하나님의 인간 창조를 이해했는지를 파악하기 위해 본래 인간의 구조와 인간에게 있는 하나님의 형상 개념을 살펴보고자 한다.

A. 본래의 인간의 구조

본래 인간의 구조에 대한 웨슬리의 이해는 기본적으로 창세기 2:7에 근거하고 있다. 그는 본래 인간의 구조에 대해 글을 쓸 때 이 구절을 여러 차례 인용했다.[147] 즉, 그는 성경의 기록대로 하나님이 땅의 흙으로 인간을 빚은 후 코에 생기를 불어넣으셨다고 믿었다.

웨슬리는 창세기 2:8-15을 이분설의 관점으로 해석하면서, 본래 인간은 "흙으로 빚어진 몸과 이성적이고 불멸하는 영혼으로" 이루어져 있다고 주장했다.[148] 본래 상태의 인간이 육체와 영혼으로 구성되었다는 그의 생각은 초기 설교인 "하나님의 형상"(1730)[149]과 후기 설교인 "인간의 타락에 대하여"(1782)[150] 모두에서 발견된다.

본래 상태의 인간의 몸에 대한 웨슬리의 특징적 이해를 보여주는 두 가지 표현은 '동물 기계'(animal machine)와 '흙'(dust)이다. 첫째, 웨슬리는 경이롭게 창조된 인체의 구조를 설명하기 위해 "동물 기계"라는 표현

---

146 "The Image of God"(1730), *BEW* 4: 292-99.

147 "The Love of God"(1733), *BEW* 4: 331; "Salvation by Faith"(1738), *BEW* 1: 117; "Sermon on the Mount, VI"(1748), *BEW* 1: 578; "The Original, Nature, Properties, and Use of the Law"(1750), *BEW* 2: 7.

148 *ENOT* 11, 창 2: 8-15 주해.

149 "The Image of God"(1730), *BEW* 4: 292.

150 "On the Fall of Man"(1782), *BEW* 2: 405.

을 사용했다.[151] 이는 르네 데카르트(René Descartes, 1596~1650)가 17
세기의 과학 용어로 인체의 놀라운 체계를 지칭해 사용한 표현이다.[152]
웨슬리가 그 용어로 본래의 인체에 대해 표현하려 했던 것은, 인간의 몸
은 하나님이 완전하고 아름답게 창조하셨기에 우주에서 "가장 아름다운
대상 중 하나"였고, "죽음이나 고통에도 처하지 않았다"는 점이었다.[153]

　　둘째, 웨슬리는 인간의 몸이 "흙"으로 만들어졌다고 진술했다.[154] 그
러나 단지 땅의 흙만이 아니라 물, 공기, 불까지 포함한 네 가지 원소로
이루어진 것으로 보았다.[155] 앞서 언급했듯, 그는 1782년의 두 설교 "인
간의 타락에 대하여"와 "하나님이 시인하신 일들"에서 하나님이 창조의
첫 번째 물질을 이 네 원소의 조합으로 만드셨다고 말했다.[156] 즉, 이 네
원소로 모든 물질이 구성되었다고 본 것이다. 이 설교들 이후 웨슬리는
이 도식을 인체의 구성에도 적용한 것으로 보인다.[157] 그는 인간의 몸을
자세히 분석한 그 이전의 설교 "하나님의 형상"(1730)과 『구약성서주해』
(1765~1766)에서는 네 가지 원소에 근거한 인체 개념을 제시하지 않
았다.[158] 따라서 인체의 구성요소에 대한 웨슬리의 견해는, 그가 네 가지
원소를 물질의 기본 구성요소로 인정한 데서 비롯된 것이다. 그러나 이

---

151 "God's Approbation of His Works", *BEW* 2: 392, 405.

152　René Descartes, *Treatise of Man* (Harvard: Harvard University, 1972), 2-4, 21-2
　　를 참조하라; 참고. *BEW* 4: 20 각주 1에 나오는 앨버트 아우틀러의 해설; David
　　I. Naglee, *From Everlasting to Everlasting* 1: 187. 웨슬리의 다른 언급은 앤 볼턴
　　(Ann Bolton)에게 보낸 편지를 참조하라 (1777년 9월 27일), *Letters* 6: 281.

153 *NP* 1: 160.

154 "The Original, Nature, Properties, and Use of the Law"(1750), *BEW* 2: 7; "On
　　the Fall of Man"(1782), *BEW* 2: 405.

155 "On the Fall of Man"(1782), *BEW* 2: 405; "What is Man?"(1788), *BEW* 4: 20.

156 "God's Approbation of His Works", *BEW* 2: 388; "On the Fall of Man" 2: 409.

157 참고. "What is Man?", *BEW* 4: 20.

158 "The Image of God", *BEW* 4: 296-98.

원소들이 조화를 이룬 전체로 배열된 것은, 하나님께서 혼돈이었던 기본 원소들에 운동의 원리를 불어넣으셨기 때문이다. 웨슬리는 "몸이 건강할 때는 이 모든 요소가 가장 정확한 비율로 섞여 있어 그중 어떤 요소도 다른 요소보다 조금도 우세하지 않습니다"[159]라고 주장했다. 웨슬리에 따르면, 물질은 본성상 둔하고 비활동적이어서 움직임을 위해서는 외부의 운동 원리를 필요로 하며, 지금도 움직임을 지속하려면 외부의 지속적인 도움을 필요로 한다. 즉, 웨슬리는 인간이 하나님과 분리되었을 때 물질로 만들어진 인간의 몸은 영혼보다 더 취약하게 되었다고 생각했다. 타락의 첫 번째 영향은 인간의 몸에 미쳤고, 타락한 인간의 몸은 영혼을 억누르게 되었다.[160] 웨슬리는 물질 자체가 악하다고 주장하지는 않았으나, 물질은 본성상 둔하므로 하나님과의 올바른 관계가 상실된 상태에서는 인간의 몸을 포함해 물질로 이루어진 피조물은 부패와 기능적 오류를 피할 수 없다고 생각했다.

웨슬리는 인간의 영혼에 대해서는 "모든 영의 아버지"이신 하나님께서 인간을 땅의 흙에서 일으키실 때 인간의 몸에 불어넣으신 불멸의 영으로 이해했다.[161] 따라서 그는 죽음의 순간 인간의 몸은 본래대로 땅으로 돌아가고, 인간의 영은 그것을 주신 하나님께 돌아간다고 보았다.[162] 이에 어떤 경우 그는 "인간의 영혼"(human soul)과 "인간의 영"(human spirit)이라는 표현을 같은 의미로 사용하기도 했다.[163]

---

159 "On the Fall of Man", *BEW* 2: 405.

160 "The Image of God", *BEW* 4: 298.

161 "The Unity of the Divine Being", *BEW* 4: 63.

162 "Sermon on the Mount, III", *BEW* 1: 624.

163 "The Witness of the Spirit, I"(1746), *BEW* 1: 275; "The Marks of the New Birth"(1748), *BEW* 1: 426; "Good Steward"(1768), *BEW* 2: 284, 293; "The Imperfection of Human Knowledge"(1784), *BEW* 2: 576.

　따라서 웨슬리는 데살로니가전서 5:23의 삼중적 공식에 당혹스러워했던 것으로 보인다. 이 구절은 그리스도인의 완전 교리를 뒷받침하기 위해 그가 자주 사용한 성경 본문 중 하나이자, 인간이 영과 혼과 몸으로 구성된다는 삼분설의 성경적 근거이기도 하다. 성경에는 두 용어가 모두 나오므로, 그는 인간의 '영'과 '혼'의 차이를 규명하고자 노력한 것으로 보인다. 『구약성서주해』(1755)에서 그는 이 구절에 대해, 영은 "그리스도인에게서만 발견되는 하나님의 초자연적 은사"라고 보면서, 그리스도인은 영과 혼과 몸으로 되어 있지만, 자연적 인간은 혼과 몸만 가지고 있다고 설명했다.[164] 그러나 1755년에 데살로니가전서 5:23을 이 같이 해석한 후에도 그는 여전히 비그리스도인과 그리스도인, 영과 혼을 날카롭게 구별하지 않고 인간을 이분설적으로 설명했다.[165] 특히 그는 설교 "인간 지식의 불완전함"(1784)에서 영혼과 몸의 이원론을 유지하면서 인간의 영혼과 영의 차이에 대해 당혹감을 드러냈다.[166]

> 좋습니다. 하지만 우리가 다른 것은 모른다 해도 우리 자신에 대해서는 알고 있습니까? 우리의 몸과 영혼 말입니다. 우리의 영혼(soul)은 무엇일까요? 우리가 알고 있듯 그것은 영(spirit)입니다. 그러나 영이란 무엇입니까? 여기서 우리는 완전히 멈춰 서고 맙니다. 영혼은 어디에 자리 잡고 있습니까? 송과선에 있습니까? 뇌 전체에 있습니까? 심장에 있습니까? 혈액에 있습니까? 몸의 어느 한 부분에 있습니까? 그렇지 않으면 (만일 이 용어를 이해할 수 있는 사람이 있다면) '전체 안에 모두가 있거나, 모든 부분 안에 모두가 있을까요?' 영혼은

---

164 *ENNT* 763, 살전 5: 23 주해.

165 "New Birth"(1760), *BEW* 2: 189. 여기서 웨슬리는 몸과 영혼이 본래 창조된 인간의 두 요소임을 재차 언급했다; "The Use of Money"(1760), *BEW* 2: 277; "The Good Steward"(1768), *BEW* 2: 289-90.

166 "The Imperfection of Human Knowledge", *BEW* 2: 576.

어떻게 몸과 결합됩니까? 영이 어떻게 흙넝이와 결합됩니까? 그것들을 하나로 묶는 눈에 보이지 않는 비밀스러운 사슬은 무엇입니까? 가장 현명한 사람조차 이런 평범한 질문 중 하나라도 만족스럽게 답할 수 있습니까?

웨슬리는 "데살로니가전서 5:23에 나타난 사도 바울의 표현에 대한 생각"(Some Thoughts on an Expression of St. Paul, in 1 Thes. 5: 23, 1786)에서 다시 한번 데살로니가전서 5:23을 자세히 해석하면서 인간의 영, 혼, 육의 차이를 설명했다.[167] 인간의 영은 "하나님의 형상으로 지음 받은 불멸의 영으로, (우리가 생각할 수 있는 한 모든 영이 그러하듯) 자체의 운동력, 이해력, 의지, 자유를 부여받았다." 혼은 "영의 직접적 외피(clothing)이자 영이 처음 존재할 때부터 연결되어 있는 매개(vehicle)로서, 살아서든 죽어서든 결코 영에게서 분리되지 않는다." 그것은 "모든 물질 중 가장 순수한" 에테르적 불(ethereal fire)로 이루어진 매개체이다. 이처럼 혼은 영이 아닌 물질인데, 이는 "물질과 비물질 사이에 중간은 있을 수 없기" 때문이다. 몸은 "모든 사람이 모태에서 받아 세상에 태어나 무덤까지 가지고 가는 조직화된 물질의 일부분"이다.[168] 여기서 웨슬리는 데살로니가전서 5:23에 근거해 삼분설에 근접한 것으로 보인다. 인간은 영과 혼과 몸으로 이루어져 있다. 인간의 영과 혼은 영원히 분리될 수 없지만, 둘 사이에는 차이가 있음이 분명하다. 인간의 영이 하나님께서 인간에게 불어넣으신 영 그 자체라면, 인간의 혼은 "모든 물질 중 가장 순수한" 에테르적 불로 만들어진 영혼의 외피이다.[169]

---

167 "Some Thoughts on an Expression of St. Paul, in 1 Thes. 5: 23", *Works* 11: 447–48.

168 "Some Thoughts on an Expression of St. Paul, in 1 Thes. 5: 23", *Works* 11: 447.

169 "Some Thoughts on an Expression of St. Paul, in 1 Thes. 5: 23", *Works* 11: 448.

그렇다면 웨슬리는 1786년에 데살로니가전서 5:23에 대해 깊이 사고함으로 인간 본성의 구조 문제를 해결한 후로는 그 관점을 견지했는가? 그는 설교 "인간이란 무엇인가?"(1788)에서 인간은 영혼과 몸으로 구성되어 있다고 주장하면서, 영혼을 운동, 사고, 감정의 "내적인 원리"로 정의했다.[170] 앨버트 아우틀러는 이 설교에서 웨슬리가 "몸과 영혼의 급진적 이원론"을 보여주었다고 지적했다.[171] 설교 "하나님의 편재하심에 대하여"(1788)에서 웨슬리는 "우리의 영혼이 그렇듯 하나님은 영이십니다"라고 주장했다.[172] 이이 설교 "믿음의 발견에 대하여"(1788)에서 그는 다시 한번 인간의 영혼은 "하나님의 형상으로 지음 받은 불멸의 영"이라고 진술했다.[173] 그러므로 웨슬리는 1786년의 논문 이후에도 인간의 영혼과 영을 같은 의미로 사용할 수 있다고 보면서 이전의 몸과 영혼에 대한 이원론적 관점을 바꾸지 않았다.

웨슬리가 인간 본성의 구조를 알기 위해 씨름한 이유는, 그가 성경에 대한 문자적 해석과, 영혼과 몸 또는 영과 물질의 이원론에 집착했기 때문인 것으로 보인다. 성경은 때로는 인간의 세 가지 요소(영, 혼, 몸)를 언급하고,[174] 때로는 두 가지 요소(영혼 또는 영, 몸)를 언급한다.[175] 웨슬리는 이 용어들에 대해 성경의 저자들이 전인적 인간 본성을 표현하기 위해 다양한 문화적 관점으로 접근했다고 본 것이 아니라, 그것들이 문자 그대로 구별되는 실재라는 입장에서 접근했다. 또 그는 인간의 구성요소에 관한 교회사의 전통적 긴장 관계에 대해 자신의 입장을 분명히

---

170 "What is Man?", *BEW* 4: 23.
171 *BEW* 4: 19.
172 "On the Omnipresence of God", *BEW* 4: 45.
173 "On the Discoveries of Faith", *BEW* 4: 30.
174 살전 5: 23; 히 4: 12.
175 마 10: 28; 고전 5: 3, 6: 20.

함으로 삼분설보다 이분설을 선호했다.[176] 예를 들어, 1786년에 그는 데 살로니가전서 5:23의 '영과 혼과 몸'이라는 문구를 설명할 때 영과 물질 이라는 이원론의 관점에서 이 요소들을 분석하려고 시도했다. 따라서 그 는 "물질과 비물질 사이에 중간은 있을 수 없다"고 믿어, 인간의 영혼이 물질인가 아닌가의 문제로 고심했다.[177] 그 결과 인간의 영혼은 "모든 물 질 중 가장 순수한 에테르적 불로 이루어진 매개체"라고 결론 내렸다.[178] 에테르적 불은 물질과 비물질 사이에 있는 신비한 물질인데, 이 용어는 웨슬리의 동시대 사람들 뿐 아니라 웨슬리 자신에게도 어느 정도 열광적 인 사변의 원천이 되었다.[179]

인간이 영혼과 몸으로 구성되어 있다면 웨슬리가 생각한 인간의 영 혼은 본래 어떤 상태였는가? 인간의 영혼은 하나님께서 인간을 흙에서 일으키실 때 그 몸에 불어넣으신 영이다.[180] 다시 말해, 인간의 영혼(soul) 은 몸을 지닌 영(embodied spirit)이다. 그렇다면 인간의 영혼은 이중적 성격을 지닌다. 하나는 능동적인 측면으로, 인간의 영혼은 모든 영의 아 버지이신 하나님의 영적 특성을 어느 정도 공유한다. 웨슬리는 이 공유 된 영적 특성을 "자기 운동력, 이해, 의지, 자유"의 은사라고 주장했다. 다른 하나는 수동적 측면으로, 인간의 영혼과 육체는 본래 필연적 연합 속에서 함께 작용하도록 되어 있다. 따라서 "연합된 양자 중 어느 것도

---

176 "The General Deliverance", *BEW* 2: 438. 웨슬리의 데카르트적 사고(Cartesianism) 에 대해서는 *BEW* 4: 18의 앨버트 아우틀러의 해설을 참조하라.

177 "Some Thoughts on an Expression of St. Paul, in 1 Thes. 5: 23", *Works* 11: 448.

178 "Some Thoughts on an Expression of St. Paul, in 1 Thes. 5: 23", *Works* 11: 448.

179 *Journal* 6: 28 (1774년 6월 24일); "The Great Assize"(1758), *BEW* 1: 370; "On Eternity"(1786), *BEW* 2: 362; " God's Approbation of His Works"(1782), *BEW* 2: 393; 참고. A. Keith Walker, *William Law*, 201.

180 "The Unity of the Divine Being", *BEW* 4: 63.

다른 부분이 함께하지 않고는 전혀 작용할 수 없다."[181] 인간이 하나님과 맺는 관계가 바르게 유지되는 한 인간의 영혼과 육체의 연합은 어느 쪽에도 문제를 일으키지 않으나, 이 관계가 깨지면 영혼의 활동은, 지속적으로 움직이기 위해 운동 원리를 필요로 하는 물질로 된 몸에게서 나쁜 영향을 받는다. 웨슬리는 영과 물질의 이원론에서 출발해, 인간의 영혼이 몸과의 결합으로 제약을 받는다고 생각한 것이다.[182] 그는 설교 "우주적 구원"에서 이 제약을 설명했다. "하나님은 영이십니다. 그러므로 인간도 영이었습니다. 단지 그 영은 땅에 거하도록 계획되었기에 지상의 장막에 머물게 되었습니다."[183] 요약하면, 웨슬리에게 인간의 영혼은 몸을 지닌 영으로서, 몸과 반드시 연합되어 있을 때만 바르게 작용할 수 있다.

웨슬리는 인간 영혼 기원 문제도 다루었다. 그는 『신약성서주해』 초판과 재판에서 히브리서 12:9을 주해하면서 부모에 의해 몸이 전해지는 순간 하나님께서 즉시 개별적 인간 영혼을 창조하신다는 영혼창조설(creationism)을 주장했다. 그는 이렇게 말한다. "'우리 육신의 아버지' 그리고 '모든 영들의 아버지'와 같은 표현은, 우리 지상의 아버지는 우리 몸의 부모일 뿐이며, 대대로 우리 영혼은 그들에게서 유래하지 않고 하나님의 직접적 능력으로 창조되어 몸에 주입되어 왔음을 암시하는 것일 수 있다."[184] 이러한 사상은 영이나 영혼이 너무나 순수해 하나님 외에는

---

181 "The Image of God", *BEW* 4: 296.

182 "The Image of God", *BEW* 4: 296; 참고. 웨슬리는 당시의 '수많은 실험'의 결과를 통해 물질은 본질적으로 수동적이고 비활동적이라는 생각을 입증하고자 했다 ("The General Deliverance", *BEW* 2: 438–39).

183 "The General Deliverance", *BEW* 2: 438.

184 *ENNT* 초판(London, 1755)과 재판(London, 1757), 히 12: 9 주해. 이 문구는 재판 618페이지에서 인용함.

결코 만들 수 없다고 생각한 사람들이 선호했다.[185] 예를 들어, 매튜 헨리는 우리 영혼은 물질적 실체가 아니며, 모든 영들의 아버지께서 직접 창조하셨다고 주장해 이 이론을 강력히 지지했다. "영혼은 유전되지 않는다"[186]는 것이다. 일반적으로 영혼창조설은 개혁주의 전통이 널리 수용했다면, 영혼유전설(traducianism)은 루터란 전통이 선호했다.[187]

그러나 1762년 1월 27일, 웨슬리는 인간 영혼의 기원에 대해 가르쳐주신 하나님께 감사하면서, 모든 영혼은 부모에게서 자녀에게로 전해진다는 이른바 영혼유전설로 입장을 바꾸었다.[188] 이에 1760~1762년에 웨슬리는 『신약성서주해』에서 히브리서 12:9의 주해를 영혼유전설을 지지하는 방향으로 수정했다.[189] 주요 변화는, 인간의 영혼이 유기적 세대 전이(organic generation)에 의해 유전되더라도, 하나님은 "세상이 시작될 때" 자신의 직접적 능력으로 모든 영혼을 창조하셨다고 본 것에서 나타

---

185 L. Berkhof, *Systematic Theology*, 197-98.

186 Matthew Henry, *Exposition* 2404, 히 12: 9 주해.

187 L. Berkhof, *Systematic Theology*, 196-97; 참고. Martin Luther, *Table Talk*, No. 5230, in Jaroslav Pelican and H. T. Lehmann (eds.), *Luther's Works* (St. Louis: Concordia Publishing House, 1967), vol. 54: 401.

188 *Journal* 4: 486 (1762년 1월 27일). 매덕스는 웨슬리가 울노어(Woolnor)의 "The Extraction of Man's Soul"을 읽고 영혼전수설로 입장을 바꾸었다고 추측한다 (Maddox, *Responsible Grace*, 295 각주 109).

189 *ENNT* 848, 히 12: 9 주해: "아마도 '우리 육신의 아버지' 그리고 '모든 영들의 아버지'와 같은 표현은, 우리의 지상의 아버지는 우리 몸의 부모일 뿐이며, 대대로 우리 영혼은 그들에게서 유래하지 않고, 하나님의 직접적 능력으로 창조되어 몸안에 불어넣어져 왔음을 암시하는 것일 수 있다. 아마도 세상의 시작 때에는 그랬을 것이다." 데이비드 잉거솔 내글리는 이 구절에 대한 웨슬리의 주해가 약 1754년에 기록된 것으로 잘못 읽었고, 따라서 웨슬리가 영혼유전설을 따르게 된 시기가 1762년임에도, 그 주해는 영혼창조설이 아닌 영혼유전설로 여겨질 수 있다고 잠정적으로 생각했다. David Ingersoll Naglee, *From Everlasting to Everlasting*, vol. 1: 193-4를 참조하라. 오늘날 널리 사용되는 『신약성서주해』 판본은 서문에서 웨슬리가 『신약성서주해』를 집필한 첫 날짜인 1754년만 소개하고, 개정 연대는 명시하지 않고 있다 (*Explanatory Notes upon the New Testament*, London: Epworth Press, reprinted 1966, 30을 참조하라).

난다. 이는 모든 영혼이 "우리의 첫 조상 안에" 있었고, 그 후로는 출생 시 조상에게서 유전되더라도,[190] 창조주께서 세상의 시초에 이미 그들을 창조하셨다는 점에서 근본적으로 지상의 아버지에게서 영혼이 유전되는 것이 아님을 의미한다.[191] 1763년 10월 25일, 웨슬리는 과거 자신이 『신약성서주해』 초판과 재판에서 영혼창조론의 입장에서 히브리서 12:9을 주해한 것을 비판한 익명의 서신을 독자들에게 소개했다.[192] 이때 그는 이미 자신의 입장을 영혼유전설로 바꾼 상태였기 때문에 서신의 저자와 논쟁하지 않고 편지의 내용 일부를 공개함으로 그것에 동의한다는 점을 보여주었으나, 자세한 논평을 덧붙이지는 않았다.[193] 웨슬리가 암묵적 동의와 함께 언급한 저자의 논점 중 하나는, 하나님은 일곱째 날 모든 일을 그치고 안식하셨고, 하와의 영혼 창조가 성경에서 별도로 언급되지 않는다는 점에서, 하나님은 "시대마다" 태어나는 모든 사람의 몸에 직접 영혼을 불어넣지는 않으신다는 것이었다. 저자의 또 다른 논점은 하나님의 도덕적 속성과 관련되어 있었다. 곧 하나님이 순수한 영혼을 부패한 육체에 불어넣으심으로 영혼이 부정하게 된다면, 하나님이 부정함의 원인이나 죄의 유발자로 간주될 수 있다는 것이다.[194] 영혼창조설은 영혼의 순수성을 강조하는 장점이 있지만, 영혼유전설은 하나님의 도덕적 속성과 영혼의 순수성 모두를 동시에 강조하는 강점을 지닌다. 웨슬리는 한때 영혼창조설을 선호했지만, 나중에는 하나님의 도덕적 속성의 옹호자로서 인간 영혼의 기원에 대한 이해를 영혼유전설로 수정했다.

---

190 *Journal* 4: 486 (1762년 1월 27일).

191 *ENNT* 848, 히 12: 9 주해.

192 *Journal* 5: 37−39 (1763년 10월 25일).

193 *Journal* 5: 37−39 (1763년 10월 25일). 서신의 저자는 웨슬리의 『신약성서주해』의 초판이나 재판에서 인용했다.

194 *Journal* 5: 38 (1763년 10월 25일).

B. 하나님의 형상

웨슬리가 인간의 창조에 대해 중시한 또 다른 구절은, 하나님이 인간을 자신의 형상대로 창조하셨다고 기록한 창세기 1:26-27이다. 웨슬리는 하나님께서 영혼과 몸으로 이루어진 인간을 창조하신 후, 인간의 영혼에 자신의 형상을 새기셨다고 말한다.[195] 그는 일찍이 1730년의 설교 "하나님의 형상"에서 이 주제에 관심을 보였으며, 그의 마지막 설교들에 속하는 "질그릇에 담긴 하늘의 보배"(1790)에서도 이 주제를 다루었다.[196]

웨슬리는 하나님의 형상을 세 가지 범주로 이해했는데, 곧 자연적 형상, 정치적 형상, 도덕적 형상이다.[197] 첫째로 자연적 형상부터 살펴보면, 웨슬리는 초기 설교 "하나님의 형상"(1730)에서 하나님이 자신의 형상을 따라 인간을 창조하시면서 이해력(understanding), 의지(will), 자유(liberty)라는 세 가지 은사를 주셨다고 말한다. 설교 "신생"(1760)에서는 이 세 가지 은사를 하나님의 자연적 형상의 범주로 구분했고, 말년에도 이 은사들의 중요성을 일관되게 주장했다.[198]

앞서 살펴본 것처럼, 웨슬리에게 이해력은 곧 이성(reason)을 의미한다.[199] 웨슬리는 이해력이 지각(apprehension), 판단(judgement), 추론(discourse)으로 구성된다고 생각했다.[200] "지각이 마음에서 어떤 것을 있

---

195 "Salvation by Faith"(1738), *BEW* 1: 117.

196 "Heavenly Treasure in Earthen Vessels", *BEW* 4: 162; "The Image of God", *BEW* 4: 292.

197 "The New Birth", *BEW* 2: 188.

198 "The General Deliverance"(1781), *BEW* 2: 439; "The End of Christ's Coming"(1781), *BEW* 2: 475; "On the Fall of Man"(1782), *BEW* 2: 409; "On Divine Providence"(1786), *BEW* 2: 540-1.

199 "The Case of Reason Impartially Considered"(1781), *BEW* 2: 590.

200 "Remarks upon Mr. Locke's 'Essay on Human Understanding'"(1781), *Works* 13: 456, 463; "A Compendium of Logic", *Works* 14: 177.

는 그대로 인지하는 것"이라면, "판단은 마음에서 그 인지한 것들이 서로 일치하는지 불일치하는지 결정"하는 것이고, "추론은 마음이 하나의 판단에서 다른 판단으로 나아가는 과정"을 말한다.[201] 타락 후 인간은 이러한 이해의 과정에서 오류에 빠지기 쉽기 때문에, 논리를 사용하고 하나님의 계시를 통해 그것이 확실한지 점검할 필요가 있다. 이에 비해 타락 전 인간에게는 이 과정이 너무나 완전하고 신속했기에 심지어 논리나 추론조차 필요하지 않았다.[202] 요약하면, 이해는 인간의 마음과 시야에 나타나는 모든 것을 바르고 명확하게 인지하는 기능이나.[203] 본래의 상태에서 인간의 이해력은 매우 완전하고 신속해 오류가 조금도 섞이지 않게 모든 것을 신속하게 지각하고 판단하며 추론할 수 있었다.[204]

웨슬리에 따르면, 의지는 오류를 범하지 않는 이해력의 인도를 따라 선을 받아들이는 일에서 균형을 지닌 일시적 감정(passions)과 지속적 애정(affections) 모두를 포함한다.[205] 즉, 의지는 선한 것을 대상으로 하는 사랑, 욕구, 기쁨의 정서들로 구성된다.[206] 웨슬리는 설교 "하나님의 형상"(1730)에서 의지를 사랑과 연결 지었다. 곧 하나님의 형상으로서의 인간은 모든 애정이 선을 향해 움직이는 사랑 그 자체였다는 것이다.[207] 웨슬리의 이러한 설명은, 사랑이란 "인간의 영혼이 보편적인 선이나 행

---

201 "A Compendium of Logic", *Works* 14: 161.
202 "A Compendium of Logic", *Works* 14: 161, 177–78.
203 "The Image of God", *BEW* 4: 294.
204 "General Deliverance" *BEW* 2: 439.
205 "General Deliverance" *BEW* 2: 439; "The End of Christ's Coming"(1781), *BEW* 2: 474.
206 "The End of Christ's Coming", *BEW* 2: 474; "General Deliverance" *BEW* 2: 439; The Image of God", *BEW* 4: 294–95.
207 The Image of God", *BEW* 4: 293–94.

복을 바라고 그것을 향해 나아가게 하는 근본적인 힘이나 노력"[208]이라고 주장한 존 노리스(John Norris)의 사상을 반향하고 있다. 웨슬리에게 하나님은 선과 행복의 원천이시다.[209] 하나님은 인간에게 오직 하나님 안에서만 발견되는 선과 행복을 추구하는 사랑의 의지를 주셨다.

나아가 창조주께서는 인간을 자신의 형상대로 창조하실 때 자신이 누리시는 "완전한 자유"를 부여하셨다.[210] 완전한 자유는 참된 하나님의 특징이다.[211] 자유로운 행위자이신 하나님은 인간이라는 지성적 존재에게도 자신의 자유를 주어 그것을 누리게 하셨다. 일반적으로 하나님의 자유는 시간과 공간의 세계를 초월하는 신적 초월성, 자유로운 활동의 주권, 자기 결정권을 말한다.[212] 때때로 웨슬리는 창조주 하나님의 자유를 그분이 언제, 어떻게, 어떤 조건으로 자신의 작품을 창조하셨는지, 어떻게 은혜의 법을 제정하셨는지 등과 관련된 주권에 적용했다. 그러나 인간에게 부여된 하나님의 자유를 설명할 때는 기본적으로 도덕적이고 심미적인(aesthetic) 의미에서의 자기 결정 능력으로 해석했다.[213] 곧 인간은 "선한 것을 선택하고, 그렇지 않은 것은 거부할 능력"을 지니고 있다는 것이다.[214] 웨슬리는 이 자유로운 선택의 능력이 하나님의 자연적 형상의 면류관이라고 생각했다. 이 능력은 인간에게서 자연적 형상이 발휘되는 마지막 과정일 뿐 아니라, 자유로운 행위자의 특권이기도

---

208 John Norris, *Practical Discourses upon Several Divine Subjects*, vol. 3: 13.

209 "Sermon on the Mount, X"(1748), *BEW* 1: 660; "The General Deliverance"(1781), *BEW* 2: 447.

210 "The Image of God", *BEW* 4: 295.

211 "The Image of God", *BEW* 4: 295.

212 Paul K. Jewett, *God, Creation & Revelation*, 183–84; Hendrikus Berkhof, *Christian Faith*, 114.

213 "On the Fall of Man", *BEW* 2: 401.

214 "The End of Christ's Coming"(1781), *BEW* 2: 475.

하기 때문이다. 인간은 이해력과 의지적 판단을 거쳐 최종적으로 자신의 자유로운 의지로 선한 것을 선택한다. 모든 것을 자유로이 결정하는 능력은 자유로운 행위자의 고유한 특징으로, 그것 없이는 자유로운 행위자가 될 수 없다.[215]

이처럼 인간은 하나님의 자연적 형상을 부여받아 모든 일에서 완전한 이해, 의지, 자기 결정권을 갖게 되었다. 하나님과의 관계에서 인간이 지닌 이 자연적 형상의 특별한 측면은, 인간이 본래 창조주를 알고 사랑하며 섬길 온전한 능력을 지녔다는 점이다.[216] 한마디로 하나님의 자연적 형상을 통해 인간은 하나님과 온전한 관계를 맺을 능력을 갖게 되었고, 그 결과 영원한 행복의 근원이신 하나님 안에서만 가능한 행복의 정수를 누렸다.

둘째, 웨슬리는 하나님의 정치적 형상에 대해서도 언급했다. 그는 초기 설교 "하나님의 형상"(1730)에서는 '정치적 형상'이라는 표현을 사용하지 않았다. 앨버트 아우틀러는 웨슬리가 '정치적 형상'과 '도덕적 형상'이라는 표현을 아이작 와츠(Isaac Watts)의 책 『인류의 타락과 회복』(*Ruin and Recovery of Mankind*, 1740)에서 가져왔다고 지적한다.[217] 웨슬리는 존 테일러의 원죄 사상에 반대해 출판한 『성경, 이성, 경험에 기초한 원죄 교리』(*The Doctrine of Original Sin, according to Scripture, Reason, and Experience*, 1756)에서 아이작 와츠의 『인류의 타락과 회복』의 발췌문을 사용하면서 '정치적 형상'이라는 표현에 익숙해진 것으로 보인다. 이 책

---

215 "The End of Christ's Coming"(1781), *BEW* 2: 475.

216 "The General Deliverance" *BEW* 2: 439; 참고. Theodore Runyon, *New Creation*, 13, 15.

217 *BEW* 2: 188 각주 5.

에서 웨슬리는 '하나님의 정치적 형상'이라는 용어를 두 번 언급했나.[218] 그렇다면 하나님의 정치적 형상이란 무엇인가? 그것은 동물과 온 땅을 포함하는 하위의 세계를 다스리는 인간의 능력을 말한다. 웨슬리는 하나님의 다른 형상에 비해 정치적 형상은 자주 언급하지 않았다.[219] 그러나 설교 "총체적 구원"(1781)에서는 하나님의 정치적 형상을 소유한 인간을 "이 땅에 있는 하나님의 대리자"로 묘사하면서 이를 분명히 언급했다.[220] 웨슬리는 인간이 온 땅을 다스린다는 사상을 담고 있는 창세기 1:28과 시편 8:6-8을 인용하면서도 그 다스림의 능력을, 대니얼 밀리오레(Daniel L. Migliore)가 지적한 "현대의 특징인 자연환경에 대한 약탈적 태도의 근원"[221]으로 묘사하지 않았다. 오히려 인간에게 있는 하나님의 정치적 형상을, 하나님과 온 땅을 포함하는 하위 세계 사이의 "위대한 소통의 통로"로 이해했다.[222] 인간은 하등한 피조물들의 비참한 상태에 책임이 있다. 이는 "하나님의 모든 복"이 인간을 통해 하등한 피조물들에게 흘러가도록 계획되었기 때문이다.[223] 웨슬리에 따르면, 인간은 창조주 하나님의 선한 청지기로 지음 받았다. 웨슬리의 이러한 관점은 그가 세상의 비참함을 자각하고, 죄를 지어 하나님의 복을 가로막은 인간에게 책임이 있음을 깨달은 데서 비롯된 것으로 보인다.[224] 따라서 웨슬

---

218 "The Doctrine of Original Sin", *Works* 9: 355, 381.

219 "On the Fall of Man", *BEW* 2: 410-11; "The End of Christ's Coming", *BEW* 2: 475; 참고. Barry Edward Bryant, "John Wesley's Doctrine of Sin", 156.

220 "General Deliverance"(1781), *BEW* 2: 440.

221 Daniel L. Migliore, *Faith Seeking Understanding* (Grand Rapids: William B. Eerdmans, 1991), 81. 밀리오레는 인간의 땅에 대한 지배권이라는 기독교의 전통적 사상이 어느 정도 자연환경의 위기에 책임이 있다는 데 동의한다. *Faith Seeking Understanding*, 81-4를 참조하라.

222 "General Deliverance"(1781), *BEW* 2: 442.

223 "General Deliverance"(1781), *BEW* 2: 442.

224 "General Deliverance", *BEW* 2: 442-45.

리가 현대의 웨슬리안들에게 이 세계의 생태학적 문제 해결에 대해 조언한다면, 먼저 하나님과 다른 피조물 사이의 '위대한 통로'인 인간이 하나님의 복을 전달할 수 있는 적합한 상태에 있는지부터 살펴보아야 한다고 제안했을 것이다.

셋째, 하나님의 도덕적 형상에 대해 살펴보자. 아이작 와츠에 따르면, 이 형상은 하나님의 "의와 참된 거룩함"을 말한다.[225] 웨슬리 역시 왓츠처럼 여러 차례 하나님의 도덕적 형상을 "의와 참된 거룩함"으로 묘사했다.[226] 그러나 하나님의 도덕적 형상에는 의와 거룩함 외에 사랑, 정의, 자비, 진리도 포함된다.[227] "'하나님은 사랑이십니다.' 그러므로 창조 시 인간은 사랑으로 충만했으며, 사랑만이 그의 모든 성품과 생각과 말과 행동의 유일한 원리였습니다. 또 하나님은 정의와 자비와 진리로 충만하십니다. 그러므로 창조주의 손으로 지음 받은 인간도 그러했습니다."[228] 웨슬리는 도덕적 형상을 하나님의 주된 형상이라고 생각했다. 그는 자신의 시대가 도덕적으로 타락했다고 여겼기에, 하나님의 속성을 설명할 때 도덕적 속성을 강조한 것과 마찬가지로, 인간이 지닌 하나님의 형상을 말할 때도 도덕적 형상을 강조한 것으로 보인다.

그렇다면 하나님의 형상의 본질은 무엇인가? 그것은 하나님과의 물리적 유사성이 아니다. 또 단지 이성적 능력만도 아니다. 물론 웨슬리는 자신이 이성과 동의어라고 여긴 인간의 이해력을 하나님의 자연적 형상의 일부로 간주했다. 하나님의 자연적 형상은 하나님과 온전한 관계를

---

225 참고. "The Doctrine of Original Sin", *Works* 9: 355, 381.

226 "The New Birth"(1760), *BEW* 2: 188, "On the Fall of Man"(1782), *BEW* 2: 411; "The End of Christ's Coming"(1781), *BEW* 2: 475, 477; "On Perfection"(1784), *BEW* 3: 75.

227 "The New Birth", *BEW* 2: 188.

228 "The New Birth", *BEW* 2: 188.

맺는 데 필요한 능력이다. 하나님의 도덕적 형상은 타자와의 관계성을 전제로 한다. 인간의 사랑, 자비, 거룩함, 정의는 다른 사람과의 관계, 특히 거룩하신 하나님과의 관계에서 중요하다. 이 관계는 하나님의 정치적 형상을 통해 하등한 피조물에게까지 확장된다. 웨슬리는 이 하나님의 정치적 형상 개념을 통해 인간이 하등한 피조물보다 매우 우월함을 강조하기보다는, 오히려 온 세상이라는 공동체에서 인간이 하나님과 하등한 피조물 사이의 중재자의 위치에 있음을 강조했다.[229] 삼위일체 하나님이 인간을 자신의 형상대로 창조하심은 그들이 "성부, 성자, 성령께 전적으로 헌신하여 봉사하는" 존재가 되게 하시기 위함이었다.[230] 이는 인간이 삼위일체 하나님과의 특별한 교제를 위해 독특하게 창조되었음을 의미한다. 그러므로 웨슬리의 하나님 형상 해석의 가장 중요한 요점은, 인간에게 있는 하나님 형상이 하나님과의 물리적 유사성이나 단지 이성적 능력만이 아니라, 다른 사람, 특히 하나님과 교제를 나눌 수 있도록 하나님께서 주신 소중한 능력이라는 점이다.[231] 삼위일체 하나님은 인간이 성부, 성자, 성령과 영원토록 사랑의 인격적 교제를 나누게 하기 위해 자신의 형상대로 인간을 창조하셨다.

IV. 창조의 완전함과 선함, 그리고 그 목적

웨슬리는 창조 당시를 묘사할 때 한편으로 모든 피조물이 완전하게 창조되었다고 말한다.[232] 그는 하나님의 행하심이 완전하기에 그분의 모

---

229 "General Deliverance"(1781), *BEW* 2: 442-45.
230 *ENOT* 7, 창 1: 26-8 주해.
231 참고. Theodore Runyon, *The New Creation*, 13.
232 "God's Approbation of His Works"(1782), *BEW* 2: 399.

든 작품은 본래 완전했고,[233] 특히 인간의 본래 상태가 완전했다고 단언했다. 인간은 하나님의 형상대로 완전하게 지음 받았다. 그러나 다른 한편 웨슬리는 질적인 측면에서는 어떤 피조물도 하나님만큼 완전하지는 않음을 지적했다. 물질은 본래 창조 시에도 둔하고 비활동적이었다. 천사와 인간은 피조물이기에 하나님처럼 완전하지 않았다.[234] 앞서 제4장에서 언급했듯, 웨슬리는 모든 피조물이 비록 '정도'에서는 완전할 수 없으나, 하나님께서 정해주신 각각의 '종류' 내에서는 완전하게 창조되었음을 강조했다.[235]

웨슬리는 창조 시 모든 피조물이 완전할 뿐 아니라 선했다고 주장했다.[236] 그에 따르면, 하나님은 창조의 마지막 날 만드신 모든 작품을 보면서 "만족"(complacency)하셨기에 "보아라. 심히 좋구나"라고 말씀하셨다.[237] 그렇다면 창조 시 모든 피조물이 선했다는 것은 무엇을 의미하는가? 하나님은 왜 그리고 어떤 의미로 모든 피조물이 선하다고 인정하셨는가? 물론 피조물 각각의 아름다움도 하나님이 자신의 작품을 인정하신 이유에 포함된다.[238] 그러나 가장 중요한 이유는 모든 피조물이 창조의 목적에 부합했기 때문이다.[239] 창조주는 피조물들이 자신처럼 완벽하지 않더라도, 은혜로운 설계라는 관점에서 창조한 모든 피조물이 심히

---

233 "God's Approbation of His Works"(1782), *BEW* 2: 399.

234 "On perfection", *BEW* 3: 72.

235 "God's Approbation of His Works", *BEW* 2: 389, 399.

236 "God's Approbation of His Works", *BEW* 2: 387, 389; "The Trouble and Rest of Good Men"(1735), *BEW* 3: 533.

237 "The Trouble and Rest of Good Men"(1735), *BEW* 3: 533; *ENOT* 9, 창 1: 31 주해.

238 "The Trouble and Rest of Good Men", *BEW* 3: 533.

239 "God's Approbation of His Works"(1782), *BEW* 2: 387, 393; 참고. *ENOT* 9, 창 1: 31 주해.

좋았다고 선언하신 것이다.

그렇다면 하나님의 창조의 목적은 무엇인가? 무엇보다 웨슬리는 하나님이 지신의 영광을 위해 모든 것을 창조하셨다고 말한다. 이는 창조의 목적에 대한 기독교의 전통적 이해와 맥을 같이한다.[240] 하나님의 영광을 위한 창조라는 웨슬리의 관점은 그의 초기 설교에 해당하는 "영혼을 구원하는 지혜"(1731)에서 비교적 잘 드러난다. 그는 이 설교에서 형이상학적 관점으로 보면 "피조물의 어떤 행동도 … 창조주께서 영원 전부터 지니신 본질적 영광을 조금도 더할 수 없다"[241]는 데 동의했다. 다시 말해, 하나님은 자신의 영원하고 완전하신 영광을 더하기 위해 외부에 그 영광을 드러내시거나 외부에서 영광을 받으실 필요가 없다. 그럼에도 웨슬리는 인격적이고 관계적이신 하나님은 창조 사역을 통해 자신의 영광을 자신의 피조물들에게 드러내시고, 또 그들에게서 영광을 받으심으로 피조물과 교제하기를 기뻐하시는 분이시라는 사실 역시 알고 있었다.

나아가 웨슬리는 하나님이 피조물을 창조하신 목적은 그들이 하나님 안에서 행복을 누리게 하시기 위함이라는 견해를 발전시켰다.[242] 이는 하나님이 자신의 영광을 위해 모든 것을 창조하셨다는 이전 견해와 모순되지 않고 오히려 그것을 심화시킨다. 웨슬리는 설교 "하나님의 일체성"(1789)에서 창조와 관련해 하나님의 영광의 본질을 재차 언급하면서, "영혼을 구원하는 지혜"에서와 마찬가지로 창조주 하나님은 자신의 영광을 위해 모든 것을 지으셨으나, 실상은 자신의 영광을 위해 어떤 것

---

240 James Arminius, *The Works of Arminius*, 2: 356; Matthew Henry, *Exposition* 7; Charles Wallace (ed.), *Susanna Wesley: The Complete Writings*, 258.

241 "The Wisdom of Winning Souls (1731), *BEW* 4: 307.

242 "The Unity of the Divine Being"(1789), *BEW* 4: 63.

도 필요로 하지 않으신다고 주장했다.[243] 하나님은 완전하시기 때문이다.
"영혼을 구원하는 지혜"보다 이 설교에서 더 발전적인 요소는, 하나님이
피조물에게 "모든 생명과 호흡과 만물"을 주신 목적은 그들이 자신 안에
서 행복을 누리게 하시기 위해서임을 강조한 점이다. 한마디로 "하나님
은 행복을 누리게 하기 위해 만물을 창조하셨다"는 것이다.[244] 웨슬리의
요점은, 창조의 목적은 하나님의 영광이지만, 이는 피조물의 행복을 배
제하지 않고 포함한다는 데 있었다.

무생물과 동물은 하나님을 알고 사랑하며 즐거워할 능력을 갖지 못
했기에, 피조물이 하나님과 더불어 누릴 수 있다고 한 행복은 웨슬리가
"지성적 영들"(intelligent spirits)로 지칭한 천사와 인간에게만 해당된
다.[245] 하나님은 천사와 인간에게 지식과 의지와 선택의 자유라는 능력을
주셨다. 이러한 능력으로 인해 그들은 하나님을 사랑함으로 순종하고,
자유로우면서도 기꺼이 섬기며, 창조주의 영광스러운 본성을 찬양하면
서 하나님과 끊임없이 교제할 수 있었다. 이처럼 하나님을 사랑함으로
순종하고 자유로우면서도 기꺼이 창조주를 섬긴 것은 하나님께서 "가장
기뻐하실 만한" 그들의 덕이었다.[246] 행복의 원천이신 하나님과 끊임없
이 교제하는 것은 피조물을 행복하게 했다.[247] 그리고 이 행복은 하나님
께도 영광이 되었다. 피조물들이 하나님 안에서 행복을 고백하고, 그분
의 능력, 신실하심, 사랑을 찬양할 때 하나님은 기쁘게 영광을 받으시기

---

243 "The Unity of the Divine Being"(1789), *BEW* 4: 63.

244 "The Unity of the Divine Being"(1789), *BEW* 4: 63.

245 "On Dissipation"(1784), *BEW* 3: 117.

246 "The Original, Nature, properties, and use of the Law", *BEW* 2: 6.

247 "The Important Question"(1775), *BEW* 3: 197–98; "Spiritual Worship"(1780), *BEW* 3: 101; "The New Creation"(1785), *BEW* 2: 510; "The Unity of the Divine Being"(1789), *BEW* 4: 67.

때문이다. 피조물이 하나님 안에서 행복을 누리며 그로 인해 찬양을 드 리 때 창조주는 비범한 방식으로 영광을 받으신다.

무엇보다 하나님의 영광은 단지 창조주께서 모든 피조물을 만드신 솜씨에서만 비롯되는 것이 아니라, 지속적으로 섭리하심으로 피조물, 특 히 "지성적 영들"을 돌보시는 창조주의 완전한 지혜와 선하심, 공의와 능 력에서도 비롯된다. 이런 의미에서 웨슬리는 하나님의 창조는 하나님의 사역의 전부가 아니라, 피조물을 향한 그분의 사역의 시작이자 "하나님 의 온전한 경륜의 … 토대"가 된다고 보았다.[248] 따라서 하나님의 창조 목 적의 완성은 본질적으로 두 가지 측면을 지닌다. 한편으로 이 목적은 창 조 시에 이미 완성되었다. 창조 시 모든 피조물은 하나님이 보시기에 아 름답고 선했기 때문이다. 다른 한편 이 목적은 현재와 미래를 향해 열려 있고 완성을 기다린다. 자유롭고 지성적인 행위자들은 하나님이 정하신 시간 내에서 진정한 자유로 행하는 것이 허락되었고, 미래는 아직 정해 지지 않았기 때문이다. 그러나 하나님의 섭리의 전체 과정에서 보면, 하 나님의 창조는 하나님의 현재적 사역을 통해 그 완전한 성취라는 목적 (telos)을 향해 나아가고 있다. 이것이 다음 장의 주제이다.

---

248 *ENNT* 842, 히 11: 3 주해.

제6장 하나님의 섭리

이 장에서는 피조물에 대한 하나님의 현재적 사역에 주목하고자 한다. 웨슬리에 따르면, 하나님은 세상의 보존자로서 피조물을 돌보시고, 세상의 통치자로서 피조물을 다스리신다. 삼위일체 하나님의 경륜은 창조와 자연과 역사의 모든 사건 속에서 일하심으로 때가 되면 창조의 목적이 성취되게 하신다. 이에 여기서는 먼저 피조물에 대한 하나님의 돌보심을 고찰한 후, 기적과 악의 문제를 포함해 몇 가지 구체적인 주제를 짚어볼 것이다. 그리고 이어 하나님께서 타락한 피조물을 새롭게 하시고, 그분의 은혜와 영광의 나라를 세우시는 일에 대해 살펴보고자 한다.

I. 세상에 대한 하나님의 돌보심

웨슬리는 설교 "하나님의 섭리에 대하여"에서 "세상의 모든 것, 모든 사건은 하나님의 다스림 아래 있습니다"라고 적었다. 그에 따르면, 세상을 창조하신 하나님은 세상의 보존자와 통치자로서 자신이 지으신 피조물과 지속적인 관계를 가지신다.[1]

보존자로서 하나님은 자신이 지으신 모든 것을 유지하신다. 하나님은 창조 사역을 완성하신 후 안식하셨지만, "무에서 유를 이끌어내셨던 동일한 능력의 말씀으로" 여전히 세상을 붙들고 계신다.[2]

---

1 "On Divine Providence", *BEW* 2: 535–39.
2 "Spiritual Worship", *BEW* 3: 91.

웨슬리에 따르면, 세상을 보존하시는 하나님의 사역은 피조물에 대한 사랑에 근거한다. 사랑으로 만물을 창조하시고 기뻐하셨던 하나님은 창조하신 모든 것을 사랑하신다. 그러한 하나님은 "하늘에 편히 앉아 땅의 가련한 거주자들을 돌보지 않는" 에피쿠로스의 신(Epicurean God)이 아니시다.[3] 기독교의 하나님은 "하늘의 원 위에 편히 앉아 아래에서 무슨 일이 일어나는지 모르고 관심도 없는 나태한 에피쿠로스의 신이 아니라, "하늘과 땅과 모든 것을 창조하셨고, 자신의 능력의 말씀으로 그것들을 붙드는 분이시기에, 자신의 손으로 행하신 일을 결코 방기하지 않으신다."[4] 이처럼 웨슬리는 이신론적 신관을 거부했다. 그에게 사랑의 하나님은 예수 그리스도 안에서 성육신하셨고, 세상사에 개입하신다.

웨슬리는 하나님께서 세상을 보존하신다는 사상을 견지함으로, 모든 피조물은 비록 완전하게 지음 받았더라도 그 존재가 자족적이지는(self-sufficient) 않음을 주장했다. 우주는 거대한 자생적 기계 장치가 아니다. 모든 피조물은 완전의 근원이신 창조주와 올바른 관계에 있을 때만 완전하다. 모든 피조물은 성자 안에서 하나의 유기적 체계로 지음 받았고, 지금도 그렇게 유지되고 있다.[5] 만일 하나님이 전능하신 영향력을 철회하신다면 즉시 "창조세계는 무(無)로 떨어지고 말 것"이다.[6]

하나님은 모든 인류를 돌보시지만, 돌보심의 정도는 인간이 하나님과 맺는 관계에 따라 달라진다. 웨슬리는 "하나님의 섭리의 삼중 원"을 언급했다.[7] 바깥 원으로 대표되는 모든 인류에게는 하나님이 공기와 태

---

3   "On Divine Providence", *BEW* 2: 539.
4   "Serious Thoughts Occasioned by the late Earthquake at Lisbon", *Works* 11: 10.
5   *ENNT* 743, 골 1: 17 주해.
6   "Spiritual Worship", *BEW* 3: 91.
7   "On Divine Providence", *BEW* 2: 541.

양 같은 삶의 기본적인 필요를 공급해 주신다. 그리스도를 믿는다고 공언하는 중간 원에 속한 사람들에게는 하나님이 "더 직접적인 돌보심"을 베푸신다. 가장 안쪽 원의 하나님을 '사랑'하는 진정한 그리스도인들에게는 '너희에게는 머리털까지 다 세신 바 되었나니'(마 10:30)라는 말씀대로 하나님의 가장 직접적인 돌보심이 주어진다.[8] 웨슬리에 따르면, 하나님은 피조물을 돌보시는 사랑의 하나님이시다. 그러나 사랑은 인격적 존재들의 상호작용과 교제 속에서 더 깊어진다. 하나님과 인간의 사랑의 관계가 깊어질수록 하나님의 돌보심도 더욱 깊어지는 것이다.

통치자로서 하나님은 자신이 지으신 모든 것을 다스리신다. 세상의 창조주로서의 하나님은 오직 자신의 주권적인 뜻대로 창조 활동을 하셨지만, 세상의 통치자로서의 하나님은 단지 주권적 뜻만이 아니라 자신의 공의와 자비에 일치하도록 피조물을 다스리신다. 세상의 통치자로서 하나님은 "단지 주권적 의지로만 행하지는 않으시며, 그렇게 하실 수도 없다."[9] 그점에서 웨슬리는 이중예정론자들에 반대했다.

웨슬리는 세상이 우연이나 숙명에 의해 지배된다는 사상을 거부했다. "어떤 일도 우연에 의한 것이 아닙니다. 우연이란 어리석은 말이며, 우연 같은 것은 존재하지 않습니다."[10] 그는 또한 하나님께서 우주를 다스리실 때 창조주 자신과 동등한 힘을 가진 악의 세력과 투쟁하신다는 마니교의 이원론에도 반대했다. 만물을 다스리시는 하나님은 선한 천사와 악한 천사, 선하고 악한 크고 작은 모든 사람을 다스리신다.

---

8 "On Divine Providence", *BEW* 2: 543.

9 "Thoughts upon God's Sovereignty", *Works* 10: 362.

10 "On the Education of Children"(1783), *BEW* 3: 353.

II. 하나님의 기적

피조물을 붙들고 돌보며 다스리는 하나님의 사역은 그 기원이 초자연적임에도 비교적 일상적으로 일어나기에 그리 경이롭게 보이지는 않는다. 그러나 여기서는 하나님의 섭리 중에서도 특정 주제로서 우리에게 경이롭게 보이는 비범한 섭리, 곧 자신의 백성을 돌보시는 일에서 필수적인 역할을 하는 하나님의 기적에 대해 살펴보고자 한다. 이를 위해 우리는 웨슬리의 기적 이해와 관련된 두 가지 질문을 다룰 것이다. 첫째는 '성경의 사건들에서 하나님이 피조물을 다스리실 때 기적을 사용하셨는가' 하는 것이고, 둘째는 '하나님께서 오늘날에도 여전히 기적을 행하시는가' 하는 것이다.

1. 성경에 기록된 기적

기적을 자연법칙과 연관지어 이해하는 데는 적어도 두 가지 관점이 있다. 첫 번째는 기적이 잘 알려지지 않았거나 거의 알려지지 않은 경이로운 자연법칙 현상이라는 관점이다.[11] 자연에 대한 우리의 지식은 제한적이다. 만일 우리가 자연을 완전히 알고 이해한다면 기적의 과정을 설명할 수 있을 것이다. 아우구스티누스는 특히 이 점을 강조했다. 그에 의하면, 자연에서는 자연과 상충하는 어떤 일도 일어나지 않는다. 기적이 자연에 반하는 것처럼 보이는 것은, 우리가 알지 못하는 어떤 자연적 원인의 결과이기 때문이다. 아우구스티누스는 『하나님의 도성』에서 이렇게 말한다.[12]

---

11 Walter A. Elwell (ed.), *Evangelical Dictionary of Theology*, 723.

12 Augustine, *The City of God*, XXI. 8, *NPNF* s.1, 2: 459.

우리는 모든 기이한 현상이 자연에 반한다고 말하지만, 실은 그렇지 않다. 분명 각 피조물의 본성은 전능하신 창조주의 뜻에 의한 것인데, 하나님의 뜻에 의해 일어나는 일이 어떻게 자연에 반할 수 있겠는가? 그러므로 기이한 현상은 자연에 반대되는 것이 아니라, 단지 우리가 자연이라고 알고 있었던 것에 반대될 뿐이다.

아우구스티누스와 마찬가지로 토마스 아퀴나스는, 기적(miracle)이라는 말은 '경탄'(admiration)에서 유래한 것으로, 경탄은 원인이 숨겨져 있는 상태에서 결과가 명백하게 드러날 때 발생한다고 설명했다.[13] 기적은 이해할 수 없기 때문에 놀라움을 불러일으킨다. 예를 들어, 원인을 알지 못한 채 일식을 본 사람은 그것을 기적으로 여길 수 있지만, 천문학자들은 그렇지 않다는 것이다.[14] 하나님은 기적을 행하실 때 자연질서에 반하는 행동을 하신 것이 아니라, 다만 우리가 관찰을 통해 알고 있는 자연질서와 달리 행하셨을 뿐이다.[15] 그러므로 하나님이 자연법칙에 따라 행하셨다고 본다면, 일반적으로 기적과 자연법칙 사이에는 긴장이 존재하지 않는다고 인정할 수 있다. 하나님이 기적을 행하시면, 유한한 인간은 그 원인을 알 수 없기 때문에 그것이 경이로운 일이 되는 것이다.[16] 아우구스티누스와 아퀴나스는 "기적이라는 비정상적 사건이 자연의 연속성을 깨뜨리지 않음을 보여주려는 의도로" 기적을 자연법칙의 범주에 포함

13　Thomas Aquinas, *Summa Theologiae* (London: Eyre & Spottiswoode, 1964–81), P(1), Q(105), A(107), vol. 14: 85.

14　Thomas Aquinas, *Summa Theologiae*, vol. 14: 85.

15　Ernst and Marie-Luise Keller, *Miracles in Dispute* (London: SCM Press, 1969), 20.

16　이 견해를 지지하는 최근의 논의로는 Colin Brown, *That You May Believe: Miracles and Faith Then and Now* (Exeter, Devon: The Paternoster Press, 1985), 63–77을 참조하라.

시킨 것으로 보인다.[17] 그러나 토머스 알렉산더 레이시(T. A. Lacey)가 지적했듯, 이 견해에 따르면 가장 평범한 자연의 작용도 "그것을 처음 보는 사람에게는 기적이 될 것"이다.[18]

기적을 자연법칙과 연관지어 이해하는 두 번째 관점은, 기적이 "인간보다 우월한 지성적 존재의 비범한 개입에 의해 자연의 일반적 과정이나 질서에 반하여 발생하는 효과"라는 것이다.[19] 웨슬리는 이 기적 개념을 받아들였다.[20] 그는 설교 "하나님의 섭리에 대하여"(1786)에서 하나님은 자연의 일반적인 법칙에 자신을 제한하시지 않고, 그 법칙에서 벗어나거나 그것을 중지시킴으로 기적을 행하실 수 있다고 보았다.[21] 이 기적 개념은 널리 수용되어 왔으나, 어떤 사람은 이 개념에 문제가 있다고 생각했다.[22]

기적이 자연법칙에 반하여 이루어지는 현상이라는 정의에 대한 주

---

17 T. A. Lacey, *Nature, Miracle and Sin: A Study of St. Augustine's Conception of the Natural Order* (London: Longmans, Green, and Co., 1916), 81.

18 T. A. Lacey, *Nature, Miracle and Sin: A Study of St. Augustine's Conception of the Natural Order*, 80.

19 Samuel Clarke, *A Demonstration of the Being and Attributes of God and Other Writings*, 150.

20 "On Divine Providence", *BEW* 2: 545-46.

21 "On Divine Providence", *BEW* 2: 545.

22 이 정의에 반대해 데이비드 흄(David Hume)과 스피노자(Spinoza), 이신론자들은 기적의 가능성에 의문을 제기했다. 흄은 다음과 같이 주장했다. "기적이란 자연법칙의 위반이다. 그러나 확고하고 불변하는 경험이 자연법칙을 확립해 왔기에, 사실상 기적에 대한 반증은 경험에서 생각해낼 수 있는 그 어떤 논증만큼이나 완전하다." *An Enquiry Concerning Human Understanding* (Oxford: Clarendon Press, 2000), 86. Benedictus Baruch de Spinoza, *Tractatus Theologico-Politicus* (1670) ch. 6. in *The Chief Works of Benedict de Spinoza* (New York: Dover Publications, reprinted 1955), vol. 1: 81-3. 기적의 가능성은 인정하지만, 기적에 대한 이 정의를 거부하는 일부 사상가의 논의는 Richard Swinburne, *The Concept of Miracle* (London: Macmillan, 1970), 61-3; C. S. Lewis, *Miracles* (Glasgow: Williams Collins Sons, 1947), 63; L. Berkhof, *Systematic Theology*, 176을 참조하라. 웨슬리안 신학자인 존 마일리(John Miley) 역시 이 개념에 문제가 있음을 보여준다 (*Systematic Theology* 1: 33).

된 반대 중 하나는, 하나님이 세상을 다스리시는 데는 기적이 필요하지 않기 때문에 기적은 일어나지 않는다는 선험적 논증(a priori argument, 경험이나 관찰에 의존하지 않고 순전히 이성적 추론이나 논리적 분석만으로 진리를 도출하려는 논증 방식-역주)에서 비롯된다.[23] 특히 이신론자들은 신은 자신이 만든 자연법칙에 따라 세상을 창조했기에 임의로 그 법칙을 깨뜨리지 않을 것이라는 이유로 기적의 필요성을 부인했다.[24] 그들에 따르면, 신은 전지전능하므로 자연법칙을 깨뜨리지 않고도 영원토록 모든 피조물을 다스릴 수 있어야 한다. 게다가 만약 신이 기적을 행한다면 이는 스스로 제정한 자연법칙을 깨뜨려 자기 자신을 부정하는 것이 된다. 기적을 행해 자연법칙을 깨뜨리는 것은 자기모순이라는 것이다.[25] 또 신이 기적을 행한다는 것은 완전한 신이 자기가 창조한 세상의 체계에 결함이 있어 그것을 보완해야 함을 의미한다. 따라서 일부 철학자와 신학자는 기적의 발생을 전지전능한 신을 욕되게 하는 것으로 보았다. 웨슬리 시대에 사람들이 기적에 대해 이같이 반대한 배경에는, 세상은 모든 만일의 사태를 철저히 예견해 설계한 완벽한 기계이므로 그 움직임이 중단되는 일은 결코 있을 수 없다는 기계론적 세계관이 지배적으로 자리하고 있었다.[26] 알렉산더 포프(Alexander Pope)는 『인간론』(*An Essay on Man*)에서 신은 부분적 법칙이 아닌 보편적 법칙에 따라 모든 피조물을 다스린다고 주장았다.[27] 다시 말해, 신은 기적을 행하지 않는다

---

23 참고. Robert M. Burns, *The Great Debate on Miracles: From Joseph Glanvill to David Hume* (London and Toronto: Associated University Press, 1981), 85-95.

24 기적에 대한 이신론자들의 비판을 요약한 내용은 Robert M. Burns, *The Great Debate on Miracles: From Joseph Glanvill to David Hume*, 70-95를 참조하라.

25 Robert M. Burns, *The Great Debate on Miracles*, 87에서 인용한 Peter Annet, *Supernaturals Examined* (London, 1747), 44; C. S. Lewis, *Miracles*, 6.

26 Robert M. Burns, *The Great Debate on Miracles*, 83-4.

27 Alexander Pope, *An Essay on Man* (London: printed for John and Paul Knapton,

고 선언한 것이다. 그는 신이 자기 백성의 기도에 응답하기 위해 자연법
칙에 개입한다는 생각을 다음과 같이 비웃었다.[28]

> 현자가 요구한다 해서 불타는 에트나 화산이
> 천둥을 멈추고 그 불길을 거두랴?
> 공중이나 바다에서 새로운 움직임이 일어나랴?
> 오, 순진한 베델아! 그대의 가슴을 위로하려고
> 산이 높은 곳에서 흔들려 무너질 때
> 네가 지나간다고 해서 중력이 멈추랴?
> 아니면 오랜 신전이 무너져 내릴 때
> 샤르트르의 머리를 지키려 벽이 멈추랴?

웨슬리는 이 같은 선험적 논증을 거부했다.[29] 그렇다면 하나님은 어
떻게 자연법칙에 반하는 기적을 행하실 수 있는가? 웨슬리에 따르면, 이
에 답하기 위해서는 먼저 자연법칙이 무엇을 의미하는지를 밝히는 것이
중요하다. 첫째, 웨슬리는 자연법칙을 결코 깨뜨릴 수 없는 영원한 법칙
으로 이해하지 않았다. 그는 설교 "지옥에 대하여"(1782)에서 현재의 자
연법칙은 새 창조의 때 사라질 것이기에 "불변의 법칙"이 아니라고 주장
했다. 예를 들어, 현재 세상의 질서에서는 불이 그 삼킨 모든 것을 태우
지만, 장차 이루어질 새로운 창조세계의 질서에서는 "더는 어떤 것도 소
멸되지 않을 것이다."[30] 따라서 웨슬리에게 자연법칙은 영원한 결정론적
법칙이 아니라, 하나님이 자신의 사역을 위해 정하신 일시적 법칙이다.

1745), Epistle iv. 35-6.

28 Alexander Pope, *An Essay on Man*, Epistle iv. 123-30; 참고. "On Divine
Providence", *BEW* 2: 546.

29 "On Divine Providence", *BEW* 2: 545-48.

30 "Of Hell", *BEW* 3: 38.

둘째, 웨슬리는 자연법칙이 세상 모든 것에 항상 동일하게 적용되지는 않는다고 보았다. "인간 지식의 한계에 관한 고찰"(Remarks on the Limits of Human Knowledge)에서 그는 빛이 일반적인 자연법칙의 지배를 받는지 물었다.[31] 자연법칙은 하나님께서 세상을 다스리시는 일반적 법칙이다. 리처드 스윈번(Richard Swinburne)이 지적했듯, 18세기 이래 많은 사람은 자연법칙이 보편적이어서 모든 종류의 모든 사건을 지배해 "우주의 선행 상태로부터 그 후속 상태가 어떠게 될 것인지를 결정한다"고 믿어왔다.[32] C. S. 루이스(C. S. Lewis) 역시 어떤 사람들이 기적을 도저히 받아들일 수 없는 이유는, 처음부터 자연을 현실의 전부로 가정하기 때문이라고 지적했다.[33] 자연법칙을 이렇게 이해하면, 그것에 반하는 하나님의 기적은 일어날 수 없다. 웨슬리 시대에는 중력의 법칙이 모든 사건을 지배하는 보편적 법칙으로 간주되었다. 그러나 메리 헤세(Mary Hesse)는 "뉴턴주의는 현대 물리학에서 양자이론으로 대체되었는데, 양자이론의 법칙은 결정론적이지 않고 통계학적이어서, 단일 사건의 발생을 결정하는 것이 아니라 대규모 사건 집단 내에서의 비율만 결정한다"[34]고 주장한다. 스윈번 역시 이른바 자연법칙은 예외 없이 영원히 고정된 공식이 아니라고 주장했다. 예를 들어, "양자이론이 발전한 이래로 많은 과학자가 자연의 근본 법칙들이 통계적 성격을 띤다고 보게 되었다."[35] 지금까지 인간이 발견한 과학 법칙들은 하나님이 모든 피조물을 영원히 다스리

31　"Remarks on the Limits of Human Knowledge", *Works* 13: 491; 참고. *BEW* 2: 572–73.

32　Richard Swinburne, *The Concept of Miracle*, 3.

33　C. S. Lewis, *Miracles*, 64.

34　Mary Hesse, "Miracles and the Laws of Nature" in C. F. D. Moule (ed.), *Miracles* (London: A. R. Mowbray & Co Ltd, 1965), 37.

35　Richard Swinburne, *The Concept of Miracle*, 3, 30.

는 절대적 법칙이 아니다. 마찬가지로 웨슬리에게 자연법칙은 하나님께서 현재의 세상을 다스리시는 일반적 법칙이자 통상적 방식일 뿐이었다.

웨슬리는 자연법칙과의 관계에서 기적을 이같이 정의했기에, 하나님께서 자연의 일반적 과정에서는 자연법칙에 따라 일하신다고 생각하면서도, 하나님이 기적을 행하지 못하실 이유가 전혀 없다고 주장했다.[36] 예를 들어, 웨슬리는 만나가 하나님의 기적의 결과임을 믿었다. 그러나 하나님이 이스라엘 백성의 필요를 채워주신 뒤에는 만나 주시는 것을 그치셨는데, 이는 "일반적인 수단으로 충분히 가능할 때도 기적을 행함으로 은혜를 낭비하지 않으셨기 때문"이다.[37] 다시 말해, 웨슬리에게 이는 하나님이 자연의 일반적 법칙에 전적으로 제한되신다는 뜻이 아니다. 하나님은 자신의 자유로운 뜻에 따라 언제든 일반 법칙에 예외를 두어 기적을 행하실 수 있다.[38] 결코 변하지 않는 것은 세상의 일반 법칙이 아닌 하나님의 본성이다. 전지전능하고 신실하신 하나님은 어제나 오늘이나 영원히 변치 않으신다. 하나님은 동일한 상황에서는 항상 동일하게 행하시지만, 특정한 상황에서는 방법을 바꾸실 수 있다.[39] 그러므로 하나님이 자연의 일반 법칙에 반하는 기적을 행하신다고 해서 자기모순에 빠지시는 것이 아니다. 웨슬리는 알렉산더 포프의 주장에 대한 응답으로 이렇게 적었다.[40]

---

36 "On Divine Providence", *BEW* 2: 546.

37 *ENOT* 718, 수 5: 12 주해.

38 "On Divine Providence", *BEW* 2: 546.

39 "The General Spread of the Gospel", *BEW* 2: 489; 참고. R. M Burns, *The Great Debate on Miracles*, 83–4, 121–22.

40 "On Divine Providence", *BEW* 2: 546.

하나님께서 자연의 일반적 과정에서는 일반 법칙에 따라 행동하신다고 인정하더라도, 자신이 원하실 때마다 자신을 사랑하는 사람들을 위해 그 법칙을 정지시키시든, 권세 있는 천사를 사용하시든, 그 법칙에 예외 두시는 일을 결코 배제하지 않으십니다. 하나님은 그 둘 중 어떤 방법으로든 자신을 신뢰하는 사람들을 모든 위험에서 건져내실 수 있습니다.

그렇다면 하나님은 왜 성경에 기록된 기적을 행하셨을까? 웨슬리에 따르면, 하나님께서 기적을 행하시는 첫 번째 기초는 하나님의 자유이다.[41] 웨슬리에게 하나님은 창조주를 세상과 동일시하는 범신론의 신이 아니시다. 하나님은 세상을 창조하셨고 다스리신다. 하나님은 세상의 통치를 위해 일반 법칙을 세우셨지만, 세상의 주님이시기에 그 법칙에 제한받지 않고 그것을 다스리고 초월하신다.[42] 일반 법칙은 단지 하나님이 세상을 다스리시는 하나의 수단일 뿐이다. 하나님은 일반 법칙을 사용하든 사용하지 않든 세상을 다스리실 수 있다. 하나님은 세상에 내재하시면서도 동시에 초월하신다. 창조주는 자신의 자유 안에서 그 법칙을 변경하거나 중지시켜 초자연적으로 역사하실 수 있다.

웨슬리는 하나님께서 기적을 행하신 것은 자신이 계시하신 진리를 세상에 확증하시기 위해서라고 이해했다. 즉, 기적은 하나님께서 계시하신 진리를 확증하는 표적으로서, 단지 놀라운 일만이 아니라는 것이다. 복음서는 그리스도께서 행하신 모든 기적이 메시아가 오시면 행하실 사역으로 예언되었기에 중요하다고 가르친다. 그분의 기적이 그분의 메시지가 참됨을 입증하는 증거였던 것이다. 예수님께서 몇 덩이의 떡으로

---

41 "On Divine Providence", *BEW* 2: 546.
42 "On Divine Providence", *BEW* 2: 545.

많은 사람을 먹이신 사건은 "그리스노께서 하늘에서 내려오신 참된 떡이심을 드러내기 위한 기적이었다. 어떤 수단도 없이 자연적 생명의 유지를 위한 떡을 창조하시는 전능하신 분이라면, 어떤 수단도 없이 영적 생명의 유지를 위한 떡을 창조하시기에 부족함이 없으실 것이기 때문이다."[43] 광야에서 자기 백성에게 일용할 양식으로 만나를 주신 하나님은 그리스도를 생명의 양식으로 세상에 보내셨다. 서기관과 바리새인들이 예수님께 표적을 구하자, 예수님은 선지자 요나의 표적 외에는 보일 표적이 없다고 하셨다. 요나는 "그리스도의 모형"으로서 부활하실 그리스도를 예표한다.[44] 가장 큰 표적은 임마누엘이신 그리스도께서 세상에 오시어 죄악 된 세상에 생명의 길을 가르치고 계시하신 것이다. 그리스도가 곧 하나님의 표적이자 기적이다.

그러나 하나님의 기적은 마음이 겸손한 자에게만 표적이 된다. 겸손하지 않다면 기적은 단지 놀라운 일에 불과하여 거기서 진정한 신학적 의미를 배울 수 없다. 웨슬리는 "메소디스트의 원리에 대한 추가적 해설"(The Principles of a Methodist Farther Explained)에서 많은 완고한 사람이 하나님의 기적을 경험하고도 마음이 굳어져 거기서 아무것도 배우지 못한 성경의 여러 사례를 열거했다. 바로는 모세와 아론이 행한 모든 것을 보고도 하나님의 참뜻을 분별하지 못했다. 바리새인들은 그리스도의 "참되고 의심할 여지 없는 기적들"을 보고도 예수님이 누구이신지 알아보지 못했다.[45] 열거 후 웨슬리는 다음과 같이 결론을 내린다. "그러므로 마음을 완고하게 하는 사람에게는 지금까지 세상에서 행해진 어떤 기적도 가장 명백한 진리를 입증하는 일에서조차 효과적이지 않다는 사실은

---

43   *ENNT* 164, 막 8: 8 주해.
44   *ENNT* 65, 마 12: 38-40 주해.
45   "The Principles of a Methodist Farther Explained", *Works* 8: 463.

너무나도 확실합니다."[46]

하나님은 우리에게 계시에 대한 확증으로 기적을 주셨지만, 그렇다고 해서 하나님의 계시가 진리를 입증하는 표적으로서의 기적을 꼭 필요로 한다는 의미는 아니다. 하나님은 기적을 행하심으로 자신의 계시를 입증하지는 않으신다. 다시 말해, 기적은 하나님의 계시된 진리에 필수 불가결한 요소가 아니다. 하나님의 계시는 그 자체로 자명하며 성경에 의해 입증된다. 웨슬리는 "우리의 구주와 그분의 모든 사도는 매우 큰 기적들을 행하시는 중에도 스스로 가르치신 모든 교리를 명확한 성경 말씀과 설득력 있는 논거로 입증하는 일을 결코 소홀히 하지 않으셨다"고 말한다.[47] 이런 의미에서 웨슬리는 하나님의 기적이 계시의 진정성을 보증하는 과정에서 필수적 역할을 담당한다고 믿었던 극단적 증거주의자들과 입장을 달리했다.[48] 그는 기적에 의한 증거는 결코 논리적 강제력을 갖지 않으며, 다만 하나님의 말씀으로 이미 마음이 움직인 탐구자에게만 더 확신을 줄 수 있다고 믿는 온건한 증거주의자의 입장에 가까웠다.[49]

웨슬리에게서 하나님의 기적의 또 다른 기초는 자기 백성에 대한 하나님의 특별한 돌보심이다. 하나님은 자신이 무엇이든 하실 수 있음을 보여주기 위해 무작위로 기적을 행하신 것이 아니다. 사랑과 긍휼의 하나님은 자기 백성이 어려운 상황에 처했을 때 기적의 능력으로 개입하셨다. 다시 말해, 웨슬리에 의하면 하나님은 에피쿠로스주의자나 이신론자들이 주장하는 것같이 자신의 피조물에게서 멀리 떨어져 있는 신이 아

---

46 "The Principles of a Methodist Farther Explained", *Works* 8: 464.

47 "A Farther Appeal to Men of Reason and Religion", *Works* 8: 235.

48 극단적 증거주의자들의 주장에 대한 요약은 R. M. Burns, *The Great Debate on Miracles*, 97-103을 참조하라.

49 참고. R. M. Burns, *The Great Debate on Miracles*, 47, 111.

니시다.[50] 알렉산더 포프는 모든 피조물에게 공평하신 하나님은 한 영웅의 죽음과 참새 한 마리가 떨어지는 것을 "동등하게" 보신다고 주장하며 오직 일반 섭리만 주장했다.[51] 포프에 따르면, 하나님은 자기 백성이라고 특별히 돌보지는 않으므로 특정한 종을 위해 어떤 기적도 행하실 필요가 없다. 반면 웨슬리는 하나님이 자신의 모든 피조물을 돌보시지만 자기 백성에게는 특별히 섭리하신다고 주장했다. 웨슬리는 하나님의 특별한 돌보심이나 섭리를 주장할 근거를 성경 구절에서 발견했다. "그러나 너희 아버지께서 허락하지 아니하시면 그 하나도 땅에 떨어지지 아니하리라 … 너희는 많은 참새보다 귀하니라."[52] 웨슬리에 따르면, 하나님은 특별한 목적을 위해 지성적·영적 존재들을 창조하셨다. 다시 말해, 창조 시 하나님은 인간과 천사를 인격적 교제의 대상으로 창조하셨다는 것이다. 따라서 하나님께서 그들과 맺으시는 관계는 나머지 피조물들과의 관계와 동일하지 않다. 인간에게 기도는 하나님과 관계를 맺는 방법 중 하나이다. 기도를 통해 하나님은 우리의 소리를 들으시고 응답하신다. 웨슬리는 "기도 응답은 적절히 말하면 모두가 기적입니다. 만일 자연적 원인이 작용해 일이 자연스러운 방식으로 흘러간다면 그것은 결코 응답이 아닙니다"라고 확신했다.[53] 알리스터 맥그라스(Alister McGrath)가 지적했듯, 비인격적 신 개념은 "인간에게서 멀리 떨어져 있거나 초연한 신, 인간 각각의 개별성을 고려하지 않은 채 일반적 방식으로만 인간을 다루는 신을 암시하는 반면, 사랑과 같은 인격적 관계의 개념은 우리

---

50 "On Divine Providence", *BEW* 2: 539.

51 Alexander Pope, *Essay on Man*, Epistle I: 87–88.

52 마 10: 29–31.

53 "On Divine Providence", *BEW* 2: 546.

와 함께 거하시는 하나님의 상호적 특성을 시사한다."[54] 웨슬리에 따르면, 하나님은 우리가 어려운 상황에 처했을 때 기꺼이 개입해 돕기를 기뻐하시는 인격적인 하나님이시다.

이외에도 웨슬리에 따르면 하나님은 자기 백성의 믿음을 성장시켜 구원받게 하시기 위해 기적을 행하셨다.[55] 그러나 기적을 경험하는 모든 사람에게 믿음이 생기는 것은 아니다. 웨슬리는 마가복음 6:5을 주해하면서 예수님이 고향에서 아무런 기적도 행하실 수 없었던 이유를 설명했다. 그것은 예수님께서 특별히 고향에서 기적 행할 능력이 부족하셨던 것이 아니라, 마음이 완고한 자들에게 기적으로 복음을 입증하는 증거를 더 많이 제시한다면, 이는 그들의 믿음을 증진시키는 것이 아니라 심판에 대한 책임만 더하게 할 뿐이기 때문이었다.[56] 예수님은 사람들의 믿음이 자라도록 기적을 행해 자신의 이름으로 생명을 얻게 하셨다.[57] 사도 요한은 하나님의 기적이 성경에 기록된 것은, 독자들이 예수님을 믿고 그분의 이름으로 생명을 얻게 하기 위함이라고 말했다.[58] 구약성경에서도 기적은 의심의 여지 없이 하나님의 구속 사역과 연결되어 있었다.

2. 성경 시대 이후의 기적

지금까지 우리는 성경 시대에 하나님께서 행하신 기적에 대해 살펴보았다. 이제는 성경 시대 이후에도 하나님께서 기적을 행하셨는지에 초

---

54   Alister McGrath, *Christian Theology*, 209.

55   *ENNT* 195, 막 16: 17 주해.

56   *ENNT* 157.

57   *ENNT* 388, 요 20: 30-1 주해; *ENNT* 157.

58   *ENNT* 388, 요 20: 30-1 주해.

점을 맞춰보고자 한다. 하나님은 지금도 기적을 행하시는가? 우리는 웨슬리의 가르침에서 성경 시대 이후에도 성령의 기적적 은사가 지속되는지, 그리고 하나님께서 여전히 자신의 섭리에서 기적을 사용하시는지에 대해 살펴볼 것이다.

1749년 웨슬리는 계획되었던 로테르담 여행을 취소하고 코니어스 미들턴(Conyers Middleton)에게 보낼 공개 서한을 작성하는 일에 몰두했다. 이는 미들턴이 『기독교 교회 초기부터 여러 세기에 걸쳐 존속한 것으로 여겨지는 기적적 능력에 관한 자유로운 탐구』(*A Free Inquiry into the Miraculous Powers which Are Supposed to Have Subsisted in the Christian Church from the Earliest Ages through Several Successive Centuries*)에서 성경 시대 이후의 기적을 부인했기 때문이었다.[59]

제목이 시사하듯 미들턴(1683~1750)은 이 책에서 성경에 나오는 기적을 반박하지는 않았으나, 특히 초기 기독교 교부들이 행한 것으로 여겨지는 성경 시대 이후의 기적적 은사나 능력의 존재를 반박했다. 그에 따르면 이 책을 쓴 주된 동기는, 성경 시대 이후 교회 안에서 일어났다고 주장해 온 기적들에 대한 로마 가톨릭 교회의 미신적 믿음을 무너뜨리기 위함이었다. 가톨릭 교회는 사도 시대로부터 당시에 이르기까지 이런 기적 이야기를 통해 그들의 교리와 정통성을 뒷받침해 왔기 때문이다.[60] 그러나 성경 시대 이후의 기적적 능력에 대한 미들턴의 비판은 단지 로마 가톨릭 교회에 국한되지 않고, "메소디스트, 모라비아교도, 프랑스 예언자들"을 포함해 그가 "우리 시대의 광신도들"로 지칭한 이들에

---

59 *Journal* 3: 390 (1749년 1월 2일); "A Letter to the Reverend Dr. Conyers Middleton", *Works* 10: 1–79.

60 C. Middleton, *A Free Inquiry* (London: R. Manby and H. S. Cox, 1749), Preface ii, Introductory Discourse cli–cliv.

게까지 확장되었다.[61] 그는 성경 시대 이후에 기적적 능력이 지속될 가능성을 성경 본문에서 찾는 일에는 무관심하면서, 기적을 행하거나 증언한 사람들의 신빙성에 대해서는 비판적으로 검토했다. 그 결과 그들은 교육받지 않은 거룩하지 못한 사람들로서 때로는 기적을 날조하거나 다른 사람의 날조에 속았기 때문에, 성경 시대 이후 초기 몇 세기 동안의 기적은 진정성이 의심스럽다고 주장했다.[62] 그가 성경 시대 이후의 기적의 존재를 의심한 것은, 하나님의 기적적 능력이 기독교 교리의 진실성을 입증하고 세상 속에 기독교 교회를 세우는 일에 고유한 역할을 했나는 그의 선입견에서 비롯되었다. 이에 그는 기적이 고유의 목적을 달성했기에 사도 시대 이후로는 중단되었다고 주장한 것이다.[63] 결국 그는 성경 시대 이후의 기적적 능력의 존재를 인정하지 않고, 성경 시대 이후의 기적으로 주장되는 것들은 날조되었다고 판단하기에 이르렀다. 특히 이성의 시대에 활동한 이신론자이자 영국 국교회 신학자로서 그는 자연종교의 일반계시나 이성을 증인의 신빙성 판단의 기준으로 삼았다.[64] 『자유로운 탐구』에서 발견되는 미들턴의 성경 시대 이후의 기적에 대한 논의의 특징 중 하나는, 하나님 교리에 근거한 이론적 방법론이 아닌 역사비평적 방법론을 적용함으로,[65] 성경 시대 이후 초기 몇 세기에 하나님께서 왜 섭리를 통해 기적을 사용하지 않으셨는지는 추측하지 않았다는 점이다. 그는 단지 그 초기 몇 세기 동안 있었던 성령의 기적적 은사들

---

61 C. Middleton, *A Free Inquiry*, 197.

62 C. Middleton, *A Free Inquiry*, 21–6, Introductory Discourse lxxxv–lxxxvii.

63 C. Middleton, *A Free Inquiry*, Preface xi–xxix, Introductory Discourse xcv.

64 C. Middleton, *A Free Inquiry*, Preface xxii; 참고. Preface x.

65 Jon Ruthven, *On the Cessation of the Charismata: Protestant Polemic on Postbiblical Miracles* (Sheffield: Sheffield Academic Press, 1993), 39.

의 진정성을 검토하는 데만 낳은 시면을 할애했다.[66] 게다가 미들턴은 성경 시대 이후 하나님께서 섭리를 통해 기적 행하시기를 중단하신 것과, 자신의 당대에 하나님의 백성에게 성령의 기적적 은사 주시기를 중단하신 것의 차이를 명확히 밝혔어야 함에도 그렇게 하지 않았다. 엄밀히 말해 이 두 가지는 서로 다른 문제이다. 하나님은 기적 행하는 은사를 받은 사람을 통해 간접적으로 기적을 행하시지 않고 자신이 직접 기적을 행하실 수 있기 때문이다. 더욱이 미들턴은 사도 시대의 종결과 함께 기적을 행하는 능력이 중단되었다고 확언함으로 성경의 기적과 그 증언에 대해서는 비판하지 않으려 했으나, 그 당시는 이미 데이비드 흄(David Hume)이 기적에 대한 성경의 증언의 신빙성을 비판한 상황이었다.[67] 그럼에도 책의 결론에서 미들턴은 초기 기독교 시대로부터 자신의 시대에 이르기까지 기적은 거의 행해지지 않았다고 선언했다. 따라서 그에 의하면, 성경 시대 이후의 기적은 기만적인 기적 행위자들과 그들에게 속거나 그들과 같이 속이는 증인들의 사적인 이익을 위한 "사기와 속임수"의 결과일 뿐이다.[68]

『자유로운 탐구』가 출판된 직후 웨슬리가 미들턴을 대상으로 공개 서한을 작성한 이유 중 하나는, 미들턴이 초기 기독교 교부들의 기적을 부정할 뿐 아니라, 성경의 기적을 간접적으로 공격해 기독교의 핵심인 복음을 훼손하려 했다고 믿었기 때문이었다. 비록 미들턴이 성경의 기적을 정면으로 부인하지는 않았음에도, 웨슬리는 공개 서한의 시작 부

---

66   C. Middleton, *A Free Inquiry*, 72–232.

67   참고. Ted A. Campbell, "John Wesley and Conyers Middleton on Divine Intervention in History", *Church History* 55 (March 1986), 43.

68   C. Middleton, *A Free Inquiry*, 230.

분에서 작성 동기를 다음과 같이 밝히고 있다.[69]

> 당신은 최근에 출판한 『탐구』에서 다음을 증명하려 애쓰고 있습니다. 첫째, 초기 기독교 교회에서 기적은 전혀 일어나지 않았다. 둘째, 모든 초기 기독교 교부가 바보나 사기꾼이 아니었다면 대부분 두 가지 다였다. 그리고 당신의 논증 전반의 취지는 다음을 입증하려는 것임을 쉽게 알 수 있습니다. 셋째, 그리스도 또는 그분의 사도들에 의해서도 기적은 전혀 일어난 적이 없다. 넷째, 이들 역시 바보나 사기꾼이 아니었다면 둘 다였다.

더욱이 웨슬리의 사변형(quadrilateral)의 신학 방법론에서 전통은 중요한 역할을 했다. 그에게 전통은 콘스탄티누스 통치 이전의 초기 기독교 교부들의 가르침을 뜻한다. 물론 "성경은 신앙과 실천의 완전한 규범"이지만, 이는 "성경이 해석을 필요로 하지 않는다"는 뜻이 아니다. 처음 3세기 동안의 교부들은 성경에 대한 충실한 해석자였다. 그들의 저술은 "성경과 동등하지는 않으나 성경 다음으로 권위 있는 것으로, 아직까지 어느 누구도 위험한 오류로 이끈 적이 없고, 앞으로도 그럴 것"이다.[70] 그런 점에서 웨슬리는 미들턴이 초기 기독교 교부들이 증언한 기적의 진실성을 부정하는 것은 그들의 모든 가르침의 신뢰성을 훼손하는 결과를 가져올 것이라고 생각했다. 이는 곧 기독교 교리의 토대를 흔들게 될 것이었다.

웨슬리는 "복음의 첫 개척자들에게는 유대인과 이방인 모두의 뿌리 깊은 편견을 극복하고 박해의 충격을 견뎌낼 수 있도록" 기적을 행하는

---

69   "A Letter to the Reverend Dr. Conyers Middleton", *Works* 10: 1.
70   "A Letter to the Reverend Dr. Conyers Middleton", *Works* 10: 14.

능력이 주어졌다는 미들턴의 주장에 동의했다.[71] 그러나 그렇다고 웨슬리가 사도 시대 직후에 기적의 능력이 곧 철회되었다는 견해까지 지지한것은 아니다. 오히려 웨슬리는 이 이론이 처음 3세기 동안 기적이 존속되었다는 자신의 생각을 뒷받침한다고 믿었다. 콘스탄티누스 치하에서기독교가 공인된 종교가 되기까지 편견과 박해는 지속되었기 때문이다.

웨슬리는 콘스탄티누스 이후의 교회에 대해서는 비판적이었다. 그는 콘스탄티누스 대제의 회심에 부정적 견해를 가지고 있었고,[72] 그 시대에 교회의 부패가 시작되었다고 믿었다.[73] 또 기적의 능력이 상실된 것은 콘스탄티누스 시대부터 교회가 "믿음과 덕과 경건을 잃어버렸기" 때문이라고 주장했다.[74] 따라서 웨슬리는 미들턴에게 보낸 공개 서한에서초기 기독교 교회에서 기적의 능력이 존속된 시기를 콘스탄티누스 통치이전의 첫 3세기 동안으로 한정했다.[75]

미들턴과 마찬가지로 웨슬리는 이 서한에서 기적의 능력을 하나님의 섭리 차원이 아닌 성령의 기적적 은사의 관점에서 다루었다.[76] 미들턴의 『자유로운 탐구』와 웨슬리의 공개 서한에서 "논쟁의 핵심 쟁점"은 하나님께서 기적을 통해 역사에 개입하셨는지의 여부가 아니라, "교부들

---

71   "A Letter to the Reverend Dr. Conyers Middleton", *Works* 10: 6. Middleton, *A Free Inquiry*, Preface xxviii–xxix.

72   "A Farther Appeal to Men of Reason and Religion"(1744–5), *Works* 8: 205; "On Laying the Foundation of the New Chapel"(1777), *BEW* 3: 587; "The Mystery of Iniquity"(1783), *BEW* 2: 463; "The New Creation"(1785), *BEW* 2: 501; "The Signs of the Times"(1787), *BEW* 2: 529; "On Attending the Church Service"(1787), *BEW* 3: 470; "Prophets and Priests"(1789), *BEW* 4: 77–8.

73   "On Attending the Church Service"(1787), *BEW* 3: 470; "Prophets and Priests"(1789), *BEW* 4: 77–8.

74   "A Letter to the Reverend Dr. Conyers Middleton", *Works* 10: 2.

75   "A Letter to the Reverend Dr. Conyers Middleton", *Works* 10: 1, 6, 8, 57.

76   웨슬리 역시 초기 수세기 동안에 나타난 성령의 기적적인 은사를 고찰하는 데 많은 지면을 할애했다. *Works* 10: 43–59.

의 증언이 사도 시대 이후에도 기적의 은사가 존속했다고 믿을 충분한 근거가 되는지의 여부"였다.[77] 두 사람의 결론은 전반적으로 상당히 달랐다. 미들턴에 의하면, 기적의 은사는 사도 시대 이후에 중지되었는데, 이는 하나님께서 그것을 주신 목적이 사도 시대에 이미 성취되었기 때문이다. 따라서 성경 시대 이후의 기적 행위자 및 그 증인들의 증언은 거짓된 것이다. 이에 반해 웨슬리에 의하면, 콘스탄티누스 이후 교회에서 기적의 은사가 중지된 것은 교회가 부패해 은사를 받지 못했기 때문이다. 따라서 콘스탄티누스 이전 시대의 기적에 대한 경건한 교부들의 증언은 매우 신뢰할 만한 것이다.

웨슬리는 설교 "성경적 기독교"(1744)에서 성령의 기적적 은사나 특별한 은사가 모든 시대에 걸쳐 교회에 주어졌는지, 그리고 만약 그 은사들이 중지되었다면 "만물의 회복이 가까워질 때" 다시 회복될 것인지에 대한 질문은 그리스도인에게 그리 중요하지는 않다고 말했다.[78] 그는 이러한 은사는 소수의 그리스도인, 특히 교회의 지도자들이 받도록 계획되었으며, 신자들에게는 성령 충만이 더 탁월한 은사라고 생각했다.[79] 그러나 1749년 미들턴에게 공개 서한을 보낸 이후, 웨슬리는 성경 시대 이후의 교회에 이러한 은사가 존재하는지에 더 많은 관심을 기울인 것으로 보인다. 1750년에 그는 존 레이시(John Lacy)의 『예언에 관한 그리스도인의 일반적 착각』(The General Delusion of Christians with regard to Prophecy)을 읽고, 기적의 은사가 중지된 것은 교회가 믿음과 거룩함을 잃어 "메마르고 형식적인 정통주의자들"이 은사를 조롱했기 때문임을 더욱 확신하게 되

---

77 "A Letter to the Reverend Dr. Conyers Middleton", *Works* 10: 5; Conyers Middleton, *A Free Inquiry*, Preface xxvii.

78 "Scriptural Christianity", *BEW* 1: 160.

79 "Scriptural Christianity", *BEW* 1: 160.

었다.[80] 웨슬리는『신약성서주해』(1755)에서도 이러한 은사가 철회되었음을 보여주었다. 그는 은사들이 분명하게 나오는 고전 12:9-10을 주해할 때, 아직도 교회에 그 은사들이 남아 있는지 중지되었는지는 언급하지 않았다. 그러나 야고보서 5:14에 대한 주해에서는 성령의 기적적 은사, 특히 치유의 은사는 본래 교회에 지속되도록 계획되었지만, 교회가 순수한 신앙을 상실하자 사라졌음을 시사했다.[81] 또 마태복음 16:17에 대한 주해에서는 "많은 사람의 믿음이 미미하고 세상이 합당치 않음으로 인해 능력이 발휘되지 않고 있지만 … 오늘날에도 모든 신자 속에 있는 믿음은 잠재적 기적의 능력을 지니고 있다"고 말했다.[82] 설교 "더 좋은 길"(1787)에서 그는 다시 교회의 믿음 부족이 "성령의 특별한 은사들이 더는 기독교 교회에서 나타나지 않는 진정한 원인입니다. 이는 그리스도인들이 또다시 비종교인들같이 변질되어 단지 죽은 종교의 형식만 남았기 때문입니다"라고 말했다.[83] 이런 맥락에서 기적적 은사에 대한 웨슬리의 견해는 최근의 은사주의와는 강조점이 달랐다.[84] 그럼에도 웨슬리는 "더 좋은 길"에서 "콘스탄티누스 치세 이후에는 은사가 거의 중단되어 그런 사례가 극히 드물게만 발견되었습니다"라고 하면서 기적적 은사의 가능성을 완전히 차단하지는 않았다. 웨슬리에 따르면 은사의 중단은 하나님이 계획하신 것이 아닌, 은사의 수혜자가 될 수 있었던 그리스도인들의 타락의 결과이다.[85] 앨버트 아우틀러가 웨슬리에게 "'성령의 특

---

80   *Journal* 3: 490 (1750년 8월 15일).

81   *ENNT* 869, 약 5: 14 주해.

82   *ENNT* 195, 막 16: 17 주해.

83   "The More Excellent Way", *BEW* 3: 264.

84   웨슬리는 자신이 은사주의자가 아님을 분명히 선언했다 (*Works* 9: 98; *Works* 13: 500).

85   웨슬리는 기독교 교회의 통탄할 만한 상태가 "콘스탄티누스 시대부터 종교개혁 때까지" 계속되었다고 생각했다 (*BEW* 2: 464).

별한 은사들'의 가능성은 교회의 어느 시대에든 원칙적으로 열려 있다"고 주장한 것은 옳다.[86] 그러므로 웨슬리에 따르면, 기적의 은사는 교회의 믿음과 거룩함이 회복되거나, 새로운 선교지에서 특별히 박해 아래 새로운 교회가 세워질 때 다시 나타나리라고 보는 것이 타당할 듯하다.

아우구스티누스로부터 칼뱅과 웨슬리에 이르기까지 경건한 사람들이 성경의 기적을 굳게 믿은 이유는 무엇이었는가? 콜린 브라운(Colin Brown)이 지적했듯, 그들이 기적을 믿은 것은 성경이 하나님의 말씀으로서 진실함을 믿었기 때문이다.[87] 그러니 그들은 경험의 관점에서 성경 시대 이후에도 기적이 존재하는지의 문제에서는 서로 다른 입장을 보였다. 아우구스티누스는 그의 초기 저작 중 하나인 『참된 종교』(*Of True Religion*, 389~391)에서 사도 시대에 교회가 확립된 이후로는 눈에 보이는 기적이 중단되었다고 주장했다.[88]

> 우리는 우리의 선조들이 현세적인 것에서 영원한 것으로 나아가는 도상에서 신앙의 한 단계에 있을 때 눈에 보이는 기적을 따랐다고 들었다. 그들은 그 외 달리 행할 수 없었다. 그들은 그들 이후의 사람에게는 필요하지 않은 방식으로 그렇게 했다. 기적은 가톨릭 교회가 세워져 온 세상에 확산된 후로는 우리 시대까지 지속되는 것이 허락되지 않았다. 이는 마음이 항상 가시적인 것을 추구하게 되지 않게 하기 위함이며, 또 사람들이 처음 접했을 때는 믿음을 불타오르게 했던 것들에 점점 익숙해진 나머지 냉담해지지 않게 하기 위함이었다.

---

86 "The More Excellent Way", *BEW* 3: 264 각주 7.

87 Colin Brown, *Miracles and the Critical Mind*, 18.

88 Augustine, *Augustine: Earlier Writings* (London: SCM Press, 1953), ed., John H. S. Burleigh, 248.

그러나 그는 『하나님의 도성』(*The City of God*, 413~426)에서는 자신의 입장을 바꾸어 "기적은 지금도 그리스도의 성사에 의해서든, 성도들의 기도나 유물에 의해서든, 그리스도의 이름으로 행해지고 있다. 그러나 그것이 이전의 기적에 수반되었던 그런 영광스러움을 가지고 널리 공표될 만큼 찬란하거나 현저하지 않을 뿐이다"라고 주장했다. 그런 다음 그는 자신의 주변에서 발견된 동시대의 신적 기적의 많은 사례를 제시했다.[89] 나아가 그는 사도 시대와 초기 기독교 순교자들이 선포한 진리가 그들의 기적을 통해 입증되었다고 주장했다.[90] 필립 샤프(Philip Schaff)가 암시했듯, 아우구스티누스는 적어도 그의 후기 저작들에서는 성경 시대 이후의 기적을 기독교 진리를 확증하는 역할과 결부시킴으로 기적이 자신들의 교리를 입증하는 증거라는 가톨릭의 신념을 고양시킨 것으로 보인다.[91]

칼뱅은 성령의 기적적인 은사가 성경 시대 이후에도 계속된다는 주장에 대해 부정적인 입장을 취했다. 그는 사도행전 2:38을 주해하면서 "그리스도는 이러한 기적으로 그분의 나라의 시작을 알리고자 하셨기 때문에, 성령의 은사는 한시적으로 지속되었다"[92]고 말했다. 마가복음 16:17의 주해에서는 다음과 같은 입장을 취했다. "그리스도는 이 은사를 일시적인 것으로 의도하셨는지, 그분의 교회에 영원히 남아 있게 하셨는지 명시적으로 말씀하시지는 않았다. 그럼에도 복음이 새롭고 아직 어둠 속에 있을 때 그것에 광채를 더하게 하시기 위해 기적이 한시적으

---

89 Augustine, *The City of God*, XXII. 8, *NPNF* s.1, 2: 485.

90 Augustine, *The City of God*, XXII. 8-10, *NPNF* s.1, 2: 485-92.

91 *NPNF* s.1, 1: 21.

92 John Calvin, *Commentary upon the Acts of the Apostles* (Edinburgh: The Calvin Translation Society, 1844), vol. 1: 121.

로 약속되었을 가능성이 있다.” 이어서 칼뱅은 은사가 중단되었을 가능성의 또 다른 이유로 세상의 '배은망덕'의 죄를 언급하기도 했다. 그러나 칼뱅은 이 구절이 은사의 지속을 시사하는 구절이라는 점에서 이 주해에서는 자신의 입장을 다소 누그러뜨린 것으로 보인다. “분명히 우리가 보기에 은사 사용은 그리 오래되지 않아 중단되었. 그것이 아니면 적어도 그 사례가 너무 드물어 은사들이 모든 시대에 동일하게 일반적이지는 않을 것이라고 결론 내릴 수 있다.”[93] 하지만 칼뱅은『기독교 강요』(Institutes)에서 가톨릭의 종부성사에 대해 논외하면서 또다시 은사의 지속을 명백히 부인했다. “치유의 은사는 다른 기적들과 마찬가지로 주님께서 한동안 나타내기 원하셨던 것이지만, 그 후로는 복음의 새로운 선포가 영원히 경이로운 일이 되게 하기 위해 사라졌다.”[94] 전반적으로 칼뱅은 성령의 기적적 은사의 가능성을 부인하지는 않았지만, 성경 시대 이후까지 지속되었을 가능성에 대해서는 매우 부정적이었던 것이 확실하다. 그러나 칼뱅이 하나님께서 성경 시대 이후에는 세상에서 기적적으로 역사하지 않으신다고 믿었을까? 그렇지 않다! “주님은 세상에서 사람들과 함께 계시는 동안 기적을 통해 복음의 신앙을 확증하셨던 것처럼, 이제도 동일한 능력을 미래에까지 확장”하시기 때문이다.[95] 예를 들어, 비록 치유의 은사가 “일시적인 것이었고, 또 부분적으로는 사람들의 배은망덕으로 속히 사라졌지만”, “주님은 참으로 모든 시대에 자기 백성과 함께 계시며, 옛날과 다름없이 필요할 때마다 그들의 연약함을 치유하시다.”[96]

---

93 John Calvin, *Commentary upon a Harmony of the Evangelists, Matthew, Mark, and Luke*, vol. 3: 389.

94 *Institutes*, IV.xix.18 (2: 1467).

95 John Calvin, *Commentary upon a Harmony of the Evangelists, Matthew, Mark, and Luke*, vol. 3: 388.

96 *Institutes*, IV.xix.19 (2: 1467).

그럼에도 칼뱅은『기독교 강요』에서 하나님의 섭리를 다루면서, 성경 시대 이후에 하나님께서 세상에 개입하는 방법으로서의 기적의 역할에 대해서는 거의 언급하지 않았다. 이처럼 칼뱅은 성경 시대 이후의 신자들의 지속적인 경험에서 드러난 신적 기적의 존재를 인정하면서도, 섭리의 차원에서 하나님께서 적극적으로 기적을 행하신다는 점에 대해서는 큰 관심을 보이지 않았다. 그 이유 중 하나는, 성경 시대에 기적의 주된 역할이 기독교 계시를 확증하는 것이라고 이해했던 칼뱅에게, 성경 시대 이후에도 기적의 적극적인 역할을 인정하는 것은 하나님의 특별계시의 유일한 규범인 성경의 권위를 위협할 수 있다고 생각했기 때문인 것으로 보인다. 이 외에도 칼뱅이 성경 시대 이후의 기적에 대해 소극적인 태도를 취한 것은, 자신의 교회에서 행해졌다고 주장하는 기적을 통해 잘못된 교리를 진리로 포장해 온 로마 가톨릭에 대한 반발에서 비롯되었다.

웨슬리는 하나님이 직접 행하시는 성경 시대 이후의 기적의 존재를 분명히 확신했다. 그는 저서에서 성경에 기록된 성령의 기적적 은사의 지속성에 대해서는 거의 언급하지 않았지만, 성경 시대 이후의 기적에 대해서는 자주 언급했다.

첫째, 웨슬리는 성경 시대 이후에도 하나님께서 기적을 행하실 가능성을 성경이 뒷받침한다고 주장했다.[97]

> 그러나 나는 이 세상 끝 날까지 어느 시대, 어떤 종류, 어떤 정도라도 하나님께서 자신의 전능하신 능력으로 기적 행하시기를 스스로 금하셨다고 생각하지 않습니다. 나는 기적이 사도 시대나 키프리아누스 시대, 또는 만물의 회복이 있기 이전의 더 길거나 짧은 특정 시기에 국한된다고 가르치는 성경 구절을 한 구절도 떠올릴 수 없습니다. 나

---

97   "The Principles of a Methodist Farther Explained", *Works* 8: 465.

는 구약이나 신약에서 이런 종류의 암시를 전혀 보지 못했습니다. 사
도 바울은 단 한 번 성령의 기적적 은사 중 두 가지에 대해 (그 본문이
보통 그렇게 이해되듯) "예언도 폐하고 방언도 그치리라"라고 말한 적
이 있습니다. 그러나 그는 믿음과 소망 역시 중지되는 때, 곧 우리가
하나님을 직접 뵙게 됨으로 믿음과 소망이 더는 필요 없는 상태가 되
고 오직 사랑만이 전부인 때가 될 때까지는 이 은사들이나 그외 다른
어떤 기적도 중지될 것이라고 말하지 않았습니다.

이처럼 웨슬리는 하나님이 기뻐하신다면 언제든 기적을 행하실 수
있다는 자신의 주장이 성경에 근거한 것이라고 믿었다. 이에 따라 그는
설교 "하나님의 섭리에 대하여"(1786)에서 "당신은 '뭐라고요! 그렇다면
당신은 기적을 기대한다는 말입니까!'라고 말합니다. 그렇습니다. 내가
성경을 믿는다면 당연히 그렇게 할 수밖에 없습니다"라고 선언했다.[98]

둘째, 웨슬리는 성경 시대 이후 교회에서의 기적의 가능성을 하나님
의 속성에서 이끌어냈다. 자기 백성을 사랑하고 자비를 베푸시는 하나
님은 비범한 개입을 통해 그 백성을 고통과 어려운 처지에서 구원하신다
는 것이다. 웨슬리는 인격적인 하나님은 우리의 기도를 듣고 응답하신
다는 사실을 강조했다.[99] 그는 자신의 시대에 마귀의 기적이 존재함을 알
고 있었다. 이 세상의 왕 사탄은 거짓된 이적으로 그리스도인들을 유혹
하기 위해 세상에서 활동한다. 웨슬리는 그렇다면 "진리의 하나님께서
왜 마귀보다 덜 활동하시거나 기적을 행하지 않으신다고 생각해야 합니
까?"라고 물었다.[100] 그에 따르면 사랑과 자비와 능력으로 자신의 피조물

---

98 "On Divine Providence", *BEW* 2: 546.

99 "On Divine Providence", *BEW* 2: 546.

100 "The Principles of a Methodist Farther Explained", *Works* 8: 465.

을 보존하시는 하나님은 주권적인 능력으로 기적을 행하심으로 자기 백성을 돌보시는 일에 매우 적극적으로 개입하신다.

셋째, 웨슬리는 자신의 경험을 통해서도 기적의 존재를 뒷받침했다. 그는 자신의 부흥운동 기록에서 자신과 초기 메소디스트들이 경험한 기적을 언급했는데, 이는 부흥운동 외부의 사람들에게 상당한 반발을 불러일으켰다.[101] 웨슬리는 메소디스트들이 기적을 직접 목격하고 경험했기 때문에 그들의 기적 체험은 충분히 믿을 만하다고 주장했다. 그러면서 이같이 비범한 역사는 일반적인 자연적 원인으로는 설명할 수 없다고 말했다. 그것들은 "하나님의 비범한 개입에 의한 것"으로 보아야 한다는 것이다.[102]

웨슬리는 성경 시대 이후 기적의 존재를 강조하는 동시에 이러한 기적의 적절한 역할을 규명하고자 했다. 그는 "코니어스 미들턴 박사에게 보내는 편지"(A Letter to the Reverend Dr. Conyers Middleton, 1748~1749)에서, 미들턴이 성경 시대 이후의 기적의 가능성을 거부한 이유 중 하나가 "현대의 로마 가톨릭 성직자들이 기적을 꾸며 신용과 부를 얻었기 때문"이라는 사실을 충분히 인식하고 있었다.[103] 웨슬리는 성경 시대 이후에 기적이 기독교 진리를 확증하는 증거로서의 역할을 한다는 주장은 적절하지 않다고 말했다. 심지어 초기 기독교 교회의 성직자들도 기적을 통해 아무것도 얻지 못했다.[104] 웨슬리의 이러한 확언은 "메소디스트 원리에 대한 추가적 해설: 웨슬리에게 보낸 처치 목사의 두 번째 서

---

101 "A Farther Appeal to Men of Reason and Religion", *Works* 8: 233–36; "The Principles of a Methodist Farther Explained", *Works* 8: 460–68.

102 "The Principles of a Methodist Farther Explained", *Works* 8: 460.

103 "A Letter to the Reverend Dr. Conyers Middleton", *Works* 10: 66.

104 "A Letter to the Reverend Dr. Conyers Middleton", *Works* 10: 66.

한에 대한 응답"(The Principle of a Methodist Farther Explained: Occasioned by the Rev. Mr Church's Second Letter to Mr. Wesley, 1746)에 이미 나타난다. 여기서 웨슬리는 설령 기적이 일어난다 해도 "그들의 교만한 마음이 낮아지고, 그들의 완고한 의지가 순복하며, 그들의 욕망이 최소한 어느 정도까지라도 그리스도의 율법에 순종하게 되지 않는 한, 어떤 것도 하나님의 거룩하시고 기뻐하시는 뜻에 대한 효과적인 증거가 될 수 없습니다"라고 말했다.[105]

웨슬리는, 장 칼뱅의 반대자들이 칼뱅에게 족구했던 것처럼, 반대자들로부터 기적을 행함으로 메소디스트 교리를 증명해 보라는 요구를 받았다.[106] 그러나 웨슬리는 어떤 교리가 참인지 아닌지의 판단은 기적이 아닌 성경에 의해 이루어져야 한다고 생각했다.[107] 성경은 기적이 없어도 충분하지만, 기적은 성경 없이는 충분하지 않다.[108] 웨슬리에 따르면, 하나님의 더 위대하고 비범한 역사는 외부 세계에서 일어나는 기적적이고 물리적인 역사가 아니라, 죄인의 마음을 성도의 경건한 마음으로 변화시키는 하나님의 사랑의 능력이다.[109]

로마 가톨릭 교회는 성경의 기적과 성경 시대 이후의 기적이 계시의 증거 및 교회의 진정성에 대한 증거로서 변증적 기능을 지님을 인정한다. 기적에 대한 가톨릭의 공식적 교리는, "신앙의 합리성에 대한 다양

---

105 "The Principles of a Methodist Farther Explained", *Works* 8: 464.

106 "A Farther Appeal to Men of Reason and Religion", *Works* 8: 233–34, "The Principles of a Methodist Farther Explained", *Works* 8: 466–67. 칼뱅, "프랑수아 1세에게 바치는 서문" (*Institutes* 1: 14–6).

107 "A Farther Appeal to Men of Reason and Religion", *Works* 8: 235, "The Principles of a Methodist Farther Explained", *Works* 8: 467.

108 "A Farther Appeal to Men of Reason and Religion", *Works* 8: 235.

109 "The Principles of a Methodist Farther Explained", *Works* 8: 467.

한 형태의 증거 중 기적이 첫째로 중요하다"는 것이다.[110] 이러한 로마 가
톨릭의 주장에 대한 반작용으로 마르틴 루터[111]나 장 칼뱅과 같은 종교개
혁자들은 성경 속 기적의 역할은 높이 평가하면서도, 성경 시대 이후의
기적의 역할에 대해서는 부정적이었다. 이후 '뉴턴의 시대'는 기독교의
기적과 섭리 교리 전반에 도전을 제기했다.[112] 베네딕투스 바뤼흐 스피노
자(Benedictus Baruch de Spinoza)와 알렉산더 포프는 그들 자신의 신 이해
에 따라 기적의 가능성을 부인했고, 코니어스 미들턴은 성경 시대 이후
의 기적의 존재를 거부했으며, 데이비드 흄은 심지어 성경에 기록된 기
적에 대한 증인들의 신뢰성조차 의심했다. 기적의 능력이 기독교 최초
의 설교자들에게 주어졌다고 믿었던 영국 국교회의 변증가 조셉 버틀러
(Joseph Butler)는 성경 시대 이후 기적의 존재에 대해 소극적이었기에, 웨
슬리가 기적이 여전히 존재한다고 주장하자, "선생님, 성령의 특별한 계
시와 은사를 지어내는 것은 끔찍한 일입니다, 정말 끔찍한 일입니다!"라
며 그를 비난했다.[113] 일부 보수적 기독교 변증가에게 성경 시대 이후에
도 기적이 존재한다는 주장은 열광주의자들의 주장으로 치부되었다. 그
변증가들은 성경 시대 이후의 기적들이 성경의 계시와는 별개의 특별계

---

110 *New Catholic Encyclopaedia* (1966), vol. ix: 891. 로마 가톨릭교회의 제1차 바티
   칸 공의회는 다음과 같이 선언했다. "성령의 내적인 도움에, 하나님의 계시에 대
   한 외적 증거인 하나님의 행위들, 특히 기적과 예언이 결합되어야 한다."

111 루터의 마 7: 22-3 주해, *Luther's Works* vol. 21: 272-73; 루터의 창 14: 15
   주해, *Luther's Works* vol. 2: 374; Martin Luther, *What Luther Says* (St. Louis:
   Concordia Publishing House, 1959), compiled by Ewald M. Plass, 952-55; Paul
   Althaus, *The Theology of Martin Luther*, 438-41; Jan D. Kingston Siggins, *Martin
   Luther's Doctrine of Christ* (New Haven and London: Yale University Press, 1970),
   41; B. A. Gerrish, *Grace and Reason* (Oxford: Clarendon Press, 1962), 17.

112 *BEW* 1: 91.

113 "Conversation with the Bishop of Bristol", *Works* 13: 500; 참고. Joseph Butler,
   The Analogy of Religion Natural and Revealed to Constitution and Course of Nature in *The
   Works of Bishop Butler* (London: Macmillan and Co, reprinted 1900), vol. 2: 156-
   62. Colin Brown, *Miracles and the Critical Mind*, 58-63.

시를 입증하는 데 악용될 것을 우려했기 때문이다. 성경의 기적이 지닌 중요한 역할을 믿었던 웨슬리는, 성경 시대 이후의 기적을 기독교 진리의 증거가 아닌, 하나님께서 사랑하시는 자기 백성의 어려운 상황에 지속적, 적극적으로 개입하신다는 사실에 대한 증거로 이해했다. 웨슬리에게 하나님은 자기 백성의 고난을 외면하는 무심한 분이 아니라, 기적적 능력과 은혜로 그들의 고난에 개입하는 분이시다. 그러므로 그에게 하나님의 기적은, 하나님의 전능과 전지의 범위를 벗어나 예기치 않게 발생하는 위급 상황에서의 하나님의 임시방편이나 물리적 응급 처치가 아니며, 단지 기독교 진리를 입증하기 위한 도구만도 아니다. 기적은 하나님의 돌보심과 구속의 은혜의 표징이며, 자신의 백성을 다루신 특별한 역사를 통해 하나님의 놀라운 능력이 드러난 것이다.[114]

19세기와 20세기에는 신적 기적의 가능성에 대한 비판이 거세졌다.[115] A. B. 브루스(Alexander Balmain Bruce)는 심지어 "현 시대[19세기]에는 변증가조차도 기적의 초자연적 특성(miraculousness)을 최소화하고 가능한 한 자연적인 것으로 보이게 하려는 데 관심을 가진다"고 말했다.[116] 루돌프 불트만(Rudolf Bultmann)에 의하면, 20세기에는 성경에 기록된 기적 이야기를 비신화화해야 한다.[117] 현대의 많은 보수적 그리스도인은 기적이 성경 시대에 국한된 것이므로 기적의 시대는 이미 지났다는 입장을 진지하게 받아들인다.[118] 철저한 칼뱅주의자인 벤자민 워필

---

114 참고. Paul Helm, *The Providence of God* (Leicester: IVP, 1993), 106-7.

115 Colin Brown, *Miracles and the Critical Mind*, 137-68.

116 A. B. Bruce, *The Miraculous Element in the Gospels: A Course of Lectures on the "Ely Foundation," Delivered in Union Theological Seminary* (London: Hodder and Stoughton, 1886), 43. Colin Brown, Miracles and the Critical Mind, 162에서 재인용.

117 Rudolf Bultmann, *The History of the Synoptic Tradition*, tr. John Marsh, 2nd ed. (Oxford: Basil Blackwell, 1968), 368-69.

118 참고. H. Ray Dunning, *Grace, Faith, and Holiness: A Wesleyan Systematic Theology*

드(Benjamin B. Warfield)는 『위조된 기적』(*Counterfeit Miracles*)에서 소위 성경 시대 이후의 기적 대부분은 사도 시대가 끝나면서 기적의 은사도 함께 중지된 이후에 위조된 것이라고 주장했다.[119] 리처드 스윈번이나 C. S. 루이스와 같이 성경의 기적을 강력히 지지한 일부 변증가조차 성경 시대 이후에 기적이 여전히 존재할 가능성에 대해서는 그다지 관심을 두지 않았다.[120] 오순절주의에서는 성경 시대 이후에도 기적이 존재한다는 주장이 집중적 관심을 받았음에도, 여전히 오늘날 중요한 신학적 쟁점 중 하나는 성령의 기적적인 은사가 존재하는가 하는 것이다.[121] 웨슬리의 기적 이해, 곧 기적을 증거주의(evidentialism)의 사례나 은사(charismata)의 사례로 보지 않고, 자기 백성을 향한 하나님의 지속적인 사랑의 돌보심의 결과로 이해하는 관점은, 새 천년기의 하나님의 섭리 이해에 크게 기여할 것이다.

III. 악의 문제

존 힉(John Hick)은 "18세기는 신정론의 황금기였다"고 지적했다.[122] 악의 문제에 대한 논의에서 가장 영향력 있는 인물은 더블린(Dublin)의 대주교 윌리엄 킹(William King, 1650~1729)으로, 그는 세상이 불완전

(Kansas, Missouri: Beacon Hill Press, 1988), 260.

119 Benjamin B. Warfield, *Counterfeit Miracles* (New York: Charles Scribner's Sons, 1918), 6, 27, 28, 44-5, 128-29.

120 성경 시대 이후의 기적에 관한 학문적 주장으로는 Colin Brown, *That You May Believe: Miracles and Faith Then and Now*를 참조하라.

121 참고. Jon Ruthven, *On the Cessation of the Charismata: Protestant Polemic on Postbiblical Miracles*, 7.

122 John Hick, *Evil and the God of Love* (London: the Macmillan Press, 1977), 2nd edition, 145; 참고. Alister E. McGrath, *Christian Theology*, 84-5.

함에도 이 세상은 가능한 모든 세상 가운데 최선의 세상이며, 선한 세
상을 위해서는 악도 필요하다고 생각한 18세기의 낙관론자 중 한 사람
이었다.[123] 이러한 낙관론에 반대해 데이비드 흄은 세상에 악이 존재하
는 현실에도 하나님은 선하고 전능하실 수 있는지에 대해 회의적이었
다. 흄은 『자연종교에 관한 대화』(*Dialogues Concerning Natural Religion*)에서
이렇게 적었다.[124]

> 에피쿠로스의 오래된 질문은 아직 답을 얻지 못했다. 신이 악을 막고
> 자 하지만 능력이 없는가? 그렇다면 그는 무능하다. 신이 능력은 있
> 지만 의지가 없는가? 그렇다면 그는 악하다. 그분은 능력과 의지 모
> 두를 가지고 계신가? 그렇다면 악은 어디서 온 것인가?

웨슬리도 사역 초기부터 악의 문제에 관심을 가졌다. 1729년 12월
19일에 부친에게 보낸 편지에서 그는 험프리 디튼(Humphry Ditton)의
악에 대한 견해를 긍정적으로 요약했는데, 이 견해는 이후 그의 신정론
이해의 골격이 되었다.[125] 반면 1730년 12월 21일과 1731년 1월 15일
에 부친에게 보낸 편지에서는 자신이 반대한 윌리엄 킹의 악에 대한 견
해를 요약했다.[126] 그 후 1780년에 그는 〈〈아르미니우스주의 매거진〉〉

---

123 Arthur O. Lovejoy, *The Great Chain of Being* (New York: Harper & Row, 1960),
212; 참고. William King, *An Essay on the Origin of Evil* (London: Printed for W.
Thurbourn, 1731). 다른 낙관론자들의 저작에 대해서는 John Clarke, *Enquiry
into the Cause and Origin of Evil* (London, 1720), Alexander Pope, *An Essay on Man*,
Soame Jenyns, *A Free Inquiry into the Nature and Origin of Evil* (London, 1757)을 참
조하라. 웨슬리가 언급한 윌리엄 킹과 소암 제닌스(Soame Jenyns)의 낙관론은 뒤
에서 논의할 것이다.

124 David Hume, *Dialogues Concerning Natural Religion* (London: Routledge, 1991),
ed. Stanley Tweyman, 157.

125 Humphry Ditton, *A Discourse Concerning the Resurrection of Jesus Christ* (London: J.
Darby, 1712), 559–62; *BEW* 25: 240–42.

126 *BEW* 25: 258, 264–67.

에 디튼과 킹의 서로 다른 견해를 각각 요약한 글을 발표했다.[127] 웨슬리는 그 이후의 설교 "그리스도의 오신 목적"(1781) "타락한 인류를 향한 하나님의 사랑"(1782) "하나님이 시인하신 일들"(1782) "인류의 타락에 대하여"(1782) "복음의 보편적 전파"(1783) 등에서는 성숙한 신정론 이해를 보여주었다.[128]

1. 악의 기원

'언데 말룸(*Unde malum*)?' 곧 '어떻게 악이 세상에 들어왔는가?'라는 질문에 웨슬리는 먼저 선한 신과 악한 신, 곧 두 무한한 최고 지배자가 존재한다고 가정하는 이원론적 신정론을 거부했다. 1729년 12월 19일 부친에게 보낸 편지에서 웨슬리는, "두 개의 지고하고 독립적인 원리"가 있다고 주장하는 마니교 체계는 "두 개의 절대적 무한자"를 포함하므로 "용어상의 모순에 가깝다"고 본 험프리 디튼의 견해를 지지했다.[129] 또 그는 "필연성에 관한 생각"(Thoughts upon Necessity, 1774)에서도 "인간은 악의 신 아리마니우스(Arimanius)에 의해 악으로 결정되었고, 선의 신 오로마스데스(Oromasdes)는 그 악을 막거나 제거하고자 했으나 실패했다. 악의 신의 힘이 너무나 세 그것을 제어할 수 없었기 때문이다"라고 주장하는 마니교의 이원론 사상을 비판했다.[130] 영원히 공존하는 두 개의 원리를 주장하는 명시적 이원론에서는 선한 신이 악의 존재에 대해 책임

---

127 *BEW* 25: 242, 267.

128 "The End of Christ's Coming", *BEW* 2: 476; "God's Love to Fallen Men", *BEW* 2: 423–35; "God's Approbation of His Works", *BEW* 2: 396–99; "On the Fall of Man", *BEW* 2: 400–3; "The General Spread of the Gospel", *BEW* 2: 499.

129 *BEW* 25: 241; Humphrey Ditton, *A Discourse Concerning the Resurrection of Jesus Christ*, 559–60.

130 "Thoughts upon Necessity", *Works* 10: 462.

이 없는 것으로 간주된다. 이러한 이원론은 세상에 왜 악이 존재하는가 하는 질문에 답을 제시하지만, 악을 극복할 해결책을 제시하지는 못한다. 선한 신이 무력하기 때문이다.[131] 웨슬리는 마니교의 이원론적 해법을 분명히 거부했다. 그는 일신론자였으며 하나님의 전능하심을 믿었다.

웨슬리는 또한 "세상에 존재하는 악이 어떤 지적인 원리에서 기인하는 것이 아니라, 신의 권능으로도 제거할 수 없는 물질 자체의 다루기 힘든 특성(stubbornness)에서 기인한다고 주장한" 스토아 철학에도 동의하지 않았다.[132] 이들에게 물질은 비록 창조되었지만 매우 다루기 힘들어 신조차 제어할 수 없기 때문에, 이 세상 모든 것에는 물질의 조악함(coarseness)에서 비롯되는 악이 필연적으로 존재한다. 따라서 스토아 철학에 따르면, 루트비히 에델슈타인(Ludwig Edelstein)이 지적했듯, 신은 물질을 포함해 모든 것을 창조했지만 피조물을 다스리는 일에는 전능하지 않다.[133] 신은 선하지만 전능하지 않으며, 따라서 악에 대해 책임이 없다. 악의 원인은 물질의 다루기 힘든 성질(untractableness)이기 때문이다.[134] 웨슬리는, 비록 스토아 학파가 세상의 악의 존재를 신의 책임으로 돌리지 않으려 이런 체계를 고안했을지 모르나, 그들의 생각은 "쓸모없고 비이성적인 허구일 뿐"이라고 단언했다. 물질은 하나님의 말씀에 말없이 순종하기 때문이다.[135] 이처럼 웨슬리는 악의 문제와 관련해 세상에

---

131 참고. Norman Anderson, *God's Law and God's Love* (London: Collins, 1980), 135, 137; Soame Jenyns, *A Free Inquiry into the Nature and Origin of Evil* (London: R. and J. Dodsley, 1757), 6.

132 "Thoughts upon Necessity", *Works* 10: 462.

133 Ludwig Edelstein, *The Meaning of Stoicism* (Cambridge, Massachusetts: Harvard University Press, 1966), 33.

134 Soame Jenyns, *A Free Inquiry into the Nature and Origin of Evil*, 17; 참고. A. A. Long, "The Stoic Concept of Evil", *The Philosophical Quarterly*, vol. 18, 1968, 333–40.

135 "Thoughts upon Necessity", *Works* 10: 469.

는 악이 영원히 운명적으로 존재하고, 물질의 악한 성질을 극복하는 일에서 신의 능력이 제한된다는 스토아 철학의 주장을 받아들이지 않았다.

웨슬리는 18세기의 소위 낙관론자들의 악에 관한 견해에도 동의하지 않았다. 그는 18세기 악의 문제에 관한 낙관주의의 대표자 윌리엄 킹의 『악의 기원에 대하여』(*De Origine Mali*)를 읽은 후[136] 부친에게 보낸 편지에, 킹의 악에 대한 설명은 자신이 "지금까지 읽은 모든 저자의 설명 중 가장 만족스럽지 않습니다"라고 적었다.[137]

킹에 따르면, 악에는 세 가지 종류가 있는데 곧 불완전의 악, 자연적 악, 도덕적 악이다.[138] 불완전의 악에 대해, 킹은 피조물의 불완전성이 필연적임을 설명하는 것으로 악의 기원에 대한 성찰을 시작한다. 그에 따르면 피조물은 반드시 신보다 덜 완전할 수밖에 없다. 에드먼드 로(Edmund Law)가 지적했듯, 킹에게 완전한 피조물이라는 용어는 그 자체에 모순을 내포한다. 만약 어떤 피조물이 완전하다면 그것은 독립적이어야 하고, 결과적으로 그것은 피조물이 아닌 하나님이 된다. 절대적 완전성은 "하나님께만 있는 고유한 특성"이기 때문이다.[139] 아서 러브조이(Arthur O. Lovejoy)가 지적했듯, 이 경우 신의 충만함의 원리(principle of divine plenitude, 신은 선, 지혜, 능력 등이 완전하고 무한히 충만한 존재로서 그 충만함이 외적으로 확장되고 발현되는 경향을 지니며, 이로 인해 창조 가능한 모든 존재가 현실화되는 방향으로 나아간다는 원리이다-역주)는 모든 피조물이 지닌 결함으로서의 악의 필연적 존재를 합

---

136 Arthur O. Lovejoy, *The Great Chain of Being*, 212.
137 *BEW* 25: 258.
138 William King, *An Essay on the Origin of Evil*, 73.
139 William King, *An Essay on the Origin of Evil*, 81.

리화하는 역할을 직접적으로 수행한다.[140] 하나님은 불완전한 피조물을 창조하지 않은 채로 홀로 자족하며 영원토록 완전하게 존재하실 수도 있었으나, "그분의 무한한 선하심은 그것을 결코 허용하지 않았을 것이다."[141] 신은 모든 피조물의 본성이 불완전할 것을 미리 아셨음에도 그들을 지으셨는데, 그 이유는 "신의 선함은 불완전한 존재들이라도 전혀 존재하지 않는 것보다는 낫다고 여기셨기" 때문이다. 따라서 피조물의 불완전성으로 인한 악은 창조주에 의해 용인되어야 한다. 나아가 신과 "무"(無) 사이에는 무한할 만큼이나 서로 다른 정도(degrees)의 완전성이 있다.[142] 완전한 존재는 신뿐이며, 모든 피조물에는 다양한 정도의 불완전함과 결함이 있을 수밖에 없다. 따라서 역설적이게도 신의 완전함은 세상의 불완전함으로 이어졌고, 이로 인해 완전한 신은 피조물의 불완전함을 감내해야 했다. 이것이 세상의 악의 시작이다.

그러나 웨슬리는 피조물이 하나님보다 덜 완전하게 지음 받았다고 생각하면서도, 이 불완전함을 악의 원인으로 보지 않았다. 예를 들어, 창조된 그대로의 아담은 완전하신 하나님과의 올바른 관계 속에 머무는 한 어떤 고통도 없이 행복을 누릴 수 있었다. 그는 피조물이었기에 지식이 제한적이었다. 그에게서 무지가 분리될 수는 없었지만, 이는 하나님의 율법을 어긴 것도, 악도 아니었다. 하나님과 비교해 그가 지닌 불완전함은 필연적으로 악으로 이어지지는 않는 것이다.[143] 웨슬리는 킹과 달리 신의 충만함의 원리가 피조물의 결함으로서의 악을 조장한다고 주장

---

140 Arthur O. Lovejoy, *The Great Chain of Being*, 216.

141 William King, *An Essay on the Origin of Evil*, 82.

142 William King, *An Essay on the Origin of Evil*, 83.

143 "The End of Christ's Coming"(1781), *BEW* 2: 474; 존 호스머(John Hosmer)에게 보낸 편지 (1761년 6월 7일), *Letters* 4: 155.

하지 않았고, 오히려 정반대로 아담의 완전성과 행복의 가능성을 강조
했다. 아담의 지식, 의지, 자유는 그 종류에서는 완전했지만, 그의 "최
고의 완전성"은 완전하신 하나님과의 올바른 관계에 의해 확립되고 유
지되며 증진되었다. 하나님과의 올바른 관계는 "모든 육체의 영의 아버
지이신 그분을 끊임없이 바라보고 사랑하며 순종하는 것"으로 이루어진
다.[144] 요약하면, 웨슬리는 모든 피조물이 하나님처럼 완전하지는 않지만
그 본래의 상태에서는 어떤 악도, 고통도 없이 그들의 종류에 따라 완전
하고 아름답게 지음 받았다는 사실을 강조했다.

킹에 따르면, 두 번째 악인 자연적 악은 죽음, 고통, 질병, 지진과 같
은 자연재해를 포함하는데, 이 악은 물질의 수동적이고 다루기 힘든 성
질에서 기인한다.[145] "모든 자연적인 것은 물질과 관계를 맺거나 물질에
서 발생하며, 이로 인해 필연적으로 자연적 악에 종속된다."[146] 킹과 그의
추종자 제닌스(Jenyns)는 물질을 비창조적 실체로 여기지는 않았으나, 일
단 하나님이 물질을 창조하셨다면 이 물질은 본성상 결함이 있거나 악하
며, 전능하신 하나님도 물질에서 악을 분리해낼 수 없다고 생각했다.[147]
그 결과 그들은 마니교도들이 악한 신을 하나님과 경쟁하는 강력한 지
고의 존재로 여긴 것을 비난하면서도,[148] 자신들 역시 물질을 창조에서의
하나님의 선하심에 대적하는 강력한 힘으로 여기게 되었다. 그들은 하나
님을 다루기 힘든 물질에 직면해 할 수 있는 최선을 다하는 것으로 묘사
하지만, 그분이 원하시는 바를 행할 정도로 충분한 능력을 지니지는 않

---

144 "General Deliverance"(1781), *BEW* 2: 439.

145 William King, *An Essay on the Origin of Evil*, 96–7.

146 William King, *An Essay on the Origin of Evil*, 96.

147 William King, *An Essay on the Origin of Evil*, 96–7.

148 William King, *An Essay on the Origin of Evil*, 74 이하 (참고. *BEW* 25: 264), Soame
    Jenyns, *A Free Inquiry into the Nature and Origin of Evil*, 6.

은 것으로 여겼다. 이러한 낙관적 신정론은 하나님의 전능하심을 부정함으로 그분의 선하심을 보존했다.[149] 게다가 물질로 이루어진 인간의 몸의 부패는 물질 운동의 결함에서 자연적으로 생겨난다.[150] 제닌스는 "육체의 고통은 아마도 물질적 본질과 영적 본질의 결합으로 인한 필연적 결과일 것이다"라고 주장했다.[151] 또 킹은 우리의 첫 부모는 부분적으로 물질로 지음 받았기에 자연히 죽을 수밖에 없었으나, 하나님께서는 그들이 자신의 규칙에 순종하는 것을 조건으로 불멸을 약속하셨다고 주장했다.[152] 이 체계에서는 결함이 있고 다루기 힘든 물질이 우리의 첫 부모의 죽음의 첫 번째 원인이라면, 그들이 하나님의 언약을 깨뜨린 것은 그 두 번째 원인이다. 이같이 자연적 악의 원인은 물질의 다루기 힘든 본성이다.

웨슬리가 18세기 낙관론자들에게 쏟아낸 주된 비판은 그들이 물질의 본성을 오해했다는 것이다.[153] 웨슬리에 따르면, 하나님조차 바꿀 수 없는 물질의 본성에서 악이 필연적으로 발생한다는 주장은, 마치 "감언이설의 달변가"가 하나님을 옹호하기 위해 하는 "악의 기원에 대한 그럴듯한 설명"처럼 들린다.[154] 그러나 그는 이러한 설명을 "적어도 이천 년은 된" 스토아 학파의 주장의 한 변형으로 보았다.[155] 웨슬리에 의하면, 물질은 하나님께 온전히 순종한다는 점에서 이러한 견해는 악의 기원 문제에 대한 합리적인 대답이 될 수 없다.

세상에 도덕적 악이 존재하는 이유를 묻는 질문에, 킹은 자유의지를

---

149 John Hick, *Evil and the God of Love*, 151.

150 William King, *An Essay on the Origin of Evil*, 98.

151 Soame Jenyns, *A Free Inquiry into the Nature and Origin of Evil*, 53.

152 William King, *An Essay on the Origin of Evil*, 111.

153 *BEW* 25: 258, 265.

154 "God's Love to Fallen Man"(1782), *BEW* 2: 434.

155 *BEW* 25: 258.

옹호하는 입장에서도 답했다. 곧 자유로운 행위자는 선과 악을 선택할 수 있는 자유를 반드시 가져야 한다는 것이다.[156] 그에게 세 번째 악인 도덕적 악은 자유로운 행위자들이 "악하거나 어리석은 선택"을 함으로 발생하는 "삶과 상태의 불편함"이다.[157] 그러나 그는 자유의지의 남용을 악의 근본적 원인으로 보지는 않았다. 도덕적으로 책임이 있는 피조물이 선을 택한다 하더라도 그들은 육체적으로 불완전하기 때문에 여전히 고통을 겪을 것이기 때문이다. 킹과 제닌스는 자유의지의 남용이 자연적 악의 원인이라는 견해는 근거가 없으며, 신의 지혜, 선함, 전지성, 전능성과도 일치하지 않는다고 주장했다.[158] 제닌스는 이 견해에 대해 킹보다 더 비판적이어서 "그것은 철학적이지 않을 뿐 아니라, 더 분명히 말하면 터무니없어 보인다"고 말했다.[159] 자유의지의 남용은 도덕적 악의 원인일 뿐, 모든 악의 원인은 아니라는 것이다.

웨슬리의 견해는 한편으로는 자유로운 행위자가 하나님의 개입이나 예정 없이 잘못된 선택을 할 때 도덕적 악이 발생한다고 설명한 점에서 킹의 견해와 유사했다.[160] 그러나 도덕적 악과 관련해 웨슬리와 킹의 차이점은, 킹은 자유의지의 남용을 오직 도덕적 악의 원인으로만 본 반면, 웨슬리는 그것을 모든 악의 원인으로 보았다는 점이다.

웨슬리와 18세기 낙관론자들의 중요한 차이점은 악이 존재하는 세상에 대한 관점이었다. 킹은 이 세상이 가능한 모든 세상 중 가장 좋은

---

156 Hick, *Evil and the God of Love*, 152.

157 William King, *An Essay on the Origin of Evil*, 149.

158 William King, *An Essay on the Origin of Evil*, 146–47, Soame Jenyns, *A Free Inquiry into the Nature and Origin of Evil*, 11–2.

159 Soame Jenyns, *A Free Inquiry into the Nature and Origin of Evil*, 12.

160 "Thoughts upon Necessity", *Works* 10: 467.

세상이라고 주장했다.[161] 피조물의 불가피한 불완전성을 고려할 때, 하나님은 세상에서 있을 수 있는 최선의 체계를 선택하셨다는 것이다. 그렇다면 그 최선의 체계는 무엇을 위한 것인가? 창조 시 피조물의 결함에서 발생하는 악의 존재를 신의 선함과 조화시키기 위해 킹은 세상의 최선의 체계는 개별 피조물의 행복의 총합에 있지 않고 보편적 체계 전체의 선함에 있다고 주장했다. 따라서 한 개체의 고통은 전체의 선을 위해 무시될 수 있었다. 예를 들어, 동물계의 먹이사슬은 전체를 위해서는 선하다는 것이다. 그런 의미로 킹은 "어떤 동물은 다른 동물의 먹이가 되도록 만들어졌으며, 그런 조건이 아니었다면 존재하지 않았을 것이다"[162]라고 말한다. 이 먹이사슬에서 약한 동물들의 행복은 먹이사슬의 유익을 위해 희생된다. 따라서 러브조이가 지적한 것처럼, 『악의 기원에 대하여』에서 묘사된 신은 사자뿐 아니라 어린양도 사랑하지만, 사자가 어린양과 함께 눕기보다는 양을 잡아먹는 정글의 자연법칙에 따라 행동하기를 바란다.[163] 먹이사슬은 우주 전체를 위해서는 선한 체계로 여겨지지만, 그 안에서 사자의 먹잇감들이 겪는 고통은 전체의 선을 위해 무시된다. 나아가 킹은 이 타락한 상태에서 "죽음, 굶주림, 목마름, 질병 등은 … 세상의 선을 위한 것"이라고 주장했다.[164] 따라서 신이 선택한 가능한 세계 중에서 최선의 체계는 각 피조물의 행복과 평화로 이어지지는 않으나, 전체로서의 보편적 체계의 유익으로는 이어진다.[165] 간단히 말해, 낙관론자들은 물질의 다루기 힘든 본성으로 인해 유한한 피조물에게는 악

---

161 William King, *An Essay on the Origin of Evil*, 100.

162 William King, *An Essay on the Origin of Evil*, 118–19.

163 Arthur O. Lovejoy, *The Great Chain of Being*, 221.

164 William King, *An Essay on the Origin of Evil*, 147; 참고. Soame Jenyns, *A Free Inquiry into the Nature and Origin of Evil*, 50.

165 참고. Arthur O. Lovejoy, *The Great Chain of Being*, 211.

이 존재하지만, 전체의 선이라는 관점에서 본다면 이 세계가 가능한 모든 세계 중 최선이라고 이해했다. 이처럼 이 체계에서는 유한한 피조물들 안에 악이 존재하는 이유는 설명되었으나, 현존하는 악을 극복하는 방법은 거의 제시되지 않았다. 낙관론자들에게는 이 세상의 체계 전체는 선한 것으로 보였고, 나아가 유한한 개별 피조물이 겪는 고통스러운 상황은 우주 전체의 선을 위해 작용하는 것으로 간주되었기 때문이다.

웨슬리는 이 세상을 가능한 모든 세상 중 최선으로 보지 않았다. 그는 이 세상이 타락해 고통으로 가득 차 있다고 생각했다. 모든 피조물은 허무 곧 비참함과 부패에 종속되어 있다.[166] 동물 세계와 관련해 웨슬리는 사나운 짐승의 잔혹함과 무고하고 약한 먹잇감의 비참함을 이 세상의 타락의 증거로 보았다. 그는 동물 세계의 정글의 법칙을 (낙관론자들이 믿은 것처럼) 전체의 선을 위한 필연적이고 바람직한 것이 아니라, "피조물이 허무한 데 굴복한 것"(롬 8:20)의 비참한 결과로 생각했다. 인간 역시 죽음, 질병, 전쟁으로 고통을 당한다. 그러므로 이 세상은 피조물이 다 이제까지 "한목소리로" 함께 탄식하고 있다.[167] 그러나 웨슬리에 따르면, 한 때 "이 낮은 세상의 대리 통치자"였던 인간이 하나님과의 올바른 관계를 회복한다면, 심지어 이 타락하고 고통스러운 세상도 더 나은 세상으로 변화될 수 있다.[168] 웨슬리는 현재의 이 세상을 가능한 모든 세상 중 최선의 세상이라고 보지 않았다는 점에서는 낙관론자가 아니었지만, 이 세상이 지금보다 더 나은 세상으로 변화될 수 있음을 믿었다는 점에서는 낙관론자였다.

웨슬리는 존 테일러의 저서 『원죄에 관한 성경적 교리』(The Scrip-

---

166 *ENNT* 549, 롬 8: 20 주해; "General Deliverance", *BEW* 2: 442.
167 *ENNT* 549, 롬 8: 22 주해.
168 "General Deliverance", *BEW* 2: 442.

ture-Doctrine of Original Sin)와 『원죄에 관한 성경적 교리 증보판』(*A Supplement to the Scripture-Doctrine of Original Sin*)을 검토한 후 그의 악에 대한 이해를 거부했다. 테일러는 이 세상은 시험 중에 있는 피조물들의 거처로 지음 받았으며, 그 시험은 미래의 영원한 행복을 위한 것이라고 주장했다.[169] 시험의 상태란, 우리가 유혹에 노출되어 무죄한 상태를 잃어버릴 수 있기에, 이 세상은 안정된 행복의 상태가 아닌 긴장과 고통의 상태임을 의미한다. 그에 따르면, 하나님은 피조물의 덕을 훈련하고 향상시키기 위해 자신의 지혜와 신하심으로 우리의 상태에 자연적 악을 더하셨다.[170] 이런 의미에서 하나님은 자연적 악의 창시자로 여겨질 수 있고, 자연적 악은 심지어 인간의 타락 이전에도 세상에 존재했다.

웨슬리는 이 세상이 시험을 위해 지어졌다는 견해를 전적으로 거부하지는 않았다. 자유의지를 가진 아담은 하나님의 율법에 대한 순종을 입증해야 했던 만큼, 그는 일정한 시험 기간을 거쳐야 했다.[171] 그러나 웨슬리는 "따라서 시험의 상태가 반드시 어떤 종류나 정도의 자연적 악을 의미하지는 않는다"는 점을 강조했다.[172] 시험의 기간은 영원하지 않을 것이었다.[173] 심지어 에덴에서의 시험 기간 동안에도 아담은 아무런 공로 없는 자에게 값없이 베푸시는 하나님의 사랑으로 인해 대부분 매우 행복했다.[174] 나아가 에덴은 단지 시험만을 위해서가 아니라 하나님의 영광과 인간의 행복을 위해 설계되었다. 하나님은 피조물에게 악을 초래

---

169 John Taylor, *A Supplement to the Scripture-Doctrine of Original Sin* (London, 1741), 22-3.

170 John Taylor, *A Supplement to the Scripture-Doctrine of Original Sin*, 23.

171 "Justification by Faith", *BEW* 1: 184; "The New Birth", *BEW* 2: 189.

172 "The Doctrine of Original Sin", *Works* 9: 321.

173 참고. "Justification by Faith", *BEW* 1: 184.

174 "Justification by Faith", *BEW* 1: 185.

하지 않으셨다. 성경이 "하나님이 지으신 그 모든 것을 보시니 보시기에 심히 좋았더라"(창 1:31)라고 밝힌 것처럼 창조세계의 본래 상태에는 악이 전혀 존재하지 않았다.[175]

테일러는 타락 이전이든 이후든 하나님께서 인류에게 주신 "고난, 재앙, 죽음 그 자체"는 인간의 덕을 향상시키기 위한 수단이라고 믿었다.[176] 하나님은 형벌을 통해 선을 이끌어내시기 때문이다.[177] 그 결과 테일러는 이같이 해로운 것들조차 하나님의 형벌이 아닌 "하나님의 선하심의 징표"이자, "인류의 가장 고귀한 본성에 유익한 것"으로 여겼다.[178] 그는 타락으로 인해 아담이 죽음을 경험했지만, 이 죽음은 영원하지 않고 일시적이라고 주장했다. 이 현세의 죽음은 악이 아닌 유익한 고통인데, 이는 영원한 생명을 얻게 하는 선한 도구가 되기 때문이다. 정죄를 받아 악하게 된 것은 오직 땅과 뱀뿐이다.[179] 특히 아담의 일시적 죽음과 고통이 후손들에게 전가되었어도, 그들은 저주를 받은 것이 아니라 미래의 행복을 위해 자연적 악으로 고통을 겪을 뿐이다. 아담에게서 전가된 그들의 고통은 어떤 형벌이 아니라, 미래 세상에서의 행복을 위해 덕을 향상시키는 수단이라는 것이다. 이러한 주장은 악을 영적 성숙 과정의 필수 요건으로 설명하는 소위 '영혼 형성 신정론'(soul-making theory)과 유사성을 지닌다.[180] 이러한 주장은 어떤 의미에서는 악으로 고통당

---

175 "The Doctrine of Original Sin", *Works* 9: 321.

176 John Taylor, *A Supplement to the Scripture-Doctrine of Original Sin*, 24.

177 John Taylor, *A Supplement to the Scripture-Doctrine of Original Sin*, 23.

178 John Taylor, *A Supplement to the Scripture-Doctrine of Original Sin*, 27.

179 John Taylor, *The Scripture- Doctrine of Original Sin*, 19.

180 John Hick, "An Irenaean Theodicy", in Stephen T. Davis (ed.), *Encountering Evil* (Atlanta: John Knox Press, 1981), 48-9, 51-2; John Hick, *Evil and the God of Love* (London: the Macmillan Press, 1977), the second edition, 334-6; 참고. Alister E. McGrath, *Christian Theology*, 228-29.

하는 이들을 위로할 수 있지만, 악의 역할이 선을 일으키는 것으로 미화되는 결과를 낳았다.[181]

웨슬리는 악이 영적 성숙에 기여할 수 있다는 점을 부인하지 않았고, 하나님은 악에서 선을 이끌어내기를 의도하셨다는 테일러의 주장에 동의했다. 그러나 테일러와 달리 하나님께서 악이나 고통 없이는 인간의 덕을 증진시킬 수 없다고 생각하지는 않았다. 다시 말해, 하나님은 인간을 유익하게 하시기 위해 악을 제정하신 것이 아니다. 전능하신 하나님은 악 없이도 효과적으로 인간을 유익하게 하실 수 있기 때문이다.[182] 악은 인간의 유익을 증진하는 데 유용한 도구가 될 수는 있으나, 유일한 수단은 아니다. 나아가 웨슬리는 하나님께서 형벌을 통해 인간을 복되게 하시더라도, 형벌의 본질은 바뀌지 않으며 "형벌은 여전히 형벌일 뿐"임을 강조했다.[183]

지금까지 우리는 웨슬리가 악의 기원에 대한 여러 주장을 거부했음을 살펴보았다. 이제는 웨슬리 자신이 악의 기원을 어떻게 이해했는지를 다루고자 한다. 악이 무엇이든 그것은 어떻게 세상에 들어왔는가? 무엇보다 웨슬리는 본래의 창조세계에는 악이 없었음을 강조했다. 웨슬리는 윌리엄 킹이 주장한 것처럼 피조물이 지닌 제한성이나 불완전성을 악의 일종으로 언급하지 않았다. 또 테일러가 믿었던 것처럼 하나님이 인간의 덕을 향상시키기 위해 인간이나 그들의 환경에 악을 창조했다고도 주장하지 않았다. 전능하신 하나님이 계시기에, 어떤 악한 신의 존재나 다루기 힘든 자연의 존재를 가정할 필요가 없기 때문이다. 그렇다면 악은 어떻게 세상에 들어왔는가? 웨슬리는 피조세계에서의 악의 시작을

---

181 참고. Alister E. McGrath, *Christian Theology*, 229.
182 "The Doctrine of Original Sin", *Works* 9: 317–18.
183 "The Doctrine of Original Sin", *Works* 9: 319.

자유로운 행위자가 자유를 남용한 데서 찾았다. 그는 설교 "그리스도의
오신 목적"에서 이렇게 말한다.[184]

> 악은 '아침의 아들 루시퍼'에게서 왔습니다. 악은 '마귀의 일'이었고,
> 사도는 '마귀는 처음부터 범죄함이라'라고 하였습니다(요일 3:8). 이
> 는 곧 우주 최초의 죄인, 죄의 창시자, 자신의 자유를 남용해 창조세
> 계에 처음 악을 들여온 존재가 마귀였다는 뜻입니다.

그렇다면 타락한 천사는 누구에게 악을 전해주었는가? 바로 하나님
이 창조하신 또 다른 자유로운 행위자, 곧 선이나 악을 선택할 자유를
지닌 인간이었다. 타락한 천사의 유혹을 받은 아담과 하와는 자유를 남
용해 선이 아닌 악을 선택했다. "인간은 자유를 남용해 악을 저질렀고,
그 결과 세상에 죄와 고통을 가져왔습니다."[185] 자유는 지성적 존재에게
주어진 하나님의 소중한 선물로서, 선이나 악을 선택할 수 있는 자연적
능력을 내포한다.[186] 웨슬리는 마니교의 이원론과 하나님이 악을 창조하
셨다는 주장 모두를 거부했기에 남은 가능성은 단 하나였다. 곧 천사와
인간이 자유를 남용해 악을 선택했다는 것이다. 따라서 악의 기원은 바
로 자유의 남용이다.

자유로운 행위자가 자유를 남용한 것이 악의 기원이라는 견해에 대
해, '이미 악이 존재하지 않았다면 어떻게 악을 선택할 수 있는가?'라는
질문을 제기할 수 있다.[187] 웨슬리는 설교 "죽은 자를 위한 애도에 대하
여"(1727)에서 하나님은 단지 악을 허락하셨을 뿐, 악의 창시자는 아니

---

184 "The End of Christ's Coming", *BEW* 2: 476.

185 "God's Love to Fallen Man", *BEW* 2: 434.

186 "On the Fall of Man", *BEW* 2: 401.

187 Alister E. McGrath, *Christian Theology*, 230.

시라고 주장했다.[188] 하나님은 인간에게 선이나 악을 선택할 수 있는 능력을 주시면서, 선악을 알게 하는 나무의 열매를 먹지 말라는 명령을 어기면 죽을 것이라고 경고하셨다. 웨슬리에 따르면, 죽음은 죄에 대한 형벌로 하나님께서 준비하신 것이지만, 인간이 죄를 짓기 전까지는 죽음이라는 악이 현실화되지 않았다.[189] 그러므로 하나님이 단지 죽음에 대해 경고하셨다고 해서 죽음의 창시자가 되실 수 없다. 같은 방식으로, 하나님이 인간이 악을 선택하는 일을 허락하셨다고 해도 악의 창시자가 되실 수 없다. 웨슬리에 따르면, 누군가가 그것을 선택하기 선에는 어떤 것도 선이나 악이 아니기 때문이다.[190] 태초에 하나님은 악과 형벌을 단지 가능성으로만 존재하게 하셨는데, 죄를 지음으로 그것을 현실화한 것은 자유 행위자이다.[191] 이런 의미에서 웨슬리는 악이 독자적인 실체가 아니라 선의 결핍(*privatio boni*)이라는 아우구스티누스의 주장에 동의하지 않았다.[192] 악이 선의 결핍이라는 주장은 선한 창조세계에 어떻게 악이 존재할 수 있는지를 설명하려는 시도이다. 곧 악은 하나님이 창조하신 것이 아니라, 자유로운 행위자가 선에서 의도적으로 돌아섬으로 구성된다는 것이다. 수잔나 웨슬리도 이러한 생각을 지지했다. 그녀는 "어머니와 에밀리아의 종교적 대화"에서 "모든 악은 적절히 말하면 아무런 실증적(positive) 존재가 없어", "도덕적 악은 어떤 행위에 마땅히 있어야 할 올바름의 결핍이야"라고 말했다.[193] 악을 선의 결핍으로 보는 견해는 하나님이 악의 창시자가 아니라고 주장하는 데 강점이 있다. 그러나 존 힉이 지적

---

188 "On Mourning for the Dead"(1727), *BEW* 4: 238-39.

189 "The Doctrine of Original Sin", *Works* 9: 321.

190 참고. *BEW* 25: 266.

191 참고. "The Doctrine of Original Sin", *Works* 9: 321.

192 Augustine, *Confessions* VII. 12; *The Enchiridion* III. 2.

193 Charles Wallace Jr. (ed.), *Susanna Wesley: the Complete Writings*, 438.

했듯, 어떤 대립적 용어가 짝을 이룬 경우 우리는 한쪽을 반대쪽 용어로 정의하는 방법으로 그 한쪽을 제거해 버릴 수 있다. 예를 들어, 크고 작음의 경우 "사물을 '더 크다'나 '더 작다'라고 말하지 않고, '더 크다'나 '덜 크다'라고 말함으로 '작다'라는 용어를 없애버릴 수 있다." 그렇다면 선과 악의 경우에도 세상의 자연적, 도덕적 악의 실제적 현실을 묘사할 때 '악'이라는 단어를 없애버린 후, 그 대신 "선이 더 많은 정도와 더 적은 정도"로 말하는 것이 논리적으로 가능하다.[194] 그러나 이는 세상에 실재하는 악의 존재를 부정하는 결과를 가져온다. 웨슬리는 그의 어머니가 표현한 생각 중 일부는 받아들였으나, 선의 결핍으로서의 악 개념은 받아들이지 않았다. 웨슬리에 따르면, 선과 악은 전혀 다른 것이기 때문이다.

악의 기원에 관해 제기할 수 있는 또 다른 질문은, 전능하시고 선하신 하나님이 왜 자신의 피조물이 죄짓는 것을 막지 않음으로 결과적으로 악이 세상에 들어오도록 내버려두셨는가 하는 것이다. 무엇보다 웨슬리는 하나님이 아담의 범죄를 예정하셨다는 주장을 거부했다.[195] 그것을 거부하지 않는다면 하나님이 죄의 창시자가 되시기 때문이다. 웨슬리는 설교 "타락한 인류를 향한 하나님의 사랑"(1782)에서 하나님이 아담이 자유를 남용해 타락할 것을 미리 아셨음을 인정했다.[196] 그는 또 하나님께서 능력으로 타락을 막을 수 있었음에도,[197] 타락을 예방하거나 방해하는 방법을 사용하지 않으셨다고 생각했다.[198] 만약 하나님이 타락을 막기 위해 아담의 이해, 의지, 자유를 무력화하셨다면, 이는 곧 하나님이 인

---

194 John Hick, *Evil and the God of Love*, 54.

195 "A Dialogue between a Predestinarian and his Friend", *Works* 10: 261.

196 "God's Love to Fallen Man"(1782), *BEW* 2: 424.

197 "God's Love to Fallen Man", *BEW* 2: 424.

198 참고. *BEW* 25: 267.

간을 자신의 형상대로 창조하신 일을 무효화하는 일이 되기 때문이다. [199] 그 대신 웨슬리는 하나님께서 아담의 범죄를 허용하셨다고 믿었다. 죄를 허용하는 것(permitting)은 죄를 일으키는 것(causing)이 아니다. [200] 이 허용의 기초는 한편으로 하나님께서 인간 안에 심어 놓으신 선택의 자유이며, 하나님은 이 자유를 피조물에게서 다시 빼앗지 않으신다. 다른 한편으로 웨슬리는 죄에 대한 하나님의 허용을 하나님의 섭리의 관점에서 긍정적으로 보았다. 그는 창세기 3:6-8을 주해하면서 하나님은 "지혜롭고 거룩한 목적을 위해" 죄를 허용하셨다고 설명했다. [201] 그 목적은 하나님과 인간 모두를 위한 것이다. 인간 편에서의 선에 관해서는, 타락으로 인해 인류는 땅과 하늘에서 더 거룩하고 행복하게 될 가능성을 얻게 되었다. 만약 아담이 타락하지 않았다면, 인간은 성부, 성자, 성령 하나님의 사랑을 그만큼 깊이 경험할 수 없었을 것이며, 나아가 고난 중에도 선을 행함으로 행복을 더할 수도 없었을 것이다. [202] 하나님 편에서의 선에 관해서는, 하나님은 "아담이 타락하지 않았다면 결코 얻지 못했을 무한히 더 큰 행복"의 가능성을 모든 인류에게 주시고, 또 악에서 선을 이끌어내심으로 창조의 목적을 성취해 자신의 지혜와 공의와 자비를 더욱 충만히 드러내실 것이다. [203] 이처럼 웨슬리는 하나님의 선과 인간의 선을 상호 결합시켰다. 곧 모든 선한 일에 부족함이 없으신 하나님은 자신과 인간 모두를 위해 선을 이루신다는 것이다. 분명한 것은 웨슬리가 타락과 모든 악을 긍정적이고 실천적인 방식으로 해석해 다음과 같이 말했다

---

199 "On Divine Providence"(1786), *BEW* 2: 541.

200 "Thoughts upon Necessity", *Works* 10: 466.

201 *ENOT* 15, 창 3: 6-8 주해; 참고. Matthew Henry, *Exposition* 11.

202 "God's Love to Fallen Man", *BEW* 2: 426-29.

203 "God's Love to Fallen Man", *BEW* 2: 434.

는 짐이다. "여자에게서 난 모든 사람은 그로 인해 말할 수 없는 유익을 얻을 수 있게 되었고, 자신의 선택으로 그 유익을 포기하지만 않는다면 어느 누구도 손해를 보지 않고, 볼 수도 없습니다." 이 해석에서 불행한 타락과 모든 인류의 타고난 악은 성경에 계시된 확립된 사실로 간주된다. 따라서 실천적인 신학자인 웨슬리는, 예를 들어 하나님이 우리의 첫 부모가 사탄의 유혹을 받을 때 왜 타락하지 않도록 설득하지 않으셨는지에 대해 억측하지 않았다. 웨슬리는 단지 확립된 사실을 긍정적으로 묘사했을 뿐이다. "하나님께서는 첫 사람의 타락을 허용하는 것이 인류 전체에 훨씬 유익함을 아셨습니다."[204] 이 관점에서 웨슬리는 타락을 '복된 죄'(*Felix Culpa*)로 묘사했다.

지성적 피조물이 자유의지를 남용한 것을 악의 기원으로 보는 웨슬리의 견해는 서구 교회의 전통적인 견해에 속한다. 이러한 견해는 데이비드 레이 그리핀(David Ray Griffin)과 같은 과정신학자들에게 비판을 받았다. 그는 하나님의 완전한 선하심을 부정하는 대신 하나님의 전능하심을 부정했다. 곧 하나님이 세상을 만드실 때 사용한 창조되지 않은 선재적 물질과 만물이 본래 지니고 있는 하나님께 저항하는 힘 모두에 의해 하나님의 능력이 제한된다고 주장했다.[205] 따라서 그에게 악은 불가피한 현상이라 할 수 있다. 이 과정신학자에 의하면, 악의 기원은 하나님의 선하신 뜻에 완전히 복종하지 않는 선재적 물질에서 비롯된다.[206] 존 힉은 동방 기독교의 이레나이우스의 (영혼 형성) 신정론을 지지하면서, 자유의지를 옹호하는 신학은 창세기에 나오는 고대의 타락 신화에

---

204 "God's Love to Fallen Man", *BEW* 2: 424.

205 David Ray Griffin, "Creation Out of Chaos and the Problem of Evil", in Stephen T. Davis (ed.), *Encountering Evil*, 102, 104–6, 111.

206 David Ray Griffin, "Creation Out of Chaos and the Problem of Evil", in Stephen T. Davis (ed.), *Encountering Evil*, 111, 113.

근거한 것이라며 비판했다.[207] 힉에 따르면, 하나님이 인간을 창조하신 의도는 완전한 피조물이 아닌 도덕적 성숙을 필요로 하는 불완전한 존재를 창조하는 것이었다. 이러한 성숙이 하나님 나라에 참여하도록 영혼을 형성하려면 이 세상에서 선이나 악을 선택할 수 있는 참된 선택의 자유가 필수적이다.

이에 반해 웨슬리는 하나님이 무로부터 세상을 창조하셨으며, 자유로운 행위자 이외의 모든 실제적 사물은 하나님의 뜻에 절대적으로 복종한다고 보았다. 하나님께 불순종하는 일부 자유로운 행위자조차도 마지막 날에는 전능하신 하나님께 굴복할 것이다. 또 웨슬리는 하나님이 인간을 완전하게 창조하셨기에, 인간의 영혼을 성장하게 하는 일에 악이 필요하지는 않다고 생각했다. 창세기의 인간 타락의 기록을 실제 역사적 사실로 믿은 그는, 세상이 시작되었을 때는 악이 없었으나 자유로운 행위자의 의지적 불순종으로 악이 생겨났다고 주장했다. 이러한 견해는 창조와 타락에 대한 창세기의 기록에 근거한 복음주의적이고 성경적인 설명으로, 악이 존재하는 세상에서 하나님의 전능하심과 선하심을 모두 입증한다.

2. 하나님과 현존하는 세상의 악

웨슬리에 따르면, 악은 우리의 첫 조상의 죄를 통해 세상에 들어왔다. 그렇다면 이 세상에는 어떤 악이 존재하는가?

가장 먼저 웨슬리는 도덕적 악을 지목했다. 이는 자유로운 행위자

---

207 John Hick, *Evil and the God of Love*, 246–47.

인 천사와 인간의 마음과 행위에서 비롯된 악이다.[208] 자유로운 행위자가 저지른 도덕적 악은 죄를 말한다. 웨슬리에 따르면, 도덕적 악이 세상의 모든 악의 핵심이다.[209]

이 세상에 존재하는 도덕적 악의 일부는 악한 천사에 의한 것이다. 그들은 온 인류에 대한 잔혹함과 분노로 가득 차 있으며, 인류를 불행에 빠뜨리기를 갈망한다.[210] 파괴자로 불리는 그들은 인류를 지면에서 멸절시킬 수 있는 강력한 힘을 가지고 있다.[211] 웨슬리는 사탄이 어떤 사람들을 사로잡아 광기를 일으킬 수 있다고 믿었다.[212]

그러나 현재 세상이 악한 천사의 잔혹함에 전적으로 노출되어 있는가? 웨슬리는 하나님께서 악한 천사가 넘어설 수 없는 한계를 정해 놓으셨다고 생각했다.[213] 그는 자신의 저술에서 그 한계가 어디까지인지는 설명하지 않았으나, 하나님이 "지혜롭고 거룩한 섭리로" 악한 천사의 모든 행위를 다스리신다고 믿었다.[214] 악한 천사도 선한 천사와 마찬가지로 자유로운 행위자라는 점에서 하나님은 그들의 악한 행위조차 일정 부분 허용하신다. 악한 천사의 악한 행위를 허용하시는 전지하신 하나님은 자신의 사역의 목적을 달성하기 위한 수단으로 악을 사용하신다.[215] 그러나 하나님의 허용하심으로 마귀가 인간에게 악한 일을 할 수 있다는 것이, 반드시 인간이 악의 피해자가 된다는 것을 의미하지는 않는다. 악을 허

---

208 참고. "The Promise of Understanding"(1730), *BEW* 4: 285; "The Doctrine of Original Sin", *Works* 9: 322.

209 "The Promise of Understanding", *BEW* 4: 285.

210 "Of Evil Angels", *BEW* 3: 19.

211 "Of Evil Angels", *BEW* 3: 19–20.

212 "Of Evil Angels", *BEW* 3: 26.

213 "Of Evil Angels", *BEW* 3: 19.

214 *ENOT* 1519, 욥 1: 6 주해.

215 *ENOT* 1519, 욥 1: 12 주해.

용하시는 것은 악을 유발하는 것이 아니기 때문이다. 하나님은 악한 세력의 악의적 활동에 대항하기 위한 일반적 보호 수단을 인간에게 제공하신다. 그들은 예수님을 따르는 가운데 믿음, 소망, 사랑을 굳건히 함으로 마귀의 모든 역사를 피하거나 맞서거나 소멸시킬 수 있다.[216] 나아가 그들은 마귀의 악한 역사를 이겨내는 과정에서 하나님의 복을 더 크게 누릴 수도 있다. 웨슬리는 인간의 행복을 위협하는 마귀의 악한 역사를 심각한 것으로 여기면서도, 인간을 위해 악을 다루시는 하나님의 은혜로운 역사에 대해 더 낙관적으로 보았다.

현재 세상의 도덕적 악의 일부는 악한 인간에 의해 발생한다.[217] 웨슬리는 타락한 인간의 마음이 본성적으로 악한 생각과 행위를 만들어낸다고 믿었다.[218]

하나님은 섭리의 전체 질서에서 인간을 "덕이나 악을 행해 상이나 벌을 받는 것이 불가능한" 상태로 만들지 않고, 가능한 모든 도움을 제공해 선을 행하고 악을 그치도록 격려하신다.[219] 설령 악인이 악행을 저지르더라도, 그것이 세상이나 다른 사람에게 자동으로 영향을 미치지는 않는다. 하나님은 자기 백성을 도덕적 악으로부터 보존하시며, 지혜로운 섭리로 악에서 선을 이끌어내신다.[220] 또 죄를 심판하시기 위해 악행자들조차 섭리의 도구로 사용하신다. 따라서 웨슬리는 하나님께서 세상을 향한 그분의 목적을 성취하시기 위해 자유로운 행위자들의 도덕적 악과 씨름하시지 않는다고 생각했다. 하나님은 먼저 인간이 도덕적 악을

---

216 "Of Evil Angels", *BEW* 3: 27-9.

217 "Justification by Faith" *BEW* 1: 192.

218 *ENNT* 78, 마 15: 19 주해.

219 *BEW* 2: 541.

220 *Journal* 5: 204 (1767년 4월 15일).

피하도록 도우시지만, 그럼에도 인간이 의도적으로 악을 행할 경우 그것을 허용하시고 자신의 섭리를 위해 사용하신다고 본 것이다.

하나님이 사람들이 죄를 짓지 못하게 막지 않으시는 이유는, 에덴에서 아담의 죄를 막지 않으신 이유와 유사하다. 첫 번째 이유는, 만일 하나님이 강제로 그들이 죄를 짓지 못하게 하신다면, 이는 하나님이 인간을 자신의 형상대로 창조해 이해력, 의지, 자유를 부여받은 영으로 지으신 일을 무효화하는 것이 되기 때문이다. 두 번째 이유는 만약 하나님께서 그렇게 하신다면, 인간은 세상에서 악행이나 덕행을 할 수 없게 되어 돌이나 다를 바 없는 존재가 되고 말 것이기 때문이다. 그렇다면 그들은 더 이상 도덕적인 존재일 수 없을 것이다. 세 번째 이유는, 하나님께서 인간의 일을 다스릴 때 오직 전능함만으로 다스리지는 않으시기 때문이다. 웨슬리는 "하나님의 전능하심은 그분의 지혜 및 선하심과 균형을 이루며 지속적으로 함께 협력합니다"라고 말한다.[221] 웨슬리에게 하나님은 각각의 속성이 함께 조화를 이루는 가운데 행하시는 분이시다.

웨슬리는 자연적 악과 자연적 질환 역시 언급했다.[222] 자연적 질환은 인간의 행복에 해로운 악을 초래할 수 있다. 웨슬리는 질병을 마주할 때면 그것이 초자연적 질환인지, 자연적 질환인지에 주목했다.[223] 어떤 질병은 자연적 질환에 의해 발생한다면, 어떤 질병은 자연적 질환과 초자연적 질환이 뒤섞인 결과였다.[224] 웨슬리는 "신경질환에 관한 고찰"(*Thoughts on Nervous Disorders*, 1784)에서 질병이 자연적 원인에서 기인

---

221 *BEW* 2: 540.

222 "The Promise of Understanding", *BEW* 4: 285; "The Doctrine of Original Sin", *Works* 9: 322.

223 *Journal* 4: 169 (1756년 6월 21일); *Journal* 6: 139 (1777년 2월 19일).

224 "An Answer to The Rev. Mr. Church's Remarks on the Rev. Mr. John Wesley's Last Journal", *Works* 8: 410.

할 수 있음을 명확히 설명하면서도, 초자연적 원인으로 정신질환이 발생할 가능성을 배제하지 않았다.[225] 동시에 많은 지면을 할애해 지나친 음주와 차(茶)의 남용, 나태와 무절제 같은 나쁜 습관이 자연적 질환을 일으킬 수 있음을 설명했다. 그는 독자에게 "하나님의 전능하신 능력"을 의지할 것, 모든 주류를 절제할 것, 매일 한 시간 이상 운동할 것 등 자연적 질환에 대한 몇 가지 치료책을 제시했다.[226] 나아가 웨슬리는 일부 비정상적 자연현상이 자연적 원인을 가지고 있다고 생각했다.[227] 인간의 타락 이후의 자연은 인간의 행복과 즐거움에 협력하시 않기 때문이다. 실병 중 어떤 것은 근본적으로 타락 이후의 무질서하게 된 신체로 인해 발생한다.[228] 그러므로 자연적 원인을 더 정확히 표현하면, 웨슬리에게 일부 악한 일은 타락 후 땅에 내린 하나님의 저주로 인해 오작동하는 자연에서 발생한다고 할 수 있다.

하나님과 자연적 악의 관계에서, 웨슬리는 자연적 악은 전적으로 자연적이기에 하나님과 무관하다고 보는 것은 옳지 않다고 생각했다. 만약 하나님과 무관하다면 세상을 다스리는 것은 하나님이 아닌 자연이나 우연이 되는 것이기 때문이다. 웨슬리에 따르면, 자연은 "물질세계를 다루시는 하나님의 솜씨(art) 또는 하나님이 물질세계에서 행하시는 방법"이다.[229] 따라서 웨슬리는 자연현상에 자연적 원인이 있더라도, "그것은 여

---

225 "Thoughts on Nervous Disorders", *Works* 11: 515–16.

226 "Thoughts on Nervous Disorders", *Works* 11: 516–20.

227 *Journal* 4: 119 (1755년 6월 2일); "Serious Thoughts occasioned by the late Earthquake at Lisbon", *Works* 11: 4, 6; "God's Approbation of His Works", *BEW* 2: 391.

228 "Wandering Thoughts"(1762), *BEW* 2: 130.

229 "Serious Thoughts occasioned by the late Earthquake at Lisbon", *Works* 11: 7.

전히 자연의 주님의 다스림 아래 있다"는 점을 분명히 했다.[230]

웨슬리는 현재 세상의 악 중 일부는 인간의 죄악에 대한 하나님의 징벌로 발생한다고 보았고, 이러한 악을 '징벌적 악'(penal evil)으로 불렀다.[231] 웨슬리는 "이성적이며 종교적인 사람들에게 보내는 진지한 호소"(1743)에서 "선이 인류의 선에 도움이 되고, 사람들 사이에서 평화와 선의를 증진시키며, 동료 피조물의 행복을 촉진하는 것이라면, 악은 그것과 반대되는 것이다"라고 말했다.[232] 이 의미에서의 악은 곧 불행을 뜻한다. 웨슬리는 『원죄의 교리』(The Doctrine of Original Sin, 1757)에서 "하나님의 징벌은 죄로 인해 겪는 악을 의미한다"고 주장했다.[233] 죄에 대한 징벌로는 종종 전염병이 사용되었다고 보았다.[234] 베데스다에서 물의 동함을 기다리던 38년 된 병자의 병은 "죄의 결과 또는 죄로 인한 징벌"이었다.[235] 하나님께서 죄를 벌하시는 것은 그분의 공의로우신 본성 때문인데, 이 본성은 주로 악을 소멸시키는 역할을 한다.[236] 하나님은 죄를 징벌하심으로 자신의 존재와 섭리를 증거하신다.[237]

나아가 하나님의 징벌의 대상에는 죄를 지은 사람뿐 아니라 혈연이나 공동체로 죄인과 연관된 사람들도 포함된다. 하나님은 종종 한 사람의 죄로 인해 그의 후손을 벌하셨다. 1757년 존 테일러와의 논쟁에서 웨슬리는 어떤 경우 하나님은 실제로 "사람들의 죄에 대해 그 후손을" 징

---

230 "Serious Thoughts occasioned by the late Earthquake at Lisbon", *Works* 11: 6.

231 "The Promise of Understanding", *BEW* 4: 285.

232 "An Earnest Appeal to Men of Reason and Religion", *Works* 8: 7.

233 "The Doctrine of Original Sin", *Works* 9: 264.

234 *ENNT* 149, 막 3: 10 주해.

235 *ENNT* 321, 요 5: 14 주해.

236 *ENNT* 530, 롬 5: 25 주해.

237 *ENNT* 450, 행 14: 17 주해.

벌하셨다는 제닝스의 견해에 동의했다. 예를 들어, 그는 "함의 아들 가나안의 후손은 함의 죄로 인해 종이 되는 징벌을 받았다"(창 9:25)고 말한다.[238] 그러나 웨슬리는 이후 『구약성서주해』(1765~1766)에서는 하나님께서 조상의 죄로 후손을 징벌하심에 대해 주장하는 어조가 테일러와의 논쟁 때보다는 완화되었다. 웨슬리는 창세기 9:25의 주해에서 매튜 헨리의 주장을 따라 "하나님은 종종 아버지의 죄악으로 인해 자녀를 벌하시는데, 특히 자녀가 아버지의 악한 성향을 물려받고 악한 행위를 본받을 때 그러하다"라고 적었다.[239] 이처럼 웨슬리는 조상의 죄로 인해 자녀가 징벌받을 가능성을 배제하지는 않았으나, 하나님의 징벌을 단지 후손이라는 이유보다 자녀의 악함과 연결 지었다.[240] 이 해석은 하나님께서 자기를 미워하는 자에게는 조상의 죄를 자여손 삼사 대까지 보응하신다고 밝히신 출애굽기 20:5에 대한 주해에서 더 명확히 나타난다. 매튜 헨리는 이 구절을 주해하면서 하나님의 진노의 결과는 하나님을 미워하는 자의 "가문의 완전한 파멸"이라고 묘사했다. 웨슬리는 매튜 헨리의 주해에서 그 부분은 인용하지 않고, 이같이 징벌하시는 하나님의 의로우심에 대해서만 선택적으로 언급했다. "만일 부모가 그들의 죄악 가운데 죽었는데 자녀가 그들의 발자취를 따라 행한다면, 하나님께서 그들을 심판하실 때 그의 조상들이 범한 우상숭배에 대해서까지 책임을 물으시더라도 이는 불의한 일이 아니다."[241]

어떤 경우 사람들은 자신이 속한 공동체의 죄로 인해 징벌을 받기도 했다. "하나님은 종종 통치자의 죄악으로 인해 그 백성을 벌하셨는데,

---

238 "The Doctrine of Original Sin", *Works* 9: 243.

239 *ENOT* 43, 창 9: 25 주해; 참고. Matthew Henry, *Exposition* 30.

240 "The Doctrine of Original Sin", *Works* 9: 243; *ENOT* 43, 창 9: 25 주해.

241 *ENOT* 265, 출 20: 5 주해; 참고. Matthew Henry, *Exposition* 124.

이는 대체로 백성이 어떤 방식으로든 그 죄에 동참했기 때문"이다.[242] 이
처럼 웨슬리는 하나님께서 죄를 징벌하실 때 항상 죄인 개인만이 아니
라 때로 죄악 된 공동체나 무리를 집단적으로 징벌하심을 인정하면서도,
동시에 공동체의 구성원이 그 죄에 직·간접적으로 연관되어 있음을 설
명하고자 했다. 이는 하나님의 응보적 정의가 공정함을 드러내기 위한
것이었다. 물론 하나님께서는 그리스도가 이루신 대속의 죽음의 공로에
의해 믿는 자들의 죄를 용서하신다. 그러나 어떤 의미에서 이는 죄에 대
해 개인적으로든, 집단적으로든, 대리적으로든 징벌이 이루어져야 함을
시사한다. 웨슬리에게 모든 악은 불행의 근원이다. 한 사람의 죄는 자기
자신과 다른 이들에게 하나님의 징벌로 인한 고통과 불행을 가져온다.[243]

웨슬리는 예수님을 충실히 따르는 신자들도 세상에서 악의 희생자
가 되어 고통을 겪을 수 있다고 주장했다. 진정한 그리스도인은 도덕적
악을 저지르지 않기 때문에 이 고통은 하나님의 징벌적 악에서 직접적
으로 비롯된 것이 아니다. 웨슬리는 하나님께서 자녀들의 고통을 알고
계시며, 그들의 부르짖음을 들으신다고 주장했다. 그들은 심지어 머리
털까지도 세신 바 되었다.[244] 그렇다면 왜 그들은 정신적으로나 육체적
으로 고통을 겪는가?

웨슬리는 설교 "여러 가지 시험을 통한 괴로움"에서 슬픔이나 비탄
등 신자가 겪는 괴로움에 대해 설명했다.[245] 마음의 괴로움은 때때로 육
체적 고통에서 비롯된다. 신자도 질병에 걸릴 수 있고, 육체적 고통으로
우울해질 수 있다. 이는 "신앙이 자연의 질서를 전복하지 않으며, 자연적

---

242 "National Sins and Miseries"(1775), *BEW* 3: 567.
243 "National Sins and Miseries", *BEW* 3: 569.
244 "On Divine providence", *BEW* 2: 543.
245 "Heaviness through Manifold Temptations", *BEW* 2: 224.

원인들은 여전히 자연적 결과를 낳기” 때문이다.[246] 신자는 또 가난, 가족의 죽음, 가장 가까운 사람들의 배은망덕과 배신을 마주할 때 슬픔을 겪는다.[247] 이러한 슬픔은 그들의 죄와는 직접적 관련이 없다.[248] 그럼에도 이러한 슬픔을 겪는 이유는 그들이 타락 이후의 죄 많고 저주받은 세상의 환경에서 살고 있기 때문이다. ‘왜 하나님은 자신의 자녀들의 슬픔을 막지 않으시는가?’라는 질문에 대한 웨슬리의 대답은 분명했다. 하나님은 그들의 유익을 위해 그런 일을 허용하신다는 것이다. 곧 그들이 잠시 받는 환난의 경한 것이 영원한 영광의 중한 것을 이루게 하기 때문이다.[249] 가벼운 고난은 그들의 믿음을 성장시키고, 소망을 굳건히 하고 자라게 하며, 마음을 모든 악한 성품에서 정결하게 하고, 그들을 사랑 안에서 온전하게 하는 일에 필요할 수 있다.[250] 그럼에도 웨슬리는 존 테일러와의 논쟁에서와 같이 사람들이 이러한 덕을 증진시키는 일에 고난이라는 악이 반드시 필요하지는 않음을 주장했다. 전능하시고 지혜로우신 하나님은 “자신이 원하실 때면 어떤 영혼에게든 은혜의 동일한 역사를 다른 방법으로도 이루실 수 있기” 때문이다.[251] 그러므로 하나님께서 자기 백성의 유익을 위해 슬픔을 허용하실지 여부는 하나님의 불가해한 지혜에 달려 있고, 우리에게는 신비로 남는다.

죄에 대한 하나님의 징벌과 무관하게 참된 그리스도인에게 닥치는 고통은 ‘자기 부인’(self-denial)이라는 고통이다. 웨슬리는 설교 “자기 부

---

246 “Heaviness through Manifold Temptations”, *BEW* 2: 227.

247 “Heaviness through Manifold Temptations”, *BEW* 2: 226-29.

248 “Heaviness through Manifold Temptations”, *BEW* 2: 228.

249 “Heaviness through Manifold Temptations”, *BEW* 2: 233; 참고. *ENNT* 654, 고후 4: 17 주해.

250 “Heaviness through Manifold Temptations”, *BEW* 2: 234.

251 “Heaviness through Manifold Temptations”, *BEW* 2: 235.

인”에서 자기를 부인하고 자기 십자가를 져야 한다는 규범은 모든 지성적 피조물에게 적용된다고 주장했다. 이 의미에서는 하나님의 선한 천사와 타락 이전의 인간조차 모든 존재를 위한 최고의 규범인 하나님의 뜻을 따라야 하며, 그 뜻에 반대되는 자신의 의지를 부인해야 했다.[252] 여기서 문제가 되는 점은, 웨슬리는 일반적으로 “개인적 죄든 전가된 죄든 죄가 없는 곳에서는 어떤 고통도 있을 수 없다”[253]고 하여 도덕적 죄를 지은 이후에야 고통과 악이 생겼다고 설명하면서도, 이 주장에서는 심지어 도덕적 죄를 범해 타락하기 전에도 인간 세상에 고통이 존재했을 가능성을 인정했다는 데 있다. 그러나 웨슬리가 사용한 용어인 ‘온전한 그리스도인’(perfect Christians)도 자기 부인을 실천해야 한다는 점에서 예외가 아니다. 웨슬리는 『그리스도인의 완전에 대한 평이한 해설』(*A Plain Account of Christian Perfection*)에서 그리스도인의 완전에 이르렀다고 주장하는 이들에게 자기 부인의 필요성을 강조했다.[254] 그는 온전한 그리스도인은 자기 부인이라는 규범을 지키지 못해 열광주의나 율법폐기론에 빠지는 일이 없도록 늘 깨어 있어야 한다고 주장했다.[255] 자기 십자가를 지는 일은 우리에게 단지 “기쁘지 않은 일만이 아니라 괴로운 일”이기도 하다.[256] 그렇다면 하나님은 왜 자신의 자녀에게 자기를 부인하고 자기 십자가를 지는 고통을 주시는가? 그것은 그들로 자신의 거룩함에 참여하게 하시려는 하나님의 사랑의 증거이다. 따라서 웨슬리는 인간이 자기 십자가를 짐으로 “영원한 즐거움을 얻기 위해 본질적으로든 우발적으로

---

252 “Self-denial”, *BEW* 2: 242.

253 “The Doctrine of Original Sin”, *Works* 9: 326.

254 “A Plain Account of Christian Perfection”, *Works* 11: 431.

255 “A Plain Account of Christian Perfection”, *Works* 11: 427-31.

256 “Self-denial”, *BEW* 2: 243.

든 필요한 일시적 고통은 어떤 종류든, 어느 정도든 기꺼이 받아들일 수 있어야 한다”고 말한다.[257]

웨슬리는 설교 “산상설교(3)”에서 그리스도 안에서 경건하게 살기로 결심한 사람은 예외 없이 박해의 고통을 겪는다고 말했다.[258] 왜 의로운 자에게 박해의 고통이 주어지는가? 그 직접적인 이유는 세상에 악한 영, 곧 하나님과 대립하는 영이 존재하기 때문이다. 악한 영은 모든 면에서 지속적으로 성령을 거스른다. 결과적으로 악한 영을 따르는 모든 사람은 성령의 지니려면 누구든 핍박힐 깃이다.[259] 악인들이 그리스도를 핍박했듯 그들은 주님의 제자들을 핍박할 것이다.[260]

웨슬리는 초기 설교인 “선한 사람들의 괴로움과 쉼”(1735)에서 박해의 유익은 믿는 자들이 고난을 통해 온전함에 이르는 것이라고 설명했다. 이 초기 설교에서 그는 고통과 죽음의 역할을 다소 미화했다. 박해는 “천 가지 방식으로 선인들의 거룩함에 도움이 되어 … 그 영혼을 건강하게 하고 뼈에 골수가 된다”면,[261] 죽음은 박해를 포함한 많은 문제로 인한 고통에서 인간을 구해준다는 것이다.[262] 이러한 주장은 웨슬리가 한때 신비주의의 영향 아래 있었음을 시사한다. 로버트 터틀(Robert G. Tuttle, Jr.)은 1735년이 “웨슬리의 신비주의 경험의 분수령”이라고 주장했는데, 이는 그가 그해 4월에 부친의 죽음을 경험했고, 9월에 “선한 사람들의 괴

---

257 “Self-denial”, *BEW* 2: 245.

258 “Sermon on the Mount, III”, *BEW* 1: 521; 참고. *ENNT* 793, 딤후 3: 12 주해.

259 “Sermon on the Mount, III”, *BEW* 1: 523; 참고. “The Reformation of Manners”, *BEW* 2: 314.

260 *ENNT* 369-70, 요 15: 19 주해.

261 “The Trouble and Rest of Good Men”(1735), *BEW* 3: 534.

262 “The Trouble and Rest of Good Men”, *BEW* 3: 534.

로움과 쉼"을 설교했으며, 10월에는 미국 조지아로 떠났기 때문이다.[263]
그러나 웨슬리는 이후 "산상설교(3)"(1748)에서 박해에 대한 더 성숙한
이해를 보여주었다. 신자가 주님을 위해 박해를 받으면 하늘에서 상급
이 크기에 기뻐해야 한다는 것이다. 그럼에도 이 설교에서 웨슬리는 박
해의 역할을 단지 '고난이 신자를 은혜 안에서 성장하게 한다'는 식으로
미화만 하지는 않았다. 하나님의 자녀는 박해의 고통을 "알면서도 의도
적으로" 자초해서는 안 되는데, 그런 일은 하나님의 뜻에 어긋나기 때문
이다.[264] 나아가 웨슬리는 설교 "광야의 상태"(1760)에서 신자의 마음에
서 하나님의 역사가 "가장 신속하고 효과적으로" 이루어지는 것은 고난
중에 있을 때라는 신비주의의 가르침을 비판했다.[265] 예를 들어, 윌리엄
로는 영혼의 기쁨보다 고난과 시험 중에 경험하는 영혼의 어둠이 우리를
하나님께 더 가까이 이끈다고 말한다.[266] 그러나 웨슬리는 이와 반대로
"성령 안에서의 기쁨은 그 기쁨이 결핍된 상태보다 훨씬 효과적으로 영
혼을 정결하게 하며, 하나님의 평안은 세상의 정욕의 찌꺼기로부터 영혼
을 정화하는 가장 좋은 수단"이라고 주장했다.[267] 또 "글로스터 주교에게
보내는 편지"(A Letter to the Right Reverend the Lord Bishop of Gloucester,
1762)에서는 이 메소디즘의 창시자는 박해받기를 좋아한다고 주장한 주
교의 발언에 반대했다.[268] 사도 바울이 모든 신자는 "하나님의 지혜로운
섭리에 따라 언제든 어느 정도는" 박해를 받을 것이라고 예견한 대로, 그

---

263 Robert G. Tuttle, Jr., *Mysticism in the Wesleyan Tradition* (Grand Rapids: Francis
    Asbury Press, 1989), 79; 참고. Richard P. Heitzenrater, *Wesley and the People
    Called Methodists*, 54-6.

264 "Sermon on the Mount, III", *BEW* 1: 526-27.

265 "The Wilderness State", *BEW* 2: 219.

266 William Law, *The Spirit of Prayer and the Spirit of Love*, 144-45.

267 "The Wilderness State", *BEW* 2: 219-20.

268 "A Letter to the Bishop of Gloucester", *Works* 9: 132.

역시 박해를 예상했을 뿐, 결코 박해받기를 바라지는 않았다.[269]

웨슬리에 따르면, 하나님이 박해를 허락하지 않으면 자신의 자녀에게 박해가 닥칠 수 없다.[270] 그렇다면 하나님은 왜 자녀에게 박해를 허락하시는가? 웨슬리는 이 질문에 철학적으로 답하기를 피했다. 대신 그는 기독교가 처음 생겨났을 때 공적인 박해가 있었다는 점을 지적했다. 또 하나님께서 때때로 교회 자체를 정결케 하시기 위해 박해를 사용하셨음을 밝혔다.[271] 나아가 그는 악인이 의인을 박해하는 일조차도 하나님의 섭리 아래 이루어짐을 강조했다. 그는 "폭풍이 언제 시작될지, 얼마나 높이 일어날지, 어느 방향으로 향할지, 언제 어떻게 끝날지"를 하나님이 결정하신다고 말했다.[272] 악인이 의인을 박해하더라도, 박해는 결과적으로 하나님의 영광을 드러내고, 신자들이 은혜 안에서 성장하게 하며, 하나님 나라를 확장시키는 것으로 드러난다.[273] 그러므로 하나님의 섭리의 관점에서 보면 악인은 단지 하나님의 도구에 불과하며, 그들은 결국 불에 던져진다.[274] 요약하면, 하나님은 그분의 지혜로우신 섭리로 제한된 기간 동안 자신의 자녀가 박해받는 일을 허용하시는데, 이는 하나님의 영광과 그 자녀의 유익을 위해서이다.

젊은 시절 웨슬리는 초기 설교 중 하나인 "이해에 대한 약속"(1730)에서 현재 세상의 악을 세 가지 곧 자연적 악, 도덕적 악, 징벌적 악으로 나누었다.[275] 그가 이 악들을 설명하는 방식은 평이하고 단순했다. "자연

---

269 "A Letter to the Bishop of Gloucester", *Works* 9: 132.

270 "Self-denial", *BEW* 2: 240.

271 "Sermon on the Mount, III", *BEW* 1: 524.

272 "Sermon on the Mount, III", *BEW* 1: 523.

273 "Sermon on the Mount, III", *BEW* 1: 523.

274 "Sermon on the Mount, III", *BEW* 1: 524.

275 "The Promise of Understanding", *BEW* 4: 285; 참고. 윌리엄 킹과 새뮤얼 클라크

적 악이나 고통은 그에 뒤따르는 행복이 더 크다면 결코 악이 아닙니다. 도덕적 악, 곧 죄는 그것을 기꺼이 받아들이고 선택하지 않는 한 누구에게도 닥치지 않습니다. 징벌적 악인 형벌 역시 죄를 선택함으로 그것을 자초하지 않으면 누구에게도 닥치지 않습니다." 악에 대한 이러한 설명에서 웨슬리는 자연적 악은 가볍게 다루면서, 죄와 그에 대한 하나님의 징벌은 현재 세상의 악의 핵심으로 간주했다. 그러나 이후의 설교들에서 웨슬리는 죄를 범하지 않았음에도 그리스도인이 일상에서 직면하는 악에 더 큰 관심을 기울였다. 그는 이러한 악을 하나님의 섭리의 관점에서 인간의 영적 성숙과 덕의 고양을 위한 수단으로 긍정적으로 해석했다. 이는 웨슬리가 사역을 해나가는 동안 세상의 악의 다양성과 신비를 인식하고, 그것을 '죄와 징벌'이라는 단순한 공식으로 부정적으로만 해석하지 않고, 하나님의 섭리와 기독교의 낙관적 종말론의 관점에서 긍정적으로 해석했음을 보여준다.

지금까지 우리는 웨슬리가 현재 세상의 다양한 악에 대해 어떻게 이해했는지를 살펴보았다. 이제는 그가 하나님께서 세상에 현존하는 악과 맺으시는 관계를 설명할 때 견지한 몇 가지 원칙을 정리해 보고자 한다.

첫째, 웨슬리는 하나님이 현재 세상에 존재하는 악의 창시자가 아니심을 믿었다. 앞서 언급했듯, 웨슬리는 하나님께서 악인에게 내리시는 형벌을 징벌적 악이라고 불렀다. 그러나 그는 이 악이 하나님이 아닌 악인에 의해 시작된다고 생각했다. 악인이 악을 행했기에 공의로우신 하나님이 그들을 벌하시는 것이기 때문이다. 따라서 웨슬리에 의하면 하나님

에 따르면 악에는 세 종류가 있는데, 곧 불완전의 악(evil of imperfection), 자연적 악(natural evil), 도덕적 악(moral evil)이다 (King, *An Essay on the Origin of Evil*, 73; Clarke, *A Demonstration of the Being and Attributes of God*, 78–9). 존 힉에 따르면, 악에는 자연적 악(natural evils), 도덕적 악(moral evils), 형이상학적 악[metaphysical evils, 또는 유한성의 악(evil of limitation)]이 있다 (*Evil and the God of Love*, 12–3).

은 세상의 악의 기원이 아니시기에 악의 창시자가 아니시다. 나아가 웨슬리가 하나님의 형벌을 징벌적 악이라 부를 때, 이 악은 인간의 불행을 가리킨다.[276] 그러나 일반적으로 웨슬리는 악을 도덕적으로 잘못된 무엇으로 간주했다. 영어 킹제임스 성경은 이사야 45:7을 "나는 평화를 짓고 악을 창조하나니"(I make peace and create evil)라고 번역했는데, 이 번역은 하나님이 악의 창시자라는 잘못된 해석을 낳을 수 있다. 웨슬리는 이 구절을 주해하면서 그 가능성을 인식했기에, 아모스 3:6의 주해에서 이 구절의 진정한 이미를 설명하고자 했다.[277] 거기서 웨슬리는 하나님이 죄인을 벌하시기 위해 도덕적 악이 아닌 일종의 징벌적 악에 해당하는 물리적 재앙을 창조하신다고 언급했다. 이러한 재앙은 "하나님의 손에 의해 직접적으로, 또는 그분이 고용하시는 자들의 손에 의해" 발생한다.[278] 웨슬리는 사무엘하 24:1의 주해에서 하나님이 도덕적 악의 창시자가 될 수 없음을 더 분명하게 보여주었다. 웨슬리에 따르면, 다윗을 교만하게 하여 이스라엘 백성을 계수하도록 충동한 것은 하나님이 아닌 사탄이었다.[279] 그는 이를 뒷받침하기 위해 역대상 21:1과 야고보서 1:13을 증거로 제시했다.[280] 곧 하나님은 친히 아무도 시험하지 않으신다는 것이다.[281] 웨슬리는 설교 "국가적 죄와 비극들"(1775)에서도 사람을 유혹하는 자는 하나님이 아닌 사탄임을 다시 한번 주장했다. 앨버트 아우틀러는 웨슬리가 이 설교에서 유혹자가 하나님이 아닌 사탄이라고 한 것은

---

276 "An Earnest Appeal to Men of Reason and Religion", *Works* 8: 7.

277 *ENOT* 2065, 사 45: 7 주해; 참고. Matthew Poole, *Annotations* 2: 428.

278 *ENOT* 2509, 암 3: 6 주해; 참고. Matthew Poole, *Annotations* 2: 905.

279 *ENOT* 1072, 삼하 24: 1 주해; 참고. Matthew Poole, *Annotations* 1: 642.

280 *ENOT* 1072, 삼하 24: 1 주해; 참고. *ENOT* 1317, 대상 21: 1 주해; *ENNT* 857, 약 1: 13 주해.

281 *ENNT* 857.

"신학적 편견에 의한 것"이라고 지적했다.[282] 그리나 웨슬리의 이러한 해석은 도덕적으로 선하신 하나님은 결코 악의 창시자가 되실 수 없다는 그의 믿음을 재차 반영한 것이다.

둘째, 웨슬리는 이 세상에 이원론적 힘이 아닌 일원론적 힘만 존재하며, 그분이 하나님이시라고 믿었다. 그는 하나님이 현존하는 세상의 악과 대등한 관계로 투쟁하시지 않으며, 악을 다스리고 물리치실 수 있다고 주장했다. 먼저 하나님은 지성적 피조물들에게 도덕적 악을 피하라고 권면하신다. 그런데도 그들이 자발적으로 도덕적 악을 행할 경우, 전지하신 하나님은 그 악을 자신의 사역의 목적을 성취하는 수단으로 사용하신다. 하나님은 지혜로우신 섭리로 제한된 기간에 자신의 자녀가 박해받는 일을 허용하시는데, 이는 자신의 영광과 그들의 유익을 위해서이다. 따라서 악은 하나님의 섭리의 도구일 뿐이며, 하나님은 마지막 심판 날 악을 멸하실 것이다. 이처럼 웨슬리는 현존하는 세상의 악을 심각하게 여기면서도, 인간을 위해 악을 다루시는 하나님의 은혜로운 사역을 더 낙관적으로 바라보았다.

이 점에서 웨슬리는 오늘날 일부 웨슬리안을 포함하는 과정신학자들과 입장을 달리한 것으로 보인다. 과정신학에서는 신이 피조물의 악한 행동을 변화시키기 위해 설득하려 하지만, "피조물은 신이 자신을 향해 가진 목적에서 벗어날 수 있을 만큼 엄청난 힘을 가지고 있다."[283] 그 결과 과정신학자들에게는 대체로 "신이 악을 막지 못하는 것이 불평의 주된 원인이 된다."[284] 선한 신은 악을 물리치려 노력함에도 세상의 악을 극

---

282 "National Sins and Miseries", *BEW* 3: 566 각주 2.

283 David Ray Griffin, "Creation Out of Chaos and the Problem of Evil", in *Encountering Evil*, 113.

284 David Ray Griffin, "Creation Out of Chaos and the Problem of Evil", in *Encountering Evil*, 113-4.

복할 절대적 능력을 갖지 못했기에 악의 존재에 대해 비난받을 수 없다. 그러나 웨슬리에 따르면, 하나님께서 도덕적 피조물이 자신을 거스르는 죄 짓는 일을 강제로 막지 않으신다 하더라도, 이는 자유로운 도덕적 행위자의 자유의지가 하나님조차 다스리거나 극복할 수 없는 장벽임을 의미하지 않는다. 하나님은 지혜와 섭리를 통해 악한 천사와 악인조차 자신의 창조의 목적을 이루기 위한 도구로 사용하신다. 더욱이 자연적 피조물은 하나님께 복종한다. 웨슬리에 의하면, 하나님께서는 악을 다스리시고, 자신이 계획하신 때에 지혜의 권능으로 악을 완전히 물리치실 것이다. 스티븐 데이비스(Stephen T. Davis)가 지적했듯, 과정신학자들은 악의 파멸에 대해 "확고한 종말론적 관점을 지니고 있지 않다."[285] 그러나 하나님이 악을 다스릴 수 없다면, 우리는 하나님과 세상에 대해 절망적이고 비관적인 관점을 갖게 된다. 무력한 하나님이 완전한 세상을 만들기 위해 무한한 시간 동안 최선을 다한다 해도 우리는 악이 없는 세상에 대한 어떤 희망도 가질 수 없기 때문이다.

요약하면, 악의 문제에 대한 웨슬리의 이해는 하나님께서 악을 다스리고 완전히 멸하실 수 있다고 주장한 점에서 마니교도, 스토아 학파, 18세기 낙관론자들과 달랐다. 또 윌리엄 로나 동방교회가 일반적으로 지지하는 영혼 형성 신정론과도 달랐다.[286] 웨슬리는 태초에 하나님이 인간을 완전하게 창조하셨다고 주장했기에, 하나님의 섭리 안에서 인간의 영적 성숙에 반드시 필요한 전제조건이라는 긍정적 역할을 악에게 부여하지 않았다. 악의 문제에 대한 논의에서 웨슬리는 서방교회가 일반적으로 지지하는, 하나님의 섭리에 기초한 자유의지 옹호론을 받아들였다.

---

285 Stephen T. Davis (ed.), *Encountering Evil*, 127.
286 참고. John Hick, *Evil and the God of Love*, 208-18.

악의 문제를 실천적 방식으로 해결하려 한 웨슬리의 시도는, 그의 실천적 신학 체계와 마찬가지로 성경의 계시에 근거하고 있다. 악의 문제가 "기독교 신앙 자체의 신뢰성과 정합성에 도전"이 되었던 계몽주의 시대에 이 메소디스트 지도자는 하나님의 전능하심, 선하심, 섭리를 옹호했다.[287] 오튼 와일리는 "존 웨슬리가 제시한 것보다 더 나은 해결책은 아마도 지금까지 결코 제시된 적이 없을 것"이라고 언급한다.[288] 그러나 웨슬리는 악의 문제 해결을 위해 노력하면서도 그의 사역 기간 내내 신정론에는 인간이 이생에서 이해할 수 없는 신비가 있음을 확신했던 것으로 보인다. 당시 옥스퍼드 대학의 젊은 교수였던 그는 초기 설교 "이해에 대한 약속"(1730)에서 "아마도 세상은 인간이 악의 문제에 대해 확실한 해답을 찾기 전에 종말을 맞이할 것"이라고 고백했다.[289] 후기 설교 "타락한 인류를 향한 하나님의 사랑"(1782)에서 웨슬리는 비록 첫 조상의 타락으로 인해 인간이 이생에서 고통을 겪을지라도, 이 타락은 '복된 죄'(*Felix Culpa*)가 되어 "모든 사람이 그로 인해 형언할 수 없는 유익을 얻을 것입니다"라고 말했다.[290] 우리는 장애를 가지고 태어난 아이를 처음 보자마자 그 아이가 "말할 수 없는 유익을 얻은 자"일 수 있다고 말하는 것이 쉽지 않지만, 웨슬리는 그 가능성을 암시한 것으로 보인다. 그러나 이후의 설교 "인간 지식의 불완전함"(1784)에서는 세상에 잔혹감과 비참함이 존재한다는 사실과, 하나님께서 자신의 모든 피조물에게 자비로우시다는 사실을 어떻게 조화시켜야 할지 알지 못한다고 고백했다.[291]

---

287 Alister E. McGrath, *Christian Theology*, 85.

288 H. Wiley, *Christian Theology* 1: 364.

289 "The Promise of Understanding", *BEW* 4: 285.

290 "God's Love to Fallen Man", *BEW* 2: 434.

291 "The Imperfection of Human Knowledge", *BEW* 2: 579.

이 설교에서 웨슬리는 불우하고 비참한 환경에서 태어난 이들의 고통에
민감한 반응을 보였다.[292] 그는 "타락한 인류를 향한 하나님의 사랑"에서
복음주의 설교자로서 타락과 그 고통스러운 결과를 인간에게 행복을 가
져다주는 것으로 긍정적으로 해석했다면, "인간 지식의 불완전함"에서
는 공의롭고 선하신 하나님이 다스리시는 세상에 악이 존재하는 문제를
인간의 이성으로는 이해할 수 없는 신비라고 고백했다.[293] 그럼에도 웨
슬리는 하나님은 모든 신비로운 역사에 대해 정당한 이유를 가지고 계
시며, 다만 그것이 이 세상에서 인간에게 감추이져 있을 뿐이라고 믿있
다.[294] 그에게 신정론은 불완전한 인간 이성의 관점에서는 신비였으나,
하나님의 섭리를 믿는 신자의 눈에는 이해할 수 있고 믿을 수 있는 것이
었다. 많은 신학자가 웨슬리처럼 악의 문제는 인간이 이해하기 힘든 신
비라는 데 동의할 것이다.[295] 오직 하나님만이 그 신비를 아신다. 그럼에
도 웨슬리에게 확실한 것은 하나님은 악의 창시자가 아니시며, 하나님
은 이 세상의 악을 다스리실 수 있고 마지막 날에 악을 멸하실 것이라는
점이다. 그는 성경에 계시된 하나님의 공의와 선하심을 믿었다. 따라서
웨슬리의 인식론에서 신앙은 하나님께 대한 지식의 문을 여는 주된 열쇠
인 반면, 이성은 그 보조적 열쇠에 불과하다. 이러한 신앙과 성경의 계
시에 기초해 웨슬리는 악이 존재하는 세상에서도 하나님께서 온전히 다

---

292 "The Imperfection of Human Knowledge", *BEW* 2: 581–83.

293 "The Imperfection of Human Knowledge", *BEW* 2. 577–84.

294 "The Imperfection of Human Knowledge", *BEW* 2: 584.

295 Daniel L. Migliore, *Faith Seeking Understanding*, 119; John Hick, *Evil and the God of Love*, 386; H. Wiley, *Christian Theology* 1: 364; John K. Roth, "A Theodicy of Protest" in *Encountering Evil*, 7, 22; Stephen T. Davis, "Free Will and Evil, in *Encountering Evil*, 83; Hans Schwarz, *Evil: a Historical and Theological Perspective* (Minneapolis, MN: Fortress Press, 1995), 209; John Mackie, "Evil and Omnipotence" in *The Philosophy of Religion*, ed., Basil Michell (London: Oxford University Press, 1971), 92.

스리신다는 사실의 온당함을 입증하고자 했다. 혹 악의 문제를 다루는 중에 신비가 나타나면, 웨슬리는 그것을 순전히 철학적이거나 사변적인 방식으로 해결하려 하지 않고, 신비롭지만 신뢰할 수 있는 하나님의 섭리에서 답을 찾으려 했다. 웨슬리의 경우 악의 문제를 이해하는 일에서 믿음, 계시, 하나님의 섭리는 일차적 요인이라면, 이성과 인간의 자유의지는 이차적 요인이었다.

IV. 하나님의 현재적 갱신 사역

웨슬리는 설교 "복음의 보편적 전파"(1783)에서 악과 고통이 존재하는 "현재 세상의 상태로 인해 하나님의 지혜와 선하심을 부인하는 것에 대한 온전하고 만족스러운 유일한 대답"은 하나님의 새 창조라고 말했다.[296] 앞서 언급했듯, 웨슬리에 따르면 하나님은 마니교도들이 추측한 것처럼 악과 대등한 관계로 투쟁하시는 분이 아니다. 웨슬리는 종말론적 관점에서 하나님이 악에 대해 완전히 승리하실 것을 낙관했다. 지혜로우신 하나님은 마지막 날 세상을 새롭게 창조하실 때 이 일시적인 악에서 영원한 선을 이끌어 내실 것이다. 그러나 웨슬리에게 하나님의 새 창조는 단지 종말론적인 미래의 사역만이 아니라, 지금의 세상을 새롭게 하시는 하나님의 현재적 사역이기도 하다. 창조주 하나님은 마지막 날 세상을 새롭게 창조해 자신의 창조를 완성하시겠지만, 현재의 세상에서 이미 우주적 갱신과 구원 사역을 시작하셨다. 웨슬리는 "편견이 없는 사람이면 누구나 하나님께서 이미 지면을 갱신하고 계시다는 사실을 눈으

---

296 "The General Spread of the Gospel"(1783), *BEW* 2: 499.

로 볼 수 있습니다"라고 말한다.[297] 이에 여기서는 종말론적으로 새 하늘과 새 땅이 새롭게 창조되는 것이 아닌, 하나님께서 현 세상을 새롭게 하시는 사역에 주목해, 이를 두 가지 측면 곧 무생물계와 생물계의 갱신과 인간의 갱신으로 나누어 살펴보고자 한다.

1. 무생물계와 생물계의 갱신

웨슬리는 설교 "하나님이 시인하신 일들"(1782)에서 창조 시 자연세계가 지녔던 완전함을 묘사했다. 그때는 화산도, 사막도, 혹독한 겨울이나 무더운 여름도 없었다. 모든 자연환경은 인간이 행복과 즐거움을 누리기에 매우 적합했다.[298] 그 세계가 황폐하게 된 것은 자연세계에 존재하는 하나님의 창조질서를 거스르는 힘이 아닌 창조주에 대한 인간의 반역에서 비롯되었다. 웨슬리는 창세기 3:17을 주해하면서 아담과 하와의 타락으로 인해 하나님께서 그들이 살던 땅을 저주하셨다고 말한다. 그때부터 자연세계는 허무에 굴복하게 되었다.[299] 하나님의 징벌의 직접적 대상은 무생물계가 아닌 인간이었고, 인간은 황폐해진 자연세계에서 살아가기 위해 고군분투하게 되었다.

최근의 일부 기독교 생태학자는 자연세계의 황폐화에 대한 이러한 설명에 만족하지 않는다. 이언 브래들리(Ian Bradley)는 『하나님은 푸르르시다』(*God is Green*)에서 "'타락한' 자연이 인간의 죄에 대한 하나님의 징벌이라는 생각은 오만하게도 인간 중심적일 뿐 아니라 논리와 진화의 사

---

297 "The General Spread of the Gospel", *BEW* 2: 499.
298 "God's Approbation of His Works"(1782), *BEW* 2: 397.
299 *ENOT* 18, 창 3: 17 주해; 참고. *ENNT* 549, 롬 8: 20-2 주해.

실에 정면으로 배치된다"고 수장한다.[300] 브래들리에 따르면, "오직 인간만이 받아 마땅한 징벌을 무죄한 자연에 가하는 것은 괴이할 정도로 불공평해 보인다."[301] 혼돈에서 창조된 자연세계에는 창조주의 능력에 불순종하는 혼돈의 세력이 여전히 남아 있다. "혼돈의 세력"은 마지막 날 하나님에 의해 정복될 것이지만, "신약성경에 의하면 언제나 현재적 위협으로 남아 있다."[302] 더욱이 인간은 하나님께서 다른 피조물들을 다스리도록 주신 지배권을 오용해 하등한 피조세계를 착취하고 파괴해 왔다.[303] 이것이 자연세계가 황폐해진 진짜 이유라는 것이다. 이러한 설명은 생태 위기의 책임을 하나님이 아닌 인간에게 지우지만, 동시에 하나님의 전능함이 혼돈의 세력에게 도전받고 있으며, 비록 마지막 날에 그 세력을 정복한다 하더라도 현재는 세상을 통치하는 일에서 하나님이 그들과 투쟁하고 있다는 의미를 내포한다.

웨슬리에 따르면, 자연세계의 기본 요소인 물질은 스토아 학파와 윌리엄 킹이 주장한 것처럼 창조의 능력에 대해 수동적이거나 고집스럽지 않다. 웨슬리에게 태초의 혼돈은 전능하신 창조주의 창조 의지를 위협하는 실제적 힘이 아니라, 예술가이신 하나님(the artistic God)이 피조물들의 창조를 점점 완성해 가시는 과정의 첫 단계일 뿐이다. 따라서 자연의 황폐화의 원인은 혼돈의 세력이 아닌 아담과 하와의 타락이다. 이언 브래들리가 지적한 것처럼, 이러한 설명은 자연세계의 타락에 대한 기독교의 전형적 해석을 따른 것이다.[304] 예를 들어, 장 칼뱅은 창세기 3:17을

---

300 Ian Bradley, *God is Green: Christianity and Environment* (London: Darton, Longman and Todd Ltd, 1990), 62.

301 Ian Bradley, *God is Green: Christianity and Environment*, 62.

302 Ian Bradley, *God is Green: Christianity and Environment*, 63.

303 Ian Bradley, *God is Green: Christianity and Environment*, 57.

304 Ian Bradley, *God is Green: Christianity and Environment*, 56.

주해하면서 "땅은 아담으로 인해 저주를 받았다"고 진술했다. 땅에 대한 저주는 인간이 타락하자 하나님께서 땅에서 은총을 거두어가심에 의한 하나님의 축복의 박탈이었다. 메소디스트 지도자에 따르면, 자연의 황폐화를 더욱 심화시킨 것은 타락으로 인한 인간 안에 있는 하나님의 '정치적 형상'의 왜곡으로, 이 형상은 인간이 열등한 피조물을 돌보게 하기 위해 하나님께서 주신 것이다.[305] 정치적 형상이 왜곡되자 인간은 자연세계를 바르게 관리할 능력을 상실했다. 타락 이후의 죄악 된 마음과 어두워진 이성으로 인해 인간은 자연세계를 사랑으로 돌보는 청지기가 아닌 파괴자가 되고 말았다.

웨슬리는 설교 "우주적 구원"(1781)에서 동물의 생태계의 비참함을 묘사했다.[306] 처음에는 동물들이 평화로운 존재로 창조되었으나, 지금은 매우 사납고 잔인하다. 동물들은 먹이사슬의 체계에서 살해자이자 희생자로서 좌절과 허무에 굴복해 있다. 동물의 이러한 고통은 인간의 타락과 함께 시작되었다. 웨슬리는 하나님께서 인간의 타락 때문에 동물을 직접 저주하셨다고 생각하지는 않았다. 동물계의 처참한 상황은, 모든 복의 근원이신 하나님에게서 열등한 피조물에게로 하나님의 복이 흘러가는 통로이자 "지상에서의 하나님의 대리자"인 인간의 무질서에 의해 초래되었다.[307]

또 웨슬리는 동물을 대하는 인간의 잔혹함이 동물계의 비참함을 악화시킨 것으로 보았다. 죄 많은 인간은 자신의 즐거움을 위해 불필요하게 동물에게 고통을 가하는 "인간 상어" 또는 "폭군"이다.[308] 따라서 웨

---

305 "New Birth", *BEW* 2: 188.
306 "General Deliverance", *BEW* 2: 443-45.
307 "General Deliverance", *BEW* 2: 440.
308 "General Deliverance", *BEW* 2: 445.

슬리에 따르면 죄 많은 인간이야말로 자연세계와 동물계의 비참한 상황을 초래한 장본인이다.

하나님은 이러한 자연세계와 동물계를 갱신하고 계시는가? 웨슬리는 설교 "새로운 창조"(1785)에서 마지막 날 하나님께서 만물을 새롭게 하실 때 이루어질 자연세계의 새 창조를 묘사했다. 그는 하나님께서 자연세계를 갱신하실 미래에 주목하면서, 현재적 갱신에는 큰 관심을 보이지 않은 듯하다. 예를 들어, 웨슬리는 자연세계의 현재적 갱신에 관한 구절로 보이는 시편 104:30을 주해할 때 매튜 풀처럼 그것을 언급하지 않았다.[309] 사실 웨슬리는 자연의 황폐화의 원인은 인간의 죄악이며, 타락한 인간이 변화되어 하나님과 화해하는 성화는 하늘만이 아니라 하나님의 은혜로 이 땅에서도 이룰 수 있다고 주장했다. 그렇다면 웨슬리는 인간의 구원이 현재적으로 진전되어감에 따라 하나님께서 자연세계를 현재적으로 갱신하고 계신다며 긍정적으로 언급할 수도 있었을 것이다. 그러나 실제로는 그렇게 하지 않았는데, 이는 아마도 그가 살았던 18세기에는 생태학 문제가 크게 쟁점화되지 않았기 때문일 것이다. 시어도어 런연이 지적한 것같이, 런던 시민이 겨울철 수많은 석탄 난로에서 발생하는 유독가스와 스모그로 심한 고통을 겪고 있었음에도, 생태학이나 하나님에 의한 자연세계의 현재적 회복은 웨슬리 시대의 신학적 논의의 중심 주제가 되지 못했다.[310]

그러나 웨슬리는 설교 "우주적 구원"에서 하나님께서 동물계 전체의 신음을 들으신다고 말했다.[311] 그에 따르면, 창조주는 동물을 "통탄

---

309 *ENOT* 1775, 시 104: 30 주해; 참고. "General Spread of the Gospel", *BEW* 2: 499. Matthew Poole, *Annotations* 2: 161.

310 Theodore Runyon, *The New Creation*, 200.

311 "The General Deliverance", *BEW* 2: 445.

할 만한 상태"에 버려두지 않으신다. 하나님은 "그들의 모든 고통을 알고 계시며, 때가 되면 이루실 새 창조를 향해 그들을 이끌어가신다."[312] 따라서 웨슬리는 동물이 고통에서 해방되는 완벽한 해결책을 종말론적 재창조에서 발견했다. 자연세계에서와 마찬가지로, 웨슬리는 하나님께서 동물계의 고통에 현재 직접적으로 관여하신다고 말하지 않고, 다만 동물계를 돌보아야 할 인간의 책임을 강조했다. 1756년 7월 16일 웨슬리는 글쓴이의 암묵적 동의를 얻어 익명으로 자신이 받은 편지의 일부를 공개했다. 이 편지에서 글쓴이는 당대의 "야만적인 오락인 황소 괴롭히기, 투계, 경마, 사냥"을 언급하며 개탄했는데, 이런 오락에서 인간은 즐거움을 위해 동물에게 필요 이상의 고통을 가했다. "통탄할 만한 부적절한 교육의 영향"으로 어린이들은 "모든 무력한 생명체"를 괴롭히면서 "어린 나이에 이미 잔혹함과 억압에 익숙해졌다." 그러나 아이들은 생명을 지닌 모든 것에 동정심을 가져야 한다는 것이다. 편지를 쓴 사람의 바람은 동시대 사람, 특히 그리스도인들이 "모든 피조물을 사랑하시는 하나님을 본받아" 동물을 사랑하는 것이었다.[313] 웨슬리는 이후의 설교 "자녀교육에 대하여"(1783)에서 이 편지를 쓴 사람의 생각을 반영해 그리스도인의 동물 사랑을 강조함으로 설교를 다음과 같이 마무리했다.[314]

> 진정으로 애정을 가진 부모는 자녀가 생명이 있는 어떤 것도 해치거나 고통을 주도록 내버려두지 않을 것입니다. 자녀들이 새 둥지를 터는 일을 허락하지 않을 것이며, 더더욱 불필요하게 생명 죽이는 일을 허락하지 않을 것입니다. 심지어 뱀에게도 그렇습니다. 비록 추하게

---

312 "The General Deliverance", *BEW* 2: 445.
313 *Journal* 4: 176 (1756년 7월 16일).
314 "On the Education of Children"(1783), *BEW* 3: 360.

생겼고 사람들이 그 이름으로 거짓을 말하기도 하지만, 뱀은 벌레나 두꺼비, 파리만큼이나 해가 없음이 반복적으로 입증되었습니다. 부모는 자녀가 '남에게 대접을 받고자 하는 대로 너희도 남을 대접하라'는 황금률을 모든 동물에게도 어느 정도 적용하도록 가르쳐야 합니다. 진실로 자애로운 부모인 여러분은 아침에도 저녁에도 온종일 모든 자녀에게 "그리스도께서 우리를 사랑하신 것같이 너희도 사랑 가운데서 행하라 그는 우리를 위하여 자신을 버리사"(엡 5:2)라는 말씀을 가르치고, "하나님은 사랑이시라 사랑 안에 거하는 자는 하나님 안에 거하고 하나님도 그의 안에 거하시느니라"(요일 4:16)라는 말씀을 마음에 새기게 해야 합니다.

나아가 웨슬리는 설교 "우주적 구원"에서 동물계가 하나님에 의해 온전히 구원받게 될 종말론적 희망의 날을 언급하면서도, 현재의 비참함에 대한 해법으로는 인간이 동물에 대한 하나님의 사랑과 자비를 본받아야 함을 강조했다.[315] 웨슬리에 따르면 인간이 사랑과 자비 같은 하나님의 속성을 본받는다는 것은, 그들이 잃어버렸던 하나님의 형상을 회복하는 것을 의미한다. 열등한 피조물의 비참함에 대한 해결책으로 인간은 하나님의 형상을 회복함으로 에덴에서처럼 이 세상에서 다시금 하나님의 올바른 "대리자"가 될 것을 요청받는다.[316] 다시 말해, 하나님은 세상의 모든 열등한 피조물을 보존하시고 장차 새 하늘과 새 땅이 이루어지는 날 그들을 새롭게 하시겠지만, 현재는 하나님의 형상으로 새롭게 된 인간이 이 세상에서 "창조주와 동물계를 잇는 위대한 소통의 통로"로 새로워지기를 바라신다.[317] 그러므로 웨슬리에 의하면, 창조주는

---

315 "The General Deliverance", *BEW* 2: 449.
316 "The General Deliverance", *BEW* 2: 449.
317 참고. "The General Deliverance", *BEW* 2: 442.

새 하늘과 새 땅이 이루어지는 날 자신의 전능하심으로 만물을 완전히 새롭게 하실 때까지, 이 땅의 새롭게 된 대리자를 통해 열등한 피조물을 갱신해 가신다.

2. 인간의 갱신

웨슬리는 고린도후서 5:17을 주해하면서 새로운 피조물은 그리스도를 참되게 믿는 사람들이라고 말했다. 그들은 "새로운 생명, 새로운 감각, 새로운 능력, 새로운 애정, 새로운 욕구, 새로운 생각과 개념"을 갖게 되기 때문이다.[318] 웨슬리에게 인간의 새 창조란 믿음을 통해 구원받아 "그들의 영혼이 '처음 창조될 때 지음 받았던 하나님의 형상으로' 새롭게 되는 것"을 뜻한다.[319] 다시 말해, 하나님은 왜곡되었던 하나님의 형상을 회복시키심으로 인간을 새롭게 하신다. 이것이 바로 웨슬리 신학의 중심 주제인 인간의 구원이다. 그러나 웨슬리의 구원 이해를 철저히 살펴보는 일은 매우 방대해 이 연구의 범위를 넘어선다. 이에 여기서는 구원에서 인간과 동역하시는 하나님의 사역에 초점을 맞추어, 하나님께서 인간을 새롭게 하시는 방식에 관한 몇 가지 원리를 살펴보고자 한다.

무엇보다 먼저 웨슬리에게 인간의 재창조의 출발점은 하나님의 사랑이다.[320] 하나님은 인간을 창조하실 때 자신의 사랑 안에서 자신의 형상대로 창조하셨다. 웨슬리는 "사랑은 하나님의 형상 그 자체입니다"[321]라고 말한다. 그는 인간의 구원이 타락한 인간에게 있는 어떤 능력이나

---

318 *ENNT* 657, 고후 5: 17 주해.

319 "On the Wedding Garment"(1790), *BEW* 4: 147.

320 "On the Fall of Man"(1782), *BEW* 2: 410.

321 "The One Thing Needful", *BEW* 4: 355.

공로가 아닌 하나님의 사랑에 의한 것임을 주장한다.[322] 하나님의 사랑은 하나님의 인간 창조의 근원일 뿐 아니라, 타락한 인간의 재창조의 근원이기도 하다.

인간의 구원에 대해 칼뱅주의자들이 하나님의 주권적 의지를 강조한 반면, 웨슬리는 하나님의 사랑을 강조했다. 웨슬리가 사역하는 동안 이중예정 교리를 고수한 강경한 칼뱅주의자들과 오랫동안 논쟁한 것은 하나님의 사랑이야말로 하나님의 주된 속성이라는 그의 확신에 기초해 있었다. 웨슬리 신학에서 하나님의 사랑은 인간의 구원에 대한 궁극적인 해석학적 열쇠이다.[323]

웨슬리는 타락한 인간의 재창조에서 하나님의 전능하심 역시 강조했다. 그는 "이성적이며 종교적인 사람들에게 보내는 진지한 호소"에서 창조주 하나님이 전능하심으로 우주를 창조하신 것과 마찬가지로 전능하신 능력으로 타락한 인간을 새롭게 창조하신다고 주장했다. "처음에 천지를 창조하신 그분 외에 영혼을 새롭게 창조할 수 있는 분은 아무도 없다."[324] 하나님은 "옛 창조와 새 창조 모두에서 위대한 창조자"이시다.[325]

인간의 구원을 이해함에서 웨슬리의 특징은, 하나님이 인간과 함께 일하신다고 믿었다는 데 있다. 웨슬리는 왜 구원을 이런 방식으로 이해했는가? 역사적으로 보면, 그는 구원에서의 신인협력(synergism)을 특징적으로 주장한 아르미니우스주의의 영향을 받았다. 그러나 웨슬리의

---

322 "Salvation by Faith", *BEW* 1: 117–18.

323 참고. Mildred Bangs Wyncoop, *A Theology of Love: the Dynamic of Wesleyanism* (Kansas City, Missouri: Beacon Hill Press, 1972), 101.

324 "An Earnest Appeal to Men of Reason and Religion", *Works* 8: 5.

325 "An Address to the Clergy", *Works* 10: 488.

신인협력설은 하나님 교리와 관련해 더 자세히 분석할 필요가 있다. 웨슬리는 자신의 신인협력 교리의 정수를 제시하는 설교 "우리 자신의 구원을 성취함에 있어서"에서 하나님은 "자기의 기쁘신 뜻을 위하여"(빌 2:13) 인간의 협력을 바라신다고 보았다.[326] 신인협력의 근본적 원인이 하나님의 기쁘신 뜻에 있다는 것이다. 웨슬리에 의하면, 하나님은 인간의 협력 없이도 인간을 구원하실 수 있다. 그분은 돌들로도 아브라함의 자손을 일으킬 수 있는 분이시다. 그럼에도 하나님은 협력을 원하신다! 웨슬리는 하나님이 구원 방법을 아우구스티누스와 다르게 이해했음에도 "우리 없이 우리를 창조하신 하나님은 우리 없이 우리를 구원하지 않으실 것이다"라고 한 그의 말을 인용해 자신의 주장을 뒷받침했다.[327] 웨슬리 신학에서 구원이 신인협력의 방법으로 이루어지는 이유는, 인간론이나 자유의지론의 관점이 아니라 하나님 교리의 관점에서 먼저 다루는 것이 적절하다.

그렇다면 삼위일체 하나님은 왜 구원에서 인간의 협력을 원하시는가? 사실 웨슬리는 그 이유를 명확히 설명하지는 않았다. 그는 하나님이 왜 어떤 일을 행하셨는지 이유를 명확히 밝히기보다, 하나님이 실제로 행하신 일의 사례를 구체적으로 설명하는 경우가 많았는데, 이 문제도 마찬가지였다. 웨슬리에 의하면, 하나님께서 구원에서 인간의 협력을 기뻐하시는 것은 삼위일체 하나님이 인간을 창조하신 목적 및 구원의 본질과 깊은 관계가 있다. 앞서 제4장에서 살펴본 것처럼, 하나님은 특히 인간의 창조와 재창조에서 관계적이자 사회적인 분이시다. 하나님이 인간을 창조하신 것은 자신과 인격적이고 거룩한 교제를 나누게 하시기

---

326 "On Working Out Own Salvation", *BEW* 3: 202.

327 "On Working Out Our Own Salvation", *BEW* 3: 208; "The General Spread of the Gospel", *BEW* 2: 490.

위함이었으며, 타락한 인간을 재창조해 구원하시는 일 역시 자신과의 교제를 회복하게 하시기 위함이다.

나아가 웨슬리는 삼위일체 하나님이 인간을 창조하거나 재창조하시는 것은 하나님과의 교제와 동역 모두를 위함이라고 생각했다. 인간이 "지상에서의 하나님의 대리자"로 지음 받은 것은, 하나님과 동역함으로 세상을 다스리게 하시기 위한 것이다.[328] 더욱이 삼위일체 하나님의 세 위격 모두는 이 세상에 하나님 나라를 세우시는 일에 매우 적극적이시지만, 동시에 인간에게도 하나님 나라를 확장하는 일에 동역하기를 요구하신다. 웨슬리는 이 믿음을 다음과 같이 표현했다. "하나님께서는 일반적으로 자신의 피조물을 통해 일하기를 기뻐하십니다. 곧 사람을 통해 사람 돕기를 기뻐하십니다. 이 점에서 하나님은 '하나님과 함께 일하는 자'가 되게 하심으로 인간을 영예롭게 하십니다. 이 방법에 의해 영광은 하나님이 받으시지만, 우리에게는 상급이 주어집니다."[329] 따라서 웨슬리는 "하나님의 자녀는 모든 선한 생각과 말과 행동을 통해 '하나님과 함께 일하는 자'입니다"라고 주장했다.[330] 한마디로 삼위일체 하나님은 인간이 자신과 교제하고, 또 동역하기를 바라신다.

이 원리는 구원의 과정에도 적용된다. 구원은 하나님의 주요 사역 중 하나이기 때문이다. 인간이 자신과 동역하기를 바라시는 하나님은 구원에서도 인간의 협력을 기뻐하신다. 웨슬리는 칼뱅주의자들과의 논쟁에서 이 점을 강조했다. "성경은 (하나님에게서 이미 능력을 받았기에) 우리도 '우리 자신의 구원을 이루어야' 하며 (우리 영혼에 하나님의 역사가 시작된 후로는) 우리가 '하나님과 함께 일하는 자'임을 명백히 밝히고

---

328 "General Deliverance"(1781), *BEW* 2: 440.
329 "On the Education of Children", *BEW* 3: 349.
330 "Of Evil Angels", *BEW* 3: 24.

있다."[331] 요약하면, 사회적이고 관계적이신 하나님은 인간을 자신의 동역자로 창조하셨고, 구원을 위해서도 자신과 협력하기를 원하신다. 많은 개신교 신학자가 하나님의 백성이 하나님의 사역에 동참해야 한다는 데 동의할 것이다. 그럼에도 어떤 이들은 구원을 이루는 일에 인간이 동참해야 한다고 말하기를 주저하는데, 이는 타락한 인간은 하나님과 협력할 수 없다고 생각하기 때문이다. 그러나 웨슬리에 따르면, 하나님은 선행은총을 통해 인간의 자유의지를 회복시키셨을 뿐 아니라, 성령의 능력을 통해 구원의 모든 단계에서 인간의 참여를 가능하게 하시기 때문에 타락한 인간도 하나님과 함께 일할 수 있다.

따라서 웨슬리는 설교 "우리 자신의 구원을 성취함에 있어서"(1785)에서 "첫째, 하나님이 일하시므로 여러분도 일할 수 있습니다. 둘째, 하나님이 일하시므로 여러분도 반드시 일해야 합니다"[332]라고 주장했다. 웨슬리는 두 개의 성경 구절을 사용해 구원에서의 인간의 상반된 두 가지 측면을 설명했다. 곧 "나를 떠나서는 너희가 아무것도 할 수 없음이라"[333]라는 말씀과, "내게 능력 주시는 자 안에서 내가 모든 것을 할 수 있느니라"[334]라는 말씀이다.

웨슬리는 구원에서의 인간의 역할을 인정했다는 이유로 때때로 행위에 의한 구원을 주장하는 펠라기우스주의자라는 비판을 받았다.[335] 그러나 웨슬리는 구원하시는 분은 오직 하나님뿐이심을 주장했다.[336] 이는

---

331 "Predestination Calmly Considered", *Works* 10: 231; 참고. "Predestination Calmly Considered", *Works* 10: 253.

332 "On Working Out Our Own Salvation", *BEW* 3: 206.

333 요 15: 5.

334 빌 4: 13. *BEW* 3: 208.

335 "Minutes of Some Late Conversations", *Works* 8: 337; "A Letter to the Reverend. Dr. Horne", *Works* 9: 112; "Predestination Calmly Considered", *Works* 10: 229.

336 "A Farther Appeal to Men of Reason and Religion", *Works* 8: 49.

"우리 안에 소원을 두고 행하게 하시는" 분은 하나님이시며, "하나님만이 온갖 좋은 은사를 주시는 분이자 모든 선한 일의 유일한 창시자"이시기 때문이다. 덧붙여 웨슬리는 "인간에게는 아무런 공로가 없는 것처럼 아무런 능력도 없다. 모든 공로는 하나님의 성자, 곧 그분이 우리를 위해 행하시고 고난을 겪으신 일에 있으며, 모든 능력은 하나님의 성령에 있다"고 말한다.[337] 인간 창조의 주체가 삼위일체 하나님이셨듯, 인간 재창조의 주체도 삼위일체 하나님이시라는 것이다. 웨슬리는 설교 "예정에 대하여"에서 하나님은 "오직 '자기에게 순종하는 자', 곧 내적으로와 외적으로 순종하는 자에게 영원한 구원의 창시자가 되십니다"[338]라고 말했다. 이처럼 웨슬리에게 하나님만이 구원하신다는 사상은, 구원에서 인간이 하나님과 협력해야 한다는 사상과 양립 가능하다.

교회사에서 구원을 신인협력의 관점으로 본 것은 웨슬리만이 아니다. 반(半)펠라기우스주의자들 역시 구원에서 하나님과 인간의 상호작용을 주장했다. 이들은 구원의 과정에서 인간의 자유보다 은혜가 우선한다는 점에서 펠라기우스를 거부하고 아우구스티누스를 존중했다. 그러나 예정론에서는 아우구스티누스를 따르지 않았는데, 이는 예정론이 인간의 의지의 자유와 모든 도덕적 책임을 파괴한다고 보았기 때문이다. 이들에게서 인간은 구원의 과정에서 하나님과 함께 일할 수 있다. 웨슬리와 이들의 뚜렷한 차이점은 타락한 인간이 어떻게 하나님의 은혜에 응답할 수 있는지에 있었다. 반(半)펠라기우스주의 지도자 중 한 명인 요한 카시아누스(John Cassian)는 성경에서 하나님이 "보라 이 사람[아담]이 선악을 아는 일에 우리 중 하나같이 되었으니"(창 3:22)라고 말씀하

---

337 "A Farther Appeal to Men of Reason and Religion", *Works* 8: 49.
338 "On Predestination", *BEW* 2: 419.

신 것을 근거로, 타락한 아담과 그의 후손들이 선악에 대한 지식과 자연적 자유의지 모두를 여전히 가지고 있지만, 다만 이런 능력이 약화되었을 뿐이라고 주장했다.[339] 따라서 카시아누스에 따르면 "하나님은 우리가 선을 행하려는 의지로 기우는 것을 보시면 우리를 만나주시고 인도하시며 힘을 주신다. 성경은 '그가 네 부르짖는 소리로 말미암아 … 그가 들으실 때에 네게 응답하시리라'(사 30:19)고 말씀하기 때문이다."[340] 즉, 구원을 위해서는 하나님의 은혜가 필수적이지만, 도움받지 않은 인간의 의지(unaided human will)도 구원을 향한 첫걸음을 뗄 수 있다는 것이다. 이러한 카시아누스의 주장은, 타락의 결과로 인간이 자연적 자유의지를 상실했다는 웨슬리의 주장과 상당한 차이가 있다. 웨슬리에 따르면, 인간의 자유의지는 선행은총에 의해 초자연적으로 회복된 것이다.

영국 국교회『설교집』과 아르미니우스주의도 구원에서의 신인협력을 주장했다. 웨슬리는 영국 국교회주의에 충실한 가정에서 자라나 죽을 때까지 국교회교도였다.[341] 1738년 5월 24일의 올더스게이트 체험은 웨슬리에게 구원의 신비를 명확히 설명해 주지 못했다. W. P. 스티븐스(W. P. Stephens)가 지적했듯 "승리가 있었지만 두려움, 시험, 의심, 괴로움도 남아 있었다."[342] 구원의 진정한 의미를 찾았던 이 시기에 웨슬리는 구원에 관한 몇 가지 문제를 해결하기 위해 노력했다.[343] 1738년 11월, 웨슬리는 영국 국교회의 『설교집』을 재발견하고 그 안에서

---

339 John Cassian, The Conference, Part II, *NPNF* s.2. 11: 428.

340 John Cassian, The Conference, Part II, *NPNF* s.2. 11: 428.

341 Frank Baker, *John Wesley and the Church of England* (London: Epworth Press, 1970), 304.

342 W. P. Stephens, "Wesley and the Moravians" in John Stacey (ed.), *John Wesley: Contemporary Perspectives* (London: Epworth Press, 1988), 29

343 Richard P. Heitzenrater, *Mirror and Memory*, 126.

"믿음으로 말미암는 칭의라는 많은 논란이 된 문제"에 대한 많은 해답을 발견했다.[344]

영국 국교회『설교집』(1547)은 구원을 신인협력의 관점에서 설명한다. "온 인류의 구원에 대하여"라는 설교에 따르면, 죄인의 구원을 위해서는 세 가지가 함께 있어야 한다. 곧 하나님 편에서는 하나님의 위대하신 자비와 은혜, 그리스도 편에서는 그 몸을 드리고 피를 쏟으심에 의한 하나님의 공의의 만족, 그리고 인간 편에서는 예수 그리스도의 공로를 믿는 참되고 살아 있는 믿음이다.[345] 그러나 우리는 선행이 아닌 믿음으로 구원을 받더라도, 구원의 과정에서 하나님의 구원 사역에 대한 바른 응답으로 선을 행하는 일에 게으르지 말아야 한다.[346] 구원하는 믿음은 선한 행위를 낳지 못하는 죽은 믿음이 아니라, 모든 선한 일을 기쁨으로 행하는 "사랑으로써 역사하는 믿음"(갈 5:6)이다.[347] 영국 국교회『설교집』의 이러한 가르침은 웨슬리의 신인협력 이해와 상당한 유사성이 있다. 특히 웨슬리는 이『설교집』을 따라 사람은 구원의 과정에서 선을 행할 의무가 있다는 점과 사랑으로써 역사하는 믿음의 중요성을 강조했다.[348]

---

344 *Journal* 2: 101 (1738년 11월 12일); 참고. Richard P. Heitzenrater, *Wesley and the People Called Methodists*, 86.

345 Ronald B. Bond (ed.), *Certain Sermons or Homilies (1547) and A Homily against Disobedience and Wilful Rebellion (1570)* (Toronto: University of Toronto Press, reprinted 1987), 80. 웨슬리의 영국 국교회『설교집』(*Homilies*) 발췌문은 Albert C. Outler (ed.), *John Wesley*, 123을 참조하라.

346 Ronald B. Bond (ed.), *Certain Sermons or Homilies (1547) and A Homily against Disobedience and Wilful Rebellion (1570)*, 81, 105. Albert C. Outler (ed.), *John Wesley*, 126, 128, 130.

347 Ronald B. Bond (ed.), *Certain Sermons or Homilies (1547) and A Homily against Disobedience and Wilful Rebellion (1570)*, 91, 93-4; Albert C. Outler (ed.), *John Wesley*, 130.

348 "On Working Out Our Own Salvation", *BEW* 3: 205-6; "On the Wedding Garment", *BEW* 4: 146; "A Farther Appeal to Men of Reason and Religion", *Works*

웨슬리는 자신을 아르미니우스주의자로 불렀으며, 《《아르미니우스주의 매거진》》을 발행해 하나님의 보편적 사랑의 복음, 곧 모든 사람을 죄에서 구원하기 원하시는 하나님의 뜻을 널리 전파하고자 했다.[349] "아르미니우스주의자란 누구인가?"(What is an Arminian?)에서는 도르트 총회(Synod of Dort)의 칼뱅주의 5대 강령에 반대해 아르미니우스주의를 지지했다. 곧 인간의 전적 타락(total depravity), 조건적 예정(conditional predestination), 보편적 속죄(universal atonement), 저항 가능한 은혜(resistible grace), 조건적 성도의 견인(conditional perseverance of saints)을 주장한 것이다.[350]

아르미니우스에 따르면, 인간의 의지는 하나님께서 먼저 은혜로 그 의지를 촉발하신 후에야 하나님과 협력할 수 있다.[351] 이런 의미에서 아르미니우스는 도움받지 않은 인간의 의지가 구원을 향한 첫걸음을 뗄 수 있다고 생각한 반(半)펠라기우스주의자들과 달랐다.

웨슬리의 신인협력 이해가 영국 국교회의 『설교집』이나 아르미니우스와 실질적으로 다른 점은, 웨슬리에게 인간의 구원은 순간적이면서도 점진적이라는 데 있다. 신인협력의 관점에서 볼 때, 영국 국교회 『설교집』과 아르미니우스주의에서 인간의 구원은 근본적으로 점진적이다. 그러나 웨슬리는 신인협력에 순간적 요소를 추가했다. 영국 국교회 『설교집』에서는 하나님의 순간적 사역이 강조되지 않는다.[352] 아르미니우스는

8: 67; "An Extract from 'a Short View of the Difference between the Moravian Brethren, (so called,) and the Rev. Mr. John and Charles Wesley'", *Works* 10: 202.

349 *Works* 14: 281.

350 "The Question, 'What is an Arminian?' Answered", *Works* 10: 358–61.

351 James Arminius, *The Works of James Arminius* 2: 192.

352 Ronald B. Bond (ed.), *Certain Sermons or Homilies (1547) and A Homily against Disobedience and Wilful Rebellion (1570)*, 79–113.

징의와 성화를 설명할 때 구원의 점진적 과정을 강조했다.[353] 그는 성화
는 "한순간에 완성되지 않고, 죄가 … 날마다 약화되고 속사람은 날마다
점점 더 새로워지는" 것이라고 진술했다.[354] 웨슬리는 점진적인 구원의
과정에서는 우리가 하나님과 협력해야 하지만, 하나님께서 칭의를 통해
죄인인 우리의 상태를 변화시키는 일이나, 칭의의 상태에서 성결의 상
태로 변화시키는 일은 순간적으로 이루어짐을 강조했다.[355] 그는 "사람
이 쾌히 응낙하기만 하면 하나님은 일을 원하시는 만큼 단축해, 보통은
여러 해가 걸릴 일을 한순간에 행하실 수 있다. 하나님은 많은 경우 그렇
게 행하신다. 그러나 그 순간 이전과 이후에는 은혜의 점진적인 역사가
있다"고 주장했다. 그래서 웨슬리는 "어떤 사람은 그 일이 점진적이라고
단언하고, 또 어떤 사람은 그 일이 순간적이라고 단언하더라도, 둘 사이
에는 어떤 모순도 없다"고 말했다.[356] 웨슬리가 구원에서의 하나님의 즉
각적 역사를 주장할 때 중요하게 여긴 것은, 비록 구원의 점진적 과정에
서 인간의 역할이 있더라도 죄인 된 우리의 상태를 신자의 상태로 순간
적으로 변화시키시는 분은 하나님이시라는 것이었다. 웨슬리는 모라비
아교도들이 주장한 정적주의(quietism)는 거부했으나, 그들로부터 구원
의 과정에서 하나님의 순간적인 역사가 중요한 역할을 한다는 사실을 배
웠을 것이다.[357] 그러므로 웨슬리는 자신의 신인협력설에 오직 하나님만
이 구원하실 수 있다는 유럽 개신교 신학의 근본적 강조점을 결합했다.
이처럼 웨슬리의 신인협력설은 구원에서의 하나님의 순간적 역사를 강
조함으로 구원을 추구하는 일에서 큰 역동성을 지니게 되었는데, 이 역

---

353 James Arminius, *The Works of James Arminius* 2: 405-10.
354 James Arminius, *The Works of James Arminius* 2: 409-10.
355 "A Farther Appeal to Men of Reason and Religion", *Works* 8: 48.
356 "A Plain Account of Christian Perfection", *Works* 11: 423.
357 *Journal* 1: 454 (1738년 4월 22일).

동성은 구원을 추구하는 과정에서 다른 신인협력적 신학이 잃어버리기 쉬운 요소이다. 또 이러한 강조는 하나님과의 협력 없이 온전한 구원에 이르는 지름길을 찾으려는 사람들을 불건전한 열광주의로 오도할 수 있지만, 메소디스트들의 경우에는 그들 자신의 구원을 이루기 위해 하나님의 은혜를 의지하도록 이끌었다.

구원에서의 하나님과 인간의 상호작용에 대한 웨슬리의 주장은, 그의 하나님의 은혜에 대한 이해와 밀접하게 연결되어 있다. 웨슬리는 은혜이 두 가지 측면을 강조했는데, 곧 성자의 공로를 통한 성부 하나님의 용서하시는 사랑과 성령의 능력이다.[358] 웨슬리에게 은혜란 인간의 구원에 적용되는 삼위일체 하나님의 사랑을 달리 표현한 것이다. 다시 말해, 은혜란 성부 하나님의 사랑으로, 그리스도의 공로를 통해 모든 타락한 인간에게 값없이 베푸시는 하나님의 자비가 확실히 드러나게 하고, 또 성령의 능력을 통해 하나님의 구원 사역이 인간의 마음에서 실제적인 효력이 발생하게 하는 것이 이 사랑이다.[359] 매덕스는 웨슬리의 은혜 개념이 서방 신학자들의 특징적 강조점인 죄 용서와 동방 신학자들의 특징적 강조점인 타락한 인간 본성을 치유하는 능력을 통합하고 있다고 지적한다.[360] 이와 함께 우리는 웨슬리의 은혜 이해가 삼위일체 신학에 근거하고 있다는 점에 주목할 필요가 있다.[361]

---

358 "The Witness of Our Own Spirit", *BEW* 1: 309; "The Spirit of Bondage and of Adoption", *BEW* 1: 260.

359 로버트 빈센트 레이크스트로(Robert Vincent Rakestraw)는 웨슬리에게 은혜는 세 가지 의미를 지닌다고 지적했다. 곧 자격 없는 자에게 베푸시는 하나님의 호의, 성령의 능력, 그리스도인의 삶의 열매이다. 그러나 그는 그중 세 번째 의미 (그리스도인의 삶의 열매)는 자주 사용되지 않았다고 덧붙였다. Robert Vincent Rakestraw, "The Concept of Grace in the Ethics of John Wesley" (Ph. D. thesis, Drew University, 1985), 130–34.

360 Randy L. Maddox, *Responsible Grace*, 84.

361 "The Witness of Our Own Spirit", *BEW* 1: 309.

'하나님의 은혜'란 때로 그리스도의 공로를 통해 죄인인 나를 하나님과 화목하게 하시는 값없는 사랑, 자격 없는 자에게 베푸시는 자비로 이해할 수 있습니다. 그러나 여기서는 그보다 '우리 안에서 행하시어 자기의 기쁘신 뜻을 위하여 우리로 소원을 두고 행하게 하시는'(빌 2:13) 성령 하나님의 능력을 의미합니다. 전자의 은혜인 하나님의 용서하시는 사랑이 우리 영혼에 나타나는 즉시, 후자의 은혜인 성령의 능력이 우리 안에서 역사하기 시작합니다. 그러면 우리는 하나님을 통해 인간으로서는 불가능한 일을 할 수 있게 됩니다.

하나님의 은혜가 역사하는 방법 중 하나는, 구원의 과정 각 단계에 하나님의 은혜가 인간의 활동보다 먼저 작용하는 은혜의 선행성(prevenience) 또는 선작용(pre-operation)이라 할 수 있다. 웨슬리에 따르면, 하나님의 은혜의 선행성은 선행은총 자체만이 아니라, 죄를 깨닫게 하는 은혜, 칭의의 은혜, 성화의 은혜, 영화의 은혜에도 적용된다. 구원의 각 단계에서 하나님은 먼저 인간에게 이러한 은혜를 촉발하고 제공하심으로, 그들이 은혜에 바르게 응답할 수 있게 하신다. 먼저 하나님은 우리에게 소원을 두고 행하게 하시기에, 우리는 그분의 은혜로운 제안을 순종으로 받아들일 수 있게 된다. "만약 그 방법이 아니라면 우리는 마치 그것이 우리의 공로인 양, 우리 안에 무슨 선한 것이 있는 양 자랑할 여지가 있었을 것입니다."[362] 이러한 은혜의 선행성은 이집트의 마카리우스(Macarius the Egyptian)의 저술에서도 나타나는데, 웨슬리는 하나님의 은혜가 작용하는 방식에 대한 그의 설명에 동의했다.[363] 마카리우스는 한 설교에서 "여러분은 절대 자신의 덕으로 주님보다 앞서 행했다고 생각

---

362 "On Working Out Our Own Salvation", *BEW* 3: 202.

363 "The Scripture Way of Salvation", *BEW* 2: 159

하지 마십시오. 여러분 안에서 행하시어 자기의 기쁘신 뜻을 위하여 여러분으로 소원을 두고 행하게 하신 분은 하나님이시기 때문입니다"[364]라고 말했다. 그는 "사람을 구원하는 것은 그 자신의 행위가 아니라 그에게 능력을 주시는 하나님이십니다"[365]라고 확언했다. 야코부스 아르미니우스(James Arminius)는 이같이 은혜의 선행성은 인간의 움직임을 촉구하고 촉발하기에 인간의 의지를 침해하지 않고서 하나님의 은혜로운 제안에 순종할 수 있게 한다고 주장했다.[366] 영국 국교회 신조 제10조 역시 이러한 은혜를 언급하는데, 웨슬리는 미국 메소디스트 신조에서 이를 반복했다.[367] 히포의 아우구스티누스는 구원에서의 하나님 은혜의 선행성을 다음과 같이 주장했다. "하나님 은혜는 원하지 않는 자에게 먼저 작용해 그로 원하게 만들며, 원하는 자에게는 하나님의 은혜가 뒤따라 그의 의지가 실행되게 하신다."[368] 그럼에도 칼뱅주의자 루이스 벌코프가 지적했듯, "아우구스티누스는 반(半)펠라기우스주의 논쟁에서 하나님의 은혜는 전적으로 값없이 주어지며 저항할 수 없는 특성을 지닌다고 강조했다."[369] 따라서 아우구스티누스에게서 은혜의 선재성은 하나님의 선택과 예정하시는 은혜에 대한 그의 사상에 의해 좌우되었다.[370] 베른하르트 로제(Bernhard Lohse)는 아우구스티누스의 선행은총 또는 은혜의 선

---

364 Macarius the Egyptian, *Fifty Spiritual Homilies of St. Macarius the Egytian* (London: SPCK, 1921), XXXVII, 9, 255.

365 Macarius the Egyptian, *Fifty Spiritual Homilies of St. Macarius the Egytian*, XXXVII, 9, 255.

366 James Arminius, *The Works of James Arminius* 2: 451.

367 두 신조의 본문을 비교한 유용한 자료로는 *The Encyclopaedia of World Methodism*, 1: 146–57을 참조하라.

368 L. Berkhof, *Systematic Theology*, 429.

369 L. Berkhof, *Systematic Theology*, 429.

370 Augustine, *The City of God*, XXII. 2, *NPNF* s. 1. 2: 480; *On Grace of Christ* (418), 24, *NPNF* s1. 5: 226.

행성 개념을 단순히 선택의 은혜와 동일시한다.[371] 그러나 웨슬리에게 은혜의 선행성은 원인적(causing) 은혜가 아닌 하나님의 예비적 또는 선행적 은혜를 의미하는데, 이 은혜는 성부의 사랑과 성자의 공로에 기초해 있고, 성령의 인격적 능력으로 타락한 인간을 은혜로운 구원의 제안으로 이끌어가기 위한 것이다. 따라서 웨슬리는 은혜의 선행성 개념을 통해 하나님이 먼저 타락한 인간에게 구원의 은혜를 제공하시는 주도하심에 의해 인간의 구원이 시작된다는 사실을 강조함과 동시에, 이러한 하나님의 주도하심이 없다면 인간은 자신의 구원을 이루는 일에 아무것도 할 수 없음을 분명히 했다.

하나님의 은혜가 역사하는 또 다른 방식은, 구원에서 신인협력을 원하시는 하나님께서 은혜로 인간을 격려하시어 그들이 하나님의 구원의 제안에 응답해 구원을 이루는 일에 하나님과 협력하게 하시는 것이다. 따라서 은혜의 작용에서 은혜로우신 하나님은 인간보다 먼저 일하실 뿐 아니라 인간을 격려하시면서 그들과 함께 일하신다. 이처럼 웨슬리는 인간의 구원 과정에서 하나님의 은혜와 인간의 자유의지가 양립할 수 있음을 인정했다. 그러나 하나님의 은혜와 인간의 자유의지가 양립 가능하다는 사상은 서방교회에서 줄곧 논란이 되어 왔다. 이에 웨슬리가 양립 가능성 주장을 어떻게 옹호했는지를 논의하기에 앞서, 이 논쟁의 여지가 있는 문제를 교회사를 통해 간략히 살펴보고자 한다.

초기 기독교 교부, 특히 동방 전통의 교부들에게 하나님의 은혜와 인간의 의지의 양립 가능성은 논쟁적 주제가 아니었기에 일반적으로 받아들여졌다.[372] 예를 들어, 마카리우스는 "인간의 의지가 없이는 비록 하

---

371 Bernhard Lohse, *A Short History of Christian Doctrine* (Philadelphia: Fortress Press, 1985), revised American edition, 115.

372 Randy L. Maddox, *Responsible Grace*, 91.

나님께서 하실 수 있더라도 어떤 것도 행하지 않으신다. 이는 인간의 자유를 존중하시기 때문이다. 그 점에서 하나님의 사역의 효과는 인간의 의지에 달려 있다. 반대로 우리가 온전한 의지를 하나님께 드리면, 하나님은 온전한 사역을 마치 우리가 행한 것처럼 여겨주신다"[373]라고 말했다. 동방교회는 지금도 하나님의 은혜와 인간의 의지를 양립 가능한 것으로 여긴다. 블라디미르 로스키(Vladimir Lossky)는 "동방교회 전통은 이 두 요소를 결코 분리하지 않는다. 하나님의 은혜와 인간의 자유는 동시에 드리니며 서로 분리된 것으로 생각할 수 없다"[374]고 지적한다. 인간의 구원은 "이 협력, 곧 하나님과 인간의 협력 안에서" 이루어진다.[375] 동방교회에 따르면, 은혜란 "우리 안에 있는 하나님의 현존하심이며, 이는 우리에게도 지속적인 노력을 요구한다."[376] 존 지지울라스(John D. Zizioulas) 역시 카파도키아 교부들(Cappadocian Fathers)은 삼위일체 하나님이 성부, 성자, 성령 삼위의 인격적 관계 안에 존재하신다고 가르쳤음을 주장했다. 세 위격 사이의 이러한 인격적 관계는 은혜에 의해 우리도 인격적 존재가 되게 하심으로, 인격적 존재인 우리가 하나님과의 연합에 참여할 수 있게 하신다.[377] 그러나 이 신인협력의 방식은 "선을 행함에서 하나님의 은혜와 인간의 자유가 동시에 작용하는 신비에 속하며,

---

373 Macarius the Egyptian, *Fifty Spiritual Homilies of St. Macarius the Egytian*, XXXVII, 10, 255.

374 Vladimir Lossky, *The Mystical Theology of the Eastern Church* (Cambridge: James Clarke, 1991), 197.

375 Vladimir Lossky, *The Mystical Theology of the Eastern Church*, 196.

376 Vladimir Lossky, *The Mystical Theology of the Eastern Church*, 198.

377 John D. Zizioulas, "The Doctrine of the Holy Trinity: The Signification of the Capaadocian Contribution" in Christoph Schwöbel (eds.), *Trinitarian Theology Today*, 58-60; 참고. John D. Zizioulas, "On Being a Person. Towards an Ontology of Personhood" in Christoph Schwöbel & Colin E. Gunton (ed.), *Persons, Divine and Human* (Edinburgh: T&T Clark, 1991), 44-6.

실증적이고 합리적인 용어로는 설명할 수 없다."[378] 하나님의 은혜와 인간의 자유는 신비로운 방식으로 양립 가능하다.

서방교회에서는 하나님의 은혜가 인간의 의지를 강제하지 않으면서 서로 양립할 수 있는지, 또 하나님의 구원의 은혜는 불가항력적인지에 대한 논쟁을 지속해 왔다.

먼저 히포의 아우구스티누스부터 살펴보면, 그는 초기 저술인 『자유의지론』(On Free Will, 388~395)에서 인간의 의지를 선한 목적과 악한 목적 모두에 사용할 수 있는 도덕적으로 중립적 도구인 '중간 선'(middle good)으로 묘사했다.[379] 그러나 이후 펠라기우스주의 및 반(半)펠라기우스주의와의 논쟁에서는, 구원에는 은혜가 반드시 필요하며 구원은 하나님의 주권적 의지에 따라 이루어짐을 강조했다. 인간의 의지를 도덕적으로 중립적인 능력으로 보던 것에서 선이나 악의 도구로 보는 것으로 관점이 바뀐 것이다.[380] 따라서 아우구스티누스는 같은 의지가 어떤 때는 선을, 어떤 때는 악을 선택할 수 있다는 생각을 부인했다. "좋은 나무가 나쁜 열매를 맺을 수 없고, 못된 나무가 아름다운 열매를 맺을 수 없기" 때문이다.[381] 타락한 인간은 누구나 악한 의지를 지니고 있으며, 그들의 타락한 의지는 선과 구원을 선택할 수 없고 오직 악과 멸망만 선택할 수 있다. 이처럼 타락한 인간의 자유의지는 죄짓고 죽음에 이르는 자유일 따름이다. 악한 의지를 선한 의지로 바꿀 수 있는 것은 오직 은혜

---

378 Vladimir Lossky, *The Mystical Theology of the Eastern Church*, 198.

379 Augustine, *On Free Will*, II. 52, *Augustine: Earlier Writings*, 167; 참고. David Fergusson, "Predestination: A Scottish Perspective" [1991년 3월 5일 애버딘 대학교(the University of Aberdeen)에서 발표된 취임 강연의 미출판 수정본], 2-5.

380 Augustine, *On the Grace of Christ* (418), 19-21, *NPNF* s.1. 5: 224-25.

381 Augustine, *On the Grace of Christ*, 19, *NPNF* s.1. 5: 224.

뿐이다.[382] 그러나 구원의 은혜는 오직 택자에게만 허락된다. 아우구스티누스는 많은 사람이 기독교 진리를 듣지만 어떤 이는 믿고, 어떤 이는 믿지 않는다는 명백한 사실을 언급한다. 그들의 반응이 다른 데는 분명 이유가 있다는 것이다. 아우구스티누스는 그 이유가 하나님께서 어떤 이에게는 선택의 은혜를 주셨지만, 다른 이에게는 주지 않으셨기 때문이라고 주장했다.[383] "하나님은 자신이 원하시는 것을 사람들도 원하도록 만드시지만, 그 일이 미래에 어떻게 될지는 그들이 알 수 없게 하셨다." "그래서 하나님의 거룩한 뜻에 감동된 성도들조차 실제로는 일이니지 않을 많은 일을 간절히 바라기도 한다."[384]

나아가 아우구스티누스는 『영과 문자』(On the Spirit and the Letter, 412)에서 디모데전서 2:4('하나님은 모든 사람이 구원을 받으며 진리를 아는 데에 이르기를 원하시느니라')을 해석하면서, "하나님은 의심할 여지 없이 모든 사람이 구원을 받고 진리를 아는 지식에 이르기를 원하신다"고 말했다. 하나님은 "그들에게서 자유의지를 빼앗지 않으시며, 그것을 선하게 사용하는지 악하게 사용하는지에 따라 그들은 가장 공정한 심판을 받게 될 것이다." 여기서 자유의지는 "신앙으로 기울 수도 있고, 불신앙으로 기울 수도 있는 중립적 능력"으로 이해된다.[385] 그러나 아우구스티누스는 이후 이 해석을 수정해 하나님의 구원의 의지를 택자에게만 제한적으로 적용했다.[386] 따라서 디모데전서 2:4의 "모든 사람"은 "모든 택

---

382 Augustine, *On the Grace of Christ*, 20, *NPNF* s.1. 5: 224-25.

383 Augustine, *On the Predestination of the Saints* (428-29), 10-11. *NPNF* s.1. 5: 503-4.

384 Augustine, *The City of God* (413-426), XXII. 2. *NPNF* s.1. 2: 480.

385 Augustine, *On the Spirit and the Letter* (412), 58, *NPNF* s.1. 5: 109.

386 Augustine, *Enchiridion* (421), 103, *NPNF* s.1. 3: 270; *On the Predestination of the Saints* (428-29), 14, *NPNF* s.1. 5: 505. 수정의 자세한 내용에 대해서는 Eugène Portalié, *A Guide to the Thought of Saint Augustine*, 228-29와 Thomas P. Halton (ed.), *St. Augustine: Four Anti-Pelagian Writings* (Washington: The Catholic

자"만을 의미하는데, 이는 하나님의 선택 없이는 누구도 구원받을 수 없기 때문이라는 것이다.[387] 아우구스티누스는 하나님의 뜻을 강조하기 위해 디모데전서 2:4의 '모든'의 의미를 수정했다.

외젠 포르탈리에(Eugène Portalié)가 지적했듯, "펠라기우스 논쟁의 영향으로 아우구스티누스는 점점 택자를 구분하는 유일한 요소인 효과적 은혜(efficacious grace)에 관심을 두었고, 그 결과 구원에 대한 하나님의 절대적 의지를 강조하게 되었다."[388] 따라서 초기의 반(反)마니교 저작들에서 나타나던 인간의 자유에 대한 강조는, 후기의 반(反)펠라기우스 저작들에서 점점 사라졌다.[389] 야로슬라프 펠리칸은 아우구스티누스의 은혜 교리는 신플라톤주의의 영향을 받았고, 그로 인해 하나님의 사랑보다 은혜와 전능의 인과성(causality)을 훨씬 더 강조하게 되었다고 주장한다.[390] 결국 아우구스티누스에 따르면, 하나님은 전능하시고 헛된 뜻

University of America Press, 1992), 236 각주 94를 참조하라.

387 참고. Gerald Bonner, *St. Augustine of Hippo: Life and Controversies* (London: SCM Press, 1963), 389.

388 Eugène Portalié, *A Guide to the Thought of Saint Augustine* (Westport, Connecticut: Greenwood Press, reprinted 1975), 229.

389 G. R. Evans, *Augustine On Evil* (Cambridge: Cambridge University Press, 1982), 113.

390 Jaroslav Pelikan, *The Emergence of the Catholic Tradition* (100~600), 295. 아우구스티누스는 『고백록』(*Confessions*, 397~401)에서 자신의 초기 복음의 스승이었던 심플리키아누스(Simplicianus)에게서 플라톤주의자들이 "여러 면에서 하나님과 그분의 말씀에 대한 믿음으로 이끌었다"는 말을 들었다고 회상했다 (*Confessions* VIII. 3, *NPNF* s.1. 1: 117. 『고백록』에서 관련된 다른 내용에 대해서는 *Confessions* VIII. 2, 5-9, *NPNF* s.1. 1: 116-17, 120-25를 참조하라). 아우구스티누스는 『하나님의 도성』(*The City of God*, 413~426)에서 하나님의 섭리에 대해 논증할 때 "플라톤주의자들보다 더 우리와 가까운 사람은 아무도 없음이 분명하다"고 말하면서 플라톤주의자들의 도움을 구했다 (*The City of God*, VIII. 5, *NPNF* s.1. 2: 147. 『하나님의 도성』에서 관련된 다른 내용은 *The City of God*, VIII. 6, 7; 9; X. 2, 3, *NPNF* s.1. 2: 147-51, 181-82를 참조하라). 아우구스티누스가 신플라톤주의의 영향을 받은 사실에 대한 훌륭한 분석은 Eugène Portalié, *Confessions*, 95-104를 참조하라.

을 품지 않으시기에 하나님의 뜻은 결코 실패하지 않는다.[391] 하나님이 주권자이시기에 은혜도 주권적이다. 하나님의 뜻은 누구도 막을 수 없기에 그분의 은혜도 불가항력적이어서 인간의 의지를 하나님이 의도하신 방향으로 나아가게 한다. "하나님의 은혜의 도우심은 실로 위대하여 우리의 마음을 하나님이 기뻐하시는 어떤 방향으로든 돌이키게 하신다."[392]

아우구스티누스는 자신이 하나님의 은혜와 인간의 자유의지의 양립 가능성을 부인했다는 비난을 받자 『은총과 자유의지』(*On Grace and Free Will*, 426~427)를 저술했다.[393] 이 책에서 그는 인간에게 자유의지가 있기 때문에 하나님은 그들에게 자신의 모든 명령을 지킬 것을 요구하신다고 주장함으로 두 요소의 양립 가능성을 입증하려 했다.[394] 그러나 동시에 하나님이 성경에서 인간 의지의 자유로운 선택을 어떻게 계시하셨는지에 대해 자신은 인간의 언어로 설명하지 않았다고 고백했다.[395] 그러면서도 그는 어떤 사람은 은혜의 도움을 받고, 어떤 사람은 받지 못하는 이유를 "하나님의 감추어진 결정"으로 돌릴 수 밖에 없다고 결론지었다.[396] 또 『징계와 은혜』(*On Rebuke and Grace*, 426~427)에서는 "택자의 수는 확정되어 있어 늘어나거나 감소할 수 없다"고 주장했다.[397] 『성도의 예정』(*On the Predestination of the Saints*, 428-429)에서는 택함을 받은 자들은 믿었기 때문에 선택된 것이 아니라, 믿게 하기 위해 선택되

---

391 Augustine, *Enchiridion* (421), 100-103, *NPNF* s.1. 3: 269-70.

392 Augustine, *On the Grace of Christ* (418), 24, *NPNF* s.1. 5: 226.

393 Augustine, *On Grace and Free Will*, 1, *NPNF* s.1. 5: 443-44.

394 Augustine, *On Grace and Free Will*, 2-4, *NPNF* s.1. 5: 444-45.

395 Augustine, *On Grace and Free Will*, 2, *NPNF* s.1. 5: 444.

396 Augustine, *On Grace and Free Will*, 45, *NPNF* s.1. 5: 464.

397 Augustine, *On Rebuke and Grace* (426-427), 39, *NPNF* s.1. 5: 487-88.

었다고 말했다.[398] 택자 안에 있는 의지는 하나님에 의해 준비된다는 것이다.[399] 따라서 아우구스티누스가 하나님의 은혜와 인간의 자유의지가 양립 가능함을 믿었다 하더라도, 실제로 그것을 효과적으로 증명했다고 보기는 힘들다.

아우구스티누스가 하나님의 은혜와 인간의 의지의 양립 가능성을 주장하면서 동시에 실제로 이를 증명했는지에 대해 학자들은 다양한 견해를 보인다.[400] 분명한 것은 아우구스티누스가 구원은 은혜와 하나님의 주권에 의한다는 자신의 주장을 입증하기 위해 때로는 자신의 견해를 수정하고, 또 때로는 역설(paradox)을 사용했다는 점이다. 아우구스티누스는 구원의 은혜에는 두 가지 원리가 있다고 보았다. 하나는 모든 타락한 인간은 스스로를 구원할 수 없기 때문에 반드시 하나님의 은혜를 받아야 구원받을 수 있다는 것이고, 다른 하나는 은혜는 공로 없는 자에게 베푸

---

398 Augustine, *On the Predestination of the Saints* (428–429), 34, *NPNF* s.1. 5: 514–15.

399 Augustine, *On the Predestination of the Saints*, 10, *NPNF* s.1. 5: 502.

400 무엇보다 웨슬리는 아우구스티누스가 이중예정론과 하나님이 죄의 창시자인지에 대해 말할 때 일관성이 없다고 생각했다. "아우구스티누스는 때로는 그것에 찬성하고 때로는 반대한다"(*Works* 10: 265). 베른하르트 로제는 아우구스티누스가 하나님 은혜의 필연성과 노예의지(bondage of the will)를 강조하면서도 "인간의 의지의 심리적 자유"(psychological freedom of the human will)를 고수했다고 말한다 (*A Short History of Christian Doctrine*, 116). 제럴드 오댈리(Gerald O'Daly)는 은혜와 인간의 자유의 관계에 대한 아우구스티누스의 사상은 인간의 자유와 양립 가능한 완화된 결정론(soft determinism)이라고 분석한다 ("Predestination and Freedom in Augustine's Ethics" in G. Vesey (ed.), *The Philosophy in Christianity*, Cambridge: Cambridge University Press, 1989, 93). 나아가 로버트 젠슨(Robert Jenson)과 콜린 건튼에 따르면, 아우구스티누스는 하나님의 세 위격의 일체성에 초점을 두어 하나님, 인간, 세상의 관계의 출발점이 되는 세 위격 사이의 인격적 관계를 소홀히 다루었기에, 하나님과 인간의 적절한 관계를 바르게 정립하는 일에도 실패했다. Robert E. Jenson, in Carl E. Braaten (ed.), *Christian Dogmatics*, (Philadelphia: Fortress Press, 1984), vol. 2: 126, 128; Colin Gunton, *The Promise of the Trinitarian Theology*, 131–38. 건튼은 이를 서방 신학의 위기의 시작으로 보았다. "그 결과가 아퀴나스와 그 이후의 신학에서 발견되는 은혜에 대한 인과적 개념이다"(*The Promise of the Trinitarian Theology*, 134).

시는 하나님의 호의(God's unmerited favour)이기에, 은혜를 받는 사람은 자신의 공로가 아닌 하나님의 뜻에 의해 선택된다는 것이다. 아우구스티누스는 또한 하나님의 뜻은 공정하며, 선택도 공정하게 이루어진다고 주장했다. 그렇다면 왜 택자만 공정하신 하나님에 의해 구원을 받는가? 아우구스티누스는 은혜를 설명할 때 역설을 사용한다. 예를 들어, 그는 "구원받은 사람은 그들에게 어떤 선행적 공로(precedent merits)가 있어서가 아니라 오직 은혜의 선택에 의해 선택받은 것이다. 그들에게는 은혜가 모든 공로이기 때문이다"[401]라고 주장했다. 이 주장에서 택자는 은혜, 곧 공로 없는 자에게 베푸시는 하나님의 호의에 의해 선택된다. 그런데 그 이유는 은혜가 그들에게 모든 공로이기에, 그들은 공로가 있는 것으로 간주되기 때문이라는 것이다. 그러나 이는 논리적이지 않다. 하나님의 은혜에 관한 아우구스티누스의 사상과 언어의 이 같은 비일관성은, 그가 예정에서의 하나님의 주권적 의지와 하나님의 공정하심 모두를 주장하고자 역설을 사용했기 때문으로 이해할 수 있다.[402]

본 연구에서 주목하는 요점은, 아우구스티누스가 논리적 과정을 통해 하나님의 은혜와 인간의 의지의 양립 가능성을 입증했는지의 여부가 아니라, 그가 펠라기우스주의와 싸우는 중에 여러 저술에서 하나님의 주권적 의지를 과도하게 강조한 결과, 구원의 과정에서 하나님의 은혜와 인간의 의지가 첨예한 긴장 관계에 놓이게 되었다는 점이다. 그리고 서방 신학 전통에서 아우구스티누스의의 추종자들이 신학 논쟁에 휘말릴 때는 그의 이러한 유산이 그들에게 계승되거나 더 급진화될 수 있었다는 점이다.

---

401 Augustine, *On Rebuke and Grace* (426-427), 13, *NPNF* s.1. 5: 477.
402 참고. Jaroslav Pelikan, *The Emergence of the Catholic Tradition (100-600)*, 306.

장 칼뱅은 신학직으로 아우구스티누스에게 큰 빚을 진 인물이다.[403] 이 점은 하나님의 선택에 대한 그의 설명에서 분명하게 드러난다. 칼뱅은 선택 교리를 다룬『기독교 강요』III. 21-24에서 아우구스티누스를 30회 이상 언급했다. 그러나 존 맥닐(John T. McNeill)이 지적했듯, "칼뱅은 선택받지 못한 자들의 유기는 하나님의 불가해한 의지의 분명한 결정이라며 이중예정을 명시적으로 주장한 점에서 아우구스티누스를 넘어선다."[404] 칼뱅은 이렇게 말한다. "우리는 예정을 하나님의 영원한 작정이라고 부르는데, 이 작정에 의해 하나님은 각 사람이 어떻게 되기를 바라시는지를 스스로 결정하셨다. 모든 사람은 같은 상태로 창조되지 않는다. 어떤 사람은 영원한 생명으로 예정되며, 어떤 사람은 영원한 저주로 예정된다. 각 사람은 둘 중 하나의 결말에 이르도록 창조되었으므로, 우리는 그를 생명 또는 죽음으로 예정되었다고 말한다."[405] 칼뱅은 인간의 구원을 이중예정의 체계 안에서 설명했다. 이 논리적 과정에서 구원을 이루시는 하나님의 뜻은 인간의 의지에 의해 결코 좌절될 수 없다. 따라서 "사람들은 하나님께서 원하시는 자를 완고하게 하거나 긍휼히 여기신다는 말씀을 들을 때, 이로써 하나님의 뜻 이외의 다른 어떤 원인도 찾으려 해서는 안 된다는 경고를 받는다."[406] 하나님의 뜻은 구원의 온전한 원인이다. 하나님은 공의로우시기에 하나님의 뜻은 공의롭다. "하나님의 뜻은 의의 최고 표준이기 때문에 그분이 뜻하시는 것이면 무엇이든 그분이

---

403 『기독교 강요』(*Institutes*)의 '저자 및 출처 색인'에서 아우구스티누스에 대한 내용은 6페이지 이상을 차지한다. *Institutes* 2: 1594-1600를 참조하라. 또 칼뱅이 아우구스티누스에게 진 빚에 대해 존 맥닐(John T. McNeill)이 언급한 내용을 참조하라 (*Institutes* 서문).

404 존 맥닐이 작성한『기독교 강요』서문.

405 *Institutes* III. xxi. 5 (2: 926).

406 *Institutes* III. xxii. 11 (2: 947).

뜻하신다는 사실만으로 의롭다고 생각해야 한다."[407] 더욱이 칼뱅은 유기 개념을 채택함으로 하나님의 주권을 옹호했다. 하나님은 왜 어떤 사람에게는 은혜를 베풀고, 어떤 사람은 지나치시는가? 후자의 경우 "그들은 천히 쓰이기 위한 진노의 그릇"이기 때문이다. 칼뱅은 덧붙여 이렇게 말했다. "우리는 아우구스티누스와 함께 말하기를 부끄러워하지 말아야 한다. 그는 이렇게 말한다. '하나님은 전능하시므로, 악한 자의 뜻을 선으로 돌이키실 수 있다. 분명히 그렇게 하실 수 있다. 그렇다면 왜 그렇게 하지 않으시는가? 하나님이 다른 것을 원하시기 때문이나. 왜 나른 것을 원하시는지는 하나님께 달려 있다."[408] 칼뱅이 이중예정론을 강력히 옹호한 이유 중 하나는 구원을 이루시는 하나님의 주권은 결코 실패하지 않음을 주장하기 위해서였다. 아우구스티누스와 마찬가지로 칼뱅에게는 만약 "어떤 이들이 사람을 하나님의 동역자로 삼아 그의 동의에 의해 하나님의 선택을 확정"하게 한다면, 이는 "인간의 의지가 하나님의 계획보다 우월하다"는 뜻이 된다.[409] 이 종교개혁자는 이런 논리를 결코 용납할 수 없었던 것이 분명하다. 칼뱅은 심지어 '인간의 자유의지'라는 용어의 언급조차 피하면서, "나 자신은 이 용어를 사용하지 않기를 선호하며, 만약 내 조언을 구하려는 사람이 있다면 그들도 이 용어 사용을 피하기 바란다"라고 말했다.[410] 루이스 벌코프가 지적했듯, 이 종교개혁자는 아우구스티누스의 은혜 개념을 받아들였다.[411]

그러나 칼뱅은 하나님의 은혜와 인간의 자유가 양립할 수 없다는 주

---

407 *Institutes* III.xxiii.2 (2: 949).
408 *Institutes* III.xxiv.13 (2: 979).
409 *Institutes* III.xxiv.3 (2: 967).
410 *Institutes*, II.ii.8 (1: 266).
411 L. Berkhof, *Systematic Theology*, 429–30.

장에 수반되는 원치 않는 귀결, 곧 하나님이 악의 창시자가 되신다는 문제와 씨름한 흔적을 남겼다. 그는 『기독교 강요』에서, 인간은 본래 하나님의 섭리가 정한 대로 죄를 지었지만, 그럼에도 이는 인간 자신의 잘못으로 인한 것이라고 진술했다. 그리고 "그러므로 우리는 정죄의 분명한 원인을 우리와 더 가까운 인간의 타락한 본성에서 찾아야지, 하나님의 예정이라는 은밀하고 전혀 이해할 수 없는 원인에서 찾으려 해서는 안 된다"라는 말을 덧붙였다.[412] 또 그는 요한복음 3:16을 주해하면서 이중예정의 주장을 완화하는 듯한 진술을 남겼다. 그리스도께서는 구원의 일차적 원인을 보여주셨다. 곧 '그리스도께 대한 신앙이 모두에게 생명을 준다'는 것인데, "이는 하늘에 계신 아버지께서 인류를 사랑하시며, 그들이 멸망하지 않기를 바라시기 때문이다." 그러나 칼뱅은 이 구절의 주해에서조차 이중예정론을 포기하지 않고, "하나님께서 눈을 뜨게 하시는 것은 오직 택자뿐"이라는 말을 덧붙였다. 칼뱅은 구원의 과정에서 구원 이전의 타락한 인간은 그 의지가 죄에 매여 있기 때문에 성령과 협력할 수 없지만, 신자는 믿음의 삶을 살아가며 성령과 함께 일할 수 있다는 아우구스티누스의 주장에 동의했다.[413] 칼뱅은 또 인간의 본성이 타락한 중에도 하나님의 일반은총이 존재한다고 주장했다.[414] 그러나 칼뱅의 일반은총은 웨슬리가 주장한 것같이 타락한 인간이 하나님의 구원의 은혜에 응답하도록 돕는 것이 아니라, 단지 타락을 "내적으로" 억제할 뿐이다.[415]

칼뱅은 이중예정 개념을 고수하면서도 동시에 인간은 자신의 구원, 특히 자신의 멸망에 책임이 있다고 믿었다. 그는 멸망의 분명한 원인은

---

412 *Institutes* III.xxiii.8 (2: 957).
413 *Institutes* II.ii.8 (1: 265–66).
414 *Institutes* II.iii.3 (1: 292).
415 *Institutes* II.iii.3 (1: 292).

인간의 죄성에 있다고 주장했다. 그럼에도 아우구스티누스와 마찬가지로 칼뱅 역시 구원의 과정에서 하나님의 은혜나 주권과 인간의 자유가 양립할 수 있음을 논리적으로 효과적으로 입증했는지에 대해서는 논란이 있다.[416] 칼뱅이 양립 가능성을 입증했는지의 여부와 관계없이, 그의 신학에서 하나님의 뜻은 거역할 수 없고 하나님의 은혜로운 구원의 제안 역시 거역할 수 없다는 점에서, 하나님의 은혜와 인간의 자유가 긴장 관계에 있다는 점은 분명해 보인다. 하나님의 은혜로운 구원의 제안이 인간이 수용하거나 거부할 자유에 의해 영향을 받는다면 하나님의 영광은 훼손될 것이다. 칼뱅은 베드로후서 3:9을 주해하면서 "하나님이 아무도 멸망하지 않기를 원하신다면, 왜 그토록 많은 사람이 멸망하겠는가?"라고 주장했다.

칼뱅의 『기독교 강요』 초판(1536)에는 선택에 관한 장이 아예 포함되어 있지 않았다. 선택의 교리가 두드러진 위치를 차지하게 된 것은 칼뱅이 논쟁에 관여한 그 후속 판들부터이다.[417] 또 칼뱅은 선택 교리를 하나님 교리가 아닌 그리스도의 은혜를 다루는 장에서 다루었다.[418] 그러나

---

416 하나님과 인간의 관계에 대한 칼뱅의 견해의 다양한 해석을 훌륭하게 요약한 자료로는 Philip Walker Butin, *Revelation, Redemption, and Response: Calvin's Trinitarian Understanding of the Divine-Human Relationship* (Oxford: Oxford University Press, 1995), 15–25를 참조하라. 필립 워커 부틴(Philip Walker Butin)은 칼뱅이 구원의 확신에 대한 자신의 실천적 관심을 강화하기 위해 기존 전통에서 예정 교리를 받아들였다고 진술한다. 최근 삼위일체론적 해석의 유행에 영향을 받은 부틴은, 칼뱅의 예정에 대한 강조가 그 자신의 경륜적 삼위일체의 관계에 대한 포괄적 헌신과 쉽게 조화될 수 없음에도, 전반적으로 칼뱅은 구원을 삼위일체론적 관점으로 이해했으며, 구원을 이루는 과정에서 성자의 역할에 의해 매개되는 하나님과 인간의 관계를 받아들였다고 주장한다. Butin, *Revelation, Redemption, and Response: Calvin's Trinitarian Understanding of the Divine-Human Relationship*, 4–6, 74–5, 126을 참조하라.

417 John T. McNeill, *The History and Character of Calvinism* (New York: Oxford University Press, 1954), 124–25.

418 *Institutes* 2: 921–87.

이후 개혁파 신학은 새로운 과제에 직면하게 되었는데 바로 신학의 체계화(systematisation), 공고화(consolidation), 명료화(clarification)라는 과제였다. 이 새로운 과제는 신학 자체의 발전 과정에서 필연적 단계였다. 하나의 신학 운동이 살아남기 위해서는 멀지 않은 시점에 자신이 무엇을 말하고 또 믿고 있는지를 정확히 공식적으로 표현하지 않으면 안 되기 때문이다.[419] 더구나 트리엔트 공의회(Council of Trent, 1545~1563)는 개신교 신학자들이 신학의 정교한 요소에 더 세심한 주의를 기울일 수밖에 없게 했다. 그러나 공고화, 명료화, 정교화(elaboration)의 과정에서 종교개혁자들의 원래의 의도가 잘못 전달될 위험과, 논란의 여지가 있는 종교개혁자들의 가르침이 이른바 개신교 정통주의(Protestant Orthodoxy) 시기에 더 급진화될 위험이 있었다.

하나님의 구원의 은혜와 인간의 자유의지의 양립 불가능성은 네덜란드 도르트 총회(1618~1619)에서 과거 어느 때보다 확고하게 지지를 받았다. 웨슬리는 이 총회가 확정한 양립 불가능성에 동의하지 않았다.[420] 17세기에 신학 활동의 중심지가 된 네덜란드에서는 베자(Beza)의 영향을 받은 칼뱅주의의 타락 전 선택설 지지자들(supralapsarians)의 극단적 견해가 크게 환영받았다. 총회의 결과는 아르미니우스와 항론파(Remonstrants)의 사상에 반대해 "정통 칼뱅주의의 특징적 강조점"으로 채택한 칼뱅주의의 5대 강령, 곧 인간의 전적 타락(total depravity), 무조건적 예정(unconditional election), 제한적 속죄(limited atonement), 불가항력적 은혜(irresponsible grace), 성도의 견인(perseverance of saints)이었

---

419 J. Leith, *Assembly at Westminster* (Richmond: John Knox Press, 1973), 65.

420 *Journal* 2: 473 (1741년 7월 6일); "Predestination Calmly Considered", *Works* 10: 205.

다.[421] 이 중에서 '불가항력적 은혜'로 표현된 양립 불가능성 개념은 하나님의 주권적 선택의 의지 및 하나님의 영광과 밀접하게 결부되어 있었다. "성부 하나님의 주권적 계획이자 가장 은혜로우신 뜻과 목적은 성자의 가장 귀한 죽음의 소생하게 하고 구원하는 효력이" 오직 택자에게만 미치게 하는 것이었다. 하나님의 뜻은 영원 전부터 구원으로 선택된 사람만 그리스도께서 효과적으로 속량하시는 것이기 때문이다.[422] 하나님의 주권적 선택 의지는 항상 그것이 지향하는 효과를 성취하므로 결코 저항할 수 없다. 만약 그 뜻이 지향될 수 있는 것이라면 하나님의 주권이 모욕을 당하는 것이 된다. 도르트 총회는 개신교의 국제적 교회 회의였는데, 이 회의는 하나님의 은혜와 인간의 자유의 양립 가능성을 공식적으로 거부했다. 빈센트 브뤼머(Vincent Brümmer)가 도르트 총회의 불가항력적 은혜 교리를 비판하면서 언급했듯, "만일 우리가 하나님의 은혜에 저항할 수 있다면, 우리의 구원 역시 은혜에 저항하지 않는 데 달려 있는 것처럼 보일 것이다. 따라서 우리는 '오직 하나님께 영광'(*soli Deo gloria*)을 고백하며 모든 공로를 하나님께 돌리는 대신 우리 자신에게 공로의 일부를 돌릴 수 있게 될 것이다. 이런 이유로 교부들로부터 오늘에 이르기까지 많은 저명한 신학자가 은혜의 불가항력성을 명시적으로 옹호하거나 암묵적으로 전제해 왔다."[423]

앞서 언급했듯, 여기서의 우리의 관심사는 구원의 과정에서 하나님의 은혜와 인간의 자유의 양립 가능성이 동방 신학자들과 아우구스티누

---

421 Jaroslav Pelikan, *The Christian Tradition: Reformation of Church and Dogma (1300-1700)*, 236.

422 The Canons of the Synod of Dort 2. 8, Philip Schaff, *A History of the Creeds of Christendom* (London: Hodder & Stoughton, 1877), 3: 587.

423 Vincent Brümmer, *Speaking of a Personal God* (Cambridge: Cambridge University Press, 1992), 68.

스 이전의 초기 기독교 교부들에게는 문제가 되지 않았고 지금도 그러한데, 왜 서방교회에서는 논란이 되었는지를 살펴보는 것이다. 개혁교회에서는, 특히 도르트 총회 당시에는 구원의 과정에서 인간의 자유는 일반적으로 하나님의 주권적 의지와 영광에 모순되는 것으로 간주되었다. 이는 그들이 하나님과 인간의 관계를 상호적이지 않고 일방적인 것으로 이해한 결과, 만일 구원이 인간의 동의에 영향을 받는다면 하나님의 주권적 의지가 도전을 받을 것이라고 생각했기 때문이다.[424] 이 맥락에서는 만약 인간의 자유가 유지된다면 하나님의 영광과 주권적 의지는 모욕을 당할 것이다. 따라서 서방교회에서는 하나님의 은혜를 하나님이 계획하신 대로 인간의 의지를 이끄시는 인격적 격려로 보기보다는 원인을 제공하는 에너지(causing energy)로 믿는 경향이 있었다. 이 논리에 의해 하나님은 인간과 기계적 관계를 맺는 것처럼 보이게 되고, 그 결과 인간의 모든 불행과 악조차 모든 것의 원인이신 하나님에게서 비롯되는 것으로 간주된다. 따라서 블라디미르 로스키(Vladimir Lossky)가 지적하듯, 서방교회는 은혜를 "창조 행위에서와 마찬가지로 신적인 원인에서 산출된 효과"로 이해하기 때문에 "서방교회의 은혜 개념은 인과관계(causality) 개념을 내포한다"고 할 수 있다.[425]

그렇다면 하나님의 은혜와 인간의 의지의 양립 가능성에 대한 웨슬리의 생각은 어떠했는가? 먼저 웨슬리는 인간의 구원을 하나님이 인간과 맺으신 언약관계(covenantal relationship)의 관점에서 이해했다.[426] 웨

---

424 참고. *Institutes* III.xxiv.3 (2: 967).

425 Vladimir Lossky, *The Mystical Theology of the Eastern Church*, 88.

426 "Justification by Faith", *BEW* 1: 184–87; "The Righteousness of Faith", *BEW* 1: 204–14; "The Witness of Our Own Sprit", *BEW* 1: 312; "The Law Established through Faith, I", *BEW* 2: 27; "The Law Established through Faith, II", *BEW* 2: 33; "Minutes of Some Late Conversations", *Works* 8: 289; Introductory notes on Genesis, *ENOT* 1. "Predestination Calmly Considered", *Works* 10: 239 이하; 참

슬리에 따르면, 첫 번째 아담은 행위언약(covenant of works) 아래에서 인류 전체의 언약의 수장(federal head)이었다. 그는 자신의 결정으로 타락했고, 그로 인해 모든 인간이 진노의 자녀가 되었다. 그러나 둘째 아담이신 그리스도께서 인간의 죄를 위한 희생제물이 되심으로 하나님은 인간과 화해시고 인간에게 "새 언약"인 은혜언약(covenant of grace)을 주셨다.[427] 둘째 아담 그리스도는 우리를 위해 값을 지불하심으로 "믿으면 살리라"[428]라고 말하는 더 좋은 언약 곧 은혜언약의 중보자가 되셨고, 그 언약 아래에서 모든 신자의 수장이 되셨다.[429] 웨슬리는 이 은혜언약을 매우 강조했는데, 이는 은혜언약이 모든 타락한 인간과 맺어진 언약이기 때문이다.

은혜언약이 유효한 언약이 되기 위해서는 적어도 네 가지 요소가 충족되어야 한다. 첫째는 언약 체결 당사자들이 있어야 한다. 언약의 첫 번째 당사자는 하나님이시다. 다음 당사자는 누구인가? 웨슬리는 하나님께서 그리스도의 공로를 통해 모든 시대의 타락한 인간과 이 언약을 맺으셨다고 믿었다.[430] 즉, 언약의 두 번째 당사자를 선택받은 자로 한정하지 않았다. 그는 설교 "믿음으로 말미암는 구원"에서 "이 구절에서도, 성경의 다른 구절 어디에도 그런 제한이나 제약은 없습니다. 하나님의 '모든 백성', 또는 다른 곳에서의 표현처럼 그리스도를 믿는 '모든 사람'

고. *BEW* 1: 199; *BEW* 4: 148; A. Skevington Wood, "The Contribution of John Wesley to the Theology of Grace", in Clark H. Pinnock (ed.), *Grace Unlimited*, 219.

427 "Justification by Faith", *BEW* 1: 187.

428 "The Righteousness of Faith", *BEW* 1: 204.

429 "Justification by Faith", *BEW* 1: 187; "The Righteousness of Faith", *BEW* 1: 203-4, 206.

430 "The Righteousness of Faith", *BEW* 1: 203.

이 그들의 모든 죄에서 구원받을 것입니다"[431]라고 주장했다.

둘째는 언약 당사자들 사이에 언약의 규칙이 있어야 한다. 은혜언약의 규칙은 "믿으면 살리라"[432]는 것이다. 곧 '믿음에 의한 구원' 또는 '믿음에 의한 의로움'이다. 웨슬리는 인간이 자신과 맺는 관계에 대한 규칙은 하나님이 주권적으로 정하셨다고 믿었다. 칼뱅주의자들에 따르면, 하나님은 영원 전부터 그분의 주권적 의지로 어떤 자는 구원으로, 어떤 자는 멸망으로 예정하셨다. "하나님은 자신의 비밀한 계획에 따라 자신이 기뻐하는 사람을 자유롭게 택하시고, 다른 이들은 거부하신다."[433] 그러나 웨슬리에 따르면, 하나님의 영원한 구원의 작정은 바로 "믿는 자는 구원을 얻을 것이요, 믿지 않는 자는 정죄를 받으리라"는 것이다.[434] 웨슬리는 "하나님께서는 의심할 바 없이 이 작정을 결코 바꾸지 않으실 것이며, 인간은 이에 저항할 수 없다"[435]고 주장했다. 이것이 바로 "불변하고, 철회되지 않으며, 저항할 수 없는 하나님의 작정이다."[436] 인간의 구원에 관한 이 영원한 작정은 하나님께서 일방적으로 세우신 것이다. 오직 하나님께서 언약의 규칙을 정하셨고, 인간은 언약의 규칙을 정하는 일에서 어떤 역할도 하지 않았다.[437]

웨슬리는 은혜언약의 법이 하나님에 의해 일방적으로 제정되었음에

---

431 "Salvation by Faith", *BEW* 1: 122.

432 "The Righteousness of Faith", *BEW* 1: 204.

433 *Institutes* III. xxi. 7 (2: 930).

434 "Predestination Calmly Considered", *Works* 10: 210; 참고. *Works* 10: 218, 235, 238.

435 "Predestination Calmly Considered", *Works* 10: 210.

436 "On Predestination", *BEW* 2: 418; 참고. "On Predestination", *BEW* 2: 420; *Journal* 2: 458 (1741년 5월 21일).

437 "The Righteousness of Faith", *BEW* 1: 213; 참고. *BEW* 1: 197.

도[438] 그 법은 실행에서의 조건적 규정을 포함하기에, 하나님은 은혜로운 구원의 제안에 대한 인간의 반응에 따라 그들을 구원하실 수도, 구원하지 않으실 수도 있다고 주장했다.[439] 이 조건적 규정 역시 하나님의 주권적 뜻에 따라 만들어진 것인데, 곧 칭의와 성화의 조건이 신앙이라는 것이다. "아담의 모든 후손은 은혜언약 아래 있었고 지금도 마찬가지입니다. 그들이 이 언약관계로 받아들여지는 방식은 다음과 같습니다. 곧 하나님께서는 그리스도의 공로를 통해 값없이 베푸시는 은혜로 믿는 자, 곧 모든 순종과 거룩함의 비결인 사랑으로써 역사하는 믿음을 가진 자에게 죄 용서를 베푸십니다."[440] 따라서 웨슬리는 설교 "믿음으로 말미암는 구원"에서 "은혜가 구원의 원천이라면, 믿음은 구원의 조건입니다"[441]라고 주장했다. 그는 설교 "믿음으로 얻는 의"에서 다음과 같이 적었다.[442]

'믿음으로 말미암는 의'(롬 10:6)에 복종하는 것이 현명하다는 점은 그것이 '하나님의 의'(롬 10:3)임을 고려할 때 더 분명해집니다. 여기서 내가 말하고 싶은 점은, 그것이 곧 하나님이 친히 택하시고 확립하신 하나님과의 화해 방법이며, 하나님은 지혜의 하나님이실 뿐 아니

---

438 "Predestination Calmly Considered", *Works* 10: 210.

439 "The Righteousness of Faith", *BEW* 1: 213; "Predestination Calmly Considered", *Works* 10: 239-40, 254; "An Dialogue between an Antinomian and his Friend" *Works* 10: 268, 279, "Serious Thoughts upon the Perseverance of the Saints", *Works* 10: 286; "Thoughts on Salvation by Faith", *Works* 11: 494.

440 "The Law Established through Faith, I", *BEW* 2: 27; 참고. *BEW* 1: 187, 207; *BEW* 2: 163; *Works* 8: 46, 47. "사랑으로써 역사하는 믿음" 개념에 대해서는 *ENNT* 695, 갈 5: 6 주해; *BEW* 2: 483; *BEW* 2: 520; *BEW* 3: 122; *BEW* 3: 500; *BEW* 4: 147; *Works* 8: 19, 67; *Works* 10: 279; "The Doctrine of Salvation, Faith and Good Works, Extracted from the Homilies of the Church of the Church of England", Albert C. Outler (ed.), *John Wesley*, 130을 참조하라.

441 "Salvation by Faith", *BEW* 1: 118; 참고. *BEW* 1: 206.

442 "The Righteousness of Faith", *BEW* 1: 213.

라 하늘과 땅, 그리고 그분이 지으신 모든 피조물의 주권자이신 주님
이시라는 사실입니다. 그렇기에 사람이 하나님께 '지금 무엇을 하시
는 것입니까?'라고 말하는 것은 합당하지 않습니다. 이해력이 완전히
결여되지 않은 사람이라면 그 누구도 자신보다 강한 분, 만유를 다스
리시는 통치자와 다투려 하지 않을 것입니다. 그분이 선택한 것이면
무엇이든 순응하면서, 다른 모든 일에서와 마찬가지로 이 일에서도
'그분은 주님이시니 그분이 선히 여기시는 대로 이루어지이다'라고 말
하는 것이 진정한 지혜이자 건전한 이해력을 지녔다는 표지입니다.

셋째로 언약 당사자 각각이 언약을 지킬 능력이 있어야 한다. 그렇
지 않으면 그것은 계약이나 언약이 될 수 없다. 그러나 타락한 인간은 타
락한 본성 때문에 언약을 이행할 수 없다. 따라서 하나님은 모든 타락한
인간도 하나님과 협력할 수 있는 토대를 마련하실 필요가 있었다. 웨슬
리는 하나님이 모든 타락한 인간을 위해 이 기초를 마련하셨다고 믿었
다. 그는 이를 보편적 은혜인 선행은총이라 불렀는데, 이 은혜는 인간의
활동보다 "앞서" 역사하며, 성자의 공로에 의해 그리고 성령의 능력을 통
해 모든 사람이 구원의 초기 상태로 들어갈 수 있도록 준비시키는 은혜
이다.[443] 이 은혜에 의해 "어느 정도의 자유의지"가 모든 사람에게 "초자
연적으로" 회복되고, "세상에 와서 각 사람에게 비취는"(요 1:9) 초자연
적 빛 역시 함께 주어진다.[444] 따라서 웨슬리는 비록 타락한 인간의 의지
는 본성상 악에 대해서만 자유롭지만, 하나님의 은혜에 의해 모든 인간
에게는 "어느 정도의 자유의지"가 회복되었다고 믿었다.[445] 웨슬리는 모

---

443 "The Scripture Way of Salvation", *BEW* 2: 156-57; "On Working Out Our Own
   Salvation", *BEW* 3: 203-4, 207.
444 "Predestination Calmly Considered", *Works* 10: 229-30.
445 "Some Remarks on Mr. Hill's 'Review of All the Doctrines Taught by Mr. John

든 자연적 자유의지, 은혜에 선행하는 어떤 능력, 구원에서 인간의 어떤 공로도 부정한다는 점에서 칼뱅주의자들과 일치했다.[446] 그러나 모든 사람이 은혜에 의해 초자연적으로 회복된 어느 정도의 자유의지를 지닌다고 주장한 점에서는 그들과 달랐다.[447] 또 웨슬리는 인간은 하나님께 응답할 수 있는 능력이 있다고 인정한 점에서 펠라기우스와 일치했지만, 이 능력은 인간의 자연적 능력이 아니라 하나님의 은혜에 의해 부여받은 능력이라고 본 점에서 그와 달랐다. 그러므로 웨슬리는 타락으로 인해 하나님께 응답할 수 없는 인간의 무능력과 하나님의 선행은총을 통한 응답 가능성 모두를 주장함으로, 어떤 형태의 펠라기우스주의나 칼뱅주의에도 의존하지 않았다. 오직 삼위일체 하나님만이 모든 타락한 인간이 구원에서 하나님과 협력할 수 있는 토대를 마련하신다. 따라서 웨슬리에 의하면, 은혜언약은 인간에게 불가능한 응답을 요구하지 않는다.[448] 이 언약은 타락한 인간에게 "'하늘로 올라가 그리스도를 위에서 내려오시게 하라' 또는 '깊은 곳' 곧 보이지 않는 세계로 '내려가 그리스도를 죽은 자 가운데서 끌어올리라'"고 요구하지 않는다.[449] 하나님께서 은혜로 인간의 자유의지를 회복시키셨기 때문에, 인간은 하나님의 부르심에 응답해 은혜언약을 지킬 수 있다.

넷째로 언약의 규칙은 정직하고도 신실하게 준수되어야 한다. 누구든 성자를 믿으면 구원받을 것이다. 그러나 믿지 않으면 구원받지 못할 것이다. 그렇다면 이 은혜언약의 규칙은 누가 집행하는가? 당연히 인간

Wesley'", *Works* 10: 392.

446 "Minutes of Some Late Conversations", *Works* 8: 285.

447 "Minutes of Some Late Conversations", *Works* 8: 285.

448 "The Righteousness of Faith", *BEW* 1: 207.

449 "The Righteousness of Faith", *BEW* 1: 207.

이 아닌 하나님이시다. '믿으면 살리라'는 규칙을 제정하신 전능하신 하나님은 신실하심과 지혜로 이 규칙을 정확하고 신실하게 지키신다. "'주께서 이르시되 내가 나를 가리켜 맹세하노니' '네 씨로 말미암아 땅의 모든 족속이 복을 받으리라'",[450] "믿으라, 그리하면 구원을 얻으리라"라고 선언하시고 이 약속을 지키시는 분은 하나님이시다.[451]

하나님의 은혜와 인간의 자유의지의 양립 가능성은 어떻게 유지될 수 있는가? 은혜언약의 공정한 집행은 인간이 아닌 하나님, 인간의 의지가 아닌 하나님의 신실하심에 달려 있다. 무엇보다 웨슬리는 은혜는 성령의 능력이지만, 이 능력은 불가항력적이지 않아 인간을 강제하지 않고 격려한다고 생각했다.[452] 실제로 웨슬리는 이 양립 가능성을 설명할 때 철학적 논증을 피하고, 하나님의 지혜에서 해답을 구했다. 그는 "하나님의 지혜는 인간의 본성을 파괴하지 않고 자신이 부여하신 자유를 빼앗지 않고도 그들을 구원하시는 방식에서 드러납니다"[453]라고 말한다. 또 "예정론에 대한 진중한 고찰"에서는 하나님이 은혜언약에서 약속하신 바를 신실하게 이루어가심을 다음과 같이 강조했다. "하나님의 신실하심은 그분의 진실성의 한 갈래라 할 수 있다. 그분은 약속하신 것을 이행하실 것이다", "하나님은 자신의 언약과 약속을 천 대에 이르기까지 이루실 것이다."[454] 따라서 웨슬리에 따르면, 언약을 세우신 하나님은 공정하고 정의롭게 그것을 지키시고, 또 신실하심과 공의와 지혜로 하나님

---

450 "The Righteousness of Faith", *BEW* 1: 207.

451 "The Righteousness of Faith", *BEW* 1: 204, 206-7.

452 *ENNT* 731, 빌 2: 13 주해; "The Spirit of Bondage and of Adoption", *BEW* 1: 262; "The Witness of Our Own Spirit", *BEW* 1: 309; "On Working Out Our Own Salvation", *BEW* 3: 201.

453 "The Wisdom of God's Counsels", *BEW* 2: 553.

454 *Works* 10: 238.

의 은혜와 인간의 자유의지의 양립 가능성을 유지하신다.[455] 웨슬리는 구원을 이루어가심에서 하나님의 격려하심과 인간 안에서 행사하시는 그분의 능력 사이의 경계선을 설명하지는 않았다. 하나님이 구원에서 인간의 의지를 강제하지 않으면서 어디까지 그들을 격려하시는가 하는 것은 인간에게 신비로 남는다. 그럼에도 웨슬리는 인간이 아닌 신실하신 하나님이 그 양립 가능성을 유지하심을 확언했다.

하나님과 인간의 관계를 언약적으로 해석하는 관점은 웨슬리 이전부터 이미 있었디. 유진 오스터헤이븐(M. Eugene Osterhaven)은 아직 발달하지 않은 초기의 언약신학(covenant theology) 또는 연방신학(federal theology)이 츠빙글리(Zwingli)와 불링거(Bullinger)의 저술에서 나타난다고 지적했다. 언약신학은 그들에게서 칼뱅과 다른 종교개혁자들에게 전수되었고, 17세기 개혁주의 신학에서 지배적 역할을 하게 되었다. 가장 영향력 있는 주창자는 코케이우스(Cocceius)였다.[456] 개혁주의 신학에서 하나님이 인간을 언약적 관계로 대하신다는 강조점은, 하나님의 주권과 예정이 인간과의 관계에서 지닌 가혹함을 완화하는 데 기여했다. 그러나 개혁주의 신학자들은 예정론을 주장함으로써 하나님과 인간의 관계에 언약을 적용하는 일에 실질적인 어려움을 겪었다. 그래서 루이스 벌코프는 개혁주의 신학에서는 "언약의 두 번째 당사자가 정확히 누구인지 규정하는 일은 쉽지 않다"[457]고 인정했다. 그들은 언약의 두 번째 당사자는 하나님의 주권적 뜻에 의해 그리스도 안에서 예정된 신자들이라고 말하기를 선호한다.[458] 따라서 은혜언약은 "반드시 실현될 것이지만,

---

455 참고. "On Divine Providence", *BEW* 2: 541.

456 M. E. Osterhaven, "Covenant Theology" in *Evangelical Dictionary of Theology*, 279.

457 L. Berkhof, *Systematic Theology*, 273.

458 L. Berkhof, *Systematic Theology*, 276; 참고. "은혜언약은 둘째 아담이신 그리스도

오직 택자의 삶에서만 그럴 것이다."[459] 게다가 개혁주의 신학자들은 신앙이 "은혜언약의 조건"이라고 말하기를 주저하는데,[460] 이는 은혜언약이 조건부로 의도된 것일 수 없다고 보기 때문이다.[461] 웨슬리는 하나님께서 자신의 주권적 결정에 의해 은혜언약을 조건부로 작용하게 만드셨다고 생각한 반면, 개혁주의 신학자들이 그렇게 말하기를 주저하는 것은 하나님의 주권과 영광에 대한 강조 때문이다. 웨슬리의 관점에서는, 은혜언약의 제안이 인간에게 조건부로 실현되지 않는다면 구원에는 두 가지 가능성만 남을 것이다. 곧 모든 인간이 하나님의 은혜에 의해 자동적으로 구원을 받는 보편 구원(universal salvation), 또는 하나님께서 원인적 의지(causing will)로 어떤 이는 구원으로, 어떤 이는 멸망으로 결정하신다는 엄격한 예정에 의한 구원(predestinarian salvation)이다. 웨슬리는 이 두 가지 가능성 모두를 거부했다. 그러므로 웨슬리는 '행위언약'과 '은혜언약'이라는 용어를 사용한 점에서 개혁주의 언약신학자들과 유사하지만, 은혜언약이 조건부로 작용함을 명확히 인정했다는 점에서 그들과 구별된다.

실천적인 신학자였던 웨슬리는 하나님의 은혜를 언제나 저항 가능한 것으로 생각했는가? 일반적으로 말해, 불가항력적 은혜 교리가 구원이 하나님의 주권적 선택에 의한다는 주장의 필연적 귀결이라면, 저항 가능한 은혜 교리는 구원에서 인간의 자유의지가 수동적이든 능동적이든 일정한 역할을 한다는 견해에서 도출된다. 그러나 이 도식은 구원에

와 맺어졌으며, 그분 안에서 그분의 씨(seed)로 택함받은 모든 사람(all elect)과도 맺어졌다"(웨스트민스터 대요리문답 제31문).

459 L. Berkhof, *Systematic Theology*, 276.

460 L. Berkhof, *Systematic Theology*, 275.

461 L. Berkhof, *Systematic Theology*, 276.

서 인간의 자유의지의 역할을 옹호한 웨슬리의 경우에 정확히 맞아떨
어지지 않는다. 웨슬리가 여러 차례 하나님은 구원의 어느 순간에 불가
항력적으로 역사하신다고 진술한 점에서, 그의 입장은 더 세밀하게 고
려할 필요가 있다. 웨슬리는 조지 휫필드의 칼뱅주의적 주장과 달리 자
신이 불가항력적 은혜라는 말로 무엇을 의미했는지를 다음과 같이 설
명했다.[462]

> 두 번째인 불가항력적 은혜와 관련해 내가 믿는 바는 다음과 같다. 믿
> 음을 일으키고 이로써 영혼에 구원을 가져다주는 은혜는 그것이 주
> 어지는 순간에는 불가항력적이다. 대부분의 신자는 하나님께서 불가
> 항력적으로 죄를 깨닫게 해주신 어떤 순간을 기억할 것이다. 또 대
> 부분의 신자는 다른 때도 하나님께서 그들의 영혼에 불가항력적으
> 로 역사하신다는 것을 발견한다. 그러나 나는 그러한 순간들 전후에
> 는 하나님의 은혜가 저항을 받을 수 있고, 또 실제로 저항을 받아왔
> 다고 믿는다.

웨슬리는 일지에서 "우리는 참으로 다양한 곳에서 구원의 은혜의 압
도적인 힘이 거의 불가항력적으로 역사하는 것을 자주 느꼈다"[463]고 밝히
고 있다. "하나님의 주권에 관한 생각"에서는 "하나님께서 어떤 영혼에
게 죄를 깨닫게 하실 때는 자신의 저항할 수 없는 권능으로 그들의 행로
를 저지하심으로 주권적으로 역사하신다는 점을 인정해야 한다. 또 우리
가 회심하는 순간에도 하나님은 불가항력적으로 역사하시는 것으로 보
인다. 그 외에 우리가 그리스도인으로서 분투하며 살아가는 여정에서 하

---

462 *Journal* 3: 85 (1743년 8월 24일).
463 *Journal* 7: 67 (1785년 4월).

나님의 많은 불가항력적 개입이 있을 수 있다”[464]고 주장했다. 웨슬리는 이러한 하나님의 불가항력적 역사를 때때로 ‘은혜의 소낙비’(showers of grace)나 ‘은혜의 급류’(torrent of grace)로 부르곤 했다.[465] 그는 조지 메리웨더(George Merryweather)에게 보낸 편지에서 “하나님은 때때로 우리가 아는 어떤 이유도 없이 매우 특별한 방식으로 은혜를 쏟아부어 주시는 것이 확실합니다”[466]라고 적었다. 그는 또 하나님은 때때로 불가항력적으로 역사하시며, 이 불가항력적 은혜가 보통은 순간적이라고 믿었다.[467] 엄밀히 말해, 하나님이 불가항력적으로 역사하시는 순간에는 하나님과 인간의 상호작용이 중단되고 오직 하나님만 역사하신다.[468]

그렇다면 웨슬리는 은혜가 저항 가능하다고도 주장하고 불가항력적이라고도 주장해 자기모순을 범한 것인가? 웨슬리가 구원의 과정에서 하나님이 불가항력적으로 역사하시는 방식을 인정한 것은, 인간이 하나님의 은혜를 갈망하고 은혜와 협력할 때 하나님이 다양한 방법으로 그들과 함께 구원을 이루어가심을 가리킨다. 인간이 하나님의 선행적(pre-operating) 은혜와 협력적(co-operating) 은혜에 바르게 반응하면 하나님은 일반적으로 저항할 수 있는 은혜로 그들의 구원을 이루어가시지만, 때때로 하나님은 불가항력적으로 죄를 깨닫게 하심으로 한순간에 그들을 구원으로 이끄신다. 웨슬리는 하나님께서 오직 주권적 의지만으로 어떤 이는 구원으로, 다른 이는 멸망으로 강제하신다는 의미에서의 불가항력적 은혜 개념에는 반대했다. 그러나 그는 하나님의 은혜를 갈망하

---

464 “Thoughts upon God’s Sovereignty”, *Works* 10: 363.

465 *Journal* 7: 67 (1785년 4월); *Journal* 7: 248 (1787년 3월 15일); *BEW* 2: 493; *Works* 12: 271; *Works* 13: 357.

466 조지 메리웨더에게 보낸 편지 (1766년 2월 8일), *Letters* 4: 321.

467 *Journal* 7: 67 (1785년 4월).

468 Kenneth J. Collins, *The Scripture Way of Salvation*, 97.

고 은혜와 협력하는 이들에게는 그들의 구원을 위해 하나님께서 불가항
력적으로 역사하실 수 있다고 보았다. 따라서 웨슬리는 구원의 전체 과
정에서 신인협력과 은혜의 저항 가능성 모두를 붙들면서도, 동시에 하
나님의 구원을 갈망하고 하나님의 구원 사역에 협력하는 사람에게는 하
나님의 불가항력적 역사가 나타날 수 있음을 주장할 수 있었다. 이 경우
하나님의 불가항력적 은혜는 그들에게 놀랍도록 은혜로운 사건으로 경
험된다. 웨슬리는 18세기의 방식으로 실천적인 신학자이자 영적 경험
주의자(spiritual empiricist)였다. 그는 부흥운동 시역 중 많은 신자가 구
원에서 불가항력적 은혜를 경험하는 것을 보면서,[469] 신인협력적 구원의
과정 중에 하나님의 이러한 비범한 역사가 있음을 인정하게 된 것이다.

여기서 혹 어떤 사람은 웨슬리가 조건적 예정 개념으로 구원을 설
명했다고 생각할 수 있을 것이다. 실제로 웨슬리는 "'아르미니우스주의
자란 무엇인가?'라는 물음에 답함"(The Question, 'What is an Arminian?'
Answered)에서 자신이 아르미니우스주의자임을 밝히면서 칼뱅주의자들
은 "절대적" 예정을 믿는 반면, 아르미니우스주의자들은 조건적 예정을
믿는다고 언급했다.[470] 또 설교 "예정에 대하여"에서는 하나님의 예지에
근거한 조건적 예정 개념을 사용해 구원의 순서를 설명했다.[471] 그러나
웨슬리가 이 맥락에서 예정을 언급한 것은 예정으로 구원의 방법을 설명

---

469 *Journal* 2: 180 (1739년 4월 17일); *Journal* 2: 221-22 (1739년 6월 15일);
　　Journal 3: 85 (1743년 8월); *Journal* 7: 67 (1785년 4월); *Works* 10: 363. 웨슬리
　　는 1742년 6월 12일자 일지에 이렇게 기록했다. "나는 율법의 의와 믿음의 의에
　　대해 설교했다. 내가 설교하는 동안 몇몇 사람은 마치 죽은 사람처럼 쓰러졌고,
　　그 외 사람들 중에서는 믿음의 의를 갈구하며 신음하는 죄인들의 울부짖음이 들
　　려왔는데, 그 소리는 내 목소리를 거의 삼켜버릴 만큼 컸다. 그러나 이들 중 많은
　　사람이 곧 기쁨으로 머리를 들고 큰 목소리로 감사하기 시작했는데, 이는 그들의
　　영혼이 열망했던 죄 용서를 받았다는 확신을 얻었기 때문이었다"(*Journal* 3: 23).
470 "The Question, 'What is an Arminian ?' Answered", *Works* 10: 359.
471 "On Predestination", *BEW* 2: 421.

한 것이 아니라 이중예정론을 반박한 것이었다. 즉, 이중예정론자들에 반대해 만약 예정을 언급하려면 무조건적이 아닌 조건적 예정으로 이해해야 함을 주장한 것이다.

구원의 과정을 시간적 순서로 살펴보는 일은 시간 안에서 살아가는 우리 인간에게는 의미가 있겠지만, 시간을 초월해 계신 하나님께는 그렇지 않다. 그럼에도 웨슬리에 따르면, 우리가 조건적 예정 개념을 사용해 구원 이전과 이후의 하나님의 사역을 살펴볼 때는 하나님의 사역을 "원인과 결과의 사슬"의 관점으로 이해할 위험이 있기에 주의해야 한다.[472] 다시 말해, 예정을 순전히 논리적으로만 이해하려 하면 우리는 하나님의 구원의 신비를 결코 파악할 수 없게 된다. 웨슬리의 구원에 대한 이해를 특히 잘 보여주는 네 편의 설교는 "믿음으로 말미암는 구원"(1738) "믿음으로 얻는 의"(1746) "성경적 구원의 길"(1765), "우리 자신의 구원을 성취함에 있어서"(1785)이다. 이 설교들에서 웨슬리는

---

472 웨슬리는 설교 "예정에 대하여"(1773)에서 이중예정론에 반대하면서 구원을 예지에서부터 시작해 시간적 사건 순서에 따라 설명했다. 그는 이 설교에서 이런 방식으로 구원을 설명하는 것이 "사람의 방식으로 말하는 것"이라는 설명을 거듭 반복했다 (*BEW* 2: 416-21). 이런 의미에서 우리가 예정을 구원의 순서 중 첫 단계에 두는 것은 부적절해 보인다 (이 점에 대해서는 Barry Edward Bryant, "John Wesley's Doctrine of Sin", 239-40을 참조하라). 심지어 예정이 구원의 순서 중 첫 단계라는 주장의 근거 본문으로 사용될 수도 있는 "예정에 대하여"(1773)에서도, 웨슬리는 구원의 순서에서 예지를 가장 앞에 두고 그다음에 예정을 두었다. "(1) 하나님은 모든 신자를 아신다 [예지]. (2) 그들이 죄에서 구원받기를 원하신다 [조건적 예정]. (3) 이를 위해 그들을 의롭게 하시고 [칭의], (4) 거룩하게 하시며 [성화], (5) 영광에 이르게 하신다 [영화]" (*BEW* 2: 421; 참고. *BEW* 2: 418, 420). 나아가 웨슬리는 다음과 같은 예정에 관한 저술에서도 예정을 구원의 순서의 첫 단계로 언급하지 않았다. "Free Grace"(1739, *BEW* 3: 544-63), "A Dialogue between a Predestinarian and his Friend"(1741, *Works* 10: 259-266), "Serious Thought upon the Perseverance of the Saints"(1751, *Works* 10: 284-98), "Predestination Calmly Considered"(1752, *Works* 10: 284-98). 성숙한 웨슬리의 구원 이해를 보여주는 두 편의 설교 "The Scripture Way of Salvation"(1765), "On Working Out Our Own Salvation"(1785)에서 그는 예정은 전혀 언급하지 않은 채 선행은총을 구원의 순서 중 첫 단계로 두었다 (*BEW* 2:156-57; *BEW* 3: 203-4).

예정 개념을 사용해 구원을 설명하려는 시도를 조금도 하지 않았다.[473] 이처럼 웨슬리는 구원의 의미를 탐구하려는 목적으로는 조건적 예정 교리를 적극적으로 사용하지 않았다.

그렇다면 하나님은 왜 성경에서 '예정'이나 '미리 아심'(예지, foreknowledge) 같은 용어를 사용하셨는가? 웨슬리에 따르면, 하나님은 우리의 수준으로 스스로를 낮추어 "인간의 언어"를 사용해 "인간의 방식으로" 자신을 드러내셨다. 이는 우리의 이해력에 "자신을 맞추어" 주신 것이다. 성경에서 하나님은 인간의 언어로 자신의 '목적' '의도' '계획' '미리 아심' '예정' '미리 정하심'에 관해 말씀하신다. 웨슬리는 이러한 표현을 "문자적으로" 이해해서는 안 된다고 주장했다.[474] 물론 그는 성경을 해석하는 규칙에 대해, 어떤 본문이 다른 본문들과 모순이 되지 않는다면 문자적 의미로 받아들여야 함을 강조했다. 그러나 다른 본문들과 모순이 된다면, "의미가 모호한 본문은 의미가 더 명확한 본문으로 해석해야 한다."[475] 웨슬리는 "목회자를 향한 권면"(An Address to the Clergy)에서도 성경은 성경으로 해석해야 한다고 주장했다. 따라서 성경의 한 부분을 해석하기 위해서는 모든 성경에 대한 철저한 지식이 필요하다.[476] 사실 웨슬리는 사역 초기에 구원으로의 예정은 인정하면서 단지 유기로의 예정만 부인하던 때가 있었다. "그리고 나는 (비록 사실임을 입증할 수는 없으나) 하나님께서 무조건적 선택을 통해 어떤 사람은 영원한 영광을 누리게 하셨다는 것도 부인하지 않는다."[477] 그러나 이후에 동생 찰

---

473 *BEW* 1: 117–30, 202–16; *BEW* 2: 155–69, *BEW* 3: 199–209.

474 "On Predestination", *BEW* 2: 421.

475 새뮤얼 펄리(Samuel Furly)에게 보낸 편지, *Letters* 3: 129.

476 "An Address to the Clergy", *Works* 10: 482. 성경 해석 규칙에 대한 더 자세한 내용은 Scott J. Jones, *John Wesley's Conception and Use of Scripture*, 188–215를 참조하라.

477 *Journal* 3: 85 (1743년 8월).

스에게 보낸 편지에서는 그 견해를 수정했음을 밝혔다. 그 이유는 자신이 전에 예정론을 뒷받침한다고 생각했던 성경 본문이 실제로는 그렇지 않으며, 나아가 그런 생각조차도 모든 사람에 대한 절대적 예정을 주장하는 데 악용될 수 있기 때문이라는 것이었다.[478] 웨슬리는 성경의 일부 구절이 절대적 예정에 대한 말씀처럼 보인다는 점을 알았지만, 그럴수록 그 구절들은 성경 전반에 대한 철저하고 분명한 지식에 근거해 해석해야 한다고 생각했다. 그래서 그는 조건적 예정을 다룰 때 하나님의 예지를 언급하면서도 매우 신중한 태도를 보였다. 예지를 강조하더라도 어떤 사람은 구원을 자신의 설명과 달리 생각할 수 있기 때문이었다.[479] 웨슬리가 조건적 예정을 언급한 것은 주로 구원을 설명하기 위해서가 아니라 무조건적 예정을 반박하기 위한 목적에서였다. 웨슬리에 따르면, 하나님은 결코 예정(predestine)도, 후정(after-destine)도 하지 않으신다.

---

478 찰스 웨슬리에게 보낸 편지 (1752년 8월 8일), *Letters* 3: 96. "아마도 이 후자를 확언하게 된 계기는 너와 내가 모두 모든 사람에 대한 조건적 선택과 함께 어떤 사람에 대한 절대적이고 무조건적인 선택을 종종 인정해 왔기 때문일 거야. 나는 오랫 동안 이 입장에 치우쳐 왔지만 최근에는 점점 그것에 의문을 품게 되었어. 그 이유는 (1) 내가 전에는 절대적 유기와 선택을 지지한다고 생각했던 모든 본문이 지금은 절대적 유기와 선택 중 하나를 입증하지도, 혹은 둘 모두를 입증하지도 못한다고 생각하기 때문이고, (2) 또 이 견해가 절대적 예정론의 모든 해로운 문제들, 특히 절대적 견인에 대한 주장마저 지지하는 문제를 초래한다는 사실을 발견했기 때문이야. 그것을 주장하는 사람과 이야기를 나눠보면 너도 알 수 있을 거야."

479 아르미니우스주의 학자 중 일부는 사랑의 하나님이 악을 미리 막지 않았다는 비난을 면하게 하기 위해 하나님의 예지를 제한해 "하나님은 우리가 자유를 어떻게 사용할지에 대해 철저히 알지는 못하지만, 다만 때때로 우리가 자유롭게 내릴 선택을 매우 정확히 예측하실 수 있다"고 주장한다. 즉, 만약 하나님이 모든 것을 미리 아셨다면, 사랑의 하나님이시기에 악을 미리 방지하셨을 것이라는 논리이다 (Richard Rice, "Divine Foreknowledge and Free-will Theism" in Clark H. Pinnock (ed.), *The Grace of God, the Will of Man*, 121–22. David Basinger, "Practical Implications" in Clark H. Pinnock and others, *The Openness of God: A Biblical Challenge to the Traditional Understanding of God*, 155–56). 그러나 앞서 살펴보았듯, 웨슬리에게 하나님은 과거에 있었던 모든 일, 현재에 일어나는 모든 일, 앞으로 있을 모든 일을 아신다는 점에서 시간을 초월하신다.

마지막으로, 앞서 제3장에서 논의했듯 웨슬리는 삼위일체 교리를 구원에 적용했다. 구원은 "삼위일체 모두의 사역"이다.[480] 창조 시 인간은 삼위일체 하나님의 형상대로 창조되었는데, 이는 삼위일체 하나님과 인격적이고 거룩한 교제를 나눌 수 있게 하기 위함이었다. 인간의 재창조 역시 바로 이 목적을 위해서이다. 인간의 창조와 재창조에 대한 하나님의 목적은 자연히 구원의 방식을 결정한다. 하나님의 목적은 인간과의 인격적이고 거룩한 교제이기에, 구원도 인격적이고 거룩한 방식으로 이루어진다. 다시 말해, 인간과 인격적인 교제를 나누기 원하시는 삼위일체 하나님은 이러한 교제를 실현하는 방식에서도 인격적인 방식을 기뻐하신다. 더 근본적으로, 삼위일체 하나님은 세 위격 사이에서 내재적으로 인격적인 교제를 누리실 뿐 아니라, 자신의 형상대로 창조된 인간과도 인격적인 교제 나누기를 기뻐하시며, 이 교제의 회복 역시 인격적인 방식으로 이루어지는 것을 기뻐하신다.[481] 삼위일체 하나님이 구원에서의 신인협력을 기뻐하시는 이유가 바로 여기에 있다. 곧 구원의 과정에서 하나님과 인간의 인격적 상호작용이 이루어지는 근본 원인은, 자연적으로 지닌 것이든 초자연적으로 부여된 것이든 인간의 자유의지에 있는 것이 아니라, 자신의 형상대로 창조하신 인간과 인격적인 교제 나누기를 바라시는 삼위일체 하나님의 인격성에 있다.

한편으로 구원에 대한 이해를 주로 하나님의 불가항력적 의지와 영광의 관점에서 접근할 경우, 구원의 과정에서 하나님의 은혜와 인간의 자유의지는 첨예한 긴장 관계에 놓이게 되고, 나아가 하나님은 비인격

---

480 *ENNT* 835, 히 9: 14 주해.

481 참고. *ENOT* 7, 창 1: 26-8 주해; "The Mystery of Iniquity", *BEW* 2: 452; "The Love of God", *BEW* 4: 333; "The Original, Nature, Properties, and Use of the Law", *BEW* 2: 7-8.

적 존재로서 인간의 멸망에 직접적 책임이 있다는 생각으로 이어질 수 있다. 웨슬리는 이러한 접근법에 반대해, 구원을 은혜언약에 따라 인간과 협력하시는 삼위일체 하나님의 활동의 관점에서 이해함으로, 구원에서 하나님의 은혜와 인간의 자유의지의 양립 가능성을 효과적으로 주장할 수 있었다. 그 둘이 어떻게 양립 가능한지를 설명할 때 그는 철학적 논증을 사용하지 않았다. 그럼에도 그는 인간과의 인격적인 교제를 원하시는 삼위일체 하나님의 인격성이 구원에서 하나님과 인간의 상호작용이 이루어지는 근본 원인이며, 하나님은 이 인격성에 근거해 인간과의 언약관계 속에서 자신의 신실하심, 지혜, 능력으로 이 양립 가능성을 유지하신다고 생각했다. 다른 한편, 인간의 자유의지를 강조하는 관점에서 구원을 이해하면, 어떤 사람은 구원을 인간의 노력의 결과로 오해할 위험이 있다. 웨슬리는 이러한 생각을 거부하면서, 비록 인간이 하나님의 은혜에 의해 초자연적으로 회복된 어느 정도의 자유의지를 가지고 있다 하더라도, 구원의 모든 단계에서 하나님의 선행적 은혜와 삼위일체 하나님의 활동 없이는 구원받을 수 없다고 믿었다. 그러므로 웨슬리에 따르면 구원은 예정이나 인간의 자유의지가 아니라, 지금 여기에서 인간의 협력과 더불어 역사하시는 삼위일체 하나님의 강력한 인격적 활동에 의해 이루어진다.

그러나 웨슬리의 이러한 구원 이해가 구원에 관한 모든 문제를 해결해 주지는 않는다. 예를 들어, 웨슬리는 공의로우신 하나님을 믿었지만, 공의로우신 하나님께서 왜 어떤 사람은 구원받는 데 유리한 좋은 환경에서 태어나게 하시고, 어떤 사람은 결코 복음을 들을 수 없는 나쁜 환경에서 태어나게 하시는지 알지 못했다.[482] 그는 인간의 구원 자체가 신

---

482 "The Imperfection of Human Knowledge", *BEW* 2: 582-84.

비임을 알았고, 아마도 다른 모든 사람처럼 하나님이 인간의 구원을 집행하시는 방식을 정확히 설명할 수 없었을 것이다. 그러나 공정하게 평가하면, 웨슬리는 하나님의 영광과 인간의 책임 중 어느 것도 희생시키지 않으면서, 구원의 과정에서 하나님의 은혜와 인간의 자유의지의 양립 가능성을 실질적이고 효과적으로 확립해, 기독교의 구원 이해에 크게 기여했다고 할 수 있다.

V. 은혜의 나라와 영광의 나라

이제는 '하나님께서 어떻게 그분의 나라를 세우시는가?'라는 주제를 중심으로 웨슬리의 하나님 나라 이해를 살펴보고자 한다. 하나님 나라는 그리스도의 가르침의 중심 주제였고,[483] 웨슬리 역시 설교에서 이 주제를 매우 선호했다. 웨슬리는 기독교의 본질은 곧 하나님 나라라고 말했다.[484] 그는 사역하는 동안 로마서 14:7과 마가복음 1:15에 근거해 이 주제로 200회 이상 설교했다.[485] 또 그의 『표준 설교집』에 수록된 주님의 산상설교에 대한 열세 편의 설교 역시 그가 하나님 나라에 깊은 관심을 가지고 있었음을 보여준다.

웨슬리는 하나님이 세상의 통치자이시며, 모든 일은 하나님의 다스림 아래 있음을 믿었다.[486] 모든 것이 하나님의 다스림 아래 있다면, 우리는 왜 '아버지의 나라가 오세 하시네'라고 기도해야 하는가? 또 하나

---

483 George Eldon Ladd, *The Presence of the Future* (Grand Rapids, Michigan: William B. Eerdmans , 1974), 122; Alister E. McGrath, *Christian Theology*, 466.

484 "The Way to the Kingdom", *BEW* 1: 218.

485 *BEW* 1: 217.

486 "On Divine Providence", *BEW* 2: 535–39, 545; *Works* 10: 361–62.

님은 왜 이미 다스리고 계신 세상에 그분의 나라를 세우셔야 하는가? 이를 이해하기 위해서는 먼저 웨슬리의 하나님 나라 개념부터 살펴보아야 한다. 웨슬리에 따르면, '하나님 나라'(the kingdom of God)와 '천국'(the kingdom of heaven)은 동일한 의미를 지닌다.[487] '천국'은 하나님의 이름을 직접 부르기를 원치 않았던 유대인 독자를 위해 복음서를 기록한 마태가 즐겨 사용한 용어라면, '하나님 나라'는 주로 이방인 독자를 위해 복음서를 기록한 마가와 누가가 선호한 용어이다.[488] 웨슬리는 하나님 나라가 '은혜의 나라'(the kingdom of grace)와 '영광의 나라'(the kingdom of glory)로 이루어진다고 보았다.

'은혜의 나라'란 이 세상에서 신자의 마음에 이루어지는 하나님의 통치를 말한다.[489] 하나님 나라의 토대는 자신의 아들을 세상에 보내신 하나님의 은혜에 있다.[490] 사람이 이 나라에 들어가기 위한 첫걸음은 회개함으로 하나님을 찾는 것이다. 따라서 은혜의 나라는 "아래에서 시작되고, 신자의 마음에서 이루어진다. 전능하신 주 하나님은 그리스도 예수를 통해 알려지심으로 통치하신다."[491] 그러므로 웨슬리에게 이 은혜의 나라는 예수님께서 활동하시던 당시 일부 유대인의 생각처럼 세상의 낙원 같은 새로운 정치적 나라나, 아우구스티누스를 따라 많은 중세 신학자가 상상했던 교회가 아니라, 신자의 마음에 세워지는 영적인 나라이다.[492] 이 은혜의 나라는 이미 이 땅에 현존한다.

---

487 "On Riches", *BEW* 3: 520; *ENNT* 22, 마 3: 2 주해.

488 John Drane, *Introducing the New Testament* (Oxford: Lion Publishing, 1986), 121.

489 "The Way to the Kingdom", *BEW* 1: 219, 224–25; "Sermon on the Mount, VI", *BEW* 1: 581.

490 *ENNT* 27, 마 4: 18 주해.

491 "Sermon on the Mount, VI", *BEW* 1: 581.

492 *ENNT* 22, 마 3: 2 주해; *ENNT* 269, 눅 17: 21 주해.

'영광의 나라'란 "땅 위 은혜의 나라의 연속이자 완성"이다.[493] 이 나라에서는 더는 죽음도, 슬픔도, 눈물도 없을 것이다.[494] "그때는 아담이 에덴에서 누렸던 것보다 훨씬 탁월한, 순수한 성결과 행복의 상태가 이루어질 것"이다.[495] 성도들은 "성령을 통한 성부 하나님 및 성자 예수 그리스도와의 끊임없는 교제" 속에서 영원토록 성결과 행복을 누릴 것이다. 이것이 바로 인간의 창조와 재창조(구원)의 궁극적 목적이며, 이 목적은 영광의 나라에서 온전히 성취될 것이다. 이 나라에서 "하나님과 그 백성의 언약"은 가장 영광스러운 방식으로 실행되어, 그들은 하나님의 백성이 되고, 하나님은 친히 그들과 함께하시어 그들의 하나님이 되실 것이다.[496] 이 영원하고 영화로운 나라는 완성을 향해 나아가고 있지만, 아직은 온전히 실현되지 않았다.

하나님 나라에 관한 논란은 그 나라가 현재적인가, 미래적인가, 아니면 둘 다인가 하는 것이다.[497] 알브레히트 리츨(Albrecht Ritschl)은 하나님 나라가 인간의 마음에 이루어지는 하나님의 현재적 통치임이 분명하다고 믿었다. 그리스도인의 의무는 그 나라를 이 땅에 확장하는 것인데, 이 땅은 의와 윤리적 가치가 실현되는 현재의 영역이다.[498] 찰스 헤럴드 도드(C. H. Dodd) 역시 예수님의 사역으로 하나님 나라가 현세에 완전히 실현되었다고 말하면서, 하나님 나라가 이 땅에서 실현된다는 점에

---

493 "Sermon on the Mount, VI", *BEW* 1: 582.

494 "New Creation", *BEW* 2: 510.

495 "New Creation", *BEW* 2: 510.

496 *ENNT* 1042, 계 21: 3 주해.

497 이 논쟁을 유용하게 요약한 자료로는 George Eldon Ladd, *The Presence of the Future*, 3–42; H. Ray Dunning, *Grace Faith & Holiness*, 389–90을 참조하라.

498 Albrecht Ritschl, *The Christian Doctrine of Justification and Reconciliation* (Edinburgh: T. &. T. Clark, 1900), 30 이하.

특별한 관심을 기울였다.[499] 반면 알베르트 슈바이처(Albert Schweitzer) 는 하나님 나라는 미래의 왕국이며, 초자연적 능력에 의해 갑자기 도래 할 것이라고 보았다.[500] 조지 래드(George E. Ladd)는 하나님 나라는 현재 적이면서도 미래적인 것으로, 이미 시작되었으나 종말에 온전히 완성될 것이라고 주장했다.[501] 웨슬리에 따르면, 하나님의 나라는 이중적 성격 을 지닌다. 은혜의 나라는 이미 이 땅에서 시작되었고, 영광의 나라는 장차 하나님의 능력으로 성취될 것이다. 따라서 웨슬리에게 하나님 나 라는 다가올 시대에 속하는 종말론적 차원을 지닐 뿐 아니라, 이 시대에 속하는 현재적 차원을 지닌다.

웨슬리는 하나님 나라의 현재적 성격과 미래적 성격의 중요성을 균 형 있게 다루었다. 그는 하나님께서 이 세상에서 현재적으로 그 백성의 마음을 다스리신다는 사실을 강조했다. 예수님은 이스라엘 백성이 자신 을 거부했기 때문에 이스라엘에 가시적 하나님 나라를 세우는 일을 미루 신 것이 아니다. 그분은 이미 자기 백성의 마음에 그 나라를 세우셨다. 그리스도께서 세우고자 하신 나라는 이미 시작되었다. 하나님 나라는 권 능으로 이 땅에 임했으며, 성결과 행복의 상태는 영광의 나라를 미리 맛 보는 것으로 경험된다. 그러므로 웨슬리는 하나님 나라를 하나님의 '영 토'(territory)라기보다 '하나님의 통치'(reign)로 이해했다. 그는 마태복음 6:33의 '너희는 먼저 하나님의 나라를 구하라'는 말씀을 설명하면서, 우

---

499 C. H. Dodd, *The Apostolic Preaching and Its Development* (London: Hodder & Stoughton, 1944), 84-6.

500 Albert Schweitzer, *The Quest for the Historical Jesus* (London: Adam & Charles Black, 1948), 396-401.

501 George Eldon Ladd, *The Presence of the Future* (Grand Rapids: Wm. B. Eerdmans, 1974), 218, 307; *A Theology of New Testament* (Guildford and London: Lutterworth Press, 1974), 64-9; "Kingdom of Christ", *Evangelical Dictionary of Theology*, 610-11.

리는 하나님께서 먼저 우리 마음을 다스려주시기를 간구해야 한다고 말
한다.[502] 웨슬리에게 하나님 나라는 본질적으로 구원론적이며, 이 구원
은 단지 죽어서 천국에 가는 것이 아닌 현재적으로 누리는 하늘의 복이
다.[503] 웨슬리는 구원의 현재적 차원인 은혜의 나라가 이 세상에 임할 수
있음을 강조했다. 아마도 조지 래드의 다음의 말은 웨슬리의 현재적 하
나님 나라의 본질 이해를 가장 잘 표현하는 말일 것이다. "하나님 나라
는 인간 가운데 그분의 통치를 확립하기 위해 역동적으로 활동하시는 하
나님의 구속적 통치이다. 이 나라는 세상의 마지막에 종말론적 사건으
로 나타나겠지만, 예수님의 인격과 사역을 통해 이미 인간의 역사 안으
로 들어와서 악에 대해 승리함으로 그 권세에서 인간을 해방하고 하나님
이 다스리시는 복된 상태로 인도하기 시작했다."[504]

　신자의 마음에 세워진 하나님 나라는 자연스럽게 세상으로 확장되
어 세상을 변화시킨다. 이 나라는 "처음에는 겨자씨 한 알처럼 마음에
뿌려지지만, 이후에는 큰 가지들을 뻗어 의의 모든 열매, 곧 모든 선한
성품과 말과 행실이 자라나게 한다."[505] 웨슬리는 "종교의 뿌리가 마음에
있다는 것은 가장 참된 사실입니다. … 그러나 이 뿌리가 진실로 마음에
있다면 반드시 가지를 낼 수밖에 없습니다"[506]라고 말했다. 따라서 그리
스도의 복음은 당연히 사회적 성결(social holiness)을 포함한다. 이에 웨
슬리는 다양한 사회적 봉사, 정치적 책임에 대한 분명한 인식, 사회악
의 개혁을 강조했다. 그리스도의 교회가 존재하는 본래의 목적 중 하나

---

502 "Sermon on the Mount, IX", *BEW* 1: 642; 참고. *ENNT* 41, 마 6: 33 주해.
503 "The Scripture Way of Salvation", *BEW* 2: 156.
504 George Eldon Ladd, *The Presence of the Future*, 218.
505 "Sermon on the Mount, XIII", *BEW* 1: 690.
506 "Sermon on the Mount, IV", *BEW* 1: 541.

는 사탄의 나라를 무너뜨리고, 이 땅에 하나님 나라를 진척시키는 것이다.[507] 하워드 스나이더(Howard A. Snyder)의 말처럼, "웨슬리는 하나님 나라를 신자의 삶과 특히 사회에서 하나님의 은혜가 현재적으로 역사하는 것으로 보았다."[508] 웨슬리가 세상에 세우기를 갈망했던 사회는 "사랑과 희락과 화평의 종교"에 기초한 것인데, 이 종교는 "사람의 가장 깊은 영혼에 자리하면서도, (사랑은 이웃에게 악을 행하지 않으므로) 모든 순결함과 모든 선행의 열매를 통해 스스로를 드러내 미덕과 행복을 주변 모든 곳으로 퍼뜨린다."[509]

웨슬리가 보기에 사회를 갱신하는 가장 중요하고 효과적인 수단은 그리스도인 개인의 변화이다. 그에 따르면, 인간의 악이 사회의 안녕을 방해하는 가장 큰 장애물이라면, 인간의 의로움은 사회의 안녕을 가장 효과적으로 촉진하는 동력이다.[510] 따라서 모든 악의 원인인 죄를 제거하고 하나님과 모든 사람을 사랑하며 사는 것은 개인의 삶뿐 아니라 사회 전체를 포괄적으로 개혁하는 길이 된다.[511] 앨버트 아우틀러는 웨슬리가 당시 사회에 대한 "의식적인 반역자"가 아니었기에 "결코 사회를 직접적으로 뒤엎으려 하지 않았다"고 지적한다.[512] 이 외에도 웨슬리는 군사력으로 기독교 세계를 세우는 것은 바르게 기독교를 전파하는 방법이 아니

---

507 "The Reformation of Manners"(1763), *BEW* 2: 301–2.

508 Howard A. Snyder, "The Holy Reign of God", *WTJ* 24(1989), 79.

509 "An Earnest Appeal to Men of Reason and Religion", *Works* 8: 3.

510 "The Doctrine of Original Sin", *Works* 9: 235.

511 "A Word in Season: or Advice to an Englishman", *Works* 11: 183 이하; 참고. Manfred Marquardt, *John Wesley's Social Ethics: Praxis and Principles* (Nashville: Abingdon Press, 1992), 92.

512 Albert C. Outler, *Evangelism & Theology in the Wesleyan Spirit* (Nashville: Discipleship Resources, 1996), 24.

라고 생각했다.[513] 이 땅의 하나님 나라는 신자의 마음에서 불신자에게로 점점 퍼져 나가는 것이기 때문이다.[514] 웨슬리는 변화된 개인에게서 사회 전체를 점진적으로 변화시킬 동력을 기대한 것이다.[515]

그러나 웨슬리는 설교 "불법의 비밀"(1783)에서 유럽의 기독교 국가들에서도 악의 세력이 여전히 활동하고 있음을 인정했다.[516] 그는 "기독교가 퍼져 나간 곳마다 배교도 함께 퍼져 나간" 사실을 알고 있었다.[517] 웨슬리는 인간의 문명을 하나님 나라를 성취하는 수단으로 여기지 않았다. 비록 기독교 신앙이 "모든 민족을 치유하기 위해" 주어졌으나, 악의 세력의 완전한 파멸은 영광의 나라가 임할 때 이루어질 것이다. 그때 우리는 세상에 악의 존재를 허용하신 하나님의 지혜와 선하심을 온전히 이해하게 될 것이다.[518] 이처럼 웨슬리에게 이 세상에서의 하나님의 완전한 통치는 "지금"(now)과 "아직"(not yet) 사이의 긴장 속에 존재한다.[519]

웨슬리는 영광의 나라의 행복한 상태를 묘사함으로 자신을 따르는 이들이 종말론적 소망을 갖도록 격려했다. 그는 설교 "새로운 창조" "우주적 구원" "대심판"과 요한계시록 주해 등을 통해 이 영광스러운 나라의 모습을 생생하게 묘사했다. 이 나라에서는 온 세상의 환경이 낙원으로 바뀔 것이다. 허무한 데 굴복했던 동물계 전체는 그 본래의 평화로운 본성으로 회복될 것이다.[520] "그러나 가장 영광스러운 것은 가련하고

---

513 "The Signs of the Times"(1787), *BEW* 2: 530.

514 "The Signs of the Times", *BEW* 2: 530.

515 Manfred Marquardt, *John Wesley's Social Ethics: Praxis and Principles*, 136.

516 "The Mystery of Iniquity", *BEW* 2: 465.

517 "The Mystery of Iniquity", *BEW* 2: 466.

518 "The Mystery of Iniquity", *BEW* 2: 466.

519 Colin W. Williams, *John Wesley's Theology Today*, 192.

520 "New Creation", *BEW* 2: 509; 참고. "The General Deliverance", *BEW* 2: 446.

죄 많으며 비참한 인간에게 일어날 변화"이다.[521] 영광의 나라에서는 고통도, 슬픔도, 죽음도 없을 것이기 때문이다.[522] 웨슬리는 새 창조의 영화롭고 행복한 상태가 단지 아담과 하와가 하나님과 거했던 에덴으로의 복귀는 아니라고 생각했다. 새 창조는 과거의 창조보다 훨씬 탁월할 것이기 때문이다.[523] 가장 영화롭고 행복한 상태는 인간이 삼위일체 하나님 및 모든 피조물과 영원한 교제를 누리는 것이다.[524]

그렇다면 은혜의 나라와 영광의 나라는 어떻게 세워지는가? 하나님은 회개하는 자에게 은혜의 나라를 주시므로, 이 나라는 개인의 구원에 의해 이루어진다. 구원이 신인협력의 방식으로 이루어지듯, 은혜의 나라가 이루어지는 방식도 동일하다. 하나님은 인간의 마음에 은혜의 나라를 세우시되, 인간과 협력해 세우신다. 그러므로 우리는 하나님 나라가 임하기를 기도할 뿐 아니라, 우리도 사람들의 마음과 사회에 그 나라가 세워지도록 힘써야 한다.

영광의 나라 역시 회개한 자만이 들어갈 수 있다는 점에서 미래의 영광의 나라도 하나님과 인간의 협력으로 세워질 것이다. 은혜의 나라에 들어가지 못한 사람은 영광의 나라에도 들어갈 수 없다.[525] 그러나 이 영광의 나라는 하나님의 권능에 의해 도래한다. 그 나라는 하나님께서 직접 모든 불행과 죄, 연약함과 죽음을 종식시키고, 만물을 자신의 것으로 취하시며, 영원히 지속될 나라를 세우심으로 이루어진다.[526] 하나님은 권

---

521 "New Creation", *BEW* 2: 509−10.

522 *ENNT* 1042, 계 21: 4 주해.

523 "New Creation", *BEW* 2: 510.

524 "New Creation", *BEW* 2: 510.

525 "A Blow at the Root; or, Christ Stabbed in the House of His Friends", *Works* 10: 364.

526 "Sermon on the Mount, VI", *BEW* 1: 582.

능으로 악을 정복하시고 새로운 세상을 창조하실 것이다. 우리는 이러한 영광의 나라가 임하기를 기도해야 한다.

일부 웨슬리안 신학자는 과정신학에 호의적이다. 비록 랜디 매덕스는 이것이 우연의 일치일 수 있다고 말하지만,[527] 웨슬리안 신학자와 과정신학자 사이에는 하나님 은혜의 본질에 대한 공통된 이해가 존재하는데, 곧 구원의 과정에서 하나님 은혜는 강제적(coercive)이지 않고 설득적(persuasive)이라고 이해한다는 점이다. 또 하나님의 권능이 세상에서 일어나는 모든 일을 결정하지 않는다고 이해한 것도 공통점이다.[528] 만일 하나님의 능력이 모든 일을 결정한다면, 하나님은 세상의 악의 창시자가 되고, 사람들을 멸망에 처하게 만드는 장본인이 될 것이기 때문이다. 그러나 하나님의 능력의 본질에 대한 이해에서는 질적인 차이가 있다. 과정신학자들에게 하나님의 능력은 언제나 설득적이다. 찰스 하츠혼(Charles Hartshorne)은 "하나님의 능력에 관해 유일하게 살아남을 가치가 있는 교리는, 하나님이 일어나는 모든 일에 영향을 미치지만, 그 구체적 세부 사항을 결정하지는 않는다는 것이다"[529]라고 말한다. 콜린 건튼은, 하츠혼에게서 "미래에 대한 지식과 능력 모두는 과정이 스스로를 만들어가는 자유에 의해 제한된다"고 지적했다.[530] 과정신학의 신은 매우 온화해 보이지만, 세상을 재창조할 만큼 강력하지는 않은 존재이

---

527 Randy L. Maddox, "Seeking a Response−able God: the Wesleyan Tradition and Process Theology", in Bryan P. Stone & Thomas Jay Oord (ed.), *Thy Nature & Thy Name Is Love* (Nashville: Kingswood Books, 2001), 111.

528 Tyron L. Inbody, " Reconceptions of Divine Power in John Wesley, Pantheism, and Trinitarian Theology", in Bryan P. Stone & Thomas Jay Oord (eds.), *Thy Nature & Thy Name Is Love* (Nashville: Kingswood Books, 2001), 177.

529 Charles Hartshorne, *Omnipotence and Other Theological Mistakes* (Albany, N.Y: State University of New York Press, 1984), 25.

530 Colin. E. Gunton, *Becoming and Being: the Doctrine of God in Charles Hartshorne and Karl Barth* (Oxford: Oxford University Press, 1978), 209.

다. 이 관점은 종말론에서도 분명히 나타난다. 과정신학자들은, 과정신론(process theism)이 "세상에 아무리 큰 악이 있더라도, 하나님은 그 잔해에서 가능한 모든 선을 이끌어내기 위해 설득적으로 역사하신다는 사실을 확언한다. … 그러나 그러한 확언에도 인류의 임박한 자기 파괴를 포함해 어떤 특정한 악이 제거될 것이라는 확신을 갖지는 못한다"고 주장한다.[531] 이들에게서 신의 설득적 능력은 주로 신의 영향을 받은 인간을 통해 활동한다. 존 콥과 데이비드 레이 그리핀은 "미래는 진정으로 열려 있으며, 앞으로 일어날 일은 인간이 무엇을 하느냐에 달려 있다"고 말한다. 이 경우 "무신론자들은 인간의 능력에 대해 자기 운명을 스스로 형성하는 것으로 여기는 반면, 과정신학은 그 능력이 하나님의 설득적 능력에서 비롯된다고 본다."[532] 그러나 과정신학의 종말론에 대해서는 한 가지 의문이 제기된다. 과정신학자들에 의하면, 신은 세상을 창조할 때 이미 존재하던 혼돈스럽고 악한 물질의 저항력 때문에 선한 세상을 만드는 데 제약을 받았다. 그렇다면 그 창조주는 심각한 생태적 위기와 함께 현대 문명의 이기로 대규모 파괴를 초래할 수 있는 인간의 악이 존재하는 오늘의 세상에서 과연 악의 권세를 설득하거나 물리칠 만큼의 충분한 능력을 가지고 있는가? 일부 과정신학자는 그렇다고 답할 것이다. 그들은 신이 진화의 방식을 통해 창조 당시보다 더 강력해지고 있다고 믿기 때문이다. 그러나 제2차 세계대전 중 벌어진 나치에 의한 유대인 대학살이나, 1970년대 킬링필드에서 일어난 크메르 루주(Khmer Rouge)에 의한 캄보디아인 학살과 같은 역사적 사건을 떠올리면, 악의

---

531 John B. Cobb, Jr. & David Ray Griffin, *Process Theology: An Introductory Exposition*, 118.

532 John B. Cobb, Jr. & David Ray Griffin, *Process Theology: An Introductory Exposition*, 118.

권세 역시 점점 더 강력해지고 있는 것처럼 보인다. 과정신학자들 자신도 과정신학에서는 기독교 종말론의 진술이 "여전히 과정 중"에 있으며, "화이트헤드(Whitehead)의 직관조차 꿰뚫지 못한 심오한 신비가 여전히 남아 있다"고 인정한다.[533] 과정신학은 우리에게 악이 패배하고 새 하늘과 새 땅이 이루어질 것이라는 종말론적 희망의 확고한 토대를 제공하지 못하는데, 그 이유는 과정신학의 신은 악의 힘을 이길 만큼 충분히 강하지 않기 때문이다.[534]

웨슬리는 분명 구원의 과정에서 하나님의 능력이 강제적이기보다 설득적이라고 생각했다. 더욱이 그는 하나님께서 세상을 다스리실 때 주권만으로가 아니라 다른 속성들과도 조화를 이루며 통치하신다고 믿었다.[535] 그러나 이것이 하나님의 능력이나 주권이 제한됨을 의미하며, 또 하나님의 능력이 언제나 설득적이기만 함을 의미하는가? 웨슬리는 하나님의 모든 속성이 서로 조화를 이룬다는 점을 강조하면서도, 그분의 어떤 속성도 제한하지 않았다. 그렇다면 그는 왜 구원의 과정에서 하나님의 능력이 설득적으로 역사한다고 주장했는가? 이미 살펴보았듯, 인간의 구원은 하나님과 인간의 언약 안에서 이루어진다. 이 언약 안에서 하나님은 설득적으로 역사하신다. 그러나 언약이 깨질 때도 하나님이 언제나 설득적으로만 역사하시는 것은 아니다. 이는 행위언약에서 하나님의 능력은 설득적으로 역사했지만, 아담과 하와가 언약을 깨뜨리자 하나님이 그들을 벌하시고 에덴에서 사는 것을 금지하신 사실에서 알 수 있

---

533 John B. Cobb, Jr. & David Ray Griffin, *Process Theology: An Introductory Exposition*, 124.

534 Randy L. Maddox, "Seeking a Response-able God: the Wesleyan Tradition and Process Theology", in Bryan P. Stone & Thomas Jay Oord (ed.), *Thy Nature & Thy Name Is Love*, 142; Stephen T. David (ed.), *Encountering Evil*, 127; Alister E. McGrath, *Christian Theology*, 228.

535 "Thoughts upon God's Sovereignty", *Works* 10: 361.

다. 은혜언약에서도 하나님의 능력은 설득적으로 역사한다. 그러나 인간이 회개와 믿음을 통해 죄 사함을 구하지 않으면, 하나님은 그들의 죄에 따라 심판하실 것이다. 하나님의 능력이 언제나 설득적으로만 역사한다면, 하나님이 어떻게 아담과 하와를 에덴에서 내쫓으시고, 또 어떻게 죄인과 강력한 악한 천사를 벌하실 수 있겠는가? 다시 말해, 만일 하나님이 절대적 능력을 지니지 못했거나 항상 설득적으로만 역사하신다면, 어떻게 선한 자에게 상을 주시고 악한 자를 벌하실 수 있겠는가? 인간 사회에서도 힘이 없는 정의는 보상이나 처벌에 비효과적이다. 세상의 통치자이신 하나님은 공의로 세상을 다스리신다. 하나님은 폭군이 아니시기에 자신의 능력을 임의로, 비윤리적으로 행사하지 않으신다. 이런 의미에서의 하나님의 정의는 분배적 정의이다. 그러나 동시에 정의로우신 이 통치자는 악을 행하는 자에게 두려움의 대상이 되신다. 하나님의 정의는 응보적 정의이기도 하기 때문이다. 어떤 웨슬리안은 인간의 자유의지의 중요성과 탁월성을 지나치게 강조해, 하나님조차 그것을 침해하지 못한다고 주장한다. 과정신학을 따르는 웨슬리안인 토머스 제이 오어드(Thomas Jay Oord)는 "실존하는 모든 개체는 본질적으로 자유로우며 그 누구도, 심지어 하나님조차도 그 자유를 철회하거나 무효화하지 못한다"[536]고 주장한다. 인간의 자유가 하나님조차 극복하실 수 없을 만큼 그렇게 대단하고 강력하다는 말인가? 다시 말하건대, 그렇다면 하나님이 어떻게 악인을 벌하고 선인에게 보상하실 수 있다는 말인가? 웨슬리에 따르면, 하나님은 지극히 능력이 크시기에 영광의 나라가 임할 때 악한 천사와 악한 인간의 자유에 맞서 자신의 능력으로 세상을 새롭게 하시며

---

536 Thomas Jay Oord, "A Process Wesleyan Theodicy: Freedom, Embodiment, and the Almighty God", in Bryan P. Stone & Thomas Jay Oord (eds.), *Thy Nature & Thy Name Is Love*, 208.

새로운 세계를 창조하실 것이다. 이것이 웨슬리의 종말론적 소망이었다.

　마지막으로, 앞서 언급했듯 하나님께서 세상을 창조하신 목적은 하나님의 영광과 피조물의 행복이다. 그렇다면 하나님께서 계속해서 세상을 재창조하시며 자신의 나라를 세워가심을 통해 하나님의 영광과 피조물의 행복은 성취되었는가? 창조 시에는 하나님의 창조의 목적이 성취되었다. 성경은 하나님이 각 피조물을 그 종류대로 완벽하게 창조하신 후 "심히 좋다"고 선언하셨음을 기록하고 있기 때문이다. 그러나 불행히도 타락으로 인해 피조물의 행복은 깨지고, 그들은 고통과 악에 노출되었다. 어떤 의미에서 지성적 피조물의 타락은 하나님의 창조의 목적이 실패했음을 의미하지는 않는다. 창조 시 그들에게 자유의지를 부여해 순종할 수도, 거역할 수도 있게 하신 분은 하나님 자신이시기 때문이다. 그러나 현실적으로는 타락으로 인해 하나님의 영광과 피조물의 행복은 지속되지 않았다. 오늘날 세상의 피조물은 고통 가운데 있고, 많은 사람이 창조주께 영광을 돌리지 않는다. 하나님이 주시는 참된 행복을 누리며 하나님께 영광을 돌리는 사람은 오직 하나님의 은혜로 구원받은 이들 뿐이다. '성결과 행복' 그리고 하나님의 영광이 다스리는 대상은 바로 그들이다. 하나님은 그들과 함께 낮은 피조세계를 재창조하시고, 자신의 나라를 세상으로 확장해 가신다. 따라서 한편으로 하나님 나라가 세상에 확장되어 죄의 질병에 물든 세상을 치유하고, 고통과 악 아래에 있는 세상의 피조물을 새롭게 함으로 하나님의 창조의 목적인 하나님의 영광과 피조물의 행복은 점진적으로 성취되어 가고 있다. 그러나 다른 한편으로 영광의 나라는 아직 이 세상에서 완성되지 않았기에, 하나님의 창조의 목적은 아직 성취되지 않았다. 그 목적은 이 땅의 은혜의 나라에서 시작되었으나 아직 완성되지 않았고, 장차 영광의 나라에서 완성될 것이다. 그러므로 웨슬리에게 이 세상에서의 하나님의 완전한 통치는 '지금'과 '아직' 사이의 긴장 속에 놓여 있다. 그러나 이러한 긴장이 존재하는 것은 하나님의 무능함 때문이 아니라, 하나님께서 섭리를 통해 이전보다 더 큰 하나님의 영광과 인간의 행복을 위해 악한 행위자들의 활동을 일시적으로 허용하시기 때문이다.

제7장 결론:
전통적이고 혁신적이며 급진적인 신론

I. 요약: 인격적이고 거룩하신 삼위일체 하나님

웨슬리에 따르면, 우리가 하나님에 대한 지식을 얻는 것은 하나님의 자기 계시에 의존한다. 인간은 타락으로 인해 하나님을 알 수 있는 능력이 왜곡되었기에, 하나님의 자기 계시 없이는 그분을 알 수 없기 때문이다. 하나님은 자신의 피조물을 사랑하시기에 자신을 계시하신다. 우리는 일반계시를 통해서는 세상의 창조주에 대한 지식을 얻을 수 있다면, 특별계시를 통해서는 구원자에 대한 지식을 얻을 수 있다. 웨슬리는 일반계시의 실재를 인정했지만, 특별계시가 없는 일반계시만으로는 우리를 구원자에 대한 지식으로 이끌지 못한다고 믿었다. 이러한 웨슬리의 이해는 일반계시와 인간의 이성을 과대평가한 이신론과 대립되었고, 당대의 불가지론(agnosticism)이나 회의주의(scepticism)와도 대치되었다. 웨슬리에 따르면 우리는 오직 계시, 겸손, 하나님께서 주신 믿음의 도움으로만 하나님을 알 수 있다. 나아가 웨슬리는 여러 형태의 계시를 판단하는 궁극적 기준과 시금석이 무엇인지에 대한 질문에 성경이라고 답했다. 참으로 성경은 모든 계시를 판단하는 시금석이다. 웨슬리는 고전적 개신교 신학자들과 마찬가지로 성경의 권위가 도전받던 시대에 그 권위를 회복시켰다.

웨슬리는 삼위일체 교리를 계시된 진리로 여겼다. 삼위일체 교리는 성경에 계시되어 있기에 참된 것으로 받아들여야 한다. 그는 삼위일체 교리에 관한 철학적 논증을 피하고, 독자에게 단순한 계시의 사실, 곧 성부와 성자와 성령이 모두 하나님의 위격으로서 한 분이심을 받아들이도록 촉구했다. 그는 이 교리에 대한 충분한 신학적 설명은 아타나시우스 신조에서 이미 이루어졌다고 보았기에, 자신이 이 교리에 또 다른 체계적 설명을 덧붙일 필요는 없다고 생각했다. 이에 그는 전통적 삼위일체론에 대한 어떤 독창적 공헌도 주장하지 않았다. 아울러 그는 삼위일체 교리의 전통적 내용을 확고히 견지하면서도, 그 교리를 설명하는 용어 사용에서는 다양한 의견에 개방적이었다. 이는 그의 에큐메니컬한 정신을 보여준다.

웨슬리의 삼위일체 교리의 창의적 측면은, 그가 이 교리를 그리스도인의 신앙과 삶에 적용할 것을 장려했다는 점이다. 웨슬리에게 삼위일체 교리는 단지 하나님의 존재만이 아니라 그분의 사역 및 활동과도 관계된다. 하나님은 삼위일체적으로 존재하시며, 삼위일체적으로 행동하신다. 특히 그는 이 교리를 하나님께서 인간을 구원하시는 방식에 적용했다. 곧 삼위일체 하나님은 인간을 삼위일체적 방식으로 구원하신다는 것이다. 웨슬리에 따르면, 구원은 인간이 인격적이고 거룩하신 삼위일체 하나님과의 상실된 교제를 회복하는 것이다. 내재적으로 세 위격 사이에서 인격적이고 거룩한 교제를 누리시는 삼위일체 하나님은, '삼위일체의 복사본'(transcripts of the Trinity, 인간이 하나님의 형상을 지녔음을 의미한다—역주)으로 창조하신 인간과도 교제하기를 기뻐하신다. 구원이 삼위일체 하나님과의 인격적이고 거룩한 교제를 회복하는 것이라면, 구원의 방식 역시 세 위격 사이의 내적인 교제의 특징이라 할 수 있는 인격적임과 거룩함이 있어야 한다. 이처럼 웨슬리에게 삼위일체는 구원에서 하나님과 인간 사이에 이루어지는 인격적 상호작용의 문법이었다. 나아가 웨슬리는 구원을 삼위일체 하나님의 사역으로 보았기에, 구원의 과정에서 삼위 중 한 위격만을 과도하게 강조하는 불균형한 구원관에 빠지지 않았다.

웨슬리는 다양한 글에서 하나님의 자연적 속성보다 도덕적 속성을 더 강조했다. 이는 그가 자연적 속성을 경시했기 때문이 아니라, 당대의 논쟁에서 반대자들이 자연적 속성을 강조하는 데 치우쳤기에 도덕적 속성을 강조함으로 둘의 균형을 이루고자 했기 때문이다. 예를 들어, 이중예정론자들과의 논쟁에서 웨슬리는 그들이 하나님의 전능하심을 과도하게 강조한 것에 반대해, 거룩하심과 정의와 사랑을 포함하는 하나님의 도덕적 속성을 자연적 속성과 함께 고려해야 함을 강조했다. 그러나 그는 하나님의 도덕적 속성을 강조하기 위해 하나님의 전능하심이나 전지하심을 제한하지는 않았다. 다만 그는 율법폐기론과 이중예정론에 반대해 거룩함의 필요성을 역설하는 중에, 때때로 자기 백성의 구원을 보존하시는 하나님의 신실하심을 충분히 강조하지 못하기도 했다. 그럼에도 웨슬리가 하나님의 속성들의 조화와 일치를 끊임없이 강조한 점은 주목할 필요가 있다. 이는 하나님의 속성 교리에 웨슬리가 특별히 기여한 요소이다. 그는 하나님의 자연적 속성을 과도하게 강조한 이들과 도덕적 속성을 과도하게 강조한 이들 모두에 반대했다. 전능하고 편재하며 전지하신 하나님은 또한 거룩하고 의로우며 자비로운 분이시기 때문이다.

웨슬리는 하나님께서 우리에게 자신의 도덕적 속성을 반영할 것을 명령하신다고 믿었다. 이에 하나님께서 의로우신 것처럼 우리도 의로워야 함을 역설했다. 칭의를 과거에 지은 죄의 사면으로 정의한 웨슬리는 칭의의 상태만으로는 하나님의 공의를 만족시킬 수 없고, 성화를 통해 우리의 마음과 삶이 거룩해질 때 의로우신 하나님을 만족시킬 수 있다고 강조했다. 웨슬리의 반대자들은 이 주장을 구원이 믿음을 통해 이루어지는가, 행위를 통해 이루어지는가 하는 양자택일의 관점에서 판단해, 그를 교황주의자(Papist)로 비난했다. 그러나 웨슬리는 믿음으로 말미암는 구원을 확고히 믿었다. 그 믿음은 "사랑으로써 역사"(갈 5:6)하며 선한 행위를 낳는 것이었다. 웨슬리의 반대자들은 대체로 16세기 대륙 종교 개혁의 영향 아래 구원에서의 하나님의 주권에 초점을 맞추어 칭의 교리를 다룬 반면, 웨슬리는 하나님의 공의와 거룩하심의 관점에서 같은 교리를 다루었다. 이는 그가 칭의 교리의 왜곡된 형태인 율법폐기론을 명목상의 기독교인을 만들어내는 중요한 원인 중 하나로 여겼기 때문이다.

웨슬리가 거룩함의 중요성을 이해하고 거룩함을 확산하기 위해 노력을 기울인 것은 그를 여러 논쟁에 휘말리게 했다. 그중 하나는 모라비아교도들 및 엄격한 칼뱅주의자들과 벌인 율법폐기론 논쟁이었다. 그리고 또 다른 주요 논쟁은 예정론에 관한 것이었다. 웨슬리는 하나님이 거룩한 사랑(holy love)이시라는 사실을 근거로 이중예정론에 반대했다. 그가 율법폐기론과 이중예정론을 반대한 것은 이러한 교리들이 거룩하신 하나님을 바르게 이해하는 데 장애가 된다고 생각했기 때문이다. 반면 웨슬리가 그리스도인의 완전을 가르친 것은 거룩함을 촉진하기 위해서였다. 그러나 그는 거룩함을 그리스도인의 완전 개념으로 설명한 것으로 인해 많은 비판에 직면했고, 다소 혼란을 초래하기도 했다. 다양한 비판 중 하나는 웨슬리가 '거룩함'이나 '하나님과 이웃 사랑' 또는 '온전한 사랑'보다 '완전'이라는 용어 사용을 선호한 데서 비롯되었다. 사실 웨슬리는 '완전'에 대해 두 가지 개념을 가지고 있었는데, 곧 '정도에서의' 완전과 '종류에서의' 완전이다. 그리스도인에게 '정도에서의' 완전은 있을 수 없다. 웨슬리의 반대자들은 그가 가르친 그리스도인의 완전을 '정도에서의' 완전으로 오해했으나, 웨슬리는 그것을 '종류에서의' 완전으로 이해했다.

웨슬리는 창세기의 기록에 기초해 당대 교회가 믿었던 기독교의 전통적 창조 교리를 고수했다. 하나님은 자신의 능력으로 무(無)로부터 세상을 창조하셨다. 세상의 본래 상태는 완전했으나, 타락으로 그 상태가 왜곡되었다. 웨슬리는 많은 과학적 발견이 전통적 창조 교리에 도전하던 시기에 창조주의 전능하심을 옹호했다. 그의 창조 교리의 특징적 요소는 지성적 존재의 창조 이해에서 나타난다. 하나님은 천사와 인간이 기꺼이 자신을 섬기도록 창조하셨다. 다시 말해, 그들은 창조주와 거룩한 교제를 나누도록 창조되었다. 특별히 인간은 무엇보다 창조주 하나님과의 교제를 위해 삼위일체 하나님의 형상으로 창조되었다. 따라서 웨슬리는 창조주를 자신의 주권적 권능으로 모든 피조물을 창조하신 전능한 하나님이자, 동시에 지성적 피조물과 교제하기를 기뻐하시는 인격적이고 사회적인 삼위일체 하나님으로 이해했다.

하나님은 자신의 영광을 위해 세상을 창조하셨는데, 그 영광에는 자신의 피조물이 누리는 행복이 포함된다. 하나님의 영광은 단순히 창조주가 모든 피조물을 조성하시는 솜씨에서만이 아니라, 무엇보다 완전한 지혜와 선하심, 공의와 거룩함으로 자유로운 지성적 행위자들을 섭리하시고 돌보시는 데서 기인한다. 창조의 목적은 어떤 의미에서는 창조 시에 이미 완성되었다고 할 수 있다. 모든 피조물이 아름답고 완전했으며, 그 자체가 하나님께 영광이 되었기 때문이다. 그러나 다른 의미로 창조의 목적은 미래를 향해 열려 있고, 아직 완성되지 않은 상태로 남아 있다. 자유로운 지성적 행위자들에게는 실제적 자유가 허락되어 있고, 미래는 아직 정해지지 않았기 때문이다. 그러므로 웨슬리에게 창조는 피조물을 위한 하나님의 사역의 시작이자, 하나님의 경륜 전체의 토대가 된다. 하나님의 경륜의 전 과정을 통해 하나님의 창조는 그 완전한 성취라는 목적(telos)을 향해 나아가고 있다.

웨슬리에 따르면, 세상을 창조하신 하나님은 또한 세상의 보존자와 통치자로서 피조물과 지속적으로 관계를 맺고 계신다. 웨슬리는 우연이나 숙명이 세상을 지배한다는 생각을 거부했고, 하나님께서 피조물에게서 멀리 계신다는 이신론적 사상도 반대했다. 하나님은 보존자로서 자신이 지으신 모든 것을 지탱하시며, 통치자로서 온 세상을 다스리신다.

웨슬리는 자연법칙을 하나님이 세상을 다스리시는 일반 법칙으로 정의하면서, 사랑과 긍휼의 하나님은 기적의 능력으로 자기 백성이 처한 어려운 상황에 개입하시며, 그럴 때는 일반적인 자연법칙을 정지시키신다고 주장했다. 그는 성경의 기적이 하나님의 백성을 돌보는 일 뿐 아니라 때때로 하나님이 계시하신 진리를 확증하는 역할을 했다는 사실을 인정했다. 그는 또 하나님께서 성경 시대처럼 그 후로도 지속적으로 기적을 행하고 계신다고 믿었다. 나아가 콘스탄티누스 통치 이후의 교회에서 성령의 기적적 은사가 소멸된 것은 교회가 타락해 은사를 받지 못하게 되었기 때문이지만, 원칙적으로 은사의 가능성은 교회의 어느 시대에나 열려 있다고 주장했다. 웨슬리에게 하나님의 기적은 하나님의 임시방편적 개입도 아니고, 예기치 못한 비상 상황에서의 물리적 응급처치도 아니며, 단순히 기독교 진리를 입증하는 도구만도 아니었다. 기적은 하나님의 돌보심과 구속의 은혜의 징표이자, 역사 속에서 자기 백성을 특별히 다루어오신 하나님의 경이로운 권능의 징표이다. 하나님의 기적에 대한 이러한 이해는 새 천년이 시작된 후에도 여전히 하나님의 섭리 이해에 적절히 기여할 수 있을 것이다.

웨슬리는 전능하신 하나님이 다스리시는 세상에 왜 악이 존재하는가 하는 문제에 관심을 가졌다. 그는 스토아주의, 마니교, 18세기 낙관론, 주로 동방교회가 지지한 영혼 형성 신정론에 반대해, 악이 하나님께서 주신 자유의지의 남용에서 비롯되었다고 보았는데, 이는 일반적으로 서방교회가 선호한 견해이다. 이 견해는 창세기의 창조와 타락의 기사에 근거해, 제한된 시간 동안의 악의 존재와 더불어 하나님의 전능하심과 선하심을 옹호한다.

웨슬리는 하나님과 악의 관계를 설명할 때 몇 가지 원칙을 고수했다. 첫째, 하나님은 악의 창시자가 아니시다. 둘째, 하나님은 악을 다스리고 제압하실 수 있다. 그렇다면 이런 질문이 제기될 수 있다. 하나님은 왜 악이 세상에 들어오도록 허용하셨는가? 그리고 왜 악이 계속 존재하도록 허용하시는가? 웨슬리는 그 답을 인간의 자유의지와 하나님의 섭리에서 찾았다. 곧 하나님은 인간에게 자유의지를 주셨기에 그들의 타락조차 허용하셨으나, 자신의 지혜로 악에서 선을 이끌어내기로 계획하셨다는 것이다. 그런 의미에서 타락은 '복된 죄'(*Felix Culpa*)로 묘사된다. 웨슬리에 따르면, 현재의 세상에는 도덕적 악, 자연적 악, 징벌적 악이 존재한다. 하나님은 지금도 어느 정도의 자유의지를 허용하시기에 악한 행위자들이 이 세상에서 악을 행할 수 있다. 또 타락의 결과로 자연의 상태가 왜곡되어 자연적 악이 발생한다. 나아가 의로우신 하나님은 죄인을 심판하시므로 세상에는 징벌적 악이 존재한다. 그러나 하나님은 악의 활동을 제한하시며, 자기 백성을 악에서 보호하신다. 하나님은 자유로운 행위자들의 악한 행위를 한정된 시간 동안 허락하시지만, 동시에 악에서 선을 이끌어 내신다. 전능하신 하나님은 정하신 때가 되면 세상의 악을 멸하실 것이다. 웨슬리에게 악의 문제는 인간의 불완전한 이성의 관점에서는 신비로 남지만, 하나님의 섭리를 믿는 신자에게는 이해 가능한 것이었다. 그는 성경에 계시된 하나님의 의로우심과 선하심을 믿었다. 이러한 믿음과 성경의 계시에 근거해, 그는 악이 존재하는 세상에서 하나님의 완전한 통치를 믿는 것이 합리적임을 입증하려 했다. 그는 혹 신정론을 다루는 중에 신비가 드러난다 해도 그것을 순전히 철학적이거나 사변적인 방식으로 해결하려 하지 않고, 신비에 속하지만 신뢰할 수 있는 하나님의 섭리에서 그 답을 찾으로 했다.

웨슬리에 따르면, 창조주 하나님은 마지막 날 세상을 새롭게 창조하심으로 자신의 창조 사역을 완성하시겠지만, 현재 세상에서 이미 갱신과 구속 사역을 시작하셨다. 하나님의 새 창조에 대한 웨슬리의 이해의 한 가지 특징은, 하나님께서 자기 백성과 함께 일하신다는 데 있다. 곧 창조주께서는 새 하늘과 새 땅이 창조되기까지 일반적으로 새롭게 된 하나님의 '대리자'(vicegerent)를 통해 하위의 창조세계를 새롭게 하신다는 것이다. 또 하나님은 그 대리자들과 동역함으로 인간을 재창조하신다. 따라서 웨슬리는 하위의 창조세계를 돌볼 인간의 책임과 그 자신의 구원에 대한 인간의 책임 모두를 강조했다.

구원에서 하나님의 은혜와 인간의 자유의지의 양립 가능성은 서방 교회에서는 논란이 되었지만, 초기 기독교 교부들, 특히 동방교회에서는 대체로 받아들여졌다. 그러나 아우구스티누스가 펠라기우스주의에 대응해 하나님의 주권을 강하게 강조한 결과, 구원의 과정에서 하나님의 은혜와 인간의 자유의지는 첨예한 긴장 관계에 있는 것으로 여겨졌다. 이 유산은 칼뱅이나 도로트 총회의 칼뱅주의자들 같은 아우구스티누스의 추종자들에 의해 더 급진화되었다. 그들에 따르면, 만약 인간의 자유가 하나님의 은혜로운 구원의 제안을 받아들이거나 거절하는 데 영향을 미친다면, 하나님의 영광과 주권은 축소될 것이다. 그러나 하나님은 주권자이시기에 하나님의 은혜 역시 주권적이다. 하나님의 뜻은 누구도 바꿀 수 없기에, 하나님의 은혜 역시 누구도 바꿀 수 없다.

웨슬리는 구원을 하나님과 인간의 언약관계의 관점에서 이해했는데, 이 관계는 '믿으라, 그러면 살리라'라는 은혜언약에 기초해 있다. 하나님은 자신의 주권적 의지로 인간을 창조하셨지만, 사회적이고 관계적이신 삼위일체 하나님이시기에 인간과의 협력을 통해 그들을 재창조하기 원하신다. 인간이 구원에서 신인협력을 바리시는 분은 하나님 자신이시다! 구원에서 하나님이 인간의 의지를 강제하지 않으시면서 어느 정도까지 인간을 도우시는가 하는 것은 신비에 속한다. 그러나 웨슬리는 구원의 과정에서 하나님의 은혜와 인간의 의지의 양립 가능성을 보존하시는 분은 인간이 아닌 신실하신 하나님이시라고 믿었다. 그러므로 웨슬리에게 삼위일체는 구원에서 하나님과 인간의 인격적 상호작용의 문법과도 같다. 곧 지혜와 신실함으로 인간과 맺으신 언약 안에서 하나님의 은혜와 인간의 의지의 양립 가능성을 보존하시는 분은 삼위일체 하나님이시다.

하나님과 인간의 관계를 언약적으로 해석하는 전통은 웨슬리 이전부터 있었다. 바로 언약신학 또는 연방신학 전통이다. 웨슬리는 언약신학자들과 마찬가지로 '행위언약'과 '은혜언약'이라는 용어를 사용했지만, 은혜언약이 조건적으로 작용한다는 점을 명확히 인정한 점에서 그들과 구별되었다.

구원을 신인협력의 관점에서 이해한 것은 웨슬리만이 아니다. 반(半)펠라기우스주의는, 구원에는 하나님의 은혜가 반드시 필요하지만, 도움받지 않은 인간의 의지가 스스로 구원으로의 첫걸음을 내디딜 수 있다고 믿었다. 타락의 결과로 인간의 자연적 자유의지란 존재하지 않는다고 주장한 웨슬리와의 실질적인 차이점이 여기에 있다. 웨슬리의 신인협력설과 영국 국교회『설교집』및 아르미니우스의 저술에 나타난 신인협력설 사이에도 공통점과 함께 실질적 차이점이 있다. 영국 국교회『설교집』과 아르미니우스의 저술에서는 구원이 근본적으로 점진적인 반면, 웨슬리에게서 구원은 순간적인 요소와 점전적인 요소 모두를 지닌다. 웨슬리는 특징적으로 신인협력의 과정에 순간적 요소를 추가했는데, 이는 웨슬리가 자신의 신인협력적 구원 이해에, 구원은 오직 하나님만이 행하시는 일이라는 대륙의 종교개혁 신학의 급진적 차원을 결합한 것이다. 구원에서의 하나님의 순간적 역사를 이같이 강조함으로 웨슬리의 신인협력 개념은 구원을 성취하는 일에서 역동성을 갖게 되었는데, 이는 일부 신인협력적 신학이 잃어버리는 경향이 있었던 요소이다.

구원에 대한 이해를 하나님의 불가항력적인 의지와 영광의 관점에서 접근하면, 구원의 과정에서 하나님의 은혜와 인간의 자유의지는 첨예한 긴장 관계에 있는 것으로 보이는데, 이는 하나님이 비인격적 존재이며 인간의 파멸에 직접적 책임이 있다는 생각으로 이어질 수 있다. 반대로 인간의 자유의지를 강조하는 관점에서 구원을 이해하면, 누군가는 구원을 인간의 노력의 결과로 오해할 수 있다. 이러한 양극단에 반대해 웨슬리는 구원을 인격적이신 삼위일체 하나님의 사랑과 정의의 관점에서 하나님이 인간과 맺으시는 언약적 관계 안에서 이해했기에, 구원의 과정에서 하나님의 은혜와 인간의 자유의지 중 어느 것도 희생시키지 않고 둘의 양립 가능성을 효과적으로 주장할 수 있었다.

웨슬리에 따르면, 하나님 나라는 은혜의 나라와 영광의 나라로 이루어진다. 은혜의 나라는 세상에 세워지는 새로운 정치적 낙원 같은 나라나 교회 자체가 아니라, 신자의 마음에 이루어지는 영적인 나라이다. 영광의 나라는 은혜의 나라의 연속이자 완성이다. 이 나라는 하나님께서 모든 피조물을 최종적으로 재창조하심으로 도래할 것이다. 영원하고 영광스러운 이 나라는 완성을 향해 다가가고 있지만, 아직 하나님에 의해 실현되지는 않았다.

그렇다면 은혜의 나라와 영광의 나라는 어떻게 세워지는가? 구원이 신인협력의 방식으로 이루어지는 것처럼, 은혜의 나라 역시 그러하다. 그러나 영광의 나라는 하나님의 능력으로 도래한다. 일부 웨슬리안 신학자는 하나님의 능력을 설득적인 것으로 이해함에 따라 과정신학을 선호한다. 그러나 웨슬리에게서는 하나님의 능력이 항상 설득적이지만은 않다. 창조주께서는 태초에 자신의 전능하신 능력으로 세상을 창조하신 것처럼, 마지막날 동일한 전능하신 능력으로 세상을 완전하게 재창조하시고 악의 권세를 멸하실 것이다.

한편으로 은혜의 나라는 세상에서 확장되어 죄로 더럽혀진 세상을 치유하고 고통과 악 아래 놓인 땅의 피조물을 재창조함에 따라, 하나님의 창조의 목적인 하나님의 영광과 모든 피조물의 행복은 점진적으로 성취되어가고 있다. 다른 한편으로, 영광의 나라는 아직 완성되지 않았기에, 창조의 목적은 아직 성취되지 않았다. 따라서 하나님의 완전한 통치는 '지금'과 '아직' 사이의 긴장 속에 존재한다. 그러나 이 긴장은 하나님의 무능함 때문이 아니라, 하나님께서 더 큰 하나님의 영광과 인간의 행복이라는 목적을 이루시기 위해 악한 행위자들의 활동을 일시적으로 허용하시기에 발생하는 것이다.

웨슬리의 하나님 교리에 대한 접근 방식에는 몇 가지 특징이 있다. '한 책의 사람'(a man of One Book)이 되고자 했던 웨슬리는 하나님 교리를 설명할 때도 성경적이었다. 그는 하나님 교리의 복잡한 주제들을 설명하기 위해 정교한 전문 용어를 사용하지 않았고, 하나님을 묘사하는 일에 성경 본문을 직접 적용하고자 했다. 웨슬리가 설교에서 성경 본문을 얼마나 많이 사용하는지를 보면 놀랄 정도이다. 웨슬리가 성경적이었다는 것은 그가 하나님 교리를 설명할 때 다른 어떤 원천보다 성경의 계시에 우선순위를 두었음을 의미한다.

또 웨슬리는 하나님 교리를 다룰 때 매우 실천적이었다. 그는 대체로 스콜라주의적 방식으로 기독교 교리 정립하기를 선호하지 않았다. 예를 들어, 그는 하나님의 속성이나 삼위일체 교리에 대한 형이상학적 사색을 피했다. 오히려 전지하신 하나님이 어떻게 과거, 현재, 미래를 동시에 아시는지 알지 못한다고 고백했고, 오늘날의 일부 웨슬리안 신학자처럼 하나님의 지식을 제한하지 않았다. 그는 어떻게 하나님의 세 위격이 본질에서는 하나이신지 논리적으로 설명하는 대신, 이 삼위일체 교리를 인간의 구원에 실천적으로 적용했다. 대륙의 스콜라주의적 아르미니우스주의의 방식과 달랐던 이 실천적 접근법[1]은 웨슬리의 모교회인 영국 국교회의 『설교집』과 39개 신조, 그리고 당시의 경험주의의 접근법과 일맥상통하는 것이었다.

웨슬리는 전능하고 전지하신 하나님이 동시에 인격적이고 의로우며 거룩한 분이시라는 하나님에 대한 통합적 견해를 옹호했다. 17세기와 18세기에는 하나님에 대한 전통적 교리가 도전을 받았다. 웨슬리는 하나님의 선하심과 전능하심에 대한 믿음 때문에 때때로 인간 영혼의 기원, 천사의 영적인 몸, 창조 시 최초의 물질에 대한 자신의 과거의 견해

---

1 Herbert Boyd McGonigle, *Sufficient Saving Grace: John Wesley's Evangelical Arminiansim* (Carlisle, Cumbria: Paternoster Press, 2001), 330–31.

를 수정하기도 했다. '대중 신학자'였던 웨슬리는 창조주의 선하심과 지혜를 드러내기 위해 당시의 과학적 발견들을 언급하곤 했다. 그는 하나님을 죄의 창시자로 만들고, 동시대 사람들이 하나님의 선하심과 사랑을 부인하게 만든다는 이유로 이중예정 교리에 반대했다. 일부 엄격한 칼뱅주의자가 이중예정론을 옹호함으로 하나님의 전능하심을 강조했다면, 웨슬리는 하나님의 선하심과 거룩하심을 옹호함으로 이중예정론을 거부했다. 무엇보다 명목상의 기독교인이 넘쳐나던 역사적 상황에서 경건주의와 거룩한 삶 전통에 영향을 받은 웨슬리는, 삼위일체 하나님이 인격적이고 사랑이 많으며 거룩하시다는 사실을 선포하고자 했다. 웨슬리에 따르면, 하나님은 삼위일체 하나님으로서 삼위일체적 방식으로 존재하시고 또 행동하신다. 삼위일체 하나님과 인간 사이의 접촉점은 거룩한 사랑이다. 사랑과 거룩은 본질상 하나인데, 사랑의 외적 측면이 거룩함이라면, 거룩의 내적 측면은 사랑이기 때문이다. 인간은 하나님과 이웃에 대한 사랑인 거룩함 없이는 사랑의 하나님께 나아갈 수 없다. 죄많은 인간에게 거룩하신 하나님은 두려운 분이지만, 하나님과 이웃을 사랑하는 이에게 거룩하신 아버지 하나님은 사랑과 행복의 원천이시다. 하나님은 인격적인 분이신데, 웨슬리에게 인격적이라는 용어는 관계적이고 사회적이라는 의미를 갖는다. 삼위일체 하나님은 인류에게서 분리되어 계시지 않고, '삼위일체의 복사본'으로 창조하신 인간과의 교제를 기뻐하신다. 이에 인간을 자신의 형상대로 창조하셔서 자신의 영광과 인간의 행복을 위해 자신과의 교제를 누리게 하신다. 또 동일한 목적을 위해 그들을 재창조하신다. 웨슬리는 영광의 나라에서도 하나님은 관계적이며 사회적인 분으로서 자신의 거룩한 백성과 영원히 교제하기를 기뻐하시는 분이시라고 설명했다.

II. 전통적이고 혁신적이며 급진적인 교리

1. 웨슬리 신론의 뿌리

웨슬리는 메소디즘을 초대교회와 성경으로 돌아가려는 '오래된 종교'(the old religion)로 규정했다.

> 소위 메소디즘은 오래된 종교입니다. 그것은 성경의 종교이자, 초대교회의 종교, 영국 국교회의 종교입니다.[2]

> 만약 메소디즘이 어떤 공언자들이 자처하듯 종교에서의 새로운 발견이라고 말한다면, 그것은 심각한 오해입니다. 우리는 그런 주장을 하지 않습니다. 우리는 메소디즘이 단 하나의 오래된 종교라고 단언합니다. 곧 종교개혁만큼이나, 기독교 자체만큼이나, 모세만큼이나, 아담만큼이나 오래된 종교입니다.[3]

테드 캠벨(Ted A. Campbell)은, 웨슬리가 반대자들을 논박하고, 자신의 가르침을 변호하며, 당대 그리스도인들의 도덕적이고 영적인 삶을 갱신하기 위해 '고대 기독교'(Christian antiquity)의 권위를 강령적(programmatic, 마땅히 이러이러해야 함을 밝히는 방식의 주장—역주)으로 사용했다고 지적한다.[4] 이 주장에는 어느 정도 진실이 있을 수 있다. '오래된 종교'로 돌아가고자 했던 웨슬리의 열망은, 성경과 사도 시대 직후의 교회를 근간으로 하는 본래의 기독교(original Christianity)의 뿌리로 돌아

---

2   "On Laying the Foundation of the New Chapel"(1777), *BEW* 3: 581.

3   *Journal* 4: 430 (1761년 1월 5일).

4   Ted A. Campbell, *John Wesley and Christian Antiquity* (Nashville: Kingswood Books, 1991), 21, 111.

가야 할 필요성을 확신한 데서 비롯된 것으로 보인다. 알리스터 맥그라스가 지적하듯 "서방 기독교는 그 뿌리에 대한 이 같은 관심에 깊이 영향을 받아 왔다."[5] 종교개혁은 하나님의 위엄과 성경의 권위를 재확인함으로 신약성경의 비전으로 돌아가고자 했다. 영국 국교회는 로마 가톨릭과 대륙의 종교개혁 양자의 극단적 또는 대립적 교리와 실천을 피하고, 기독교 교리와 실천의 총체적(holistic) 관점을 회복함으로 성경과 사도시대 직후의 교회로 돌아가고자 했다. 웨슬리는 영국 국교회가 "대부분의 요소에서" 성경적 기독교와 초기 기독교의 선례를 따른다고 주장했다.[6] 그러나 웨슬리가 '오래된 종교'와 관련해 종교개혁이나 영국 국교회를 언급할 때는, 메소디즘의 교리와 실천이 그들과 동일해야 한다는 것이 아니라, 메소디즘이 그들과 본래의 기독교의 뿌리로 돌아가려는 정신을 공유한다는 것을 의미했다.

하나님 교리에 관해 신약의 사도들의 가르침은 서로 다른 강조점이 있지만, 그들은 모두 동일한 삼위일체 하나님을 증언한다. 필립 샤프는, '유대 기독교 신학'의 범주 안에서 야고보는 '율법의 복음'을 강조하고 베드로는 '소망의 복음'을 강조한 반면, '이방 기독교 신학'의 범주 안에서 바울은 '믿음의 복음'을 강조했는데, "유대 기독교 신학과 이방 기독교 신학의 통일성은 1세기 마지막 수십 년 동안 '사랑의 복음'을 강조한 요한의 글에서 발견된다"고 지적한다. 그럼에도 신약성경의 가르침에는 "내적인 질서와 일관성"이 있다.[7] 모든 사도적 가르침의 핵심은 하나님의 사랑과 구원의 복음에 집중되어 있다. 구원은 성자의 인격 안에서 계

---

5   Alister E. McGrath, *The Renewal of Anglicanism* (London: SPCK, 1993), 135.

6   "Farther Thoughts on Separation from the Church", *Works* 13: 272–74; "On Sin in Believers", *BEW* 1: 317–18.

7   Philip Schaff, *History of the Christian Church*, vol. 1: 511–63.

시되고, 성령의 능력으로 이 땅의 하나님 나라에서 실현되며, 성자께서 영광 중에 다시 오실 때 하나님의 능력으로 완성될 것이다.[8] 성경에서 어떤 기자는 하나님의 은혜와 함께 하나님의 주권을 강조한 반면, 또 어떤 기자는 하나님의 거룩하심이나 사랑을 강조했다. 비록 다양한 문맥에서 강조점은 달랐지만, 그들은 모두 하나님에 대한 총체적 관점을 인식하고 있었다. 따라서 성경에서 하나님은 "위에 계신 하나님"이자 "우리와 함께하시는 하나님"으로 묘사되며, 그분의 모든 속성은 서로 조화를 이룬다.[9] 곧 살아계신 하나님은 영원하고 전능하며 전지하고 편재하시면서도, 동시에 사랑이 많고 거룩하며 자비롭고 의로우신 하나님이시다.

웨슬리는 초기 기독교 교부, 특히 1세기에서 3세기까지의 교부들이 가장 순수한 교리와 가장 깊은 영성을 지니고 있었다고 주장했다. 이 초기 교부들은 하나님에 대한 전통적 교리를 믿었다. 곧 하나님은 세상의 창조주와 통치자, 도덕적 존재이자 초자연적 존재이심을 믿었다.[10] 이들의 가르침에서도 하나님의 속성들의 조화는 유지되었다. 이레나이우스는 마르키온(Marcion)에 맞서 하나님은 그분의 속성들에 의해 나뉠 수 없음을 주장했다.[11] "하나님의 초월성은 결코 세상과의 관계에서 에피쿠로스가 주장한 것 같은 초연함(remoteness)을 의미하지 않는다."[12] 나아가 하나님은 비록 세상에 내재하신다 해도 "물질적이거나 준(準)물질적인 의미에서 물리적 우주 안에 넓게 퍼져 계시지는 않는다."[13] "태초

---

8   참고. Philip Schaff, *History of the Christian Church*, vol. 1: 513.

9   R. T. France, *The Living God* (London: Inter-Varsity Press, 1977), 58-96.

10   G. L. Prestige, *God in Patristic Thought* (London: SPCK, 1977), 6.

11   Ireaneus, *Adversus Haereses*, III. xxv. 3, in Henry Bettenson (ed.), *The Early Christian Fathers* (Oxford: Oxford University Press, 1969), 65-6.

12   G. L. Prestige, *God in Patristic Thought*, 27.

13   G. L. Prestige, *God in Patristic Thought*, 32.

에 하나님이 아담을 지으신 것은 (하나님 안에 무엇인가가 결핍되어-역주) 인간을 필요로 했기 때문이 아니라, 자신의 은혜를 나눌 대상을 두시기 위함이었다."[14] 하나님의 무감성(impassability)은 "하나님이 비활동적이거나 무관심"하시다는 뜻이 아니라, "하나님의 뜻이 외적인 요인에 의해 흔들리지 않고 내부에서 결정됨"을 의미한다.[15] 하나님의 은혜나 능력과 인간의 자유는 양립 가능하다. 테르툴리아누스(Tertullian)는 "하나님의 은혜의 능력은 분명 본성보다 더 강력한 능력으로서, 우리 안에 있는 '자기 결정권'(self-determination)이라 불리는 자유로운 선택의 능력을 그 아래 두고 있다"[16]고 말했다. 오리게네스 역시 "일반적인 운동력은 하나님에게서 오는데, 우리는 그것을 선하거나 악한 목적으로 사용한다. 따라서 우리는 하나님에게서 의지력과 활동력을 받아 선하거나 악한 목적을 위해 사용한다"[17]고 확언했다. 마카리우스(Macarius)는 구원이 이러한 양립 가능성 안에서 이루어진다고 주장했다.[18] 교부들은 성부, 성자, 성령의 통일성을 분명히 인식했다. 그럼에도 삼위일체 교리 자체는 여전히 "경이로운 신비"로 남는다.[19]

웨슬리의 하나님 교리를 고찰해 보면, 첫인상은 그것이 전통적인 하나님 교리라는 것이다. 웨슬리에 따르면, 하나님은 불가해한 분이심에

14　Ireaneus, *Adversus Haereses*, IV. xiv. 1, in Henry Bettenson (ed.), *The Early Christian Fathers*, 66.

15　G. L. Prestige, *God in Patristic Thought*, 7.

16　Tertullian, *De Anima* 21, in Henry Bettenson (ed.), *The Early Christian Fathers*, 110.

17　Origen, *De Principiis*, III. i. 18-19, in Henry Bettenson (ed.), *The Early Christian Fathers*, 210.

18　Macarius the Egyptian, *Fifty Spiritual Homilies of St. Macarius the Egyptian*, 255.

19　Clement of Alexandria, *Paedagogus*, I. vi. 42, in Henry Bettenson (ed.), *The Early Christian Fathers*, 172-73.

도, 우리는 성령의 능력을 통해 그리스도 안에서의 계시로 하나님을 알 수 있다. 성경은 모든 계시의 표준이다. 하나님은 삼위일체적 방식으로 존재하고 행하시며, 그분의 속성은 수가 많아도 본질상 하나이다. 하나님은 자신의 영광과 피조물의 행복을 위해 권능으로 세상을 창조하셨고, 의와 지혜와 능력으로 창조하신 세상을 보존하며 다스리신다. 하나님은 은혜로 성령의 인격적 능력을 통해 성자를 믿는 자들을 구원하신다. 하나님은 자신의 능력과 지혜로 세상을 완전히 새롭게 하시고, 악을 멸하시며, 거룩한 자들에게 상을 주실 것이다. 삼위일체 하나님은 자기 백성과 영원히 인격적이고 거룩한 교제를 나누실 것이다. 하나님에 대한 이러한 믿음은 성경 및 초기 기독교 교부들이 가르친 것과 일치한다. 웨슬리는 "새로운 교리는 무엇이든 언제나 잘못된 것입니다. 오래된 종교만이 유일하게 참된 종교이기 때문입니다. 어떤 교리도 '시작부터 있어온' 것과 동일하지 않다면 올바른 것일 수 없습니다"[20]라고 말했다. 따라서 웨슬리의 하나님 교리는 초기 기독교와 성경에 기초한 '오래된 종교'의 교리이다.

웨슬리의 하나님 교리를 '오래된 종교'의 교리로 말할 수 있는 몇 가지 이유가 있다. 첫째, 이 교리의 뿌리는 초기 기독교 교부 전통이 지지하는 성경에 기초하고 있다. 둘째, 이 교리는 그 뿌리가 성경과 초기 기독교에 있다는 의미에서 정통적(orthodox) 교리이다. 셋째, 이 교리는 에큐메니컬하다. 웨슬리안 전통에 속한 교회들은, '오래된 종교'로 돌아가려는 열망을 가진 다른 많은 기독교 전통에서 웨슬리의 하나님 교리와의 유사성을 발견할 수 있다.

20　"On Sin in Believers"(1763), *BEW* 1: 324.

2. 웨슬리 신론의 특징과 유산

웨슬리의 하나님 교리의 첫 번째 특징은, 인격적이고 거룩하신 삼위일체 하나님을 강조한 데 있다. 웨슬리는 하나님을 전통적으로 이해하면서도, 구원의 과정에서 하나님이 종종 비인격적인 하나님으로 여겨지고 명목상의 그리스도인이 넘쳐나던 18세기의 배경에서 하나님은 인격적이고 거룩하신 삼위일체이심을 강조한 것이다.

이 특징은 현대의 그리스도인이 하나님을 이해하는 데 좋은 지침이 될 수 있다. 서구의 '고전적'(classical) 하나님 교리의 약점은, 하나님의 초월성과 전능하심을 과도하게 강조해, 하나님을 정적이거나 비인격적인 분으로 묘사하는 경향이 있다는 점이다. 반면 현대의 일부 신학자와 그리스도인들은 하나님의 사랑과 분배적 정의를 과도하게 강조해, 하나님의 거룩하심과 응보적 정의를 선포하는 일을 소홀히 하곤 한다. 나아가 과거의 삼위일체 교리는 그 관심이 세 위격이 어떻게 하나의 본질이신가 등의 '내재적' 삼위일체에 집중되어 있었기에 사변적 주제로 여겨진 나머지 그리스도인의 삶과 무관해 보이기도 한다. 그러나 이미 언급했듯 웨슬리는 삼위일체 교리를 구원과 그리스도인의 삶에 실천적으로 적용했다.

웨슬리에게 인격적인 하나님은 곧 관계적이며 사회적이신 하나님을 뜻한다. 이미 살펴보았듯, 하나님을 사회적이고 관계적이시라고 말할 때 그는 범신론적이거나 만유재신론적인 의미를 조금도 내포하지 않았다. 하나님의 인격적 특성은 하나님이 지성적 피조물과 맺으시는 관계에 그대로 적용된다. 삼위일체 하나님께서 인간을 창조하신 것은, 자신과 인격적이고 거룩한 교제를 나누게 하시기 위함이자, 하등한 피조물을 다스리는 하나님의 '대리자'로 삼으시기 위함이었다. 또 하나님은 이 목적을 위해 인간을 재창조하신다. 따라서 웨슬리에게 하나님의 인격적 본성은 구원이 이루어지는 방식과 지상에 은혜의 나라가 세워지는 방식 모두의 기초가 된다. 인격적이신 하나님은 인간과 협력해 그들의 구원을 이루어가기를 기뻐하시며, 새롭게 된 자신의 대리자들과 협력해 지상에 자신의 은혜의 나라 세우기를 기뻐하신다. 다시 말해, 웨슬리에게 인격적인 하나님은 구원과 지상의 은혜의 나라에서 신인협력의 방식으로 인간과 동역하기를 원하신다.

구원에 대한 하나의 극단적인 접근이 하나님의 은혜는 고려하지 않은 채 인간의 도덕성만 강조하는 것이라면, 또 다른 극단은 하나님의 사회적이고 관계적인 본성은 고려하지 않은 채 하나님의 불가항력적 의지만 강조하는 것이다. 웨슬리는 구원이 오직 하나님의 은혜에 달려 있음을 믿었다. 그럼에도 그가 구원의 과정에서 인간의 협력과 책임을 강조한 것은, 하나님이 인격적이시기에 신인협력을 원하신다고 믿었기 때문이다. 구원에 대한 웨슬리의 접근 방식은 그가 살던 시대의 두 극단적 접근 방식을 교정하기 위한 시도였고, 오늘날에도 여전히 적용될 수 있다. 나아가 웨슬리는 하나님의 은혜와 인간의 자유의지의 양립 가능성이 유지될 수 있는 이유는, 인격적인 하나님이 은혜언약 안에서 자신의 신실하심, 능력, 지혜로 그것을 보존하시기 때문이라고 생각했다. 하나님의 은혜와 인간의 자유의지의 양립 가능성 문제는 오늘날에도 논란이 계속되기에, 웨슬리의 접근 방식은 이 논란에 대한 실제적 해결책이 될 수 있을 것이다.

은혜의 나라를 세우는 일이 신인협력적 방식으로 이루어진다는 웨슬리의 주장은 오늘날 몇 가지 중요한 시사점을 지닌다. 결정론자(determinist)는 세상의 모든 일이 하나님의 주권적 의지에 의해 결정되기에 어떤 인간의 행위나 그에 대한 책임도 불필요하다고 믿는다. 이 관점에서 하나님은 비록 전능하다 해도 인간의 자유의지를 무시한다는 점에서 악의 창시자와 비인격적인 분으로 여겨질 수 있다. 반면 과정신학자는 현재 상황은 하나님께서 악이나 자연의 혼돈의 힘과 투쟁하신 결과이자, 하나님이 완전하게 '되어가는' 과정이며, 인간은 악을 물리치는 일에서 하나님과 협력해야 한다고 가정한다. 이 관점은 인간의 책임을 매우 중시하지만, 하나님의 능력이 제한적이어서 종말론적 희망을 가질 수 없다는 중대한 결함을 지닌다. 웨슬리는 이러한 양극단을 모두 피했다. 그는 하나님께서 자신의 지혜로 지성적 존재의 자유의지를 강제하지 않고도 세상을 향한 자신의 목적을 이루어가시므로, 세상의 역사는 하나님의 신비로우면서도 신뢰할 수 있는 경륜 아래 있음을 확언했다. 나아가 하나님은 지성적 존재의 악한 행위를 제한된 시간과 범위 내에서만 허용하신 것이기에, 현재 세상의 악은 하나님이 행하신 것이 아니다. 이 세상에서 은혜의 나라는 실현되었고, 악이 멸망할 영광의 나라는 마지막 날 하나님의 능력으로 세워질 것이다. 그럼에도 사회적이고 관계적이신 하나님은 세상을 향한 자신의 목적을 이루어가실 때 인간과의 동역을 바라신다는 점에서, 웨슬리는 세상의 현재적 상황에 대한 그리스도인의 책임을 강조했다. 따라서 오늘날 웨슬리안들은 하나님과 동역하면서 악에 대해 승리할 것이라는 낙관적 전망을 유지하는 가운데, 은혜의 나라를 확장하고 개인적이고 사회적인 죄, 생태적 위기, 가난, 질병을 극복하려는 도전에 적극적으로 헌신할 수 있을 것이다.

　　웨슬리의 하나님 교리의 두 번째 특징은, 하나님의 속성의 조화와 구원의 과정에서 삼위일체의 세 위격의 균형 있는 활동을 강조한다는 점이다. 하나님의 일부 속성을 과도하게 강조하면서 다른 속성을 희생시키는 경향은 오늘날에도 여전히 존재한다. 예를 들어, 하나님의 전능하심과 주권을 과도하게 강조하거나,[21] 과정신학에서처럼 하나님의 사회적이고 관계적인 측면을 과도하게 강조해 그분의 능력을 경시하는 경향이 있을 수 있다. 이와 유사한 불균형이 자유주의 신학에서도 발견되는데, 여기서는 하나님의 도덕적 속성에 대한 강조에 의해 하나님의 자연적 속성이 가려지는 경향이 있다. 이처럼 하나님의 속성에 대한 총체적 이해가 확립되지 않는다면, 하나님의 속성의 조화는 쉽게 깨질 수 있다. 오늘날 전능하시고 전지하신 하나님이 동시에 인격적이고 의로우시며 거룩하신 분이라는 웨슬리의 총체적 하나님 이해가 받아들여진다면, 하나님을 올바르게 이해하는 데 필요한 유익한 원리를 제공할 수 있을 것이다.

일부 신학자는 구원에서 성부 하나님의 주권적 의지 또는 선택적 의지를 강조한다.[22] 또 어떤 이들은 구원에서 성자의 역할에 특별한 관심을 두는데, 이 경우 일종의 율법폐기론이 생겨나고, 성자의 십자가 구속의 은혜는 '값싼 은혜'로 전락할 수 있다. 더욱이 에밀 브루너는 칼 바르트가 선택에서 성자의 역할을 강조한 것의 논리적 결과로, "믿음을 통해 성자 안에 있는 자들만이 아니라 모든 사람에게서 지옥이 제거되고 정죄와 심판이 사라졌다"고 지적한다.[23] 북미의 웨슬리안 성결운동의 영향을 받은 일부 교회는 성령세례를 순간적 성화의 본질로 여긴다.[24] 이들은 올더스게이트 거리에서 마음이 "이상하게 뜨거워진" 웨슬리의 경

---

21   참고. L. Berkhof, *Systematic Theology*, 110–25, 454–64.

22   Millard J. Erickson, *Christian Theology*, 927–33.

23   Emil Brunner, *The Christian Doctrine of God*, 348; 참고. Karl Barth, *Church Dogmatics*, II/2, 163–65.

24   Thomas A. Langford, *Practical Divinity: Theology in the Wesleyan Tradition*, 131–37; 참고. Y. T. Han, *Systematic Theology in John Wesley* (Seoul: Sung Kwang Publishing Co., 1993), 372–75.

험과 페터레인 신도회에서의 메소디스트들의 오순절적 경험을 중요하게 여긴다.[25] 이 경우 성령 체험을 과도하게 강조하면 열광주의의 위험이 나타날 수 있다. 그러나 웨슬리는 구원을 삼위일체 하나님의 사역으로 보았기에, 삼위일체의 각 위격이 구원의 과정에서 수행하는 역할을 균형 있게 강조할 수 있었다. 이같이 균형 잡힌 구원 이해는 오늘날 구원을 삼위일체적 관점으로 정립하려는 신학자들에게 진정으로 가치 있는 통찰을 제공한다.

웨슬리의 하나님 교리의 세 번째 특징은, 이 교리가 그의 영성과 이 땅에 성결과 행복의 나라를 세우려는 비전에 역동성을 제공했다는 점이다.

웨슬리의 가르침이 학문적 서적보다 성경 연구, 기도, 묵상, 예배, 가난한 이들을 돌보는 활동 등에서 형성된 영성에서 영감을 받았다는 점은 당연하게 여겨지고 있다. 데이비드 라일 제프리(David Lyle Jeffrey)는 18세기의 기독교 영성이 "은둔적 삶"(hermetical life)과 관계된 "묵상적 전통"과, "활동적 사역의 소명"(a call to active ministry)과 관계된 "선교적 전통"으로 나뉜다고 지적했다.[26] 그는 웨슬리가 행동을 촉구하는 선교적 전통에 속하지만, 이 전통은 "거의 언제나 깊은 묵상의 영성과의 만남에서 기원한다"고 주장한다.[27] 영성이란 "예수 그리스도 안에서 하나님과 맺는 자각적인(conscious) 관계라는 관점에서 조망한 인간 삶 전체를 말하는데, 이 삶은 성령의 내주하심을 통해 신자의 공동체 내에서

---

25 참고. *Journal* 1: 476 (1738년 5월); *Journal* 2: 121–25 (1739년 1월 1일).

26 David Lyle Jeffrey, *English Spirituality in the Age of Wesley* (Grand Rapids: Wm. B. Eerdmans, 1994), 24–9.

27 David Lyle Jeffrey, *English Spirituality in the Age of Wesley*, 25.

이루어진다."[28]

웨슬리에 따르면, 영적인 삶은 '삼위일체 하나님과의 친밀하고도 끊임없는 교제'나 '인간의 영혼 안에 있는 하나님의 생명', 또는 '끊임없는 기도'에 초점이 있다.[29] 성경이 하나님을 인격적인 분으로 계시한다는 사실은, 하나님에 대한 지식은 단지 사변적 신학에 대한 이성적 담론이 아닌 하나님과의 인격적 교제를 통해 얻을 수 있음을 의미한다. 영성은 지적인 탐구만으로 온전히 알 수 없는 하나님을 알아가는 본질적 방식이며, 우리가 하나님과 나누는 교제의 핵심은 사랑이다. 웨슬리에 따르면, 하나님에 대한 사랑은 그분에 대한 지식을 심화시킨다. 인간이 하나님께 나아갈 때 사랑과 지식은 분리되지 않는다.

하나님과 친밀하게 교제하는 사람은 자신의 시간에 대한 하나님의 소명을 감지하고 하나님의 일에 '열심'을 낸다.[30] 웨슬리는 거룩하신 하나님께서 자신의 의지에 전적으로 반하여 자신을 내몰아 "거룩한 백성을 일으키게" 하셨다고 믿었다.[31] 그는 또한 하나님께서 자신에게 하나님의 보편적인 사랑의 메시지를 전파하는 사명을 주셨다고 주장했다.[32] 하나님의 사랑과 거룩함으로의 긴급한 부르심은 그에게 예언자적 사명을 부여했다.[33] 웨슬리가 인격적이고 거룩하신 하나님을 강조한 것은 이

---

28   Philip Sheldrake, *Spirituality and Theology: Christian Living and the Doctrine of God* (London: Darton, Longman and Todd Ltd, 1998), 35.

29   필로테아 브릭스(Philothea Briggs)에게 보낸 편지, *Letters* 5: 283; 콕 부인에게 보낸 편지, *Letters* 8: 183; *Journal* 4: 370 (1760년 3월 6일); *Journal* 5: 171 (1766년 6월 18일); "The Great Privilege of those that are Born of God", *BEW* 1: 442; "Sermon on the Mount, IV", *BEW* 1: 541; "New Creation", *BEW* 2: 510; "Spiritual Worship", *BEW* 3: 89–90.

30   참고. J. I. Packer, *Knowing God*, 27–32.

31   "Minutes of Several Conversations", *Works* 8: 300.

32   *Journal* 5: 488 (1772년 11월 8일); 참고. *BEW* 3: 542.

33   참고. David Lyle Jeffrey, *English Spirituality in the Age of Wesley*, 28.

러한 그의 영성에서 비롯된 것이다.

웨슬리의 영성은 개인적 은둔의 삶으로 이어지지 않고, "땅 위에 성결과 행복의 나라를" 세우려는 비전으로 이어졌다.[34] 그는 완전하고 보편적인 하나님 나라, 곧 '영광의 나라'가 마지막 날 하나님의 능력으로 실현될 것을 알았다. 그럼에도 그는 하나님의 은혜와 그리스도인이 하나님의 부르심에 적극적으로 응답함을 통해 사회와 국가에 은혜의 나라가 세워질 수 있다고 주장했다. 웨슬리는 하나님과 지속적으로 영적인 교제를 나누었는데, 이것이 그에게 하나님이 사랑과 거룩하심을 선포하고 그 비전을 이루는 사역에 대해 확신을 갖게 했다. 이것이 웨슬리의 영성과 하나님 교리가 지닌 역동성이었다.

웨슬리의 메시지는 '오래된 종교'의 가르침을 그 내용으로 하고 있었음에도, 하나님 없이 살아가던 사람들이나 하나님의 속성들을 조화롭게 이해하는 일의 중요성을 이해하지 못한 사람들은 그것이 새로운 교리라고 생각했다. 더욱이 뿌리나 근본으로 돌아가려는 정신이 당시의 기독교와 사회의 비본래적이거나 비정통적인 교리와 마주하면 자연히 그들의 변혁을 요구하게 되는데, 이것이 부흥이나 개혁으로 이어질 수 있다. 이같이 교회사에서 뿌리로 돌아가고자 했던 많은 기독교 개혁자가 급진적이었던 것처럼, 근본으로 돌아가야 함을 외친 웨슬리의 다음의 호소 역시 급진적이었다. "질문 3. 하나님께서 메소디스트라 불리는 설교자들을 일으키신 목적이 무엇이라고 믿는 것이 합리적입니까? 답변: 새로운 교파를 세우려 함이 아니라 국가를 개혁하고, 특히 교회를 개혁하며, 온 땅에 성경적 성결을 전파하기 위함입니다."[35] 웨슬리는 "사랑으

---

34 *BEW* 1: 224; *BEW* 1: 581; *Works* 8: 299, 336.

35 "Minutes of Several Conversations between the Rev. Mr. Wesley and Others", *Works* 8: 299.

로써 역사하는 믿음"을 통해 "모든 방종(dissipation)을 근본적으로 치유" 하고자 했다.[36] 웨슬리가 메소디즘은 오래된 종교라고 주장했을 때, 그 의 마음에는 이미 메소디즘의 새로움과 급진성이 존재하고 있었고, 그 의 동시대인들과 반대자들 역시 그것을 인식하고 있었다. 그러므로 웨 슬리의 하나님 교리는 기본적인 내용은 전통적이었음에도, 그것이 웨슬 리의 영성 및 비전과 결합되자 새로운 교리로 인식되어, 웨슬리가 살던 당시의 하나님을 대적했던 사회적 풍조를 급진적으로 변혁할 힘을 지닌 교리가 되었던 것이다.

신학과 영성의 분리는 살아 있는 기독교 신앙을 위협하는 위험이 된 다. 그래서 최근에는 영성과 신학의 본질적 관계를 다시 회복하려는 시 도가 이루어지고 있다.[37] 알리스터 맥그라스는 신학 교육에서 영성을 회 복하는 것이 성공회(Anglicanism) 갱신의 길임을 주장한다.[38] 그럼에도 토머스 랭퍼드(Thomas A. Langford)는 19세기 영국 감리교가 "일반적인 자유주의 흐름과 점점 동일시되는 방향으로 나아가고 있었다"고 분석 한다.[39] 윌리엄 스트로슨(William Strawson)은 자신의 저서 『1850년에서 1950년까지의 감리교 신학』(*Methodist Theology 1850~1950*)에서 영국 감리교 의 영성의 쇠퇴해 왔음을 지적하고 다음과 같이 갱신의 필요성을 촉구했 다. "이 시기에는 영성에 대한 관심이 현저히 줄어들었다. 근대의 감리 교인들은 그들의 친구들이 생각한 것만큼 진지하게 하나님과의 교제를 추구한 사람들이 아니었다. 영성에 대한 그러한 관심 없이 과연 그들이

---

36 "On Dissipation", *BEW* 3: 122.

37 Philip Sheldrake, *Spirituality and Theology: Christian Living and the Doctrine of God*, 32–4.

38 Alister E. McGrath, *The Renewal of Anglicanism*, 146–67.

39 Thomas A. Langford, *Practical Divinity: Theology in the Wesleyan Tradition*, 73.

기독교 사상의 세계에서 많은 기여를 할 수 있을지 의심스럽다."[40] 로버트 차일스(Robert Chiles)는 『1790년에서 1935년까지의 미국 감리교 신학의 변천』(*Theological Transition in America Methodism: 1790~1935*)에서 이 시기의 많은 미국 감리교 신학자가 영성을 상실하고 자유주의 신학으로 넘어갔다고 주장했다. 하나님에 대한 지식에서는 하나님의 계시보다 인간의 인식론이 선호되었고, 구원에서는 하나님 은혜의 주권 대신 인간의 자유의지가 강조되었다는 이유에서다.[41] 자유주의 신학의 실패의 원인은 오늘의 사회에 하나님이 말씀을 전달함으로 사회를 변혁하는 예언자적 기능을 상실한 데 있다. 그 결과 자유주의 신학은 "지배적이거나 우세한 문화를 근본적으로 변혁하기보다 그 문화에 대한 지지만 조장하게 되었다."[42] 자유주의 신학이 현대 문명에 적응하는 과정에서 하나님의 속성의 조화 역시 훼손되었다. 이는 기독교의 본질을 현대인에게 합리적인 종교로 해석하기 위한 목적으로 하나님의 사랑과 자비는 과도하게 강조하는 반면, 하나님의 거룩하심과 전능하심은 소홀히 다루기 때문이다.

영성과 관련해 오늘을 향한 웨슬리의 메시지는 명확하다. 곧 하나님 교리에서 신학과 영성은 긴밀히 통합되어야 한다는 것이다. 하나님 교리는 영성이 결합되어야만 역동성을 지녀 세상을 변혁할 수 있기 때문이다. 이러한 교리는 오늘날 사회가 어떻게 변혁될 수 있는지에 대한 새로운 통찰을 제공할 수 있을 것이다.

웨슬리에게 영성은 단순한 인간적 감정이 아니라, '삼위일체 하나님

---

40   William Strawson, "Methodist Theology 1850−1950", in Rupert Davies and others (eds.), *A History of the Methodist Church in Great Britain* (London: Epworth Press, 1983), 3: 231.

41   Robert E. Chiles, *Theological Transition in American Methodism: 1790-1935* (Nashville: Abingdon Press, 1965), 184−203.

42   Alister E. McGrath, *The Renewal of Anglicanism*, 142.

과의 친밀하고 중단 없는 교제'에서 비롯되는 하나님과의 현재적이면서 영적인 만남이다. 이러한 영성을 통해 현대 웨슬리안들은 인격적이고 거룩하신 삼위일체 하나님을 능력 있게 선포할 수 있고, 웨슬리의 하나님 교리는 역동적 변혁을 일으킬 수 있다. 나아가 웨슬리안들은 '땅 위에 성결과 행복의 나라'를 세우려는 웨슬리의 비전을 공유하면서도, 동시에 하나님께서 각자의 다양한 상황에서 자신에게 주시는 소명이 웨슬리 시대와 다를 수 있음을 인식해야 한다. 예를 들어, 18세기에 웨슬리에게 자신의 거룩함을 선포하라고 명령하셨던 동일한 하나님께서 오늘의 웨슬리안에게는, 현대의 일부 자유주의 신학자와 일부 웨슬리안이 경시하는 하나님의 전능하심을 강조하라고 명령하실 수도 있다. 웨슬리안은 하나님의 속성의 조화를 유지하면서도 하나님의 정의가 필요한 사회에 그것을 선포할 수 있다. 세상 곳곳의 웨슬리안은 생태 위기와 대량 파괴의 두려움이 확산된 시대에 하나님의 피조물을 돌보는 그리스도인의 사회적 청지기 직분을 수행하면서, 하나님의 사회적이고 관계적이신 성품을 강조하는 사명을 받았을 수도 있다. 그러므로 웨슬리의 하나님 교리는 그 근원이 전통적임에도, 웨슬리의 영성 및 '성결과 행복의 나라' 비전과 결합되면 오늘의 시대에 새로운 역동성이 되어 기독교 공동체와 세상을 근본적으로 변혁할 수 있을 것이다.

참고문헌

Aaron, Richard I. *John Locke*. Oxford: The Clarendon Press, 1973.

Althaus, Paul. *The Theology of Martin Luther*. Philadelphia: Fortress Press, 1966.

Altizer, Thomas J. J. and Hamilton, William. *Radical Theology and the Death of God*. New York: The Bobbs-Merrill, 1966.

Anderson, Norman. *God's Law and God's Love*. London: Collins, 1980.

Aquinas, Thomas. *Summa Theologiae*. Edited by Thomas Gilby and others. 61 vols. London: Eyre & Spottiswoode, 1964-81.

Arminius, James. *Works of James Arminius*. 3 vols. Grand Rapids: Baker Book House, 1991.

Augustine. *A Select Library of the Nicene and Post Nicene Fathers of the Christian Church*. First series. Vol. 1-8. Edited by Philip Schaff. Grand Rapids: Wm. B. Eerdmans, 1988.

________. *Augustine: Earlier Writings*. Edited by John H. S. Burleigh. London: SCM Press, 1953.

________. *St. Augustine: Four Anti-Pelagian Writings*. Edited by Thomas P. Halton. Washington: The Catholic University of America Press, 1992.

Baker, Frank. *John Wesley and the Church of England*. London: Epworth Press, 1970.

Barth, Karl. *Church Dogmatics*. Edinburgh: T & T Clark, 1956-77.

Bauckham, Richard. *Moltmann: Messianic Theology in the Making*. Hants: Marshall Morgan and Scott, 1987.

Bengel, John Albert. *Gnomon of the New Testament*. First published in 1742. 5 vols. Edinburgh: T & T Clark, 1843.

Berger, Teresa. *Theology in Hymns?: a Study of the Relationship of Doxology and Theology according to A Collection of Hymns for the Use of the People Called Methodists (1780)*. Nashville: Kingswood Books, 1995.

Berkhof, Hendrikus. *Christian Faith*. Grand Rapids: Wm. B. Eerdmans, 1979.

Berkhof, L. *Systematic Theology*. Grand Rapids: Wm. B. Eerdmans, 1949.

Bettenson, Henry, ed. *The Early Christian Fathers*. Oxford: Oxford University Press, 1969.

Bloesch, Donald G. *Essential of Evangelical Theology*. Vol. 1: God, Authority & Salvation. New York: HarperCollins, 1982.

________. *God the Almighty: Power, Wisdom, Holiness, Love*. Carlisle: Paternoster Press, 1995.

Bond. Ronald B., ed. *Certain Sermons or Homilies (1547) and A Homily against Disobedience and Wilful Rebellion (1570)*. Toronto: University of Toronto Press, 1987.

Bonner, Gerald. *St. Augustine of Hippo: Life and Controversies*. London: SCM Press, 1963.

Bradley, Ian. *God is Green: Christianity and Environment*. London: Darton, Longman and Todd, 1990.

Braaten, Carl E., ed. *Christian Dogmatics*. Philadelphia: Fortress Press, 1984.

Brantley, Richard E. *Locke, Wesley, and the Method of English Romanticism*. Gainesville: University of Florida Press, 1984.

Bready, J. Wesley. *England before and after Wesley*. London: Hodder and Stoughton, 1938.

Brierley, Peter, ed. *World Churches Handbook*. London: Christian Research, 1997.

Brown, Colin. *Miracles and the Critical Mind*. Grand Rapids: Wm. B. Eerdmans, 1984.

________. *That You May Believe: Miracles and Faith Then and Now*. Exeter, Devon: The Paternoster Press, 1985.

Browne, Peter. *A Letter in Answer to a Book entitled Christianity not Mysterious*. Dublin: Printed for John North. 1697.

________. *The Procedure, Extent, and Limits of Human Understanding*. London: Printed for William Innys, 1728.

________. *Things Divine and Supernatural conceived by Analogy with Things Natural and Human*. London, 1733.

Brümmer, Vincent. *Speaking of a Personal God*. Cambridge: Cambridge University Press, 1992.

Brunner, Emil. *The Christian Doctrine of God*. Philadelphia: The Westminster Press, 1949.

Bull, George. *The Works of George Bull*. Edited by Edward Burton. Oxford: Oxford University Press, 1846.

Bultmann, Rudolf. *The History of the Synoptic Tradition*. The second edition. Oxford: Basil Blackwell, 1968.

Burnet, Thomas. *The Theory of the Earth*. London: Printed for W. Kettilby, 1684.

Burns, Robert M. *The Great Debate on Miracles: From Joseph Glanvill to David Hume*. London and Toronto: Associated University Presses, 1981.

Butin, Philip Walker. *Revelation, Redemption, and Response: Calvin's Trinitarian Understanding of the Divine-Human Relationship*.

Oxford: Oxford University Press, 1995.

Butler, Joseph. *The Analogy of Religion Natural and Revealed to Constitution and Course of Nature.* Reprint. New York: Frederick Ungar, 1961.

Callen, Barry L. *God as Loving Grace: The Biblically Revealed Nature and Work of God.* Nappanee, IN: Evangel Publishing House, 1996.

Calvin, John. *Commentary upon the Acts of the Apostles.* Edinburgh: Calvin Translation Society, 1844.

_______. *Commentary upon a Harmony of the Evangelists.* Edinburgh: Calvin Translation Society, 1845-6.

_______. *Commentaries upon the First Book of Moses called Genesis.* Edinburgh: Calvin Translation Society, 1847.

_______. *Commentaries upon the Catholic Epistles.* Edinburgh: Calvin Translation Society, 1855.

_______. *Institutes of the Christian Religion.* Edited by John T. McNeill. 2 vols. Philadelphia: The Westminster Press, 1960.

Cannon, William R. *The Theology of John Wesley: with Special Reference to the Doctrine of Justification.* Lanham: University Press of America, 1974.

Cell, George Croft. *The Rediscovery of John Wesley.* New York: Henry Holt, 1935.

Cho, John C. *John Wesley's Theology.* Seoul: CLSK, 1984.

Clarke, Adam. *The Holy Bible, containing the Old and New Testaments.* Vol. 1. London: Thomas Tegg, 1836.

Clarke, John. *Enquiry into the Cause and Origin of Evil.* London, 1720.

Clarke, Samuel. *A Demonstration of the Being and Attributes of God and Other Writings.* Edited by Ezio Vailati. Cambridge: Cambridge University Press, 1998.

Cobb, John B. Jr. *Grace & Responsibility: A Wesleyan Theology for Today.* Nashville: Abingdon Press, 1995.

Cobb, John B. Jr. & Griffin, David Ray. *Process Theology: An Introductory Exposition.* Louisville, Kentucky: Westminster John Knox Press, 1976.

Collins, James. *God in Modern Philosophers.* Westport: Greenwood Press, 1978.

Collins, Kenneth J. *A Faithful Witness: John Wesley's Homiletical Theology.* Wilmore: Wesley Heritage Press, 1993.

_______. *The Scripture Way of Salvation: The Heart of John Wesley's Theology.* Nashville: Abingdon Press, 1997.

The Confession of the Faith: the Larger and Shorter Catechisms. Glasgow: Francis Orr & Sons, 1843.

Coppedge, Allan. *John Wesley in Theological Debate*. Wilmore: Wesley Heritage Press, 1987.

Cornford, Francis Macdonald. *Plato's Cosmology: the Timaeus of Plato translated with a running Commentary*. London: Kegan Paul, Trench, Trubner & Co. Ltd, 1937.

Craig, Edward, ed. *Routledge Encyclopaedia of Philosophy*. London: Routledge, 1998.

Cragg, G. R. *From Puritanism to the Age of Reason*. Cambridge: Cambridge University Press, 1950.

________. *Reason and Authority in the Eighteenth Century*. Cambridge: Cambridge University Press, 1964.

Cranmer, Thomas. *The Works of Thomas Cranmer*. Edited by G. E. Duffield. Appleford. Berkshire: The Sutton Press, 1964.

Dallimore, Arnold A. *Susanna Wesley: The Mother of John & Charles Wesley*. Grand Rapids: Baker Book House, 1993.

Davies, Rupert, and others, eds. *A History of the Methodist Church in Great Britain*. 4 vols. London: Epworth Press, 1965-88.

Demarest, A. *General Revelation: Historical Views and Contemporary Issues*. Grand Rapids: Zondervan Publishing House, 1982.

Derham, William. *Physcio-Theology*. London: William Innys 1714.

________. *Astro-Theology*. Edinburgh: C. Clark & A. M'Caslan, 1769.

Descartes, René. *Treatise of Man*. Harvard: Harvard University, 1972.

Deschner, John. *Wesley's Christology*. Dallas: Southern Methodist University Press, 1985.

Dillenberger, John. *Protestant Thought and Natural Science*. London: Collins, 1961.

Ditton, Humphry. *A Discourse Concerning the Resurrection of Jesus Christ*. London: Printed by J. Darby, 1712.

Dodd, C. H. *The Apostolic Preaching and Its Development*. London: Hodder & Stoughton, 1944.

Dowey, Edward A. Jr. *The Knowledge of God in Calvin's Theology*. Grand Rapids: Wm. B. Eerdmans, 1994.

Drane, John. *Introducing the New Testament*. Oxford: Lion Publishing, 1986.

Dunning, H. Ray. *Grace, Faith, and Holiness: a Wesleyan Systematic Theology*. Kansas, Missouri: Beacon Hill Press, 1988.

Edelstein, Ludwig. *The Meaning of Stoicism*. Cambridge, Massachusetts: Harvard University Press, 1966.

Erickson, Millard J. *Christian Theology*. Grand Rapids: Baker Book House, 1994.

________. *God the Father Almighty: a Contemporary Exploration of the Divine Attributes*. Grand Rapids: Baker Books, 1998.

Evans, G. R. *Augustine on Evil*. Cambridge: Cambridge University Press, 1982.

Ferguson, J. P. *An Eighteenth Century Heretic Dr. Samuel Clarke*. Kineton, Warwick: The Roundwood Press, 1976.

Fiddes, Paul S. *The Creative Suffering of God*. Oxford: Clarendon Press, 1988.

Flew, Anthony. *Hume's Philosophy of Belief: A Study of His First InQuiry*. London: Routledge & Kegan Pual, 1961.

Fortman, Edmund J. *The Triune God: a Historical Study of the Doctrine of the Trinity*. London: Hutchinson, 1972.

France, R. T. *The Living God*. London: Inter-Varsity Press, 1977.

Gaskin, J. C. A. *Hume's Philosophy of Religion*, The second edition, London: The Macmillan Press, 1988.

Gerrish, B. A. *Grace and Reason*. Oxford: Clarendon Press, 1962.

Green, V. H. H. *The Young Mr.Wesley*. London: Epworth Press, 1961.

Grider, J. Kenneth. *A Wesleyan-Holiness Theology*. Kansas, Missouri: Beacon Hill Press, 1994.

Gunter, W. Stephen. *The Limits of Love Divine*. Nashville: Kingswood Books, 1989.

________, ed. *Wesley and the Quadrilateral: Renewing the Conversation*. Nashville: Abingdon Press, 1997.

Gunton, Colin. E. *Becoming and Being: the Doctrine of God in Charles Hartshorne and Karl Barth*. Oxford: Oxford University Press, 1978.

________. *The Promise of Trinitarian Theology*. Edinburgh: T & T Clark, 1991.

Han, Y. T. *Systematic Theology in John Wesley*. Seoul: Sung-Kwang Publishing Co., 1993.

Hartshorne, Charles. *Omnipotence and other Theological Mistakes*. Albany, N.Y: State University of New York Press, 1984.

Heitzenrater, Richard P. *Mirror and Memory: Reflections on Early Methodism*. Nashville: Kingswood Books, 1989.

________. *Wesley and the People Called Methodists*. Nashville: Abingdon Press, 1995.

Helm, Paul. *The Providence of God*. Leicester: IVP, 1993.

Henry, Carl F. H. God, *Revelation and Authority*. 6 vols. Texas: Word Books, 1976-1983.

Henry, Matthew. *Exposition of the Old and New Testament* (1706-1721) in 6 vols. Reprinted with the title, *Matthew Henry's Commentary on the Whole Bible: complete and unabridged in one volume*. Peabody, Massachusetts: Hendrickson Publishers, 1995.

Hick, John. *Evil and the God of Love*. The second edition. London: The Macmillan Press, 1977.

Hobhouse, Stephen. ed. *Selected Mystical Writings of William Law*. London: The C. W. Daniel Company, 1938.

Hodges, H. A. and Allchin, A. M. *A Rapture of Praise: Hymns of John and Charles Wesley*. London: Hodder and Stoughton, 1966.

Horneck, Anthony. *Several Sermons upon the Fifth of St. Matthew; Being part of Christ's Sermon On the Mount*. Vol. II. London: Printed for Brabazon Aylmer, 1698.

________. *The Happy Ascetick: or the Best Exercise, together with Prayers Suitable to each Exercise to Which is added, A Letter to a Person of Quality, concerning the Holy Lives of the Primitive Christians*. The fifth edition. London: Printed for Henry and George Mortlock, 1711.

Hume, David. *Dialogues Concerning Natural Religion*. Edited by Stanley Tweyman. London: Routledge, 1991.

________. *A Treatise on Human Nature*. Vol. 1. Edited by T. H. Green and T. H. Grose. London: Longmans, 1874.

________. *An Enquiry Concerning Human Understanding*. Edited by Tom L. Beauchamp. Oxford: Clarendon Press, 2000.

Hutchinson, John. *The Philosophical and Theological Works of John Hutchinson*. 12 vols. The third edition. London: J. Hodges, 1748.

________. *An Abstract from the Works of John Hutchinson*. Edinburgh: R. Fleming, 1753.

Irenaeus. *Against Heresies, in The Ante-Nicene Fathers*. Vol. 1. Edited by Alexander Roberts and James Donaldson. Grand Rapids: Wm. B. Eerdmans, 1989.

Jeffrey, David Lyle, ed. *English Spirituality in the Age of Wesley*. Grand Rapids: Wm. B. Eerdmans, 1994.

Jenyns, Soame. *A Free Inquiry into the Nature and Origin of Evil*. London: R. and J. Dodsley, 1757.

Jewett, Paul K. *God, Creation, & Revelation*. Grand Rapids: Wm. B. Eerdmans, 1991.

Johnson, Oliver A. *Skepticism and Cognitivism*. Los Angeles: The Berkeley

University of California Press, 1978.

Jones, Scott J. *John Wesley's Conception and Use of Scripture*. Nashville: Kingswood Books, 1995.

Jones, William. *The Catholic Doctrine of the Trinity*. The third edition. London: Printed for J. Rivington, 1767.

Jordanova, L. J. and Porter, Roy S., eds. *Image of Earth*. Burks: The British Society for the History of Science, 1979.

Keller, Ernst and Marie-Luise. *Miracles in Dispute*. London: SCM Press, 1969.

Kelly, J. N. D. *The Athanasian Creed*. London: Adam & Charles Black, 1964.

Kempis, Thomas à. *The Imitation of Christ*. London: J. M. Dent and Sons, 1910.

Kenny, Anthony. *The God of the Philosophers*. Oxford: Clarendon Press, 1979.

KimBrough, S. T., ed. *Charles Wesley: Poet and Theologian*. Nashville: Kingswood Books, 1992.

King, William. *An Essay on the Origin of Evil*. London: Printed for W. Thurbourn, 1731.

Lacey, T. A. *Nature, Miracle and Sin: A Study of St. Augustine's Conception of the Natural Order*. New York: Longmans, Green, and Co., 1916.

Ladd, George Eldon. *A Theology of New Testament*. Guildford and London: Lutterworth Press, 1974.

________. *The Presence of the Future*. Grand Rapids: Wm. B. Eerdmans, 1974.

Langford, Thomas A. *Practical Divinity: Theology in the Wesleyan Tradition*. Nashville: Abingdon Press, 1992.

________, ed. *Doctrine and Theology in the United Methodist Church*. Nashville: Kingswood Books, 1991.

Law, William. *William Law: A Serious Call to a Devout and Holy Life*. Edited by Paul G. Stanwood. London: SPCK, 1978.

________. *The Spirit of Prayer and the Spirit of Love*. Edited by Sidney Spencer Greenwood, S.C: Attic Press, 1969.

Leith, John H., ed. *Creeds of the Churches*. Revised edition. Richmond, Virginia: John Knox Press, 1973.

________. *Assembly at Westminster*. Richmond, Virginia: John Knox Press, 1973.

Lewis, A. S. *Miracles*. Glasgow: Williams Collins Sons, 1947.

Lindbeck, George. *The Nature of Doctrine: Religion and Doctrine in a Postliberal Age*. Philadelphia: Westminster, 1984.

Lindström, Harold. *Wesley and Sanctification*. London: Epworth Press, 1946.

Locke, John. *An Essay Concerning Human Understanding*. Collated and annotated by A. Fraser, 2 vols., 1959.

Lohse, Bernhard. *A Short History of Christian Doctrine*. Revised American edition. Philadelphia: Fortress Press, 1985.

Lossky, Vladimir. *The Mystical Theology of the Eastern Church*. Cambridge: James Clarke, 1991.

Lovejoy, Arthur O. *The Great Chain of Being*. New York: Harper & Row, 1960.

Luther, Martin. *Table Talk* in *Luther's Works*. Vol. 54. Edited by Jaroslav Pelican and H.T. Lehmann. St. Louis: Concordia Publishing House, 1967.

_______. *What Luther Says*. Compiled by Ewald M. Plass. St. Louis: Concordia Publishing House, 1959.

Macarius the Egyptian. *Fifty Spiritual Homilies of St. Macarius the Egyptian*. London: SPCK, 1921.

Maddox, Randy L., ed. *Aldersgate Reconsidered*. Nashville: Kingswood Books, 1990.

_______. *Responsible Grace: John Wesley's Practical Theology*. Nashville: Kingswood Books, 1994.

Marshall, I. Howard. *Kept by the Power of God*. London: Epworth Press, 1969.

_______. *Pocket guide to Christian Beliefs*. Leicester: Inter-Varsity Press, 1978.

Marquardt, Manfred. *John Wesley's Social Ethics: Praxis and Principles*. Nashville: Abingdon Press, 1992.

McGrath, Alister E. *Christian Theology: An Introduction*. Oxford: Blackwell Publishers, 1994.

_______. *Iustitia Dei: A History of the Christian Doctrine of Justification*. Cambridge: Cambridge University Press, 1986.

_______. *The Renewal of Anglicanism*. London: SPCK, 1993.

McGonigle, Herbert Boyd. *Sufficient Saving Grace: John Wesley's Evangelical Arminianism*. Carlisle, Cumbria: Paternoster Press, 2001.

McNeill, John T. *The History and Character of Calvinism*. New York: Oxford University Press, 1954.

Meeks, M. D., ed. *The Future of the Methodist Theological Traditions*. Nashville: Abingdon Press, 1985.

_______, ed. *Trinity Community and Power: Mapping Trajectories in Wesleyan Theology*. Nashville: Kingswood Books, 2000.

Meyendorff, John. *Byzantine Theology*. New York: Fordham University Press, 1974.

Michell, Basil, ed. *The Philosophy of Religion*. London: Oxford University Press, 1971.

Middleton, Conyers. *A Free Inquiry into the Miraculous Powers which Are Supposed to Have Subsisted in the Christian Church from the Earliest Ages through Several Successive Centuries: By Which It Is Shown that We have No Sufficient Reason to Believe, Upon the Authority of the Primitive Fathers, that Any Such Powers Were Continued to the Church After the Days of the Apostles*. London: R. Manby and H. S. Cox, 1749.

Migliore, Daniel L. *Faith Seeking Understanding*. Grand Rapids: Wm. B. Eerdmans, 1991.

Miley, John. *Systematic Theology*. 2 vols. Peabody, Massachusetts: Hendrickson Publishers. 1989.

Moule, C. F. D., ed. *Miracles*. London: A. R. Mowbray & Co. Ltd, 1965.

Moltmann, Jürgen. *The Trinity and the Kingdom of God*. London: SCM Press, 1981.

________. *The Spirit of Life*. Minneapolis: Fortress Press, 2001.

Muller, Richard A. *God, Creation, and Providence in the Thought of Jacob Arminius*. Grand Rapids: Baker Book House, 1991.

Naglee, David Ingersoll. *From Everlasting to Everlasting*. 2 vols. New York: Peter Lang, 1991.

New Catholic Encyclopaedia. Vol. IX. New York: McGraw-Hill, 1967.

Newton, Isaac. *The Correspondence of Isaac Newton*. Edited by H. W. Turnbull. Cambridge: The Cambridge University Press, 1960.

Newton, John A., ed. *Susanna Wesley and the Puritan Tradition in Methodism*. London: Epworth Press, 1968.

Nieuwentyt, Bernard. *The Religious Philosophers or the Right Use of Contemplating the Work of the Creator*. London, 1719.

Norris, John. *Practical Discourses upon Several Divine Subjects*. Vol. 3. London, 1693.

________. *The Theory and Regulation of Love*. The second edition. London: Printed for S. Manship, 1694

Oden, Thomas C. *John Wesley's Scriptural Christianity*. Grand Rapids: Zondervan Publishing House, 1994.

________. *The Living God*. New York: HarperCollins Publishers, 1992.

________ and Longden, Leicester R., eds. *Essay of Albert C. Outler: The*

Wesleyan Theological Heritage. Grand Rapids: Zondervan Publishing House, 1991.

O'Donnell, John J. *Trinity and Temporality: the Christian Doctrine of God in the Light of Process Theology and the Theology of Hope*. Oxford: Oxford University Press, 1983.

Otto, Rudolf. *The Idea of the Holy*. London: Oxford University Press, 1928.

Outler, Albert C. *Evangelism & Theology in the Wesleyan Spirit*. Nashville: Discipleship Resources, 1996.

_______, ed. *John Wesley*. New York: Oxford University Press, 1980.

Padgett, Alan. *God, Eternity and Nature of Time*. New York: St. Martin's, 1992.

Parkhurst, John. *A Hebrew and English Lexicon, without Points*. First printed 1792. London: for Thomas Tegg, 1836.

Patterson, David. *Possessed by God: A New Testament Theology of Sanctification and Holiness*. Grand Rapids: Wm. B. Eerdmans, 1995.

Pelikan, Jaroslav. *The Emergence of the Catholic Tradition (100-600)*. Chicago: The University of Chicago Press, 1971.

_______. *Reformation of Church and Dogma (1300-1700)*. Chicago: The University of Chicago Press, 1984.

_______. *Christian Doctrine and Modern Culture (since 1700)*. Chicago: The University of Chicago Press, 1989.

Pinnock, Clark H. *Biblical Revelation: the Foundation of Christian Theology*. Chicago: Moody Press, 1978.

_______, ed. *The Grace of God, The Will of Man: A Case for Arminianism*. Grand Rapids: Academie, 1989.

_______ and others. *The Openness of God*. Carlisle: Peternoster Press, 1994.

Pink, Arthur W. *The Attributes of God*. Grand Rapids: Baker Books, 1998.

Poole, Matthew, *Annotations upon the Holy Bible* (1683-5). Reprinted with the title, *A Commentary on the Holy Bible*. 3 vols. Peabody, Massachusetts: Hendrickson, 1991.

Pope, Alexander. *An Essay on Man*. London: John and Paul Knapton, 1745.

Portalié, Eugène. *A Guide to the Thought of Saint Augustine*. Westport, Connecticut: Greenwood Press, 1975.

Prestige, G. L. *God in Patristic Thought*. London: SPCK, 1977.

Prince, John W. *Wesley on Religious Education*. New York: The Methodist Book Concern, 1926.

Rack, Henry D. *Reasonable Enthusiast: John Wesley and the Rise of*

Methodism. London: Epworth Press, 1989.

Ramsay, Andrew Michael. *The Philosophical Principles of Natural and Revealed Religion.* Glasgow: Printed by Robert Foulis, 1748.

Rattenbury, J. Ernest. *The Evangelical Doctrines of Charles Wesley's Hymns.* London: Epworth Press, 1941.

Raven, Charles E. *John Ray: Naturalist.* Cambridge: Cambridge University Press, 1942.

Ray, John. *The Wisdom of God manifested in the Creation.* London: William Innys, 1717.

Ritschl, Albrecht. *The Christian Doctrine of Justification and Reconciliation.* Edinburgh: T & T Clark, 1900.

Roberts, Alexander. and Donaldson, James, eds. *The Ante-Nicene Fathers.* 10 vols. Grand Rapids: Wm. B. Eerdmans, 1989.

Runyon, Theodore. *Wesleyan Theology Today.* Nashville: Kingswood Books, 1985.

_______, ed. *The New Creation: John Wesley's Theology Today.* Nashville: Abingdon Press, 1998.

Ruthven, Jon. *On the Cessation of the Charismata: Protestant Polemic on Postbiblical Miracles.* Sheffield: Sheffield Academic Press, 1993.

Schaff, Philip, ed. *A History of the Creeds of Christendom.* London: Hodder & Stoughton, 1877.

_______. *History of the Christian Church.* Vol. 2. Grand Rapids: Wm. B. Eerdmans, 1910.

_______, ed. *A Select Library of the Nicene and Post-Nicene Fathers of the Christian Church.* First series. 14 vols. Grand Rapids: Wm. B. Eerdmans, 1988.

_______ and Wace, Henry. eds. *A Select Library of the Nicene and Post-NiceneFathers of the Christian Church.* Second series. 14 vols. Grand Rapids: Wm. B. Eerdmans, 1986.

Schmidt, Martin. *John Wesley.* 2 vols. Nashville: Abingdon Press, 1962-74.

Schwarz, Hans. *Evil: a Historical and Theological Perspective.* Minneapolis, MN: Fortress Press, 1995.

Schweitzer, Albert. *The Quest for the Historical Jesus.* London: Adam & Charles Black, 1948.

Scougal, Henry. *The Life of God in the Soul of Man.* Reprint. London: Inter-Varsity Fellowship, 1961.

Semmel, Bernard. *The Methodist Revolution.* London: Heinemann Educational Books, 1973.

Siggins, Jan D. Kingston. *Martin Luther's Doctrine of Christ*. New Haven and London: Yale University Press, 1970.

Smith, D. Moody. *First, Second, and Third John*. Louisville: John Knox Press, 1991.

Spinoza, Benedictus Baruch de. *The Chief Works of Benedict de Spinoza*. Vol. 1. New York: Dover Publications, 1955.

Starkey, Lycurgus M. Jr. *The Work of the Holy Spirit: a Study in Wesleyan Theology*. Nashville: Abingdon Press, 1962.

Steinmetz, David C. *Calvin in Context*. Oxford: Oxford University Press, 1995.

Stephen, Leslie. *History of English Thought in the Eighteenth Century*. London. Smith, Elder, 1902.

Stone, Bryan P. & Oord, Thomas Jay, eds. *Thy Nature & Thy Name is Love*. Nashville: Kingswood Books, 2001.

Sugden, Edward H. *Wesley's Standard Sermons*. London: Epworth Press, 1921.

Swedenborg, Emanuel. *On the Athanasian Creed and Subjects connected with It*. London: The Swedenborg Society. Reprint. 1856.

Swinburne, Richard. *The Concept of Miracle*. London: Macmillan, 1970.

Taylor, Jeremy. *The Rule and Exercises of Holy Living and Dying*. London: Henry G. Bohn, 1865.

Taylor, John. *The Scripture-Doctrine of Original Sin*. London: J. Wilson, 1740.

________. *A Supplement to the Scripture-Doctrine of Original Sin*. London: Mary Fenmer, 1741.

Thiessen, Henry C. *Lectures in Systematic Theology*. 1949. Reprint. Grand Rapids: William B. Eerdmans, 1990.

Thorsen, Donald. *The Wesleyan Quadrilateral: Scripture, Tradition, Reason, & Experience as a Model of Evangelical Theology*. Indiana: Francis Asbury Press, 1990.

Tillich, Paul. *A History of Christian Thought*. Edited by C. E. Braaten. London: S.C.M. Press, 1968.

________. *Systematic Theology*. Vol. 1. Chicago: The University of Chicago Press, 1951.

Tindal, Matthew. *Christianity as Old as Creation*. London, 1730.

Toland, John, *Christianity not Mysterious*. The second edition. London: Printed for Sam, 1696.

Tuttle, Robert G. Jr. *Mysticism in the Wesleyan Tradition*. Grand Rapids:

Francis Asbury Press, 1989.

Walker, A. Keith. *William Law: His Life and Thought*. London: S.P.C.K, 1973.

Wallace, Charles, Jr., ed. *Susanna Wesley: The Complete Writings*. Oxford: Oxford University Press, 1997.

Wainwright, Arthur W. *The Trinity in the New Testament*. London: S.P.C.K, 1962.

Wainwright, Geoffrey. *Doxology: The Praise of God in Worship, Doctrine and Life*. London: Epworth Press, 1980.

_______. *Methodists in Dialog*. Nashville: Kingswood Books, 1995.

Warburton, William. *The Doctrine of Grace; or, the Office and Operation of the Holy Spirit vindicated from the insults of infidelity, and the abuses of fanaticism*. London, for A. Miller, 1763.

Warfield, Benjamin B. *Counterfeit Miracles*. New York: Charles Scribner's Sons, 1918.

Wesley, John. *A Compendium of Natural Philosophy, being A Survey of the Wisdom of God in the Creation*. Edited and Revised by Robert Mudie. 3 vols. London: Thomas Tegg and Son, 1836.

_______. *Explanatory Notes upon the New Testament*. London: Epworth Press, 1966.

_______. *Explanatory Notes upon the Old Testament*. 3 vols. Salem, Ohio: Schmul Publishers, 1975.

_______. *The Journal of the Rev. John Wesley*, A. M. Edited by Nehemiah Curnock. 8 vols. London: Epworth Press, 1960.

_______. *The Letters of the Rev. John Wesley*, A.M. Edited by John Telford. 8 vols. London: Epworth Press, 1960.

_______. *The Works of the Rev. John Wesley*, A.M. Edited by Thomas Jackson. 3rd edn. 14 vols. London: Wesleyan Methodist Book Room, 1872. Reprint. Peabody, Massachusetts: Hendrickson Publishers, 1991.

_______. *The Works of John Wesley*. Begun as "The Oxford Edition of the Works of John Wesley" (Oxford: Clarendon Press, 1975-1983); continued as " The Bicentennial Edition of Works of John Wesley" (Nashville: Abingdon Press, 1984-). Editor-in-chief Frank Baker.

Wiley, H. Orton. *Christian Theology*. 3 vols. Kansas City, Mo: Beacon Hill Press, 1940.

Williams, Colin, W. *John Wesley's Theology Today*. Nashville: Abingdon Press, 1960.

Wood, A. S. *The Burning Heart*. Grand Rapids: Eerdmans, 1967.

________. *Revelation and Reason: Wesleyan Responses to Eighteenth-century Rationalism*. Nuneaton: The Wesley Fellowship, 1992.

Woodward, John. *An Essay towards a Natural History of the Earth. The third edition*. London: Printed for A. Bettersworth, 1723.

Wyncoop, Mildred Bangs. *A Theology of Love: the Dynamic of Wesleyanism*. Kansas City, Missouri: Beacon Hill Press, 1972.

Articles

Bagchi, D. V. N. "Sic Et Non: Luther and Scholasticism." In *Protestant Scholasticism: Essays in Reassessment*, 3-15. Edited by Carl R. Trueman and R. S. Clark. Carlisle, Cumbria: Paternoster Press, 1999.

Baker, Frank. "Unfolding John Wesley: A Survey of Twenty Years' Studies in Wesley's Thought." *Quarterly Review* 1 (Fall 1980), 44-57.

________. "Practical Divinity- John Wesley's Doctrinal Agenda for Methodism." *WTJ* 22,1 (1987), 7-15.

Basinger, David. "Practical Implications." In *The Openness of God: A Biblical Challenge to the Traditional Understanding of God*, 156-76. Edited by Clark H. Pinnock. Carlisle: Paternoster press, 1994.

Campbell, Ted A. "John Wesley and Conyers Middleton on Divine Intervention in History." *Church History* 55 (March 1986), 39-49.

________. "Is It Just Nostalgia? The Renewal of Wesleyan Studies." *The Christian Century* 107 (April 1990), 396-98.

________. "The 'Wesleyan Quadrilateral': The Story of a Modern Methodist Myth." In *Doctrine and Theology in the United Methodist Church*, 154-61. Edited by Thomas A. Langford. Nashville: Kingswood Books, 1991.

________. " 'Pure, Unbounded Love': Doctrine About God in Historic Wesleyan Communities." In *Trinity, Community, and Power: Mapping Trajectories in Wesleyan Theology*, 85-110. Edited by M. Douglas Meeks. Nashville: Kingswood Books, 2000.

Cantor, G. N. "Revelation and the Cyclical Cosmos of John Hutchinson." In *Images of the Earth*, 3-22. Edited by L. J. Jordanova and Roy S. Porter. Bucks: The British Society for the History of Science, 1979.

Collins, Kenneth J. "John Wesley's Platonic Conception of the Moral Law." *WTJ* 21 (1986), 116-28.

________. "John Wesley's Doctrine of New Birth." *WTJ* 32: 1 (Spring 1997), 53-68.

Craig, William Lane. "God and Real Time." *Religious Studies* 26: 3 (Sept.

1990), 340-45.

Cunningham, David S. "Trinitarian Theology since 1990." *Reviews in Religion and Theology* (Nov. 1995), 8-16.

Davis, Stephen T. "Free Will and Evil." In *Encountering Evil*, 69-99. Edited by Stephen T. Davis. Atlanta: John Knox Press, 1981.

English, John C. "John Wesley and Isaac Newton's 'System of the World'." *Proceedings of the Wesley Historical Society* 48 (Oct. 1991), 69-86.

Fergusson, David. "Predestination: A Scottish Perspective." An unpublished revised version of an inaugural lecture delivered at Aberdeen University on 5 Mar. 1991.

Fuller, Reginald H. "Scripture." In *The Study of Anglicanism*, 79-89. Edited by Stephen Sykes and John Booty. London: SPCK, 1988.

Griffin, David Ray. "Creation Out of Chaos and the Problem of Evil." In *Encountering Evil*, 101-36. Edited by Stephen T. Davis. Atlanta: John Knox Press, 1981.

Hendricks, M. Elton. "John Wesley and Natural Theology." *WTJ* 18: 2 (1983), 7-17.

Hesse, Mary. "Miracles and the Laws of Nature." In *Miracles*, 25-42. Edited by C. F. D. Moule. London: A. R. Mowbray & Co Ltd, 1965.

Inbody, Tylon L. "Reconceptions of Divine Power in John Wesley, Panentheism, and Trinitarian Theology." In *Thy Nature & Thy Name Is Love*, 169-92. Edited by Bryan P. Stone & Thomas Jay Oord. Nashville: Kingswood Books, 2001.

Kimbrough, S. T. Jr., "Hymns are Theology." *Theology Today* 42 (April 1985), 59-68.

Langford, Thomas A. "Charles Wesley as Theologian." In *Charles Wesley: Poet and Theologian*, 97-105. Edited by S.T. Kimbrough, Jr. Nashville: Kingswood Books, 1992.

Lodahl, Michael E. "Creation Out of Nothing? Or is Next to Nothing Enough?" In *Thy Nature & Thy Name is Love*, 217-38. Edited by Bryan P. Stone & Thomas Jay Oord, 2001.

Long, A. "The Stoic Concept of Evil." *The Philosophical Quarterly*. Vol. 18 (1968), 333-40.

Mackie, John. "Evil and Omnipotence." In *The Philosophy of Religion*, 92-104. Edited by Basil Mitchell. London: Oxford University Press, 1971.

Maddox, Randy L. "Responsible Grace: The Systematic Nature of Wesley's Theology Reconsidered." *Quarterly Review* 7 (Spring 1986), 24-34.

________. "Seeking a Response-able God: the Wesleyan Tradition and Process Theology." In *Thy Nature & Thy Name Is Love*, 111-42. Edited by Bryan P. Stone & Thomas Jay Oord. Nashville: Kingswood Books, 2001.

Marshall, I. Howard. "Predestination in the New Testament." In *Grace Unlimited*, 127-43. Edited by Clark H. Pinnock. Minneapolis, Minnesota: Bethany House, 1975.

Meeks, M. Douglas. "John Wesley's Heritage and the Future of Systematic Theology." In *Wesleyan Theology Today*, 38-46. Edited by Theodore Runyon. Nashville: Kingswood Books, 1985.

______. "Trinity, Community, and Power." In *Trinity, Community, and Power: Mapping Trajectories in Wesleyan Theology*, 15-32. Edited by M. Douglas Meeks. Nashville: Kingswood Books, 2000.

Niebuhr, H. Richard. "Theological Unitarianisms." *Theology Today* 40: 2 (July 1993), 150-57.

O'Daly, Gerald. "Predestination and Freedom in Augustine's Ethics." In *The Philosophy in Christianity*, 85-98. Edited by G. Vesey. Cambridge: Cambridge University Press, 1989.

Oord, Thomas Jay. "A Process Wesleyan Theodicy: Freedom, Embodiment, and the Almighty God." In *Thy Nature & Thy Name Is Love*, 193-216. Edited by Bryan P. Stone & Thomas Jay Oord. Nashville: Kingswood Books, 2001.

Oswalt. John N. "Wesley's Use of the Old Testament in His Doctrinal Teachings." *WTJ* 12 (Spring 1977), 39-54.

Outler, Albert C. "John Wesley: Folk-Theologian." *Theology Today* 14: 2 (July 1977), 150-60.

______. "John Wesley as Theologian-Then and Now." *Methodist History* 12 (July 1974), 63-82.

______. "The Wesleyan Quadrilateral-in John Wesley." in *The Wesleyan Theological Heritage: Essays of Albert C. Outler*, 21-38. Edited by Thomas C. Oden & Leicester R. Longden. Grand Rapids: Zondervan Publishing House, 1991.

Pillow, Thomas Wright. "John Wesley's Doctrine of the Trinity." *The Cumberland Seminarian* 12 (Spring 1986), 1-9.

Powell, Samuel M. "The Doctrine of the Trinity in 19th Century American Wesleyan 1850-1900." *WTJ* 18: 2 (Fall 1983), 33-46.

______. "A Trinitarian Alternative to Process Theism." in *Thy Nature & Thy Name Is Love*, 143-68. Edited by Bryan P. Stone & Thomas Jay Oord Nashville: Kingswood Books, 2001.

Rice, Richard. "Divine Foreknowledge and Free-Will Theism." In *The Grace of God, The Will of Man: A Case for Arminianism*, 121-37. Edited by Clark H. Pinnock. Grand Rapids: Academie Books, 1989.

Roth, John K. "A Theodicy of Protest." In *Encountering Evil*, 7-38. Edited by Stephen T. Davis. Atlanta: John Knox Press, 1981.

Schwöbel, Christoph. Editorial introduction to *Persons, Divine and Human*, 1-29. Edited by Christoph Schwöbel and Colin E. Gunton. Edinburgh: T&T Clark, 1991.

Snyder, Howard A. "The Holy Reign of God", *WTJ* 24 (1989), 74-90.

Steinmetz, David C. "The Scholastic Calvin." *Protestant Scholasticism: Essays in Reassessment*, 16-30. Edited by Carl R. Trueman and R. S. Clark. Carlisle, Cumbria: Paternoster Press, 1999.

Stephens, W. P. "Wesley and the Moravians." In *John Wesley: Contemporary Perspectives*, 23-36. Edited by John Stacey. London: Epworth Press, 1988.

Strawson, William. "Methodist Theology 1850-1950." In *A History of the Methodist Church in Great Britain. Vol. 3: 182-231. Edited by Rupert Davies and others, London: Epworth Press, 1983.*

Swift, Jonathan. Sermon, "On the Trinity." In *The Works of the Rev. Jonathan Swift*. Vol. 14, 20-32. First printed in 1744. London: J. Johnson, 1803.

Thompson, John. "Modern Trinitarian Perspectives." *Scottish Journal of Theology* 44 (1991), 349-65.

Truesdale, Albert. "Theism: The Eternal, Personal, Creative God." in *A Contemporary Wesleyan Theology*. Vol. 1: 107-36. Edited by Charles W. Carter. Grand Rapids: Francis Asbury Press, 1983.

Tyson, John R. "John Wesley and William Law: A Reappraisal." *WTJ* 17: 2 (Fall 1972), 58-72.

Wainwright, Geoffrey. "Why Wesley was a Trinitarian?" *The Drew Gateway* 59 (Spring 1990), 26-43.

Wilson, Kenneth B. "The Trinitarian Model of God." In *Freedom and Grace*, 65-85. Edited by Ivor H. Jones and Kenneth B. Wilson. London: Epworth Press, 1988.

Wood, Arthur Skevington. "The Contribution of John Wesley to the Theology of Grace." In *Unlimited Grace*, 209-22. Edited by Clark H. Pinnock. Minneapolis, Minnesota: Bethany House Publishers, 1975.

Wood, Laurence Willard. "Wesley's Epistemology." *WTJ* 10 (Spring 1975), 48-59.

Zizioulas, John D. "The Doctrine of the Holy Trinity: The Signification of the Capaadocian Contribution." In *Trinitarian Theology Today*, 44-60. Edited by Christoph Schwöbel. Edinburgh: T&T Clark, 1995.

________. "On Being a Person. Towards an Ontology of Personhood." *Persons, Divine and Human*, 33-46. Edited by Christoph Schwöbel & Colin E. Gunton. Edinburgh: T & T Clark, 1991.

Thesis

Bryant, Barry Edward. "John Wesley's Doctrine of Sin." Ph.D. Thesis, The University of London, 1992.

Fuhrman, Eldon R. "The Concept of Grace in the Theology of John Wesley." Ph.D. Dissertation, Iowa University, 1963.

Leupp, Roderick Thomas. " 'The Art of God'; Light and Darkness in the Thought of John Wesley." Ph.D. Dissertation, Drew University, 1985.

Matthews, Rex Dale. " 'Religion and Reason Joined': A Study in the Theology of John Wesley." Ph.D. Dissertation, Harvard University, 1986.

Quantrille, Wilma J. "The Triune God in the Hymns of Charles Wesley." Ph.D. Dissertation, Drew University, 1989.

Rakestraw, Robert Vincent. "The Concept of Grace in the Ethics of John Wesley." Ph.D. Dissertation, Drew University, 1985.

Shimizu, M. "Epistemology in the thought of John Wesley." Ph.D. Dissertation, Drew University, 1980.

Thorsen, Donald A. D. "Theological Method in John Wesley." Ph.D. Dissertation, Drew University, 1988.

부록: 웨슬리 설교, 우리말과 영어 제목 대조표

이 책 각주에 표기된 웨슬리 설교의 영어 제목과, 한국웨슬리학회가 번역, 출판한 「웨슬리 설교전집」(총 7권), 한국웨슬리학회 편 (서울: 대한기독교서회, 2006)의 우리말 제목의 대조표는 아래와 같다. 「웨슬리 설교전집」 각 권 아래 '설교 번호, 제목: 영문 제목: 성경 본문 = 페이지' 순서로 표기했다.

제1권

설교 1 믿음으로 말미암는 구원: Salvation by Faith: 에베소서 2:8 = 15

설교 2 명목상의 그리스도인: The Almost Christian: 사도행전 26:28 = 33

설교 3 잠자는 자여 일어나라: Awake, Thou That Sleepest: 에베소서 5:14 = 47

설교 4 성경적인 기독교: Scriptural Christianity: 사도행전 4:31 = 67

설교 5 믿음에 의한 칭의: Justification by Faith: 로마서 4:5 = 93

설교 6 믿음으로 얻는 의: The Righteousness of Faith: 로마서 10:5-8 = 113

설교 7 하나님 나라로 가는 길: The Way to the Kingdom: 마가복음 1:15 = 133

설교 8 성령의 첫 열매: The First Fruits of the Spirit: 로마서 8:1 = 151

설교 9 노예의 영과 입양의 영: The Spirit of Bondage and of Adoption: 로마서 8:15 = 171

설교 10 성령의 증거 I: The Witness of the Spirit, Discourse I: 로마서 8:16 = 195

설교 11 성령의 증거 II: The Witness of the Spirit, Discourse II: 로마서 8:16 = 215

설교 12 우리 자신의 영의 증거: The Witness of Our Own Spirit: 고린도후서 1:12 = 235

설교 13 신자 안에 있는 죄: On Sin in Believers: 고린도후서 5:17 = 251

설교 14 신자의 회개: The Repentance of Believers: 마가복음 1:15 = 273

설교 15 대심판: The Great Assize: 로마서 14:10 = 297

설교 16 은총의 수단: The Means of Grace: 말라기 3:7 = 317

설교 17 마음의 할례: The Circumcision of the Heart: 로마서 2:29 = 345

제2권

설교 18 신생의 표적: The Marks of the New Birth: 요한복음 3:8 = 15

설교 19 하나님께로부터 난 자의 특권: The Great Privilege of Those That are Born of God: 요한1서 3:9 = 33

설교 20 우리의 의가 되신 주: The Lord Our Righteousness: 예레미야 23:6 = 51

설교 21 산상설교 I: Upon Our Lord's Sermon on the Mount I: 마태복음 5:1-4 = 69

설교 22 산상설교 II: Upon Our Lord's Sermon on the Mount II: 마태복음 5:5-7 = 89

설교 23 산상설교 III: Upon Our Lord's Sermon on the Mount III: 마태복음 5:8-12 = 109

제4권

제5권

웨슬리 신학으로 본 하나님의 아름다움: 조화와 균형의 신론

초판1쇄 2025년 12월 30일

지은이 양 정
옮긴이 장기영
펴낸이 장기영
편 집 장기영
교 정 이주련
표 지 장여결
인 쇄 (주)예원프린팅

펴낸곳 웨슬리 르네상스
출판등록 2017년 7월 7일 제2017-000058호
주소 경기도 부천시 호현로 467번길 33-5, 1층 (소사본동)
전화 010-3273-1907
이메일 samhyung@gmail.com

ISBN 979-11-983900-2-8(93230)
값 27,000원

이 번역서는 2024년 대한민국 교육부와 한국연구재단의 지원을 받아 수행된 연구임
(NRF-2024S1A5B5A16023746)

This work was supported by the Ministry of Education of the Republic of Korea and
the National Research Foundation of Korea (NRF-2024S1A5B5A16023746)